Samba

Samba

Robert Eckstein, David Collier-Brown & Peter Kelly

Deutsche Übersetzung von
Andreas Roeschies

Beijing · Cambridge · Farnham · Köln · Paris · Sebastopol · Taipei · Tokyo

Kommentare und Fragen können Sie gerne an uns richten:
O'Reilly Verlag
Balthasarstr. 81
50670 Köln
Tel.: 0221/9731600
Fax: 0221/9731608
E-Mail: kommentar@oreilly.de

Copyright der deutschen Ausgabe:
© 2000 by O'Reilly Verlag GmbH & Co. KG
1. Auflage 2000

Die Originalausgabe erschien 2000 unter dem Titel
Using Samba im Verlag O'Reilly & Associates, Inc.

Die Deutsche Bibliothek - CIP-Einheitsaufnahme

Ein Titeldatensatz für diese Publikation ist bei der Deutschen Bibliothek erhältlich.

Übersetzung und deutsche Bearbeitung: Andreas Roeschies, Eltville
Lektorat: Alexandra Follenius & Kerstin Grebenstein, Köln
Fachgutachten: Ahmet Ertem, Frankfurt & Jutta Wrage, Münster
Korrektorat: Johannes Gerritsen, Emmerich
Satz: Stefan Göbel, reemers publishing services gmbh, Krefeld
Umschlaggestaltung: Edie Freedman, Hanna Dyer & Risa Graziano, Boston
Produktion: Geesche Kieckbusch, Köln
Belichtung, Druck und buchbinderische Verarbeitung: Druckerei Kösel, Kempten

ISBN 3-89721-161-0

Dieses Buch ist auf 100% chlorfrei gebleichtem Papier gedruckt

Inhalt

Einführung

Es ist neun Uhr morgens und Sie sind nach einem erfrischenden Nachtschlaf soeben in der EDV-Zentrale angekommen. Ihr Pager hat seit Monaten keinen Laut von sich gegeben. Das Leben als Systemadministrator ist gut – und warum sollte es das auch nicht sein, angesichts des Netzwerkes, das Sie verwalten? Zweihundert identische Computer, die alle mit demselben Betriebssystem arbeiten. Alle Ihre Drucker sind vernetzt und von jedem Ort im Gebäude verfügbar, und die Skripten zur automatischen Konfiguration, die der Hersteller geliefert hat, stellen sicher, daß jeder in der Firma die von Ihnen freigegebenen Verzeichnisse exakt gleich sieht. Ja, das ist ein feines Leben. Sie lehnen sich zurück und schlürfen das erste leckere Schlückchen des morgendlichen Kaffees...

Plötzlich reißt Sie der Wecker aus Ihren glücklichen Gedanken. Wenn Sie der typische Systemadministrator sind, kann es sich nur um einen Traum gehandelt haben. Ihr Morgen beginnt wahrscheinlich mit dem ewigen Kampf, vier Computer mit drei unterschiedlichen Betriebssystemen dazu zu bringen, miteinander zu kommunizieren – das heißt, falls das Telefon aufhören würde zu klingen. Die meisten Ihrer Benutzer verstehen nicht, warum es so schwierig ist, auf eine Datei eines anderen Computers zuzugreifen oder Seiten auf einem entfernten Drucker auszugeben. Das Protokoll zeigt, daß Sie mit den Datensicherungen im Verzug sind. Aus irgendeinem Grund finden die PCs im ersten Stock den Bandlaufwerks-Server nicht. Was können Sie mit all diesen Problemen im Nacken als Systemadministrator tun?

Ganz einfach: Nehmen Sie sich heute frei, lesen Sie dieses Buch, und lernen Sie Samba!

Die Samba-Sammlung

Samba besteht aus mehreren Werkzeugen, mit denen Sie Ressourcen wie Drucker und Dateien über das Netzwerk freigeben und verwenden können. Das ist vielleicht sehr verkürzt dargestellt, aber Samba ist in der Tat dazu gedacht, Ihnen das Leben zu erleichtern. Samba verwendet das Server Message Block (SMB)-Protokoll, das gemeinsam von Microsoft und IBM entwickelt wurde, um Daten auf niedriger Ebene zwischen Windows-Clients und Unix-Servern in einem TCP/IP-Netzwerk auszutauschen.

Vier Merkmale machen Samba extrem attraktiv:

- Samba spricht dieselbe Sprache (das SMB-Protokoll), die Microsoft und IBM seit DOS 3.0 als Standard verwenden. Das bedeutet, daß sämtliche Windows-Computer direkt mit Samba kommunizieren können, ohne daß Sie dazu eine spezielle Client-Software installieren müssen.

- Samba kann auf zahlreichen Plattformen ausgeführt werden, einschließlich der meisten Unix-Derivate, OpenVMS, OS/2, Amiga, DOS und NetWare. Sie können also auf dem Server ein einziges Programm verwenden, um Ihren PCs Dateien und Drucker zur Verfügung zu stellen.

- Samba ist kostenlos. Es gibt mehrere kommerzielle Produkte, die die Merkmale von Samba besitzen, und einige von ihnen sind ziemlich teuer. Samba bietet Ihnen eine Alternative zu den Paketen, die einen bedeutenden Teil Ihres EDV-Haushalts verschlingen würden. Samba wird unter der GNU General Public License (GPL) vertrieben und von seinen Autoren als *Open Source*-Software betrachtet. Mit anderen Worten: Sie können sowohl die Anwendung als auch den Quellcode kostenlos herunterladen und sogar die Samba-Programme verbessern, falls Sie das wünschen.

- Sie können die Administration von Samba zentral auf dem Server durchführen. Sie müssen nicht mit einer Diskette oder CD-ROM in der Hand zu jedem einzelnen Client gehen und Software aufspielen.

Samba ist eine vollständige Lösung für LANs (Local Area Networks) aller Größen – angefangen von einem privaten Netzwerk mit zwei Computern bis zu Unternehmensinstallationen mit Hunderten von Rechnern. Samba ist leicht einzurichten und zu administrieren; es stellt sich selbst als transparente Netzwerkumgebung dar, die Benutzern den Zugriff auf alle Ressourcen ermöglicht, die sie benötigen, um ihre Arbeit zu erledigen. Wenn Sie Samba einmal eingerichtet haben, können Sie:

- Unix-Dateien für Windows, OS/2 und andere Betriebssysteme freigeben
- Unix-Clients auf PC-Dateien zugreifen lassen
- Netzwerkdrucker für Windows-Clients bereitstellen
- Namensdienste anbieten (Broadcast und WINS)
- von Windows-Clients aus das Netzwerk nach Ressourcen durchsuchen
- Windows-Arbeitsgruppen oder Windows NT-Domänen anlegen
- die Echtheitsbestätigung (Authentifizierung) von Clients mit Benutzernamen und Kennwort durchsetzen

An wen sich dieses Buch richtet

Dieses Buch richtet sich vornehmlich an Unix-Administratoren, die in ihrem Netzwerk PCs unterstützen müssen, sowie an alle, die einen Unix-Server in einer PC-Umgebung betreiben müssen. Aber wir wollen Sie nicht mit einer endlosen Reihe von geheimnisvollen Werkzeugen und Begriffen zur Systemadministration belasten. Während wir davon ausgehen, daß Sie die grundlegende Unix-Administration beherrschen, nehmen wir *nicht* an, daß Sie ein Netzwerkexperte sind.

Wir setzen nur wenig Erfahrung mit Microsoft Windows voraus, weshalb wir die PC-Seite der Installation detailliert beschreiben. Wir führen Beispiele sowohl für Windows 95/98 als auch für NT an, denn diese Betriebssysteme unterscheiden sich in diesem Punkt deutlich. Auf der Unix-Seite nennen wir Beispiele für verbreitete Betriebssysteme wie Linux 2.0 und Solaris 2.6.

Checkliste zur Installation

Bevor Sie beginnen, sollten Sie über folgendes verfügen:

- Entweder die CD-ROM dieses Buches (die sowohl den Quellcode als auch die binäre Distribution von Samba 2.0.5 enthält) oder die aktuelle Samba-Distribution, die Sie aus dem Internet herunterladen können, und zwar von der Website *http://www.samba.org/.*
- Die Namen und IP-Adressen der Server und der Clients, die Sie verwenden wollen, die Subnetzmaske Ihres Netzwerkes sowie die Namen und IP-Adressen Ihrer DNS-Server.

Inhalt der Kapitel

Dieses Buch kann in zwei Teile eingeteilt werden: die Samba-Installation (Kapitel 1 bis Kapitel 3) und die Samba-Konfiguration und -Optimierung (Kapitel 4 bis Kapitel 9). Hier eine kurze Beschreibung des Inhalts aller Kapitel:

Kapitel 1, *Lerne den Samba*
  Dieses Kapitel führt Sie in die Samba-Bestandteile ein und bietet einen kurzen Überblick über NetBIOS und das Windows-Netzwerk.

Kapitel 2, *Samba auf einem Unix-System installieren*
  Dieses Kapitel geht auf die Konfiguration, Kompilierung und das Testen des Samba-Servers auf einer Unix-Plattform ein.

Kapitel 3, *Windows-Clients konfigurieren*
  Dieses Kapitel beschreibt, wie Sie Microsoft Windows 95/98- und NT 4.0-Clients so einrichten, daß sie an einem SMB-Netzwerk teilnehmen können. Es enthält zudem eine kurze Beschreibung des SMB-Protokolls.

Kapitel 4, *Verzeichnisfreigaben*
  Dieses Kapitel zeigt Ihnen die einzelnen Abschnitte der Samba-Konfigurationsdatei und erklärt, wie Sie Verzeichnisfreigaben einrichten.

Kapitel 5, *Durchsuchen und erweiterte Verzeichnisfreigaben*
In diesem Kapitel werden weitere Optionen zur Verzeichnisfreigabe beschrieben und erklärt, wie Sie ein Netzwerk mit Samba durchsuchen können.

Kapitel 6, *Benutzer, Sicherheit und Domänen*
Dieses Kapitel erörtert, wie Sie Benutzer einrichten, führt Sie in die Samba-System-sicherheit ein und zeigt Ihnen, wie Sie mit verschlüsselten und unverschlüsselten Kennwörtern arbeiten. Es beschreibt darüber hinaus, wie Sie Samba als primären Domänen-Controller für Windows 95/98- und NT-Clients einrichten.

Kapitel 7, *Drucken und Namensauswertung*
Dieses Kapitel geht auf die Einrichtung von Druckern und des WINS-Namensdien-stes (Windows Internet Naming Service) mit Samba ein.

Kapitel 8, *Weitere Informationen über Samba*
Dieses Kapitel beschreibt verschiedene Tätigkeiten, die in Zusammenhang mit Samba stehen, wie die Konfiguration von Freigaben für Programmierer, Probleme mit nationalen Sonderzeichen und die Datensicherung mit *smbtar*.

Kapitel 9, *Fehlersuche und Problembehandlung*
Wenn Sie Probleme bei der Installation von Samba haben, lesen Sie dieses ver-gleichsweise umfangreiche Kapitel. Es ist voller Hinweise und Analyseverfahren zur Fehlersuche für häufig auftretende Schwierigkeiten.

Anhang A, *Samba mit SSL konfigurieren*
Dieser Anhang erklärt, wie Sie mit Samba sichere Verbindungen über SSL (Secure Sokkets Layers) zwischen dem Server und seinen Clients einrichten.

Anhang B, *Leistungsoptimierung*
Dieser Anhang beschreibt diverse Methoden zur Optimierung von Samba in Ihrem Netzwerk.

Anhang C, *Kurzreferenz der Samba-Konfigurationsoptionen*
Dieser Anhang bietet einen Überblick über alle Optionen der Konfigurationsdatei *smb.conf*.

Anhang D, *Übersicht über Samba-Daemons und Befehle*
In diesem Anhang geht es um die Server-Daemons und die Werkzeuge, aus denen Samba besteht. Außerdem enthält er eine Liste mit Internet-Sites, die die Samba-Site spiegeln und Samba zum Herunterladen bereitstellen.

Anhang E, *Samba mit CVS herunterladen*
Dieser Anhang erklärt, wie Sie die aktuelle Samba-Version mit CVS herunterladen.

Anhang F, *Muster-Konfigurationsdatei*
Dieser Anhang enthält eine Muster-Konfigurationsdatei, wie Sie sie in einem gro-ßen Unternehmen vorfinden könnten. Kommentare in der Datei erklären die kom-plizierteren Optionen.

Typographische Konventionen

Wir verwenden in diesem Buch die folgenden Konventionen:

Kursiv
> Dateinamen und Dateinamenserweiterungen, URLs, Internet-Adressen, ausführbare Dateien und Befehle. Außerdem haben wir besonders wichtige Begriffe kursiv gesetzt.

`Nichtproportionalschrift`
> Samba-Konfigurationsoptionen, Beschriftungen von Optionen, Kontrollkästchen, Schaltflächen und anderer Code, der im Text vorkommt. Außerdem Befehlszeileninformationen, die unverändert eingegeben werden sollen.

`Nichtproportionalschrift, fett`
> Befehle, die der Benutzer eingeben soll und neue Konfigurationsoptionen, auf die wir Sie aufmerksam machen wollen.

`Nichtproportionalschrift, kursiv`
> Austauschbare Bestandteile im Code und an der Befehlszeile.

Die Eule kennzeichnet einen Hinweis, der eine wichtige Randbemerkung zum Text ist.

Der Truthahn markiert einen Warnhinweis.

Danksagungen der Autoren

Robert Eckstein

> Zunächst gilt mein Dank Dave Collier-Brown und Peter Kelly für all ihre Hilfe während der Entstehung dieses Buchs. Außerdem möchte ich allen technischen Lektoren danken, die dabei geholfen haben, dieses Buches in so kurzer Zeit in die jetzige Form zu bringen: Matthew Temple, Jeremy Allison und besonders Andrew Tridgell. Andrew und Jeremy, die nicht nur ein wunderbares Produkt geschaffen, sondern mich auch beim Schreiben dieses Buches in der letzten Phase unermüdlich unterstützt haben – Hut ab, Jungs! Eine herzliche Umarmung geht an meine Frau Michelle, die wieder einmal mit einem Ehemann auskommen mußte, dem zu viel Koffein und ein enger Zeitplan zugesetzt hatten. Dank auch an Dave Sifry und die Leute bei LinuxCare, San

Francisco, die mich bereitwillig beherbergten, als ich Andrew Tridgell besucht habe. Schließlich vielen, vielen Dank an meinen Lektor Andy Oram, der das Buch (sehr) geduldig durch viele Phasen geleitet hat, bis es zu unserer Zufriedenheit ausfiel.

David Collier-Brown

Ich möchte mich besonders bei Joyce bedanken, die während der manchmal aufregenden Entstehungszeit dieses Buches mit mir zurechtkommen mußte. Dank an Andy Oram, dessen wohlmeinende Kritik meinen Beitrag zu diesem Buch erst ermöglicht hat. Dank auch an das Team bei Opcom, das dem offenbar Wahnsinnigen in seiner Mitte seinen Willen ließ, an Ian MacMillan, der freiwillig mehrere meiner frühen Entwürfe von der Computerfreak-Sprache ins Englische »übersetzte«. Ich möchte mich außerdem besonders bei Perry Donham, Drew Sullivan und Jerry DeRoo bedanken.

Peter Kelly

Einige Menschen haben dieses Buch erst möglich gemacht, ihnen gilt mein besonderer Dank. Dave Collier-Brown und Bob Eckstein übernahmen meinen Teil des Projektes, und zwar mit Stil und Professionalität; ihre Arbeit kann nicht hoch genug eingeschätzt werden. Der Lektor Andy Oram ist der bei weitem geduldigste und angenehmste Mensch, dem ich jemals begegnet bin. Zudem glaube ich, daß ich ohne den Einfluß von Xavier Cazin von O'Reilly nicht mit diesem Buch in Berührung gekommen wäre; er bat mich zu Beginn des Projektes um einen Buchvorschlag, nachdem er meinen Artikel im Linux Journal gelesen hatte. Ich möchte außerdem den Beratern bei JDP.COM (Jerry, Peggyann, Drew, Gord, Jerome, Mark, Rick – leider zu viele, um sie alle zu nennen!) danken, weil Sie es mir ermöglicht haben, weiterhin mit ihnen zu arbeiten. Ich danke auch der Mannschaft von O'Reilly für ihre Mitarbeit. Dank an das Samba-Team dafür, daß sie dieses Produkt entwickelt haben. Und nicht zuletzt danke ich Kate McKay dafür, daß sie es schon so lange mit mir aushält!

Wir möchten besonders Perry Donham dafür danken, daß er den ersten Entwurf dieses Buches ausgearbeitet hat. Perry konnte zu späteren Entwürfen zwar nichts mehr beisteuern, aber sein Material war unentbehrlich, um das Buch auf den rechten Weg zu bringen. Außerdem stammt der Teil des Textes über das Durchsuchen des Netzwerks ursprünglich von O'Reilly-Mitarbeiter Dan Shearer.

Wir stehen tief in der Schuld der Produktionsabteilung von O'Reilly für ihre phantastische Arbeit. Sarah Jane verbrachte viele Stunden damit, unsere schier endlos lange Liste von Änderungswünschen einzuarbeiten. Rob Romano bearbeitete unsere Abbildungen unermüdlich wieder und wieder, bis sie perfekt waren. Besonderer Dank geht an Claire Cloutier LeBlanc, Rhon Porter, und Mike Sierra für ihre Hilfe – wir hätten auf keinen von ihnen verzichten können. Es ist größtenteils ihren gemeinsamen Anstrengungen zu verdanken, daß dieses Buch im November 1999 und nicht erst im November 2000 erschienen ist.[1]

---

1 Anmerkung des Übersetzers: Dieser Zeitpunkt gilt natürlich für die englische Fassung.

1

Lerne den Samba

Wenn Sie ein typischer Systemadministrator sind, wissen Sie, was es heißt, mit Arbeit *überschwemmt* zu werden. Ihre tägliche Routinearbeit ist voller Probleme, verursacht durch Hardware-Inkompatibilitäten, Systemausfälle, Schwierigkeiten mit dem Backup, und Sie sehen sich zudem ständig mit Klagen von unzufriedenen Benutzern konfrontiert. Der Vorschlag, dieser Mischung aus verschiedenen Tools ein weiteres Programm hinzuzufügen, mag Sie zunächst überraschen. Aber wenn Sie entschlossen sind, die Komplexität Ihrer Arbeitsumgebung zu verringern und den Arbeitsaufwand zur Aufrechterhaltung des Netzwerkes zu reduzieren, ist Samba genau das Werkzeug, auf das Sie gewartet haben.

Ein konkreter Fall als Beispiel: Einer der Autoren dieses Buches kümmerte sich um 70 Unix-Entwickler, die fünf Unix-Server gemeinsam nutzten. Sein Nachbar verwaltete 20 Windows 3.1-Benutzer und fünf OS/2- und Windows NT-Server. Um es vorsichtig auszudrücken: Der Windows 3.1-Administrator war überlastet. Als er das Unternehmen schließlich verließ und der Domänen-Controller daraufhin zusammenbrach, wurde Samba als Rettung eingesetzt. Unser Autor ersetzte die Windows NT- und OS/2-Server durch Samba auf einem Unix-Server und erwarb für die meisten Entwickler der Firma PCs. Letzteres tat er, ohne einen neuen PC-Administrator einzustellen; er verwaltete nun eine zentrale Unix-Anwendung anstelle von fünfzig verstreuten PCs.

Wenn Sie mit Ihrem Netzwerk vor einem Problem stehen und sich sicher sind, daß es bessere Lösungsmöglichkeiten geben muß, sollten Sie dieses Buch lesen. Auch wenn Sie schon einmal etwas über Samba gehört haben und nun wissen wollen, welchen Nutzen diese Software für Sie haben kann, werden Sie in diesem Buch fündig. Wir zeigen Ihnen, wie Sie effektiv mit Samba arbeiten und das Potential dieser Software ausschöpfen können. Es wird nicht lange dauern, bis Sie Unix-Dienste für alle Ihre Windows-Systeme bereitstellen können – ohne viel Zeit oder Geld aufzuwenden. Hört sich das verlockend an? Gut, dann lassen Sie uns anfangen.

Was ist Samba?

Samba ist eine Sammlung mehrerer Unix-Anwendungen, die über das SMB-Protokoll (Server Message Block-Protokoll) kommunizieren. Viele Betriebssysteme verwenden SMB für Clicnt/Server-Netzwerke; dazu gehören auch Windows und OS/2. Weil Samba dieses Protokoll unterstützt, können Sie Unix-Server einbeziehen, indem diese über dasselbe Netzwerkprotokoll wie Microsoft Windows-Produkte kommunizieren. Dadurch kann sich eine Unix-Maschine mit Samba in Ihrem Microsoft Windows-Netzwerk als Server ausgeben und folgende Dienste zur Verfügung stellen:

- ein oder mehrere Dateisysteme freigeben
- Drucker freigeben, die an den Server oder an die Clients angeschlossen sind
- Clients beim Durchsuchen des Netzwerkes unterstützen
- die Echtheit von Clients bestätigen, die sich an eine Windows NT-Domäne anmelden
- Namensauflösung[1] für WINS bereitstellen oder unterstützen

Samba verdanken wir Andrew Tridgell, der derzeitig das Samba-Entwicklerteam von Canberra (Australien) aus leitet. Das Projekt begann 1991, als Andrew ein Datei-Server-Programm für sein lokales Netzwerk schrieb; das Programm verwendete ein merkwürdiges DEC-Protokoll von Digital Pathworks. Was er damals nicht wußte, war, daß sich das Protokoll später als SMB herausstellte. Einige Jahre später erweiterte er den auf seine Bedürfnisse zugeschnittenen Server und begann, ihn im Internet unter dem Namen *SMB Server* zu verteilen. Allerdings konnte Andrew diesen Namen nicht lange benutzen, da eine Firma ihn bereits für ihre Produkte hatte eintragen lassen – er wandte daraufhin folgenden Unix-Weg an, um sein Programm umzubenennen:

```
grep -i 's.*m.*b' /usr/dict/words
```

Und die Ausgabe war:

```
salmonberry samba sawtimber scramble
```

Und so war der Name »Samba« geboren.[2]

Heutzutage dreht sich die Samba-Sammlung um ein paar Unix-Daemons, die freigegebene Ressourcen – sogenannte *Freigaben* – für SMB-Clients im Netzwerk bereitstellen. (Freigaben werden manchmal auch als *Dienste*, englisch *services*, bezeichnet.) Dabei handelt es um folgende Daemons:

smbd

Ein Daemon, der Verzeichnisse und Drucker in einem SMB-Netzwerk freigibt und die Echtheit von Clients überprüft und bestätigt.

---

1   Anmerkung des Übersetzers: Bei Microsoft heißt dieser Vorgang Namensauswertung.
2   Und das ist auch gut so, denn unsere Verkäufer bezweifeln stark, daß Sie ein Buch mit dem Titel »Torfbrombeeren« (englisch: *salmonberry*) gekauft hätten!

nmbd
> Ein Daemon, der den Windows Internet Name Service (WINS) abfragt und Sie beim Durchsuchen des Netzwerkes unterstützt.

Samba wird derzeit von einer Gruppe Freiwilliger unter der Leitung von Andrew Tridgell gewartet und erweitert. Wie das Linux-Betriebssystem wird auch Samba von seinen Autoren als *Open Source Software* (OSS) angesehen und unter der *GNU General Public License* (GPL) vertrieben. Seit seiner Einführung wurde die Entwicklung von Samba teilweise von der *Australian National University* gesponsert, an der Andrew Tridgell promoviert hat.[3] Außerdem wird ein Teil der Entwicklung von unabhängigen Unternehmen wie Whistle and SGI unterstützt. Es zeugt von einer hohen Wertschätzung für Samba, daß sowohl kommerzielle als auch nichtkommerzielle Einrichtungen bereit sind, ein Open Source-Projekt zu unterstützen.

Auch Microsoft hat einen Beitrag geleistet, indem die Firma ihre Definitionen des SMB und des Common Internet File System (CIFS) in Form eines Request for Comments (RFC) zur Verfügung gestellt hat. RFCs sind Dokumente, die Standards beschreiben. CIFS ist der von Microsoft erdachte Name für zukünftige Versionen des SMB-Protokolls, das in Windows-Produkten verwendet werden wird. Die Begriffe SMB und CIFS sind daher beliebig austauschbar. Entsprechend oft werden Sie in diesem Buch die Bezeichnung »SMB/CIFS« finden.

Was leistet Samba?

Wie bereits beschrieben, kann Samba Ihnen dabei helfen, Windows- und Unix-Systeme in einem Netzwerk nebeneinander einzusetzen. Es gibt aber noch weitere Vorteile, die Sie zur Verwendung von Samba in Ihrem Netzwerk bewegen können:

- Sie wollen oder können sich keinen voll ausgestatteten Windows NT-Server leisten, benötigen aber dessen Funktionalität.
- Sie wollen Ihre Daten zentral speichern oder die Benutzerverzeichnisse an einer zentralen Stelle einrichten, um den Übergang von einem Windows- auf einen Unix-Server oder umgekehrt zu erleichtern.
- Sie wollen Drucker sowohl für Windows- als auch für Unix-Arbeitsstationen bereitstellen.
- Sie wollen NT-Dateien von einem Unix-Server aus bearbeiten können.

Lassen Sie uns eine kurze Tour durch ein Samba-System im Einsatz machen. Gehen Sie von folgender grundlegender Netzwerkkonfiguration aus: ein Unix-System mit Samba und dem Namen `hydra` und ein paar Windows-Clients mit den Namen `phoenix` und `chimaera`; alle Computer sind über ein LAN miteinander verbunden. Nehmen Sie weiter an, daß lokal an `hydra` der Tintenstrahldrucker `lp` angeschlossen ist. Ein Verzeichnis ist

---

3   Zur Zeit der Veröffentlichung dieses Buches hatte Andrew Tridgell seine Promotion beendet; er arbeitet für die Firma LinuxCare in San Francisco.

unter dem Namen `network` exportiert – beides kann der Unix-Computer den anderen beiden Rechnern zur Verfügung stellen. Eine Modell dieses Netzwerkes finden Sie in Abbildung 1-1.

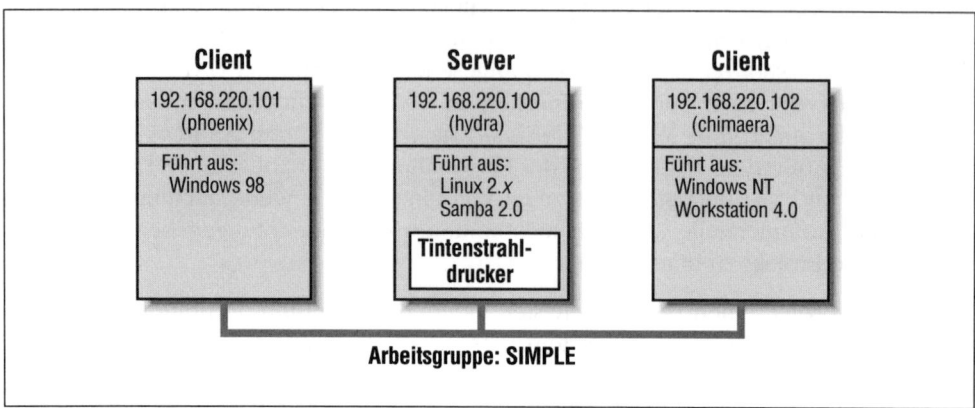

Abbildung 1-1: Ein einfaches Netzwerk mit einem Samba-Server

In diesem Netzwerk verwenden alle erwähnten Computer dieselbe *Arbeitsgruppe*. Eine Arbeitsgruppe ist einfach nur eine Kennzeichnung für eine beliebige Sammlung von Computern mit ihren Ressourcen in einem SMB-Netzwerk. Mehrere Arbeitsgruppen können friedlich nebeneinander existieren, in unserem Beispiel aber gibt es ausschließlich die Arbeitsgruppe SIMPLE.

Ein Verzeichnis freigeben

Wenn alles korrekt konfiguriert ist, sollten wir in der Lage sein, den Samba-Server `hydra` in der Netzwerkumgebung des Windows-Rechners `phoenix` zu sehen. Und in der Tat, Abbildung 1-2 zeigt die Netzwerkumgebung auf dem Computer `phoenix`, die `hydra` und alle anderen Rechner enthält, die sich in der Arbeitsgruppe SIMPLE befinden. Beachten Sie das Symbol `Gesamtes Netzwerk` ganz oben in der Liste. Wie wir bereits erwähnten, kann es in einem SMB-Netzwerk mehrere Arbeitsgruppen gleichzeitig geben. Wenn ein Benutzer auf das Symbol `Gesamtes Netzwerk` klickt, erscheint eine Liste aller Arbeitsgruppen, die momentan im Netzwerk existieren.

Wir können uns den Server `hydra` näher ansehen, indem wir auf das entsprechende Symbol doppelklicken. Dadurch spricht unser Windows-Client den Server `hydra` an und fordert eine Liste seiner bereitgestellten *Freigaben* – die Datei- und Druckerressourcen – an. In unserem Fall gibt es einen Drucker mit dem Namen `lp` und eine Verzeichnisfreigabe mit dem Namen `network`, wie Sie in Abbildung 1-3 sehen. Beachten Sie, daß Windows standardmäßig die Groß-/Kleinschreibung für Computer-Namen verwendet (Hydra). Die Groß-/Kleinschreibung spielt bei Computer-Namen keine Rolle, so daß Sie je nach verwendeter Anzeige oder Ausgabe an der Befehlszeile möglicherweise hydra, Hydra und HYDRA sehen werden – sämtliche Namen beziehen sich auf dasselbe

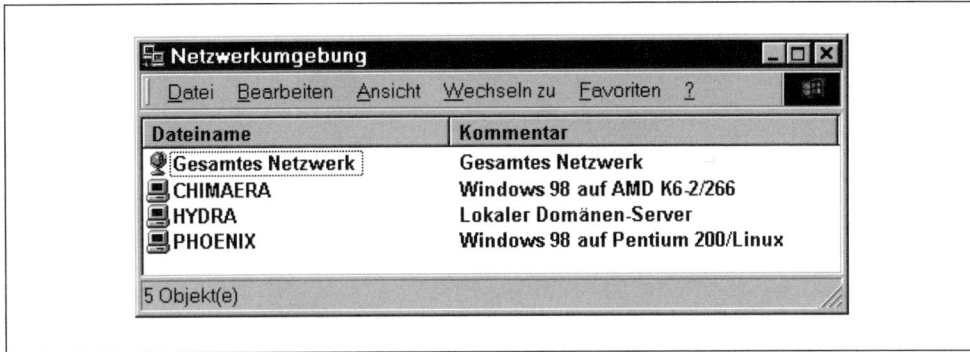

Abbildung 1-2: Das Verzeichnis Netzwerkumgebung

System. Dank Samba sieht Windows 98 den Unix-Server als gültigen SMB-Server an und kann auf das freigegebene Verzeichnis network zugreifen, als handelte es sich dabei um einen zusätzlichen Systemordner.

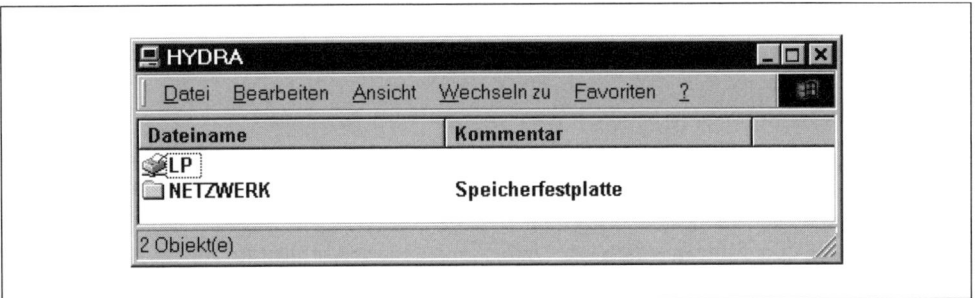

Abbildung 1-3: Freigaben des Servers hydra vom Client phoenix aus gesehen

Ein beliebtes Merkmal von Windows 95/98/NT ist, daß Sie einem bekannten freigegebenen Verzeichnis einen lokalen Laufwerksbuchstaben zuordnen können, indem Sie im Windows-Explorer die Funktion Netzlaufwerk verbinden... verwenden.[4] Sobald Sie das getan haben, können Ihre Anwendungen die im Netzwerk verfügbaren Laufwerke wie gewohnt über einen Laufwerksbuchstaben ansprechen. Daher können Sie Daten auf Netzlaufwerken speichern, Programme darauf installieren und darin ausführen und sie sogar mit einem Kennwort gegen unerwünschte Besucher sperren. In Abbildung 1-4 sehen Sie, wie ein Laufwerksbuchstabe unter Windows 95/98 einem Netzwerkverzeichnis zugeordnet wird. (Unter NT sieht das Fenster ähnlich aus.)

---

4 Sie können auch in der Ansicht des Servers mit der rechten Maustaste auf die freigegebene Ressource klicken und den Menüpunkt Netzlaufwerk verbinden auswählen.

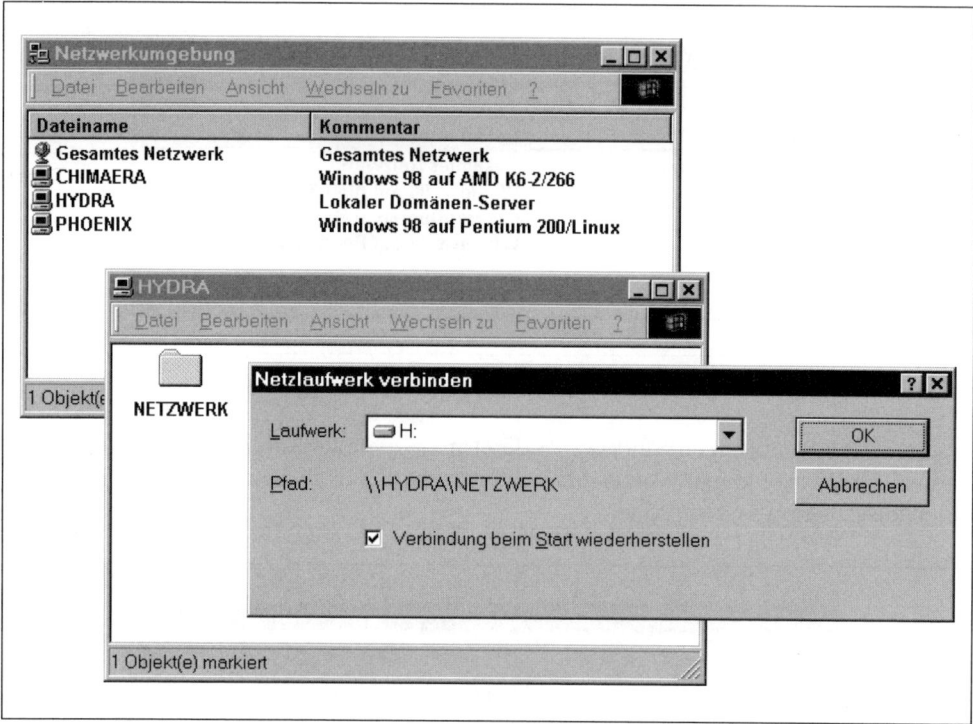

Abbildung 1-4: Zuordnung eines Netzlaufwerkes zu einem Windows-Laufwerksbuchstaben

Sehen Sie sich den Eintrag Pfad: im Dialogfenster der Abbildung 1-4 an. Eine andere Schreibweise für ein Verzeichnis auf einem Netzwerk-Computer besteht aus zwei umgekehrten Schrägstrichen (Backslashes), gefolgt vom Computer-Namen, einem weiteren umgekehrten Schrägstrich sowie dem Namen des Netzwerkverzeichnisses:

`\\Netzwerk-Computer\Verzeichnis`

Diese Angabe wird in der Windows-Welt *UNC* (Uniform Naming Convention) genannt. Das Dialogfenster in Abbildung 1-4 repräsentiert das Netzwerkverzeichnis auf dem Server hydra als:

`\\HYDRA\network`

Wenn Ihnen diese Schreibweise bekannt vorkommt, dann denken Sie wahrscheinlich an *Uniform Resource Locators* (URLs), die Adressen darstellen, die von Web-Browsern wie Netscape Navigator und Internet Explorer verwendet werden, um Computer im Internet zu finden. Verwechseln Sie die beiden bitte nicht: Web-Browser verwenden üblicherweise gewöhnliche anstelle der umgekehrten Schrägstriche, und vor den ersten Schrägstrichen steht eine Abkürzung für das verwendete Datenübertragungsprotokoll (also zum Beispiel ftp oder http) und ein Doppelpunkt (:). URLs und UNCs sind zwei völlig unterschiedliche Dinge.

Sobald das Netzwerk eingerichtet ist, verhalten sich Windows und Anwendungsprogramme, als wäre das Netzlaufwerk eine gewöhnliche Festplatte. Wenn Sie Anwendungen besitzen sollten, die eine Mehrbenutzer-Funktion im Netzwerk bereitstellen, können Sie diese auf dem Netzlaufwerk installieren.[5] Abbildung 1-5 zeigt das resultierende Netzlaufwerk, wie es zusammen mit anderen Speichermedien im Windows 98-Client erscheint. Beachten Sie das Symbol des Laufwerks G:, es enthält ein Kabel, das Sie darauf hinweist, daß es sich um ein Netzlaufwerk und nicht um eine lokale Festplatte handelt.

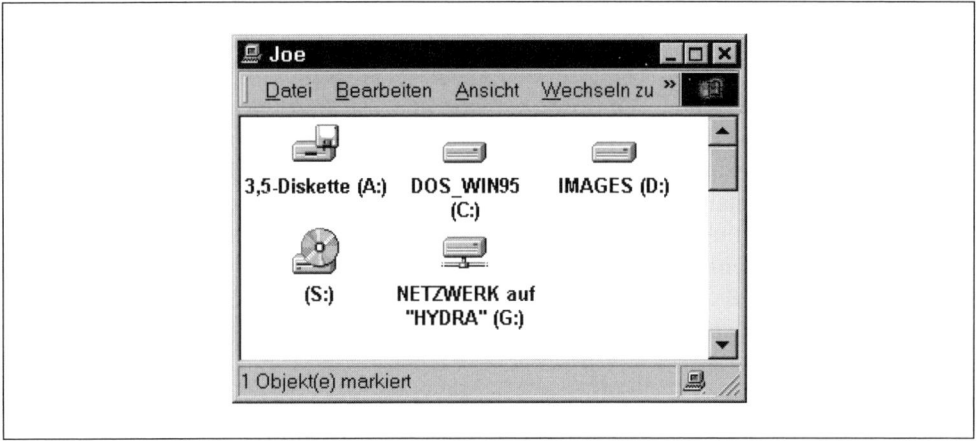

Abbildung 1-5: Das dem Buchstaben G: zugeordnete Netzlaufwerk

Von unserer Windows NT-Arbeitsstation (Workstation), chimaera, sieht Samba fast genauso aus wie unter Windows 98. Abbildung 1-6 zeigt die gleiche Sicht auf den Server hydra von der Windows NT 4.0-Netzwerkumgebung aus. Auch die Zuordnung eines lokalen Laufwerksbuchstabens zum Netzlaufwerk unter Windows NT 4.0 hätte die gleichen Ergebnisse wie unter Windows 98.

Einen Drucker freigeben

Sie haben wahrscheinlich bemerkt, daß der Drucker lp als Freigabe des Servers hydra in der Abbildung 1-3 erscheint. Das bedeutet, daß der Unix-Server einen Drucker besitzt, der von den diversen SMB-Clients verwendet werden kann. Druckaufträge, die von irgendeinem Client an den Drucker gesendet werden, werden auf dem Unix-Server zwischengespeichert und in der Reihenfolge ihres Eintreffens an den Drucker weitergeleitet.

---

5   Seien Sie gewarnt, daß viele Endbenutzer-Lizenzverträge es nicht gestatten, ein Programm auf einem Netzlaufwerk zu installieren, so daß mehrere Clients es verwenden können. Prüfen Sie den der jeweiligen Software beigelegten Lizenzvertrag, um ganz sicher zu gehen.

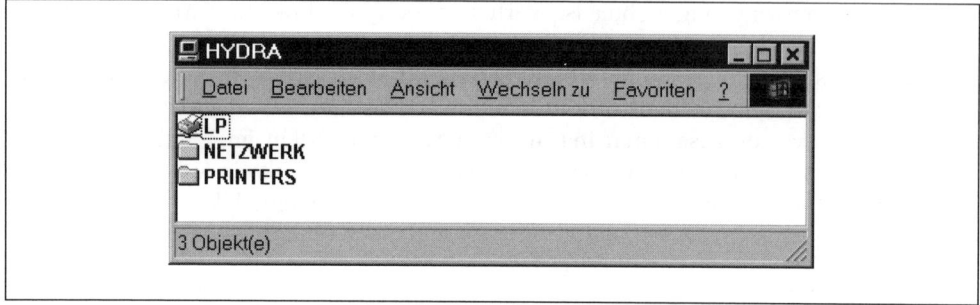

Abbildung 1-6: Auf hydra verfügbare Freigaben (von chimaera aus gesehen)

Einen Samba-Drucker unter Windows einzurichten, ist sogar noch einfacher, als ein Netzlaufwerk zu verwenden. Doppelklicken Sie auf den Drucker, und geben Sie dessen Hersteller und Modellbezeichnung an, um auf dem Windows-Client den passenden Druckertreiber zu installieren. Dann ist Windows in der Lage, Daten für den Drucker korrekt aufzubereiten und an ihn zu senden (wie Sie das einrichten, zeigen wir Ihnen weiter hinten in diesem Kapitel). Abbildung 1-7 stellt den daraus resultierenden Drukker unter Windows 98 dar. Beachten Sie auch hier das mit dem Kabel versehene Symbol, das den Drucker als Netzwerkgerät kennzeichnet.

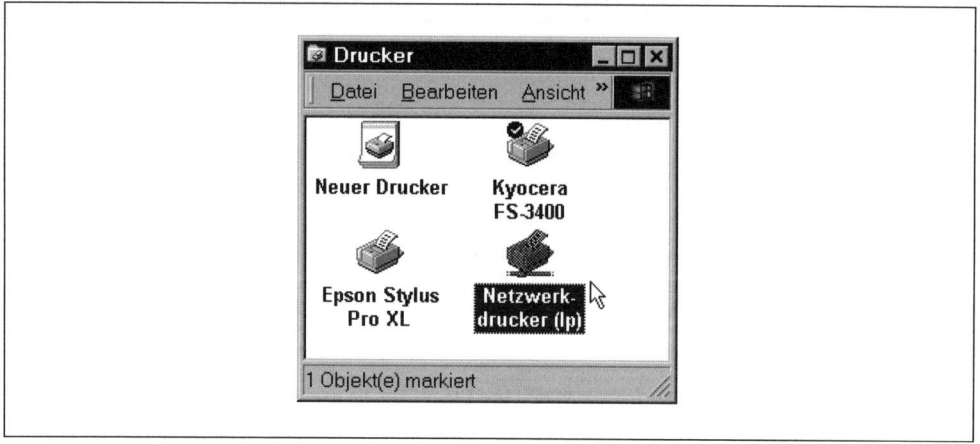

Abbildung 1-7: Ein auf hydra verfügbarer Netzwerkdrucker (von chimaera aus gesehen)

Die Dinge von der Unix-Seite aus sehen

Wie bereits erwähnt, besteht Samba unter Unix aus einer Sammlung von Daemons. Sie können sie mit den Unix-Befehlen ps und netstat sehen und von ihnen erzeugte Nachrichten in eigenen Protokolldateien oder im Unix-*syslog* finden (abhängig von der Samba-Konfiguration). Außerdem können Sie Samba mit einer einzigen Datei konfigurieren: *smb.conf*. Wenn Sie außerdem eine Vorstellung davon bekommen wollen, was die einzelnen Daemons tun, können Sie das Programm *smbstatus* verwenden. Es gibt alle wichtigen Daten in Kurzform aus und funktioniert, wie im folgenden beschrieben:

```
# smbstatus
Samba version 2.0.4
Service       uid      gid      pid      machine
-------------------------------------------------
network       davecb   davecb   7470     phoenix  (192.168.220.101) Sun May 16
network       davecb   davecb   7589     chimaera (192.168.220.102) Sun May 16


Locked files:
Pid    DenyMode    R/W       Oplock          Name
-------------------------------------------------
7589   DENY_NONE   RDONLY    EXCLUSIVE+BATCH /home/samba/quicken/inet/com-
mon/system/help.bmp    Sun May 16 21:23:40 1999
7470   DENY_WRITE  RDONLY    NONE            /home/samba/word/office/find-
fast.exe
Sun May 16 20:51:08 1999
7589   DENY_WRITE  RDONLY    EXCLUSIVE+BATCH /home/samba/quicken/1fbmp70n.dll
Sun May 16 21:23:39 1999
7589   DENY_WRITE  RDWR      EXCLUSIVE+BATCH /home/samba/quicken/inet/qdata/run-
time.dat    Sun May 16 21:23:41 1999
7470   DENY_WRITE  RDONLY    EXCLUSIVE+BATCH /home/samba/word/office/osa.exe
Sun May 16 20:51:09 1999
7589   DENY_WRITE  RDONLY    NONE            /home/samba/quicken/qversion.dll
Sun May 16 21:20:33 1999
7470   DENY_WRITE  RDONLY    NONE                    /home/samba/quik-
ken/qversion.dll    Sun May 16 20:51:11 1999

Share mode memory usage (bytes):
    1043432(99%) free + 4312(0%) used + 832(0%) overhead = 1048576(100%) total
```

Der Samba-Statusbericht in dieser Ausgabe besteht aus drei Datenbereichen, die als einzelne Abschnitte dargestellt werden. Dem ersten Abschnitt können Sie entnehmen, welche Computer eine Verbindung zu Samba aufgebaut haben, wobei jeder Computer sowohl mit seinem Namen (phoenix und chimaera) als auch durch seine IP-Adresse identifiziert wird. Der zweite Abschnitt enthält die Namen und den jeweiligen Zustand der Dateien, die gegenwärtig über eine Freigabe verwendet werden, und zwar einschließlich ihres Schreib-/Lesestatus und aller Dateisperren. Schließlich zeigt Samba an, wieviel Speicher es momentan für die verwalteten Freigaben belegt, einschließlich des für aktive Freigaben und für andere Verwaltungszwecke benutzten Speichers. (Beachten Sie, daß diese Größe nicht der Gesamtgröße entspricht, die die Prozesse *smbd* und *nmbd* verwenden.)

Stören Sie sich nicht daran, wenn Sie diese Statistiken nicht verstehen; das wird sich ändern, während Sie dieses Buch lesen.

Sich mit einem SMB/CIFS-Netzwerk vertraut machen

Jetzt, da wir Ihnen Samba kurz erläutert haben, lassen Sie uns ein wenig Zeit damit verbringen, mit der Umgebung von Samba vertraut zu werden: mit einem SMB/CIFS-Netzwerk. Ein solches Netzwerk unterscheidet sich deutlich von einem Unix TCP/IP-Netzwerk, daher müssen Sie mehrere neue Konzepte kennenlernen, um SMB/CIFS-Netzwerke zu verstehen. Zunächst beschreiben wir die grundlegenden Konzepte eines SMB-Netzwerkes, gefolgt von ihrer Implementierung durch Microsoft. Schließlich zeigen wir Ihnen, wann ein Samba-Server sich nahtlos einpassen läßt und wann nicht.

NetBIOS verstehen

Lassen Sie uns das Rad der Zeit auf das Jahr 1984 zurückdrehen. IBM schrieb eine einfache Programmierschnittstelle (*Application Programming Interface*, API) für Netzwerke mit dem Namen *Network Basic Input/Output System* (NetBIOS). Die NetBIOS-API war äußerst simpel gestrickt und ermöglichte es Anwendungen, Verbindungen zu anderen Computern aufzubauen und auf deren Daten zuzugreifen.

Stellen Sie sich die NetBIOS-API vereinfacht als eine Art Netzwerkerweiterung der bekannten API-Aufrufe des BIOS vor. Mit dem BIOS bleibt jeder Aufruf auf niedriger Ebene auf die Hardware des lokalen Computers beschränkt, der Aufruf muß also nicht zum endgültigen Ziel transportiert werden. NetBIOS umging diese Beschränkung und besaß ursprünglich Anweisungen, mit denen auf Computer des IBM PC- oder Token Ring-Netzwerkes zugegriffen werden konnte. NetBIOS benötigte also ein Transportprotokoll, um Anforderungen zwischen den Computern auszutauschen.

Ende 1985 veröffentlichte IBM ein solches Protokoll und verschmolz es mit der NetBIOS API zum *NetBIOS Extended User Interface* (NetBEUI). NetBEUI war für (kleine) lokale Netzwerke gedacht (*Local Area Network*, LAN). Jeder Computer konnte einen Namen (mit maximal 15 Zeichen) beanspruchen, sofern er nicht bereits im Netzwerk verwendet wurde. Mit einem »kleinen« Netzwerk meinen wir eines mit nicht mehr als 255 Systemen – das galt 1985 noch als Grenze, die in der Praxis kaum überschritten werden würde!

Das NetBEUI-Protokoll war bei Netzwerkanwendungen sehr beliebt, auch bei denen, die unter Windows for Workgroups liefen. Später verschmolz IBM ebenfalls Implementierungen von NetBIOS mit dem Transportprotokoll IPX und schuf damit ein Konkurrenzprodukt für NetBEUI. Die wachsende Internet-Gemeinschaft verwendete als Transportprotokolle hingegen TCP/IP und UDP/IP, so daß eine Implementierung der NetBIOS-APIs über diese Protokolle erforderlich wurde.

Denken Sie daran, daß TCP/IP Zahlen verwendet, um Computer zu identifizieren, zum Beispiel 192.168.220.100, während NetBIOS ausschließlich Namen benutzt. Die Zusammenfassung von NetBIOS-Schnittstelle und TCP/IP-Protokoll zu einer Einheit erwies sich als sehr problematisch. 1987 veröffentlichte die *Internet Engineering Task Force*

(IETF) Dokumente mit den Titeln RFC 1001 und 1002, die beschrieben, wie NetBIOS über ein IP-Netzwerk mit UDP oder TCP funktionieren kann. Diese Dokumente bestimmen alle heute existierenden Implementierungen, und zwar einschließlich derjenigen, die Microsoft in den Windows-Betriebssystemen verwendet, und die der Samba-Programme.

Seitdem ist der durch diese Dokumente geregelte Standard als *NetBIOS over TCP/IP* oder kurz NBT bekannt. Der NBT-Standard (RFC 1001/1002) beschreibt derzeit drei Netzwerkdienste:

* Ein Namensdienst
* Zwei Verbindungsdienste:
  – Datagramme
  – Sitzungen

Der Namensdienst löst das bereits erwähnte Problem, daß IP numerische Adressen und NetBIOS alphanumerische Namen verwendet. Er ermöglicht es allen Computern im Netzwerk, einen bestimmten Namen im Netzwerk kundzutun. Dieser kann in eine IP-Adresse umgewandelt werden, die von Computern verwendet wird, ganz ähnlich, wie das im heutigen Domain Name System (DNS) im Internet geschieht. Sowohl Datagramm- als auch Sitzungsdienst sind sekundäre Kommunikationsprotokolle, die Daten zwischen den NetBIOS-Computern im Netzwerk transportieren.

Einen Namen erhalten

Bei einem Menschen ist die Namensgebung meist recht einfach. Ganz anders verhält es sich mit einem Computer, der in ein NetBIOS-Netzwerk eingebunden ist. Es kann dabei zu verschiedenen Problemen kommen, die wir im folgenden genauer betrachten wollen.

In der NetBIOS-Welt will jeder Computer, der gestartet wird, einen Namen für sich selbst beanspruchen. Dieser Vorgang wird manchmal *Namensregistrierung* genannt. Es darf nicht vorkommen, daß zwei Computer im selben Netzwerk denselben Namen erfolgreich beanspruchen, denn dadurch entstünde heillose Verwirrung für jeden Computer, der mit einem der beiden Systeme kommunizieren will, die denselben Namen besitzen. Um dieses mögliche Problem zu vermeiden, gibt es zwei Ansätze:

* Die Verwendung eines *NetBIOS-Namens-Servers* (NBNS), der über die registrierten Namen Buch führt.
* Es wird jedem Computer die Möglichkeit eingeräumt, seinen Namen zu verteidigen, falls ein anderer Computer versucht, ihn zu verwenden.

Abbildung 1-8 veranschaulicht eine (fehlgeschlagene) Namensregistrierung, mit und ohne NetBIOS-Namens-Server.

Außerdem muß es eine Möglichkeit geben, einen NetBIOS-Namen in eine entsprechende IP-Adresse umzuwandeln; wir haben diesen Punkt bereits angesprochen. Die-

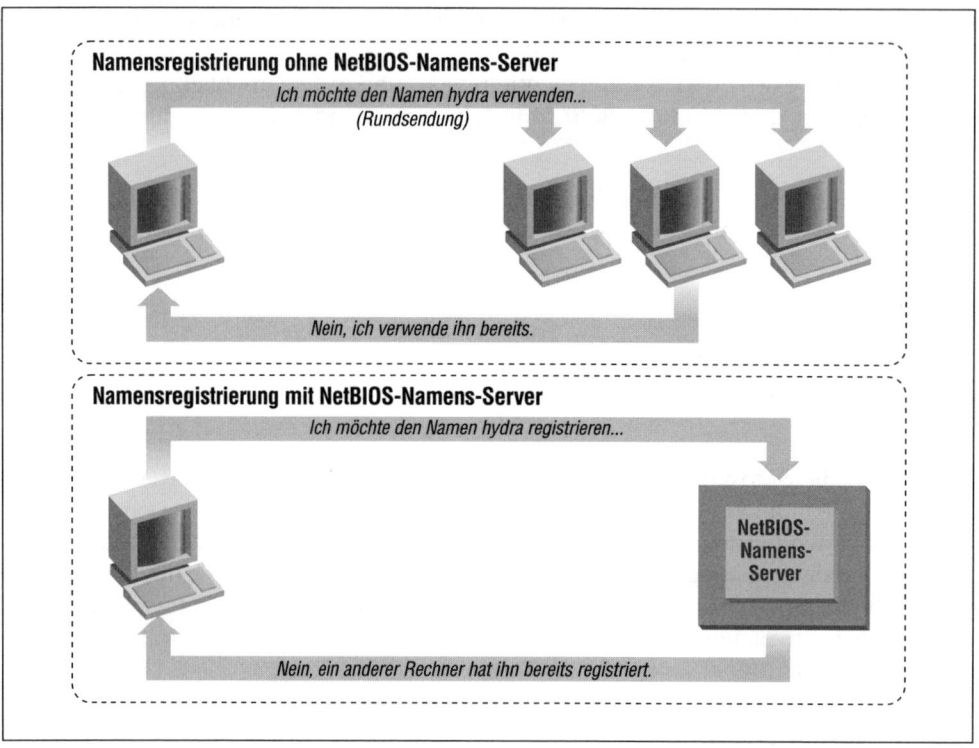

Abbildung 1-8: Namensregistrierung mit und ohne NBNS

ser Vorgang heißt *Namensauflösung* oder *Namensauswertung*. Auch hier kann man bei NBT auf zweierlei Weise vorgehen:

* Jeder Computer gibt seine IP-Adresse bekannt, wenn er eine Rundsendung empfängt, die nach der IP-Adresse seines NetBIOS-Namens fragt.
* Eine NBNS wird verwendet.

Abbildung 1-9 veranschaulicht die beiden Verfahren zur Namensauswertung.

Wie Sie sich wahrscheinlich schon denken, kann Ihnen ein NBNS im Netzwerk eine enorme Hilfe sein. Um Ihnen zu erklären, warum das so ist, beschreiben wir zunächst die Methode ohne NetBIOS-Namens-Server.

Wenn ein Client startet, verschickt er eine Rundsendung (das ist eine Netzwerknachricht, die an alle lokalen Systeme gerichtet ist, engl. broadcast) mit dem Inhalt, daß er über einen bestimmten Computer-Namen angesprochen werden will. Wenn kein System Einspruch erhebt, verwendet unser Computer diesen Namen. Falls ein anderer Computer im lokalen Subnetz den angeforderten Namen bereits benutzt, sendet er dem anfragenden System eine Nachricht, daß der Name bereits verwendet wird. Diesen Vorgang nennt man die *Verteidigung* des NetBIOS-Namens. Dieses Verfahren der Namensregistrierung ist praktisch, wenn ein Client unerwartet aus dem Netzwerk genommen

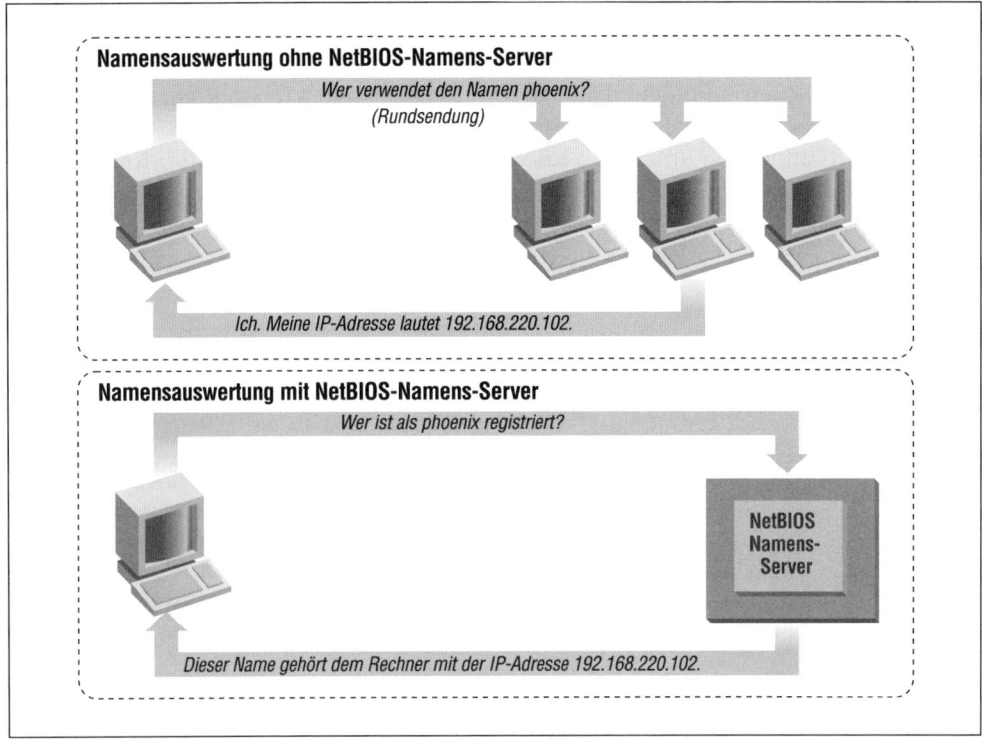

Abbildung 1-9: Namensauswertung mit und ohne NBNS

wird – kann doch ein anderer seinen Namen übernehmen –, aber sie belastet des Netzwerk für so einfache Dinge wie die Namensregistrierung.

Bei NBNS verläuft die Namensregistrierung ähnlich, mit dem Unterschied, daß die Daten lediglich zwischen dem anfragenden Computer und dem NBNS-Server ausgetauscht werden. Es sind keine Rundsendungen erforderlich, wenn ein System seinen Namen registrieren lassen will. Die Registrierungsanforderung wird direkt vom Client an den NBNS-Server gesendet, der mit einer Nachricht mit der Information antwortet, ob der Name bereits belegt ist. Diese Art des Datenaustausches wird häufig *Punkt-zu-Punkt-Kommunikation* genannt und erweist sich oft in Netzwerken als nützlich, die mehr als ein Subnetz besitzen. Der Grund dafür ist, daß Router häufig so konfiguriert sind, daß sie Rundsendungen nicht weiterleiten.

Dieselben Prinzipien gelten für die Namensauflösung. Ohne NBNS setzen NetBIOS-Computer Rundsendungen für die Namensauswertung ein. Jede Anfrage nach einer IP-Adresse würde also an jeden Computer des lokalen Subnetzes gesendet werden, in der Hoffnung, daß das betroffene System direkt antworten kann. Jetzt ist auch klar, daß die Verwendung eines NBNS-Servers für diesen Zweck das Netzwerk viel weniger stark belastet, als es die Rundsendungen tun, die das Netzwerk für jede Namensanfrage »fluten«.

Knotentypen

Wie aber erfahren Sie, welche Strategie jeder Client im Netzwerk verfolgt, wenn er seinen Namen registriert und Namen auflösen will? Jedes System (auch *Knoten* genannt) in einem NBT-Netzwerk besitzt einen bestimmten Typ, der bestimmt, wie die Namensregistrierung und -auflösung arbeitet: b-Knoten, p-Knoten, m-Knoten und h-Knoten. Wie sich die einzelnen Knotentypen verhalten, ist in Tabelle 1-1 zusammengefaßt.

Tabelle 1-1: NetBIOS-Knotentypen

Funktion	Wert
b-Knoten	Verwendet ausschließlich Rundsendungen (englisch: broadcasts) zur Registrierung und Auflösung.
p-Knoten	Verwendet ausschließlich die Punkt-zu-Punkt-Kommunikation zur Registrierung und Auflösung.
m-Knoten	Verwendet Rundsendung zur Registrierung. Wenn sie erfolglos ist, sendet das System das Ergebnis an den NBNS. Verwendet Rundsendung zur Namensauflösung und greift auf den NBNS zurück, wenn die Rundsendung erfolglos ist.
h-Knoten (Hybrid)	Verwendet NBNS zur Registrierung und Auflösung. Greift auf Rundsendungen zurück, wenn der NBNS-Server nicht antwortet.

Im Falle von Windows-Clients werden Sie üblicherweise *h-* oder *Hybrid-Knoten* aufgelistet finden. Übrigens wurden h-Knoten von Microsoft erst zu einem späteren Zeitpunkt erfunden, um die Fehlertoleranz zu erhöhen, sie erscheinen nicht in den RFCs 1001 und 1002.

Sie können den Knotentyp eines Windows 95/98-Computers in Erfahrung bringen, indem Sie unter Windows NT und 98 den Befehl `ipconfig /all` eingeben und die Zeile `Knotentyp` betrachten. Unter Windows 95 und 98 können Sie den Befehl `winipcfg` verwenden und auf `Weitere Info` klicken, um den Eintrag `Knotentyp` zu sehen.

Woraus besteht ein Name?

Die NetBIOS-Namen unterscheiden sich stark von DNS-Host-Namen, mit denen Sie möglicherweise vertraut sind. NetBIOS-Namen existieren in einem flachen Namensraum. Das heißt, es gibt kein Äquivalent zu Domain-Bezeichnungen wie *oreilly.de* oder *samba.org*. NetBIOS-Computer besitzen lediglich einen einfachen Namen. Er darf höchstens 15 Zeichen lang sein, nicht mit einem Sternchen (*) beginnen und nur aus alphanumerischen (a-z, A-Z und 0-9) sowie den folgenden Zeichenbestehen:

```
! @ # $ % ^ & ( ) - ' { } . ~
```

Auch wenn Sie einen Punkt (.) in einem NetBIOS-Namen verwenden dürfen, raten wir davon ab, weil diese Namen nicht in neueren Versionen von NetBIOS over TCP/IP funktionieren werden.

Es ist kein Zufall, daß gültige DNS-Namen auch gültige NetBIOS-Namen sind. Der DNS-Name ohne den Domain-Teil wird für Samba sogar häufig als NetBIOS-Name wiederverwendet. Wenn Sie beispielsweise ein System mit dem Namen phoenix.ora.com verwenden, wäre der NetBIOS-Name wahrscheinlich PHOENIX (gefolgt von acht Leerzeichen).

Namen und Typen von Ressourcen

Ein NetBIOS-Computer kündigt nicht nur seine Anwesenheit an, sondern auch, welche Ressourcen er bereitstellt. phoenix könnte also beispielsweise dem Netzwerk mitteilen, daß er nicht nur eine Arbeitsstation ist, sondern auch ein Datei-Server, und daß er WinPopup-Nachrichten empfangen kann. Um diese Fähigkeit bekannt zu geben, wird der Ressourcen-Name um ein Byte erweitert, das den sogenannten *Ressourcentyp* angibt. Name und Typ umfassen also 16 Zeichen. Ein Name kann durchaus mehrfach registriert werden, und zwar wenn er unterschiedlichen Ressourcentypen spezifiziert (siehe Abbildung 1-10.)

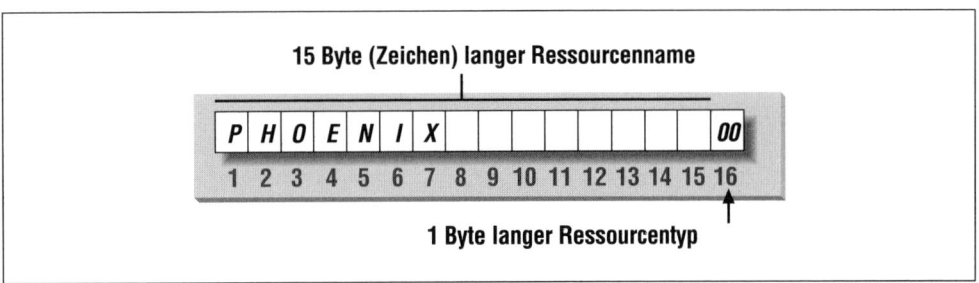

Abbildung 1-10: Die Struktur von NetBIOS-Namen

Der ein Byte große Ressourcentyp bezeichnet einen bestimmten Dienst, den der Computer bereitstellt. In diesem Buch kennzeichnen wir den Ressourcentyp häufig durch spitze Klammern (<>) wie in

PHOENIX<00>.

Unter Windows können Sie die für einen bestimmten NetBIOS-Computer registrierten Namen sehen, wenn Sie den Kommandozeilenbefehl NBTSTAT eingeben. Da diese Dienste eindeutig sind (sie also nicht mehr als einmal registriert werden können), werden sie in der Ausgabe als UNIQUE (englisch für: eindeutig) bezeichnet. Hier ein Ausschnitt der Ausgabe für den Server hydra :

```
D:\>NBTSTAT -a hydra

      NetBIOS-Namentabelle des Remote-Computers
      Name              Typ          Status
   ---------------------------------------------
   HYDRA          <00>   UNIQUE     Registriert
   HYDRA          <03>   UNIQUE     Registriert
   HYDRA          <20>   UNIQUE     Registriert
   ...
```

Diese Ausgabe besagt, daß der NetBIOS-Name hydra als Computer-Name (Arbeitsstation), als Empfänger von WinPopup-Nachrichten und als Datei-Server registriert wurde. Einige der möglichen Typ-Kennzeichnungen, die an Namen angehängt werden, finden Sie in Tabelle 1-2.

Tabelle 1-2: Eindeutige NetBIOS-Ressourcentypen

Benannte Ressource	Hexadezimaler Wert des Byte
Standard-Arbeitsstationsdienst	00
Nachrichtendienst (WinPopup)	03
Modem/ISDN-Server-Fernzugriffsdienst (RAS, Remote Access Service)	06
Domänen-Hauptsuchdienst (Domain Master Browser Service), ausgeführt auf primären Domänen-Controllern	1B
Hauptsuchdienst	1D
NetDDE-Dienste	1F
Datei-Server (einschießlich Druck-Server)	20
RAS-Client-Dienst	21
Netzwerkmonitoragent	BE
Netzwerkmonitor	BF

Beachten Sie, daß die Entwickler absichtlich den hexadezimalen Wert von 20 (ein ASCII-Leerzeichen) als Standardtyp für Datei-Server gewählt haben, weil DNS-Namen keine Ressourcentypen besitzen. Dadurch wird die Interoperabilität zwischen DNS- und NetBIOS-Namensdiensten vereinfacht.

Gruppennamen und -typen

SMB kennt nicht nur eindeutige Namen, sondern auch Gruppennamen, die Computer registrieren können. Wir haben bereits an früherer Stelle erwähnt, daß die Computer in unserem Beispiel einer *Arbeitsgruppe* angehören; eine Arbeitsgruppe faßt mehrere Systeme in einem Netzwerk logisch zusammen. Eine Firma kann zum Beispiel die Arbeitsgruppen BUCHHALTUNG und VERKAUF besitzen, die mit jeweils eigenen Servern und Druckern ausgestattet sind. In der Windows-Welt entprechen Arbeitsgruppen den SMB-Gruppen.

Führen wir unser NBTSTAT-Beispiel fort: Der Samba-Server hydra ist ein Mitglied der Arbeitsgruppe SIMPLE (Gruppen-Identifikation hexadezimal 00) und steht bei der Auswahl als Hauptsuchdienst zur Verfügung (Gruppen-Identifikation hexadezimal 1E). Hier der Rest der Ausgabe von NBTSTAT:

```
NetBIOS-Namentabelle des Remote-Computers, Fortsetzung
   Name              Typ          Status
---------------------------------------------------
   SIMPLE          <00>  GROUP     Registriert
   SIMPLE          <1E>  GROUP     Registriert
   .._ _MSBROWSE_ _.<01>  GROUP    Registriert
```

Die möglichen GROUP-Attribute, die ein Computer besitzen kann, sind in der Tabelle 1-3 aufgeführt. Weitere Angaben finden Sie im Buch *Windows NT in a Nutshell* von Eric Pearce und in *Windows NT TCP/IP Netzwerk-Administration* von Craig Hunt und Robert Bruce Thompson, die beide im O'Reilly Verlag erschienen sind.

Tabelle 1-3: NetBIOS-Ressourcentypen für Gruppen

Benannte Ressource	Hexadezimaler Wert des Byte
Standard-Arbeitsstationsgruppe	00
Anmelde-Server	1C
Hauptsuchdienst	1D
Normaler Gruppenname (wird in Suchdienst-Auswahlen verwendet)	1E
Internet-Gruppenname (administrativ)	20
<01><02>_ _MSBROWSE_ _<02>	01

Der letzte Eintrag, _ _MSBROWSE_ _, wird dazu verwendet, um eine Gruppe anderen Hauptsuchdiensten anzukündigen. Die nichtdruckbaren Zeichen im Namen werden in der Ausgabe von NBTSTAT als Punkte angezeigt. Stören Sie sich nicht daran, wenn Sie nicht alle eindeutigen oder Gruppen-Ressourcentypen verstehen. Sie werden einige davon für Samba nicht benötigen. Die Bedeutung der anderen werden wir im Laufe dieses Kapitels erläutern. Was Sie sich unbedingt merken sollten, ist die Funktionsweise des Namensmechanismus.

Datagramme und Sitzungen

Lassen Sie uns zunächst ein wenig abschweifen, um eine andere Aufgabe zu beschreiben, die in der Verantwortung von NBT liegt: die Verbindungsdienste zwischen zwei NetBIOS-Computern. Es gibt genau genommen zwei Dienste für NetBIOS over TCP/IP: den *Sitzungsdienst* und den *Datagrammdienst*. Sie müssen diese Dienste nicht vollständig verstehen, um mit Samba zu arbeiten, aber wir möchten Ihnen eine Vorstellung davon vermitteln, wie NBT funktioniert – und wo Sie nach Fehlern suchen sollten, falls Samba einmal nicht funktionieren sollte.

Der Datagrammdienst (über UDP) stellt keine Verbindungen zwischen Computern her. Datenpakete werden einfach von einem Computer an einen anderen gesendet (oder an alle Rechner im lokalen Netzwerk rundgesendet), ohne zu beachten, ob die Pakete ankommen und ob sie in der richtigen Reihenfolge ankommen. Datagramme belasten das Netzwerk nicht so stark wie Sitzungen, können aber bei ungeschicktem Einsatz dennoch die Netzwerkleistung beeinträchtigen (erinnern Sie sich an Rundsendungen?). Datagramme werden daher für das Senden kurzer Datenblöcke an ein oder mehrere Computer verwendet. Der Datagrammdienst benutzt die einfachen, in Tabelle 1-4 gezeigten Funktionen.

Tabelle 1-4: Datagrammfunktionen

Funktion	Beschreibung
Datagramm senden (Send Datagram)	sendet ein Datagramm-Paket an einen Computer oder an eine Gruppe von Computern
Rundsendung absetzen (Send Broadcast Datagram)	ein Datagramm an alle Computer senden
Datagramm empfangen (Receive Datagram)	Datagramm von einem anderen Computer empfangen
Rundsendung empfangen (Receive Broadcast Datagram)	auf Rundsendungsdatagramm warten

Der Sitzungsdienst ist komplizierter. Sitzungen bedienen sich einer Kommunikationsmethode, durch die problematische oder unterbrochene Verbindungen zwischen NetBIOS-Anwendungen erkannt werden können. Stellen Sie sich eine NBT-Sitzung mit den Begriffen einer Telefonverbindung vor.[6] Zwischen dem Anrufer und dem Angerufenen besteht eine Verbindung in beide Richtungen, die während des gesamten Gesprächs aufrechterhalten wird. Jede der beiden Seiten weiß, wer der Anrufer und wer der Angerufene ist, und sie können über die Funktionen miteinander kommunizieren, die Sie in Tabelle 1-5 finden.

Tabelle 1-5: Sitzungsfunktionen

Funktion	Beschreibung
Anrufen	eine Sitzung zu einem Computer herstellen, der mit einem bestimmten Namen empfangsbereit ist
Hören	auf einen Anruf eines bekannten oder anderen Anrufers warten
Auflegen	ein Gespräch beenden
Senden	Daten an den anderen Computer senden
Empfangen	Daten vom anderen Computer empfangen
Sitzungszustand	Angaben über die angeforderte Sitzung anfordern

Sitzungen bilden das Rückgrat der Ressourcenfreigabe in einem NBT-Netzwerk. Sie werden üblicherweise verwendet, um stabile Verbindungen zwischen Client-Computern und Verzeichnis- oder Druckerfreigaben eines Servers herzustellen. Der Client »ruft« den Server an und teilt ihm mit, welche Dateien er öffnen möchte, welche Daten er aus-

---

6 Wenn Sie RFC 1001 lesen, werden Sie feststellen, daß dort im Zusammenhang mit NBT-Sitzungen zahlreiche Begriffe aus der Telefonie vorkommen.

tauschen will und so weiter. Diese »Anrufe« können sehr lange dauern, unter Umständen mehrere Stunden oder sogar Tage – alles innerhalb einer einzigen Sitzung. Falls ein Fehler auftritt, sorgt das Transportprotokoll (TCP) für die erneute Übermittlung der Daten, und zwar solange, bis sie korrekt übertragen worden sind. Im Gegensatz dazu verwendet der Datagrammdienst, der ohne Kontrolle arbeitet, das verbindungslose UDP-Protokoll.

In der Realität funktioniert die Abwicklung problematischer Sitzungen häufig nicht ganz korrekt. Wenn Sie mit Windows-Netzwerken arbeiten, wird Ihnen dieser gravierende Nachteil von NBT-Sitzungen sicherlich schon aufgefallen sein. Falls die Verbindung aus irgendeinem Grund unterbrochen wird, können die Sitzungsinformationen leicht ungültig werden. In diesem Fall kann die Sitzung nur wiederhergestellt werden, indem einer der Computer den anderen »anruft« und von vorne beginnt.

Wenn Sie weitere Informationen zu diesem Thema wünschen, sehen Sie sich RFC 1001 und RFC 1002 an. Folgende Punkte sollten Sie sich aber auf jeden Fall merken:

- Sitzungen bestehen grundsätzlich zwischen genau *zwei* NetBIOS-Computern. Wenn ein Sitzungsdienst beendet wird, sollte der Client ausreichende Zustandsdaten besitzen und speichern, um die Sitzung wiederherzustellen. In der Praxis funktioniert dies aber nur selten.

- Datagramme können als Rundsendungen verschickt werden, also an mehrere Computer gleichzeitig. Allerdings sind Datagramme nicht zuverlässig, da ihr Empfang nicht geprüft wird. Anders gesagt, es ist nicht möglich, herauszufinden, ob ein Datagramm seine Ziele erreicht hat.

Microsoft-Implementierungen

Mit dem Hintergrundwissen, über das Sie jetzt verfügen, können wir über einige Microsoft-Implementierungen reden, die auf den erläuterten Konzepten der Welt der CIFS/SMB-Netzwerke basieren. Außerdem müssen wir einige komplizierte Erweiterungen einführen.

Windows-Domänen

Erinnern Sie sich daran, daß eine Arbeitsgruppe eine logische Zusammenfassung von SMB-Computern ist, die sich alle in einem Subnetz befinden. Eine *Windows-Domäne* geht noch einen Schritt weiter.[7] Es handelt sich dabei um eine Arbeitsgruppe, die zusätzlich einen *Domänen-Controller* besitzt. Ohne Domänen-Controller gibt es keine

---

7 Eigentlich hat eine Domäne nichts mit einer Arbeitsgruppe zu tun, aber wie Sie in einigen Absätzen erfahren werden, hat Microsoft Domänen und Arbeitsgruppen so stark miteinander verbunden, daß eine Domäne wie eine Arbeitsgruppppe mit erweiterter Funktionalität erscheint.

Windows-Domäne[8], es handelte sich in diesem Fall um eine gewöhnliche Arbeitsgruppe, wie in Abbildung 1-11 zu sehen ist.

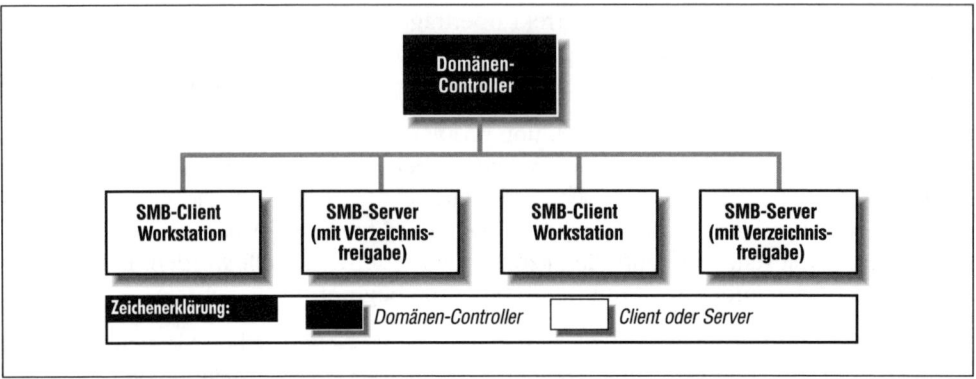

Abbildung 1-11: Eine einfache Windows-Domäne

Es gibt derzeit zwei unterschiedliche Protokolle, die ein Domänen-Controller
(Anmelde-Server) verwendet: eines zur Kommunikation mit Windows 95/98-Systemen
und eines zur Kommunikation mit Windows NT-Computern. Samba unterstützt gegenwärtig lediglich das Protokoll, das dem Datenaustausch zwischen Domänen-Controllern
und Windows 95/98-Rechnern dient (so daß Samba als Domänen-Controller für Computer mit Windows 95/98 arbeitet). Das Samba-Team verspricht aber, die Unterstützung
für Windows NT-Clients mit der Version 2.1 zu liefern.

 Warum all diese Probleme? Das Protokoll, das Windows-Domänen-Con-
troller verwenden, um mit ihren Clients zu kommunizieren, ist proprietär und wurde von Microsoft nicht veröffentlicht. So mußte das Samba-
Entwicklungsteam das Domänen-Controller-Protokoll untersuchen, um
seine Funktionsweise und seine Aufgaben herauszufinden.

Domänen-Controller

Der Domänen-Controller ist das Nervenzentrum einer Windows-Domäne, so wie ein
NIS-Server das Nervenzentrum eines Unix-NIS-Dienstes ist. Domänen-Controllern wurden mehrere Verantwortlichkeiten übertragen. Eine davon, mit der Sie es zu tun haben
werden, ist die Echtheitsbestätigung oder Authentifizierung. Dabei handelt es sich um
den Vorgang, bei dem geprüft wird, ob ein Benutzer auch wirklich derjenige ist, als der
er sich ausgibt, und zwar üblicherweise durch die Angabe eines Benutzernamens und
eines Kennwortes.

---

8 Microsoft nennt Windows-Domänen »Windows NT-Domänen«, weil Microsoft davon ausgeht, daß ein Windows NT-Computer die Rolle des Domänen-Controllers übernimmt. Aber auch Samba ist dazu in der Lage;
wir nennen sie daher »Windows-Domänen«, um Verwirrung zu vermeiden.

Jeder Domänen-Controller verwendet einen internen *Server der Sicherheitskonten-datenbank* (englisch: *Security Account Manager*, SAM), der eine Liste mit Kombinationen aus Benutzernamen und dazugehörigen Kennwörtern verwaltet. Der Domänen-Controller bildet dann eine zentrale Datenbank mit Kennwörtern, die an Benutzernamen gebunden sind (ein Kennwort pro Benutzer); dieses Verfahren ist effizienter, als auf jedem Client und Server für jede verfügbare Netzwerkressource Hunderte von Kennwörtern zu verwalten.

Wenn ein nicht authentifizierter Client in einer Windows-Domäne versucht, auf eine Freigabe eines Servers zuzugreifen, fragt der Server den Domänen-Controller, ob er die Echtheit dieses Benutzers bestätigt hat. Wenn dies der Fall ist, richtet der Server eine Sitzung mit den Zugriffsrechten des Benutzers ein. Wenn nicht, verweigert der Server den Zugriff. Sobald der Domänen-Controller die Echtheit eines Benutzers bestätigt hat, erhält dieser Benutzer ein Token (eine Art elektronischer Gutschein), so daß er sich nicht erneut anmelden muß, sobald er auf andere Ressourcen der Domäne zugreifen will. Man sagt dann, der Benutzer ist »bei der Domäne angemeldet« (siehe Abbildung 1-12).

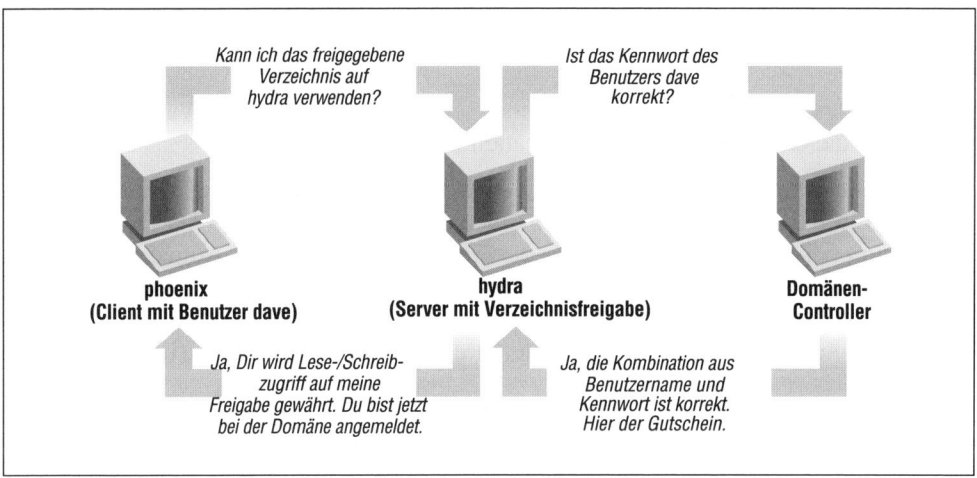

Abbildung 1-12: Einen Domänen-Controller zur Echtheitsbestätigung verwenden

Primärer Domänen-Controller und Sicherungs-Domänen-Controller

Redundanz, Lastverteilung und Zentralisierung sind Schlüsselideen, die hinter einer Windows-Domäne stecken. Es kann mehrere Domänen-Controller geben, die die Echtheit von Benutzern bestätigen. Dabei muß jedoch genau ein *primärer Domänen-Controller* (PDC) existieren, der die SAM-Datenbank verwaltet und sie regelmäßig auf beliebig viele *Sicherungs-Domänen-Controller* (Backup Domain Controller, BDC) kopiert. Dadurch können sich Benutzer auch dann bei einer Domäne anmelden, wenn einer der Domänen-Controller ausfällt. Selbst der Ausfall des primären Domänen-Controllers ist tolerierbar, allerdings können in diesem Fall keine Benutzerkonten geändert werden, weil der PDC die zentrale Version der SAM-Datenbank beherbergt.

Alle Windows NT-Computer ab Version 3.50 (auch Workstations) können Mitglied einer Windows-Domäne sein. Dadurch benötigen sie keine lokalen Benutzerkonten, sondern arbeiten mit der Benutzerkontendatenbank der Domäne. Nur deshalb kann sich jeder in der Domäne registrierte Benutzer von jeder NT-Arbeitsstation aus an die Domäne anmelden, sofern die Arbeitsstation Mitglied der Domäne ist. Windows for Workgroups 3.11 und Windows 95/98 können zwar nicht Mitglied einer Domäne sein, aber Sie können festlegen, daß die bei der Benutzeranmeldung verwendete Kombination aus Benutzername und Kennwort von einer Domäne (also von einem der Domänen-Controller) überprüft wird.

Technisch gesehen haben Windows-Domänen und Arbeitsgruppen nichts miteinander zu tun. Um die Dinge aber nicht unnötig kompliziert zu machen und um Kompatibilitätsprobleme zu vermeiden (Windows NT 3.1 und ältere Windows for Workgroups-Versionen unterstützen keine Domänen), hat Microsoft bei Windows NT-Domänen und Arbeitsgruppen miteinander verknüpft. Jeder Windows NT-Computer, der Mitglied einer Domäne ist, ist gleichzeitig Mitglied der gleichnamigen Arbeitsgruppe. Bei Windows for Workgroups 3.11 und Windows 95/98 ist die Trennung nicht vorhanden. Derartige Computer können Mitglied einer Arbeitsgruppe sein, während die Kombination aus Benutzername und Kennwort von einer Domäne überprüft wird, die einen anderen Namen als die Arbeitsgruppe besitzt. Für unsere Zwecke reicht die vereinfachte, jedoch nicht ganz korrekte Darstellung, daß eine Windows-Domäne eine Windows-Arbeitsgruppe ist, die einen oder mehrere Domänen-Controller besitzt.

Samba kann ohne Probleme als primärer Domänen-Controller für Windows 95/98-Computer fungieren. Allerdings ist die Funktionalität von Samba 2.0 auf die Echtheitsbestätigung beschränkt, so daß Samba derzeit keine anderen PDC-Aufgaben übernehmen kann. Wenn Sie diese Zeilen lesen, ist möglicherweise Samba 2.1 verfügbar, und diese Version soll als PDC für NT-Clients arbeiten können. Wegen des von Microsoft geheimgehaltenen Protokolls können Sie Samba 2.0 auch nicht als Sicherungs-Domänen-Controller einsetzen.

Durchsuchen

Beim sogenannten *Durchsuchen* (Browsing) wird Benutzern eine häufig gestellte Frage beantwortet: »Welche Computer gibt es im Windows-Netzwerk?«. Beachten Sie, daß es keine logische Verbindung mit einem Web-Browser gibt, abgesehen von der allgemeinen Fragestellung »Entdecken, was dort ist«. Und wie im Web können sich die Dinge ohne Warnung ändern.

Bevor es die Möglichkeit zum Durchsuchen des Netzwerkes gab, mußten Benutzer den Namen des Computers wissen, mit dem sie eine Verbindung aufnehmen wollten, und einen UNC-Pfad wie den folgenden eingeben, um auf Ressourcen zuzugreifen:

```
\\HYDRA\network\
```

Dank des Durchsuchens können Sie den Inhalt von Computern mit wenigen Mausklicks untersuchen – in diesem Fall handelt es sich um die Netzwerkumgebung eines Windows-Clients.

Stufen des Durchsuchens

Wie wir bereits zu Beginn des Kapitels anmerkt haben, gibt es genaugenommen zwei Arten des Durchsuchens, auf die Sie in einem CIFS/SMB-Netzwerk stoßen können:

- Durchsuchen der Liste der aktiven Computer (mit freigegebenen Ressourcen)
- Durchsuchen der freigegebenen Ressourcen eines bestimmten Computers

Lassen Sie uns das erste Verfahren etwas genauer betrachten. In jeder Arbeitsgruppe oder Domäne jedes Subnetzes ist einer der Computer dafür verantwortlich, eine Liste der momentan in der jeweiligen Arbeitsgruppe oder Domäne eingeschalteten Computer zu verwalten. Wenn Sie also in einem Subnetz zwei Arbeitsgruppen und eine Domäne verwenden, ist aus jeder Arbeitsgruppe und aus der Domäne jeweils ein Rechner für die Liste verantwortlich. Dieser Computer wird der *lokale Hauptsuchdienst (Local Master Browser – LMB)* genannt, die von ihm verwaltete Liste heißt *Suchliste (Browse List)*. Computer in einem Subnetz verwenden die Suchliste, um den Netzwerkverkehr während des Durchsuchens zu verringern. Anstatt daß jeder Computer dynamisch eine Liste der verfügbaren Computer erstellt, können die Computer einfach den lokalen Hauptsuchdienst befragen, der ihnen eine vollständige und aktuelle Liste zurückliefert.

Um die Ressourcen eines Computers zu durchsuchen, muß der Benutzer sich mit diesem Computer verbinden; die bereitgestellten Ressourcen sind nicht in der Suchliste enthalten. Sie gelangen an die Ressourcenliste eines Computers, indem Sie auf sein Symbol in der Netzwerkumgebung von Windows 95/98/NT doppelklicken. Wie zu Beginn dieses Kapitel beschrieben, antwortet der Computer mit der Liste der freigegebenen Ressourcen, sofern der Benutzer sich erfolgreich angemeldet hat.

Jeder Server in einer Windows-Arbeitsgruppe muß seine Anwesenheit dem lokalen Hauptsuchdienst ankündigen, nachdem er seinen NetBIOS-Namen erfolgreich registriert hat. Zudem muß er sich beim lokalen Hauptsuchdienst abmelden, wenn er herunterfährt oder aus anderen Gründen die Arbeitsgruppe verläßt (zumindest theoretisch). Es liegt in der Verantwortung des lokalen Hauptsuchdienstes, die gemeldeten Computer-Namen zu speichern. Beachten Sie, daß der lokale Hauptsuchdienst nicht zwangsläufig auf demselben Computer wie der NetBIOS-Namens-Server ausgeführt werden muß, auf den wir später eingehen.

 Die Windows-Netzwerkumgebung kann sich merkwürdig verhalten: Solange Sie einen Computer nicht zum Durchsuchen auswählen, kann das Fenster Netzwerkumgebung veraltete Daten anzeigen. Es kann also abgestürzte und ausgeschaltete Computer anzeigen, oder es können Namen von Computern fehlen, die bereits erfolgreich registriert sind. Kurz gesagt, erst wenn Sie eine Verbindung zu einem Server hergestellt haben und dann seine Ressourcen sehen, können Sie ziemlich sicher sein, daß die angezeigten Ressourcen auch tatsächlich verfügbar sind.

Im Gegensatz zu den Rollen, die wir bereits beschrieben haben, kann fast jeder Windows-Computer (NT Server, NT Workstation, 98, 95 oder Windows for Workgroups) als lokaler Hauptsuchdienst fungieren. Wie bei Domänen-Controllern kann es mehrere Sicherungssuchdienste geben. Diese erhalten die Suchliste regelmäßig vom Hauptsuchdienst und übernehmen seine Aufgabe, falls der bisherige Hauptsuchdienst ausfällt. Wir wollen jetzt unser Diagramm mit Windows-Domänen aktualisieren und den lokalen Haupt- und den Sicherungssuchdienst aufnehmen. Das Ergebnis sehen Sie in Abbildung 1-13.

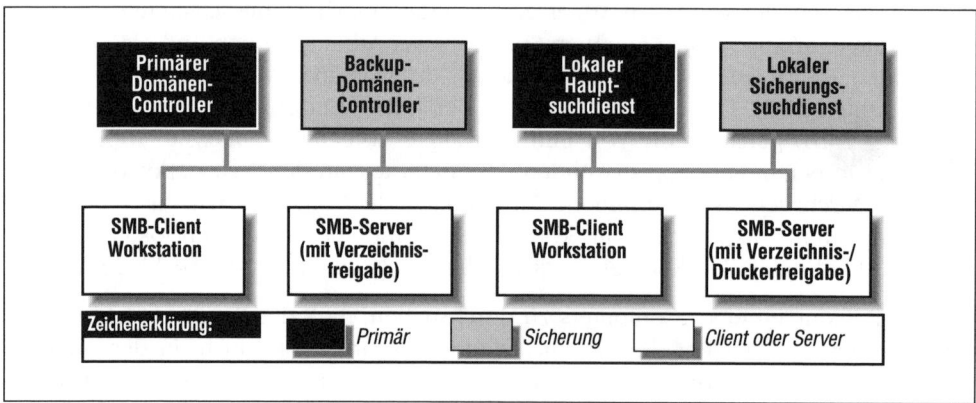

Abbildung 1-13: Eine Windows-Domäne mit einem lokalen Hauptsuchdienst und einem lokalen Sicherungssuchdienst

So rechnen Sie die minimale Anzahl von Sicherungssuchdiensten für eine Arbeitsgruppe aus:

- Bei 1 bis 32 Computern mit Windows NT-Workstation oder 1 bis 16 Computern mit Windows 95/98 legt der Hauptsuchdienst genau einen Computer als Sicherungssuchdienst fest.

- Bei 33 bis 65 Computern mit Windows NT Workstation oder 17 bis 32 Computern mit Windows 95/98 legt der Hauptsuchdienst zwei Sicherungssuchdienste fest.

- Für jeweils 32 Computer mit Windows NT Workstation oder 16 Computer mit Windows 95/98 oberhalb dieser Grenze legt der Hauptsuchdienst einen weiteren Sicherungssuchdienst fest.

Es gibt momentan keine obere Grenze für die Anzahl der Sicherungssuchdienste, die der Hauptsuchdienst festlegen kann.

Suchdienstwahlen

Das Durchsuchen ist ein wichtiger Aspekt bei jeder Windows-Arbeitsgruppe. Aber nicht alles läuft in jedem Netzwerk perfekt. Nehmen wir an, daß der Windows NT-Server auf dem Schreibtisch des Geschäftsführers einer kleinen Firma der lokale Hauptsuchdienst ist – dies gilt nur solange, bis er ihn herunterfährt, um die frei gewordene Steckdose für seinen Massagestuhl zu verwenden. Zu diesem Zeitpunkt kann die Windows NT-Arbeitsstation im Ersatzteillager damit einverstanden sein, den Suchdienst zu übernehmen. Aber dieser Computer führt gerade eine große, schlecht geschriebene Anwendung aus, die den Prozessor bis zum Äußersten belastet. Also muß das Durchsuchen sehr tolerant auf neu hinzukommende und abwandernde Computer reagieren. Da fast jeder Windows-Computer als Suchdienst fungieren kann, muß es eine Möglichkeit geben, den Computer zu bestimmen, der diese Aufgabe zu erledigen hat. Dieser Vorgang heißt *Auswahl* (englisch: *election*).

Fast jedes Windows-Betriebssystem kann an Auswahlen teilnehmen, so daß die Windows-Computer gemeinsam entscheiden können, wer den lokalen Hauptsuchdienst und wer lokale Sicherungssuchdienste übernehmen soll. Eine solche Auswahl kann jederzeit erzwungen werden. Lassen Sie uns annehmen, daß unser Geschäftsführer seine Massage beendet hat und den Server neu startet. Wenn der Server hochgefahren ist, kündigt er seine Anwesenheit an und erzwingt eine Auswahl, über die festgestellt wird, ob der PC im Ersatzteillager weiterhin den Hauptsuchdienst ausführen soll.

Bei einer Auswahl sendet jeder Computer mittels Datagrammen Angaben über sich selbst an das Netzwerk. Zu diesen Angaben gehören:

- die Version des verwendeten Auswahlprotokolls
- das Betriebssystem des Computers
- wie lange der Computer eingeschaltet ist
- der NetBIOS-Name des Clients

Diese Angaben legen fest, welcher Computer den höheren Rang besitzt und deshalb den lokalen Hauptsuchdienst ausführen wird. (Kapitel 6, *Benutzer, Sicherheit und Domänen*, beschreibt den Vorgang im Detail.) Die Architektur, die dies gewährleisten soll, ist nicht gerade elegant gestaltet und birgt überdies Sicherheitsprobleme. Während das Durchsuchen einer Domäne in die Domänensicherheit integriert werden kann, berücksichtigt der Algorithmus nicht, welche Computer Suchdienste übernehmen. Daher ist es jedem Computer, der einen Suchdienst ausführt, möglich, sich als Teilnehmer bei Suchdienst-Auswahlen zu registrieren und (nach dem Gewinnen einer Auswahl) die Suchliste zu verändern. Nichtsdestotrotz ist das Durchsuchen eines der Schlüsselmerkmale von Windows-Netzwerken, und die Erfordernisse der Abwärts-Kompatibilität stellen sicher, daß dies noch mehrere Jahre lang so bleibt.

Kann eine Windows-Arbeitsgruppe mehrere Subnetze umfassen?

Ja, aber den meisten Menschen, die eine solche Konfiguration eingerichtet haben, hat dies einiges Kopfzerbrechen bereitet. Windows NT und Windows for Workgroups waren ursprünglich nicht für Umgebungen mit mehreren Subnetzen gedacht. Das Ergebnis ist, daß eine Windows-Arbeitsgruppe oder -Domäne, die mehrere Subnetze umfaßt, in Wirklichkeit aus mehreren notdürftig miteinander verbundenen Arbeitsgruppen besteht, die denselben Namen verwenden. Die gute Nachricht ist, daß Sie weiterhin Domänen-Controller verwenden können, um die Echtheit von Benutzern in allen Subnetzen zu bestätigen. Die schlechte Nachricht ist, daß das Durchsuchen in diesem Fall eine komplizierte Angelegenheit ist.

Wie bereits erwähnt, muß jedes Subnetz seinen eigenen lokalen Hauptsuchdienst besitzen. Wenn eine Windows-Domäne mehrere Subnetze umfaßt, muß der Administrator in jedem Subnetz einen der Computer zum *Domänen-Hauptsuchdienst (Domain Master Browser – DMB)* ernennen. Der Domänen-Hauptsuchdienst verwaltet eine Suchliste der gesamten Windows-Domäne. Der Computer erstellt diese Suchliste, indem er die Suchlisten der lokalen Hauptsuchdienste regelmäßig abfragt und die Antworten in einer gemeinsamen Liste zusammenführt. Nach dem Zusammenführen sollten daher die Suchlisten der lokalen Suchdienste und des Domänen-Hauptsuchdienstes identisch sein. In Abbildung 1-14 finden Sie eine Veranschaulichung.

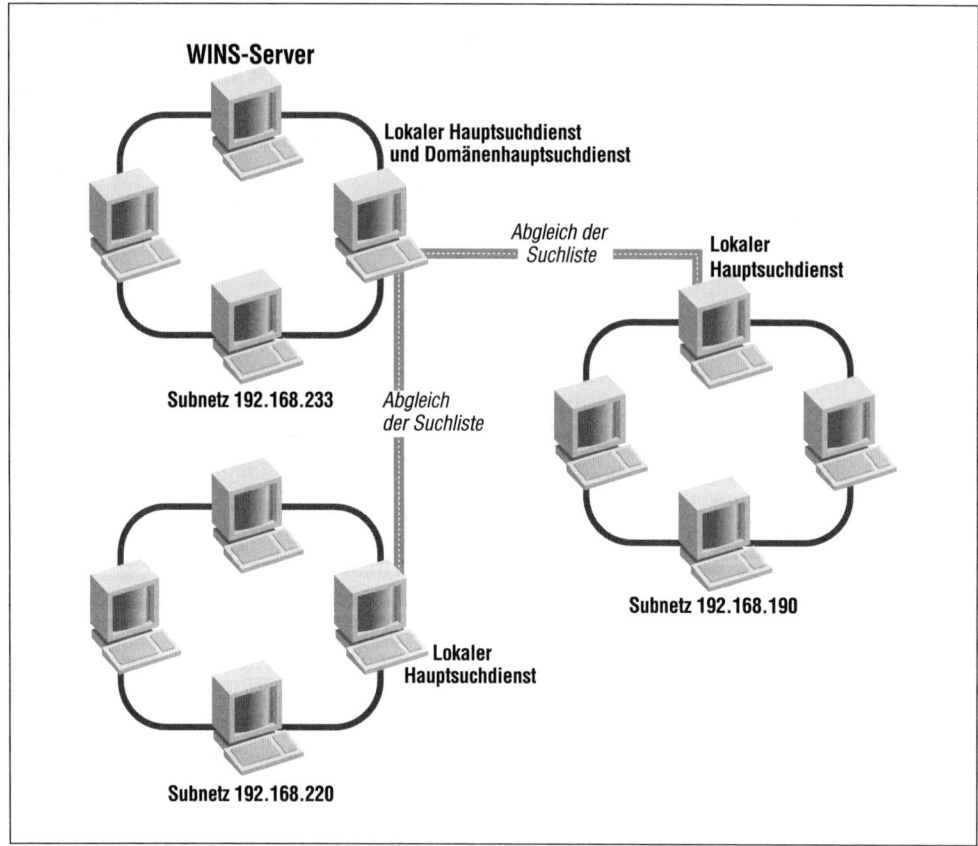

Abbildung 1-14: Eine Arbeitsgruppe, die mehrere Subnetze umfaßt

Hört sich doch gut an? Nun, aus folgenden Gründen ist es nicht ganz das Nirwana:

- Wenn ein primärer Domänen-Controller existiert, übernimmt er automatisch die Rolle des Domänen-Hauptsuchdienstes. Die beiden verwenden dank des Designs von Microsoft denselben NetBIOS-Ressourcentyp <1B> und können (leider) nicht voneinander getrennt werden.

- Windows 95/98-Computer können nicht zum Domänen-Hauptsuchdienst werden oder gar *mit ihm kommunizieren*. Die Samba-Gruppe hält dies für einen Marketing-Trick von Microsoft, damit Kunden mindestens eine Windows NT-Workstation (oder einen Samba-Server) pro Subnetz einsetzen müssen, sofern sie mehrere Subnetze besitzen.

Die lokalen Hauptsuchdienste eines jeden Subnetzes verwalten weiterhin die Suchliste des Subnetzes, für das sie zuständig sind. Wenn also ein Computer eine Liste von Computern in seinem eigenen Subnetz sehen will, fragt er den lokalen Hauptsuchdienst. Wenn ein Computer eine Liste mit Computern außerhalb seines Subnetzes erhalten möchte, kann er ebenfalls nur so weit gehen wie der lokale Hauptsuchdienst. Das funktioniert, weil die autoritative Suchliste der lokalen Hauptsuchdienste mit der Liste des Domänen-Hauptsuchdienstes abgeglichen wird. Und die Suchliste des Domänen-Hauptsuchdienstes wird aus den lokalen Hauptsuchdiensten aller Subnetze zusammengestellt. Dieser Vorgang heißt *Suchlistenverteilung*.

Samba kann bei Bedarf als Domänen-Hauptsuchdienst in einer Windows-Domäne arbeiten. Samba kann darüber hinaus als lokaler Hauptsuchdienst für ein Windows-Subnetz fungieren, um seine Suchliste mit derjenigen des Domänen-Hauptsuchdienstes zu synchronisieren. Bei Samba kann die Priorität für den Kampf um den Master Browser frei eingestellt werden. Wenn der Samba-Rechner jedoch nicht PDC ist, tut man gut daran, seine Priorität so niedrig zu setzen, daß der PDC auch DMB wird. Ansonsten können im Netzwerk schwer nachzuvollziehende Probleme auftreten.

Der Windows Internet-Namensdienst (WINS)

Der Windows Internet-Namensdienst (Windows Internet Name Service, WINS) ist die Microsoft-Implementierung eines NetBIOS-Namens-Servers (NBNS-Server). Als solcher besitzt WINS viele NetBIOS-Merkmale. Zunächst ist der Namensraum »flach«, Sie können Ihren Computern also nur einfache Namen wie fred und Ihren Arbeitsgruppen Namen wie HAMBURG oder PARIS geben. Außerdem ist WINS dynamisch: Wenn ein WINS-Client hochfährt, muß er seinen NetBIOS-Namen, seine IP-Adresse und den Namen seiner Arbeitsgruppe einem WINS-Server mitteilen. Der WINS-Server behält diese Angaben, solange der Client seine Registrierung regelmäßig erneuert, womit er seine Anwesenheit im Netzwerk kundtut. Beachten Sie, daß WINS-Server nicht Arbeitsgruppen- oder Domänenbezogen arbeiten; sie können überall erscheinen und jedem dienen.

Sie können mehrere WINS-Server einrichten, die sich gegenseitig in variabel einstellbaren Abständen synchronisieren. Damit können dynamisch erzeugte und gelöschte Einträge, die von startenden und herunterfahrenden Computern kommen, zwischen den

WINS-Servern ausgetauscht werden. In der Theorie klingt das effizient, aber in der Praxis kann sich dieses Verfahren als recht schwerfällig erweisen, wenn Sie mehrere WINS-Server im Netzwerk einsetzen. Da WINS-Dienste Subnetze überbrücken können (Sie können die IP-Adressen der WINS-Server fest einstellen oder über DHCP beziehen), ist es häufig effektiver, für alle Windows-Clients denselben WINS-Server zu verwenden, unabhängig von der Anzahl der Windows-Domänen. Auf diese Art gibt es nur einen autoritativen WINS-Server mit den richtigen Daten, statt daß mehrere WINS-Server aushandeln müssen, welche Daten aktueller sind.

Obwohl alle WINS-Server im Netzwerk gleichberechtigt sind, können Sie auf Windows-Clients einen primären und einen sekundären WINS-Server eintragen. Windows versucht zunächst, mit dem als primären WINS-Server eingetragenen System zu kommunizieren. Gelingt dies nicht, greift Windows auf denjenigen WINS-Server zu, den Sie als sekundär eingetragen haben.

In der Windows-Familie der Betriebssysteme können Sie nur NT-Server als WINS-Server einsetzen. Auch Samba kann als primärer WINS-Server arbeiten, nicht aber als sekundärer.

Was leistet Samba?

Sie hätten sicher nicht gedacht, daß Microsoft Windows-Netzwerke so kompliziert sind, oder? Nun werden Sie sich sicherlich fragen, wie und wobei Samba Ihnen helfen kann. In Tabelle 1-6 sind alle Funktionen zusammengefaßt, mit denen Samba in einer Windows NT-Domäne und einer Arbeitsgruppe konfrontiert wird. Die Tabelle gibt gleichzeitig Auskunft darüber, ob die genannten Funktionen von Samba ausgeführt werden können. Wie Sie sehen, sind viele in NT-Domänen verwendete Protokolle proprietär, und Microsoft hat sie nicht dokumentiert. Samba kann Daten nicht einwandfrei mit Microsoft-Servern austauschen und bei Ausfällen nicht als Ersatzsystem (Backup-System) agieren. Immerhin gibt es seit der Version 2.0.*x* eine eingeschränkte Unterstützung für Echtheitsbestätigungsprotokolle – und jeden Tag erweitert das Samba-Team die Funktionalität seiner Software.

Tabelle 1-6: Samba-Funktionen (mit der Version 2.0.4b)

Funktion (Rolle)	Beherrscht Samba sie?
Datei-Server	Ja
Druck-Server	Ja
Primärer Domänen-Controller	Ja (Samba 2.1 oder höher empfohlen)
Sicherungs-Domänen-Controller	Nein
Echtheitsbestätigung für Windows 95/98	Ja
Lokaler Hauptsuchdienst	Ja
Lokaler Sicherungssuchdienstz	Nein
Domänen-Hauptsuchdienst	Ja
WINS-Server	Ja
Datenabgleich mit anderen WINS-Servern	Nein

Ein Überblick über die Samba-Distribution

Wie bereits beschrieben, besteht Samba aus mehreren Programmen, die unterschiedliche, miteinander verknüpfte Aufgaben erfüllen. An dieser Stelle wollen wir die einzelnen Programme kurz vorstellen und Ihnen erklären, wie sie zusammenarbeiten. Die meisten Programme der Samba-Distribution beziehen sich auf seine zwei Daemons. Grund genug, zunächst die Funktionen der Daemons genauer zu betrachten:

smbd

> Der *smbd*-Daemon ist dafür verantwortlich, die Ressourcen des Samba-Servers zu verwalten und sie den Clients zur Verfügung zu stellen. Er stellt SMB-Clients im eigenen Subnetz und in anderen Subnetzen Datei-, Druck- und Suchdienste zur Verfügung. *smdb* verarbeitet alle Nachrichten, die zwischen dem Samba-Server und den Clients ausgetauscht werden. Außerdem ist dieser Daemon für die Echtheitsbestätigung von Benutzern, für das Sperren von Ressourcen und für die Datenfreigabe im SMB-Protokoll verantwortlich.

nmbd

> Der *nmbd*-Daemon ist ein einfacher Namens-Server, der die Funktionalität eines WINS-Servers beziehungsweise NetBIOS-Namens-Servers nachahmt, wie Sie es schon vermutet haben, angesichts des enthaltenen LAN Manager-Paketes. Dieser Daemon wartet auf Namens-Server-Anfragen und liefert bei einer Anfrage die entsprechenden Informationen. Er stellt außerdem Suchlisten für die Netzwerkumgebung bereit und nimmt an Suchdienstauswahlen teil.

Die Samba-Distribution enthält des weiteren einige Unix-Befehlszeilenprogramme:

smbclient

> Ein Unix-Client für den Zugriff auf SMB-Freigaben. Funktioniert ähnlich wie ein FTP-Client.

smbtar

> Ein Programm zum Sichern von Daten in Freigaben, ähnlich dem Unix-Befehl *tar*.

nmblookup

> Ein Programm, mit dem Sie Adressen in NetBIOS over TCP/IP-Netzwerken herausfinden können.

smbpasswd

> Mit diesem Werkzeug kann ein Administrator die von Samba verwendeten verschlüsselten Kennwörter ändern.

smbstatus

> Dieses Programm meldet den Zustand der aktiven Netzwerkverbindungen auf einem Samba-Server.

testparm

> Dieses Miniprogramm prüft die Samba-Konfigurationsdatei.

testprns
> Dieses Werkzeug prüft, ob die diversen Drucker vom *smbd*-Daemon erkannt werden.

Jede wichtige neue Samba-Version wird vor ihrer Ankündigung ausführlich getestet. Wenn Probleme oder unerwünschte Nebenwirkungen auftreten, werden diese schnell beseitigt. Als wir diese Zeilen schrieben, lag mit der aktuellen stabilen Version 2.0.5a die lang erwartete Produktionsversion von Samba 2.0 vor. Dieses Buch konzentriert sich auf die Funktionalität von Samba 2.0 und behandelt die veralteten 1.9.x-Versionen nicht.

Woher bekomme ich Samba?

Samba ist sowohl im binären (also direkt ausführbaren) Format als auch als Quellcode im Internet erhältlich. Unter der Adresse *http://www.samba.org/* können Sie den Ladevorgang von Samba starten.

Wenn es Ihnen zu lange dauert, bis es die Netzwerkpakete den ganzen Weg aus Australien bis zu Ihnen geschafft haben, können Sie auf Mirror-Sites zurückgreifen. Eine Liste der Mirror-Sites finden Sie auf der Samba-Homepage.

Sie finden die Distribution außerdem auf der CD-ROM, die diesem Buch beiliegt. Wenn Sie es zu ersten Mal mit Samba zu tun haben, empfehlen wir Ihnen dringend, die auf der CD-ROM enthaltenen Programme zu benutzen. Neben dem Quellcode haben wir die binäre Distribution der Version 2.0.5 beigefügt, außerdem einige Testwerkzeuge, auf die wir im Laufe des Buches noch zurückkommen werden.

Was ist neu bei Samba 2.0?

Samba 2.0 ist eine lange erwartete Version. Zu den wichtigen Neuerungen gehören die bessere Unterstützung von NT-Domänen und das neue Web-basierte Administrationsprogramm (SWAT, Samba Web Administration Tool), das die Konfiguration von Samba von einem Web-Browser aus ermöglicht. Insgesamt gab es aber Dutzende von Erweiterungen, die im Sommer und Herbst 1999 eingeführt wurden.

NT-Domänen

Sambas Unterstützung von NT-Domänen (seit der Version 2.0.x) bedeutete eine große Verbesserung: Sie erlaubt es SMB-Servern, ihr Verfahren der Echtheitsbestätigung zu verwenden – eine unentbehrliche Funktion für die spätere NT-Kompatibilität und für die Unterstützung von *NT-Domänenanmeldungen*. Domänenanmeldungen ermöglichen es einem Benutzer, sich an eine Windows NT-Domäne anzumelden und auf alle Computer der Domäne zuzugreifen, ohne sich bei jedem dieser Computer separat anzumelden. Vor der Version 2.0.0 unterstützte Samba zwar die Windows 95/98-Anmeldedienste, aber keine NT-Domänenanmeldungen. Deren Unterstützung ist in Samba 2.0 zwar nicht vollständig, aber immerhin teilweise enthalten.

Einfache Verwaltung

SWAT, das Web-Verwaltungswerkzeug für Samba, macht es leicht, einen Samba-Server einzurichten und seine Konfiguration anzupassen, ohne dabei die einfache bisher übliche textbasierte Konfiguration aufzugeben. SWAT stellt eine grafische Oberfläche für die Administration bereit. Außerdem spart SWAT viel Zeit, die Sie sonst zum Experimentieren benötigen würden, wenn Sie Samba über das Netzwerk konfigurieren. Sie können mit SWAT auch eine anfängliche Konfiguration erstellen und diese später von Hand verändern oder umgekehrt. Samba wird sich darüber nicht beschweren.

Um die Kompilierung zu vereinfachen, verwendet Samba nun GNU-*autoconf*, so daß sowohl die Kompilierung als auch die Einrichtung schneller vonstatten gehen und Sie früher mit SWAT fortfahren können.

Leistung

Sowohl die Leistung als auch die Skalierbarkeit von Samba wurde deutlich verbessert. Der Code wurde neu organisiert und *nmbd* (der Samba-Namensdienst) größtenteils neu geschrieben:

- Der Namens- und Suchdienst unterstützt nun etwa 35.000 Clients gleichzeitig.
- Die Datei- und Druckdienste unterstützen jetzt auf einem mittelgroßen Server 500 Benutzer gleichzeitig, ohne daß die Systemleistung merklich nachläßt.
- Linux/Samba ist nun auf derselben Hardware schneller als Windows NT. Und das beste: Samba wird weiter verbessert.
- Verbesserte opportunistische Sperren (Oplocks) ermöglichen es Clients, ganze Dateien lokal im Cache zwischenzuspeichern, ohne daß diese Dateien versehentlich überschrieben werden können.

Weitere Merkmale

Es gibt zahlreiche weitere neue Merkmale in Samba 2.0. Sie können demselben Computer nun mehrere Aliasnamen geben und damit vortäuschen, daß es sich um unterschiedliche Server handelt. Dieses Merkmal ähnelt den virtuellen Hosts, die zahlreiche Web-Server beherrschen. Damit kann ein einziger Server mehrere Abteilungen und Gruppen mit der gewöhnlichen Sicherheit über Benutzernamen und Kennwörter bedienen, während er gleichzeitig Drucker ohne Sicherheitsprüfung bereitstellt. Die Druckdienste wurden geändert, um Besitzern von Unix System V-Derivaten die Arbeit zu erleichtern: Samba findet jetzt verfügbare Drucker automatisch, genau wie auf BSD-Derivaten. Außerdem kann Samba nun mehrere Code-Seiten verwenden, so daß Dateinamen auch nicht-europäische Zeichen enthalten dürfen. Das Secure Sockets Layer (SSL)-Protokoll verschlüsselt auf Wunsch alle über das Netzwerk gesendeten Daten und nicht wie bisher lediglich das Kennwort.[9]

Verbesserungen der Kompatibilität

Samba wurde nicht nur in der Funktionalität erweitert, sondern auch seine Windows NT-Kompatibilität wurde verbessert. Samba bediente sich schon immer desselben Verfahrens zur Kennwortverschlüsselung wie Microsoft. Samba enthält nun Werkzeuge, mit denen Sie die Microsoft-Verschlüsselung verwenden und gleichzeitig die Unix- und Microsoft-Kennwörter synchron halten können. Schließlich können Sie einen Samba-Hauptsuchdienst anweisen, andere SMB-Server in anderen Netzwerken zu suchen und sich mit ihnen zu synchronisieren, so daß SMB mehrere Netzwerke nahtlos miteinander verbindet. Samba verwendet dazu eine andere Methode als Microsoft, denn das Microsoft-Verfahren ist undokumentiert.

Smbwrapper

Letztlich gibt es eine vollständig neue Version des Unix-Clients unter dem Namen *smbwrapper*. An die Stelle des Kernel-Moduls, mit dessen Hilfe Linux als SMB-Client fungieren konnte, ist nun ein Befehlszeilenprogramm getreten, das die erforderliche Bibliothek lädt und auf mehreren Unix-Systemen ein SMB-Dateisystem bereitstellt. Sobald diese Bibliothek geladen ist, können Sie mit dem Befehl `ls /smb` alle Computer Ihrer Arbeitsgruppe sehen, und `cd /smb/Server/Freigabe` wechselt in die angegebene Freigabe (das freigegebene Verzeichnis), ähnlich dem Network File System (NFS). Als wir diese Zeilen schrieben, lief *smbwrapper* auf Linux, Solaris, SunOS 4, IRIX und OSF/1; es dürften in naher Zukunft weitere Betriebssysteme hinzukommen.

Und das ist nicht alles ...

Samba ist ein wunderbares Werkzeug, das selbst für das kleinste SMB/CIFS-Netzwerk neue Möglichkeiten eröffnet. Dieses Kapitel lieferte Ihnen eine ausführliche Einleitung in Samba, was es ist, und – noch wichtiger – wie es sich in Windows-Netzwerke einpaßt. Die nächsten Kapitel helfen Ihnen, Samba sowohl auf der Unix-Seite einzurichten, wo die beiden Daemons ihre Arbeit tun, als auch dabei, Windows 95, 98 und NT-Clients zu konfigurieren, damit sie auf Samba zugreifen können. Es wird nicht mehr lange dauern, und Sie brauchen sich nicht mehr mit Schwierigkeiten und Problemen in Ihrem heterogenen Netzwerk herumzuärgern. Willkommen in der wunderbaren Welt von Samba!

---

9 Falls Sie in den Vereinigten Staaten von Amerika leben, müssen Sie einige Bundesgesetze und -regeln bezüglich der Verschlüsselung beachten. Wir gehen später darauf ein, wenn wir Samba mit SSL einrichten. Siehe Anhang A, *Samba mit SSL konfigurieren*.

2

Samba auf einem Unix-System installieren

Sie wissen jetzt, was Samba für Sie und Ihre Benutzer leisten kann, und nun ist es an der Zeit, Ihr Netzwerk einzurichten. Lassen Sie uns mit der Installation von Samba auf einem Unix-System beginnen. Samba tanzen lernt man in kleinen Schritten, so auch die Installation von Samba. Dieses Kapitel hilft Ihnen, mit dem richtigen Fuß zu beginnen.

Um es möglichst anschaulich zu gestalten, installieren wir Samba 2.0.4 auf einem Linux[1]-System mit der Kernel-Version 2.0.31. Die Installationsschritte sind aber auf allen von Samba unterstützten Plattformen[2] identisch. Ein typischer Installationsvorgang dauert rund eine Stunde, einschließlich des Herunterladens der Distribution der Quelldateien und deren Kompilierung sowie der Einrichtung der Konfigurationsdateien und dem Testen des Servers.

Hier ein Überblick über die einzelnen Schritte:

1. Quell- oder binäre Dateien herunterladen
2. Installationsdokumentation lesen
3. Eine make-Datei konfigurieren
4. Den Server-Code kompilieren
5. Die Server-Dateien kompilieren
6. Die Samba-Konfigurationsdatei erstellen
7. Die Konfigurationsdatei prüfen
8. Die Samba-Daemons starten
9. Die Samba-Daemons testen

---

1 Wenn Sie noch nichts von Linux gehört haben sollten, ist es spätestens jetzt an der Zeit. Bei Linux handelt es sich um ein kostenloses Unix-artiges Betriebssystem für x86-, Motorola PowerPC, Sun Sparc, Digital Alpha und andere Plattformen. Das Betriebssystem ist relativ einfach zu konfigurieren, sehr robust und wird immer beliebter. Mehr Informationen über Linux finden Sie auf *http://www.linux.org/*.
2 Zur Zeit Unix/Linux, Netware, OS/2, Amiga, DOS.

Die Samba-Distribution herunterladen

Wenn Sie gleich loslegen wollen, legen Sie die diesem Buch beigelegte CD-ROM ein. Sie enthält sowohl den Quellcode als auch die binären (ausführbaren) Dateien von Samba, die beim Druck dieses Buches verfügbar waren. Die CD enthält eine exakte Kopie der Dateien und Verzeichnisse des Download-Servers von Samba, *ftp.samba.org*.

Wenn Sie lieber die neueste Version herunterladen wollen, begeben Sie sich auf *http://www.samba.org*. Sie werden auf dieser Seite Links zu diversen, identischen Samba-Sites auf der ganzen Welt sehen, und zwar einerseits zu Informations- und andererseits zu Download-Sites. Wählen Sie eine Site in Ihrer Nähe, um eine optimale Übertragungsgeschwindigkeit zu erreichen.

Die Standard-Sites von Samba enthalten neben Dokumentation und Übungen Archive von Mailing-Listen, Samba-Neuigkeiten und natürlich die Quelldateien sowie die binäre Distribution. Die Sites zum Herunterladen von Samba (auch *FTP-Sites* genannt) enthalten lediglich die Quelldateien und die binäre Distribution. Solange Sie keine bestimmte ältere Version von Samba oder eine binäre Distribution haben möchten, laden Sie die aktuellen Quelldateien von der Ihnen am nächsten gelegenen Site herunter. Diese aktuelle Distribution hat grundsätzlich den Namen:

```
samba-latest.tar.gz
```

Wenn Sie die Version von Samba auf der diesem Buch beigelegten CD-ROM verwenden möchten, schauen Sie im Hauptverzeichnis nach der Samba-Distribution.

Binär oder Quelldateien?

Sie können für zahlreiche Unix-Plattformen vorkompilierte Pakete herunterladen. Diese Pakete enthalten ausführbare Dateien der Samba-Programme und -Daemons sowie die Samba-Dokumentation. Die Installation der binären Distribution kann zwar eine Menge Ärger und Zeit sparen, es gibt darüber hinaus jedoch weitere Aspekte, die Sie bei Ihrer Entscheidung, ob sie die binäre Distribution verwenden oder die Quelldateien selbst kompilieren wollen, beachten sollten:

- Die binären Pakete enthalten möglicherweise nicht die neueste Samba-Version, sondern hinken ein (oder auch zwei) kleinere Versionsnummern hinterher, besonders wenn an Samba nur geringfügige Änderungen vorgenommen wurden und Sie eine selten benutzte Plattform verwenden. Vergleichen Sie die Versionshinweise der Quelldateien und der binären Pakete, um sicherzustellen, daß die Quelldateien keine neuen Merkmale besitzen, die Sie auf Ihrer Plattform benötigen. Das gilt besonders für die Dateien auf der CD-ROM: Als dieses Buch in den Druck ging, waren sie auf dem aktuellen Stand der Produktionsversion, aber die Entwicklung schreitet voran und zumindest die im Internet erhältlichen Beta-Versionen sind neuer.

- Wenn Sie die vorkompilierten ausführbaren Dateien verwenden, müssen Sie sicherstellen, daß Sie die dafür erforderlichen Bibliotheken besitzen. Bei einigen

Plattformen sind die Bibliotheken statisch verbunden, so daß dieses Problem nicht auftritt, aber bei modernen Unix-Betriebssystem (das heißt Linux, SGI Irix, Solaris, HP-UX usw.) sind Bibliotheken oft dynamisch verbunden. Das bedeutet, daß die ausführbaren Dateien auf Ihrem System eine geeignete Bibliothek benötigen und diese suchen; Sie müssen also gegebenenfalls eine neue Version einer Bibliothek installieren. Die in der binären Distribution enthaltene *README* oder *make*-Datei sollte über solche Erfordernisse informieren.[3]

Viele Computer mit gemeinsam genutzten Bibliotheken enthalten das phantastische Werkzeug *ldd*. Dieses Programm sagt Ihnen, welche Bibliotheken eine bestimmte ausführbare Datei benötigt und welche Bibliotheken auf Ihrem System die Anforderungen erfüllen. Ein Test der Datei *smbd* auf unseren Testcomputer ergab:

```
$ ldd smbd
libreadline.so.3 => /usr/lib/libreadline.so.3
libdl.so.2 => /lib/libdl.so.2
libcrypt.so.1 => /lib/libcrypt.so.1
libc.so.6 => /lib/libc.so.6
libtermcap.so.2 => /lib/libtermcap.so.2
/lib/ld-linux.so.2 => /lib/ld-linux.so.2
```

Falls es irgendwelche Inkompatibilitäten zwischen Samba und bestimmten Bibliotheken auf Ihrem Computer gibt, sollte die distributionsbezogene Dokumentation Sie ausdrücklich darauf hinweisen.

• Denken Sie daran, daß jede binäre Distribution Vorgabewerte für die Zielplattform wie Standardverzeichnisse und Konfigurationsoptionen enthält. Prüfen Sie auch hier die Dokumentation und die *make*-Datei im Quellverzeichnis, um herauszufinden, welche Anweisungen und Variablen während der Kompilierung verwendet wurden. In einigen Fällen sind sie möglicherweise nicht für Ihre Situation geeignet.

Einige wenige Konfigurationsoptionen können Sie mit Befehlszeilenschaltern statt bei der Kompilierung ändern. Wenn Ihre ausführbare Datei Protokoll-, Sperr- oder Statusdateien an die »falsche« Stelle schreiben will (zum Beispiel nach */usr/local*), können Sie auf diese Weise den Ort ändern, ohne Samba neu kompilieren zu müssen.

Ein beachtenswerter Punkt ist, daß die Samba-Quellen einen ANSI C-Compiler benötigen. Wenn Ihre Plattform einen nicht-ANSI-Compiler, wie z.B. den *cc*-Compiler bei SunOS Version 4, verwendet, müssen Sie zuallererst einen ANSI-Compiler installieren, z.B. *gcc*.[4] Falls Sie sich nicht mit der Installation eines Compilers herumschlagen wollen, können Sie mit einer binären Distribution beginnen. Die größte Flexibilität und Kompatibilität erreichen Sie aber mit der Kompilierung der aktuellen Quelldateien.

---

3 Das gilt besonders für solche Programme, die *glibc-2.1* verwenden (die manchmal als Standard in Red Hat Linux 6 enthalten ist). Diese Bibliothek rief nach ihrem Erscheinen große Bestürzung in der Entwicklungsgemeinschaft hervor, weil sie mit älteren Versionen von *glibc* inkompatibel war.

4 Ausführbare Dateien von *gcc* sind für fast jeden modernen Computer erhältlich. Eine Liste der Sites finden Sie auf *http://www.gnu.org/*. Dort werden Sie auch auf andere GNU-Software stoßen.

Lesen Sie die Dokumentation

Eigentlich sollte es eine Selbvstverständlichkeit sein, zunächst die Dokumentation zu lesen, aber wie oft haben Sie ein Paket entpackt, blind `configure`, `make` und `make install` getippt, um den Computer zu verlassen und sich eine neue Tasse Kaffee zu holen. Wir sind vielleicht die ersten, die zugeben, das öfter zu tun – und zwar viel öfter, als es gut ist. Es ist keine gute Idee, besonders wenn Sie ein Netzwerk mit Samba planen.

Samba 2.0 konfiguriert sich selbst vor der Kompilierung. Diese Vorgehensweise verringert die Wahrscheinlichkeit computerbezogener Probleme, aber es gibt möglicherweise eine in der Datei *README* erwähnte Option, die Sie sich nach der Installation von Samba wünschen. Sowohl bei der Quell- als auch bei der binären Distribution finden Sie im Verzeichnis *docs* zahlreiche Dokumente in diversen Formaten. Die wichtigsten davon sind:

```
WHATSNEW.txt
docs/textdocs/UNIX_INSTALL.txt
```

Diese Dateien beschreiben, welche Merkmale Sie in Ihrer Distribution erwarten können, und nennen Installationsprobleme, auf die Sie wahrscheinlich stoßen werden. Sie sollten sich den Inhalt beider Dateien genau anschauen, bevor Sie mit der Kompilierung beginnen.

Samba konfigurieren

Die Quelldistribution von Samba 2.0 und neueren Versionen enthält keine make-Datei. Diese wird erst durch das GNU-Skript *configure* erzeugt, das Sie im Verzeichnis *samba-2.0.x/source/* finden. Das Skript *configure*, das Sie als root ausführen müssen, kümmert sich um computerbezogene Aspekte der Samba-Kompilierung. Dennoch möchten Sie vielleicht einige globale Optionen festlegen. Sie können dies über Schalter an der Befehlszeile tun:

```
# ./configure --with-ssl
```

Dieses Beispiel konfiguriert die make-Datei von Samba mit Unterstützung für das Secure Sockets Layer (SSL)-Verschlüsselungsprotokoll. Eine vollständige Liste aller Optionen erhalten Sie mit:

```
#./configure --help
```

Jeder dieser Optionen schaltet ein oder mehrere Merkmale ein oder aus. Sie aktivieren ein Merkmal üblicherweise mit dem Schalter `--with-`*Merkmal*, so daß das Merkmal kompiliert und installiert wird. Entsprechend ist ein Merkmal nicht verfügbar, wenn Sie es mit dem Schalter `--without-`*Merkmal* ausschalten. Bei Samba 2.0.5 sind standardmäßig die folgenden Funktionen deaktiviert:

`--with-smbwrapper`

Schließt die Unterstützung des SMB-Wrapper ein, mit dem Sie auf der Unix-Seite auf SMB/CIFS-Dateisysteme zugreifen können, als wären sie gewöhnliche Unix-Dateisysteme. Wir empfehlen, diese Option zu aktivieren. Während der Drucklegung dieses Buches gab es allerdings mehrere Inkompabilitäten zwischen dem *smbwrapper*-Paket und der GNU *libc*-Version 2.1, so daß es nicht unter Red Hat 6.0 kompilierbar ist. Mehr über diese Inkompabilitäten finden Sie auf der Samba-Homepage.

`--with-afs`

Schaltet die Unterstützung für das Andrew-Dateisystem der Carnegie Mellon-Universität ein. Auch wenn Sie mit Samba AFS-Dateien bereitstellen wollen, sollten Sie Samba zunächst ohne die entsprechende Unterstützung kompilieren und sich vergewissern, daß alles reibungslos läuft. Kompilieren Sie erst dann Samba mit diesem Merkmal neu, und achten Sie darauf, ob nun ebenfalls keine Probleme auftreten.

`--with-dfs`

Aktiviert die Unterstützung von DFS, eine späte Version von AFS, die von OSF/1 (Digital Unix) verwendet wird. Beachten Sie, daß es sich dabei *nicht* um Microsoft DFS handelt, ein vollständig anderes Dateisystem. Auch hier raten wir Ihnen, Samba zunächst ohne DFS-Unterstützung zu kompilieren und sicherzustellen, daß alles reibungslos läuft, bevor Sie Samba erneut mit DFS-Unterstützung kompilieren und prüfen, ob nun Fehler auftreten.

`--with-krb4=`*Basisverzeichnis*

Um Kerberos in der Version 4.0 zu unterstützen, müssen Sie das Basisverzeichnis der Distribution angeben. Bei Kerberos handelt es sich um ein Netzwerksicherheitsprotokoll von MIT, das private Schlüssel verwendet, um zwischen Knoten eine starke Verschlüsselung bereitzustellen. Übrigens hat Microsoft angekündigt, daß Kerberos 5.0 das Standardverfahren zur Echtheitsbestätigung bei Windows 2000 (NT 5.0) sein wird. Die Kerberos 5.0-Echtheitsbestätigung unterscheidet sich allerdings stark von den Sicherheitsmechanismen, die Kerberos 4.0 verwendet. Wenn Sie in Ihrem Netzwerk Kerberos 4 verwenden, empfiehlt das Samba-Team eine neuere Samba-Version zu verwenden und die Option `--with-krb5` zu benutzen (siehe nächster Abschnitt). Mehr über Kerberos finden Sie unter *http://web.mit.edu/kerberos/www*.

`--with-krb5=`*Basisverzeichnis*

Aktiviert die Unterstützung von Kerberos 5.0; dabei müssen Sie das Basisverzeichnis der Distribution angeben. Microsoft hat angekündigt, daß Kerberos 5.0 das Standardverfahren zur Echtheitsbestätigung bei Windows 2000 (NT 5.0) sein wird. Es gibt aber keine Garantie, daß Microsoft Kerberos nicht in der Zukunft für ihre eigenen Erfordernisse erweitert. Derzeit verwendet die Kerberos-Unterstützung von Samba lediglich Klartext-Kennwörter und keine verschlüsselten.

`--with-automount`

Aktiviert die Unterstützung des Unix-Automounters. Dieses Merkmal wird häufig an Standorten verwendet, die NFS bereitstellen.

`--with-smbmount`

Schaltet die Unterstützung von *smbmount* ein; dieses Werkzeug ist nur bei Linux verfügbar und wurde nicht gewartet, als wir dieses Buch schrieben. Das Samba-Team machte es daher optional und bot stattdessen *smbwrapper* an. Das *smbwrapper*-Merkmal funktioniert auf mehr Plattformen als *smbmount*, so daß Sie in der Regel `--with-smbwrapper` anstelle dieser Option verwenden werden.

`--with-pam`

Schließt die Unterstützung für dynamisch aktivierbare Module zur Echtheitsbestätigung (Pluggable Authentication Modules, PAM) ein, ein bei Linux verbreitetes Merkmal.

`--with-ldap`

Aktiviert die Unterstützung des Lightweight Directory Access Protocol (LDAP). Eine zukünftige Version des LDAP wird in Windows 2000 (NT 5.0) verwendet werden, die aktuelle Unterstützung durch Samba befindet sich in einem experimentellen Stadium. LDAP ist ein flexibles Verzeichnisprotokoll, das Angaben wie Zertifikate und Gruppenmitgliedschaften liefern kann.[5]

`--with-nis`

Schließt die Unterstützung für das Beziehen von Kennwörtern von NIS (Network Yellow Pages) ein.

`--with-nisplus`

Schließt die Unterstützung für das Beziehen von Kennwörtern von NIS+ ein, dem Nachfolger von NIS.

`--with-ssl`

Enthält die experimentelle Unterstützung für das Secure Sockets Layer (SSL)-Protokoll, das verwendet wird, um verschlüsselte Verbindungen zwischen Client und Server herzustellen. Der Anhang A, *Samba mit SSL konfigurieren*, beschreibt, wie Sie SSL in Samba einrichten.

`--with-nisplus-home`

Aktiviert die Unterstützung für eine Suchfunktion, die herausfindet, auf welchem Server sich das Basisverzeichnis eines Benutzers befindet, und die Clients anweist, sich mit ihm zu verbinden. Erfordert `--with-nis` und üblicherweise `--with-auto-mounter`.

`--with-mmap`

Enthält die experimentelle Unterstützung für das Auslagern von Speicher. Diese Funktion ist nicht für das schnelle Sperren erforderlich, da diese bereits mmap oder virtuellen Speicher von System V benutzt.

---

5 Mit *Verzeichnis* ist kein Ordner im Dateisystem gemeint, sondern ein indiziertes Verzeichnis (wie ein Telefonverzeichnis). Mit einem öffentlichen LDAP-System können gespeicherte Informationen leicht abgerufen werden.

`--with-syslog`
> Aktiviert die Unterstützung von SYSLOG, um Protokollangaben des Samba-Servers aufzuzeichnen. Es gibt mehrere Samba-Konfigurationsoptionen, die Sie zum Senden von Nachrichten an SYSLOG verwenden können. Mehr dazu finden Sie in Kapitel 4, *Verzeichnisfreigaben*.

`--with-netatalk`
> Aktiviert die experimentelle Zusammenarbeit mit dem Netatalk-Datei-Server für Mac-Clients.

`--with-quotas`
> Schaltet die Unterstützung für die Begrenzung des Plattenplatzes für Benutzer ein.

Da jede dieser Optionen standardmäßig deaktiviert ist, ist keine davon für den Betrieb von Samba wichtig. Aber möglicherweise wollen Sie eine angepaßte Version von Samba erstellen, falls Sie später merken, daß Sie eines oder mehrere dieser Merkmale benötigen.

Tabelle 2-1 zeigt Ihnen andere Parameter, die Sie dem *configure*-Skript übergeben können, wenn Sie Teile der Samba-Distribution an andere Stellen verlagern wollen, vielleicht um mehrere Festplatten oder Partitionen zu nutzen. Beachten Sie, daß die Vorgaben sich manchmal auf ein Präfix beziehen, der weiter oben in der Tabelle angegeben ist.

Tabelle 2-1: Zusätzliche Konfigurationsoptionen

Option	Bedeutung	Vorgabe
`--prefix=`*directory*	Installiert architekturunabhängige Dateien im angegebenen Basisverzeichnis.	*/usr/local/samba*
`--eprefix=`*directory*	Installiert architekturbezogene Dateien im angegebenen Basisverzeichnis.	*/usr/local/samba*
`--bindir=`*directory*	Installiert vom Benutzer ausführbare Dateien im angegebenen Verzeichnis.	*eprefix/bin*
`--sbindir=`*directory*	Installiert vom Administrator ausführbare Dateien im angegebenen Verzeichnis.	*eprefix/bin*
`--libexecdir=`*directory*	Installiert ausführbare Programme im angegebenen Verzeichnis.	*eprefix/libexec*
`--datadir=`*directory*	Installiert architekturunabhängige, schreibgeschützte Dateien im angegebenen Verzeichnis.	*prefix/share*
`--libdir=`*directory*	Installiert Programmbibliotheken im angegebenen Verzeichnis.	*eprefix/lib*
`--includedir=`*directory*	Installiert Paket-Include-Dateien im angegebenen Verzeichnis.	*prefix/include*

Tabelle 2-1: Zusätzliche Konfigurationsoptionen (Fortsetzung)

Option	Bedeutung	Vorgabe
--infodir=*directory*	Installiert zusätzliche Informationen im angegebenen Verzeichnis.	*prefix/info*
--mandir=*directory*	Installiert die Man-Pages im angegebenen Verzeichnis.	*prefix/man*

Vergewissern Sie sich vor dem Aufruf des *configure*-Skriptes, ob Sie als root angemeldet sind. Ansonsten erhalten Sie möglicherweise eine Warnung wie die folgende:

```
configure: warning: running as non-root will disable some tests
```

Sie sollten keine Prüfung abschalten, während die make-Datei von Samba erstellt wird, um sicherzustellen, daß die Zahl der Fehler bei der späteren Kompilierung oder Ausführung von Samba möglichst gering gehalten wird.

Hier eine Beispielausführung des Skriptes *configure*, das die Samba 2.0.4-make-Datei für Linux erstellt. Beachten Sie, daß Sie das Skript im Verzeichnis *source* starten müssen und daß wir mehrere Zeilen vom mittleren Teil der Ausgabe ausgelassen haben:

```
# cd samba-2.0.4b/source/
# ./configure | tee mylog

loading cache ./config.cache
checking for gcc... (cached) gcc
checking whether the C compiler (gcc -O ) works... yes
checking whether the C compiler (gcc -O ) is a cross-compiler... no
checking whether we are using GNU C... (cached) yes
checking whether gcc accepts -g... (cached) yes
checking for a BSD compatible install... (cached) /usr/bin/install -c

...(Inhalt ausgelassen)...

checking configure summary
configure OK
creating ./config.status
creating include/stamp-h
creating Makefile
creating include/config.h
```

Im allgemeinen sind alle Nachrichten von *configure*, die nicht mit den Worten checking oder creating beginnen, als Fehler anzusehen. Es ist oft hilfreich, die Ausgabe des Konfigurationsskriptes in eine Datei umzuleiten, so daß Sie schnell nach Fehlern suchen können (wir haben das oben mit dem Befehl tee getan). Wenn während der Konfiguration ein Fehler aufgetreten ist, finden Sie ausführliche Meldungen in der Datei *config.log*, die das *configure*-Skript im lokalen Verzeichnis anlegt.

Wenn die Konfiguration funktioniert, erscheint eine Ausgabe checking configure summary, gefolgt von der Meldung configure OK und vier oder fünf Meldungen für erstellte Dateien. So weit, so gut. Der nächste Schritt ist die Kompilierung.

Kompilierung und Installation von Samba

Sie sollten jetzt in der Lage sein, die ausführbaren Dateien von Samba zu erstellen. Die Kompilierung ist so einfach wie die Konfiguration: Gehen Sie in das Verzeichnis *source*, und geben Sie make ein. Das Werkzeug *make* wird erläuternde Nachrichten und Erfolgsmeldungen ausgeben, beginnend mit:

```
Using FLAGS = -O -Iinclude ...
```

Diese Zusammenstellung enthält Kompilierungen sowohl für *smbd* als auch für *nmbd* und endet mit einem Verknüpfungsbefehl für *bin/make_printerdef*. Als Beispiel folgt eine Ausgabe von *make* für Samba 2.0.4 auf einem Linux-Server:

```
# make
Using FLAGS =  -O -Iinclude -I./include -I./ubiqx -I./smbwrapper  -DSMBLOGFI-
LE="/usr/local/samba/var/log.smb" -DNMBLOGFILE="/usr/local/samba/var/log.nmb" -
DCONFIGFILE="/usr/local/samba/lib/smb.conf" -DLMHOSTSFILE="/usr/local/sam-
ba/lib/lmhosts"   -DSWATDIR="/usr/local/samba/swat" -DSBINDIR="/usr/local/sam-
ba/bin" -DLOCKDIR="/usr/local/samba/var/locks" -
DSMBRUN="/usr/local/samba/bin/smbrun" -DCODEPAGEDIR="/usr/local/samba/lib/code-
pages" -DDRIVERFILE="/usr/local/samba/lib/printers.def" -DBINDIR="/usr/lo-
cal/samba/bin" -DHAVE_INCLUDES_H -DPASSWD_PROGRAM="/bin/passwd" -
DSMB_PASSWD_FILE="/usr/local/samba/private/smbpasswd"
Using FLAGS32 =  -O -Iinclude -I./include -I./ubiqx -I./smbwrapper  -DSMBLOGFI-
LE="/usr/local/samba/var/log.smb" -DNMBLOGFILE="/usr/local/samba/var/log.nmb" -
DCONFIGFILE="/usr/local/samba/lib/smb.conf" -DLMHOSTSFILE="/usr/local/sam-
ba/lib/lmhosts"   -DSWATDIR="/usr/local/samba/swat" -DSBINDIR="/usr/local/sam-
ba/bin" -DLOCKDIR="/usr/local/samba/var/locks" -
DSMBRUN="/usr/local/samba/bin/smbrun" -DCODEPAGEDIR="/usr/local/samba/lib/code-
pages" -DDRIVERFILE="/usr/local/samba/lib/printers.def" -DBINDIR="/usr/lo-
cal/samba/bin" -DHAVE_INCLUDES_H -DPASSWD_PROGRAM="/bin/passwd" -
DSMB_PASSWD_FILE="/usr/local/samba/private/smbpasswd"
Using LIBS = -lreadline -ldl  -lcrypt -lpam
Compiling smbd/server.c
Compiling smbd/files.c
Compiling smbd/chgpasswd.c

...(Inhalt ausgelassen)...

Compiling rpcclient/cmd_samr.c
Compiling rpcclient/cmd_reg.c
Compiling rpcclient/cmd_srvsvc.c
Compiling rpcclient/cmd_netlogon.c
Linking bin/rpcclient
Compiling utils/smbpasswd.c
Linking bin/smbpasswd
Compiling utils/make_smbcodepage.c
Linking bin/make_smbcodepage
Compiling utils/nmblookup.c
Linking bin/nmblookup
Compiling utils/make_printerdef.c
Linking bin/make_printerdef
```

Wenn Sie während der Kompilierung auf Probleme stoßen sollten, suchen Sie in der Samba-Dokumentation nach einer einfachen Lösung. Sie können außerdem die Samba-Mailing-listen durchsuchen und dort Nachrichten ablegen. Mehr zu diesem Thema finden Sie am Ende von Anhang D, *Übersicht über Samba-Daemons und Befehle*, und auf der Samba-Homepage. Die meisten Kompilierungsprobleme sind systembezogen und fast immer leicht zu beheben.

Sie haben nun die Dateien kompiliert und können sie in die angegebenen Verzeichnisse installieren. Verwenden Sie dazu den Befehl:

```
# make install
```

Wenn Sie Samba aktualisieren, werden Ihre alten Samba-Dateien mit der Erweiterung *old* gesichert, so daß Sie mit dem Befehl make revert zur alten Version zurückkehren können. Nachdem make install ausgeführt ist, sollten Sie die *.old*-Dateien (sofern sie existieren) an einen anderen Ort verschieben oder umbenennen. Ansonsten würden bei der nächsten Samba-Installation die bisherigen *.old*-Dateien ohne Warnung überschrieben und die frühere Version ginge verloren. Wenn Sie Samba mit den Standardpfaden für Dateien konfiguriert haben, werden die neuen in den in : angegebenen Verzeichnissen installiert. Denken Sie daran, die Installation unter einem Benutzerkonto durchzuführen, das über Schreibberechtigungen auf diesen Zielpfaden verfügt. Dabei handelt es sich üblicherweise um das root-Konto.

Tabelle 2-2: Samba-Installationsverzeichnisse

Verzeichnis	Beschreibung
/usr/local/samba	Basisverzeichnis
/usr/local/samba/bin	Ausführbare Dateien
/usr/local/samba/lib	*smb.conf, lmhosts*, Konfigurationsdateien usw.
/usr/local/samba/man	Samba-Dokumentation
/usr/local/samba/private	Verschlüsselte Kennwortdatei für Samba
/usr/local/samba/swat	SWAT-Dateien
/usr/local/samba/var	Samba-Protokolldateien, Sperrdateien, Suchlistenangaben, Dateien für gemeinsam genutzten Speicher und Dateien für die Prozeß-IDs

Im weiteren Verlauf dieses Buches beziehen wir uns gelegentlich auf den Ort der Basisverzeichnisses als `samba_dir`. In den meisten Konfigurationen handelt es sich dabei um das Basisverzeichnis des installierten Samba-Paketes: */usr/local/samba*.

 Passen Sie auf, wenn Sie */usr* zu einer schreibgeschützten Partition gemacht haben. Sie werden Protokolle, Sperrdateien und Kennwortdateien an eine andere Stelle schreiben wollen.

Hier ist die Installation, die wir auf unserem Computer durchgeführt haben. Sie können sehen, daß wir als Basisverzeichnis */usr/local/samba* für die Distribution gewählt haben (siehe unter *samba_dir*):

```
# make install
Using FLAGS = -O -Iinclude -I./include -I./ubiqx -I./smbwrapper  -DSMBLOGFI-
LE="/usr/local/samba/var/log.smb" -DNMBLOGFILE="/usr/local/samba/var/log.nmb" -
DCONFIGFILE="/usr/local/samba/lib/smb.conf" -
```

...(Inhalt ausgelassen)...

```
The binaries are installed. You may restore the old binaries
(if there were any) using the command "make revert". You may
uninstall the binaries using the command "make uninstallbin"
or "make uninstall" to uninstall binaries, man pages and shell
scripts.
```

...(Inhalt ausgelassen)...

```
=============================================================
The SWAT files have been installed. Remember to read the
README for information on enabling and using SWAT.
=============================================================
```

Wenn die letzte Meldung SWAT eintrifft, haben Sie erfolgreich alle Dateien installiert. Glückwunsch! Sie haben nun Samba auf Ihrem System!

Letzte Installationsschritte

Sie sollten noch ein paar Schritte durchführen. Fügen Sie insbesondere das Samba Web Administration Tool (SWAT) den Konfigurationsdateien */etc/services* und */etc/inetd.conf* hinzu. SWAT wird als Daemon unter *inetd* ausgeführt und stellt einen formularbasierten Editor in Ihrem Web-Browser dar, so daß Sie die Samba-Konfigurationsdatei erstellen und bearbeiten können.

1. Fügen Sie folgende Zeile in die Datei */etc/services* ein, um SWAT einzurichten:

   ```
   swat    901/tcp
   ```

2. Fügen Sie die folgenden Zeilen in die Datei */etc/inetd.conf* ein. (Prüfen Sie die Man Page von *inetd.conf*, um das genaue Format Ihrer Datei *inetd.conf* herauszufinden; es kann sich vom folgenden Beispiel unterscheiden.) Vergessen Sie nicht, den Pfad anzupassen, damit er auf die ausführbare Datei von SWAT zeigt, falls Sie diese nicht in */usr/local/samba* installiert haben sollten:

   ```
   swat    stream tcp nowait.400  root  /usr/local/samba/bin/swat  swat
   ```

Und das war die Installation im wesentlichen. Bevor Sie Samba starten können, müssen Sie aber noch eine Konfigurationsdatei erstellen.

Eine grundlegende Samba-Konfigurationsdatei

Der Schlüssel zur Konfiguration von Samba ist die Konfigurationsdatei *smb.conf*. Diese Datei kann sehr einfach oder auch extrem kompliziert sein, und im Rest dieses Buches geht es darum, Sie mit dieser Datei vertraut zu machen. Wir zeigen Ihnen erst einmal, wie Sie einen einzigen Dateidienst einrichten, mit dem Sie die Samba-Daemons starten und sehen können, daß alles nach Plan läuft. Gegen Ende des Buch werden Sie lernen, wie Sie Samba für kompliziertere und interessantere Aufgaben konfigurieren.

Der Installationsvorgang erstellt nicht automatisch eine *smb.conf*-Konfigurationsdatei, auch wenn die Distribution mehrere Muster dieser Datei als Beispiele enthält. Um die Server-Software zu testen, verwenden wir aber die folgende Datei. Sie sollte *smb.conf* heißen und im Verzeichnis */usr/local/samba/lib* liegen.[6]

```
[global]
   workgroup = SIMPLE
[test]
   comment = Bitte nur zu Testzwecken verwenden
   path = /export/samba/test
   read only = no
   guest ok = yes
```

Diese kurze Konfigurationsdatei weist den Samba-Server an, das Verzeichnis */export/samba/test* auf dem Server mit dem Protokoll SMB/CIFS unter dem Namen test freizugeben. Der Server ist außerdem Mitglied der Arbeitsgruppe SIMPLE, in der sich auch jeder Client befinden muß (verwenden Sie Ihre Arbeitsgruppe, wenn Sie bereits wissen, worum es sich dabei handelt). Wir verwenden im nächsten Kapitel die Freigabe test, um die Windows-Clients einzurichten. Vervollständigen Sie jetzt die Einrichtung, indem Sie auf dem Unix-Server folgende Befehle als root eingeben:

```
# mkdir /export/samba/test
# chmod 777 /export/samba/test
```

Diese Konfiguration ist in bezug auf die Systemsicherheit die schlechtestmögliche. Momentan möchten wir Samba lediglich testen, so daß wir Sicherheitsaspekte außer acht lassen können. Außerdem kann es Schwierigkeiten mit verschlüsselten Kennwörtern bei Windows-Clients geben; unsere Konfiguration wird uns in dieser Hinsicht am wenigsten Probleme bereiten.

---

6 Wenn Sie Samba nicht kompiliert und statt dessen ausführbare Dateien heruntergeladen haben, sehen Sie in der Dokumentation des Paketes nach, wo die Datei *smb.conf* liegen sollte. Falls Samba auf Ihrem Unix-System vorinstalliert war, existiert diese Datei wahrscheinlich schon auf Ihrem Computer.

Wenn Sie Windows 98 oder NT ab Service Pack 3 verwenden, müssen Sie im Abschnitt [global] der Samba-Konfigurationsdatei encrypt passwords = yes schreiben. Außerdem müssen Sie das Programm *smbpassword* (üblicherweise im Verzeichnis */usr/local/samba/bin/*) verwenden, um die Kombinationen aus Benutzername und Kennwort erneut für diejenigen Benutzer einzugeben, die über verschlüsselte Kennwörter auf Freigaben zugreifen können sollen. Wenn Sie zum Beispiel wollen, daß der Unix-Benutzer Steve Freigaben von einem SMB-Client nutzen kann, könnten Sie smbpasswd -a steve eingeben. Beim ersten Hinzufügen eines Benutzers gibt das Programm die Fehlermeldung aus, daß die Datenbank mit den verschlüsselten Kennwörtern nicht existiert. Sorgen Sie sich nicht, denn die Datenbank wird in diesem Fall erzeugt. Stellen Sie sicher, daß die Kombinationen aus Benutzernamen und Kennwörtern mit denjenigen auf der Windows-Seite übereinstimmen.

SWAT verwenden

Mit Samba 2.0 ist es noch einfacher, eine Konfigurationsdatei zu erstellen. Sie können Ihren Browser verwenden, um eine Verbindung zu *http://localhost:901* herzustellen und sich als root anmelden, wie in Abbildung 2-1 dargestellt (achten Sie darauf, daß kein Proxy verwendet wird und die Eingaben nicht gecached werden).

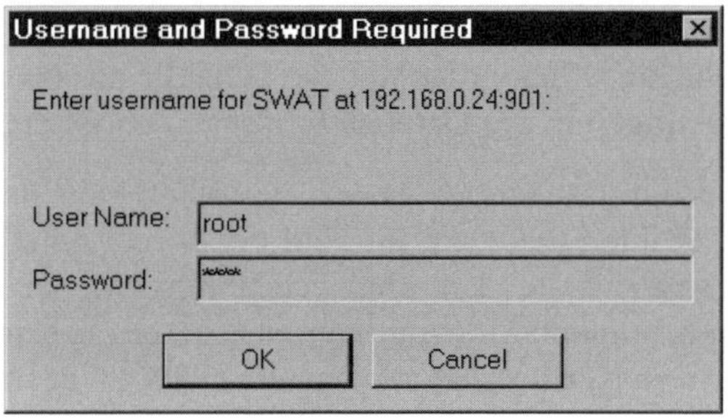

Abbildung 2-1: SWAT-Anmeldung

Klicken Sie nach der Anmeldung auf die Schaltfläche GLOBALS im oberen Teil des Bildschirms. Sie sollten daraufhin die in Abbildung 2-2 gezeigte Seite Global Variables sehen.

Legen Sie für unser Beispiel die Arbeitsgruppe (workgroup) auf SIMPLE und die Sicherheit (security) auf USER fest. Sie müssen jetzt nur noch bestimmen, welcher Computer in Ihrem System NetBIOS-Adressen auflöst und somit der *WINS-Server* ist. Aktivieren Sie ganz unten auf der Seite die WINS-Unterstützung (yes), falls Sie noch keinen WINS-Server in Ihrem Netzwerk besitzen. Geben Sie ansonsten die IP-Adresse des WINS-Servers

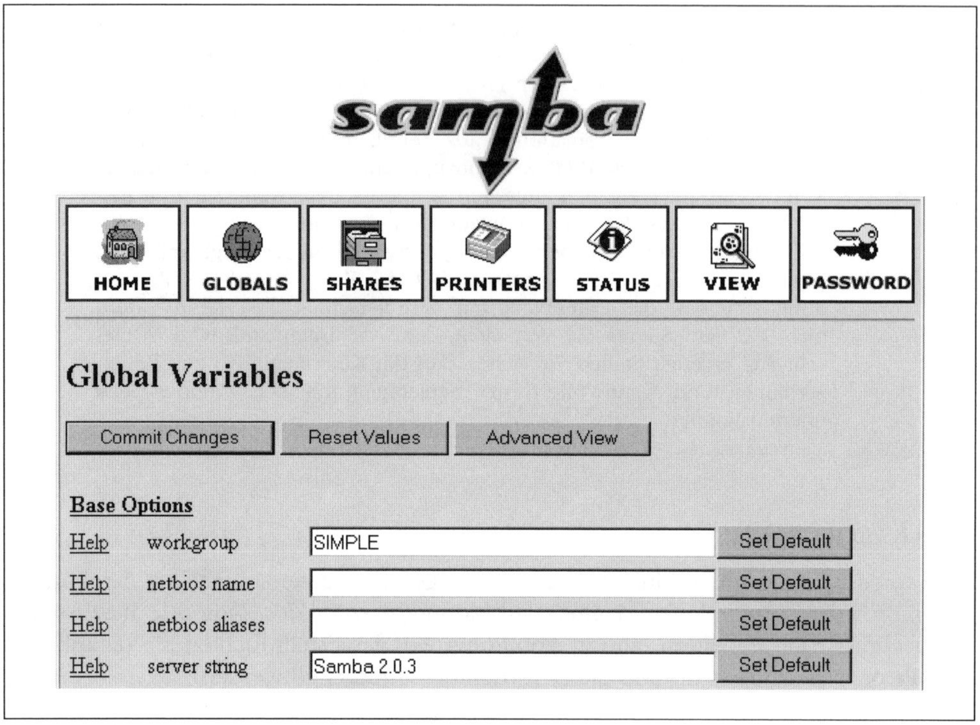

Abbildung 2-2: Die Seite Global Variables des SWAT

in das Feld `wins server` ein. Klicken Sie auf die Schaltfläche `Commit Changes` oben auf der Seite, um die Änderungen in die Datei *smb.conf* zu schreiben.

Klicken Sie als nächstes auf das Symbol `Shares`. Sie sollten eine ähnliche Seite wie die in Abbildung 2-3 sehen. Wählen Sie `test` im Feld neben der Schaltfläche `Choose Share`. Die Seite `Share Parameters` sollte daraufhin erscheinen, wie in Abbildung 2-4 dargestellt. Wir haben einen Kommentar hinzugefügt, der uns daran erinnern soll, daß es sich um eine Testfreigabe in der Datei *smb.conf* handelt. SWAT besitzt Kopien dieser hier dargestellten Informationen.

Wenn Sie auf die Schaltfläche `View` klicken, zeigt SWAT die folgende *smb.conf*-Datei an:

```
# Samba config file created using SWAT
# from localhost (127.0.0.1)
# Date: 1998/11/27 15:42:40

# Global parameters
        workgroup = SIMPLE
[test]
        comment = Bitte nur zu Testzwecken verwenden
        path = /export/samba/test
        read only = no
        guest ok = yes
```

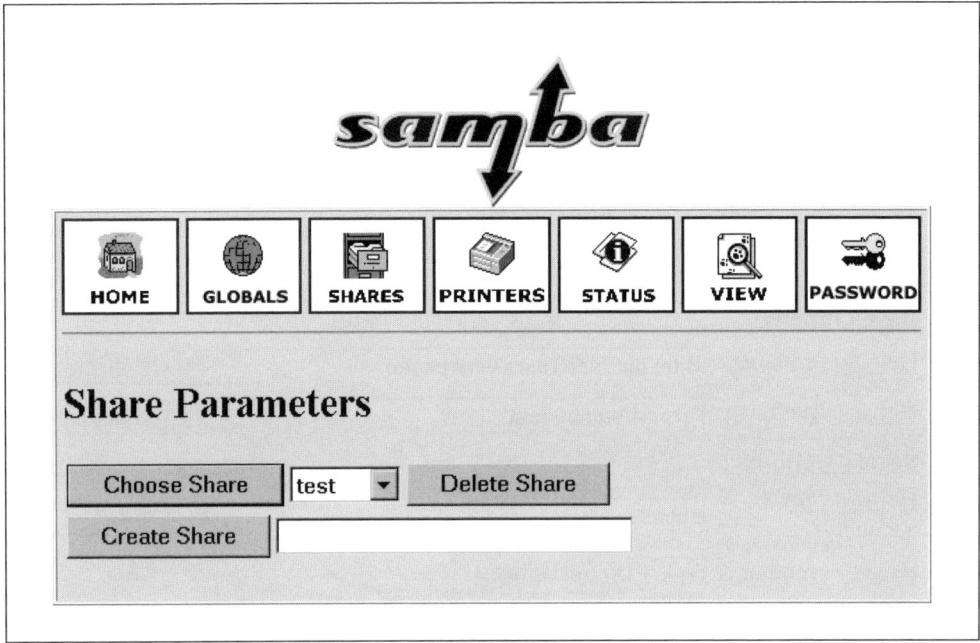

Abbildung 2-3: Share Creation-Seite von SWAT

Wenn Sie diese Konfigurationsdatei angelegt haben, können Sie den nächsten Schritt überspringen, weil eine von SWAT erstellte Konfigurationsdatei garantiert keine Syntaxfehler enthält (aber man sollte sie trotzdem einmal durchsehen).

Die Konfigurationsdatei prüfen

Wenn Sie Ihre Konfigurationsdatei nicht mit SWAT erstellt haben, sollten Sie diese auf Syntaxfehler hin überprüfen und sie beseitigen. Es mag albern klingen, eine nur acht Zeilen große Konfigurationsdatei mit einem Programm zu prüfen, aber es ist eine gute Übung für die »richtigen« Dateien, die wir später schreiben werden.

Das Prüfprogramm *testparm* untersucht eine *smb.conf*-Datei auf Syntaxfehler hin und meldet sie zusammen mit den Diensten, die auf Ihrem System aktiviert sind. Wir zeigen Ihnen dies an einem Beispiel, und Sie werden beobachten, daß wir in unserer Eile den Begriff `workgroup` als `workgrp` geschrieben haben. Die Ausgabe des Prüfprogramms ist häufig lang, so daß wir empfehlen, die letzten Teile mit dem Befehl `tee` in eine Datei umzuleiten:

```
Load smb config files from smb.conf
Unknown parameter encountered: "workgrp"
Ignoring unknown parameter "workgrp"
Processing section "[test]"
Loaded services file OK.
Press enter to see a dump of your service definitions
```

47

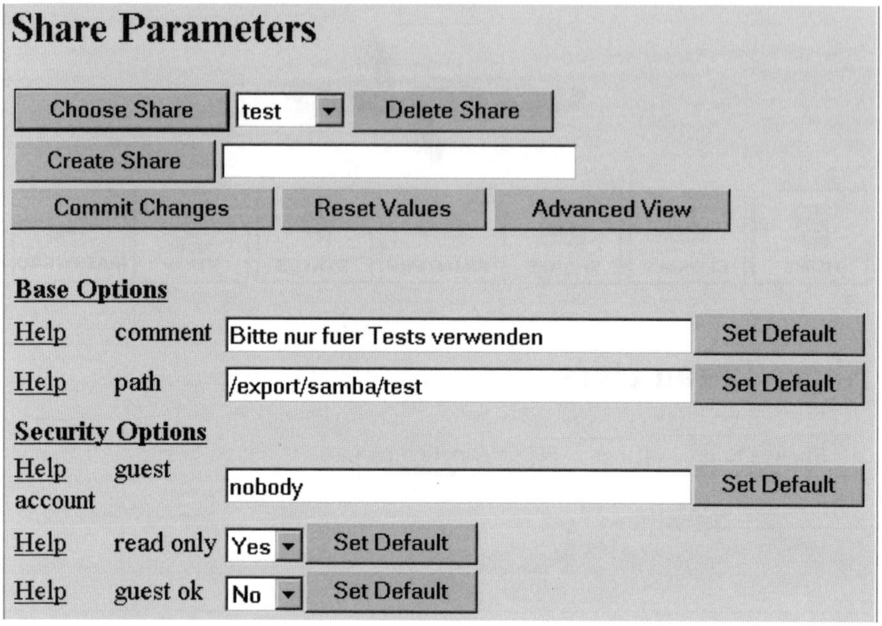

Share Parameters

| Choose Share | test ▼ | Delete Share |

| Create Share | |

| Commit Changes | Reset Values | Advanced View |

Base Options

Help   comment   Bitte nur fuer Tests verwenden   Set Default

Help   path   /export/samba/test   Set Default

Security Options

Help   guest account   nobody   Set Default

Help   read only   Yes ▼   Set Default

Help   guest ok   No ▼   Set Default

Abbildung 2-4: Share Parameters-Seite von SWAT

```
# Global parameters
[global]
        workgroup = WORKGROUP
        netbios name =
        netbios aliases =
        server string = Samba 2.0.5a
        interfaces =
        bind interfaces only = No
```

...(Inhalt ausgelassen)...

```
[test]
        comment = Bitte nur zu Testzwecken verwenden
    path = /export/samba/test
        read only = No
        guest ok = Yes
```

Die interessanten Teile sind der Anfang und das Ende. Im oberen Teil der Ausgabe sehen Sie Hinweise für jegliche mögliche Syntaxfehler in der Konfigurationsdatei, und unten führt die Ausgabe die Dienste auf, die der Server anzubieten gedenkt. Ein Hinweis: Stellen Sie sicher, daß Sie und der Server dieselben Erwartungen haben.

Wenn alles gut aussieht, können Sie jetzt die Server-Daemons starten!

Die Samba-Daemons starten

Es gibt zwei Samba-Prozesse, *smbd* und *nmbd*, die ausgeführt werden müssen, damit Samba korrekt läuft. Es gibt drei Möglichkeiten, die Daemons aufzurufen:

- manuell
- als alleinstehende Daemons
- über *inetd*

Die Daemons per Hand starten

Wenn Sie es eilig haben, können Sie die Samba-Daemons manuell starten. Geben Sie als root einfach die folgenden Befehle ein:

```
# /usr/local/samba/bin/smbd -D
# /usr/local/samba/bin/nmbd -D
```

Ab diesem Zeitpunkt wird Samba auf Ihrem System ausgeführt und akzeptiert Verbindungen.

Alleinstehende Daemons

Um Samba-Prozesse als alleinstehende Daemons auszuführen, müssen Sie die Befehle aus dem vorigen Abschnitt in Ihre Unix-Startskripten aufnehmen. Deren Aussehen hängt davon ab, ob Sie ein BSD- oder ein System V-Unix haben.

BSD-Unix

Bei einem BSD-Unix müssen Sie folgende Zeilen in die Datei *rc.local* einfügen, die Sie in der Regel in einem der Verzeichnisse */etc* oder */etc/rc.d* finden:

```
if [ -x /usr/local/samba/bin/smbd]; then
    echo "Starting smbd..."
    /usr/local/samba/bin/smbd -D
    echo "Starting nmbd..."
    /usr/local/samba/bin/nmbd -D
fi
```

Dieser Code ist sehr einfach; er prüft, ob die Datei *smbd* die Ausführungsberechtigung besitzt. Falls dies der Fall ist, werden beide Samba-Daemons gestartet.

System V-Unix

Bei System V kann es etwas komplizierter werden. System V verwendet gewöhnlich Skripten, um Daemons auf dem System zu starten und zu beenden. Daher müssen Sie Samba mitteilen, wie es sich beim Starten und beim Beenden zu verhalten hat. Sie können den Inhalt des Verzeichnisses */etc/rc.local* ändern und darin ein dem folgenden Programm ähnliches Skript mit dem Namen *smb* erstellen:

```
#!/bin/sh

# Enthält die Funktion "killproc" auf Red Hat Linux
./etc/rc.d/init.d/functions

PATH="/usr/local/samba/bin:$PATH"

case $1 in
    'start')
        echo "smbd wird gestartet..."
        smbd -D
        echo "nmbd wird gestartet..."
        nmbd -D
        ;;
    'stop')
        echo "smbd und nmbd. werden beendet.."
        killproc smbd
        killproc nmbd
        rm -f /usr/local/samba/var/locks/smbd.pid
        rm -f /usr/local/samba/var/locks/nmbd.pid
        ;;
    *)
        echo "Verwendung: smb {start|stop}"
        ;;
esac
```

Dank dieses Skriptes können Sie den SMB-Dienst mit folgenden Befehlen aufrufen oder beenden:

```
# /etc/rc.local/smb start
smbd wird gestartet...
nmbd wird gestartet...
# /etc/rc.local/smb stop
smbd und nmbd. werden beendet.
```

Über Inetd starten

Der *inetd*-Daemon ist der Internet-»Super-Daemon« von Unix. Er lauscht an den TCP-Anschlüssen (Ports), die in der Datei */etc/services* vorgegeben sind, und führt bei einer eingehenden Anfrage das entsprechende in der Datei */etc/inetd.conf* aufgeführte Programm als Daemon aus. Der Vorteil dieser Methode ist, daß eine große Anzahl von Daemons zwar bereitsteht, um auf Abfragen zu reagieren, aber nicht alle gleichzeitig laufen müssen, weil der *inetd*-Daemon an ihrer Stelle lauscht. Die Nachteile dieses Verfahrens sind eine etwas höhere Systembelastung beim Anlegen neuer Prozesse und die Tatsache, daß Sie zwei Konfigurationsdateien statt einer bearbeiten müssen, um einen neuen TCP/IP-Daemon einzurichten. Der Einsatz des *inetd*-Daemon ist dann praktisch, wenn nur ein oder zwei Benutzer auf Ihr System zugreifen oder Ihr Computer bereits zu viele Daemons besitzt. Es ist außerdem einfacher, eine Aktualisierung durchzuführen, ohne eine bestehende Verbindung zu unterbrechen.

Wenn Sie die Samba-Daemons über *inetd* starten wollen, öffnen Sie zunächst */etc/services* in Ihrem Texteditor. Fügen Sie die beiden folgenden Zeilen hinzu, falls sie noch nicht existieren sollten:

```
netbios-ssn     139/tcp
netbios-ns      137/udp
```

Bearbeiten Sie nun die Datei */etc/inetd.conf*. Auch hier sind die folgenden zwei Zeilen neu aufzunehmen, sofern sie noch nicht vorhanden sind. Wenn sich smbd und nmbd bereits in der Datei befinden, bearbeiten Sie die Zeilen so, daß Sie auf die neu installierten Dateien *smbd* und *nmbd* verweisen. Ihre Unix-Variante verwendet möglicherweise eine etwas andere Syntax in der Datei; ziehen Sie in solchen Fällen die bestehenden Zeilen sowie die Man Page von *inetd.conf* als Leitfaden heran:

```
netbios-ssn stream tcp nowait root /usr/local/samba/bin/smbd smbd
netbios-ns  dgram  udp wait    root /usr/local/samba/bin/nmbd nmbd
```

Beenden Sie schließlich alle laufenden *smbd*- oder *nmbd*-Prozesse, und senden Sie dem *inetd*-Prozeß ein HUP-Signal. (Der *inetd*-Daemon liest dadurch seine Konfigurationsdatei neu ein.) Finden Sie die Prozeß-ID mit dem ps-Befehl heraus, und senden Sie ihm mit folgendem Kommando das Signal:

```
# kill -HUP process_id
```

Danach sollte Samba ausgeführt werden.

Die Samba-Daemons testen

Es ist kaum zu glauben, aber wir sind mit der Einrichtung von Samba so gut wie fertig. Wir müssen jetzt nur noch sicherstellen, daß alles so funktioniert, wie wir es erwarten. Hier leistet das Programm *smbclient* gute Dienste. Es gibt aus, welche Freigaben ein Server für das Netzwerk bereitstellt. Wenn alles korrekt eingerichtet ist, sollte die Ausgabe wie folgt aussehen:

```
# smbclient -U% -L localhost

Added interface ip=192.168.220.100 bcast=192.168.220.255 nmask=255.255.255.0
Domain=[SIMPLE] OS=[Unix] Server=[Samba 2.0.5a]

        Sharename       Type        Comment
        ---------       ----        -------
        test            Disk Bitte nur zu Testzwecken verwenden
        IPC$            IPC         IPC Service (Samba 2.0.5a)

        Server                      Comment
        ---------                   -------
        HYDRA                       Samba 2.0.5a

        Workgroup                   Master
        ---------                   -------
        SIMPLE                      HYDRA
```

Keine Panik, falls ein Problem auftritt. Versuchen Sie, die Daemons manuell zu starten, und prüfen Sie die Ausgaben des Systems oder die Debug-Datei */usr/local/samba/ var/log.smb*, um nach der Ursache zu fahnden. Falls Sie an ein ernsteres Problem glauben, lesen Sie Kapitel 9, *Fehlersuche und Problembehandlung*. Dort finden Sie Hinweise zur Fehlersuche bezüglich der Samba-Daemons.

Wenn Ihre Konfiguration läuft – Glückwunsch! Sie haben jetzt den Samba-Server erfolgreich mit einer Verzeichnisfreigabe eingerichtet. Diese Konfiguration ist zwar einfach, aber wir können sie immerhin im nächsten Kapitel dazu verwenden, Windows 95- und NT-Clients einzurichten und zu testen. Anschließend wird es richtig interessant, weil wir Dienste hinzufügen, Basisverzeichnisse für Benutzer, Drucker und Sicherheitsmerkmale einrichten sowie die Integration des Servers in eine größere Windows-Domäne vornehmen.

3

Windows-Clients konfigurieren

Sie werden froh sein, zu erfahren, daß es ganz einfach ist, Windows für die Arbeit mit Samba zu konfigurieren. SMB ist die von Microsoft üblicherweise verwendete Freigabesprache für Ressourcen im lokalen Netzwerk, so daß ein großer Teil der Einrichtung auf den Windows-Clients bereits erledigt ist. Dieses Kapitel geht hauptsächlich auf die Kommunikation und Koordination zwischen Windows und Unix ein, zwei völlig unterschiedlichen Betriebssystemen.

Samba verwendet TCP/IP als Transportprotokoll im Netzwerk. Falls Ihre Clients nicht bereits TCP/IP benutzen, müssen Sie dieses Protokoll zunächst installieren und konfigurieren – dieses Kapitel erklärt Ihnen, wie Sie das machen. Im Anschluß daran zeigen wir Ihnen, wie Sie auf ein freigegebenes Verzeichnis eines Samba-Servers zugreifen.

Dieses Kapitel besteht aus drei Teilen. Der erste beschreibt die Einrichtung von Windows 95/98-Computern, der zweite geht auf Windows NT 4.0 ein. Der letzte Abschnitt erklärt die notwendigen Voraussetzungen für SMB-Verbinungen von Windows-Clients und -Servern; diese Angaben werden Ihnen im weiteren Verlauf dieses Buches von Nutzen sein.

Windows 95/98-Computer einrichten

Leider ist Windows 95/98 nicht dafür gedacht, daß mehr als ein Benutzer mit einem Computer arbeitet. Dieses Konzept liegt vielmehr den Unix-Betriebssystemen und Windows NT zugrunde. Immerhin bietet Windows 95/98 eine *eingeschränkte* Unterstützung von mehreren Benutzern: Wenn Sie es dem Betriebssystem mitteilen, speichert es für jeden Benutzer ein separates Profil (das Aussehen der Arbeitsumgebung) und eine eigene Kennwortdatei. Das ist von einer echten Mehrbenutzersicherheit weit entfernt. Anders gesagt: Windows 95/98 versucht nicht wie Unix, Benutzer davon abzuhalten, die Arbeit anderer Benutzer zu zerstören. Immerhin sind diese Profile ein guter Ansatzpunkt.

Konten und Kennwörter

Zunächst müssen wir Windows mitteilen, daß es einerseits die Benutzerprofile trennen und andererseits Benutzernamen und Kennwörter für die Samba-Anmeldung der einzelnen Benutzer separat verwalten soll. Wir verwenden dazu das Element *Kennwörter* in der Systemsteuerung. Sie gelangen in die Systemsteuerung, indem Sie auf Start, Einstellungen und dann auf Systemsteuerung klicken. Sie können auch auf das Symbol Arbeitsplatz auf dem Desktop doppelklicken; dann öffnet sich ein Fenster, das die Systemsteuerung als Symbol enthält.

Mit einem Doppelklick auf das Symbol Kennwörter holen Sie die Registerkarte Benutzerprofile in den Vordergrund. Sie sehen dann das in Abbildung 3-1 dargestellte Dialogfenster. Aktivieren Sie das untere der beiden Optionsfelder, das mit der Beschriftung Benutzer können die Vorgaben und Desktop-Einstellungen ändern beginnt. Dadurch legt Windows für jeden Benutzer ein eigenes Profil an und speichert den eingegeben Benutzernamen einschließlich seines Kennwortes. Diese Kombination aus Benutzername und Kennwort wird später verwendet, wenn der Benutzer eine Verbindung zu einem SMB/CIFS-Server herstellen will. Aktivieren Sie schließlich *beide* Optionen im Bereich Einstellungen für Benutzerprofile, wie in der Abbildung gezeigt.

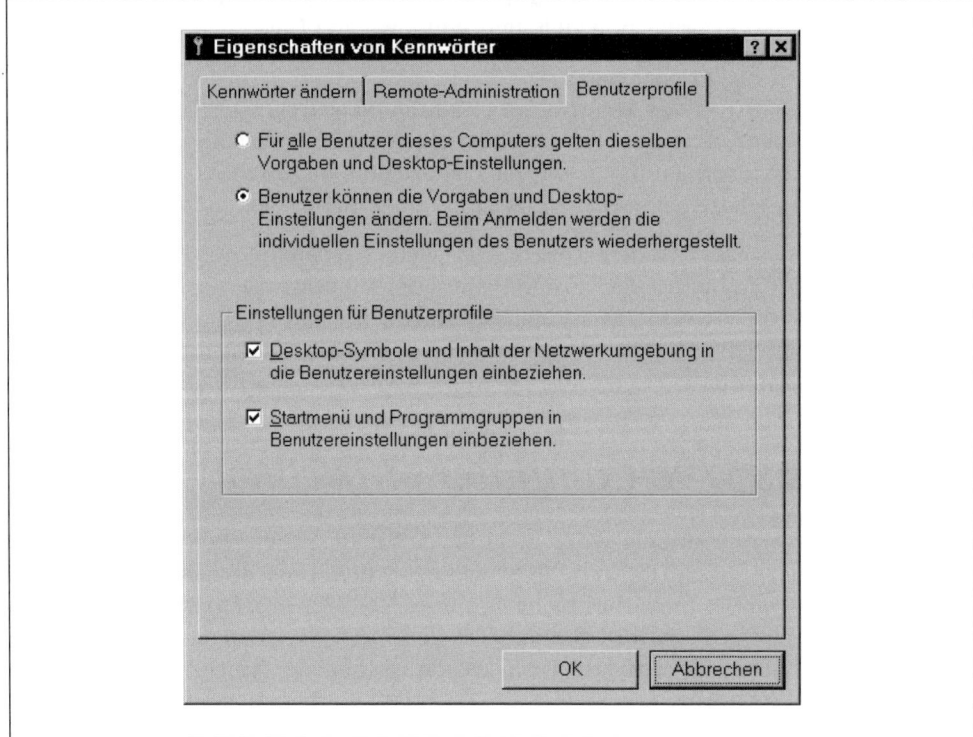

Abbildung 3-1: Die Kennworteinstellungen der Systemsteuerung

Aktivieren Sie nun die Registerkarte Kennwörter ändern. Damit Sie auf Samba-Freigaben zugreifen können, müssen die bei Windows eingebenenen Kombinationen aus Benutzernamen und Kennwörtern mit den Kombinationen übereinstimmen, die Sie auf dem Samba-Server eingetragen haben. Lassen Sie sich nicht irritieren, falls Sie diese Registerkarte nicht sehen; das liegt daran, daß Sie sich nicht mit einem Namen und Kennwort bei Windows angemeldet haben. Klicken Sie in diesem Falle einfach auf OK und beantworten Sie die Frage, ob der Rechner neu gestartet werden soll, mit Ja. Fahren Sie dann mit dem Abschnitt »Die erste Anmeldung« fort.

Das Windows-Kennwort ändern

Wenn Sie die Registerkarte Kennwörter ändern ausgewählt haben, sehen Sie das in Abbildung 3-2 dargestellte Dialogfenster.

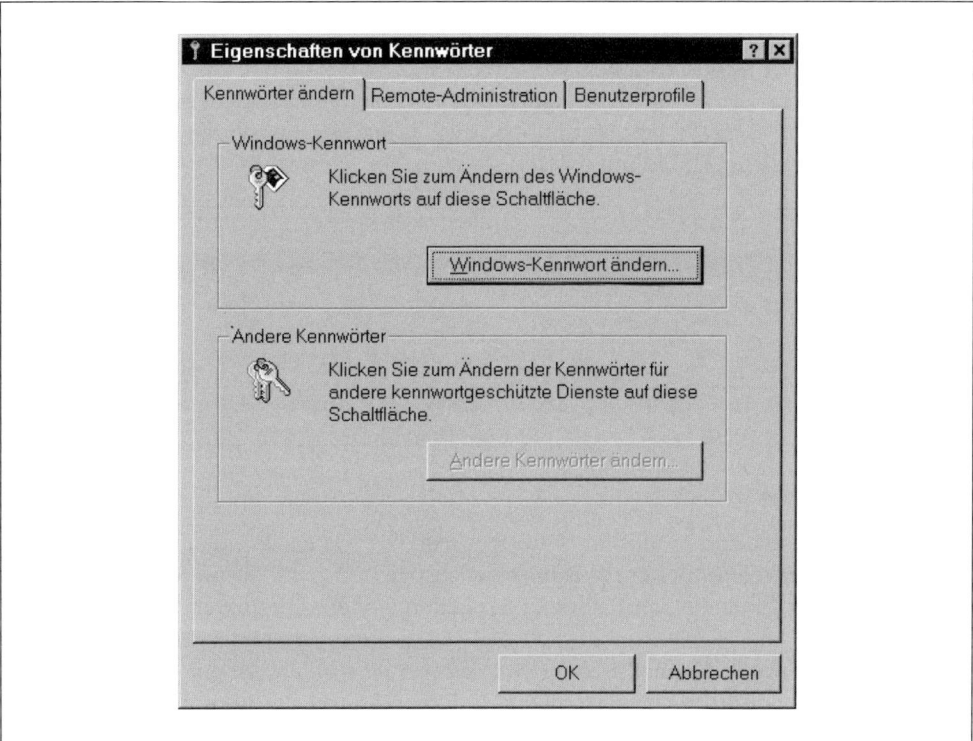

Abbildung 3-2: Die Registerkarte Kennwörter ändern

Klicken Sie auf die Schaltfläche Windows-Kennwort ändern und das gleichnamige Dialogfenster erscheint (siehe Abbildung 3-3). Hier können Sie Ihr Kennwort ändern, damit es mit demjenigen übereinstimmt, das auf dem Samba-Server eingetragen ist, bei dem Sie sich anmelden wollen.

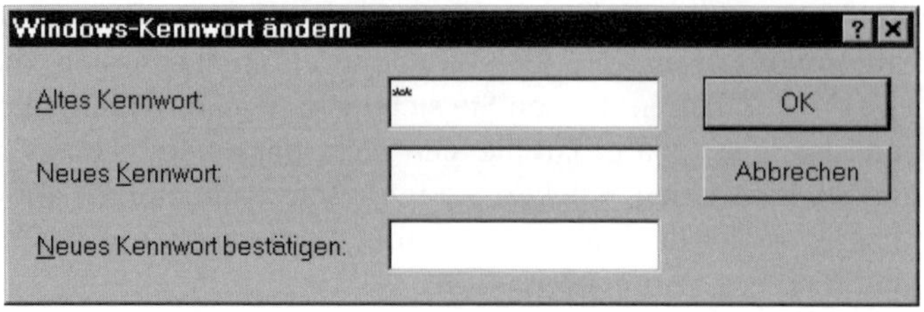

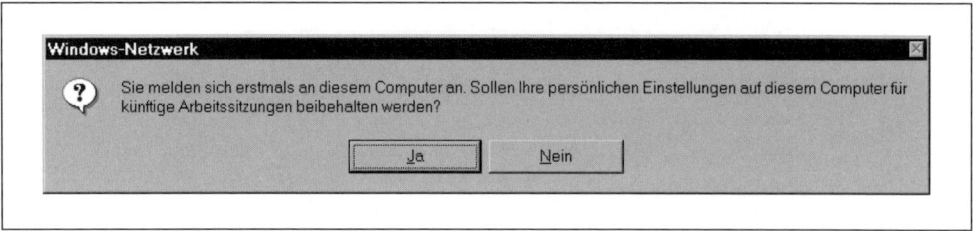

Abbildung 3-3: Das Dialogfenster Windows-Kennwort ändern

Die erste Anmeldung

Wenn Sie im Dialogfenster Eigenschaften von Kennwörter die Registerkarte Kennwörter ändern nicht sehen, fragt Sie Windows nach dem nächsten Start des Betriebssystems nach einem neuen Benutzernamen und einem Kennwort. Geben Sie den Namen und das Kennwort ein, die Sie auf dem Samba-Server besitzen. Nachdem Sie Ihr Kennwort durch eine zweite Eingabe bestätigt haben, fragt Windows Sie, ob Sie ein neues Profil erstellen wollen (siehe Abbildung 3-4).

Abbildung 3-4: Windows-Netzwerkprofile

Beantworten Sie die Frage mit Ja. Windows wird für Sie ein Benutzerprofil und eine Kennwortdatei erstellen, in der Ihr Kennwort gespeichert wird. Wenn Sie anschließend eine Verbindung zu einem Samba-Server herstellen wollen, übermittelt Windows dieses Kennwort, das Samba wiederum zur Echtheitsbestätigung verwendet. Einzelheiten über Profile erfahren Sie in Kapitel 6, *Benutzer, Sicherheit und Domänen*. Wir sollten ein kleines Sicherheitsrisiko nicht verschweigen: Jemand kann die Kennwortdatei stehlen und die Kennwörter entschlüsseln, weil das verwendete Verschlüsselungsverfahren nicht besonders schwer zu knacken ist. Leider gibt es für dieses Problem von Windows 95/98 keine Lösung. Windows NT 4.0 und Windows 2000 (der Nachfolger von NT 4) verwenden ein besseres Verfahren zur Kennwortverschlüsselung.

Das Netzwerk einrichten

Nun müssen wir sicherstellen, daß das TCP/IP-Transportprotokoll korrekt eingerichtet ist. Klicken Sie dazu doppelt auf das Symbol Netzwerk in der Systemsteuerung. Sie sehen dann das Fenster zur Netzwerkkonfiguration, wie in Abbildung 3-5 dargestellt.

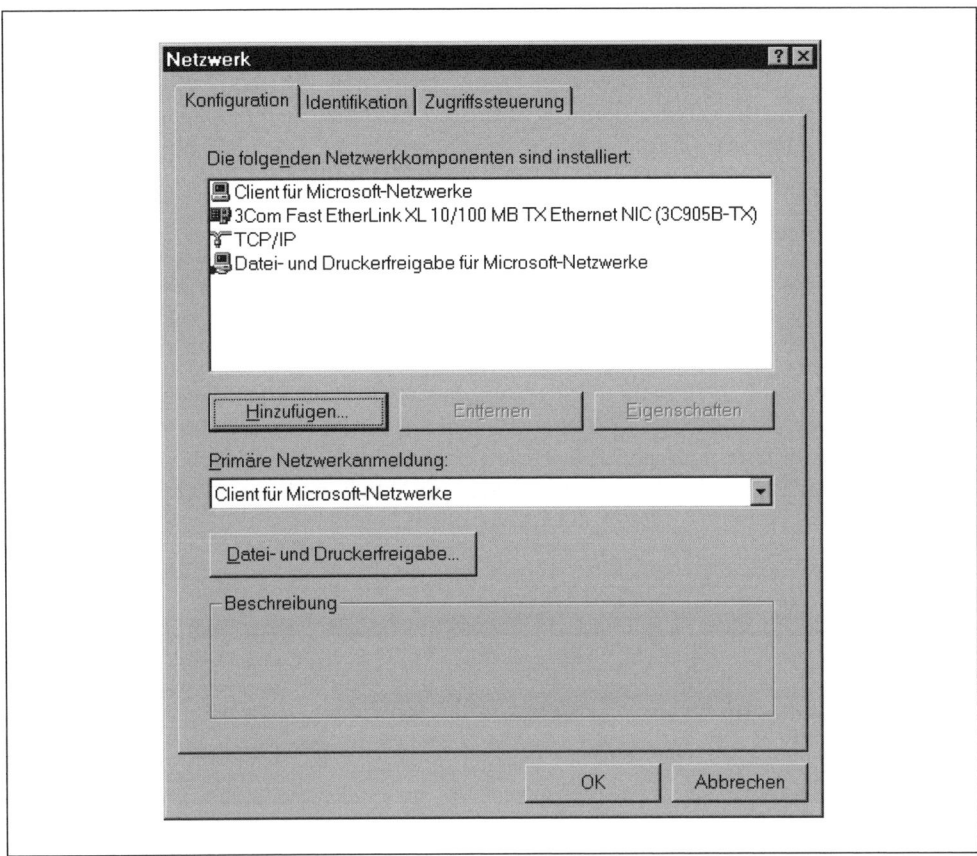

Abbildung 3-5: Das Dialogfenster zur Netzwerkkonfiguration unter Windows 95/98

Bei Microsoft werden Transportprotokolle wie IPX oder TCP/IP an bestimmte Hardware gebunden, wie z.B. eine Ethernet-Netzwerkkarte oder ein DFÜ-Gerät (beispielsweise ein Modem). Durch die Verbindung eines Protokolls mit einem Hardware-Gerät kann der Computer als Client oder Server für einen bestimmten Teil des Netzwerkes arbeiten. Für Samba muß das TCP/IP-Protokoll an ein Netzwerkgerät gebunden sein, so daß der Rechner zu einem Client für Microsoft-Netzwerke wird. Wenn das Dialogfenster erscheint, sollten Sie darin daher wenigstens den Eintrag Client für Microsoft-Netzwerke und hoffentlich ein Netzwerkgerät sehen (vorzugsweise eine Netzwerkkarte), das an das TCP/IP-Protokoll gebunden ist. Wenn es sich bei dem Gerät um die einzige Netzwerk-Hardware handelt, steht der Eintrag für das TCP/IP-Protokoll direkt unter ihm. Wenn das Dialogfenster demjenigen in Abbildung 3-5 ähnelt, ist das Protokoll an die Hardware gebunden.

Möglicherweise finden Sie auch den Eintrag Datei- und Druckerfreigabe für Microsoft-Netzwerke vor. In diesem Fall arbeitet Windows zusätzlich als SMB/CIFS-Server. Außerdem kann das NetBEUI-Protokoll oder der Novell Netware-Client installiert sein. Beide werden standardmäßig installiert, wenn Windows bei der Einrichtung eine Netzwerkkarte findet. Sie sind in einer SMB-Umgebung nicht nur unnötig, sie können sogar die Leistung des Netzwerkes beeinträchtigen. Entfernen Sie das NetBEUI-Protokoll, wenn Sie es nicht benötigen, denn es kann die Fehlersuche beim Durchsuchen des Netzwerkes erschweren. Falls Sie keine Novell-Server im Netzwerk besitzen, können Sie auch die Client-Software für Novell Netware und das IPX/SPX-Protokoll entfernen.

TCP/IP hinzufügen

Wenn Sie keinen Eintrag für TCP/IP finden, müssen Sie dieses Protokoll installieren. Andernfalls können Sie diesen Abschnitt überspringen und bei dem Abschnitt »Den NetBIOS-Namen und die Arbeitsgruppe festlegen« in diesem Kapitel weiterlesen.

Die Installation von TCP/IP ist nicht schwierig, da Microsoft die erforderliche Software auf der CD-ROM von Windows 95/98 liefert. Klicken Sie auf die Schaltfläche Hinzufügen, die sich unterhalb der Liste der installierten Komponenten befindet. Wählen Sie aus der Liste der verfügbaren Typen den Eintrag Protokoll, und klicken Sie auf Hinzufügen ... (siehe Abbildung 3-6).

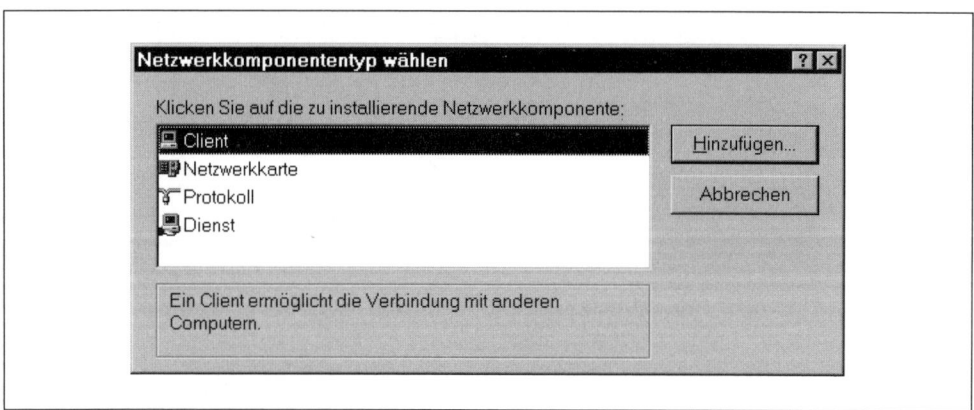

Abbildung 3-6: Die zu installierende Art der Netzwerkkomponente auswählen

Wählen Sie dann Microsoft als Hersteller und TCP/IP als Netzwerkprotokoll, wie in Abbildung 3-7 dargestellt. Klicken Sie auf OK, damit das Protokoll installiert wird. Die Setup-Routine fragt möglicherweise nach der CD-ROM von Windows 95/98, um die erforderlichen Dateien auf die Festplatte kopieren zu können. Anschließend sehen Sie wieder das Dialogfenster, das die installieren Komponenten aufführt. Wenn Sie dieses Fenster schließen, muß Windows den Rechner neu starten.

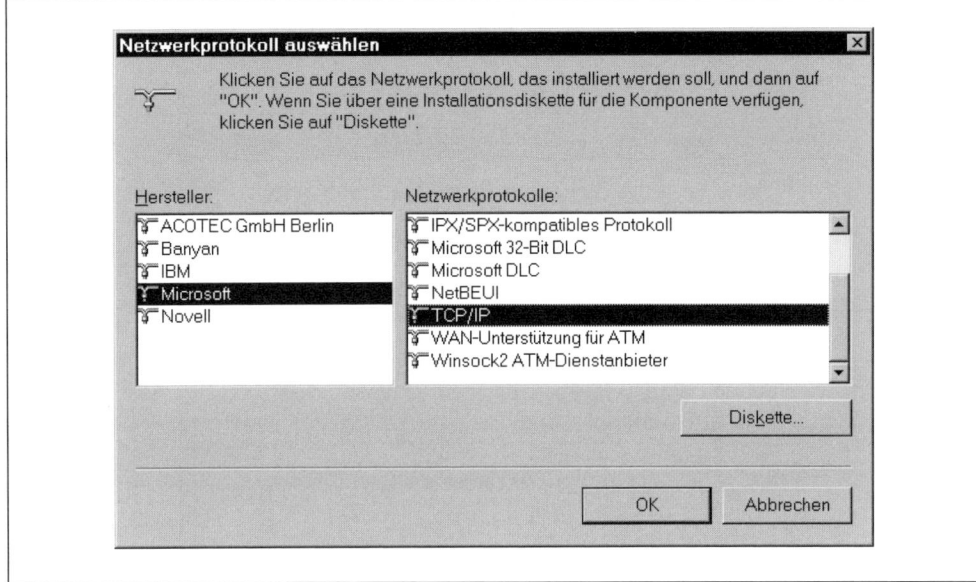

Abbildung 3-7: Das zu installierende Protokoll auswählen

TCP/IP konfigurieren

Wenn Sie mehr als ein Netzwerkgerät besitzen (zum Beispiel sowohl eine Ethernet-Karte als auch ein Modem), sollte jedes dieser Geräte mit einem Pfeil an das TCP/IP-Protokoll gebunden sein, wie in Abbildung 3-8 dargestellt. Klicken Sie auf das TCP/IP-Protokoll, das mit der Hardware verbunden ist, über die Sie den Samba-Server erreichen können, und klicken Sie auf die Schaltfläche Eigenschaften.

Sofern es sich nicht um ein DFÜ-Gerät handelt, sehen Sie das in Abbildung 3-9 dargestellte Dialogfenster Eigenschaften von TCP/IP für das gewählte Gerät. Bei DFÜ-Verbindungen müssen Sie die TCP/IP-Optionen für jede Verbindung separat festlegen; verwenden Sie dazu das DFÜ-Netzwerk.

Im oberen Bereich des Fensters haben Sie die Auswahl zwischen sieben Registerkarten, von denen Sie die folgenden bearbeiten müssen:

- IP-Adresse
- DNS-Konfiguration
- WINS-Konfiguration
- Bindungen

Registerkarte IP-Adresse

Sie sehen die Registerkarte IP-Adresse in Abbildung 3-9. Klicken Sie auf das Optionsfeld IP-Adresse festlegen, und geben Sie in die Felder darunter die IP-Adresse und die Sub-

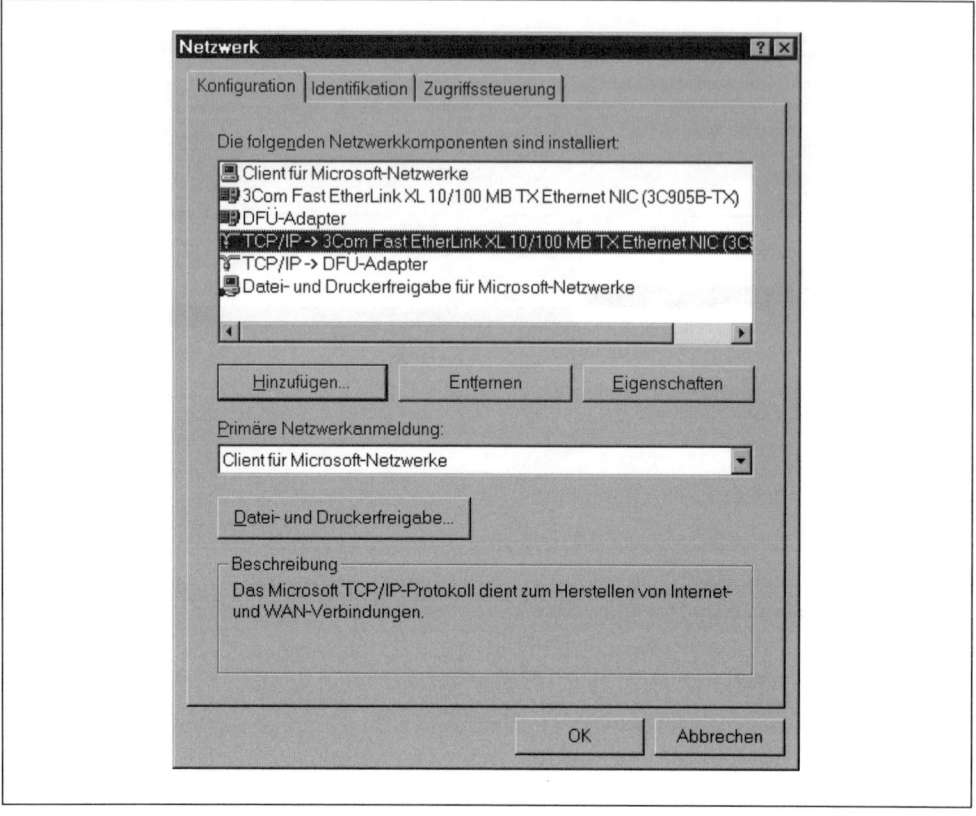

Abbildung 3-8: Das richtige TCP/IP-Protokoll auswählen

netzmaske ein. Der Samba-Server sollte sich im selben Subnetz wie der Windows 95/98-Computer befinden. Sollte die Adresse des Servers beispielsweise 192.168.236.86 und seine Subnetzmaske 255.255.255.0 lauten, können Sie für den Windows 95/98-Computer die Adresse 192.168.236.10 verwenden, sofern sie nicht bereits belegt ist. Wenn Sie in Ihrem Netzwerk DHCP verwenden, um Computern automatisch IP-Adressen zuzuordnen, wählen Sie die Option IP-Adresse automatisch beziehen.

Registerkarte DNS-Konfiguration

Der Domain Name Service (DNS) ist für die Umwandlung von Internet-Computer-Namen wie *hobbes.example.com* in computerlesbare IP-Adressen wie 192.168.236.10 zuständig. Auf Windows 98-Computern stehen Ihnen dazu zwei Möglichkeiten zur Verfügung: Sie können einen Server angeben, der diese Aufgabe erledigt, oder Sie greifen auf eine lokale Tabelle mit Paaren aus IP-Adresse und Namen zu.

Netzwerke, die an das Internet angebunden sind, greifen üblicherweise auf einen Server zu, weil sonst riesengroße Tabellen für die Namensumwandlung erforderlich wären. In einem nicht mit dem Internet verbundenem Netzwerk sind solche Tabellen

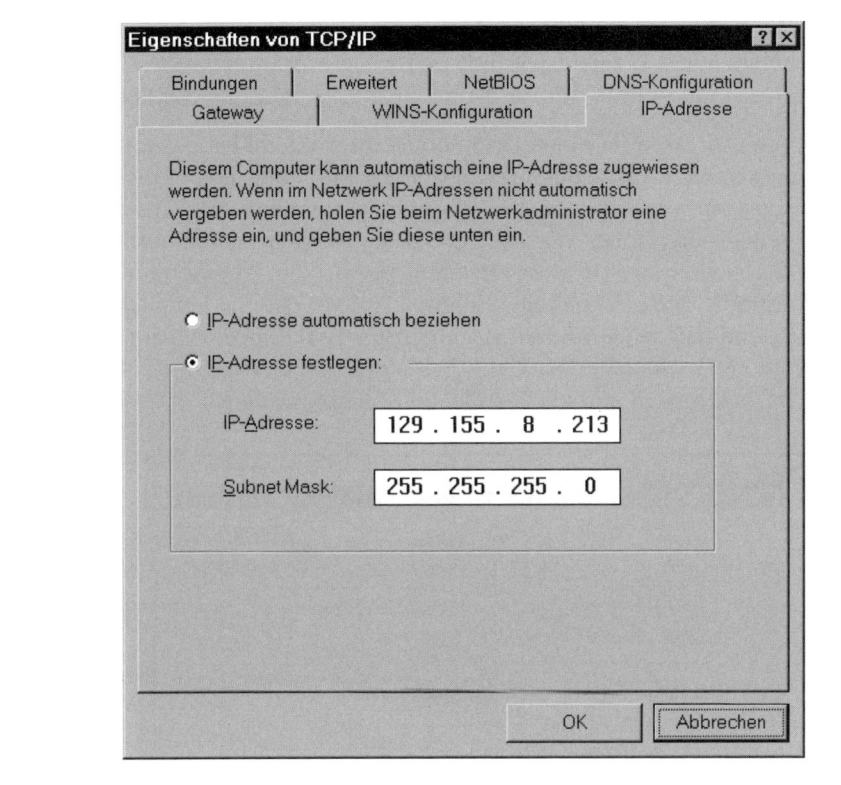

Abbildung 3-9: Eigenschaften des TCP/IP-Protokolls

klein und überschaubar, so daß Sie möglicherweise in der Datei */etc/hosts* Ihrer Unix-Server liegen. Wenn Sie sich nicht sicher sind, ob Sie DNS-Server verwenden sollten oder wie deren Adressen lauten, schauen Sie in die Datei */etc/resolv.conf* auf Ihren Unix-Servern. Diese Datei ist auf jedem System, das DNS verwendet, vorhanden und sieht in etwa wie folgt aus:

```
#resolv.conf
domain example.com
nameserver 127.0.0.1
nameserver 192.168.236.20
```

In diesem Beispiel enthält die zweite `nameserver`-Zeile dieser Liste die IP-Adresse eines anderen Computers im lokalen Netzwerk, nämlich 192.168.236.20. Dieser Computer ist wahrscheinlich ein DNS-Server.[1]

---

1 Wir können die andere Adresse ignorieren, weil jedes Unix-System diese Adresse (127.0.0.1) besitzt, die auf sich selbst verweist (localhost), und zwar unabhängig davon, ob der Rechner mit einem Netzwerk verbunden ist oder nicht. Einige Programme benötigen diese Adresse, um einwandfrei zu arbeiten.

Sie müssen die richtige IP-Adresse eines oder mehrerer DNS-Server in die entsprechenden Felder eintragen, siehe Abbildung 3-10; beachten Sie, daß Sie *nicht* den Internet-Namen dazu heranziehen können, wie beispielsweise *dns.oreilly.com.* Geben Sie auf keinen Fall 127.0.0.1 ein – diese Adresse ist mit Sicherheit falsch (siehe Fußnote)!

Wenn Sie mehrere Adressen für einen DNS-Server zur Auswahl haben, sollten Sie diejenigen aus Ihrem Netzwerk verwenden. Zwar dürften alle Nameserver funktionieren, die in der Datei */etc/resolv.conf* genannt sind, aber wenn Sie näher gelegene Server eintragen, ist die Systemleistung höher. (Falls Sie die Datei */etc/resolv.conf* auf Ihren Unix-Servern nicht finden, sollten Sie DNS deaktivieren, bis Sie die Adresse mindestens eines DNS-Servers ausfindig gemacht haben.) Nehmen wir an, daß Sie lediglich einen DNS-Server benutzen und daß seine Adresse 192.168.236.20 ist. Klicken Sie auf DNS aktivieren (siehe Abbildung 3-10), tragen Sie die Adresse des DNS-Servers in das Feld Suchreihenfolge für DNS-Server ein und klicken Sie auf Hinzufügen.

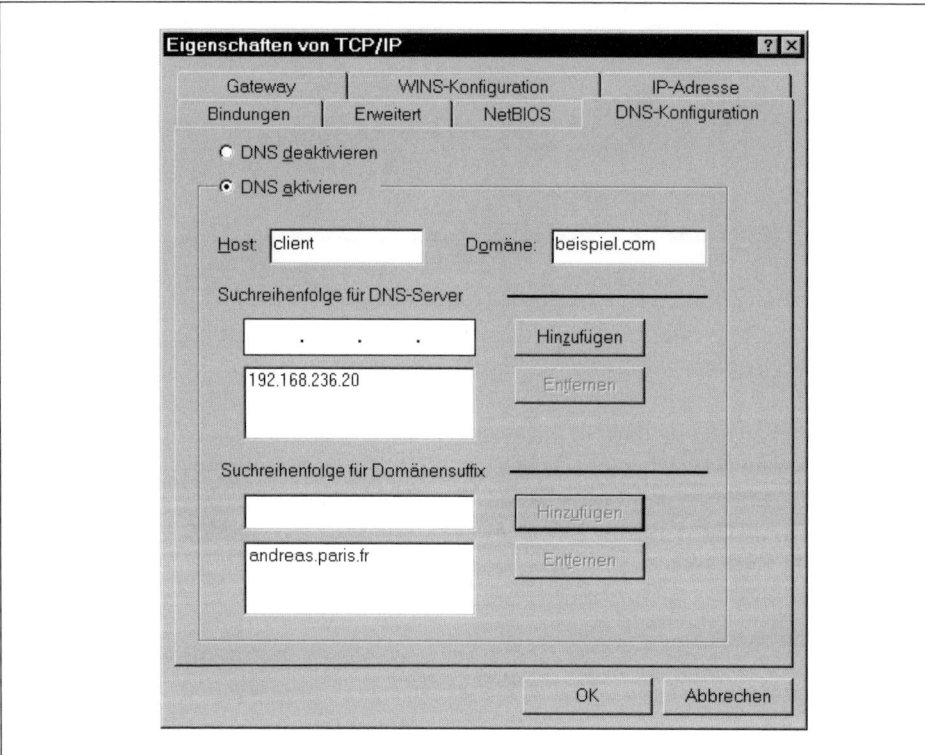

Abbildung 3-10: Die Registerkarte DNS-Konfiguration

Geben Sie in die Felder Host und Domäne den Internet-Namen des Windows 95/98-Computers und die Internet-Domain an, in der sich der Computer befindet. Den Bereich Suchreihenfolge für Domänensuffix können Sie im Zusammenhang mit Samba ignorieren.

Registerkarte WINS-Konfiguration

WINS ist der Windows Internet-Namensdienst. Dabei handelt es sich um die Microsoft-Version eines NetBIOS-Name-Servers. Sollte auf Ihrem Samba-Server WINS aktiviert sein, müssen Sie hier die IP-Adresse des Samba-Servers eintragen. Falls Sie den WINS-Dienst ausschließlich auf NT-Servern einsetzen, geben Sie hier alle entsprechenden WINS-Server an. Das Dialogfenster mit der Registerkarte `WINS-Konfiguration` zeigt Ihnen die Abbildung 3-11.

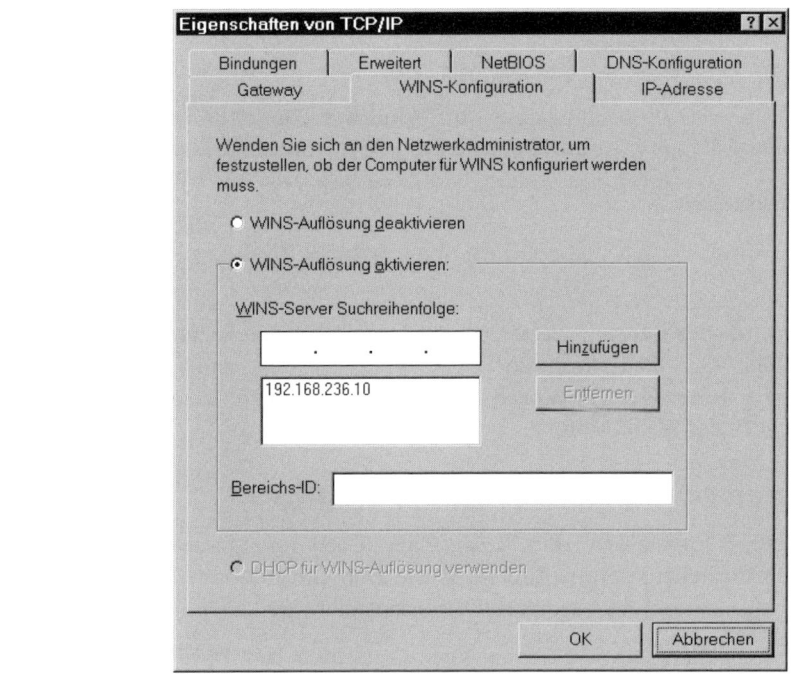

Abbildung 3-11: Die Registerkarte WINS-Konfiguration

Kombinieren Sie in diesem Dialogfenster keinesfalls Samba und Windows NT als primären und Backup-WINS-Server. Weil diese Systeme ihre Datenbanken nicht abgleichen können, würde die Namensauswertung nicht korrekt funktionieren.

Aktivieren Sie hier die WINS-Ausflösung, geben Sie nacheinander die Adressen der WINS-Server in das dafür vorgesehene Feld ein, und klicken Sie auf `Hinzufügen`. Lassen Sie das Feld `Bereichs-ID` leer.

Hosts-Dateien

Wenn Sie weder einen DNS- noch einen WINS-Server besitzen und keine Namensauswertung über Rundsendungen wünschen, müssen Sie eine Tabelle mit IP-Adressen und Host-Namen anlegen, und zwar in demselben Format, das auch die Unix-Datei */etc/hosts* verwendet. Bei einem Windows 95/98-Computer heißt diese Datei *HOSTS*; sie muß im Windows-Verzeichnis liegen (in der Regel C:\WINDOWS). Hier ein Beispiel:

```
# 127.0.0.1              localhost
192.168.236.1      escrime.example.com escrime
192.168.236.2      riposte.example.com riposte
192.168.236.3      wizzin.example.com wizzin
192.168.236.4      touche.example.com touche
192.168.236.10     hobbes.example.com hobbes
```

Sie können die Datei */etc/hosts* direkt auf den Windows-Computer kopieren. Greifen Sie aber *nur als letzte Möglichkeit* auf diese Methode der Namensauflösung zurück.

Prüfen Sie die Bindungen

Die letzte Registerkarte, die wir uns ansehen müssen, heißt Bindungen. Sie sehen Sie in Abbildung 3-12.

Sie sollten prüfen, ob der Eintrag Client für Microsoft-Netzwerke markiert ist, damit diese Software auch TCP/IP verwenden kann. Wenn Sie außerdem die Datei- und Druckerfreigabe für Microsoft-Netzwerke installiert haben, sollte diese ebenfalls angekreuzt sein, so wie in der Abbildung.

Den NetBIOS-Namen und die Arbeitsgruppe festlegen

Klicken Sie schließlich im Dialogfenster Eigenschaften von TCP/IP auf OK, um zur Netzwerkkonfiguration zurückzukehren. Aktivieren Sie dort die Registerkarte Identifikation, um zum in Abbildung 3-13 gezeigten Dialogfenster zu gelangen.

Legen Sie hier zum zweiten Mal den Namen Ihres Computers fest. Dabei handelt es sich nicht um den Host-Namen des DNS, sondern um den NetBIOS-Namen. Dennoch ist es das beste, *denselben* Namen für NetBIOS und den Host zu wählen. Vermeiden Sie Tippfehler, denn es kann sehr verwirrend sein, einen Computer zu konfigurieren, wenn TCP ihn für fred und SMB ihn für ferd hält!

Auch den Namen der Arbeitsgruppe legen Sie hier fest. In unserem Fall heißt sie SIMPLE, aber wenn Sie sich in Kapitel 2, *Samba auf einem Unix-System installieren*, beim Anlegen der Samba-Konfigurationsdatei für einen anderen Namen entschieden haben, geben Sie ihn hier an. Nennen Sie die Arbeitgruppe nicht WORKGROUP oder ARBEITSGRUPPE, weil sie sich in diesem Fall in derselben Gruppe wie fast alle nicht (oder falsch) konfigurierten Windows-Computer mit englischem oder deutschem Betriebssystem befänden.

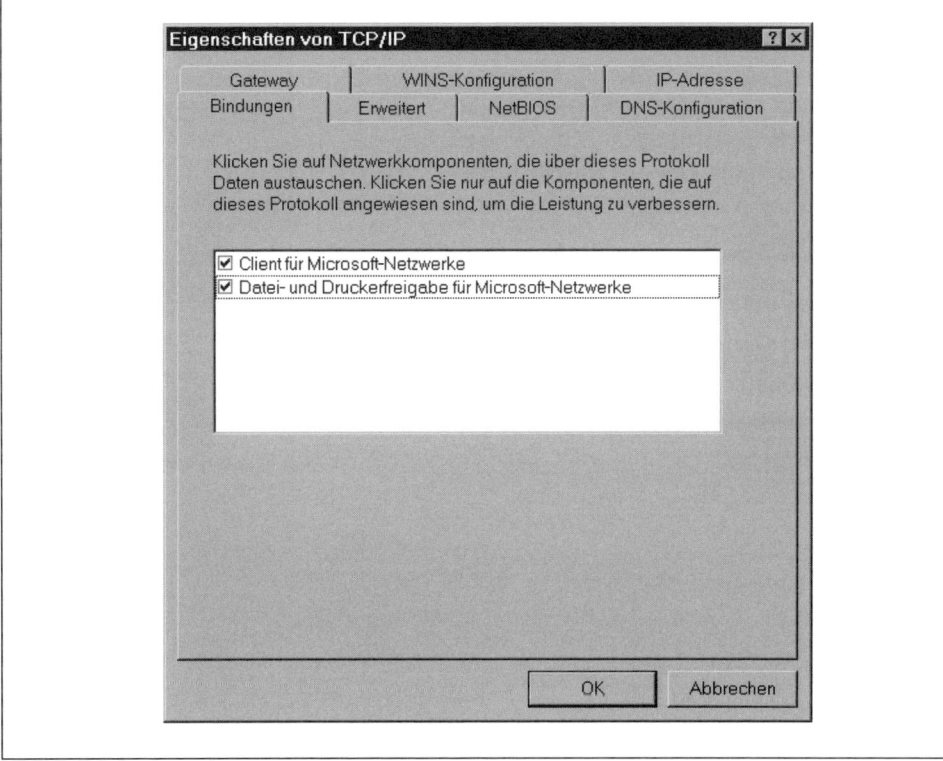

Abbildung 3-12: Die Registerkarte Bindungen

Auf den Samba-Server zugreifen

Klicken Sie auf OK, um die Netzwerkkonfiguration abzuschließen; Sie müssen den Computer neu starten, damit die Änderungen wirksam werden.

Nun kommt der große Moment. Ihr Samba-Server läuft, und Sie haben Windows 95/98 zur Kommunkation mit ihm eingerichtet. Melden Sie sich nach dem Neustart an, und doppelklicken Sie auf das Symbol Netzwerkumgebung auf dem Desktop. Sie sollten Ihren Samba-Server als Mitglied der Arbeitsgruppe sehen, so wie in Abbildung 3-14 gezeigt.

Wenn Sie auf den Server-Namen doppelklicken, zeigt Ihr System die Ressourcen an, die der Server im Netzwerk bereitstellt; siehe Abbildung 3-15 (in diesem Fall ein Drucker und das Verzeichnis *test*).

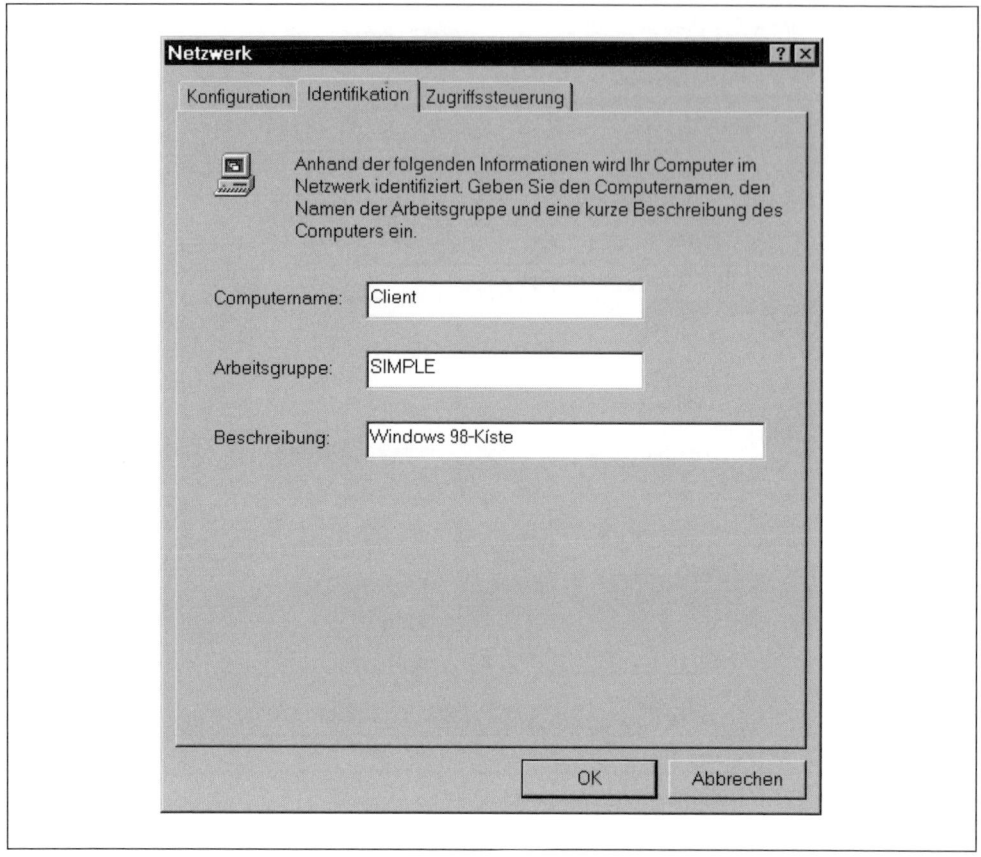

Abbildung 3-13: Die Registerkarte Identifikation

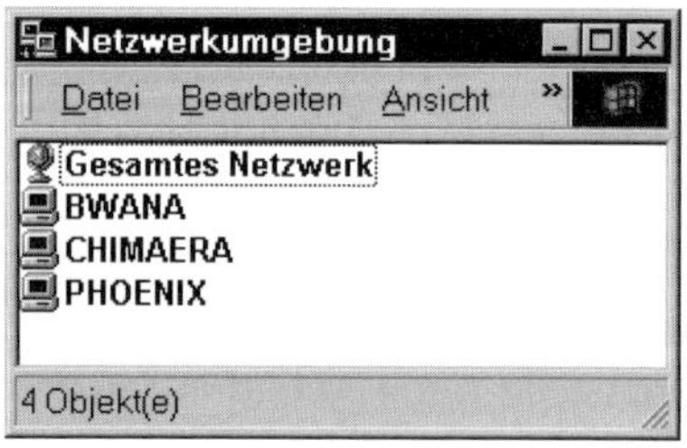

Abbildung 3-14: Die Windows-Netzwerkumgebung

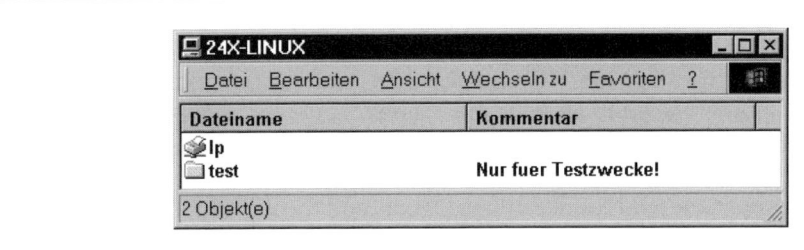

Abbildung 3-15: Freigaben auf dem Server

 Falls Sie nach einem Kennwort für den Benutzer IPC$ gefragt werden, hat Samba das Kennwort nicht akzeptiert, das der Client gesendet hat. In diesem Fall *müssen* Kennwort und Benutzername auf der Client-Seite mit denjenigen des Samba-Servers übereinstimmen. Wenn Sie Windows 98 oder NT mit Service Pack 3 oder höher verwenden, liegt das wahrscheinlich daran, daß der Client Kennwörter ausschließlich verschlüsselt sendet. Sie können dieses Problem in zwei Schritten auf dem Samba-Server lösen. Fügen Sie dem Abschnitt [global] der Samba-Konfigurationsdatei zunächst die Zeile encrypt passwords=yes hinzu. Suchen Sie dann das Programm *smbpasswd* auf dem Samba-Server (es befindet sich standardmäßig im Verzeichnis */usr/local/samba/bin*), um damit der verschlüsselten Kennwortdatenbank einen Eintrag hinzuzufügen. Um beispielsweise den Benutzer **steve** einzutragen, müssen Sie *smbpasswd* *-a steve* eingeben. Bei der ersten Eingabe dieses Kennwortes meldet das Programm, daß die Kennwortdatenbank nicht existiert; gleichzeitig wird sie jedoch angelegt, und zwar üblicherweise in der Datei */usr/local/samba/private/smbpasswd*.

Sollte der Samba-Server in der Netzwerkumgebung fehlen, rufen Sie den Windows-Explorer auf (nicht den Internet-Explorer!), und wählen Sie den Punkt Netzlaufwerk verbinden aus dem Menü Extras. Im folgenden Dialogfenster können Sie den Namen Ihres Samba-Servers und den Freigabenamen (test) im UNC-Format von Windows eingeben: \\server\test, so wie wir es im ersten Kapitel getan haben. Dadurch versucht Windows, auf den Samba-Server zuzugreifen und eine Verbindung zur angegebenen Freigabe herzustellen. Wenn auch dies nicht funktioniert, lesen Sie Kapitel 9, *Fehlersuche und Problembehandlung*, das Ihnen beim Lösen dieses Problems helfen kann.

Windows NT 4.0-Computer einrichten

Die Konfiguration von Windows NT unterscheidet sich leicht von derjenigen für Windows 95/98. Damit Sie auf einen Samba-Server zugreifen können, müssen Sie sowohl den Arbeitsstationsdienst als auch das TCP/IP-Protokoll installieren. Beide gehören zum Lieferumfang von Windows NT. Für den Fall, daß diese nicht korrekt eingerichtet sind, besprechen wir hier deren Installation und Konfiguration im Einzelnen.

Sechs grundlegende Schritte sind erforderlich:

1. Einen Computer-Namen zuweisen.
2. Den Arbeitsstationsdienst installieren.
3. Das TCP/IP-Protokoll installieren.
4. Den Host-Namen und die IP-Adresse festlegen.
5. Die DNS- und WINS-Namensdienst konfigurieren.
6. Die Bindungen zwischen Protokoll und Dienst herstellen.

Grundlegende Konfiguration

Dieser Abschnitt erklärt in Grundzügen, wie Sie Windows NT zu einer Zusammenarbeit mit Samba bewegen. Wenn Sie weitere Einzelheiten über die Windows NT-Netzwerkadministration erfahren wollen, lesen Sie den Leitfaden *Windows NT TCP/IP-Netzwerk-Administration* von Craig Hunt und Robert Bruce Thompson (O'Reilly Verlag). Sie müssen als Administrator angemeldet sein, wenn Sie das Netzwerk konfigurieren.

Geben Sie dem Computer einen Namen

Zunächst müssen Sie dem Computer einen NetBIOS-Namen geben. Doppelklicken Sie dazu in der Systemsteuerung auf das Symbol Netzwerk. Damit gelangen Sie zum Dialogfenster Netzwerk. Die erste Registerkarte heißt Identifikation, Sie sehen sie in Abbildung 3-16.

Hier müssen Sie Ihren Computer mit einem Namen identifizieren (wir verwenden den Namen *Artish*) und die vorgegebene Arbeitsgruppe in diejenige ändern, die sie in die Samba-Konfigurationsdatei *smb.conf* eingetragen haben, in unserem Fall also in SIMPLE. Beachten Sie, daß Sie den Namen nicht wie bei Windows 95/98 direkt eintragen können; statt dessen müssen Sie unterhalb der beiden Textfelder auf die Schaltfläche Ändern klicken, wodurch das Dialogfenster Identifikationsänderungen erscheint. Dort können Sie den neuen Computer- und Arbeitsgruppennamen eintragen (siehe Abbildung 3-17).

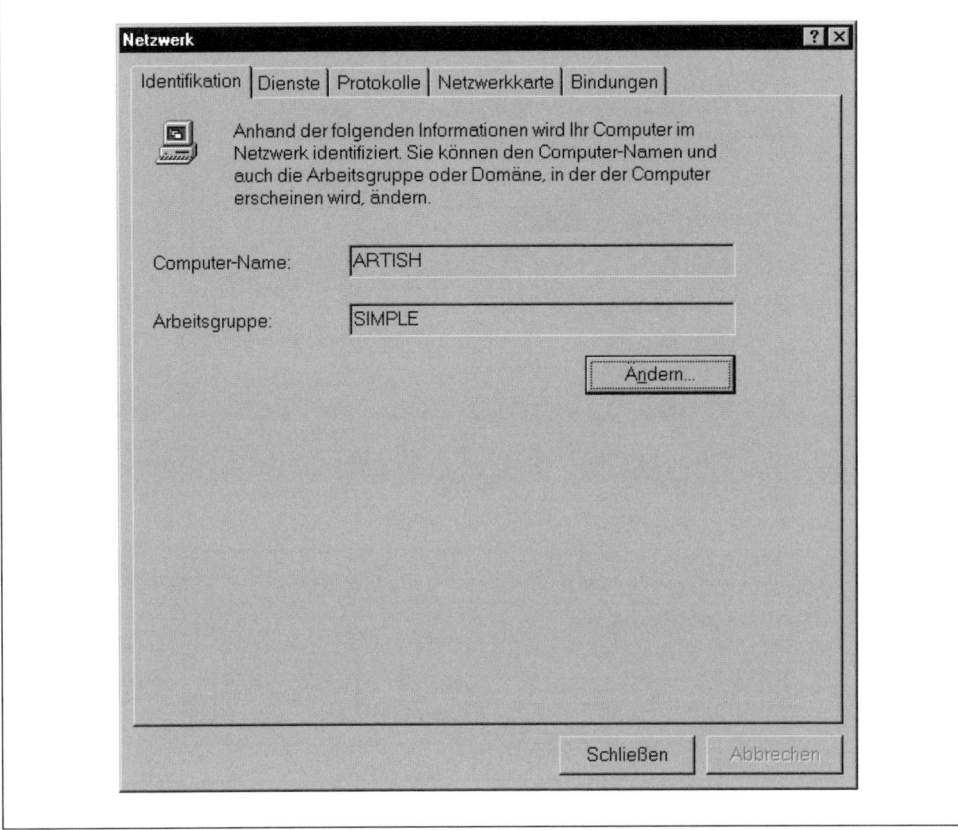

Abbildung 3-16: Registerkarte Identifikation der Netzwerkeigenschaften

Eine Warnung an dieser Stelle: Wenn Sie später TCP/IP konfigurieren, müssen Sie den Host-Namen eingeben. Vergewissern Sie sich, daß diese beiden Namen identisch sind. Hier tragen Sie den NetBIOS-Namen ein. NetBIOS- und Host-Name dürfen zwar unterschiedlich sein, aber damit handeln Sie sich in der Regel Ärger ein. Kümmern Sie sich nicht darum, daß Sie hier ausschließlich Großbuchstaben eingeben können. Windows NT ist später beim Aufbau einer Verbindung zum Netzwerk schlau genug, zu merken, was Sie meinen.

Das TCP/IP-Protokoll installieren

Gehen Sie anschließend zur Registerkarte Protokolle im Dialogfenster Netzwerk. Kontrollieren Sie, ob das TCP/IP-Protokoll bereits installiert ist, so wie in Abbildung 3-18 dargestellt.

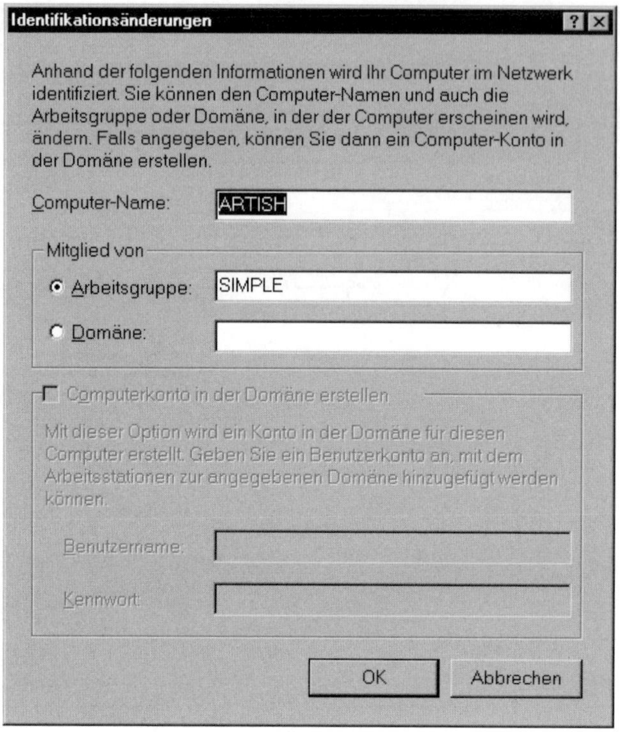

Abbildung 3-17: Die Identifikation des Computers ändern

Falls das Protokoll nicht installiert ist, müssen Sie dies nachholen. Klicken Sie auf Hinzu-fügen, damit das Dialogfenster Auswahl: Netzwerkprotokoll erscheint, wie in Abbildung 3-19 zu sehen. Im Gegensatz zu Windows 95/98 erkennen Sie sofort TCP/IP als unter-sten Eintrag in der Reihe der verfügbaren Protokolle.

Wählen Sie also das TCP/IP-Protokoll, und bestätigen Sie Ihre Auswahl mit OK. Installie-ren Sie nach Möglichkeit ausschließlich dieses Protokoll. Normalerweise sollten Sie auf NetBEUI verzichten, weil der Computer ansonsten mit zwei unterschiedlichen Protokol-len nach Diensten suchen würde, aber wahrscheinlich nur eines Verwendung fände.[2]

---

2 Eine häufig auftretende Situation: Nachdem der Computer mit dem nicht im Netzwerk verwendeten Proto-koll nach einem Dienst gesucht hat, tritt eine Zeitüberschreitung auf und der Rechner probiert es mit dem richtigen Protokoll. Diese fruchtlose Suche verschlechtert die Systemleistung und verursacht geheimnisvolle Verzögerungen.

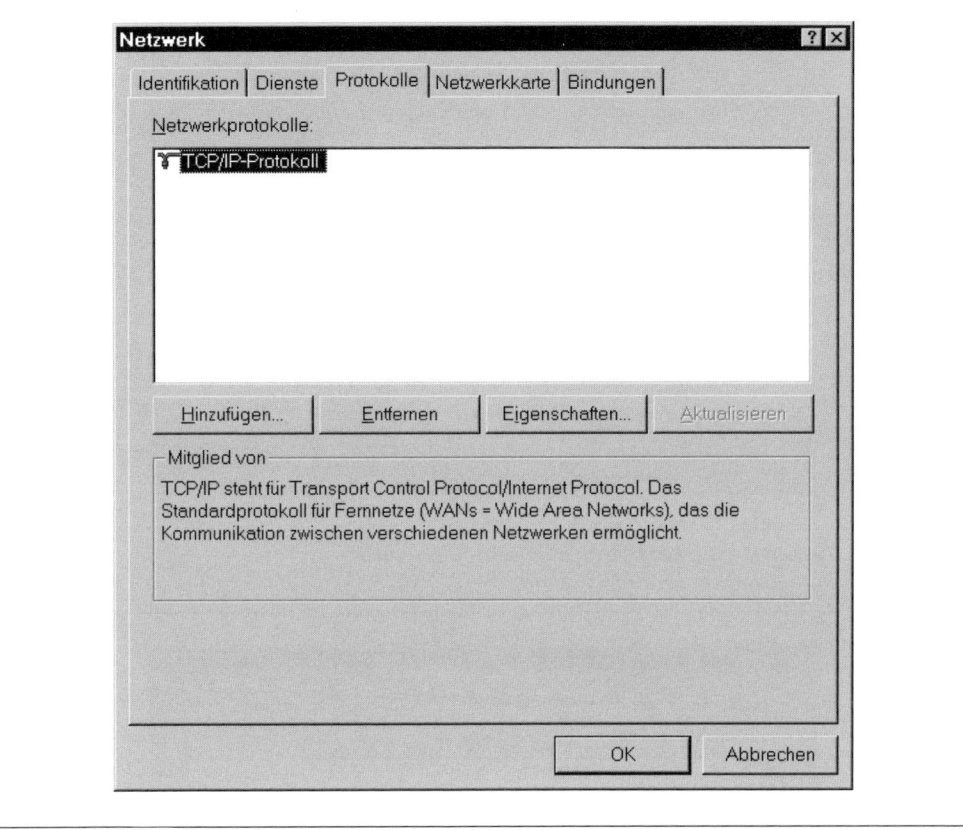

Abbildung 3-18: Die Registerkarte Protokolle

Den Arbeitsstationsdienst installieren

Aktivieren Sie nach der Installation von TCP/IP die Registerkarte Dienste. Sehen Sie nach, ob der Arbeitsstationsdienst installiert ist, so wie in Abbildung 3-20 dargestellt.

Dieser Dienst ist eigentlich der Microsoft Netzwerk-Client, mit dem der Computer auf SMB-Dienste zugreift. Der Arbeitsstationsdienst ist obligatorisch und wird standardmäßig sowohl bei Windows NT Workstation 4.0 als auch bei Server 4.0 installiert. Falls der Arbeitsstationsdienst nicht installiert ist, können Sie ihn auf dieselbe Weise wie das TCP/IP-Protokoll hinzufügen. Klicken Sie also auf Hinzufügen und wählen Sie den Arbeitsstationsdienst aus (siehe Abbildung 3-21).

Auswahl: Netzwerkprotokoll
Klicken Sie auf die Komponente Netzwerkprotokoll, die Sie installieren möchten, und klicken Sie dann auf "OK". Klicken Sie auf "Diskette", wenn Sie über eine Installationsdiskette für diese Komponente verfügen.
Netzwerkprotokoll:
DLC-Protokoll
NetBEUI-Protokoll
NWLink IPX/SPX-kompatibler Transport
Point To Point Tunneling Protocol
Streams-Umgebung
TCP/IP-Protokoll
Diskette...
OK
Abbrechen

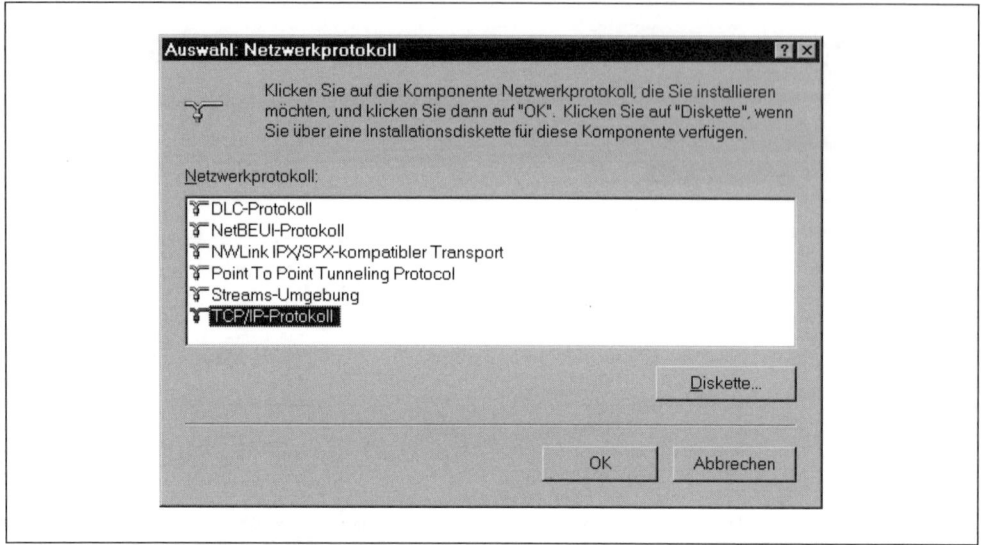

Abbildung 3-19: Die Registerkarte Auswahl: Netzwerkprotokoll

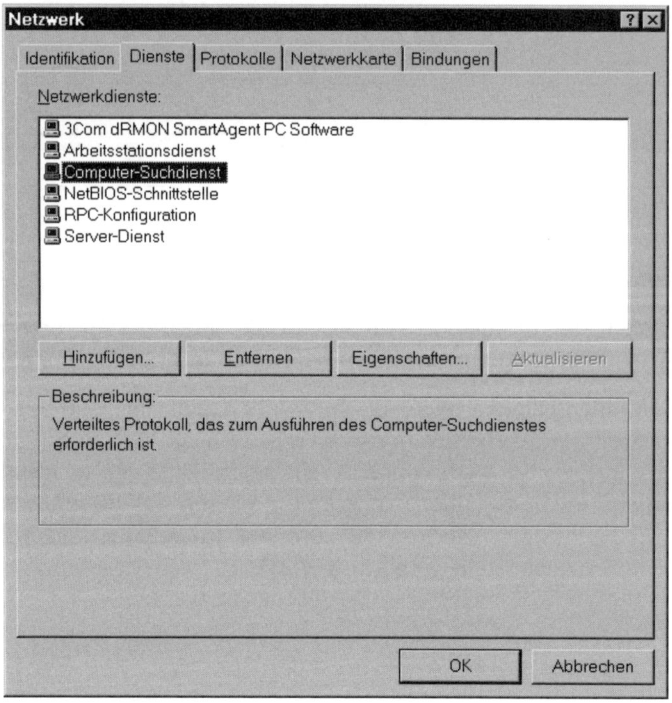

Netzwerk
Identifikation
Dienste
Protokolle
Netzwerkkarte
Bindungen
Netzwerkdienste:
3Com dRMON SmartAgent PC Software
Arbeitsstationsdienst
Computer-Suchdienst
NetBIOS-Schnittstelle
RPC-Konfiguration
Server-Dienst
Hinzufügen...
Entfernen
Eigenschaften...
Aktualisieren
Beschreibung:
Verteiltes Protokoll, das zum Ausführen des Computer-Suchdienstes erforderlich ist.
OK
Abbrechen

Abbildung 3-20: Die Registerkarte Dienste

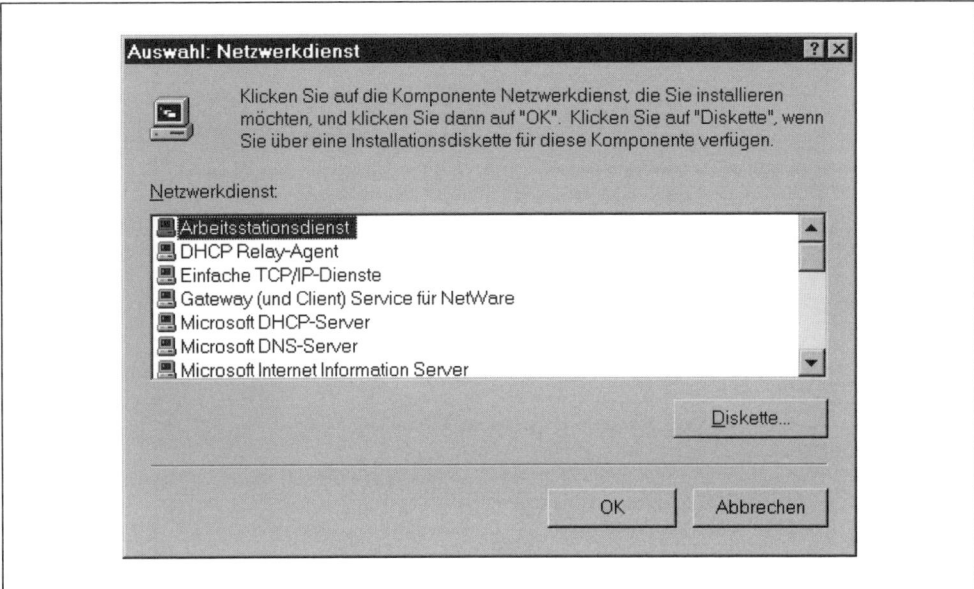

Abbildung 3-21: Das Dialogfenster Auswahl: Netzwerkdienst

TCP/IP konfigurieren

Kehren Sie zur Registerkarte Protokolle zurück, sobald Sie den Arbeitsstationsdienst installiert haben. Doppelklicken Sie auf den Eintrag TCP/IP-Protokoll, worauf das Fenster Eigenschaften von Microsoft TCP/IP erscheint. Sie müssen (wie bei Windows 95/98) die Optionen der folgenden drei von insgesamt fünf Registerkarten konfigurieren:

- IP-Adresse
- DNS
- WINS-Adresse

Registerkarte IP Adresse

Diese Registerkarte sehen Sie in Abbildung 3-22.

Wählen Sie die gewünschte Netzwerkkarte aus, aktivieren Sie das Optionsfeld IP-Adresse angeben und geben Sie die Adresse und die Subnetzmaske in die vorgesehenen Felder ein. Sie (oder Ihr Netzwerkverwalter) sollten dem Client eine Adresse zugewiesen haben, die sich im selben Subnetz wie der Samba-Server befindet. Beispielsweise könnte die Adresse des Servers 192.168.236.86 und seine Netzwerkmaske 255.255.255.0 lauten, so daß sich für die NT-Arbeitsstation die Adresse 192.168.236.10 mit derselben Netzmaske anbieten würde, sofern diese Adresse verfügbar ist. Falls Sie in Ihrem Netzwerk DHCP einsetzen, können Sie das Optionsfeld IP-Adresse von einem DHCP-Server beziehen aktivieren.

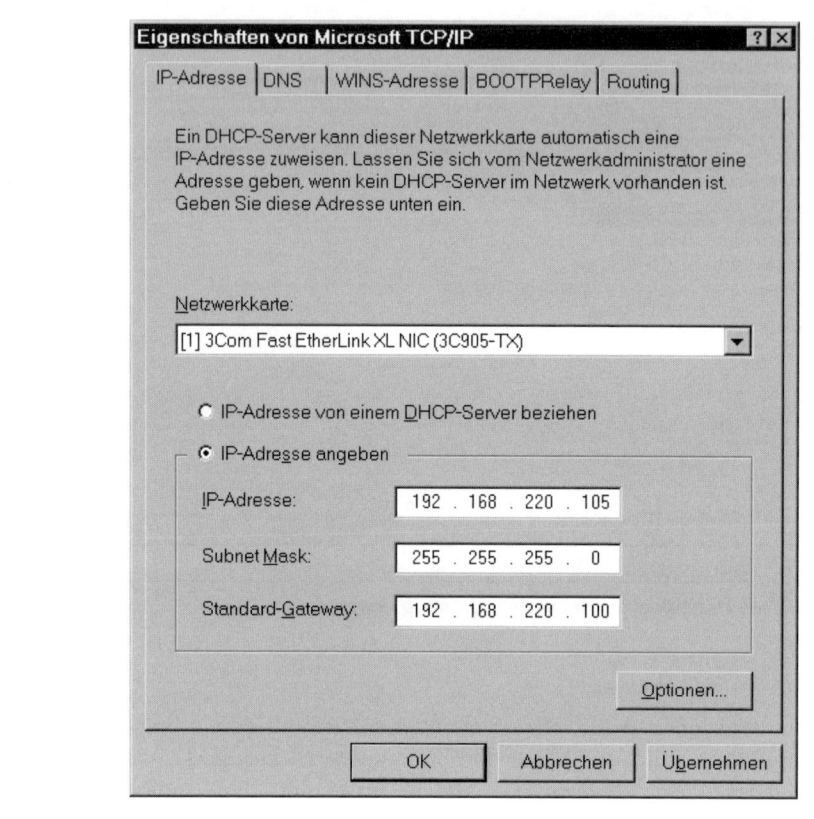

Abbildung 3-22: Die Registerkarte IP-Adresse der TCP/IP-Eigenschaften

 Wenn Sie keine freie IP-Adresse besitzen und Sie sich in Ihrem eigenen Netzwerk befinden, können Sie unsere Adresse nehmen. Denn das Subnetz 192.168.*x*.*x* ist eigens für interne LANs reserviert. Wenn Sie dies nicht selbst bestimmen dürfen, bitten Sie Ihren Systemadministrator um einige freie Adressen innerhalb Ihres Netzwerkes.

Das Feld Standard-Gateway bezieht sich auf ein System, das üblicherweise als *Router* bekannt ist. Wenn Sie Router besitzen, die mehrere Netzwerke miteinander verbinden, sollten Sie die Adresse des Routers in Ihrem Netzwerk eintragen.

Registerkarte DNS

Als nächstes wenden wir uns der Registerkarte DNS zu, die Sie in Abbildung 3-23 sehen.

Das DNS (Domain Name System) ist für die Umwandlung von Computer-Namen, die für Menschen gut lesbar sind wie *atrisb.example.com*, in computerlesbare IP-Adressen

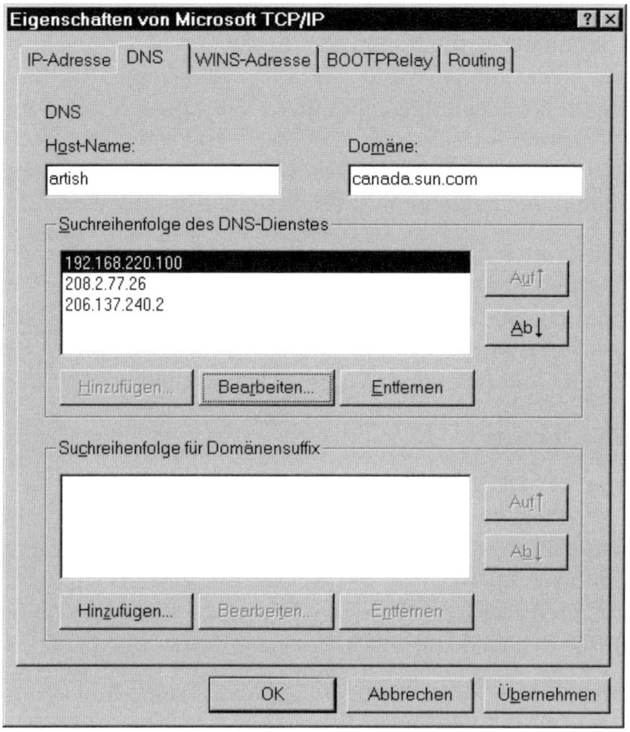

Abbildung 3-23: Die Registerkarte DNS der TCP/IP-Eigenschaften

wie 192.168.236.10 verantwortlich. Auf einem Windows NT-Computer gibt es dazu zwei Möglichkeiten: Zum einen können Sie einen DNS-Server angeben, der diese Umwandlung für Sie erledigt, zum anderen können Sie eine lokale Datei verwenden, die Kombinationen aus Computer-Namen und IP-Adressen der Rechner enthält, auf die Sie zugreifen wollen.

Bei einem lokalen Netzwerk, das nicht mit dem Internet verbunden ist, sind die möglichen Hosts in der Regel gut bekannt und ihre Anzahl ist relativ gering; die Hosts können also in einer lokalen Datei stehen. Netzwerke, die mit dem Internet verbunden sind, greifen gewöhnlich auf DNS zu, da es nicht möglich ist, die von Ihnen in Zukunft verwendeten Adressen vorherzusagen. Wenn Sie nicht sicher sind, ob Ihr Netzwerk DNS verwendet, oder wie die Adresse des DNS-Servers lautet, sehen Sie sich die Datei */etc/resolv.conf* Ihres Samba- oder eines anderen Unix-Servers an. Jeder Unix-Rechner, der DNS verwendet, besitzt diese Datei. Sie sieht wie folgt aus:

```
#resolv.conf
domain example.com
nameserver 127.0.0.1
nameserver 192.168.236.20
```

In diesem Beispiel ist der erste Nameserver der Liste 127.0.0.1. Da sich diese Adresse auf den lokalen Host bezieht, arbeitet dieser Samba-Server als DNS-Server für dieses Netzwerk.[3] Hier können Sie die Netzwerkadresse (nicht 127.0.0.1, denn das ist die Localhost-Adresse) verwenden, wenn Sie den DNS-Server in das entsprechende Windows NT-Dialogfenster eintragen. Benutzen Sie ansonsten die anderen Adressen der Zeilen, die mit nameserver beginnen. Geben Sie zuerst die DNS-Server Ihres eigenen Netzwerkes ein. Zwar dürften alle in */etc/resolv.conf* aufgeführten Name-Server funktionieren, aber mit den näher gelegenen ist die Systemleistung höher.

Geben Sie schließlich auch hier den Namen des Computers ein. Vergewissern Sie sich, daß er mit dem NetBIOS-Namen der Registerkarte Identifikation übereinstimmt. Tragen Sie außerdem die DNS-Domain ein, in der sich der Computer befindet. Wenn der Computer beispielsweise in der Domain *example.com* steht, geben Sie diesen Namen hier ein. Die anderen Optionen dieser Registerkarte können Sie ignorieren.

Registerkarte WINS-Adresse

Unabhängig davon, ob Sie auf einen DNS-Server zugreifen, muß der Computer Net-BIOS-Namen in Adressen und umgekehrt wandeln können. Dazu kann ein WINS-Server dienen. Wir empfehlen, sowohl DNS als auch WINS zu konfigurieren. Windows NT zieht WINS gegenüber DNS vor; falls NT die Adresse eines Computers nicht mit WINS herausfinden kann, greift das Betriebssystem bei entsprechender Konfiguration auf DNS zurück. Sie sehen die Registerkarte WINS-Adresse in Abbildung 3-24.

Wenn Sie über einen WINS-Server verfügen, geben Sie seine Adresse in das Feld Primärer WINS-Server ein. Wenn Ihr Samba-Server WINS-Dienste offeriert (das ist der Fall, wenn in der Datei *smb.conf* die Zeile wins service = yes steht), tragen Sie hier die IP-Adresse des Samba-Servers ein. Verwenden Sie ansonsten die Adresse eines anderen WINS-Servers, der sich in Ihrem Netzwerk befindet.

Wahrscheinlich ist Ihnen nicht entgangen, daß es auf dieser Registerkarte ein Feld für die Netzwerkkarte gibt. Wählen Sie hier die Netzwerkkarte aus, für die Sie den WINS-Server eintragen wollen.

Schalten Sie schließlich das Kontrollkästchen DNS für Windows-Auflösung aktivieren ein, damit Windows NT auf einen DNS-Server zurückgreift, falls kein WINS-Server erreichbar ist. Sie können die anderen Optionen auf dieser Seite ignorieren.

Hosts-Dateien

Wenn Sie weder DNS noch WINS verwenden und keine Namensauflösung mittels Rundsendungen wünschen, müssen Sie eine Tabelle bereitstellen, die Kombinationen aus Host-Namen und IP-Adressen enthält. Diese Datei muß im Standardformat vorliegen, wie es Unix-Server in der Datei */etc/hosts* verwenden. Wir beschreiben diese Vor-

---

3 Die Adresse 127.0.0.1 ist als *localhost*-Adresse bekannt, die grundsätzlich auf den eigenen Host bezieht. Wenn Sie zum Beispiel auf einem Unix-Server den Befehl ping 127.0.0.1 eingeben, pingen Sie den Host selbst an.

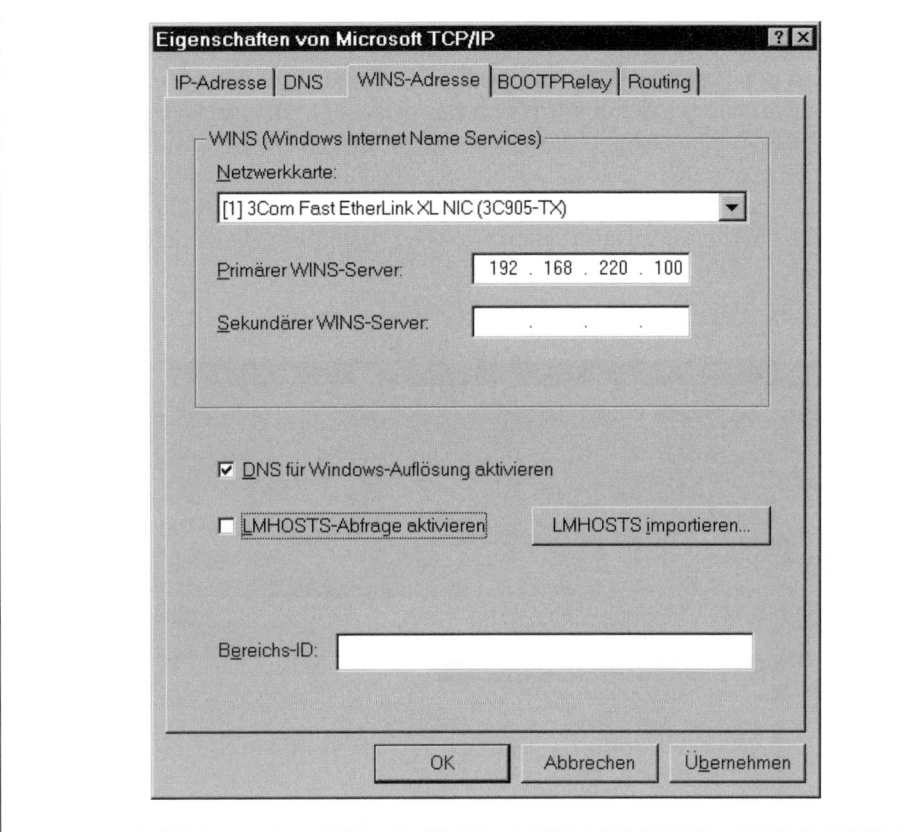

Abbildung 3-24: Die Registerkarte WINS-Adresse

gehensweise im folgenden; allerdings empfehlen wir, nicht so vorzugehen, da die Wartung dieser Datei in einem betriebsamen Netzwerk Ärger mit sich bringt. Die Hosts-Datei muß im Verzeichnis *%SystemRoot%\System32\Drivers\Etc* stehen. Hier ein Beispiel:

```
127.0.0.1        localhost
192.168.236.1    escrime     escrime.example.com
192.168.236.2    riposte     riposte.example.com
192.168.236.3    wizzin      wizzin.example.com
192.168.236.4    touche      touche.example.com
192.168.236.5    gurgi       gurgi.example.com
192.168.236.6    jessiac     jessiac.example.com
192.168.236.7    skyline     skyline.example.com
```

Wenn Sie wollen, können Sie die Datei von einem Samba-Server (dort heißt sie */etc/hosts*) kopieren, das Format ist identisch. Diese Datei dient demselben Zweck wie auf einem Unix-Server. Bedenken Sie bitte, daß die Datei *hosts* auf einem Windows-Rechner stets die letzte Wahl sein sollte.

Bindungen

Der Begriff *Bindungen* bezieht sich auf die logische Verbindung zwischen Diensten, Protokollen und der Hardware des Netzwerkes. Das bedeutet, daß das TCP/IP-Protokoll an die Netzwerkkarte geleitet wird (statt beispielsweise an eine DFÜ-Verbindung). Wenn Sie das TCP/IP-Eigenschaftenfenster beenden und im Dialogfenster Netzwerk auf die Registerkarte Bindungen wechseln, sehen Sie die Bindungen. Wählen Sie im Auswahlfeld Anzeige der Bindungen für den Eintrag Alle Dienste, und klicken Sie nacheinander auf alle Pluszeichen. Dann sehen Sie eine Darstellung, die derjenigen in Abbildung 3-25 ähnelt.

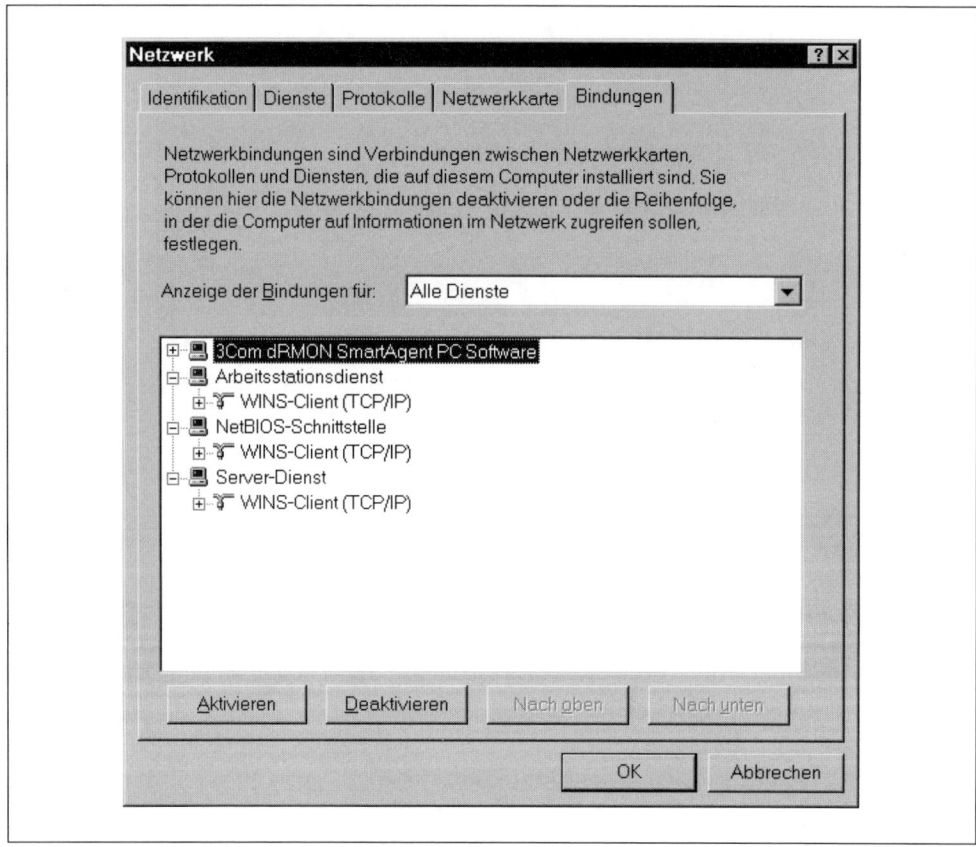

Abbildung 3-25: Bindungen zwischen Diensten, Protokollen und Netzwerk-Hardware

Das bedeutet, daß der Arbeitsstationsdienst, der Server-Dienst und die NetBIOS-Schnittstelle an den WINS-Client gebunden sind. Die korrekten Bindungen für Microsoft TCP/IP liegen damit vor.

Eine Verbindung zum Samba-Server herstellen

Sie können die Vorgabewerte der verbleibenden Registerkarten des Dialogfensters
Netzwerk guten Gewissens unverändert lassen. Klicken Sie auf OK, um die Konfiguration
abzuschließen. Sie müssen den Computer wahrscheinlich neu starten, damit die Änderungen wirksam werden (nur sehr wenige Änderungen, beispielsweise die der IP-
Adresse, kann Windows NT ohne Neustart übernehmen).

Jetzt kommt der große Moment. Ihr Samba-Server läuft, und Sie haben Ihren NT-Client
so eingerichtet, daß die beiden Computer Informationen miteinander austauschen können. Melden Sie sich nach dem Neustart an das NT-System an, und doppelklicken Sie
auf das Desktop-Symbol Netzwerkumgebung. Sie sollten jetzt den Samba-Server als Mitglied Ihrer Arbeitsgruppe vorfinden, wie in Abbildung 3-26 dargestellt.

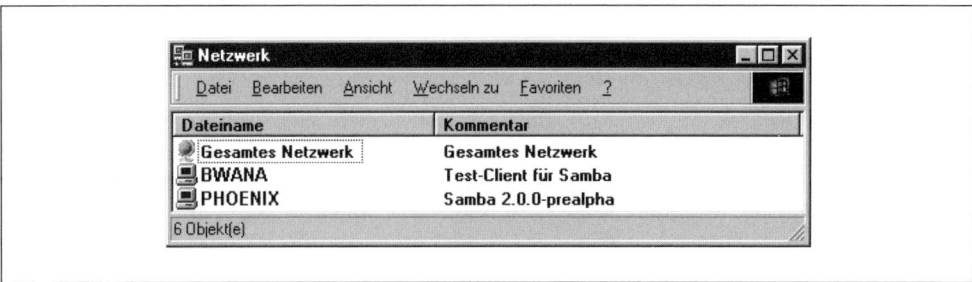

Abbildung 3-26: Windows NT-Netzwerkumgebung

Doppelklicken Sie auf den Server-Namen, damit die Ressourcen angezeigt werden, die
der Samba-Server im Netzwerk anbietet (siehe Abbildung 3-27). In unserem Falle handelt es sich dabei um das Verzeichnis test und um die Standard-Druckerfreigabe. Weitere Informationen finden Sie weiter vorne in diesem Kapitel im Abschnitt »Eine Verbindung zum Samba-Server herstellen«.

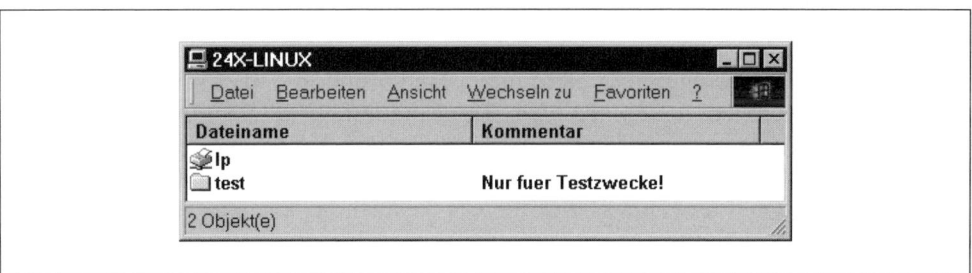

Abbildung 3-27: Freigaben des Servers

Falls Sie nach einem Kennwort für den Benutzer IPC$ gefragt werden, hat Samba das Kennwort nicht akzeptiert, das der Client gesendet hat. In diesem Fall *müssen* Kennwort und Benutzername auf der Client-Seite mit denjenigen des Samba-Servers übereinstimmen. Wenn Sie Windows 98 oder NT mit Service Pack 3 oder höher verwenden, liegt das wahrscheinlich daran, daß der Client Kennwörter ausschließlich verschlüsselt sendet. Sie können dieses Problem in zwei Schritten auf dem Samba-Server lösen. Fügen Sie dem Abschnitt [global] der Samba-Konfigurationsdatei zunächst die Zeile encrypt passwords=yes hinzu. Suchen Sie dann das Programm *smbpasswd* auf dem Samba-Server (es befindet sich standardmäßig im Verzeichnis */usr/local/samba/bin*), um damit der verschlüsselten Kennwortdatenbank einen Eintrag hinzuzufügen. Um beispielsweise den Benutzer steve einzutragen, müssen Sie smbpasswd -a steve eingeben. Bei der ersten Eingabe dieses Kennwortes meldet das Programm, daß die Kennwortdatenbank nicht existiert; gleichzeitig wird sie jedoch angelegt, und zwar üblicherweise in der Datei */usr/local/samba/private/smbpasswd*.

Lassen Sie keine Panik aufkommen, falls Sie den Server nicht sehen. Starten Sie den Windows NT-Explorer (nicht den Internet Explorer!), und wählen Sie Netzlaufwerk verbinden aus dem Menü Extras. Ein Dialogfeld fragt Sie nach dem Namen des Servers und der Freigabe im Windows-Format. Wenn Sie *server**test* eingeben, sprechen Sie den Server mit dem Namen Server an. Wenn Sie auch auf diese Weise nicht weiterkommen, lesen Sie beim Abschnitt »Der Fehlerbaum« in Kapitel 9 weiter; dort finden Sie Vorgehensweisen zur Fehlersuche.

Wenn es klappt, Glückwunsch! Kopieren Sie eine Datei auf den Server, und senden Sie Daten an den Netzwerkdrucker. Sie werden angenehm überrascht sein, wie problemlos alles funktioniert! Jetzt, da Sie mit der Einrichtung des Samba-Servers und seinen Clients fertig sind, können wir damit beginnen, über die Funktionsweise zu reden und zu beschreiben, wie Sie den Samba-Server Ihren Wünschen entsprechend konfigurieren.

SMB/CIFS: Eine Einführung

Wir beenden dieses Kapitel mit einer kurzen Einführung in SMB/CIFS. Bei SMB/CIFS handelt es sich um das Protokoll, über das Windows 95/98/NT- und Windows for Workgroups-Computer untereinander und mit Samba-Servern kommunizieren. Auf einer höheren Ebene ist die SMB-Protokollfamilie relativ einfach gehalten. Sie enthält Befehle für alle Datei- und Druckvorgänge, die Sie auch bei lokalen Geräten durchführen können. Dazu gehören:

- Öffnen und Schließen einer Datei
- Dateien und Verzeichnisse erstellen und löschen
- Eine Datei lesen und Daten in sie schreiben
- Nach Dateien suchen
- Daten als Druckauftrag an eine Warteschlange senden und Druckaufträge löschen

Jeder dieser Vorgänge kann als SMB-Nachricht kodiert und an den Server gesendet oder vom Server empfangen werden. Die Bezeichnung SMB stammt aus dem Datenformat: Es entspricht dem Standardformat der Strukturen von DOS-Aufrufen, genannt *Server Message Blocks*, die so umgestaltet wurden, daß sie im Netzwerk übertragen werden können.

SMB-Format

Richard Sharpe aus dem Samba-Team definiert SMB als ein »Anfrage-Antwort«-Protokoll.[4] Das bedeutet letztlich, daß ein Client eine SMB-Anfrage an den Server sendet, der wiederum mit einem SMB-Paket an den Client antwortet. In seltenen Fällen sendet ein Server ein Paket, ohne zuvor von einem Client dazu aufgefordert worden zu sein.

Eine SMB-Nachricht ist nicht so kompliziert, wie Sie vielleicht denken. Werfen wir einen Blick auf die interne Struktur einer solchen Nachricht. Sie kann in zwei Bereiche eingeteilt werden. Der *Vorspann* (englisch: *header*), der eine festgelegte Größe besitzt, und der *Befehl* (englisch: *command string*), dessen Größe variabel ist und vom Inhalt der Nachricht abhängt.

SMB-Vorspannformat

Tabelle 3-1 stellt das Format des SMB-Vorspanns dar. SMB-Befehle müssen nicht alle Felder des Vorspanns belegen. Wenn ein Client zum Beispiel eine erste Verbindung zu einem Server aufbauen will, besitzt er noch keinen Wert für den Tree Identifier (TID)-Wert, denn dieser wird ihm erst nach einem erfolgreichen Verbindungsaufbau zugewiesen; daher sendet der Client eine sogenannte Null-TID mit dem Wert 0xFFFF. Andere Felder können mit Nullen gefüllt werden, sollten sie nicht benötigt werden.

Die Felder des SMB-Vorspanns finden Sie in Tabelle 3-1.

Tabelle 3-1: SMB-Vorspannfelder

Feld	Größe in Bytes	Beschreibung
0xFF 'SMB'	1	Protokollidentifikation
COM	1	Befehlscode, von 0x00 bis 0xFF
RCLS	1	Fehlerklasse
REH	1	Reserviert
ERR	2	Fehlercode
REB	1	Reserviert
RES	14	Reserviert
TID	2	Tree Identifier ID (TID), eine eindeutige Kennung für die von einem Client verwendete Ressource
PID	2	ID des aufrufenden Prozesses

---

4 Auf *http://anu.samba.org/cifs/docs/what-is-smb.html* finden Sie die ausgezeichnete SMB-Zusammenfassung von Richard Sharpe.

Tabelle 3-1: SMB-Vorspannfelder (Fortsetzung)

Feld	Größe in Bytes	Beschreibung
UID	2	ID des Benutzers
MID	2	Multiplex Identifier. Wird zum Weiterleiten von Anforderungen innerhalb eines Prozesses verwendet

SMB-Befehlsformat

Dem Vorspann folgt unmittelbar eine variable Anzahl von Bytes, die einen SMB-Befehl oder eine SMB-Antwort bilden. Jeder Befehl wie *Open File* (COM-Feld-Identifizierung: SMBopen) oder *Get Print Queue* (SMBsplretq) verfügt über seinen eigenen Satz von Parametern und Daten. Wie bei den SMB-Vorspannfeldern müssen nicht alle Befehlsfelder verwendet werden; welche benutzt werden, hängt vom jeweiligen Befehl ab. Zum Beispiel setzt der Befehl *Get Server Attributes* (SMBdskattr) die Felder WCT und BCC auf null. Die Felder des Befehlsabschnittes finden Sie in Tabelle 3-2.

Tabelle 3-2: Die Felder des SMB-Befehlsabschnittes.

Feld	Größe in Bytes	Beschreibung
WCT	1	Anzahl der Wörter
VWV	Variabel	Parameter-Wörter (Größe durch WCT angegeben)
BCC	2	Anzahl der Parameter
DATA	Variabel	Daten (Größe durch BCC festgelegt)

Es braucht Sie nicht zu beunruhigen, wenn Sie nicht jedes dieser Felder verstehen, das ist für die Administration nicht unbedingt erforderlich. Bei der Auswertung von Systemnachrichten ist es allerdings recht hilfreich, die Bedeutung dieser Felder zu verstehen. Wir werden Ihnen einige der verbreitetsten SMB-Nachrichten zeigen, die Clients und Server senden, indem wir weiter hinten in diesem Abschnitt eine veränderte Version von *tcpdump* einsetzen. (Wenn Sie ein SMB-Schnüffelprogramm mit einer grafischen Benutzeroberfläche vorziehen, probieren Sie »ethereal«, das die GTK-Bibliotheken verwendet; ausführlichere Informationen zu diesem Werkzeug finden Sie auf der Samba-Homepage.)

Wenn Sie mehr über die Befehle des SMB-Protokolls erfahren möchten, lesen Sie die SMB/CIFS-Dokumentation auf *ftp://ftp.microsoft.com/developr/drg/CIFS/*.

SMB-Variationen

Das SMB-Protokoll wurde seit seiner Einführung mehrfach um neue Befehle erweitert. Jede neue Version ist abwärtskompatibel mit den Vorgängerversionen. Dadurch ist es möglich, daß sich in einem LAN mehrere Clients und Server befinden, die unterschiedliche Versionen des SMB-Protokolls gleichzeitig ausführen.

Tabelle 3-3 führt die Hauptversionen des SMB-Protokolls auf. Innerhalb eines jeden SMB-»Dialektes« gibt es zahlreiche Unterversionen, die Befehle enthalten, die bestimmte Versionen wichtiger Betriebssysteme unterstützen. Client und Server verwenden die ID-Zeichenkette, um festzustellen, auf welcher Protokollstufe sie miteinander kommunizieren.

Tabelle 3-3: SMB-Protokolldialekte

Protokollname	ID-Zeichenkette	Verwendet von
Core	`PC NETWORK PROGRAM 1.0`	
Core Plus	`MICROSOFT NETWORKS 1.03`	
LAN Manager 1.0	`LANMAN1.0`	
LAN Manager 2.0	`LM1.2X002`	
LAN Manager 2.1	`LANMAN2.1`	
NT LAN Manager 1.0	`NT LM 0.12`	Windows NT 4.0
Sambas NT LM 0.12	`Samba`	Samba
Common Internet File System	`CIFS 1.0`	Windows 2000

Samba implementiert die Spezifikation NT LM 0.12 für NT LAN Manager 1.0. Es ist mit allen anderen SMB-Varianten abwärtskompatibel. Bei der CIFS-Spezifikation handelt es sich um LAN Manager 0.12 mit einigen wenigen spezifischen Zusätzen.

SMB-Clients und Server

Wie bereits zuvor erwähnt, ist SMB ein Client-/Server-Protokoll. In seiner eigentlichen Bedeutung heißt das, daß ein Client eine Anforderung an einen Server sendet, der die Anfrage bearbeitet und eine Antwort liefert. Allerdings können die Client-/Server-Rollen vertauscht werden, manchmal sogar innerhalb einer SMB-Sitzung. Nehmen wir zum Beispiel die beiden Windows 95/98-Computer in Abbildung 3-28. Der Computer WIZZIN gibt einen Drucker im Netzwerk frei, während der Computer ESCRIME ein Verzeichnis freigibt. In diesem Beispiel agiert WIZZIN als Client, wenn er auf das Netzlaufwerk von ESCRIME zugreift, und als Server, wenn er einen Druckauftrag für ESCRIME erledigt.

Der eben geschilderte Fall beleuchtet einen wichtigen Aspekt der Samba-Terminologie:

* Ein *Server* ist ein System, das eine Ressource freigibt.
* Ein *Client* ist ein Computer, der auf diese Ressource zugreifen möchte.
* Ein Server kann jederzeit auch als Client arbeiten, indem er auf eine Ressource eines anderen Computers zugreift.

Beachten Sie, daß die Größe der freigegebenen Ressourcen keinen Einfluß darauf hat, ob ein Computer als Server bezeichnet werden kann. Ein Server muß weder mit einer

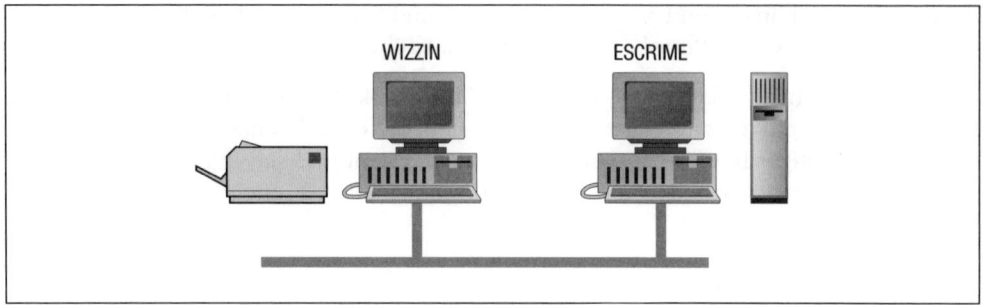

Abbildung 3-28: Zwei Computer, die Ressourcen freigeben

großen Festplatte noch mit einem schnellen Prozessor ausgestattet sein. Sowohl ein alter 486er mit einem Drucker als auch eine UltraSparc Station mit 10 GByte Festplattenkapazität können die Rolle eines Servers übernehmen.

Microsoft Windows-Produkte sind sowohl mit dem Server- als auch mit dem Client-Dienst für das SMB-Protokoll ausgestattet. Windows NT 4.0 verwendet eine neuere SMB-Variante als Windows for Workgroups und bietet eine verbesserte Netzwerksicherheit, auf die wir in Kapitel 6 genauer eingehen werden. Außerdem gibt es zahlreiche kommerzielle Server-Produkte von Unternehmen wie Sun, Compaq, SCO, Hewlett-Packard, Syntax, IBM und Helios. Auf der Client-Seite ist das Angebot leider kleiner, es beschränkt sich im wesentlichen auf Pathworks von Digital Equipment und natürlich Samba.

Eine einfache SMB-Verbindung

Bevor wir dieses Kapitel beenden, sollten wir uns noch eine einfache SMB-Verbindung anschauen. Die Beschreibung geht hier technisch sehr ins Detail und vermittelt Informationen, die Sie zur Administration von Samba wirklich nicht benötigen. Sie können diesen Abschnitt also überspringen, wenn Sie möchten. Er soll Sie damit vertraut machen, wie Computer im Netzwerk eine SMB-Verbindung untereinander aushandeln.

Um eine Verbindung zu einer Ressource herzustellen, müssen Client und Server vier Schritte erfolgreich durchlaufen:

1. Eine virtuelle Verbindung aufbauen
2. Die Protokollvariante aushandeln
3. Sitzungsparameter festlegen
4. Eine Tree-Verbindung zur Ressource herstellen

Wir werden jeden dieser Schritte mit Hilfe eines nützlichen Werkzeugs untersuchen, das wir bereits im vorigen Abschnitt erwähnt haben: eine veränderte Version von *tcpdump*, die Sie von der Samba-Site herunterladen können.

 Sie können dieses Programm von *samba.org* herunterladen. Es befindet sich im Verzeichnis *samba/ftp/tcpdump-smb*. Während wir diese Zeilen schreiben, ist die aktuelle Version 3.4-5. Verwenden Sie dieses Programm wie die gewöhnliche *tcpdump*-Anwendung, aber geben Sie den Parameter -s 1500 an, um sicherzustellen, daß Sie ganze Pakete erhalten und nicht nur die ersten paar Bytes.

Eine virtuelle Verbindung aufbauen

Wenn ein Benutzer erstmalig ein Netzlaufwerk anfordert oder einen Druckauftrag an eine entfernte Druckerwarteschlange senden will, kümmert sich NetBIOS darum, eine Verbindung auf Sitzungsebene herzustellen. Das Ergebnis ist ein virtueller Kanal zwischen dem Server und dem Client; der Kanal arbeitet in beide Richtungen. In Wirklichkeit sind nur zwei Nachrichten erforderlich, um diese Verbindung aufzubauen. Sie sehen sie im *tcpdump*-Mitschnitt der Sitzungsanforderung und der entsprechenden Antwort:

```
>>> NBT Packet
NBT Session Request
Flags=0x81000044
Destination=ESCRIME      NameType=0x20 (Server)
Source=WIZZIN           NameType=0x00 (Workstation)

>>> NBT Packet
NBT Session Granted
Flags=0x82000000
```

Die Protokollvariante aushandeln

Zu diesem Zeitpunkt besteht ein offener Kanal zwischen dem Client und dem Server. Als nächstes sendet der Client dem Server eine Nachricht, um mit ihm die SMB-Protokollvariante zu vereinbaren. Wie bereits erwähnt, setzt der Client sein Feld Tree Identifier (TID) auf null, da er noch nicht weiß, welchen TID er zu verwenden hat. Ein *Tree Identifier* ist eine Zahl, die eine Verbindung zu einer Freigabe eines Servers kennzeichnet.

Der Befehl in der Nachricht lautet SMBnegprot, eine Anforderung zum Aushandeln des Protokolls, das dann für die gesamte Sitzung verwendet wird. Beachten Sie, daß der Client dem Server eine Liste aller von ihm unterstützten Protokollvarianten sendet und nicht umgekehrt.

Der Server antwortet auf die SMBnegprot-Anforderung mit einem Zeiger, der auf einen bestimmten Punkt der Liste verweist, die der Client ihm übermittelt hat, beginnend mit 0 für das erste Protokoll in der Liste. Akzeptiert der Server keines der angebotenen Protokolle, sendet er den Wert 0xFF zurück. In unserem Beispiel antwortet der Server mit dem Wert 5, so daß der Rest der Sitzung über den Protokolldialekt NT LM 0.12 abgewickelt wird:

```
>>> NBT Packet
NBT Session Packet
Flags=0x0
Length=154

SMB PACKET: SMBnegprot (REQUEST)
SMB Command   =  0x72
Error class   =  0x0
Error code    =  0
Flags1        =  0x0
Flags2        =  0x0
Tree ID       =  0
Proc ID       =  5371
UID           =  0
MID           =  385
Word Count    =  0
Dialect=PC NETWORK PROGRAM 1.0
Dialect=MICROSOFT NETWORKS 3.0
Dialect=DOS LM1.2X002
Dialect=DOS LANMAN2.1
Dialect=Windows for Workgroups 3.1a
Dialect=NT LM 0.12

>>> NBT Packet
NBT Session Packet
Flags=0x0
Length=69

SMB PACKET: SMBnegprot (REPLY)
SMB Command   =  0x72
Error class   =  0x0
Error code    =  0
Flags1        =  0x0
Flags2        =  0x1
Tree ID       =  0
Proc ID       =  5371
UID           =  0
MID           =  385
Word Count    =  02
[000] 05 00
```

Sitzungs- und Anmeldeparameter

Der nächste Schritt besteht darin, die Sitzungs- und Anmeldeparameter für diese Sitzung zu übermitteln. Dazu gehören der Benutzername und das Kennwort (sofern eines existiert), der Name der Arbeitsgruppe, die maximale Größe der übertragbaren Daten und die Anzahl der ausstehenden Anfragen, die sich gleichzeitig in der Warteschlange befinden dürfen.

Der im folgenden Beispiel dargestellte *Session Setup*-Befehl kann einen weiteren SMB-Befehl »huckepack tragen«, was der Buchstabe X am Ende des Befehlsnamens anzeigt. Dessen hexadezimaler Code steht im Feld Com2. In unserem Fall handelt es sich um den code 0x75, der für den Befehl *Tree Connect* sowie den *X*-Befehl steht. Die Nachricht SMBtconX sucht nach dem Namen der Ressource im smb_buf-Puffer. (Dies ist das letzte Feld der folgenden Anfrage.) In unserem Beispiel enthält das Feld smb_buf die Zeichenkette \\ESCRIME\PUBLIC, bei dem es sich um den vollständigen Pfadnamen zu einem freigegebenen Verzeichnis auf dem Server ESCRIME handelt. Der »und X«-Befehl beschleunigt jede Transaktion, da der Server nicht darauf warten muß, daß der Client eine zweite Anfrage startet.

Beachten Sie, daß der TID weiterhin null beträgt. Der Server teilt dem Client erst dann einen TID mit, wenn eine Sitzung und eine Verbindung zur gewünschten Ressource zustande gekommen ist. Bedenken Sie auch, daß der Client ein unverschlüsseltes Kennwort gesendet hat. Wir ändern das später, indem wir die Kennwortverschlüsselung einschalten:

```
>>> NBT Packet
NBT Session Packet
Flags=0x0
Length=139

SMB PACKET: SMBsesssetupX (REQUEST)
SMB Command   =  0x73
Error class   =  0x0
Error code    =  0
Flags1        =  0x10
Flags2        =  0x0
Tree ID       =  0
Proc ID       =  5371
UID           =  1
MID           =  385
Word Count    =  13
Com2=0x75
Res1=0x0
Off2=106
MaxBuffer=2920
MaxMpx=2
VcNumber=0
SessionKey=0x1FF2
CaseInsensitivePasswordLength=1
CaseSensitivePasswordLength=1
Res=0x0
Capabilities=0x1
Pass1&Pass2&Account&Domain&OS&LanMan=
  KRISTIN PARKSTR Windows 4.0 Windows 4.0
PassLen=2
Passwd&Path&Device=
smb_bcc=22
smb_buf[]=\\ESCRIME\PUBLIC
```

Eine Verbindung zu einer Ressource herstellen

Im letzten Schritt teilt der Server dem Client einen TID mit; dadurch weiß der Client, daß der Server ihm den Zugriff erlaubt hat und ihm die Ressource zur Verfügung steht. Er setzt außerdem das Feld ServiceType auf »A«, um zu signalisieren, daß es sich um einen Dateidienst handelt. Folgende Diensttypen sind möglich:

- »A« für ein Verzeichnis oder eine Datei
- »LPT1« für eine Warteschlange
- »COMM« für eine direkte Verbindung zu einem Drucker oder einem Modem
- »IPCQ« für eine benannte Pipe

Die Ausgabe sieht folgendermaßen aus:

```
>>> NBT Packet
NBT Session Packet
Flags=0x0
Length=78

SMB PACKET: SMBsesssetupX (REPLY)
SMB Command   =  0x73
Error class   =  0x0
Error code    =  0
Flags1        =  0x80
Flags2        =  0x1
Tree ID       =  121
Proc ID       =  5371
UID           =  1
MID           =  385
Word Count    =  3
Com2=0x75
Off2=68
Action=0x1
[000] Unix Samba 1.9.1
[010] PARKSTR

SMB PACKET: SMBtconX (REPLY) (CHAINED)
smbvwv[]=
Com2=0xFF
Off2=78
smbbuf[]=
ServiceType=A:
```

Nun, da der Server einen TID-Wert zugewiesen hat, kann der Client jeden beliebigen Befehl verwenden, den er sonst für den Zugriff auf ein lokales Laufwerk benutzen würde. Er kann Dateien öffnen, Daten aus ihnen lesen und Daten in sie schreiben, sie löschen, neue Dateien erstellen, nach Dateinamen suchen und so weiter.

4

Verzeichnisfreigaben

In den ersten drei Kapiteln haben wir Ihnen gezeigt, wie Sie Samba auf einem Unix-Server installieren und wie Sie Windows-Clients konfigurieren, damit sie eine einfache Verzeichnisfreigabe nutzen können. Kapitel 4 beschreibt, wie Samba eine noch produktivere Rolle in Ihrem Netzwerk spielen kann.

Die Samba-Daemons *smbd* und *nmbd* werden durch eine einzige ASCII-Datei gesteuert, nämlich *smb.conf*. Sie kann mehr als 200 Optionen enthalten. Diese Optionen legen fest, wie Samba auf das umgebende Netzwerk reagiert, einschließlich einfacher Dinge wie Berechtigungen bis hin zu verschlüsselten Verbindungen und NT-Domänen. Einige dieser Optionen werden Sie häufig verwenden, andere vielleicht niemals -- das hängt davon ab, in welchem Umfang Sie Ihren Clients Samba-Funktionalität bereitstellen wollen.

Dieses Kapitel führt Sie in die Struktur der Samba-Komfigurationsdatei ein und zeigt Ihnen, wie Sie diese Optionen benutzen können, um eine Verzeichnisfreigabe anzulegen und zu verändern. Weitere Kapitel gehen auf das Durchsuchen des Netzwerkes, die Sicherheit, Windows-Domänen, Drucker und viele andere Themen ein, die in bezug auf Samba im Netzwerk relevant sind.

Einführung in die Samba-Konfigurationsdatei

Hier ist ein Beispiel einer Samba-Konfigurationsdatei. Wenn Sie schon einmal mit .INI-Dateien von Windows gearbeitet haben, wird Ihnen die Struktur der Datei *smb.conf* sehr bekannt vorkommen:

```
[global]
    log level = 1
    max log size = 1000
    socket options = TCP_NODELAY IPTOS_LOWDELAY
    guest ok = no
[homes]
    browseable = no
    map archive = yes
```

```
[printers]
    path = /usr/tmp
    guest ok = yes
    printable = yes
    min print space = 2000
[test]
    browseable = yes
    read only = yes
    guest ok = yes
    path = /export/samba/test
```

Auch wenn Sie nicht alle Zeilen dieser Beispieldatei verstehen, stellt Sie eine gute Ausgangsposition dar, besonders, wenn Sie es eilig haben. (Falls Sie es nicht eilig haben, werden wir in kürze eine von Grund auf neue Datei erstellen.) Kurz gesagt, diese Konfigurationsdatei richtet die einfache Protokollierung in eine Standardprotokolldatei ein, die 1 MByte nicht überschreiten darf, optimiert TCP/IP-Socket-Verbindungen zwischen dem Samba-Server und jeglichen SMB-Clients und ermöglicht es Samba, eine Verzeichnisfreigabe zu erstellen, auf die jeder Benutzer zugreifen darf, der ein Standard-Benutzerkonto auf dem Unix-Server besitzt. Außerdem ist jeder auf dem Server registrierte Drucker öffentlich verfügbar, genau wie eine schreibgeschützte Freigabe des Verzeichnisses */export/samba/test*. Der letzte Teil dieser Datei ähnelt der Verzeichnisfreigabe, die Sie in Kapitel 2, *Samba auf einem Unix-System installieren*, verwendet haben, um den Samba-Server zu testen.

Struktur der Konfigurationsdatei

Lassen Sie uns einen weiteren Blick auf diese Konfigurationsdatei werfen, diesmal aber auf einer übergeordneten Ebene:

```
[global]
    ...
[homes]
    ...
[printers]
    ...
[test]
    ...
```

Die Namen innerhalb der eckigen Klammern kennzeichnen Abschnitte der Datei *smb.conf*, die jeweils nur einmal vorkommen dürfen. Jeder Abschnitt benennt die *Freigabe* (oder den Dienst), auf den er sich bezieht. Beispielsweise beschreiben die Abschnitte [test] und [homes] Verzeichnisfreigaben; sie enthalten Optionen, die sich jeweils auf ein bestimmtes Verzeichnis auf dem Samba-Server beziehen. Der Abschnitt [printers] enthält Optionen, die sich auf diverse Drucker auf dem Samba-Server beziehen. Alle Abschnitte in der Datei *smb.conf*, außer [global], stehen den Clients als Drukker- oder Verzeichnisfreigaben zur Verfügung.

Die jeweils verbleibenden Zeilen bis zum nächsten Abschnitt oder zum Ende der Datei sind individuelle Konfigurationsoptionen, die sich ausschließlich auf die jeweilige Freigabe beziehen.

Jede Konfigurationsoption besitzt das folgende einfache Format:

```
Option = Wert
```

Optionen in der Datei *smb.conf* werden gesetzt, indem Sie ihnen einen Wert zuordnen. Wir sollten Sie warnen, daß einige der Optionsnamen in Samba ungünstig gewählt sind. Beispielsweise ist `read only` (für englischsprechende Zeitgenossen, Anm. des Übersetzers) selbsterklärend und typisch für viele in jüngerer Vergangenheit eingeführte Optionen. `public` (deutsch: öffentlich) ist hingegen eine ältere Option und schon etwas schwerer zu verstehen. Bei neueren Samba-Versionen können Sie statt dessen das weniger verwirrende `guest ok` (deutsch: Gast in Ordnung) verwenden. Wir beschreiben einige der gebräuchlichen historischen Optionsnamen in diesem Kapitel, und zwar in den Abschnitten, die alle wichtigen Aufgaben erklären. Außerdem enthält Anhang C, *Kurzreferenz der Samba-Konfigurationsoptionen*, ein alphabetisches Stichwortverzeichnis aller Konfigurationsoptionen einschließlich ihrer Bedeutungen.

Leerzeichen, Anführungszeichen und Kommas

Im Zusammenhang mit Konfigurationsoptionen ist es sehr wichtig, daran zu denken, daß Samba Leerzeichen im *Wert* beachtet. Nehmen Sie z.B. folgende Konfigurationsoption

```
volume = Die grosse Festplatte mit der Nummer 3543
```

Samba ignoriert die Leerzeichen zwischen dem e in `volume` und dem D in `Die`. Diese Leerzeichen sind also unbedeutend. Der restlichen Leerzeichen werden von Samba hingegen beim Lesen der Datei sehr wohl beachtet – und beibehalten. In Optionsnamen (wie in `guest ok`) sind Leerzeichen nicht signifikant, aber wir empfehlen Ihnen, sich an die Vereinbarungen zu halten und die Leerzeichen zwischen den einzelnen Wörtern von Optionsnamen zu schreiben.

Wenn Sie sich sicherer fühlen, wenn die Optionswerte von Anführungszeichen umschlossen sind, können Sie sie gerne verwenden. Samba ignoriert sie. Die gesamte Option darf jedoch niemals in Anführungszeichen gesetzt werden, denn Samba sieht darin einen Fehler.

Um einzelne Elemente einer Liste von einander zu trennen, können Sie nach Belieben Leerzeichen, Kommata oder Tabulatorzeichen verwenden. Die beiden folgenden Varianten unterscheiden sich daher in ihrer Wirkung nicht voneinander:

```
netbios aliases = sales, accounting, payroll
netbios aliases = sales accounting payroll
```

Bei einigen Werten müssen Sie aber eine bestimmte Form der Trennung wählen – mal Leerzeichen, mal Kommata. In einigen Fällen sind auch Tabulatorzeichen erlaubt.

Großbuchstaben

Sie können nach Belieben Großbuchstaben in der Samba-Konfigurationsdatei verwenden – es denn, sie verwirren das zugrundeliegende Betriebssystem. Nehmen wir zum

Beispiel an, daß Sie mit der folgenden Option einer Freigabe auf das Verzeichnis */export/samba/simple* verweisen wollen:

```
PATH = /EXPORT/SAMBA/SIMPLE
```

Samba hat keine Probleme damit, daß Sie die Option path in Großbuchstaben schreiben. Allerdings wäre Samba in diesem Fall nicht erfolgreich, weil das Unix-Dateisystem, auf das Samba zurückgreift, durchaus zwischen Groß-/Kleinschreibung unterscheidet. Samba würde also das freizugebende Verzeichnis nicht finden, und Clients könnten keine Verbindung zu dieser Freigabe herstellen.

Fortgesetzte Zeilen

Wenn eine Option einschließlich ihres Wertes nicht in eine Zeile paßt, können Sie die Option mit einem umgekehrten Schrägstrich (Backslash) in der folgenden Zeile fortsetzen:

```
comment = Die erste Freigabe mit den Hauptkopien der \
          neuen Produkte von Teamworks Software.
```

Dieser umgekehrte Schrägstrich signalisiert Samba, diese beiden Zeilen als eine einzige anzusehen. Die zweite Zeile beginnt mit dem ersten nicht-Leerzeichen, hier also mit dem n von neuen.

Kommentare

Sie können Kommentare in die Datei *smb.conf* einfügen, indem Sie eine Zeile mit einem Doppelkreuz[1] (#) oder einem Semikolon (;) beginnen. Diese Zeichen sind gleichbedeutend. Die ersten drei Zeilen des folgenden Beispiels sind Kommentare:

```
# Dies ist der Abschnitt für Drucker. Wir haben den minimalen
; Druck-Speicherplatz von 2000 zugeordnet, um einige Fehler zu vermeiden,
; die wir sahen, als der Speicher der Warteschlangen ausging.

[printers]
   public = yes
   min print space = 2000
```

Samba ignoriert alle Kommentarzeilen in seiner Konfigurationsdatei; es gibt keine Einschränkung hinsichtlich dessen, was Sie nach dem Doppelkreuz oder Semikolon in eine Kommentarzeile schreiben. Beachten Sie, daß Samba innerhalb eines Kommentars *auch* den umgekehrten Schrägstrich ignoriert. Sie können ihn also nicht in der oben erwähnten Weise als Fortsetzungszeichen innerhalb von Kommentaren verwenden.

Veränderungen zur Laufzeit

Sie können die Konfigurationsdatei *smb.conf* und alle ihrer Optionen ändern, während die Samba-Daemons ausgeführt werden. Standardmäßig prüft Samba alle 60 Sekunden, ob sich die Konfigurationsdatei geändert hat. Alle Änderungen, die Samba vorfindet,

---

1 Anmerkung des Übersetzers: auch Hash, Lattenzaun, Raute und Nummernzeichen genannt.

werden sofort wirksam. Wenn Ihnen diese Wartezeit als zu lang erscheint, können Sie Samba mit einem SIGHUP-Signal zum erneuten Laden der Datei veranlassen. Oder Sie starten die Daemons neu.

Wenn der *smbd*-Prozeß beispielsweise die ID 893 hat, können Sie ihn mit folgendem Befehl zwingen, seine Konfigurationsdatei neu einzulesen:

```
# kill -SIGHUP 893
```

Clients erkennen nicht alle Änderungen sofort. Zum Beispiel bemerken Clients Änderungen an einer verwendeten Ressource erst, wenn sie die Verbindung zu dieser Ressource trennen und anschließend neu herstellen. Auch Änderungen von Serverbezogenen Parametern wie der Name der Arbeitsgruppe und der NetBIOS-Name des Servers werden nicht sofort registriert. Diese Vorgehensweise verhindert, daß die Verbindung zu Clients plötzlich unterbrochen wird und daß bei einem Client während einer aktiven Sitzung Zugriffsprobleme auftreten.

Variablen

Samba enthält einen vollständigen Satz von Variablen mit deren Hilfe Sie Eigenschaften des Samba-Servers und der Clients, die mit ihm Kontakt aufnehmen, herausfinden können. Jede dieser Variablen beginnt mit einem Prozentzeichen, gefolgt von einem Groß- oder Kleinbuchstaben. Sie können Variablen nur auf der rechten Seite einer Konfigurationsoption verwenden, also nach dem Gleichheitszeichen:

```
[pub]
     path = /home/ftp/pub/%a
```

Das `%a` repräsentiert die Architektur des Clients (zum Beispiel `WinNT` für Windows NT, `Win95` für Windows 95/98 oder `WfWg` für Windows for Workgroups). Daher weist Samba der Freigabe [pub] einen eigenen architekturbezogenen Pfad zu. Und zwar einen für Windows NT-Clients, einen anderen für Windows 95-Systeme und einen weiteren für Computer, die Windows for Workgroups ausführen. Mit anderen Worten: Die Pfade, die jeder Client sieht, hängen von seiner jeweiligen Architektur ab. Lokal auf dem Samba-Server handelt es sich dabei um:

```
/home/ftp/pub/WinNT
/home/ftp/pub/Win95
/home/ftp/pub/WfWg
```

Die Verwendung von Variablen auf diese Art ist praktisch, wenn Sie unterschiedliche Benutzer haben, die Konfigurationen verwenden müssen, die an bestimmte Merkmale oder Bedingungen angepaßt sind. Samba kennt 19 Variablen, die in Tabelle 4-1 aufgeführt sind.

Tabelle 4-1: Samba-Variablen

Variable	Beschreibung
Client-Variablen	
%a	Client-Architektur (zum Beispiel Samba, WfWg, WinNT, Win95 oder UNKNOWN)
%I	IP-Adresse des Clients (zum Beispiel 192.168.220.100)
%m	NetBIOS-Name des Clients
%M	DNS-Name des Clients
Benutzervariablen	
%g	Primäre Gruppe von %u
%G	Primäre Gruppe von %U
%H	Basisverzeichnis (Home Directory) von %u
%u	Derzeitiger Unix-Benutzername
%U	Angeforderter Benutzername (nicht immer von Samba verwendet)
Freigabevariablen	
%p	Pfad des Automounters zum Hauptverzeichnis der Freigabe, falls abweichend von %P
%P	Das unter **path** = angegebene Hauptverzeichnis der Freigabe, die gerade definiert wird
%S	Der in eckige Klammern gefaßte Name der Freigabe, die gerade definiert wird
Server-Variablen	
%d	Derzeitige Prozeß-ID des Servers
%h	Host-Name (DNS) des Samba-Servers
%L	NetBIOS-Name des Samba-Servers
%N	Server für das Basisverzeichnis (Home Directory), von der Map des Automounters
%v	Samba-Version
Sonstige Variablen	
%R	Der ausgehandelte SMB-Protokolldialekt
%T	Gegenwärtiges Datum sowie Uhrzeit

Es folgt ein weiteres Beispiel für die Verwendung von Variablen: Nehmen wir an, daß in Ihrem Netzwerk fünf Clients leben, von denen einer (fred) eine leicht veränderte Konfiguration der Freigabe [homes] benötigt, wenn er eine Verbindung zum Samba-Server herstellt. Mit Samba ist es ein leichtes, ein derartiges Problem zu lösen:

```
[homes]
    ...
    include = /usr/local/samba/lib/smb.conf.%m
    ...
```

Die Option include sorgt dafür, daß für jeden NetBIOS-Computer (%m) eine separate Konfigurationsdatei eingelesen und als Bestandteil der eigentlichen Konfigurationsdatei gesehen wird. Wenn der NetBIOS-Name des Clients fred lautet und die Datei *smb.conf.fred* im Verzeichnis *samba/lib/* des Samba-Servers existiert (oder welches Verzeichnis Sie auch immer für Ihre Zusatzkonfigurationsdatei angegeben haben), verhält sich Samba so, als stünde ihr Inhalt an dieser Stelle der Konfigurationsdatei *smb.conf.* Falls irgendwelche bereits verwendeten Optionen in *smb.conf.fred* erneut erscheinen, haben diese neuen Optionen Vorrang vor den bisher verwendeten. Beachten Sie, daß wir das Wort »bisher« verwendet haben. Wenn also irgendwelche Optionen nach der Option `include` in der Hauptkonfigurationsdatei noch einmal vorkommen, haben diese Vorrang vor allen bisher genannten (ganz gleich, ob sie nun Bestandteil der Haupt- oder der eingeschlossenen Konfigurationsdatei sind).

Und hier der wichtige Teil: Wenn die einzuschließende Datei nicht existiert, meldet Samba keinen Fehler. Genau genommen macht Samba überhaupt nichts. Dadurch können Sie eine zusätzliche Konfigurationsdatei für den Client `fred` verwenden, ohne für jeden NetBIOS-Client in Ihrem Netzwerk eine eigene Zusatzkonfigurationsdatei anlegen zu müssen.

Sie können Computer-bezogene Konfigurationsdateien sowohl benutzen, um die Konfiguration für bestimmte Clients anzupassen, als auch, um die Fehlersuche bei Samba zu vereinfachen. Sehen wir uns diesen Fall einmal unter der Annahme näher an, daß wir bei einem Client ein Problem haben. Wir können dann mit den soeben vorgestellten Mitteln die Aktivitäten dieses Clients (und die Antworten des Servers) genauer protokollieren, indem wir die entsprechenden Protokolloptionen nur für diesen Client festlegen. Dadurch sehen wir, was Samba macht, ohne das Arbeiten der anderen Clients zu verlangsamen oder die Festplatte mit nutzlosen Protokollen zu überfluten. Denken Sie daran, daß Sie bei großen Netzwerken nicht immer den Samba-Server neu starten können, um die Protokollierung zu aktivieren.

Sie können alle in Tabelle 4-1 vorgestellten Variablen verwenden, um eine Anpassung zahlreicher Samba-Optionen zu erreichen. Wir stellen im weiteren Verlauf dieses und der nächsten Kapitel mehrere dieser Optionen heraus.

Besondere Abschnitte

Nachdem wir uns mit Variablen beschäftigt haben, können wir jetzt etwas tiefer in die Materie einsteigen. Stören Sie sich nicht daran, wenn Sie nicht alle unten aufgeführten Konfigurationsoptionen verstehen. Im Laufe der nächsten Kapitel gehen wir auf sämtliche Optionen näher ein.

Der Abschnitt [global]

Den Abschnitt `[global]` werden Sie in praktisch jeder Samba-Konfigurationsdatei finden, auch wenn er nicht unbedingt vorhanden sein muß. Jede Option, die Sie in diesem Abschnitt festlegen, ist für alle Freigaben wirksam, so als stünden die Optionen unterhalb der Freigabe selbst. Mit einer Ausnahme: Wenn Optionen sowohl im Abschnitt `[global]` als auch im Abschnitt einer Freigabe auftauchen, haben die Optionen im

Abschnitt der Freigabe Vorrang. Doch auch davon gibt es wiederum Ausnahmen, wie Sie im Laufe dieses Kapitels erfahren werden.

Lassen Sie uns noch einmal das Beispiel vom Beginn dieses Kapitels betrachten, um diesen Sachverhalt zu veranschaulichen:

```
[global]
    log level = 1
    max log size = 1000
    socket options = TCP_NODELAY IPTOS_LOWDELAY
    guest ok = no
[homes]
    browseable = no
    map archive = yes
[printers]
    path = /usr/tmp
    guest ok = yes
    printable = yes
    min print space = 2000
[test]
    browseable = yes
    read only = yes
    guest ok = yes
    path = /export/samba/test
```

Wenn wir im vorigen Beispiel von einem Client eine Verbindung zur Freigabe [test] herstellen würden, läse Samba zunächst die Option des Abschnittes [global] ein. Zu diesem Zeitpunkt wäre die Option guest ok = no als globale Vorgabe für jede Freigabe wirksam. Dazu zählen auch die Freigaben [homes] und [printers]. Wenn Samba nun den Abschnitt [test] lesen würde, würde es aber die Konfigurationsoption guest ok = yes finden, die dann Vorrang vor dem im Abschnitt [global] festgelegten Wert hätte.

Jede Option, die außerhalb eines Abschnittes (also vor dem ersten markierten Abschnitt) steht, betrachtet Samba ebenfalls als globale Option.

Der Abschnitt [homes]

Wenn ein Client versucht, eine Freigabe zu verwenden, die nicht in der Datei *smb.conf* steht, sucht Samba in der Konfigurationsdatei nach dem Abschnitt [homes]. Wenn sie existiert, sucht Samba den nicht erkannten Freigabenamen als Unix-Benutzernamen in der Kennwortdatenbank des Samba-Servers. Findet Samba den Namen, nimmt es an, daß es sich bei dem Client um einen Unix-Benutzer handelt, der sein Basisverzeichnis auf dem Server verwenden möchte.

Nehmen Sie zum Beispiel an, daß ein Client sich erstmalig mit dem Samba-Server hydra verbindet und dabei versucht, auf die Freigabe [alice] zuzugreifen. In der Datei *smb.conf* gibt es keinen Abschnitt (und damit keine Freigabe) [alice], aber der Abschnitt [homes] existiert. Also durchsucht Samba die Kennwortdatenbank und findet dabei ein Benutzerkonto mit dem Namen alice. Samba vergleicht dann das vom Client gelieferte Kennwort mit dem Kennwort der Unix-Benutzerin alice – entweder mit dem in der Kennwortdatenbank, falls unverschlüsselte Kennwörter benutzt werden, oder mit dem in der Samba-Datei *smbpasswd*, falls verschlüsselte Kennwörter benutzt werden. Stimmen die verglichenen Kennwörter überein, war die Vermutung von Samba richtig, und die Benutzerin `alice` will auf ihr Basisverzeichnis zugreifen. Samba erstellt dann für sie eine Freigabe mit dem Namen `alice`.

Den Vorgang, bei dem mit Hilfe des Abschnittes [homes] Benutzer erstellt werden (sowie die Behandlung von Kennwörtern), beschreiben wir ausführlicher in Kapitel 6, *Benutzer, Sicherheit und Domänen*.

Der Abschnitt [printers]

Der dritte besondere Abschnitt heißt [printers] und ähnelt [homes]. Wenn ein Client eine Verbindung zu einer Freigabe aufbauen will, die nicht als Abschnitt in der Datei *smb.conf* steht und auch nicht in der Kennwortdatenbank zu finden ist, prüft Samba, ob es sich um eine Druckerfreigabe handelt. Dabei liest Samba die Datei mit den Druckereigenschaften (üblicherweise */etc/printcap*) ein, um nachzusehen, ob der Name darin auftaucht.[2] Wenn dies der Fall ist, erstellt Samba eine Freigabe mit dem Namen des Druckers.

Wie bei [homes] bedeutet dies, daß Sie nicht jeden Drucker Ihres Systems mit einem eigenen Abschnitt in der Datei *smb.conf* freigeben müssen. Statt dessen greift Samba – falls Sie das wollen – auf die Unix-Druckerregistrierung zu und stellt die Drucker den Clients zur Verfügung. Ganz offensichtlich gibt es hier eine Einschränkung: Wenn Ihr System sowohl einen Benutzer als auch einen Drucker mit dem Namen `fred` besitzt, findet Samba den Benutzer zuerst, auch wenn der Client eigentlich den namensgleichen Drucker verwenden wollte.

Wie Sie die Freigaben des Abschnittes [printers] einrichten, erläutern wir ausführlich in Kapitel 7, *Drucken und Namensauswertung*.

Konfigurationsoptionen

Optionen in der Samba-Konfigurationsdatei fallen in eine der zwei folgenden Kategorien: *Global* oder *Freigabe*. Jede Kategorie legt fest, wo eine Option in der Konfigurationsdatei auftauchen darf.

Global
> Globale Optionen *müssen* im Abschnitt [global] auftauchen; sie dürfen niemals in einem Freigabeabschnitt stehen. Dabei handelt es sich um Optionen, die das Verhalten des Samba-Servers selbst bestimmen, aber keinen direkten Einfluß auf die Freigaben haben.

---

2 Abhängig von Ihrem System kann die Datei einen anderen Namen als */etc/printcap* besitzen. Sie können den Befehl *testparm* verwenden, der mit Samba geliefert wird, um den Wert der Konfigurationsoption `printcap name` herauszufinden. Bei */etc/printcap* handelt es sich um den Vorgabenamen, den das Samba-Team bei der Kompilierung seiner Software gewählt hat.

Freigabe

Share- oder Freigabeoptionen dürfen sowohl in einem Freigabeabschnitt als auch im Abschnitt [global] stehen. Wenn sie im Abschnitt [global] auftauchen, legen Sie die Vorgabe für alle Freigaben fest. Steht dieselbe Option zusätzlich im Bereich einer Freigabe, hat sie dort Vorrang.

Des weiteren können wir die Werte, die eine Konfigurationsoption annehmen kann, in folgende vier Kategorien unterteilen:

Boolesch

Optionen dieses Wertes können lediglich den Wert yes (ja/eingeschaltet) oder no (nein/ausgeschaltet) annehmen. Statt yes können Sie auch true oder 1 und statt no auch false oder 0 angeben. Die Groß-/Kleinschreibung spielt keine Rolle, sowohl YES als auch yes schalten die jeweilige Option ein.

Numerisch

Ein ganzzahliger Wert, angegeben in dezimaler, hexadezimaler oder oktaler Schreibweise. Verwenden Sie die Notation 0x*nn* für hexadezimale und 0*nnn* für oktale Werte. Bei dezimaler Angabe ist keine besondere Notation erforderlich.

Zeichenkette

Eine Zeichenkette, bei der zwischen Groß- und Kleinbuchstaben unterschieden wird, beispielsweise ein Datei- oder ein Benutzername.

Aufzählung

Eine endliche Liste mit bekannten Werten. Letztlich stellt eine Boolesche Angabe eine Aufzählung mit genau zwei möglichen Werten dar.

Optionen für Konfigurationsdateien

Samba kennt mehr als 200 Konfigurationsoptionen. Lassen Sie uns mit einigen der Optionen beginnen, mit denen Sie die Konfigurationsdatei selbst verändern oder beeinflussen können.

Wie wir bereits zuvor in diesem Kapitel erwähnt haben, sind Konfigurationsdateien keinesfalls statisch. Samba kann Optionen der Hauptkonfigurationsdatei durch Optionen aus anderen Konfigurationsdateien ergänzen oder sogar ersetzen. Die dazu benötigten Optionen finden Sie in Tabelle 4-2.

Tabelle 4-2: Optionen für Konfigurationsdateien

Option	Parameter	Funktion	Vorgabe	Bereich
config file	Zeichenkette (vollständiger Pfadname)	Legt den Ort der Konfigurationsdatei fest, die anstelle der momentan verwendeten benutzt werden soll.	keine	global

Tabelle 4-2: Optionen für Konfigurationsdateien (Fortsetzung)

Option	Parameter	Funktion	Vorgabe	Bereich
include	Zeichenkette (vollständiger Pfadname)	Gibt eine Konfigurationsdatei an, die an der Position der include-Anweisung eingefügt und ausgewertet werden soll.	keine	global
copy	Zeichenkette (Name einer Freigabe)	Verwendet die Konfigurationsoptionen der angegebenen Freigabe für die Freigabe, in der die Option copy steht.	keine	Freigabe

config file

Die globale Option `config file` gibt eine Ersatzkonfigurationsdatei an, die Samba beim Lesen der momentanen Konfigurationsdatei lädt, sobald es auf diese Option trifft. Wenn die angegebene Datei existiert, ignoriert Samba den Rest der momentan gelesenen Konfigurationsdatei sowie alle bisher eingelesenen Optionen. Samba greift vollständig und ausschließlich auf die Optionen der neuen Datei zurück. Sie können in der Option `config file` die bereits beschriebenen Variablen benutzen und so abhängig vom anfragenden Client- oder Benutzernamen eine spezielle Konfigurationsdatei verwenden.

Die folgende Zeile weist Samba beispielsweise an, eine Konfigurationsdatei zu verwenden, die den NetBIOS-Namen des anfragenden Clients enthält, falls eine solche Datei existiert. In diesem Fall »vergißt« Samba sämtliche Optionen der ursprünglichen Konfigurationsdatei:

```
[global]
    config file = /usr/local/samba/lib/smb.conf.%m
```

Falls die angegebene, neu zu ladende Konfigurationsdatei nicht existiert, hat diese Option keine Wirkung, und Samba liest die verbleibenden Zeilen der Datei ein.

include

Diese Option, die wir bereits ausführlich beschrieben haben, nennt eine weitere Konfigurationsdatei, die so behandelt wird, als stünde sie statt der Option `include` in der gerade verarbeiteten Konfigurationsdatei (siehe Abbildung 4-1). Auch bei dieser Option können Sie die Variablen verwenden, über die wir in diesem Kapitel bereits gesprochen haben, um Optionen Computer- oder benutzerabhängig zu machen:

```
[global]
    include = /usr/local/samba/lib/smb.conf.%m
```

Wenn die angegebene Konfigurationsdatei nicht existiert, liest Samba die nächste Zeile der Konfigurationsdatei ein, ohne einen Fehler zu melden. Denken Sie daran, daß Optionswerte in der Zusatzkonfigurationsdatei Vorrang vor bereits verwendeten Optionswerten in der Hauptkonfigurationsdatei haben. In Abbildung 4-1 überschreiben alle drei Optionswerte die vorherigen Werte derselben Optionen.

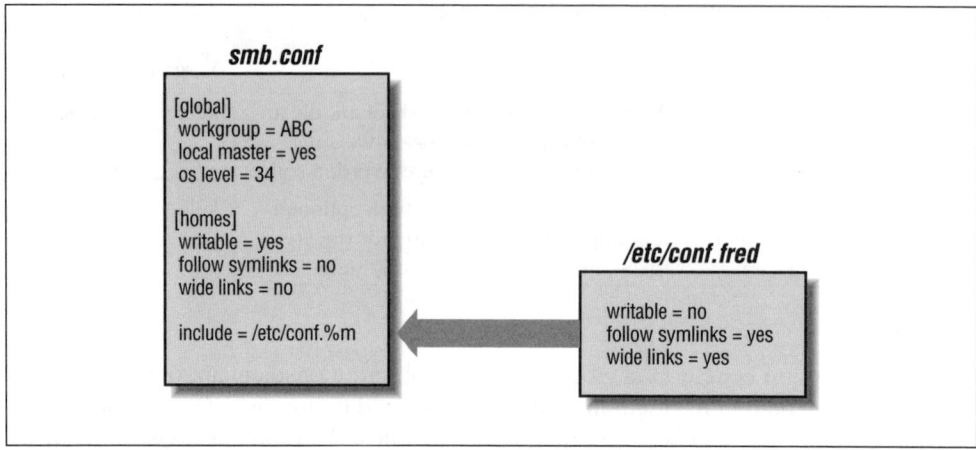

Abbildung 4-1: Die Option include in einer Samba-Konfigurationsdatei

Die Option `include` versteht die Variablen `%u` (Benutzer), `%p` (derzeitiges Stammverzeichnis der Freigabe) und `%s` (derzeitige Freigabe) nicht, weil diese Variablen noch keine Werte zu dem Zeitpunkt besitzen, zu dem Samba die Datei liest.

copy

Die Konfigurationsoption `copy` ermöglicht es Ihnen, in einer Freigabe Optionen aus der angegebenen Freigabe zu verwenden, ohne die Optionen erneut eintragen zu müssen. Die angegebene Freigabe muß weiter oben in der Konfigurationsdatei stehen als die Stelle, an der Sie diese Option verwenden. Hier ein Beispiel:

```
[muster]
    writable = yes
    browsable = yes
    valid users = andy, dave, peter

[data]
    path = /usr/local/samba
    copy = muster
```

Beachten Sie, daß der Befehl nur diejenigen Optionen wiederverwendet, die ausschließlich in der angegebenen Freigabe stehen. Optionen der Freigabe, in der die Option `copy` steht, haben Vorrang vor Optionen der kopierten Freigabe – egal, ob diese ober- oder unterhalb der Option stehen.

Konfiguration des Servers

Nun ist es an der Zeit, Ihren Samba-Server zu konfigurieren. Lassen Sie uns drei grundlegende Optionen einführen, die im Abschnitt [global] Ihrer *smb.conf*-Datei stehen können:

```
[global]
    #  Server-Konfigurationsparameter
    netbios name = HYDRA
    server string = Samba %v on (%L)
    workgroup = SIMPLE
```

Diese Konfigurationsdatei ist äußerst einfach: Sie gibt dem Samba-Server im NBT-Netzwerk den NetBIOS-Namen hydra, fügt ihn der Arbeitsgruppe SIMPLE hinzu und gibt ihm eine Beschreibung, die sowohl die Samba-Versionsnummer als auch seinen NetBIOS-Namen enthält.

Falls Sie in den vorangegangenen Beispielen die Option encrypt passwords=yes angeben mußten, sollten Sie das auch hier tun.

Probieren Sie diese Konfigurationsdatei aus. Erstellen Sie die oben aufgeführte Datei *smb.conf* im Verzeichnis */usr/local/samba/lib*. Starten Sie den Samba-Server dann neu, und sehen Sie sich mit einem Windows-Client das Ergebnis an. Vergewissern Sie sich, daß sich die Windows-Clients ebenfalls in der Arbeitsgruppe SIMPLE befinden. Doppelklicken Sie an einem Windows-Computer auf das Desktop-Symbol Netzwerkumgebung, dann sehen Sie ein Fenster, das dem in Abbildung 4-2 ähneln sollte. (In der Abbildung heißen unsere Windows-Clients phoenix und chimaera.)

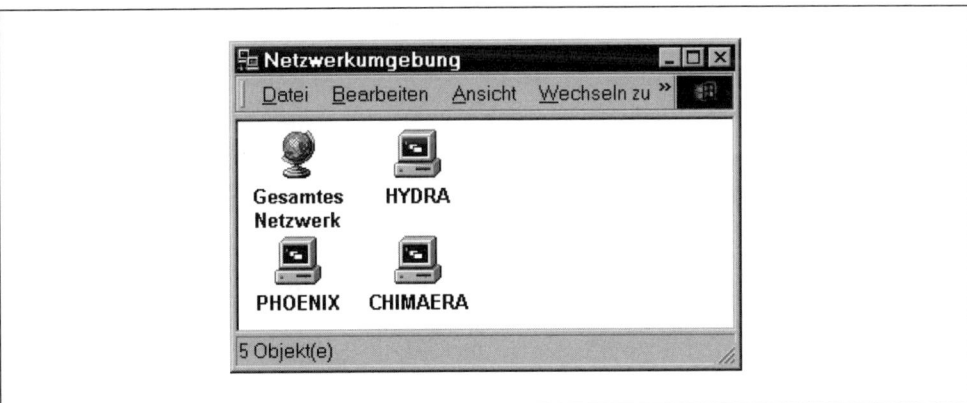

Abbildung 4-2: Der Samba-Server in der Netzwerkumgebung

Wenn Sie die Beschreibung des Servers sehen wollen, wählen Sie den Punkt Details aus dem Menü Ansicht. Das Fenster sieht dann so ähnlich aus wie das in Abbildung 4-3.

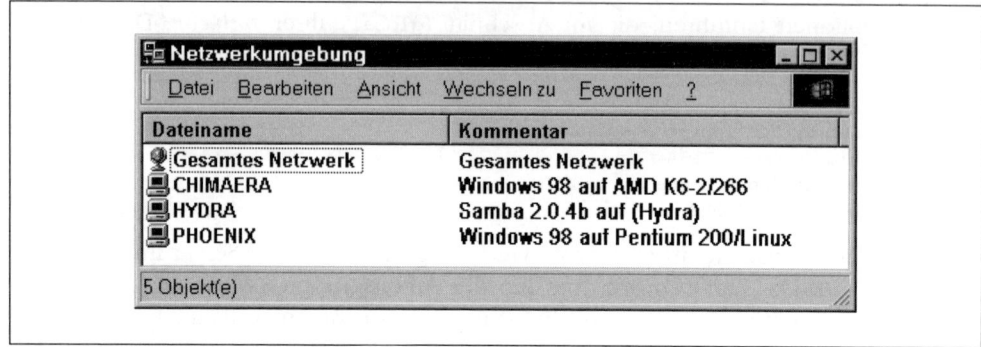

Abbildung 4-3: Die Netzwerkumgebung in der Detailansicht

Wenn Sie auf das Symbol Hydra doppelklicken, sollte ein weiteres Fenster auftauchen, in dem die von Hydra angebotenen Dienste zu sehen sind.[3] In unseren Fall ist das Fenster leer, weil der Server noch keine Dienste bereitstellt.

Konfigurationoptionen des Servers

Tabelle 4-3 faßt die soeben eingeführten Konfigurationsoptionen des Servers zusammen. Beachten Sie, daß diese Optionen den gesamten Server betreffen und daher im Abschnitt [global] der Konfigurationsdatei stehen müssen.

Tabelle 4-3: Konfigurationsoptionen für den Server

Option	Parameter	Funktion	Vorgabe	Bereich
netbios name	Zeichenkette	Legt den primären NetBIOS-Namen des Samba-Servers fest.	Host-Name (DNS) des Servers	global
server string	Zeichenkette	Bestimmt die Beschreibung des Samba-Servers, die in der Netzwerkumgebung erscheint.	Samba %v	global
workgroup	Zeichenkette	Legt die NetBIOS-Arbeitsgruppe fest, in der sich der Server befinden soll.	Während der Kompilierung festgelegt	global

---

3 Je nach Konfiguration des Clients wird der Inhalt des bisherigen Fensters durch den neuen Inhalt ersetzt. Klicken Sie auf Optionen im Menü Ansicht, um das Verhalten des Clients festzulegen.

netbios name

Mit der Option `netbios name` können Sie den NetBIOS-Namen des Computers festlegen, also zum Beispiel:

```
netbios name = YORKVM1
```

Die Vorgabe für den Wert dieser Konfigurationsoption ist der Host-Name des Servers, also der erste Teil des vollständigen DNS-Namens. Ein Rechner mit dem Namen `ruby.ora.com` bekäme also zum Beispiel standardmäßig den NetBIOS-Namen `RUBY`. Obwohl Sie mit dieser Option den DNS-Namen wiederverwenden können (so wie im vorigen Beispiel), ist es gebräuchlicher, dem Samba-Server einen NetBIOS-Namen zu geben, der vom DNS-Namen abweicht. Denken Sie daran, die Regeln für den NetBIOS-Namen einzuhalten; die Regeln haben wir in Kapitel 1, *Lerne den Samba*, erklärt.

Ändern Sie den NetBIOS-Namen nur, wenn Sie einen guten Grund dazu haben. Ein solcher Grund ist, daß der Host-Name des Computers nicht eindeutig ist, weil Sie denselben Host-Namen für mehrere Computer in unterschiedlichen DNS-Zonen[4] verwenden. Beispielsweise ist YORKVM1 ein guter Kandidat für einen NetBIOS-Namen des Hosts *vm1.york.example.com*, um Verwechslungen mit *vm1.falkirk.example.com* zu vermeiden, der denselben Host-Namen besitzt, sich aber in einer anderen DNS-Zone befindet.

Diese Option ist auch nützlich, wenn Sie SMB-Dienste von einem ausgefallenen oder aus Altersgründen ausgeschiedenen Computer auf einen anderen verlagern wollen. Wenn zum Beispiel `SALES` der SMB-Server der Verkaufsabteilung ist und plötzlich ausfällt, könnten Sie auf einem anderen Unix-System die Option `netbios name = SALES` setzen, so daß dieser Computer die Dienste des defekten Systems bereitstellt. Die Benutzer müssen ihre Laufwerksverbindungen nicht ändern; neue Verbindungen zu `SALES` werden automatisch mit dem Ersatzsystem aufgenommen. (Natürlich sollten Sie eine Möglichkeit finden, die Daten des ausgefallenen Servers auf den neuen zu kopieren, damit die Benutzer reibungslos weiterarbeiten können.)

server string

Die Option `server string` legt eine Zeichenkette fest, die als Beschreibung des Servers in der Detailansicht der Netzwerkumgebung erscheint. Der Kommentar findet sich außerdem an mehreren weiteren Stellen in Windows-Betriebssystemen, unter anderem im Server-Manager, beim Assistenten für die Druckerinstallation und bei der Ausgabe des Befehls `net view \\Server-Name`. Sie können hier Samba-Variablen verwenden. In unserem vorigen Beispiel schrieben wir:

```
[global]
    server string = Samba %v on (%h)
```

Falls Sie diese Option nicht verwenden, benutzt Samba seine Versionsnummer. Dies entspricht folgendem:

```
server string = Samba %v
```

---

4 Falls Sie nicht wissen, was DNS-Zonen sind, stellen Sie sich darunter einfach DNS-Domains vor. Oder lesen Sie das ausgezeichnete Buch *DNS und BIND* von Paul Albitz und Cricket Liu, das ebenfalls im O'Reilly Verlag erschienen ist.

workgroup

Die Option workgroup bestimmt, in welcher Arbeitsgruppe sich der Server ankündigen soll. Clients, die auf den Server zugreifen wollen, sollten sich in derselben NetBIOS-Arbeitsgruppe befinden (müssen aber nicht). Denken Sie daran, daß Arbeitsgruppen nichts anderes als NetBIOS-Gruppen sind und daher den NetBIOS-Namenskonventionen entsprechen müssen, die wir in Kapitel 1 beschrieben haben. Sie können diese Option wie folgt verwenden:

```
[global]
    workgroup = SIMPLE
```

Die Voreinstellung für diesen Wert wird während der Kompilierung festgelegt. Wenn Sie den Eintrag in der make-Datei nicht ändern, lautet er WORKGROUP.[5] Da es sich dabei um den voreingestellten Namen eines jeden nicht konfigurierten NetBIOS-Netzwerkes handelt, empfehlen wir, ihn in der Samba-Konfigurationsdatei zu ändern.[6]

Konfiguration der Verzeichnisfreigaben

Im vorigen Abschnitt haben wir erwähnt, daß unser Beispielserver hydra keine Verzeichnisse im Netzwerk bereitstellt. Um eine Verzeichnisfreigabe data zu erstellen, sind folgende Ergänzungen nötig:

```
[global]
    netbios name = HYDRA
    server string = Samba %v on (%L)
    workgroup = SIMPLE

[data]
    path = /export/samba/data
    comment = Datenlaufwerk
    volume = Sample-Data-Drive
    writeable = yes
    guest ok = yes
```

Die Freigabe data ist typisch für eine Samba-Verzeichnisfreigabe. Sie bezieht sich auf das Verzeichnis */export/samba/data* des Samba-Servers. Wir haben außerdem *Datenlaufwerk* als Beschreibung und einen Datenträgernamen eingetragen.

Die Freigabe ist nicht schreibgeschützt (writeable = yes), so daß Benutzer Daten auf dem freigegebenen Verzeichnis ablegen können. Standardmäßig erstellt Samba schreibgeschützte Freigaben. Sie müssen also diese Option angeben, wenn Sie wollen, daß Benutzer Daten in das Verzeichnis schreiben können.

---

5 Anmerkung des Übersetzers: Deutsche Windows-Versionen verwenden ARBEITSGRUPPE als Vorgabe für den Namen der Arbeitsgruppe. Sie sollten daher auch diesen Namen vermeiden.

6 Wir sollten auch erwähnen, daß es außerdem keine gute Idee ist, für die Arbeitsgruppe einen Namen zu verwenden, den ein NetBIOS-Computer im Netzwerk besitzt.

Sie haben vermutlich bemerkt, daß wir die Option guest ok auf den Wert yes gesetzt haben. Das ist zwar nicht gerade sicherheitsbewußt, aber da wir das relativ komplizierte Thema der Kennwörter und Benutzerkonten erst später ansprechen wollen, erlauben wir vorerst jedem Benutzer, diese Freigabe zu verwenden.

Fahren Sie fort, und tragen Sie diese Zeilen in Ihre Samba-Konfigurationsdatei ein. Legen Sie außerdem mit den folgenden Befehlen als root das Verzeichnis */export/samba/data* auf dem Samba-Server an:

```
# mkdir /export/samba/data
# chmod 777 /export/samba/data
```

Wenn Sie jetzt erneut eine Verbindung zum Server hydra aufbauen (Sie können dazu das entsprechende Symbol in der Netzwerkumgebung doppelklicken), sollten Sie genau eine Freigabe sehen, nämlich data (siehe Abbildung 4-4). Der Samba-Server sollte für diese Freigabe nun Schreibzugriffe zulassen. Kopieren Sie eine Datei in das freigegebene Verzeichnis, oder erstellen Sie eine neue Datei darin. Wenn Sie ganz abenteuerlustig sind, können Sie versuchen, das Netzlaufwerk mit einem lokalen Laufwerksbuchstaben zu verbinden!

Abbildung 4-4: Die Freigabe data auf dem Samba-Server

Konfigurationsoptionen für Verzeichnisfreigaben

Die wichtigsten Optionen für Verzeichnisfreigaben, die wir soeben eingeführt haben, finden Sie als Übersicht in Tabelle 4-4.

Tabelle 4-4: Die wichtigsten Optionen für Verzeichnisfreigaben

Option	Parameter	Funktion	Vorgabe	Bereich
path (directory)	Zeichenkette (vollständiger Pfadname)	Legt das Unix-Verzeichnis fest, auf das sich die Freigabe bezieht. Bei einer Drukkerfreigabe gibt diese Option das Spool-Verzeichnis an.	/tmp	Freigabe

Tabelle 4-4: Die wichtigsten Optionen für Verzeichnisfreigaben (Fortsetzung)

Option	Parameter	Funktion	Vorgabe	Bereich
guest ok (public)	Boolescher Wert	Wenn dieser Wert auf yes gesetzt ist, müssen sich Benutzer nicht anmelden, um die Freigabe zu verwenden.	no	Freigabe
comment	Zeichenkette	Legt den Kommentar fest, der in der Netzwerkumgebung neben der Freigabe erscheint.	(leer)	Freigabe
volume	Zeichenkette	Legt den Datenträgernamen fest, also den DOS-Namen des physischen Laufwerks.	Name der Freigabe	Freigabe
read only	Boolescher Wert	Wenn yes, ist die Freigabe schreibgeschützt.	yes	Freigabe
writeable (write ok)	Boolescher Wert	Bei no dürfen Clients nur lesend auf die Freigabe zugreifen.	no	Freigabe

path

Diese Option, für die Sie auch den gleichbedeutenden Optionsnamen directory verwenden können, gibt das Stammverzeichnis der Verzeichnis- oder Druckerfreigabe an. Sie können jeden beliebigen Pfad auf dem Server wählen, solange der Besitzer des Samba-Prozesses darauf Lese- und Schreibberechtigungen besitzt. Wenn es sich bei der Freigabe um eine Druckerfreigabe handelt, sollte diese Option auf das temporäre Verzeichnis verweisen, in das Dateien geschrieben werden können, bevor sie an den Zieldrucker geleitet werden (*/tmp* und */var/spool* sind beliebte Verzeichnisse). Wenn es sich bei der Freigabe um eine Verzeichnisfreigabe handelt, repräsentiert der Inhalt des angegebenen Verzeichnisses auf dem Samba-Server den Inhalt des Freigabenamens auf Clients. Wenn wir also zum Beispiel folgende Verzeichnisfreigabe in die Samba-Konfigurationsdatei aufnehmen,

```
[network]
    path = /export/samba/network
    writable = yes
    guest ok = yes
```

und der Inhalt des Verzeichnisses */export/samba/network* auf dem Unix-Server der folgende ist,

```
$ ls -al /export/samba/network
drwxrwxrwx  9 root    nobody 1024  Feb 16 17:17  .
drwxr-xr-x  9 nobody nobody 1024  Feb 16 17:17  ..
drwxr-xr-x  9 nobody nobody 1024  Feb 16 17:17  quicken
drwxr-xr-x  9 nobody nobody 1024  Feb 16 17:17  tax98
drwxr-xr-x  9 nobody nobody 1024  Feb 16 17:17  taxdocuments
```

dann sollte sich auf dem Client das in Abbildung 4-5 dargestellte Bild abzeichnen.

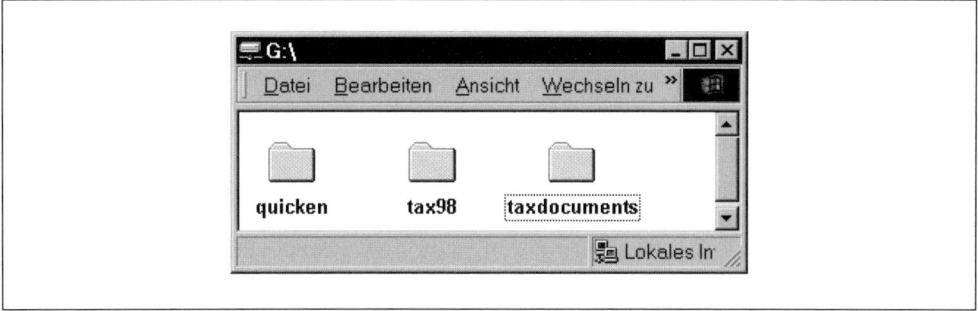

Abbildung 4-5: Sicht vom Windows-Client auf das mit path angegebene Netzwerk-Dateisystem

guest ok

Diese Option (für die es die ältere Entsprechung public gibt) ermöglicht es Ihnen, den Gastzugriff auf die Freigabe zu erlauben oder zu verbieten. Die Vorgabe ist no. Wenn Sie yes angeben, ist kein Benutzername und Kennwort erforderlich, um auf die Freigabe zuzugreifen. Die Berechtigungen für Gastbenutzer entsprechen denjenigen des im Samba festgelegten Gastbenutzers. Standardmäßig verwendet Samba das Unix-Benutzerkonto nobody. Mit der Option guest account können Sie festlegen, welches Benutzerkonto für Berechtigungen herangezogen wird. Die folgenden Zeilen geben beispielsweise ein Verzeichnis unter dem Namen accounting mit den Berechtigungen des Benutzerkontos *ftp* frei:

```
[global]
    guest account = ftp
[accounting]
    path = /usr/local/account
    guest ok = yes
```

Beachten Sie, daß auch Benutzer mit einer gültigen Kombination aus Benutzername und Kennwort eine Verbindung zu dieser Freigabe herstellen dürfen. Wenn sie erfolgreich sind, werden ihnen die Berechtigungen Ihres eigenen Benutzerkontos eingeräumt, also nicht diejenigen des Gastes. Wenn die Echtheitsbestätigung jedoch fehlschlägt, erhält der Benutzer die Berechtigungen des Gastkontos. Sie können erzwingen, daß jedem Benutzer die Gastberechtigungen gewährt werden. Wenn Sie den Wert der Option guest only auf yes festlegen, erhalten alle Benutzer Gastberechtigungen, selbst wenn sie eine gültige Kombination aus Benutzername und Kennwort liefern.

comment

Mit der Option comment können Sie eine Beschreibung der Freigabe angeben. Sie wird dem Client gesendet, wenn er die Freigaben des Servers durchsucht. Der Benutzer am Client sieht die Beschreibung in der Detailansicht des Suchfensters, wenn er die Freigaben des Samba-Servers in der Netzwerkumgebung betrachtet. Der Client zeigt die Beschreibung ebenfalls an, wenn der Benutzer an der Eingabeaufforderung den Befehl

NET VIEW \\SERVER-NAME eingibt. Und so geben wir einen Kommentar für die Freigabe
network an:

```
[network]
    comment = Netzwerklaufwerk
    path = /export/samba/network
```

Dadurch sieht der Ordner auf dem Client-System so wie in Abbildung 4-6 aus. Beachten
Sie, daß Windows den Kommentar normalerweise nicht anzeigt, sobald Sie das Laufwerk mit einem lokalen Buchstaben auf dem Windows-System verbunden haben.

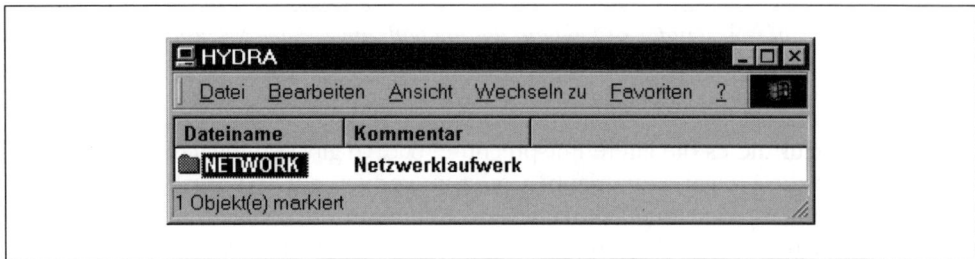

Abbildung 4-6: Sicht eines Windows-Clients auf den Kommentar einer Freigabe

Verwechseln Sie die Option comment, die einen Kommentar für eine Freigabe festlegt,
nicht mit der Option server string, die einen Kommentar für den Server selbst festlegt.

volume

Mit dieser Option können Sie den Datenträgernamen festlegen, der mit dem SMB-Protokoll übertragen wird. Normalerweise entspricht er dem Freigabenamen, der in der Datei
smb.conf steht. Wenn Sie den Namen aber ändern wollen (warum auch immer), tun Sie
es mit dieser Option.

Ein Installationsprogramm könnte beispielsweise vor seiner eigentlichen Arbeit den
Datenträgernamen einer CD-ROM prüfen, um sich zu vergewissern, daß die richtige CD
im Laufwerk liegt. Wenn Sie den Inhalt dieser CD auf ein Netzlaufwerk kopieren und
die Software von dort aus installieren möchten, können Sie diese Option wie folgt verwenden, um das Problem zu lösen:

```
[network]
    comment = Netzwerklaufwerk
    volume = ASVP-102-RTYUIKA
    path = /home/samba/network
```

read only und writeable

Mit den Optionen read only und writeable (oder write ok) sagen Sie im Prinzip dasselbe, aber aus der jeweils entgegengesetzten Perspektive. Sie können jede der beiden
folgenden Optionen im Abschnitt [global] oder für einzelne Freigaben verwenden:

```
read only = yes
writeable = no
```

Wenn auch nur eine dieser Optionen so gesetzt ist, wie hier dargestellt, können Benutzer Daten lesen, aber nicht schreiben. Vielleicht denken Sie, daß Sie diese Option nur benötigen, wenn Sie eine schreibgeschützte Freigabe erstellen wollen. Das Gegenteil ist der Fall. Der Schreibschutz ist die *Voreinstellung* für Freigaben; wenn Sie Daten in ein freigegebenes Verzeichnis schreiben wollen, müssen Sie ausdrücklich eine der beiden folgenden Optionen angeben (entweder global oder separat für jede Freigabe, die nicht schreibgeschützt sein soll):

```
read only = no
writeable = yes
```

Wenn Sie eine der beiden Optionen mehr als einmal angeben, verwendet Samba den zuletzt gesetzten Wert, auf den es für die Freigabe trifft.

Netzwerkoptionen von Samba

Wenn Sie Samba auf einem mehrfach vernetzten (*multi-homed*) Computer betreiben, der also an mehreren TCP/IP-Subnetzen beteiligt ist, oder wenn Sie eine Sicherheitsrichtlinie innerhalb Ihres Subnetzes einrichten wollen, sollten Sie sich die folgenden Netzwerkoptionen genauer ansehen:

Für diese Übung nehmen wir an, daß unser Samba-Server mit mehreren Subnetzen verbunden ist. Genauer gesagt, der Computer kann ohne Router auf die Netzwerke 192.168.220.* und 134.213.233.* zugreifen. Hier sind die Zeilen mit den Netzwerkoptionen, um die wir unsere bisherige Konfigurationsdatei erweitern:

```
[global]
    netbios name = HYDRA
    server string = Samba %v on (%L)
    workgroup = SIMPLE

    #  Netzwerkkonfiguration
    hosts allow = 192.168.220. 134.213.233. localhost
    hosts deny = 192.168.220.102
    interfaces = 192.168.220.100/255.255.255.0 \
                 134.213.233.110/255.255.255.0
    bind interfaces only = yes

[data]
    path = /home/samba/data
    guest ok = yes
    comment = Data Drive
    volume = Sample-Data-Drive
    writeable = yes
```

Schauen wir uns zunächst die Optionen hosts allow und hosts deny an. Wenn sie Ihnen bekannt vorkommen, denken Sie wahrscheinlich an die Dateien *hosts.allow* und *hosts.deny*, die bei vielen Unix-Systemen im Verzeichnis */etc* ihr Dasein fristen. Diese Dateien dienen der Sicherheit, indem sie Hosts abhängig von deren IP-Adresse die Verbindung erlauben oder verbieten. Warum greift Samba nicht einfach auf die eventuell vorhandenen Dateien *hosts.allow* und *hosts.deny* zurück? Weil der Server zahlreiche Dienste bereitstellen kann und Sie vielleicht Clients, denen der allgemeine Zugriff gestattet ist, den Zugriff auf Samba verweigern wollen.

Für die Option `hosts allow` haben wir im oben angeführten Beispiel die abgeschnittene IP-Adresse 192.168.220. als Wert eingetragen (beachten Sie, daß wir den dritten Punkt in der Adresse durchaus geschrieben haben, lediglich die vierte Zahl fehlt). Das entspricht der Aussage: »Alle Hosts im Subnetz 192.168.220«. In der Option `hosts deny` haben jedoch wir angegeben, daß dem System 192.168.220.102 kein Zugriff gewährt wird.

Vielleicht wundern Sie sich, wie die Zugriffsverweigerung von 192.168.220.102 funktionieren wird, obwohl er sich im Subnetz befindet, dem wir mit `hosts allow` ausdrücklich den Zugriff erlaubt haben. Samba wertet die Optionen `hosts allow` und `hosts deny` wie folgt:

1. Wenn in der Datei *smb.conf* weder die Option `hosts allow` noch `hosts deny` vorkommt, erlaubt Samba jedem Computer den Zugriff, sofern er auf das System selbst zugreifen darf.

2. Wenn Sie die Optionen `hosts allow` oder `hosts deny` im Abschnitt `[global]` der Datei *smb.conf* eintragen, beziehen sie sich auf alle Freigaben, selbst wenn diese Optionen auch bei den Freigaben stehen.

3. Wenn Sie ausschließlich die Option `hosts allow` für eine Freigabe angeben, dürfen nur die aufgeführten Hosts auf die Freigabe zugeifen. Allen anderen wird der Zugriff verweigert.

4. Wenn Sie für eine Freigabe ausschließlich die Option `hosts deny` angeben, darf jeder Computer die Freigabe verwenden, der nicht im Wert der Option genannt ist.

5. Wenn Sie sowohl `hosts allow` als auch `hosts deny` angeben, dürfen nur Hosts auf die Freigabe (oder das gesamte System, je nachdem wo die Optionen stehen) zugreifen, die bei `hosts allow` genannt und bei `hosts deny` nicht genannt sind.

 Achten Sie darauf, daß Sie einem Host nicht ausdrücklich den Zugriff auf eine Freigabe gewähren und dem Subnetz, in dem er sich befindet, den Zugriff verwehren.

Abschließend ein weiteres Beispiel, betrachten Sie folgenden Optionen:

```
hosts allow = 111.222.
hosts deny = 111.222.333.
```

In diesem Fall erhalten nur die Hosts des Subnetzes 111.222.*.* den Zugriff auf Samba-Freigaben. Wenn ein Client zum Subnetz 111.222.333.* gehört, verweigert der Samba-Server ihm den Zugriff, obwohl er den Kriterien der Option `hosts allow` entspricht. Der

Client muß in der Option `hosts allow` und *darf nicht* in der Option `hosts deny` erscheinen, damit er den Samba-Server erreichen kann. Ein Computer, dem der Zugriff nicht erlaubt ist, erhält eine Fehlermeldung.

Die anderen beiden Optionen, die wir angegeben haben, heißen `interfaces` und `bind interface only`. Sehen wir uns zunächst die Option `interfaces` an. Samba sendet Daten standardmäßig ausschließlich über die primäre Netzwerkschnittstelle, die in unserem Beispiel die IP-Adresse 192.168.220.100 besitzt. Wenn Sie wollen, daß Samba Daten über mehr als eine Schnittstelle sendet, müssen Sie mit der Option `interfaces` eine Liste mit allen gewünschten Schnittstellen angeben. Im vorangegangenen Beispiel haben wir Samba mit beiden Subnetzen verbunden, in denen sich der Computer befindet (192.168.220 und 134.213.233), indem wir die IP-Adresse der anderen Schnittstelle angegeben haben (134.213.233.100). Wenn Ihr Computer mehr als eine Netzwerkschnittstelle besitzt, sollten Sie diese Option auf jeden Fall verwenden, weil es keine Garantie dafür gibt, daß die von Samba als primäre Schnittstelle ausgewählte die richtige ist.

Die Option `bind interfaces only` weist den Prozeß *nmbd* an, Rundsendungen (Broadcasts) ausschließlich von den Schnittstellen zu akzeptieren, die in der Option `interfaces` angegeben wurden. Beachten Sie, daß sich diese Option dadurch von `hosts allow` und `hosts deny` unterscheidet, daß sie die Akzeptanz von Rundsendungen bestimmt und nicht Verbindungen zu Diensten gewährt oder verweigert. Sie können `bind interfaces only` verwenden, um Datagramme von fremden Subnetzen vom Samba-Server fernzuhalten. Die Option weist außerdem den *smbd*-Prozeß an, nur über die Schnittstellen zu kommunizieren, die Sie in der Option `interfaces` angegeben haben. Das schränkt die Netzwerke ein, die Samba bedient.

Netzwerkoptionen

Wir haben die in diesem Abschnitt beschriebenen Netzwerkoptionen in der Tabelle 4-5 zusammengefaßt.

Tabelle 4-5: Konfigurationsoptionen für das Netzwerk

Option	Parameter	Funktion	Vorgabe	Bereich
`hosts allow` (`allow hosts`)	Zeichenkette (Liste mit Host-Namen oder IP-Adressen)	Gibt die Systeme an, die mit dem Samba-Server kommunizieren können.	keine	Freigabe
`hosts deny` (`deny hosts`)	Zeichenkette (Liste mit Host-Namen oder IP-Adressen)	Gibt die Systeme an, die nicht mit dem Samba-Server kommunizieren können.	keine	Freigabe

Tabelle 4-5: Konfigurationsoptionen für das Netzwerk (Fortsetzung)

Option	Parameter	Funktion	Vorgabe	Bereich
interfaces	Zeichenkette (Liste mit Kombinationen aus IP-Netzwerkadresse und Subnetzmaske)	Bestimmt die lokalen Netzwerkschnittstellen, auf denen der Samba-Server Daten empfangen und senden kann.	systemabhängig	global
bind interfaces only	Boolescher Wert	Wenn auf yes gestellt, kann Samba nur über die Schnittstellen kommunizieren, die in der Option interfaces angegeben sind.	no	global
socket address	Zeichenkette (IP-Adresse)	Legt die IP-Adresse fest, auf der Samba nach Anfragen wartet; zur Verwendung auf Servern, die mehrere virtuelle Schnittstellen besitzen.	keine	global

hosts allow

Der Wert der Option hosts allow (manchmal als allow hosts geschrieben) gibt die Systeme an, die auf Freigaben des Samba-Servers zugreifen dürfen. Sie können eine Liste mit Namen oder IP-Adressen angeben, die durch Kommata, Leerzeichen oder Tabulatorzeichen voneinander getrennt sind. Sie können deutlich an Sicherheit gewinnnen, indem Sie hier die Subnetzadresse Ihres lokalen Netzwerkes angeben. In unserem Beispiel haben wir folgende Zeile geschrieben:

```
hosts allow = 192.168.220. localhost
```

Beachten Sie, daß wir den Begriff localhost hinter die Adresse des Subnetzes geschrieben haben. Einer der häufigsten Fehler bei der Verwendung dieser Option ist es, dem Samba-Server den Zugriff auf sich selbst zu verweigern. Das Programm *smbpasswd* versucht hin und wieder, den lokalen Samba-Server als Client zu erreichen, um das verschlüsselte Kennwort eines Benutzers zu ändern. Außerdem macht die Verteilung der lokalen Suchliste den Zugriff auf den eigenen Host notwendig. Wenn Sie diese Option verwenden und die localhost-Adresse nicht angeben, verwirft der Samba-Server lokal erzeugte Pakete, die die Änderung eines verschlüsselten Kennwortes anfordern. Darüberhinaus funktioniert die Verteilung der Suchliste in diesem Fall nicht korrekt. Um diese Probleme zu vermeiden, sollten Sie beim Wert dieser Option ausdrücklich den lokalen Host angeben (entweder über den Namen `localhost` oder über die Adresse `127.0.0.1`)[7].

Sie können für den Wert dieser Option folgende Formate verwenden:

- Host-Namen wie `ftp.beispiel.de`.
- IP-Adressen wie `130.63.9.252`.
- Domain-Namen, die sich von Host-Namen darin unterscheiden, daß sie mit einem Punkt beginnen. Beispielsweise steht `.ora.com` für alle Computer in der Domain *ora.com*.
- Netzwerkgruppen, die mit dem At-Zeichen (Klammeraffen) beginnen, wie `@prin-terhosts`. Netzwerkgruppen sind auf Systemen verfügbar, die Yellow Pages/NIS oder NIS+ ausführen, aber sonst auf wenigen anderen. Falls Ihr System Netzwerkgruppen unterstützt, sollte es eine Man Page mit dem Namen `netgroups` geben. Sie beschreibt die Gruppen detailliert.
- Subnetze, die mit einem Punkt enden. Beispielsweise repräsentiert `130.63.9.` alle Computer, deren IP-Adressen mit `13.63.9.` beginnen.
- Das Schlüsselwort `ALL`, das für alle Hosts steht.
- Das Schlüsselwort `EXCEPT`, gefolgt von einem oder mehreren Namen, IP-Adressen, Domain-Namen, Netzwerkgruppen oder Subnets. Sie könnten beispielsweise angeben, daß Samba allen Hosts den Zugriff erlaubt, die sich nicht im Netzwerk 192.168.110 befinden, indem Sie die Option `hosts allow = ALL EXCEPT 192.168.110.` angeben (denken Sie an den abschließenden Punkt).

Das Schlüsselwort `ALL` zu verwenden, ist eigentlich nie eine gute Idee. Denn es bedeutet, daß sich möglicherweise jeder im Netzwerk Ihre Dateien ansehen kann, wenn er (oder sie) den Namen Ihres Servers errät.

Beachten Sie, daß es für die Option `hosts allow` keine Voreinstellungen gibt, auch wenn der Server standardmäßig jedem Host den Zugriff gewährt. Beachten Sie des weiteren, daß, wenn Sie diese Option im Abschnitt `[global]` der Konfigurationsdatei angeben, sie Vorrang vor denen hat, die Sie bei einzelnen Freigaben verwenden.

hosts deny

Die Option `hosts deny` (entspricht `deny hosts`) benennt Systeme, denen es nicht erlaubt ist, eine Freigabe zu verwenden. Geben Sie eine Liste von IP-Adressen oder Host-Namen an, deren Elemente durch Kommata, Leerzeichen oder Tabulatorzeichen voneinander getrennt sind. Verwenden Sie dasselbe Format wie bei der soeben beschriebenen Option `hosts allow`. Wenn Sie zum Beispiel allen Computern den Zugriff verweigern wollen, die sich nicht in der Domain *example.com* befinden, könnten Sie dies mit der folgenden Zeile tun:

```
hosts deny = ALL EXCEPT .example.com
```

---

7 Seit der Version 2.0.5 von Samba wird `localhost` automatisch der Zugriff gewährt, sofern Sie ihn nicht ausdrücklich verweigern.

Wie schon bei `hosts allow` gibt es auch hier keinen Vorgabewert, obwohl der Server standardmäßig keinem Host den Zugriff verweigert. Auch hier gilt: Wenn Sie diese Option im Abschnitt [global] verwenden, gilt sie für alle Freigaben, selbst wenn Sie diese Option bei einzelnen Freigaben zusätzlich verwenden. Wenn Sie den Zugriff von bestimmten *Hosts* auf bestimmte Freigaben unterbinden wollen, verwenden Sie im Abschnitt [global] der Samba-Konfigurationsdatei weder die Option `hosts allow` noch `hosts deny`.

interfaces

Die Option `interfaces` legt die Netzwerkadressen fest, die der Samba-Server erkennen und zur Kommunikation verwenden soll. Sie ist nützlich, wenn Sie einen Computer besitzen, der sich in mehr als einem Subnetz befindet. Wenn Sie diese Option nicht verwenden, sucht Samba beim Start die primären Netzwerkschnittstelle des Servers (üblicherweise die erste Ethernet-Karte) und kann im folgenden ausschließlich über diese kommunizieren. Wenn der Server in mehreren Subnetzen ein Standbein (also mindestens eine IP-Adresse) besitzt, arbeitet Samba nur im ersten gefundenen Subnetz. Sie müssen in diesem Fall die Option `interfaces` benutzen, damit Samba die anderen Subnetze Ihres Netzwerkes bedienen kann.

Der Wert dieser Option besteht aus einer oder mehreren Kombinationen einer IP-Adresse und einer Netzmaske, wie im fogenden dargestellt:

```
interfaces = 192.168.220.100/255.255.255.0 192.168.210.30/255.255.255.0
```

Sie können auch das CIDR (Classless Inter-Domain Routing)-Format verwenden:

```
interfaces = 192.168.220.100/24 192.168.210.30/24
```

Die Bitmaske gibt die Anzahl der Bits an, die in der Netzmaske eingeschaltet sind. Die 24 bedeutet zum Beispiel, daß die ersten 24 der 32 Bits der Netzmaske aktiv sind – das entspricht 255.255.255.0. Demnach ist 16 eine andere Schreibweise für 255.255.0.0 und 8 entspricht 255.0.0.0.

 Diese Option arbeitet möglicherweise nicht korrekt, wenn Sie DHCP benutzen.

bind interfaces only

Sie können die Option `bind interfaces only` verwenden, damit die Prozesse *smbd* und *nmbd* SMB-Anforderungen nur über die bei `interfaces` angegebenen Schnittstellen bedienen. Der Prozeß *nmbd* bindet sich normalerweise an die Anschlußnummern 137 und 138 aller Schnittstellen (0.0.0.0), um Rundsendungen von allen Quellen empfangen zu können. Sie können diese Vorgehensweise mit folgender Zeile ändern:

```
bind interfaces only = yes
```

Diese Option besitzt leicht unterschiedliche Wirkungen auf die beiden Samba-Prozesse. Normalerweise reagiert der *nmbd*-Daemon auf alle Broadcast-Anfragen, um Namensdienste bereitzustellen. Setzen Sie hingegen `bind interfaces only = yes`, ignoriert der Prozeß alle Pakete, die nicht über die mit `interfaces` angegebenen Schnittstellen eintreffen. Der *smbd*-Daemon wird, wenn Sie diese Option aktivieren, Dateidienste nur über die Schnittstellen bereitstellen, die Sie mit `interfaces` angegeben haben. Sie sollten diese Option nicht einsetzen, wenn Sie den Zugriff über vorübergehend aktive Netzwerkschnittstellen ermöglichen wollen, wie sie zum Beispiel mit SLIP oder PPP erzeugte werden. Die Option `bind interfaces only` wird nur selten und wenn, dann nur von Experten benötigt.

 Wenn Sie die Option `bind interfaces only` auf `yes` setzen, sollten Sie die localhost-Adresse (127.0.0.1) in die Werteliste der Option `interfaces` eintragen. Ansonsten wäre *smbpasswd* nicht in der Lage, sich mit dem lokalen Server zu verbinden, um ein verschlüsseltes Kennwort zu ändern.

socket address

Die Option `socket address` bestimmt, an welcher Adresse Samba auf eingehende Verbindungen lauschen soll. Standardmäßig akzeptiert Samba Verbindungen auf allen Adressen. Wenn Sie diese Option in der Datei *smb.conf* angeben, zwingen Sie Samba dazu, nur an der angegebenen IP-Adresse zu lauschen, beispielsweise so:

```
interfaces = 192.168.220.100/24 192.168.210.30/24
socket address = 192.168.210.30
```

Diese Option ist als Werkzeug für Programmierer gedacht, weshalb wir empfehlen, sie nicht einzusetzen.

Virtuelle Server

Mit virtuellen Servern können Sie dem Netzwerk vorgaukeln, daß es mehrere NetBIOS-Server gibt, obwohl nur ein einziger existiert. Diese Funktionalität ist ohne großen Aufwand einzurichten: Ein Computer registriert mit seiner IP-Adresse einfach mehr als einen NetBIOS-Namen. Das bringt Ihnen spürbare Vorteile.

Die Buchhaltung könnte beispielsweise einen Server `accounting` besitzen, der ausschließlich die Freigaben bereitstellt, die für die entsprechende Abteilung erforderlich sind, während die Verkaufsabteilung über den Server `marketing` verfügt, der ausschließlich die Freigaben für diese Abteilung anbietet, und so weiter. Dennoch können alle Dienste von einer einzigen mittelgroßen Unix-Arbeitsstation (und einem entspannten Administrator) zur Verfügung gestellt werden, so daß Sie nicht für jede Abteilung einen kleinen Server und einen eigenen Administrator benötigen.

Mit Samba kann ein Unix-Server mehrere NetBIOS-Namen gleichzeitig verwenden. Die dazu erforderliche Option heißt `netbios aliases`. Sie finden sie in Tabelle 4-6.

Tabelle 4-6: Optionen zur Konfiguration von virtuellen Servern

Option	Parameter	Funktion	Vorgabe	Bereich
netbios aliases	Liste mit Net-BIOS-Namen	Zusätzliche NetBIOS-Namen, auf die der Server reagiert, um mehrere »virtuelle« Server bereitzustellen.	Keine	global

netbios aliases

Die Option `netbios aliases` weist dem Samba-Server weitere NetBIOS-Namen zu. Jeder aufgeführte NetBIOS-Name erscheint in der Netzwerkumgebung von Clients. Wenn ein Client eine Verbindung zu einem dieser Server anfordert, spricht er immer denselben Samba-Server an, egal welchen Server-Namen er verwendet hat.

Das kann praktisch sein, wenn Sie drei kleinere Abteilungs-Server mit einem entsprechend leistungsstarken Server zusammenfassen wollen oder wenn Sie die alten NT-Server in Rente schicken oder wiederverwenden. Wenn die drei Abteilungs-Server beispielsweise `sales`, `accounting` und `admin` heißen, verwenden Sie diese Option wie folgt:

```
[global]
    netbios aliases = sales accounting admin
    include = /usr/local/samba/lib/smb.conf.%L
```

In Abbildung 4-7 sehen Sie die Netzwerkumgebung, wie ein Client sie sieht. Wenn ein Client eine Verbindung zu Samba herstellen will, teilt er dem Server den NetBIOS-Namen des gewünschten Systems mit, auf den Sie wiederum mit der Variablen `%L` zugreifen können. Wenn es sich bei dem angeforderten Server um `sales` handelt, schließt Samba die Zusatzkonfigurationsdatei */usr/local/samba/lib/smb.conf.sales* ein (sofern sie existiert). Diese Datei könnte Deklarationen auf globaler und auf Freigabeebene enthalten, die ausschließlich für die Verkaufsabteilung wirksam wären, also beispielsweise die folgenden:

```
[global]
    workgroup = SALES-GROUP
    hosts allow = 192.168.10.

[sales1998]
    path = /usr/local/samba/sales/sales1998/
...
```

Dieses Beispiel würde den Arbeitsgruppennamen auf SALES-GROUP festlegen und nur Verbindungen vom Verkaufs-Subnetz (192.168.10.) aus erlauben. Darüber hinaus stellt dieser virtuelle Server Freigaben exklusiv der Verkaufsabteilung zur Verfügung.

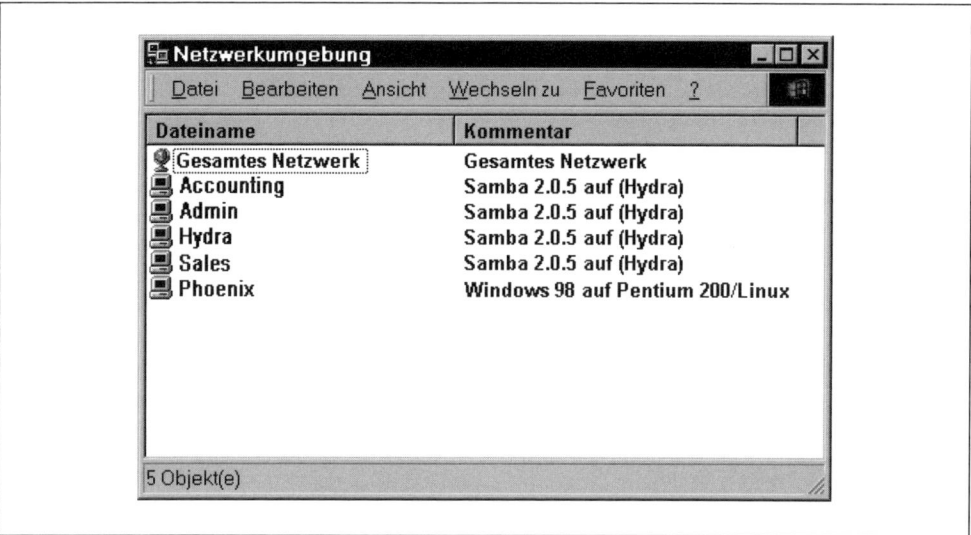

Abbildung 4-7: NetBIOS-Aliasnamen für einen Samba-Server verwenden

Protokollierungsoptionen

Gelegentlich ist es für uns von Interesse, herausfinden, in welchen Zustand Samba sich gerade befindet. Das gilt besonders dann, wenn Samba nicht erwartungsgemäß oder gar nicht arbeitet. Um die Ursachen festzustellen, müssen wir uns die Protokolldateien von Samba ansehen, in denen alle Vorkommnisse einschließlich ihrer Erläuterungen stehen.

Sie können festlegen, wie ausführlich die Samba-Protokolldateien sein sollen. Sehen Sie sich ein Beispiel einer solchen Datei an:

```
[1999/07/21 13:23:25, 3] smbd/service.c:close_cnum(514)
  phoenix (192.168.220.101) closed connection to service IPC$
[1999/07/21 13:23:25, 3] smbd/connection.c:yield_connection(40)
  Yielding connection to IPC$
[1999/07/21 13:23:25, 3] smbd/process.c:process_smb(615)
  Transaction 923 of length 49
[1999/07/21 13:23:25, 3] smbd/process.c:switch_message(448)
  switch message SMBread (pid 467)
[1999/07/21 13:23:25, 3] lib/doscalls.c:dos_ChDir(336)
  dos_ChDir to /home/samba
[1999/07/21 13:23:25, 3] smbd/reply.c:reply_read(2199)
  read fnum=4207 num=2820 nread=2820
[1999/07/21 13:23:25, 3] smbd/process.c:process_smb(615)
  Transaction 924 of length 55
[1999/07/21 13:23:25, 3] smbd/process.c:switch_message(448)
  switch message SMBreadbraw (pid 467)
[1999/07/21 13:23:25, 3] smbd/reply.c:reply_readbraw(2053)
```

```
    readbraw fnum=4207 start=130820 max=1276 min=0 nread=1276
  [1999/07/21 13:23:25, 3] smbd/process.c:process_smb(615)
    Transaction 925 of length 55
  [1999/07/21 13:23:25, 3] smbd/process.c:switch_message(448)
    switch message SMBreadbraw (pid 467)
```

Viele dieser Angaben sind ausschließlich für Samba-Programmierer interessant. Die Bedeutung aller wichtigen Einträge finden Sie in Kapitel 9, *Fehlersuche und Problembehandlung.*

Samba kennt sechs Optionen, die bestimmen, wie hoch der Protokollierungsgrad sein soll und wo Protokollangaben abgelegt werden sollen. Jede dieser Optionen ist global; sie dürfen nicht im Abschnitt von Freigaben auftauchen. Es folgt eine aktuelle Konfigurationsdatei, die jede Freigabe- und Protokolloption, die wir bisher gesehen haben, erläutert:

```
[global]
    netbios name = HYDRA
    server string = Samba %v on (%I)
    workgroup = SIMPLE

    #  Netzwerkoptionen
    hosts allow = 192.168.220. 134.213.233. localhost
    hosts deny = 192.168.220.102
    interfaces = 192.168.220.100/255.255.255.0 \
                 134.213.233.110/255.255.255.0
    bind interfaces only = yes

    # Protokollierungsoptionen
    log level = 2
    log file = /var/log/samba.log.%m
    max log size = 50
    debug timestamp = yes

[data]
    path = /home/samba/data
    browseable = yes
    guest ok = yes
    comment = Datenlaufwerk
    volume = Sample-Data-Drive
    writeable = yes
```

Innerhalb dieser Datei haben wir festgelegt, daß Samba eine bestimmte Protokolldatei mit dem Protokollierungsgrad 2 schreiben soll. Das ist eine relativ niedrige Stufe. Sie können einen Grad zwischen 1 und 10 wählen, wobei 1 die wenigsten und 10 eine Unmenge an Informationen ausgibt. Die hier gewählte Stufe 2 bietet uns nützliche Angaben, ohne allzu viel Festplattenplatz auf unserem Server zu beanspruchen. Vermeiden Sie im Alltag Stufen höher als 3, es sei denn, Sie programmieren Samba.

Die Protokolldatei wird dank der Option `log file` in das Verzeichnis */var/log* geschrieben. Wir können Variablen benutzen, um Benutzer- oder Client-bezogene Protokolldateien zu erhalten, so wie z.B. mit der Variablen `%m` in der folgenden Zeile:

```
log file = /usr/local/logs/samba.log.%m
```

Separate Protokollnachrichten zu haben, kann von unschätzbarem Wert sein, wenn Sie einen Netzwerkfehler suchen oder wissen, daß ein Problem nur bei einem bestimmten Benutzer oder Client-Computer auftritt.

Als Vorsichtsmaßnahme haben wir mit der Option `max log size` festgelegt, daß Samba die maximale Dateigröße auf 50 KByte begrenzt. Sobald die Protokolldatei die angegebene Größe überschreitet, wird sie umbenannt, indem Samba ihr die Endung *.old* anhängt. Anschließend legt Samba eine neue Protokolldatei mit dem eigentlichen Namen an. Falls eine alte Datei mit dem Namen *.old* bereits existiert, wird sie ohne Warnung überschrieben, so daß ihr Inhalt verlorengeht. Dadurch wird sichergestellt, daß die Festplatte des Samba-Servers nicht im Laufe der Zeit mit Protokolldateien überschwemmt wird.

Aus Gründen der Bequemlichkeit haben wir zudem die Option `debug timestamp` gewählt, die dafür sorgt, daß Samba das Datum und die Uhrzeit eines jeden Ereignisses in die Protokolldatei schreibt (das ist die Vorgabe). Wenn uns diese Informationen nicht interessieren, können wir als Wert für diese Option `no` angeben.

syslog verwenden

Sie können anstelle der Samba-Protokolldateien – oder zusätzlich zu ihnen – die *syslog*-Protokollierfunktion des Betriebssystems benutzen. Bevor Sie das tun, müssen Sie allerdings sicherstellen, daß bei der Kompilierung von Samba die `configure`-Option `--with-syslog` verwendet wurde. In Kapitel 2 finden Sie Einzelheiten über das Konfigurieren und Kompilieren von Samba.

Sobald Sie das getan haben (ggf. durch Neukompilierung), müssen Sie die Datei */etc/syslog.conf* bearbeiten, damit der *syslog*-Daemon Protokollangaben von Samba annimmt. Falls Sie in der Datei */etc/syslog.conf* keinen Eintrag `daemon.*` finden, fügen Sie ihn hinzu:

```
daemon.*        /var/log/daemon.log
```

Diese Zeile gibt an, daß alle Protokollinformationen von System-Daemons in der Datei */var/log/daemon.log* abgelegt werden. Das gilt auch für Protokollangaben von Samba. Jetzt können Sie in der Samba-Konfigurationsdatei folgende globale Option verwenden:

```
syslog = 2
```

Damit veranlassen wir Samba, alle Protokollnachrichten der Stufen 0 und 1 an *syslog* zu senden und sie zusätzlich in die Samba-Protokolldateien zu schreiben (die Zuordnungen zu den *syslog*-Prioritäten beschreiben wir im Abschnitt »syslog«). Lassen Sie uns annehmen, daß wir den regulären Protokollierungsgrad mit der Option `log level` auf 4 festgelegt haben. Protokollinformationen der Stufen 1 bis 4 werden dann in die Samba-

Protokolldateien geschrieben, während Samba nur Meldungen der Stufen 0 und 1 an *syslog* sendet. Wenn der Wert von `syslog` höher als der Wert von `log level` ist, wird nichts an *syslog* weitergeleitet.

Wenn Sie wollen, daß Samba Protokollinformationen ausschließlich an *syslog* sendet und keine eigenen Protokolldateien verwendet, nehmen Sie die folgende Zeile in Ihre Konfigurationsdatei auf:

```
syslog only = yes
```

Protokollinformationen oberhalb des Grades, den Sie in der Option `syslog` angeben, protokolliert Samba überhaupt nicht wie bei der Option `log level`.

Protokollierungsoptionen

Tabelle 4-7 faßt alle Protokollierungsoptionen von Samba zusammen.

Tabelle 4-7: Konfigurationsoptionen für die Protokollierung

Option	Parameter	Funktion	Vorgabe	Bereich
`log file`	Zeichen-kette (voll-ständiger Dateiname)	Legt den Namen und Ort der Protokolldatei fest. Kann Standardvariablen von Samba verwenden.	In der Make-Datei von Samba ange-geben	global
`log level` (`debug level`)	numerisch (0–10 dezi-mal)	Legt den Protokollierungs-grad fest. 0 deaktiviert die Protokollierung, 3 ist ange-messen.	1	global
`max log size`	numerisch (Größe in KByte)	Legt die maximale Größe der Protokolldatei fest. Ist sie überschritten, wird die Datei in *.old* umbenannt und Samba schreibt eine neue Protokolldatei mit dem ange-gebenen Namen.	5000	global
`debug timestamp` (`timestamp logs`)	Boolescher Wert	Wenn **no**, läßt Samba die Angabe des Datums und der Uhrzeit vor Einträgen in der Protokolldatei weg, wodurch sie leichter lesbar wird.	yes	global
`syslog`	numerisch (0–10 dezi-mal)	Legt den Schwellenwert fest, oberhalb dessen Samba keine Protokollinformationen an *syslog* sendet.	1	global

Tabelle 4-7: Konfigurationsoptionen für die Protokollierung (Fortsetzung)

Option	Parameter	Funktion	Vorgabe	Bereich
syslog only	Boolescher Wert	Wenn yes, sendet Samba Protokollinformationen ausschließlich an *syslog* und schreibt keine eigenen Protokolldateien.	no	global

log file

Auf unserem Server schreibt Samba Protokollinformationen in Textdateien im Unterverzeichnis *var* des Stammverzeichnisses von Samba. Dies ist bei unserem System die in makefile eingetragene Voreinstellung. Sie können die Option log file verwenden, um den Namen und das Verzeichnis der Protokolldatei zu verändern. Wenn Sie zum Beispiel wollen, daß die Protokolldatei */usr/local/logs/samba.log* heißt, würden Sie folgende Zeile verwenden:

```
[global]
    log file = /usr/local/logs/samba.log
```

Sie können Variablen einsetzen, damit Samba für jeden Benutzer oder Client eine eigene Protokolldatei benutzt.

Sie können den Vorgabewert für den Ort der Protokolldatei ändern, indem Sie die beiden Daemons mit dem Befehlszeilenschalter –1 starten. Dieser Schalter ändert aber nicht den Vorgabewert der Option log file. Falls Sie diesen Parameter angeben, schreibt Samba Protokollinformationen zunächst an die nach –1 angegebene Datei (oder an die Vorgabe aus der *make*-Datei), bis der Daemon die Konfigurationsdatei *smb.conf* eingelesen hat, in der der neue Ort und Name für die Protokolldatei steht.

log level

Die Option log level legt fest, wie viele Daten Samba protokolliert. Normalerweise liegt der Wert bei 0 oder 1. Wenn Sie es mit einem bestimmten Problem zu tun haben, können Sie ihn auf 3 hochsetzen. Diese Stufe liefert die nützlichsten Angaben zur Fehlersuche. Höhere Stufen liefern Informationen, die hauptsächlich für Samba-Entwickler interessant sind, die interne Fehler suchen; sie verlangsamen den Server deutlich. Wir empfehlen daher, die Stufe 3 als oberste Grenze anzusehen.

```
[global]
log file = /usr/local/logs/samba.log.%m
log level = 3
```

max log size

Die Option max log size bestimmt in Kilobyte, wie groß Protokolldateien werden dürfen. Sobald die Protokolldatei diese Größe überschreitet, hängt Samba *.old* an den Dateinamen an (und überschreibt dabei eine möglicherweise bereits vorhandene Datei dieses Namens) und schreibt die Informationen in eine neue Protokolldatei. Im folgenden Beispiel

```
[global]
log file = /usr/local/logs/samba.log.%m
max log size = 1000
```

ist die Größe auf 1000 KB (annähernd 1 MB) festgelegt. Wird die Protokolldatei größer, benennt Samba sie in *samba.log.Computer-Name.old* um und erzeugt eine neue Protokolldatei. Falls die Datei *samba.log.Computer-Name.old* bereits existiert, wird sie ohne Rückfrage überschrieben. Wir empfehlen dringend, diese Option in Ihrer Konfigurationsdatei zu verwenden, denn die Protokollierung kann (selbst bei einem niedrigen Protokollierungsgrad) unbemerkt den verfügbaren Festplattenplatz aufbrauchen. Mit dieser Option vermeiden Sie, daß Administratoren plötzlich entdecken, daß der Großteil der Festplatte von einer einzigen Samba-Protokolldatei eingenommen wird.

debug timestamp oder timestamp logs

Falls Sie die Ursache eines Netzwerkproblems suchen und dabei feststellen, daß die Angaben über Datum und Zeitpunkt in den Protokolldateien stören, können Sie sie abschalten, indem Sie eine der beiden gleichbedeutenden Optionen `timestamp logs` oder `debug timestamp` mit dem Wert `no` versehen. Eine gewöhnliche Samba-Protokolldatei enthält Zeilen der folgenden Form:

```
12/31/98 12:03:34 hydra (192.168.220.101) connect to server network as user da-
vecb
```

Wenn Sie für eine der Optionen `timestamp logs` und `debug` den Wert `no` angeben, sieht diese Zeile so aus:

```
hydra (192.168.220.101) connect to server network as user davecb
```

syslog

Die Option `syslog` sorgt dafür, daß Samba Protokollinformationen an die Unix-Betriebssystemprotokollierung sendet. Der Wert dieser Option legt fest, welche Protokollangaben Samba an *syslog* sendet. Wie bei `log level` kann der Wert eine Zahl von 0 bis 10 sein. Nachrichten unterhalb und ausschließlich der genannten Stufe erscheinen in der Betriebssystemprotokollierung. Nachrichten ab der Stufe von `syslog` und bis einschließlich des Wertes von `log level` werden weiterhin in die Samba-Protokolldateien geschrieben. Wenn Sie das nicht wollen, verwenden Sie die Option `syslog only`. Folgendes Beispiel legt fest, daß Samba alle Protokollinformationen der Stufe 0 sowohl in die Samba-Protokolldatei schreibt als auch an die betriebssystemeigene Protokollierungseinrichtung sendet:

```
[global]
    log level = 3
    syslog = 1
```

Informationen der Stufen 1 bis 3 gehen ausschließlich an die Samba-Protokolldateien, und Nachrichten ab Stufe 4 werden gar nicht protokolliert. Beachten Sie, daß alle Nachrichten, die Samba an *syslog* sendet, einer *syslog*-Prioritätsstufe zugeordnet werden. Sie finden eine Zusammenfassung dieser Zuordnungen in Tabelle 4-8. Die Vorgabestufe ist 1.

Tabelle 4-8: Syslog-Prioritätszuordnung

Protokollierungsgrad	Syslog-Priorität
0	LOG_ERR
1	LOG_WARNING
2	LOG_NOTICE
3	LOG_INFO
4 und höher	LOG_DEBUG

Wenn Sie Daten an *syslog* senden wollen, muß Samba mit der configure-Option --with-syslog kompiliert worden sein. Außerdem müssen Sie die Datei */etc/syslog.conf* vorbereiten. (Lesen Sie den Abschnitt »syslog verwenden«, weiter vorne in diesem Kapitel.)

syslog only

Wenn Sie den Wert der Option syslog only auf yes setzen, verwendet Samba keine eigenen Protokolldateien, sondern ausschließlich die Protokollierungseinrichtung des Betriebssystems. Falls Sie das wollen, tragen Sie folgende Zeile in den Abschnitt [global] der Samba-Konfigurationsdatei ein:

```
syslog only = yes
```

5

Durchsuchen und erweiterte Verzeichnisfreigaben

Dieses Kapitel setzt unsere Beschreibung der Verzeichnisfreigaben des vorigen Kapitels fort. Hier gehen wir auf die diversen Unterschiede zwischen Windows- und Unix-Dateisystemen ein – und wie Samba die Lücke schließt. Es gibt überraschend viele Unterschiede zwischen einem DOS- und einem Unix-Dateisystem. Darüber hinaus beschreiben wir kurz die Verkürzung von Dateinamen, Dateisperren und ein relativ neues Merkmal von Samba: opportunistische Sperren, kurz Oplocks (aus dem Englischen: Opportunistic Locking). Bevor wir uns aber mit dieser Materie befassen, gehen wir auf das ziemlich undurchschaubare Thema des Durchsuchens mit Samba ein.

Durchsuchen

Der Begriff *Durchsuchen* beschreibt die Möglichkeit, die Server und Freigaben zu untersuchen, die in Ihrem Netzwerk verfügbar sind. Mit einem Windows NT 4.0- oder 95/98-Client kann ein Benutzer die Netzwerk-Server über die Netzwerkumgebung durchsuchen. Nach einem Doppelklick auf das Symbol des Servers sollten Sie sowohl seine Verzeichnis- als auch seine Druckerfreigaben sehen (wenn Sie Windows for Workgroups 3.11 oder Windows NT 3.x einsetzen, können Sie im Dateimanager auf den Menüeintrag `Datenträger–Netzlaufwerk verbinden` klicken, um die verfügbaren Freigaben zu sehen).

An der Eingabeaufforderung können Sie den Befehl `net view` eingeben, um sich anzeigen zu lassen, welche Server sich momentan in Ihrem Netzwerk befinden. Hier ein Beispiel des Kommandos `net view`[1]:

---

1 Die Ausgabe variiert je nach Windows-Version.

```
C:\>net view
Server in Arbeitsgruppe SIMPLE verfügbar.
Server-Name              Beschreibung
-------------------------------------------------------------
\\CHIMAERA               Windows NT 4.0
\\HYDRA                  Samba 2.0.4 auf (hydra)
\\PHOENIX                Windows 98
```

Das Durchsuchen verhindern

Sie können verhindern, daß eine Freigabe in der Suchliste erscheint, indem Sie die Option browseable verwenden. Diese Boolesche Option macht eine Freigabe in der Netzwerkumgebung unsichtbar. Wenn Sie beispielsweise wollen, daß die Freigabe data unsichtbar wird, können Sie schreiben:

```
[data]
    path = /home/samba/data
    browseable = no
    guest ok = yes
    comment = Datenlaufwerk
    volume = Beispiel-Datenlaufwerk
    writeable = yes
```

Mit einer gewöhnlichen Freigabe werden Sie dies kaum machen, aber die browseable-Option ist nützlich, wenn Sie eine Freigabe mit Inhalten erstellen müssen, die andere nicht sehen sollen, wie etwa eine [netlogin]-Freigabe zum Speichern von Anmeldeskripten, die der Windows-Domänensteuerung dienen (in Kapitel 6, *Benutzer, Sicherheit und Domänen* finden Sie weitere Angaben über Anmeldeskripten).

Ein weiteres Beispiel ist die Freigabe im Abschnitt [homes]. Diese Freigabe ist häufig als nicht durchsuchbar gekennzeichnet, so daß sie nicht angezeigt wird, wenn ein Client die Ressourcen des Servers in der Netzwerkumgebung betrachtet. Wenn sich aber die Benutzerin alice anmeldet und die Freigaben des Samba-Servers ansieht, sieht sie dort die Freigabe alice. Was ist zu tun, wenn wir sicherstellen wollen, daß die Freigabe für alice für jeden sichtbar ist, bevor sie sich anmeldet? Sie können dazu auf die globale Option auto services zurückgreifen. Sie lädt Freigaben im voraus in die Suchliste, damit diese Freigaben ständig sichtbar sind:

```
[global]
    ...
    auto services = alice
    ...
```

Vorgegebene Freigabe

Sie können eine vorgegebene Freigabe für den Fall einrichten, daß ein Benutzer erfolglos versucht, eine Freigabe zu verwenden. Da Sie nicht wissen, wer diese vorgegebene Freigabe benutzen wird, sollten Sie die Option guest ok für diese Freigabe auf yes setzen. Die Einrichtung einer vorgegebenen Freigabe mit der Option default service kann nützlich sein, wenn Sie orientierungslose Benutzer an ein Verzeichnis mit Hilfedateien verweisen wollen wie im folgenden Beispiel:

```
[global]
    ...
    default service = helpshare
    ...

[helpshare]
    path = /home/samba/helpshare/%S
    browseable = yes
    guest ok = yes
    comment = Vorgegebene Freigabe für erfolglose Verbindungen
    volume = Beispiel-Datenlaufwerk
    writeable = no
```

Beachten Sie, daß wir die Variable %S in der Option `path` verwendet haben. Wenn Sie die Variable %S benutzen, bezieht sie sich auf die angefragte, nicht existierende Freigabe (die der Benutzer also eigentlich angefordert hat), und nicht auf die vorgegebene Freigabe, die er als Ergebnis erhält. Damit können Sie unterschiedliche Pfade mit den Namen jedes Servers erzeugen, um besser angepaßte Hilfedateien bereitzustellen. Außerdem konvertiert Samba sämtliche Unterstriche (_) in Schrägstriche (/), falls Sie die Variable %S benutzen.

Suchdienstwahlen

Wie wir in Kapitel 1, *Lerne den Samba*, beschrieben haben, verwaltet ständig ein bestimmter Computer innerhalb eines Subnetzes die Liste mit gegenwärtig eingeschalteten Computern. Diese Liste heißt *Suchliste* (englisch: *Browse List*), und der Computer, der sie verwaltet, wird *lokaler Hauptsuchdienst* (*Local Master Browser*) genannt. Der Hauptsuchdienst nimmt neu eingeschaltete Computer in die Suchliste auf und entfernt Computer aus ihr, die heruntergefahren werden. Außerdem liefert er die Suchliste allen Rechnern, die sie anfordern.

Ein Computer wird zum lokalen Hauptsuchdienst, indem er im lokalen Subnetz eine *Suchdienstwahl* (*Browser Election*) erzwingt und diese gewinnt. Suchdienstwahlen können jederzeit erzwungen werden. Samba kann Suchdienstwahlen mit jedem gewünschten Ergebnis herbeiführen, also immer oder niemals gewinnen. Wir haben unserer Konfigurationsdatei aus Kapitel 4, *Verzeichnisfreigaben*, die folgenden Zeilen hinzugefügt, damit Samba immer die Suchdienstauswahl für den lokalen Hauptsuchdienst gewinnt, und zwar unabhängig davon, welche Computer sich sonst noch im Subnetz befinden:

```
[global]
    netbios name = HYDRA
    server string = Samba %v on (%L)
    workgroup = SIMPLE

    #  Optionen für die Suchdienstwahl
    os level = 34
    local master = yes
```

```
# Netzwerkoptionen
hosts allow = 192.168.220. 134.213.233. localhost
hosts deny = 192.168.220.102
interfaces = 192.168.220.100/255.255.255.0 \
             134.213.233.110/255.255.255.0

# Protokolloptionen
log level = 2
log file = /var/log/samba.log.%m
max log size = 50
debug timestamp = yes

[data]
    path = /home/samba/data
    browseable = yes
    guest ok = yes
    comment = Datenlaufwerk
    volume = Beispiel-Datenlaufwerk
    writable = yes
```

Aber was ist, wenn Samba nicht immer die Auswahl gewinnen soll? Und was, wenn wir einem Windows NT-Server den Vorzug geben wollen, sofern einer im Subnetz anwesend ist? Um das zu tun, müssen wir wissen, wie Suchdienstauswahlen ablaufen. Wie Sie bereits erfahren haben, muß jedes System, das an einer Auswahl teilnimmt, Angaben über sich selbst rundsenden. Dazu gehören die folgenden Informationen:

- Die Version des verwendeten Auswahlprotokolls
- Das Betriebssystem
- Wie lange der Computer eingeschaltet und im Netzwerk ist
- Der NetBIOS-Name des Betriebssystems

Bei der Entscheidungsfindung verwenden die Computer einen Wert, der das Betriebssystem repräsentiert. Tabelle 5-1 führt die Betriebssysteme und ihre Werte auf.

Tabelle 5-1 : Betriebssystemwerte in einer Suchdienstwahl

Betriebssystem	Wert
Windows NT Server 4.0	33
Windows NT Server 3.51	32
Windows NT Workstation 4.0	17
Windows NT Workstation 3.51	16
Windows 98	2
Windows 95	1
Windows 3.1 for Workgroups	1

Diesem Wert wird ein weiterer Wert hinzugefügt, der die Funktion des Computers im Netzwerk spezifiziert. Die Zuordnung der Funktionen und Werte finden Sie in:

Tabelle 5-2: Funktion des Computers im Netzwerk

Funktion	Wert
Primärer Domänen-Controller	128
WINS-Client	32
Bevorzugter Hauptsuchdienst	8
Aktiver Hauptsuchdienst	4
Potentieller Hauptsuchdienst	2
Aktiver Sicherungssuchdienst	1

Wahlen werden in der folgenden Reihenfolge entschieden:

1. Der Computer mit der höchsten Versionsnummer des Auswahlprotokolls gewinnt. Dieses Kriterium führt derzeit zu keiner Auswahl, da alle Windows-Computer die Versionsnummer 1 besitzen.

2. Der Computer mit dem höchsten Wert für das Betriebssystem gewinnt die Auswahl.

3. Wenn alle Computer dasselbe Betriebssystem ausführen, gewinnt der Computer, der als bevorzugter Hauptsuchdienst konfiguriert ist (Funktionswert 8).

4. Ist die Wahl damit noch nicht entschieden, gewinnt das System, das am längsten aktiv ist.

5. Falls die Wahl damit immer noch nicht entschieden ist, entscheidet die alphabetische Reihenfolge des NetBIOS-Namens.

6. Der Computer, der den Hauptsuchdienst abgibt, kann zum Sicherungssuchdienst werden.

Wenn Sie wollen, daß Samba grundsätzlich den lokalen Hauptsuchdienst ausführt, sofern sich kein Windows NT-Server (Version 3.51 oder 4.0) im Subnetz befindet, müssen Sie folgende Zeile in die Konfigurationsdatei aus unserem obigen Beispiel aufnehmen:

```
os level = 31
```

Dadurch verliert Samba die Wahl gegen einen Windows NT 4.0- oder 3.51-Server, da beide einen höheren Betriebssystemwert besitzen. Wenn Sie andererseits wollen, daß die Wahl aufgrund der Funktion des Computers im Netzwerk entschieden wird (so daß ein PDC gewinnt), müssen Sie den Betriebssystemwert so einstellen, daß er mit dem höchsten existierenden Betriebssystemwert im Netzwerk übereinstimmt. Dann entscheidet das nächste Kriterium.

Woher aber wissen Sie, ob ein System den lokalen Hauptsuchdienst ausführt? Hier hilft Ihnen der Befehl nbtstat von einem Windows-Computer aus. Geben Sie den NetBIOS-Namen des zu prüfenden Computers nach dem Befehlszeilenschalter -a an:

```
C:\>nbtstat -a hydra

        NetBIOS-Namentabelle des Remote-Computers

    Name                        Typ        Status
    ---------------------------------------------------------
    HYDRA                <00>   UNIQUE     Registriert
    HYDRA                <03>   UNIQUE     Registriert
    HYDRA                <20>   UNIQUE     Registriert
    .._ _MSBROWSE_ _.    <01>   GROUP      Registriert
    SIMPLE               <00>   GROUP      Registriert
    SIMPLE               <1D>   UNIQUE     Registriert
    SIMPLE               <1E>   GROUP      Registriert

    MAC Address = 00-00-00-00-00-00
```

Schauen Sie nach dem Ressourcentyp .._ _MSBROWSE_ _.<01>. Er zeigt an, daß der Server momentan als Hauptsuchdienst seines Subnetzes arbeitet. Wenn es sich bei dem Computer um einen Samba-Server handelt, können Sie in der *nmbd*-Protokolldatei nach folgender Zeile suchen:

```
nmbd/nmbd_become_lmb.c:become_local_master_stage2(406)
*****
Samba name server HYDRA is now a local master browser for
workgroup SIMPLE on subnet 192.168.220.100
****
```

Windows NT-Server, die als primäre Domänen-Controller arbeiten, können unter bestimmten Umständen den lokalen Hauptsuchdienst an sich ziehen. Dazu gibt es die Einstellung *bevorzugter Hauptsuchdienst* (*Preferred Master Browser*). Wir haben zuvor bereits erwähnt, daß auch Samba diese Einstellung aktivieren kann. Verwenden Sie dazu die Option preferred master:

```
# Optionen für die Suchdienstwahl
os level = 33
local master = yes
preferred master = yes
```

Wenn diese Einstellung aktiv ist, erzwingt der Computer eine Auswahl, wenn er hochfährt. Natürlich ist dies nur sinnvoll, wenn Sie außerdem für die Option os level denselben Wert wie Ihr Windows NT-Computer verwenden. Wir raten davon ab, diese Option einzusetzen, falls ein anderer Computer wie etwa ein Windows NT-Server bereits bevorzugter Hauptsuchdienst ist.

Domänen-Hauptsuchdienst

Im Eingangskapitel haben wir erwähnt, daß ein Computer als *Domänen-Hauptsuchdienst* arbeiten muß, damit eine Windows-Arbeitsgruppe oder -Domäne mehrere Subnetze umfassen kann. Der Domänen-Hauptsuchdienst verteilt Suchlisten in jedes Subnetz einer Arbeitsgruppe oder Domäne. Dazu gleicht regelmäßig jeder lokale Hauptsuchdienst seine Suchliste mit der Suchliste des Domänen-Hauptsuchdienstes ab. Während dieses Abgleichs teilt der Domänen-Hauptsuchdienst den lokalen Hauptsuchdiensten Namen vom Computern mit, die diese nicht kennen und umgekehrt. In einer perfekten Welt erhält letztlich jeder lokale Hauptsuchdienst die Suchliste der gesamten Domäne.

Im Gegensatz zum lokalen Hauptsuchdienst gibt es keine Wahl des Domänen-Hauptsuchdienstes. Der Administrator muß diese Wahl manuell treffen. Microsoft hat aber festgelegt, daß sowohl der Domänen-Hauptsuchdienst als auch der primäre Domänen-Controller den Ressourcentyp <1B> registrieren. Daher sind die Funktionen – und die Computer, die diese beiden Funktionen ausführen – nicht voneinander trennbar.

Wenn in Ihrem Netzwerk ein Windows NT-Server als PDC arbeitet, sollten Sie Samba nicht als Domänen-Hauptsuchdienst verwenden. Umgekehrt sollten Sie Samba als Domänen-Hauptsuchdienst einsetzen, wenn Samba PDC-Aufgaben wahrnimmt. Sie können zwar mit Samba diese beiden Funktionen auf zwei Computer verteilen, aber das ist das keine gute Idee, denn dadurch können in einer Windows-Arbeitsgrupppe diverse, nicht vorhersagbare Probleme auftreten.

Die folgende Option veranlaßt Samba, die Funktion eines Domänen-Hauptsuchdienstes für alle Subnetze anzunehmen:

```
domain master = yes
```

Sie können prüfen, ob ein Samba-Computer auch wirklich als Domänen-Hauptsuchdienst arbeitet, indem Sie sich die *nmbd*-Protokolldatei ansehen:

```
nmbd/nmbd_become_dmb.c:become_domain_master_stage2(118)
*****
Samba name server HYDRA is now a domain master browser for
workgroup SIMPLE on subnet 192.168.220.100
*****
```

Alternativ dazu können Sie den Befehl nmblookup benutzen, der in der Samba-Distribution enthalten ist, um nach dem eindeutigen Ressourcentyp <1B> in der Arbeitsgruppe zu suchen:

```
# nmblookup SIMPLE#1B
Sending queries to 192.168.220.255
192.168.220.100 SIMPLE<1b>
```

Mehrere Subnetze

Es gibt drei Regeln, die zu beachten sind, wenn Sie eine Arbeitsgruppe oder Domäne einrichten, die mehr als ein Subnetz umspannt:

- Sie müssen in jedem betroffenen Subnetz einen Windows NT- oder einen Samba-Computer als lokalen Hauptsuchdienst einsetzen.

- Sie müssen in einem beliebigen der betroffenen Subnetze einen Windows NT-Server oder ein System mit Samba als Domänen-Hauptsuchdienst deklarieren.

- Sie müssen jeden lokalen Hauptsuchdienst anweisen, seine Daten mit dem Domänen-Hauptsuchdienst abzugleichen.

Samba besitzt in diesem Zusammenhang einige andere Merkmale, die Sie verwenden können, falls Sie in Ihrem Netzwerk keinen Domänen-Hauptsuchdienst besitzen. Sehen Sie sich die Subnetze in Abbildung 5-1 an.

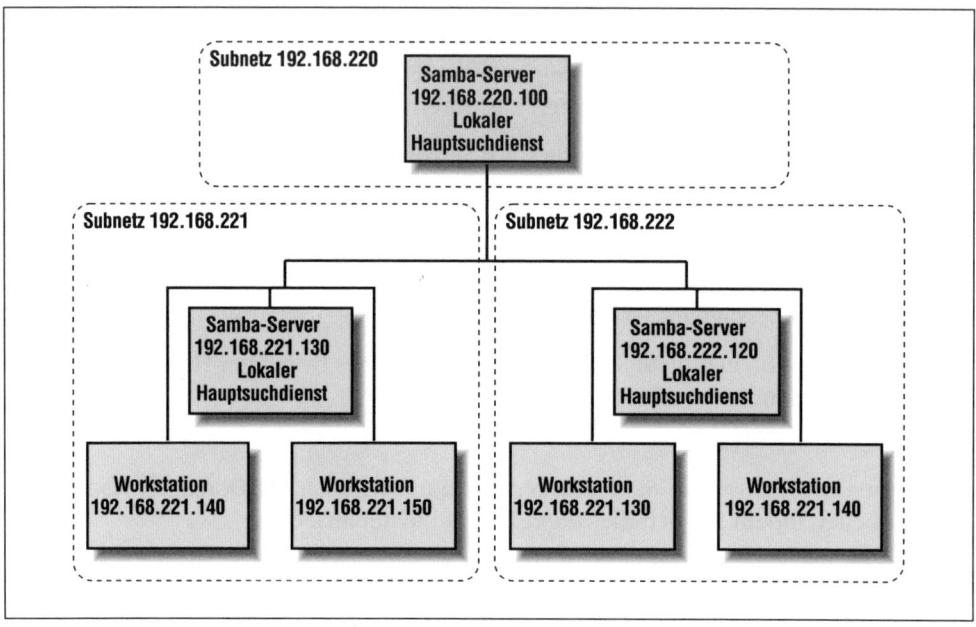

Abbildung 5-1: Mehrere Subnetze mit Samba-Servern

Zunächst können Sie einen Samba-Server, der den lokalen Hauptsuchdienst ausführt, mit der Option `remote announce` anweisen, Rundsendungs-Ankündigungen über den Server an Computer in anderen Subnetzen zu senden. Damit stellen Sie sicher, daß der Samba-Server in den Suchlisten fremder Subnetze auftaucht. Dazu ist es aber notwendig, daß die gerichteten Rundsendungen die lokalen Hauptsuchdienste der anderen Netze erreichen. Viele Router leiten standardmäßig keine gerichteten Rundsendungen weiter; sie müssen die Router also gegebenenfalls entsprechend konfigurieren.

Geben Sie im Wert der Option `remote announce` die Subnetze und die Arbeitsgruppen an, die die Rundsendungen erhalten sollen. Wenn zum Beispiel die Subnetze 192.168.221 und 192.168.222 Server-Ankündigungen für die Arbeitsgruppe SIMPLE bekommen sollen, tragen Sie folgende Zeilen ein:

```
# Optionen für die Suchdienstwahl
os level = 34
local master = yes
remote announce = 192.168.221.255/SIMPLE \
    192.168.222.255/SIMPLE
```

Sie dürfen zusätzlich die genaue Adresse angeben, an die Ankündigungen gesendet werden sollen, wenn Sie die IP-Adresse des lokalen Hauptsuchdienstes des fremden Subnetzes kennen und sich diese Adresse nicht ändert.

Ein Samba-Server, der den lokalen Hauptsuchdienst ausführt, kann seine Suchliste direkt mit einem anderen Samba-Server abgleichen, der als lokaler Hauptsuchdienst eines anderen Subnetzes arbeitet. Nehmen wir zum Beispiel an, daß Samba als lokaler Hauptsuchdienst konfiguriert ist und weitere Samba-Server lokale Hauptsuchdienste ausführen, und zwar mit den IP-Adressen 192.168.221.130 und 192.168.222.120. Wir können die Option remote browse sync verwenden, um den direkten Abgleich zu konfigurieren:

```
# Optionen für die Suchdienstwahl
os level = 34
local master = yes
remote browse sync = 192.168.221.130 192.168.222.120
```

Damit dies funktioniert, müssen die anderen Samba-Systeme ebenfalls als lokale Hauptsuchdienste arbeiten. Sie können auch gerichtete Rundsendungen verwenden, wenn Sie die IP-Adressen der lokalen Hauptsuchdienste nicht kennen.

Optionen für das Durchsuchen

Tabelle 5-3 führt 14 Optionen auf, die das Durchsuchen betreffen. Für einen Standort, der es seinen Benutzern leicht machen will, Verzeichnis- und Druckerfreigaben zu finden, empfehlen wir den Einsatz der voreingestellten Werte.

Tabelle 5-3: Konfigurationsoptionen für das Durchsuchen

Option	Parameter	Funktion	Vorgabe	Bereich
announce as	NT, Win95 oder WfW	Legt das Betriebssystem fest, als das sich Samba ankündigen soll.	NT	global
announce version	numerisch	Legt die Version des Betriebssystems fest, als das sich Samba ankündigen soll.	4.2	global
browseable (browsable)	Boolescher Wert	Aktiviert die Anzeige einer Freigabe als verfügbare Ressource des Servers.	yes	global
browse list	Boolescher Wert	Wenn yes, stellt Samba auf dem Server eine Suchliste bereit.	yes	global

Tabelle 5-3: Konfigurationsoptionen für das Durchsuchen (Fortsetzung)

Option	Parameter	Funktion	Vorgabe	Bereich
auto services (preload)	Zeichenkette (Liste mit Freigaben)	Legt eine Liste mit Freigaben fest, die ständig in der Suchliste erscheinen sollen.	keine	global
default service (default)	Zeichenkette (Name einer Freigabe)	Benennt eine Freigabe (einen Dienst), der Clients angeboten wird, wenn sie eine Freigabe anfordern, die nicht in der Datei *smb.conf* erscheint.	keine	global
local master	Boolescher Wert	Wenn yes, versucht Samba, im lokalen Subnetz den lokalen Hauptsuchdienst auszuführen.	yes	global
lm announce	yes, no oder auto	Aktiviert oder deaktiviert Host-Ankündigungen im LAN Manager-Stil.	auto	global
lm interval	numerisch	Gibt in Sekunden an, wie häufig der LAN-Manager Ankündigungen sendet, falls diese Option aktiviert ist.	60	global
preferred master (prefered master)	Boolescher Wert	Wenn yes, versucht Samba als bevorzugter Hauptsuchdienst der lokale Hauptsuchdienst zu werden.	no	global
domain master	Boolescher Wert	Wenn yes, versucht Samba, den Domänen-Hauptsuchdienst für seine Arbeitsgruppe auszuführen.	no	global
os level	numerisch	Legt die Betriebssystemstufe von Samba für eine Auswahl des lokalen Hauptsuchdienstes fest.	0	global
remote browse sync	Zeichenkette (Liste mit IP-Adressen)	Nennt Samba-Server, mit denen der lokale Samba-Server seine Suchliste abgleichen soll.	keine	global
remote announce	Zeichenkette (Paare aus IP-Adresse und Arbeitsgruppe, mit Schrägstrich getrennt)	Führt Subnetze und Arbeitsgruppppen auf, an die Samba gerichtete Rundsendungen senden soll, damit der lokale Samba-Server in fremden Suchlisten auftaucht.	keine	global

announce as

Diese globale Option bestimmt die Art des Betriebssystems, als das sich Samba an andere Computer im Netzwerk ankündigen soll. Der Vorgabewert lautet NT, steht also für das Betriebssystem Windows NT. Andere mögliche Werte sind Win95 (Windows 95) und WfW (Windows for Workgroups). Verwenden Sie diese Option wie folgt:

```
[global]
    announce as = Win95
```

Wir raten davon ab, einen von der Voreinstellung abweichenden Wert zu benutzen.

announce version

Diese globale Option wird häufig zusammen mit der Option announce as verwendet; sie gibt die Betriebssystemversion an, als die sich Samba im Netzwerk ankündigen soll. Die Voreinstellung für den Wert ist 4.2, so daß Samba oberhalb der momentan von Microsoft verkauften Windows NT-Version 4.0 steht. Sie können einen anderen Wert wie folgt angeben:

```
[global]
    announce version = 4.3
```

Wir raten davon ab, einen von der Voreinstellung abweichenden Wert einzusetzen.

browseable

Die Option browseable (die alternative Schreibweise ist browsable) legt fest, ob eine Freigabe als verfügbare Ressource des Servers angezeigt werden soll. Die Voreinstellung ist yes. Wenn Sie eine Freigabe verstecken wollen, so daß sie nicht im Suchfenster der Clients erscheint, setzen Sie die Option auf no.

Beachten Sie, daß Sie damit nicht den Zugriff auf die Freigabe verhindern. Wenn ein Benutzer über den UNC-Pfad (z.B. \\server/accounting) auf sie zugreift, kann er sie benutzen, sofern er die erforderlichen Berechtigungen besitzt. Sie können mit dieser Option lediglich verhindern, daß ein Benutzer die Freigabe sieht, wenn er sich die bereitgestellten Ressourcen des Servers anzeigen läßt.

browse list

Sie sollten den vorgegebenen Wert dieser Option (yes) niemals ändern müssen. Wenn Ihr Samba-Server den lokalen Hauptsuchdienst ausführt, er also die jüngste Wahl gewonnnen hat, können Sie mit der globalen Option browse list festlegen, ob er die Suchliste auf Anfrage eines beliebigen Clients herausgeben oder zurückhalten soll. Standardmäßig liefert Samba die Suchliste. Sie können sie mit folgender Option zurückhalten:

```
[global]
    browse list = no
```

Wenn Sie die Suchliste deaktivieren, können Clients weder Namen anderer Computer einschließlich ihrer Dienste noch Namen anderer Domänen im Netzwerk auflisten.

Beachten Sie, daß dadurch der Zugriff auf Server weiterhin möglich ist; wer den Namen des Servers und einer seiner Freigaben kennt, kann diese Freigabe problemlos benutzen (mit dem Befehl NET USE oder der Option Netzlaufwerk verbinden im Explorer). Diese Option verhindert lediglich, daß Clients die angeforderte Suchliste erhalten.

auto services

Die globale Option auto services, die auch auf den Namen preload hört, stellt sicher, daß die angegebenen Freigaben ständig in der Suchliste verfügbar sind. Man greift häufig zu dieser Option, um bestimmte Benutzer- oder Druckerfreigaben anzukündigen, die in den Abschnitten [homes] und [printers] erstellt werden, aber normalerweise nicht durchsucht werden können.

Diese Option arbeitet am besten im Zusammenhang mit Verzeichnisfreigaben. Wenn Sie wollen, daß jeder Ihrer Systemdrucker (also die, die in der *printcap*-Datei aufgeführt sind) in der Suchliste erscheint, empfehlen wir, anstelle dieser Option die Option load printers zu verwenden. Die in auto services aufgeführten Freigaben werden nicht in der Suchliste angezeigt, wenn gleichzeitig der Wert der Option browse list auf no eingestellt ist.

default service

Die globale Option default service (die alternative Schreibweise lautet default) benennt eine »Notfall«-Freigabe. Wenn Sie hier den Namen einer bestehenden Freigabe eintragen und ein Benutzer sich mit einer nicht-existierenden Freigabe verbinden will, versucht Samba die angeforderte Verbindung zur hier angegebenen Freigabe herzustellen. Verwenden Sie diese Option wie folgt:

```
default service = helpshare
```

Beachten Sie, daß Sie keine eckigen Klammern um den Namen der Freigabe (hier helpshare) setzen dürfen, obwohl der Abschnittsname in der Samba-Konfigurationsdatei eckige Klammern besitzt. Auch wenn Sie in dieser Option die Variable %S verwenden, glaubt der Client, die nicht-existierende Freigabe statt der vorgegebenen zu erhalten. Jegliche Unterstriche (_) werden in Schrägstriche (/) konvertiert, wenn Sie die Variable verwenden.

local master

Diese globale Option gibt an, ob Samba versuchen soll, für sein Subnetz den lokalen Hauptsuchdienst auszuführen. Wenn Sie hier den Wert yes angeben, nimmt Samba an Suchdienstwahlen teil. Allerdings garantiert diese Option keinen Sieg (dazu verhelfen Ihnen andere Optionen, wie preferred master und os level). Der Wert no bewirkt, daß Samba erst gar nicht an Suchdienstwahlen teilnimmt und sie daher niemals gewinnen kann. Die Voreinstellung ist yes.

lm announce

Der Wert der globalen Option lm announce entscheidet darüber, ob der *nmbd*-Daemon für den Server IBM LAN Manager-Ankündigungen senden soll. Ältere Clients benötigen möglicherweise diese Host-Ankündigungen; dazu gehört das Betriebssystem OS/2 von IBM. Diese Ankündigung ermöglicht es dem Server, in Suchlisten des Clients zu erscheinen. Wenn Sie diese Option aktivieren, kündigt sich Samba in regelmäßigen Intervallen an, die Sie mit der Option lm interval festlegen können.

Neben den üblichen Booleschen Werten yes und no können Sie auto angeben. Dadurch achtet der Daemon *nmbd* darauf, ob er LAN Manager-Ankündigungen erhält, aber sendet sie nicht von sich aus. Erst wenn er LAN Manager-Ankündigungen anderer Systeme empfängt, beginnt *nmbd*, seine eigenen LAN Manager-Ankündigungen zu senden, um seine Sichtbarkeit sicherzustellen. Sie können die Option wie folgt verwenden:

```
[global]
    lm announce = yes
```

Die Voreinstellung ist auto, und normalerweise müssen Sie diesen Wert nicht ändern.

lm interval

Wie bereits erwähnt, legt diese Option das Intervall für LAN Manager-Ankündigungen in Sekunden fest. Sie können diese Option zusammen mit der Option lm announce benutzen. Normalerweise beträgt der Abstand zwischen zwei LAN Manager-Ankündigungen 60 Sekunden. Wenn Sie hier 0 eintragen, sendet Samba niemals LAN Manager-Ankündigungen, und zwar unabhängig vom Wert der Option lm announce. Verwenden Sie die Option lm interval wie folgt:

```
[global]
    lm interval = 90
```

preferred master

Die Option preferred master sorgt dafür, daß der Samba-Server bei Suchdienstwahlen als bevorzugter Hauptsuchdienst auftritt. Damit besitzt er in der Arbeitsgruppe eine höhere Priorität als andere Computer mit demselben Betriebssystem. Wenn Sie Samba für die Ausführung des lokalen Hauptsuchdienstes konfigurieren, sollten Sie diese Option auf den Wert yes setzen:

```
[global]
    preferred master = yes
```

Belassen Sie den Wert ansonsten bei der Vorgabe no. Wenn Samba als bevorzugter Hauptsuchdienst konfiguriert ist, erzwingt er beim Start der Daemons eine Suchdienstwahl.

os level

Die globale Option os level bestimmt, welchen Betriebssystemwert Samba bei einer Suchdienstwahl verwendet. Wenn Samba Auswahlen gewinnen und den lokalen

Hauptsuchdienst ausführen soll, können Sie hier einen Wert eintragen, der höher ist als der bisher höchste in Ihrem Subnetz. Sie finden die Werte in Abbildung 5-1. Der Vorgabewert 0 bewirkt, daß Samba alle Suchdienstwahlen verliert. Legen Sie den Wert wie folgt fest:

```
os level = 34
```

In diesem Fall verwendet der Samba-Server den Wert 34, womit ihm der Sieg gewiß ist.

domain master

Wenn Samba der primäre Domänen-Controller Ihrer Windows-Domäne ist, sollte er zusätzlich den Domänen-Hauptsuchdienst ausführen. Der Domänen-Hauptsuchdienst ist ein spezieller Dienst, der den NetBIOS-Ressourcentyp <1B> verwendet und Suchlisten mit mehreren lokalen Hauptsuchdiensten abgleicht, die in separaten Subnetzen der Domäne oder Arbeitsgruppe liegen. Damit Samba als Domänen-Hauptsuchdienst arbeitet, tragen Sie im Abschnitt [global] der Datei *smb.conf* folgende Zeile ein:

```
domain master = yes
```

Wenn ein Windows NT-Server als primärer Domänen-Controller in Ihrem Netzwerk fungiert, sollten Sie Samba nicht als Domänen-Hauptsuchdienst einsetzen. Umgekehrt sollten Sie Samba als Domänen-Hauptsuchdienst einsetzen, wenn Samba die Aufgaben eines PDCs wahrnimmt. Die Verwendung von zwei Computern für den PDC und den Domänen-Hauptsuchdienst beschwört die Gefahr von unvorhersagbaren Fehlern im Netzwerk herauf.

remote browse sync

Die globale Option remote browse sync gibt an, daß Samba seine Suchlisten mit den lokalen Hauptsuchdiensten anderer Subnetze abgleichen soll. Dieser Abgleich ist allerdings nur mit anderen Samba-Rechnern und nicht mit NT-Computern möglich. Wenn Ihr Samba-Server ein Hauptsuchdienst im Subnetz 192.168.235 wäre und lokale Hauptsuchdienste auf Samba-Servern in anderen Subnetzen mit den Adressen 192.168.234.92 und 192.168.236.2 existierten, könnten Sie folgende Zeile eintragen:

```
remote browse sync = 192.168.234.92 192.168.236.2
```

Der Samba-Server würde dann direkt Kontakt mit den anderen Computern unter den angegebenen Adressen aufnehmen, um die Suchlisten abzugleichen. Sie können aber auch folgendes schreiben:

```
remote browse sync = 192.168.234.255 192.168.236.255
```

Dadurch veranlassen Sie Samba, Rundsendungen auszuschicken, um die IP-Adressen der lokalen Hauptsuchdienste anderer Subnetze herauszufinden, um anschließend den Abgleich der Suchlisten durchzuführen. Dieses Verfahren funktioniert aber nur, wenn Ihr Router gerichtete Rundsendungen weiterleitet, die mit .255 enden.

remote announce

Samba-Server können Suchlisten an andere Subnetze senden, wenn Sie die Option remote announce verwenden. Dabei handelt es sich üblicherweise um einen lokalen Hauptsuchdienst des fremden Subnetzes. Wenn Sie allerdings die IP-Adresse des lokalen Hauptsuchdienstes nicht kennen, können Sie die folgenden Zeilen eintragen:

```
[global]
    remote announce = 192.168.234.255/ACCOUNTING \
                    192.168.236.255/ACCOUNTING
```

Damit leitet Samba Host-Ankündigungen an alle Computer der Subnetze 192.168.234 und 192.168.236 weiter; diese Rundsendungen erreichen hoffentlich die lokalen Hauptsuchdienste jedes Subnetzes. Sie können auch IP-Adressen angeben, sofern Sie sie kennen.

Unterschiede zwischen Dateisystemen

Eines der größten Probleme für Samba sind die Unterschiede zwischen Dateisystemen von Unix und anderen Betriebssystemen und die dadurch erforderlichen Anpassungen. Dazu gehört die Behandlung von symbolischen Links, versteckten Dateien und Dateinamen, die einen Punkt enthalten. Darüber hinaus können die Dateiberechtigungen für einiges Kopfzerbrechen sorgen, wenn Sie sie nicht korrekt berücksichtigen. Dieser Abschnitt beschreibt, wie Sie Samba für einige dieser störenden Unterschiede einrichten und wie Sie die Funktionalität steigern können.

Versteckte und unsichtbare Dateien

Es kommt vor, daß wir sicherstellen müssen, daß ein Benutzer eine Datei nicht sieht oder nicht auf sie zugreifen darf. Oder wir wollen den Zugriff nicht verhindern, aber Benutzer sollen eine Datei nicht sehen, wenn sie sich den Inhalt eines Verzeichnisses ansehen. Windows-Systeme kennen ein Versteckt-Attribut, während bei Unix versteckte Dateien traditionell mit einem Punkt (.) als erstes Zeichen des Namens gekennzeichnet sind. Dadurch bleiben Benutzern Konfigurationsdateien oder Dateien mit Vorgabewerten verborgen, wenn sie einen gewöhnlichen ls-Befehl eingeben. Sollten Sie aber einem Benutzer den Zugriff auf Dateien verweigern wollen, müssen Sie mit Berechtigungen für Dateien und Verzeichnissen arbeiten.

Die erste Option, die wir nennen wollen, ist die Boolesche hide dot files. Wenn ihr Wert yes ist, werden Dateien, deren Namen mit einem Punkt (.) beginnen, als versteckt gekennzeichnet. Mit no kennzeichnet Samba diese Dateien nicht als versteckt, wenn es den Verzeichnisinhalt an ein Client-System sendet. Denken Sie daran, daß diese Dateien mit dieser Option lediglich versteckt sind. Wenn der Benutzer im Windows-Explorer die Anzeige versteckter Dateien eingeschaltet hat, sind diese unabhängig vom Wert der genannten Option sichtbar, so wie in Abbildung 5-2 zu sehen.

Abbildung 5-2: Versteckte Dateien in der Freigabe data

Statt nur diejenigen Dateien zu verstecken, deren Namen mit einem Punkt beginnen, können Sie mit einem Zeichenmuster angeben, welche anderen Dateien Samba als versteckt markieren soll. Nehmen Sie die folgende Freigabe mit dem Namen data als Beispiel:

```
[data]
    path = /home/samba/data
    browseable = yes
    guest ok = yes
    writeable = yes
    case sensitive = no
    hide files = /*.java/*README*/
```

Jedes Element, das Sie in dieser Option angeben, muß mit einem Schrägstrich (/) beginnen und enden, auch wenn Sie nur ein einziges Muster aufführen (verwenden Sie zwischen zwei Mustern nur einen einzigen Schrägstrich). Diese Schreibweise erlaubt die Eingabe von Leerzeichen in Mustern. In unserem Beispiel würde der Verzeichnisinhalt wie in Abbildung 5-3 aussehen. Beachten Sie, daß wir in Windows 98 die Ansicht versteckter Dateien eingeschaltet haben.

Wenn Sie wollen, daß Benutzer bestimmte Dateien gar nicht sehen können, verwenden Sie die Option veto files. Die Schreibweise der Werte entspricht der Option hide files und gibt eine Liste mit Dateien an, die Benutzern niemals als Verzeichnisinhalt angezeigt werden, die also unsichtbar sind. Wir ändern unser Beispiel der Freigabe data wie folgt ab:

```
[data]
    path = /home/samba/data
    browseable = yes
    guest ok = yes
    writeable = yes
    case sensitive = no
    veto files = /*.java/*README*/
```

Abbildung 5-3: Versteckte Dateien auf der Basis eines Musters für Dateinamen

Geben Sie auch hier Schrägstriche als Trennzeichen sowie vor dem ersten und nach dem letzten Muster an, selbst wenn Sie nur ein einziges Muster verwenden. In unserem Fall verschwinden die Dateien `hello.java` und `README` aus dem Verzeichnis, und der Benutzer kann nicht über das SMB-Protokoll auf sie zugreifen.

Aber was geschieht, wenn ein Benutzer ein Verzeichnis löscht, das unsichtbare Dateien enthält? Um diesen möglichen Problemfall aus der Welt zu schaffen, gibt es die Option `delete veto files`. Wenn Sie ihren Wert auf `yes` setzen, darf der Benutzer sowohl gewöhnliche als auch unsichtbare Dateien löschen – und sogar das Verzeichnis selbst. Wenn der Wert dieser Optoin `no` ist, kann der Benutzer unsichtbare Dateien nicht löschen und daher auch keine Verzeichnisse, die unsichtbare Dateien enthalten. Aus der Sicht der Benutzer ist ein solches Verzeichnis zwar leer, kann aber dennoch nicht gelöscht werden.

Mit der Option `dont descend` können Sie eine Liste mit Verzeichnissen angeben, deren Inhalt Samba unsichtbar machen soll. Beachten Sie, daß wir *Inhalt* geschrieben haben. Die entsprechenden Verzeichnisse selbst können die Benutzer durchaus sehen, aber sie scheinen leer zu sein. Benutzer können sich derartige Verzeichnisse im Explorer ansehen, aber nicht den Verzeichnisbaum weiter nach unten gehen – sie sehen immer ein leeres Verzeichnis. Wir wollen uns diese Option mit der Freigabe `data` einmal ansehen, ohne dabei die anderen, bereits eingeführten Optionen zu verwenden:

```
[data]
    path = /home/samba/data
    browseable = yes
    guest ok = yes
    writeable = yes
    case sensitive = no
    dont descend = config defaults
```

Wir gehen davon aus, daß das Verzeichnis */home/samba/data* folgendes beinhaltet:

```
drwxr-xr-x   6 tom      users        1024 Jun 13 09:24 .
drwxr-xr-x   8 root     root         1024 Jun 10 17:53 ..
-rw-r--r--   2 tom      users        1024 Jun  9 11:43 README
drwxr-xr-x   3 tom      users        1024 Jun 13 09:28 config
drwxr-xr-x   3 tom      users        1024 Jun 13 09:28 defaults
drwxr-xr-x   3 tom      users        1024 Jun 13 09:28 market
```

Wenn sich der Benutzer mit der Freigabe verbindet, sieht er die in Abbildung 5-4 darge-stellten Verzeichnisse. Der Inhalt der Verzeichnisse *config* und *defaults* wäre für Benutzer aber nicht zu sehen, selbst wenn diese weitere Dateien oder Verzeichnisse enthielten. Außerdem können Benutzer keine Dateien in diese Verzeichnisse schreiben (dadurch verhindert Samba, daß der Benutzer eine Datei oder ein Verzeichnis anlegt, die oder das bereits vorhanden, aber unsichtbar ist). Falls ein Benutzer einen entsprechenden Versuch unternimmt, erhält er die Fehlermeldung »Zugriff verweigert«. `dont descend` dient administrativen Zwecken und nicht etwa der Sicherheit; diese Option ersetzt keine verantwortungsbewußt gesetzten Dateiberechtigungen.

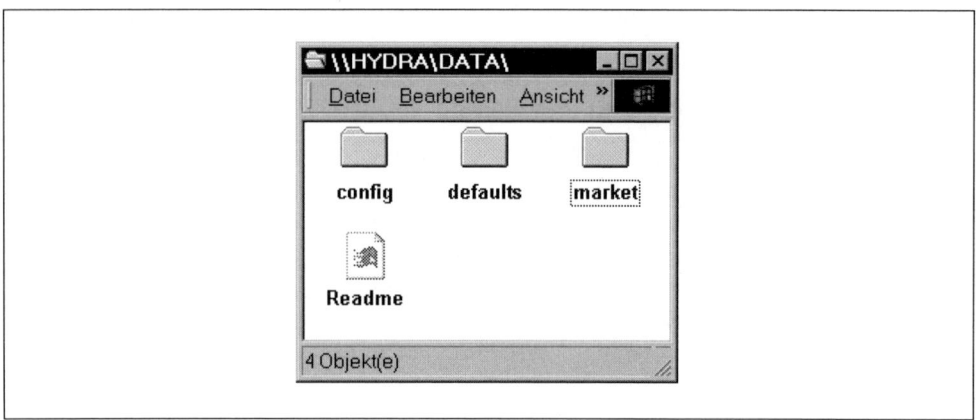

Abbildung 5-4: Inhalt der Freigabe data mit aktivierter Option dont descend

Links

DOS kennt keine Links, und auf NT-Dateisystemen sind sie extrem selten. Die Verknüpfungen unter Windows 95/98/NT ähneln Links ein wenig. Wenn ein Client auf einen symbolischen Link zugreift, versucht Samba, diesem Link zu folgen und läßt den Client die Datei öffnen, auf die der Link verweist. Wenn Sie diese Vorgehensweise abschalten wollen, können Sie das mit der Option `follow symlinks` tun:

```
[data]
    path = /home/samba/data
    browseable = yes
    guest ok = yes
    writeable = yes
    case sensitive = no
    follow symlinks = no
```

Prüfen Sie das Ergebnis, indem Sie auf dem Unix-Server mit dem Benutzerkonto, das Sie zur Anmeldung verwenden, in einem freigegebenem Verzeichnis ein Unterverzeichnis anlegen. Geben Sie dazu folgende Befehle ein:

```
% mkdir hallo; cd hallo
% cat "Dies ist ein Test" >hallo.txt
% ln -s hello.txt "Link zu hallo"
```

Das Ergebnis sind zwei Dateien, die Sie in Abbildung 5-5 erkennen können. Wenn Sie auf eine der beiden doppelklicken, sehen Sie »Dies ist ein Test« als Inhalt der ausgewählten Datei. Wenn Sie aber den Wert der Option follow symlinks auf no festlegen, sollte ein Fehler erscheinen, ähnlich dem in Abbildung 5-5, sobald Sie auf Link zu hallo doppelklicken.

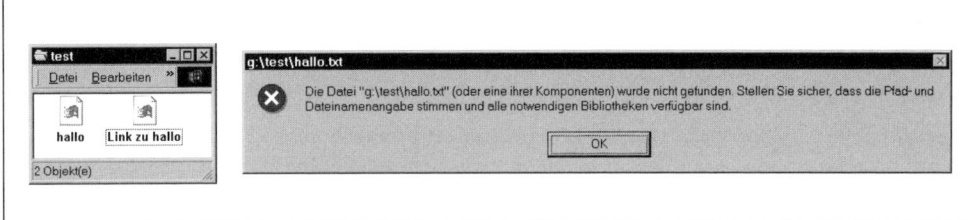

Abbildung 5-5: Fehler beim Versuch, einem symbolischen Link zu folgen, wenn Samba dies verbietet

Abschließend betrachten wir die Option wide links. Wenn ihr Wert yes ist, darf ein Benutzer auch dann einem symbolischen Link folgen, wenn sein Ziel außerhalb des freigegebenen Verzeichnisses liegt, und zwar einschließlich Dateien und Verzeichnisse am anderen Ende des Links. Schauen wir uns eine veränderte Fassung unserer Freigabe data an:

```
[data]
    path = /home/samba/data
    browseable = yes
    guest ok = yes
    writeable = yes
    case sensitive = no
    follow symlinks = yes
    wide links = yes
```

So lange die Option follow symlinks eingeschaltet ist, verfolgt Samba alle symbolischen Links außerhalb des momentan freigegebenen Verzeichnisbaums. Wenn wir eine Datei außerhalb dieses Baums erstellen (zum Beispiel im Home-Verzeichnis eines Benutzers) und dann wie folgt einen Link darauf im freigegebenen Verzeichnisbaum erzeugen,

```
ln -s ~tom/datafile ./datafile
```

werden Sie in der Lage sein, die Datei in Toms Home-Verzeichnis zu öffnen, sofern die Zieldateien es erlauben.

Dateisystem-Optionen

Tabelle 5-4 faßt die bisher beschriebenen Optionen für Dateisysteme zusammen. Wir empfehlen, für die meisten Optionen die Vorgabewerte zu verwenden, sofern wir es in der Beschreibung der Optionen nicht anders vermerkt haben.

Tabelle 5-4: Dateisystem-Optionen

Option	Parameter	Funktion	Vorgabe	Bereich
`unix realname`	Boolescher Wert	Liefert dem Client den vollständigen Namen des Unix-Benutzers.	no	global
`dont descend`	Zeichenkette (Liste mit Verzeichnissen)	Gibt eine Liste mit Verzeichnissen an, die Samba für Clients unsichtbar machen soll.	keine	Freigabe
`follow symlinks`	Boolescher Wert	Wenn no, folgt Samba keinen symbolischen Links.	yes	Freigabe
`getwd cache`	Boolescher Wert	Wenn yes, verwendet Samba einen Zwischenspeicher für `getwd()`-Aufrufe.	yes	global
`wide links`	Boolescher Wert	Wenn yes, folgt Samba symbolischen Links außerhalb der Freigabe.	yes	Freigabe
`hide dot files`	Boolescher Wert	Wenn yes, werden versteckte Dateien unter Unix auch auf Windows-Systemen versteckt.	yes	Freigabe
`hide files`	Zeichenkette (Liste mit Dateinamen-Mustern)	Liste mit Dateien, die Samba verstecken soll.	keine	Freigabe
`veto files`	Zeichenkette (Liste mit Dateinamen-Mustern)	Liste mit Dateien, die unsichtbar sein sollen.	keine	Freigabe
`delete veto files`	Boolescher Wert	Wenn yes, kann der Benutzer unsichtbare Dateien löschen, wenn er das Verzeichnis entfernen will, in dem sich unsichtbare Dateien befinden.	no	Freigabe

unix realname

Einige Programme benötigen den vollständigen Benutzernamen, um zu funktionieren. Beispielsweise muß ein E-Mail-Programm unter Windows oft einem gegebenem echten Namen einen Benutzernamen zuordnen. Wenn Ihre Kennwortdatei des Systems die echten Namen der Benutzer im Feld GCOS enthält, weist die Option `unix realname` Samba an, den Clients diese Information zu liefern. Ohne sie entspricht der Name einfach der bei der Anmeldung verwendeten Benutzerkennung. Nehmen Sie an, Ihre Unix-Kennwortdatei enthielte die folgende Zeile:

```
rcollins:/KaBfco47Rer5:500:500:Robert Collins:
/home/rcollins:/bin/ksh
```

Und die Option in der Samba-Konfigurationsdatei sieht so aus:

```
[global]
    unix realname = yes
```

In diesem Fall liefert Samba jedem Client, der den echten Namen des Benutzers `rcollins` anfordert, den Namen Robert Collins. In der Regel benötigen Sie diese Option nicht.

dont descend

Verwenden Sie die Option `dont descend`, um diverse Verzeichnisse anzugeben, die für Clients leer erscheinen sollen. Beachten Sie, daß das Verzeichnis selbst sehr wohl sichtbar ist, aber Samba wird keinem Client dessen Inhalt liefern. Diese Option ist als Sicherheitsmechanismus nicht geeignet (ein Benutzer, der es darauf anlegt, würde wahrscheinlich eine Möglichkeit finden, die Dateinamen dennoch zu sehen); die Option dient vielmehr dazu, daß Benutzer sensible Dateien, auf die sie ohnehin nicht zugreifen dürfen, gar nicht erst sehen.

follow symlinks

Diese Option, die wir bereits ausführlich beschrieben haben, steuert, ob Samba einem symbolischen Link im Unix-Dateisystem folgt oder ob der Benutzer eine Fehlermeldung erhalten soll. Wenn Sie den Wert `yes` angeben, interpretiert Samba das Ziel des Links als Datei.

getwd cache

Der Wert dieser globalen Option entscheidet darüber, ob Samba einen lokalen Zwischenspeicher (Cache) für den Unix-Systemaufruf `getwd()` (get current working directory) verwenden soll. Dieser Aufruf ermittelt das aktive Arbeitsverzeichnis. Sie können den Vorgabewert `yes` wie folgt verändern:

```
[global]
    getwd cache = no
```

Wenn Sie diese Option auf `no` stellen, kann es deutlich länger dauern, das Arbeitsverzeichnis zu ermitteln, besonders wenn Sie den Wert der Option `wide links` auf `no` gesetzt haben. Normalerweise sollten Sie den Wert dieser Option nicht ändern müssen.

wide links

Mit dieser Option geben Sie an, ob Samba Links folgen soll, deren Ziel außerhalb des freigegebenen Verzeichnisbaums liegt. Dazu gehören Dateien und Verzeichnisse am anderen Ende der Links, solange die Berechtigungen dafür vorliegen. Der Vorgabewert für diese Option ist yes. Beachten Sie, daß diese Option keine Wirkung hat, wenn der Wert der Option follow symlinks auf no steht. Wenn Sie hier den Wert no angeben, arbeitet *smbd* deutlich langsamer.

hide files

Geben Sie als Wert dieser Option ein oder mehrere Muster für Dateinamen oder Verzeichnisse an. Jede Datei und jedes Verzeichnis, das einem der Muster entspricht, wird für den Client als versteckt gekennzeichnet. Beachten Sie, daß diese Option lediglich das entsprechende DOS-Attribut setzt. Clients können versteckte Dateien durchaus anzeigen, wenn ihr Benutzer dies möchte.

Die einzelnen Elemente der Liste müssen mit Schrägstrichen (/) voneinander getrennt werden; Sie sollten außerdem jeweils einen Schrägstrich vor das erste und hinter das letzte Muster der Liste setzen. Dadurch können die einzelnen Muster Leerzeichen enthalten. Sternchen gelten als Platzhalter für null oder mehr Zeichen, Fragezeichen als Platzhalter für genau ein Zeichen. Hier ein Beispiel:

```
hide files = /.jav*/README.???/
```

hide dot files

Der Wert der Option hide dot files entscheidet darüber, ob der Samba-Server Dateien, deren Namen mit einem Punkt (.) beginnen, für den Client als versteckt kennzeichnen soll, um die entsprechende Funktion mehrerer Unix-Shells nachzubilden. Wie bei hide files schaltet Samba das DOS-Attribut »versteckt« (hidden) ein, das jedoch nicht garantiert, daß ein Client die Dateien nicht sieht. Der Vorgabewert für diese Option ist yes.

veto files

Die Option veto files wirkt stärker einschränkend als die Optionen hide files oder hide dot files. Sie macht Dateien absolut unsichtbar, so daß Clients keinesfalls von ihrer Existenz erfahren können. Man kann unsichtbare Dateien vom Client aus weder anzeigen noch öffnen, selbst wenn man den Dateinamen kennt. Aber auch diese Option schafft keine optimale Sicherheit. Sie hat lediglich den Zweck, PCs davon abzuhalten, besondere Dateien zu löschen, wie zum Beispiel jene, die den Resource Fork von Mac-Dateien auf Unix-Dateisystemen darstellen. Wenn sowohl Mac-Computer als auch Windows-Systeme auf dieselben Dateien zugreifen, kann diese Option verhindern, daß nicht ausreichend informierte Benutzer mit entsprechenden Berechtigungen Dateien löschen, die Mac-Benutzer benötigen.

Die Schreibweise für die Werte entspricht denjenigen der Option hide files: Die einzelnen Elemente der Liste müssen mit Schrägstrichen (/) voneinander getrennt werden; schreiben Sie außerdem jeweils einen Schrägstrich vor das erste und hinter das letzte Muster der Liste. Sie können Sternchen als Platzhalter für null oder mehr Zeichen verwenden, Fragezeichen stehen als Platzhalter für genau ein Zeichen. Hier ein Beispiel:

```
veto files = /*config/*default?/
```

Diese Option dient hauptsächlich administrativen Zwecken und ist kein Ersatz für korrekte Dateiberechtigungen.

delete veto files

Wenn Sie yes als Wert für diese Option angeben, löscht Samba auch unsichtbare Dateien, wenn ein Benutzer das Verzeichnis löscht, in dem sich diese Dateien befinden. Der Vorgabewert ist no. Das bedeutet, daß ein Benutzer eine Fehlermeldung erhält, wenn er ein Verzeichnis löschen will, in dem sich unsichtbare Dateien befinden. Die Dateien werden nicht gelöscht, genausowenig wie das Verzeichnis. Der Benutzer sieht es weiterhin als leer.

Dateiberechtigungen und Attribute bei MS-DOS und Unix

DOS war niemals als Mehrbenutzer-Netzwerkbetriebssystem gedacht. Ganz im Gegensatz zu Unix, das von Anfang an so konzipiert war. Schon allein aus diesem Grund gibt es Unterschiede und Lücken zwischen den Dateisystemen dieser beiden Betriebssysteme. Samba muß sie nicht nur beachten, sondern in Konfliktfällen auch für Lösungen sorgen. Zu den größten Unterschieden zwischen DOS und Unix gehört die Behandlung von Dateiberechtigungen.

Schauen wir uns zunächst an, wie Unix Berechtigungen zuweist. Alle Unix-Dateien besitzen Bits für die Lese-, Schreib- und Ausführungsberechtigung, und zwar jeweils getrennt für den Besitzer, die Gruppe und den Rest der Welt. Sie sehen die Berechtigungen ganz links, wenn Sie den Befehl ls -al eingeben. Hier ein Beispiel:

```
-rwxr--r--   1 tom     users   2014 Apr 13 14:11 access.conf
```

Windows kennt für jede Datei die folgenden vier Bits, die nicht getrennt für mehrere Benutzerklassen einstellbar sind: schreibgeschützt, System, versteckt und Archiv. Sie können sie sehen, indem Sie im Windows-Explorer mit der rechten Maustaste auf eine Datei klicken und aus dem Kontextmenü den Eintrag Eigenschaften auswählen. Daraufhin erscheint ein Dialogfenster, das dem in Abbildung 5-6 ähnelt.[2]

Die Bits besitzen folgende Bedeutung:

Schreibgeschützt
> Der Inhalt der Datei kann nur gelesen, aber nicht verändert oder überschrieben werden.

System
> Die Datei wird vom Betriebssystem verwendet.

---

2 Das Kontrollkästchen für System ist in der Regel grau dargestellt, so daß Sie dieses Bit nicht verändern können. Sie können es aber sehen.

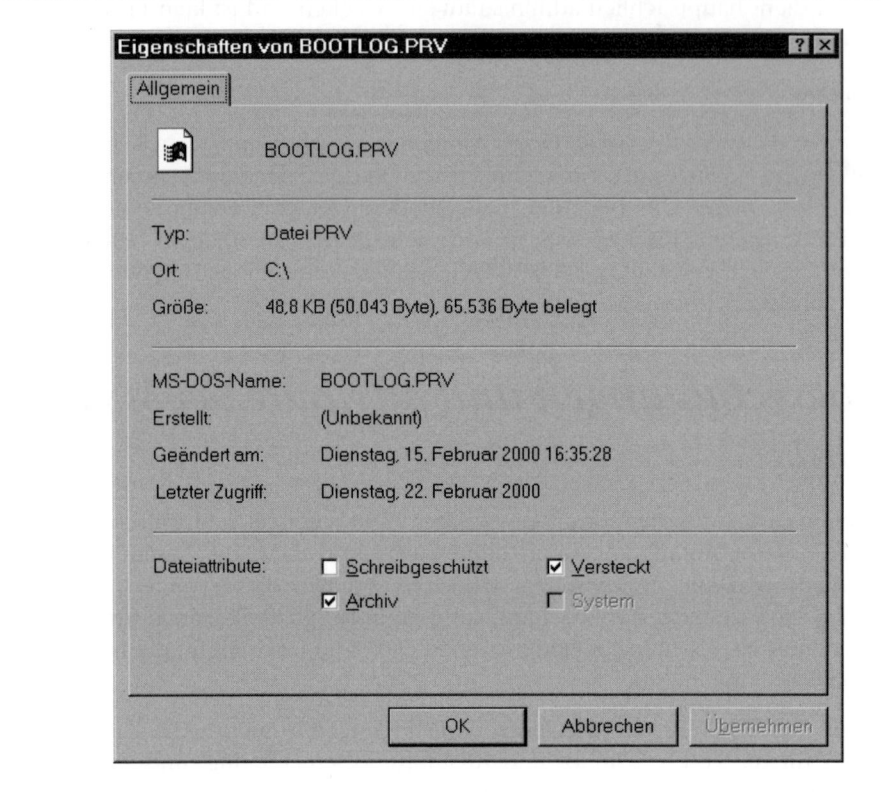

Abbildung 5-6: DOS/Windows-Dateieigenschaften

Versteckt

Die Datei ist als unsichtbar gekennzeichnet, so daß Benutzer sie normalerweise nicht sehen. DOS und Windows können die Datei aber auf Benutzerwunsch anzeigen.

Archiv

Diese Datei wurde seit ihrer letzten Sicherung verändert.

Beachten Sie, daß es kein Bit gibt, das ausführbare Dateien kennzeichnet. DOS und Windows erkennen ausführbare Dateien an den Dateinamenserweiterungen: .EXE, .COM, .CMD und .BAT.

Konsequenterweise muß Samba die drei Bits für ausführbare Dateien unter Unix nicht seinen DOS-Clients mitteilen. Aber Samba muß die DOS-Attribute beibehalten, wenn es Dateien auf einem Unix-System ablegt. Samba verwendet für drei der DOS-Bits die drei Unix-Bits, die die Ausführbarkeit signalisieren, wenn Sie Samba entsprechend konfigurieren. Diese Zuordnung hat aber eine unerwünschte Nebenwirkung: Wenn ein Windows-Benutzer eine Datei in einer Samba-Freigabe speichert und Sie sich die Datei auf dem Unix-Computer mit `ls -al` ansehen, haben die Bits für die Ausführbarkeit nicht die Bedeutung, die Sie für gewöhnlich von ihnen erwarten.

Drei Optionen entscheiden darüber, ob Samba die Bit-Zuordnung verwenden soll: `map archive`, `map system` und `map hidden`. Die Optionen ordnen die Bits *Archiv*, *System* und *versteckt* den Ausführbarkeits-Bits für den Besitzer, die Gruppe und den Rest der Welt zu. Legen Sie die Optionen für die Freigabe `data` wie folgt fest:

```
[data]
    path = /home/samba/data
    browseable = yes
    guest ok = yes
    writeable = yes
    map archive = yes
    map system = yes
    map hidden = yes
```

Erstellen Sie anschließend unter Unix eine Datei in der Freigabe, wie zum Beispiel `hallo.java`, und legen Sie ihre Berechtigungen auf 755 fest. Wenn Sie die genannten Samba-Optionen verwendet haben und die Dateieigenschaften unter Windows betrachten, sollten die Bits für *Archiv*, *System* und *versteckt* eingeschaltet sein. Aber was ist mit dem Attribut für schreibgeschützte Dateien? Standardmäßig liefert Samba Windows-Clients ein eingeschaltetes Schreibschutz-Attribut, wenn dem Benutzer keine Schreibberechtigung erteilt wurde. Sie können dieses Bit also für Windows-Clients einschalten, indem Sie die Unix-Berechtigung 555 setzen.

Wir müssen Sie warnen, daß die Option `map archive` standardmäßig auf `yes` steht, während die anderen beiden Optionen mit dem Standardwert `no` belegt sind. Das liegt daran, daß viele Programme nicht einwandfrei funktionieren, wenn das Archivbit nicht korrekt gespeichert wird. Die Bits *System* und *versteckt* sind in der Regel für die Arbeit von Programmen nicht entscheidend. Der Administrator kann über ihren Wert frei verfügen.

Abbildung 5-7 faßt die Unix-Bits für Berechtigungen zusammen und veranschaulicht, wie Samba sie den DOS-Attributen zuordnet. Beachten Sie, daß die Bits *Lesen* und *Schreiben* für die Gruppe sowie *Lesen* und *Schreiben* für World nicht direkt den DOS-Attributen zugeordnet werden, sie aber ihre ursprüngliche Bedeutung unter Unix auf dem Samba-Server beibehalten.

Erstellungsmasken (Umasks)

Samba besitzt mehrere Optionen für Dateierstellungsmasken (*Umasks*), die auf der Unix-Seite die Berechtigungen für neue Dateien und Verzeichnisse definieren. Mit Umasks können Sie unter Unix festlegen, welche Berechtigungen neue Dateien und Verzeichnisse *nicht* besitzen sollen, wenn sie erstellt werden. Da sich die Unix-Berechtigungen auf die DOS-Attribute auswirken, können Sie diese mit Umasks indirekt beeinflussen.

Die Option `create mask` in diesem Beispiel erzwingt die Berechtigung 744 für Dateien, die von Windows aus in der Freigabe `data` erstellt werden (beachten Sie, daß Sie hier

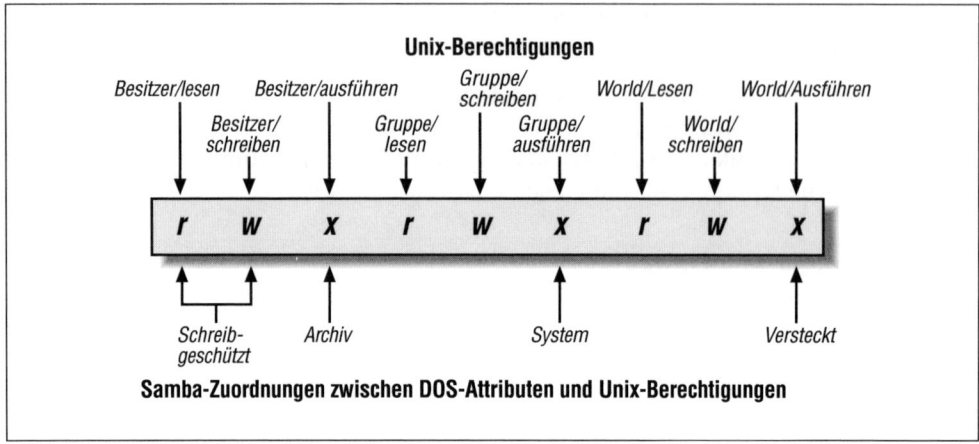

Abbildung 5-7: Wie Samba und Unix die Berechtigungen einer Datei sehen

die Berechtigungen direkt angeben und nicht die Umask; Sie dürfen also nicht die umgekehrte Logik von Umask anwenden):

```
[data]
    path = /home/samba/data
    browseable = yes
    guest ok = yes
    writeable = yes
    create mask = 744
```

Die Option `directory mask` legt in unserem Beispiel die Berechtigung 755 für neu erstellte Verzeichnisse fest (beachten Sie, daß Sie hier die Berechtigungen direkt angeben und nicht die Umask; Sie dürfen also nicht die umgekehrte Logik von Umask anwenden):

```
[data]
    path = /home/samba/data
    browseable = yes
    guest ok = yes
    writeable = yes
    directory mask = 755
```

Alternativ können Sie mit den Optionen `force create mode` und `force directory mode` bestimmte Bits direkt beeinflussen. Diese Optionen führen eine logische ODER-Operation mit den Erstellungsmasken für Dateien und Verzeichnisse durch, um sicherzustellen, daß die betreffenden Bits immer gesetzt werden. Es ist sinnvoll, diese Optionen global zu verwenden, damit die Gruppen- und World-Bits zum Lesen und Schreiben für neue Dateien und Verzeichnisse in allen Freigaben korrekt belegt werden.

Dementsprechend wollen Sie wahrscheinlich ausdrücklich die Benutzer- und Gruppen-Kennungen unter Unix für neue Dateien festlegen, die Windows-Benutzer erzeugen. Verwenden Sie dazu wie im folgenden Beispiel die Optionen `force user` und `force group`:

```
[data]
   path = /home/samba/data
   browseable = yes
   guest ok = yes
   writeable = yes

   create mask = 744
   directory mask = 755
   force user = joe
   force group = accounting
```

Diese Optionen weisen jeder erstellten Verbindung zu einer Freigabe hin einen Unix-Benutzer und eine Unix-Gruppe zu. Das geschieht aber erst, *nachdem* die Echtheit des Benutzers bestätigt wird, so daß diese Option keinen freien Zugriff auf die Freigabe bedeutet. Diese Optionen werden häufig verwendet, damit neue Dateien und Verzeichnisse einem bestimmten Benutzer und einer bestimmten Gruppe zugeordnet werden. Verwenden Sie diese Optionen nach persönlichem Gusto.

Schließlich fehlt DOS eine Unix-Funktion: DOS kann schreibgeschützte Dateien nicht löschen, auch wenn die Schreibberechtigung für das Verzeichnis besteht, in dem die Datei residiert. Wenn ein Verzeichnis unter Unix beschreibbar ist, können Sie auch schreibgeschützte Dateien löschen. Demnach kann man Dateien in jedem beliebigen Verzeichnis löschen, und zwar unabhängig davon, wer sie erstellt hat.

DOS-Dateisysteme sind nicht für die Verwendung durch mehrere Benutzer gedacht, und so haben ihre Entwickler das Schreibschutzbit als Sicherung gegen versehentliches Ändern oder Löschen vorgesehen, während es unter Unix die Erlaubnis zum Ändern der Datei festlegt. Konsequenterweise ist das Löschen von schreibgeschützten Dateien unter DOS nicht möglich. Windows zeigt selbst heutzutage noch das gleiche Verhalten.

Normalerweise ist das harmlos. Windows-Programme versuchen nicht, schreibgeschützte Dateien zu löschen, weil sie wissen, daß dies keine gute Idee ist. Aber einige Programme zur Kontrolle von Quellcode, die ursprünglich für Unix konzipiert wurden und nun auch als Windows-Versionen laufen, müssen schreibgeschützte Dateien löschen können (was bei DOS-Dateisystemen auf ausdrücklichen Wunsch möglich ist). Samba erlaubt das Löschen schreibgeschützter Dateien, wenn der betreffende Benutzer Schreibberechtigungen in dem Verzeichnis besitzt, in dem sich die Datei befindet, oder wenn Sie den Wert der Option `delete readonly` auf `yes` festlegen:

```
[data]
   path = /home/samba/data
   browseable = yes
   guest ok = yes
   writeable = yes

   create mask = 744
   directory mask = 755
   force user = joe
   force group = accounting
   delete readonly = yes
```

Optionen für Datei- und Verzeichnisberechtigungen

Die Optionen für Datei- und Verzeichnisberechtigungen haben wir in Tabelle 5-5 zusammengefaßt; anschließend beschreiben wir jede Option ausführlich.

Tabelle 5-5: Optionen für Datei- und Verzeichnisberechtigungen

Option	Parameter	Funktion	Vorgabe	Bereich
map archive	Boolescher Wert	Speichert das DOS-Archivbit im Unix-Bit für die Ausführbarkeit des Benutzers (0100).	yes	Freigabe
map system	Boolescher Wert	Speichert das DOS-Systembit im Unix-Bit für die Ausführbarkeit der Gruppe (0010).	no	Freigabe
map hidden	Boolescher Wert	Speichert das DOS-Verstecktbit im Unix-Bit für die Ausführbarkeit für World (0001).	no	Freigabe
create mask (create mode)	numerisch	Legt die maximal möglichen Berechtigungen für Dateien fest, die über Samba erstellt werden.	0744	Freigabe
directory mask (directory mode)	numerisch	Legt die maximal möglichen Berechtigungen für Verzeichnisse fest, die über Samba erstellt werden.	0755	Freigabe
force create mode	numerisch	Erzwingt die angegebenen Berechtigungen (bitweise ODER-Verknüpfung) für Dateien, die über Samba erstellt werden.	0000	Freigabe
force directory mode	numerisch	Erzwingt die angegebenen Berechtigungen (bitweise ODER-Verknüpfung) für Verzeichnisse, die über Samba erstellt werden.	0000	Freigabe
force group (group)	Zeichenkette (Gruppenname)	Legt den Unix-Gruppennamen fest, der der erzeugten Datei bzw. dem erzeugten Verzeichnis anstelle des Gruppennamens des ausführenden Benutzers zugewiesen wird.	keine	Freigabe
force user	Zeichenkette (Benutzername)	Legt den Unix-Benutzernamen fest, der der erzeugten Datei bzw. dem erzeugten Verzeichnis anstelle des Benutzernamens des ausführenden Benutzers zugewiesen wird.	keine	Freigabe

Tabelle 5-5: Optionen für Datei- und Verzeichnisberechtigungen (Fortsetzung)

Option	Parameter	Funktion	Vorgabe	Bereich
delete rea-donly	Boolescher Wert	Ermöglicht es einem Benutzer, schreibgeschützte Dateien zu löschen, sofern er die Schreibbe-rechtigungen für das Verzeichnis besitzt, in dem sich diese Dateien befinden.	no	Frei-gabe

create mask

Das Argument für diese Option ist eine oktal geschriebene Zahl, die die Berechtigungs-Flags angibt, die von einem Client bei der Erzeugung einer Datei gesetzt werden kön-nen. Die Vorgabe ist 0755, so daß der Unix-Besitzer seine eigenen Dateien zumindest lesen, schreiben und optional ausführen kann, während Mitglieder der Gruppe des Benutzers und andere die Dateien lediglich lesen and ausführen können. Wenn Sie dies zu nicht-ausführbaren Dateien ändern wollen, empfehlen wir, 0644 oder rw-r--r-- zu verwenden. Denken Sie daran, daß der Server möglicherweise die Ausführungsbits ver-wendet, um bestimmte DOS-Attribute zu speichern, wie wir bereits beschrieben haben. Wenn Sie die Erstellungsmaske ändern, müssen diese Bits auch Bestandteil davon sein.

directory mask

Der Wert dieser Option ist eine oktal geschriebene Zahl für die Berechtigungs-Flags von Verzeichnissen, die Clients anlegen. Die Voreinstellung ist 0755, so daß jeder auf dem Unix-Server die Verzeichnisse zumindest lesen und in sie wechseln kann, während nur Sie sie ändern dürfen. Wir empfehlen die Maske 0750, die den Zugriff für World-Benutzer unmöglich macht.

force create mode

Diese Option legt die Berechtigungsbits fest, die Samba zwangsweise einschaltet, wenn eine Änderung an den Berechtigungen einer Datei vorgenommen wird. Diese Option wird häufig dazu verwendet, um die bereits erwähnten Gruppenberechtigungen zu erzwingen. Mit ihr kann man darüber hinaus beliebige DOS-Attribute standardmäßig aktivieren. Dazu gehören Archiv (0100), System (0010) und versteckt (0001). Diese Option tritt immer nach den Optionen map archive, map system, map hidden und create mask in Kraft.

Viele Windows-Anwendungen benennen ihre Datendateien in *Da-tei.bak* um und erstellen eine neue, wodurch sie den Besitzer und die Berechtigungen ändern, so daß Mitglieder derselben Unix-Gruppe sie nicht bearbeiten können. Wenn Sie force create mode = 0660 ange-ben, ist können Mitglieder der Gruppe sie weiterhin bearbeiten.

force directory mode

Diese Option legt die Berechtigungsbits fest, die Samba zwangsweise einschaltet, wenn eine Änderung an den Berechtigungen eines Verzeichnisses vorgenommen oder wenn ein Verzeichnis erstellt wird. Diese Option wird häufig dazu benutzt, die bereits erwähnten Gruppenberechtigungen zu erzwingen. Der Vorgabewert beträgt 0000 und kann genau wie bei force create mode verwendet werden, Berechtigungen für die Gruppe oder für World hinzuzufügen, falls dies erforderlich ist. Diese Option tritt immer nach den Optionen map archive, map system, map hidden und directory mask in Kraft.

force group

Diese Option, die auch die Schreibweise group erlaubt, weist allen Verbindungen eine statische Gruppen-ID zu, nachdem die Authentifizierung eines Clients erfolgreich abgeschlossen wurde. Dadurch wird die angegebene Gruppe zum Besitzer jeder neuen Datei oder jedes neuen Verzeichnisses.

force user

Die Option force user weist allen Verbindungen eine statische Benutzer-ID zu, nachdem die Echtheit eines Clients bestätigt wurde. Jede Datei und jedes Verzeichnis, die der SMB-Client erstellt, gehören dem entsprechenden Besitzer.

delete readonly

Wenn Sie den Wert dieser Option auf yes setzen, können Clients schreibgeschützte Dateien löschen. Standardmäßig erlauben es weder DOS noch Windows, daß Sie schreibgeschützte Dateien entfernen. Sie sollten die Voreinstellung no unverändert lassen, solange nicht die Notwendigkeit besteht, daß ein Programm schreibgeschützte Dateien löschen können muß. Viele Windows-Benutzer wären entsetzt, wenn sie herausfänden, daß sie versehentlich schreibgeschützte Dateien gelöscht hätten. Selbst das Unix-Programm rm fragt Benutzer, ob Sie den Schutz ignorieren und schreibgeschützte Dateien löschen wollen. Stellen Sie Samba zumindest so ein, daß der Daemon vorsichtig ist.

map archive

Das DOS-Archivbit kennzeichnet Dateien, die seit ihrer letzten Sicherung verändert wurden. Wenn Sie map archive = yes in Ihre Samba-Konfigurationsdatei eintragen, ordnet Samba das Archivbit dem Unix-Bit für die Ausführung durch den Benutzer (0100) zu. Lassen Sie diese Option eingeschaltet, wenn Ihre Windows-Benutzer ihre eigenen Datensicherungen durchführen oder wenn Sie andere Programme verwenden, die das Archivbit benutzen. Unix fehlt eine Entsprechung vollständig. Backup-Programme für Unix merken sich üblicherweise in einer Datei, welche Dateien sie zu welchem Zeitpunkt gesichert haben und können so bei der nächsten Datensicherung feststellen, ob Dateien zu einem späteren Zeitpunkt geändert wurden (Unix kennzeichnet das letzte Änderungsdatum jeder Datei, genau wie DOS und Windows).

Wenn Sie yes als Wert für diese Option festlegen, überraschen Sie Unix-Benutzer, weil Datendateien hin und wieder als ausführbar gekennzeichnet sind; dies verursacht aber selten Probleme. Bei dem Versuch, eine Datendatei unter Unix auszuführen, erhält der Benutzer normalerweise eine Reihe von Fehlermeldungen, die von der Shell erzeugt werden, wenn sie die ersten Zeilen der Datei als Befehle zu interpretieren versucht. Der umgekehrte Fall ist ebenfalls möglich, so daß ein Unix-Programm auf einem Windows-Rechner so aussieht, als wäre die Datei nicht kürzlich gesichert worden. Auch dieser Fall ist selten und in der Regel harmlos.

map system

Das DOS-Attribut System kennzeichnet Dateien, die das Betriebssystem benötigt. Sie sollten nicht ohne besonderen Aufwand gelöscht, umbenannt oder verschoben werden können. Aktivieren Sie dieses Bit nur, wenn Sie Windows-Systemdateien auf dem Unix-Server ablegen. Ausführbare Unix-Dateien erscheinen auf Windows-Clients als nicht löschbare Systemdateien. Das kann zu Unbequemlichkeiten führen, wenn Sie ein Unix-Programm von einem Windows-Client aus löschen oder verschieben wollen. In den meisten Netzwerken ist dies ziemlich harmlos.

map hidden

DOS verwendet das Attribut *versteckt* für Dateien, die normalerweise bei Verzeichnis-auflistungen nicht sichtbar sein sollen. Unix besitzt ein solches Bit nicht, und jedes Programm (hauptsächlich die Shell) kann selbst entscheiden, welche Dateien es anzeigt und welche nicht. Normalerweise sind DOS-Dateien nicht versteckt, so daß Sie diese Option abgeschaltet lassen können.

Wenn Sie als Wert dieser Option yes angeben, ordnet der Server dem *versteckt*-Attribut das Ausführungsbit für World (0001) zu. Dieses Merkmal kann eine überraschende Wirkung haben: Jedes Unix-Programm, das von World ausführbar ist, scheint auf Windows-Clients verschwunden zu sein. Wenn diese Option aber nicht gesetzt ist und ein Windows-Benutzer eine Datei verstecken will, bleibt dieser Versuch erfolglos – Samba kann das *versteckt*-Attribut nicht speichern![3]

Namensverkürzung und Groß-/ Kleinbuchstaben

In den Zeiten von DOS und Windows 3.1 durften Dateinamen maximal acht Zeichen lang sein und eine maximal drei Zeichen lange Erweiterung besitzen. Kleinbuchstaben waren für Dateinamen nicht zulässig. Dieses Format ist als *8.3* bekannt und bedeutet ein großes Ärgernis. Bei Windows 95/98, Windows NT und Unix sind die Einschränkungen deutlich lockerer, denn sie erlauben auch den Einsatz von Kleinbuchstaben

---

3   Um solchen Irritationen vorzubeugen, empfehlen wir, Unix- und Windowsdateien nicht untereinander zu vermengen.

und deutlich längere Dateinamen. Tabelle 5-6 faßt die Möglichkeiten für Dateinamen der wichtigsten Betriebssysteme zusammen.

Tabelle 5-6: Einschränkungen für Dateinamen der Betriebssysteme

Betriebssystem	Regeln für Dateinamen
DOS 6.22 oder älter, einschließlich Windows 3.x und Windows for Workgroups	Acht Zeichen, gefolgt von einem Punkt und einer Erweiterung aus drei Buchstaben (8.3-Format); Groß-/Kleinbuchstaben werden nicht beibehalten.
Windows 95/98/NT	255 Zeichen, Groß-/Kleinschreibung wird beibehalten.
Unix	255 Zeichen, Groß-/Kleinschreibung wird beibehalten.

Samba muß mit Netzwerk-Clients kompatibel sein, die Dateien nur im 8.3-Format speichern wie Windows for Workgroups. Wenn ein Benutzer eine Datei mit dem Namen *antidisestablishmentarianism.txt* erstellt, kann ein Windows for Workgroups-Client sie nicht von der Datei *antidisease.txt* auseinanderhalten. Ähnlich wie Windows 95/98/NT verfügt Samba über eine Funktion, mit deren Hilfe ein langer Dateiname auf einen kurzen abgebildet werden kann – und zwar auf eine Art, die Kollisionen vermeidet. Diese Funktion heißt *Namensverkürzung (Name Mangling)* und arbeitet so ähnlich wie die von Windows 95/98/NT, ist aber nicht mit ihr identisch.

Funktion der Namensverkürzung

Und so konvertiert Samba einen langen Dateinamen in das 8.3-Format:

- Wenn der ursprüngliche Dateiname nicht mit einem Punkt beginnt, konvertiert Samba die Buchstaben der höchstens ersten fünf alphanumerischen Zeichen vor dem letzten Punkt (sofern es einen gibt) in Großbuchstaben. Sie werden als erste fünf Zeichen des 8.3-Namens verwendet.

- Wenn der ursprüngliche Dateiname mit einem Punkt beginnt, wird dieser entfernt und die Buchstaben der höchstens ersten fünf alphanumerischen Zeichen werden in Großbuchstaben gewandelt. Diese Zeichen werden als erste fünf Zeichen des gekürzten Namens verwendet.

- Diesen Zeichen folgt unmittelbar ein Abkürzungszeichen, standardmäßig eine Tilde (~), aber Sie können auch ein anderes Zeichen angeben.

- Die Basis des langen Dateinamens vor dem letzten Punkt wird in einen Code aus zwei Zeichen konvertiert, Teile des Dateinamens nach dem letzten Punkt werden bei Bedarf verwendet. Dieser Code aus zwei Zeichen wird dem 8.3-Dateinamen nach dem Abkürzungszeichen angefügt.

- Die Buchstaben der ersten drei Zeichen nach dem Punkt (sofern einer existiert) des ursprünglichen Dateinamens werden in Großbuchstaben gewandelt und dem abgekürzten Namen als Erweiterung hinzugefügt. Wenn der uprüngliche Dateiname mit einem Punkt begonnen hat, werden als Erweiterung statt dessen drei Unterstriche (_ _ _) verwendet.

Hier einige Beispiele:

```
virtuosity.dat                        VIRTU~F1.DAT
.htaccess                             HTACC~U0._ _ _
hello.java                            HELLO~1F.JAV
team.config.txt                       TEAMC~04.TXT
antidisestablishmentarianism.txt      ANTID~E3.TXT
antidiseast.txt                       ANTID~9K.TXT
```

Auf diese Weise kann Windows for Workgroups die beiden Dateien für den bedauernswerten Anwender unterscheiden, der gezwungen ist, das Netzwerk nur aus der Perspektive dieses Betriebssystems zu sehen. Beachten Sie, daß ein langer Dateiname mit Samba immer zum selben kurzen Dateinamen gewandelt werden sollte. Das ist bei Windows nicht immer der Fall. Der Nachteil dieses Verfahrens liegt darin, daß es Kollisionen nicht ausschließt. Die Wahrscheinlichkeit von Kollisionen ist aber sehr gering.

Sie werden im allgemeinen die Namensverkürzung für die Kompatibilität mit den ältesten Clients konfigurieren wollen. Wir empfehlen Ihnen, dies auf eine Weise zu tun, die andere Clients nicht stört. Das tun Sie, indem Sie die Option include mit einer Variablen in die Datei *smb.conf* aufnehmen (beachten Sie dabei bitte, daß 16-Bit-Anwendungen unter 32-Bit-Betriebssystemen den Namenskonventionen von DOS/Windows 3.x folgen):

```
include = /usr/local/samba/lib/smb.conf.%a
```

Wenn ein Windows for Workgroups-Client die Verbindung herstellt, lautet die ausgewertete Zeichenkette *smb.conf.WfWg*. Sie können jetzt die Datei */usr/local/samba/lib/ smb.conf.WfWg* mit folgenden Optionen erstellen:

```
[global]
    case sensitive = no
    default case = upper
    preserve case = no
    short preserve case = no
    mangle case = yes
    mangled names= yes
```

Wenn Sie in Ihrem Netzwerk keine Clients mit DOS oder Windows for Workgroups einsetzen, können Sie höchstwahrscheinlich auf diese Optionen verzichten.

Dateinamen mit Samba speichern und suchen

In diesem Zusammenhang ist auch der Unterschied zwischen dem *Speichern* und *Suchen* von Dateinamen wichtig. Wenn Sie mit Windows 95/98/NT arbeiten, sind Sie sicherlich bereits auf Dateien mit dem Namen *README.TXT* gestoßen. Der Name der Datei besteht möglicherweise ausschließlich aus Großbuchstaben. Wenn Sie aber die Eingabeaufforderung öffnen und den Befehl notepad readme.txt eingeben, wird die Datei korrekt in den Windows-Editor geladen, obwohl sie den Namen mit Kleinbuchstaben geschrieben haben!

Der Grund dafür ist, daß Windows 95/98/NT bei der Suche von Dateinamen die Groß-/Kleinschreibung nicht beachtet, während die Groß-/Kleinschreibung beim Speichern von Dateien beachtet und beibehalten wird. Unix-Betriebssysteme unterscheiden im Gegensatz dazu streng zwischen Groß- und Kleinschreibung. Wenn Sie die Datei *README.TXT* mit dem Befehl `vi readme.txt` bearbeiten wollen, erstellt der Editor eine neue, leere Datei (oder er öffnet eine möglicherweise vorhandene Datei *readme.txt*).

Und so geht Samba mit Groß-/Kleinbuchstaben um: Wenn Sie `preserve case` auf `yes` setzen, verwendet Samba immer den vom Client gelieferten Namen zum Speichern von Dateinamen. Wenn Sie den Wert dieser Option auf `no` setzen, verwendet Samba den Wert der Option `default case`. Dasselbe gilt für `short preserve case`. Wenn Sie hier `yes` angeben, verwendet Samba die vorgegebene Groß-/Kleinschreibung des Betriebssystems für 8.3-Dateinamen; ansonsten verwendet Samba den Wert der Option `default case`. Zur Suche von Dateinamen zieht Samba den Wert der Option `case sensitive` heran. Wenn die Option `case sensitive = no` ist, sich in einem Verzeichnis die Dateien *readme.txt* und *README.TXT* befinden und ein Benutzer die Datei *ReadMe.TXT* anfordert, erhält er den Inhalt der Datei *README.TXT*.

Optionen für die Namensabkürzung

Mit Samba können Sie genau festlegen, wie die Namensverkürzung arbeiten soll: Sie besitzen die Kontrolle über Groß-/Kleinschreibung, das Abkürzungszeichen und können eine direkte Zuordnung von bestimmten Dateinamen angeben. Wir haben die Optionen für die Namensverkürzung in Tabelle 5-7 zusammengefaßt.

Tabelle 5-7: Optionen zur Namensabkürzung

Option	Parameter	Funktion	Vorgabe	Bereich
`case sensitive` (`casesignames`)	Boolescher Wert	Wenn `yes`, beachtet Samba die Groß-/Kleinschreibung bei der Suche nach Dateinamen (im Gegensatz zu Windows).	`no`	Freigabe
`default case`	(`upper` oder `lower`)	Anzunehmende Groß- oder Kleinschreibung (nur wenn `preserve case` auf `no` gesetzt ist).	Lower	Freigabe
`preserve case`	Boolescher Wert	Wenn `yes`, wird die vom Client gelieferte Groß-/Kleinschreibung beibehalten (also nicht nach dem in `default case` angegebenen Wert konvertiert).	`yes`	Freigabe

Tabelle 5-7: Optionen zur Namensabkürzung (Fortsetzung)

Option	Parameter	Funktion	Vorgabe	Bereich
short preserve case	Boolescher Wert	Wenn yes, wird die vom Client gelieferte Groß-/Kleinschreibung für 8.3-Dateinamen beibehalten.	yes	Freigabe
mangle case	Boolescher Wert	Einen Namen abkürzen, der sowohl Groß- als auch Kleinbuchstaben enthält.	no	Freigabe
mangled names	Boolescher Wert	Lange Dateinamen in das 8.3-Format verkürzen.	yes	Freigabe
mangling char	Zeichen	Legt das Abkürzungszeichen fest.	~	Freigabe
mangled stack	numerisch	Anzahl der abgekürzten Namen, die im lokalen Abkürzungs-Stapelspeicher untergebracht werden sollen.	50	global
mangled map	Zeichenkette (Liste mit Mustern)	Legt die direkte Zuordnung bestimmter Dateinamen zwischen den beiden Formaten fest.	keine	Freigabe

case sensitive

Diese Option auf Freigabeebene, die auch auf den ungewöhnlichen Namen casesig-names hört, legt fest, ob Samba die Groß-/Kleinschreibung beachten soll, wenn es einen Dateinamen sucht. Die Voreinstellung dieser Option ist no, so daß Samba hier wie Windows verfährt. Wenn Clients ein Betriebssystem verwenden, das die Groß-/Kleinschreibung nicht nur beim Speichern sondern auch beim Auffinden von Dateien beachtet, können Sie diese Konfigurationsoption wie folgt benutzen:

```
[accounting]
    case sensitive = yes
```

Ansonsten empfehlen wir Ihnen, diese Option nicht einzutragen, so daß Samba auf den Vorgabewert zurückgreifen kann.

default case

Samba beachtet die Option default case nur, wenn Sie zusätzlich den Wert der Option preserve case auf no festlegen. default case weist Samba an, ob es beim Erstellen von Dateien Groß- oder Kleinbuchstaben (upper oder lower) für den Dateinamen verwenden soll. Die Vorgabe ist lower, so daß Namen von neu erstellten Dateien aus Kleinbuchstaben bestehen, sofern sie gleichzeitig für die Option preserve case den Wert no angeben. Sie können diese Option bei Bedarf wie folgt verwenden:

```
[global]
    default case = upper
```

Wenn Sie diesen Wert angeben, erhalten neue Dateien einen Namen aus Großbuchstaben, unabhängig davon, wie Sie den Namen im Client angeben. Wir empfehlen Ihnen die Verwendung der Vorgabewerte, sofern in Ihr Netz keine Clients mit Windows for Workgroups oder andere Clients eingebunden sind, die lediglich das 8.3-Format beherrschen. In diesen Fällen sollten Sie den Wert auf upper setzen.

preserve case

Diese Option bestimmt, ob Samba die vom Client gelieferte Groß-/Kleischreibung beibehalten soll, wenn der Client eine Datei anlegt. Wenn Sie yes angeben, ist das der Fall, ansonsten verwendet Samba die mit der Option default case angegebene Schreibweise.

Beachten Sie, daß sich diese Option nicht auf 8.3-Dateinamen auswirkt – dazu dient die im nächsten Absatz beschriebene Option short preserve case. Sie sollten hier yes angeben, wenn Anwendungen die Groß-/Kleinschreibung beim Erstellen von Dateien bewußt einsetzen oder wenn Ihre Benutzer eine beliebige Schreibweise für Datendateien verwenden können sollen. Soll Samba jedoch das Verhalten von Windows NT und Windows 95/98 nachahmen, können Sie den Vorgabewert (yes) verwenden.

short preserve case

Diese Option entspricht der Option preserve case, wirkt sich aber ausschließlich auf 8.3-Dateinamen aus. Der Vorgabewert ist yes, so daß Samba den vom Client gelieferten Dateinamen beibehält. Wenn Sie hier no angeben, verwendet Samba die mit der Option default case angegebene Schreibweise:

```
[global]
    short preserve case = no
```

Belassen Sie den Wert bei der Vorgabe yes, wenn Samba sich wie Windows NT und Windows 95/98 verhalten soll.

mangled names

Diese Option auf Freigabeebene legt fest, wie Samba lange Dateinamen in 8.3-konforme Namen verkürzt. Wenn Sie den Wert no verwenden, verkürzt Samba lange Dateinamen nicht, so daß Betriebssysteme, die lediglich das 8.3-Format kennen, diese Dateien entweder mit abgeschnittenen Namen oder aber gar nicht sehen (je nach Client). Die Voreinstellung ist yes, und Sie können den Wert wie folgt festlegen:

```
[data]
    mangled names = no
```

mangle case

Der Wert dieser Option bestimmt, ob Samba lange Dateinamen verkürzen soll, die *nicht* ausschließlich in der von der Option default case angegebenen Schreibweise geschrieben sind, nämlich ausschließlich groß oder klein. Die Vorgabe ist no. Wenn Sie den Wert dieser Option auf yes festlegen, sollten Sie sicher sein, daß alle Clients mit den resultierenden abgekürzten Dateinamen zurechtkommen. Verwenden Sie diese Option wie folgt:

```
[data]
    mangle case = yes
```

Wir empfehlen, nur dann zu dieser Option zu greifen, wenn Sie dafür einen triftigen Grund haben.

mangling char

Diese Option auf Freigabeebene gibt das Abkürzungszeichen an, das abgekürzte 8.3-Dateinamen enthalten sollen. Der Vorgabewert ist die Tilde (~). Sie können jedoch auch jedes andere Zeichen dafür einsetzen, wie im folgenden Beispiel:

```
[data]
    mangling char = #
```

mangled stack

Samba verwaltet einen lokalen Stapelspeicher kürzlich abgekürzter 8.3-Dateinamen, der herangezogen wird, um die gekürzten Dateinamen wieder in lange Namen zu verwandeln. Das erweist sich als nützlich, wenn Anwendungen eine Datei erstellen, speichern und schließen und sie später wieder verändern wollen. Standardmäßig merkt sich Samba die letzten 50 verwendeten Paare von langen Dateinamen und ihren Abkürzungen. Wenn Sie die CPU-Belastung verringern wollen, die durch die Abkürzung von Dateinamen hervorgerufen wird, können Sie den Stapelspeicher vergrößern, wodurch Samba natürlich mehr Hauptspeicher beansprucht und der Dateizugriff geringfügig langsamer wird.

```
[global]
    mangled stack = 100
```

mangled map

Wenn das vorgegebene Verfahren zur Namensabkürzung nicht Ihren Wünschen oder Erfordernissen entspricht, können Sie Samba mit der Option mangled map detailliertere Anweisungen geben. Sie können mit dieser Option Zeichenmuster vorgeben, die Samba zusätzlich zur oder sogar anstelle der gewöhnlichen Namensverkürzung verwenden soll. Hier ein Beispiel:

```
[data]
    mangled map =(*.database *.db) (*.class *.cls)
```

In diesem Fall durchsucht Samba jeden Dateinamen, auf den es trifft, auf Zeichen im ersten Zeichenmuster hin, konvertiert ihn in das zweite Muster, das innerhalb eines Klammernpaares angegeben ist, und erzeugt so einen 8.3-Dateinamen. Das ist nützlich, wenn bestimmte Namen vom gewöhnlichen Abkürzungsverfahren nicht korrekt konvertiert werden oder wenn dadurch ein Dateiname entsteht, den ein Client nicht richtig erkennt. Trennen Sie die beiden Muster eines Paares mit einem Leerzeichen voneinander.

Sperren und Oplocks

Daß zwei Anwendungen gleichzeitig in dieselbe Datei schreiben, ist nicht wünschenswert, und zwar in keinem Betriebssystem. Die meisten Betriebssysteme verwenden *Sperren* (*Locks*), um sicherzustellen, daß zu einem bestimmten Zeitpunkt nur jeweils genau ein Prozeß in eine Datei schreiben kann. Traditionell sperren Betriebssysteme ganze Dateien, wohingegen neuere Ansätze auch das Sperren von Dateibereichen erlauben. Wenn ein anderer Prozeß in die gesperrte Datei (oder in den gesperrten Bereich einer Datei) schreiben will, erhält er eine Fehlermeldung vom Betriebssystem und muß warten, bis die Sperre aufgehoben wird.

Samba unterstützt die Standard (Deny Mode)-Sperranfragen der DOS- und NT-Dateisysteme, mit denen ein Prozeß die Sperre einer ganzen Datei oder eines Dateibereiches anfordern kann. Außerdem unterstützt Samba einen neueren Sperrmechanismus, der in der Windows NT-Welt als opportunistisches Sperren (englisch: *Opportunistic Locking*, kurz *Oplock*) bekannt ist.

Opportunistisches Sperren

Mit Oplocks kann ein Client den Samba-Server benachrichtigen, daß er nicht nur exklusiv in eine Datei schreiben möchte, sondern Änderungen auch lokal zwischenspeichert, also nicht sofort an den Samba-Server schickt. Dadurch wird bei diesem Client der Dateizugriff schneller abgewickelt. Wenn ein Client Samba eine Oplock-Anforderung für eine Datei sendet, markiert Samba die Datei als opportunistisch gesperrt und wartet ab, bis der Client seine Arbeit beendet hat, wobei er alle Änderungen an den Samba-Server schickt, um die Datei abzugleichen.

Wenn ein zweiter Client die Datei anfordert, bevor der erste Client ihre Bearbeitung abgeschlossen hat, kann Samba dem ersten Client eine Oplock-Unterbrechungsanforderung (*Oplock Break*) zukommen lassen. Dabei handelt es sich um eine Aufforderung, die Zwischenspeicherungen zu beenden und dem Server die Datei in ihrem gegenwärtigen Zustand zu übermitteln, so daß dieser die Datei an den zweiten Client schicken kann. Ein Oplock ist aber kein Ersatz für die Standard (Deny Mode)-Sperren. Es kommt vor, daß der unterbrechende Prozeß, nachdem ihm eine Oplock-Unterbrechung zugestanden wurde, feststellt, daß der ursprüngliche Prozeß zusätzlich eine Deny Mode-Sperre auf die Datei besitzt. Abbildung 5-8 veranschaulicht den Vorgang eines Oplocks einschließlich einer erfolgreichen Unterbrechungsanforderung.

Wir empfehlen dringend, die Funktionsweise von Samba in bezug auf Sperren nicht zu ändern: die Deny Mode-Sperren von DOS/Windows aus Kompatibilitätsgründen und Oplocks, die die Systemleistung verbessern, weil sie die lokale Zwischenspeicherung erlauben. Wenn Ihr Betriebssystem Oplocks verwenden kann, sollte die Systemleistung dadurch deutlich steigen. Ohne besonderen Grund sollten Sie die Voreinstellungen der Optionswerte nicht verändern.

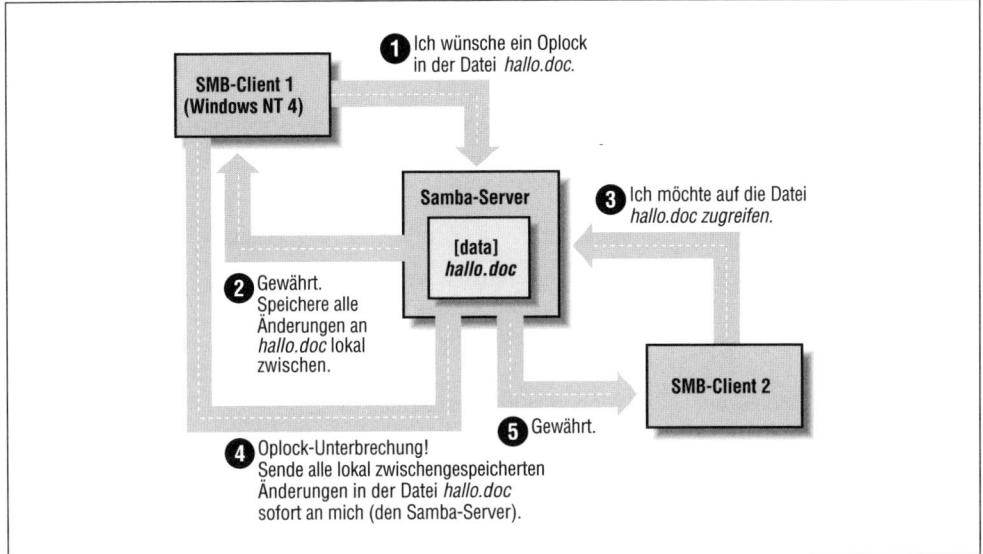

Abbildung 5-8: Oplocks

Unix und Sperren

Windows-Systeme sind auf eine gute Zusammenarbeit angewiesen, um zu vermeiden, daß sie ihre Änderungen gegenseitig überschreiben. Aber wenn ein Unix-Programm auf eine Datei zugreift, die in einer Samba-Freigabe gespeichert ist, weiß der Unix-Prozeß nichts von Windows-Oplocks und könnte eine Sperre leicht ignorieren. Einige Unix-Systeme wurden (oder werden) dahingehend verbessert, Windows-Oplocks zu erkennen, die Samba verwendet. Momentan stellen nur SGI Irix 6.5.2f und folgende eine entsprechende Unterstützung zur Verfügung, Linux und FreeBSD dürften in kürze folgen.

Wenn Ihr Unix-Betriebssystem Oplocks versteht, sollten Sie die Zeile kernel oplocks = yes in die Samba-Konfigurationsdatei eintragen. Damit verhindern Sie Konflikte zwischen Unix-Prozessen und Windows-Benutzern.

Falls Ihr Unix-Betriebssystem keine Kernel-Oplocks unterstützt, können Ihre Daten beschädigt werden, wenn ein Unix-Prozeß Dateien liest oder gar in Dateien schreibt, auf die gleichzeitig von Windows-Benutzern zugegriffen wird. Immerhin enthält Samba einen einfachen Schutzmechanismus als Ersatz für Kernel-Oplocks: die Option veto oplock files. Wenn Sie davon ausgehen, daß sowohl Unix- als auch Windows-Benutzer einige Dateien verwenden werden, geben Sie die Dateinamen in der Option veto oplock files an. Den dort angeführten Dateien wird ein Oplock seitens Samba verwehrt, so daß Clients Dateiänderungen nicht lokal zwischenspeichern können; Windows- und Unix-Programme verwenden Systemsperren oder Aktualisierungszeiten, um konkurrierende Zugriffe auf eine Datei festzustellen. Sie können die Option beispielsweise wie folgt benutzen:

```
veto oplock files = /*.dbm/
```

Damit können Unix-Prozesse und Windows-Benutzer gleichzeitig Dateien mit der Endung *.dbm* bearbeiten. Beachten Sie, daß die Syntax dieser Option derjenigen von veto files ähnelt.

Samba kennt die in Tabelle 5-8 genannten Optionen für Dateisperren und Oplocks.

Tabelle 5-8: Konfigurationsoptionen für Sperren und Oplocks

Option	Parameter	Funktion	Default	Bereich
share modes	Boolescher Wert	Wenn yes, aktiviert Samba die Unterstützung für das Sperren ganzer Dateien wie bei DOS üblich.	yes	Freigabe
locking	Boolescher Wert	Wenn yes, aktiviert Samba die Unterstützung für das Sperren von Dateibereichen.	yes	Freigabe
strict locking	Boolescher Wert	Wenn yes, verweigert Samba den Zugriff auf Dateien, wenn nur ein Teil von ihnen gesperrt ist.	no	Freigabe
oplocks	Boolescher Wert	Wenn yes, aktiviert Samba die Client-basierte Zwischenspeicherung von Dateiänderungen.	yes	Freigabe
kernel oplocks	Boolescher Wert	Wenn yes, greift Samba auf Oplocks des Kernels zurück.	yes	global
fake oplocks	Boolescher Wert	Wenn yes, werden Dateien nicht gesperrt, aber der Client, der eine Sperre anfordert, erhält die Meldung, daß die Datei erfolgreich gesperrt wurde.	no	Freigabe
blocking locks	Boolescher Wert	Wenn ein Prozeß eine bereits gesperrte Datei sperren will, darf er warten, bis die Datei frei ist, so daß er sie sperren kann.	yes	Freigabe
veto oplock files	Zeichenkette (Liste mit Dateinamen)	Führt für die angegebenen Dateien keine Oplocks durch.	keine	Freigabe
lock directory	Zeichenkette (vollständiger Pfadname)	Legt den Ort fest, an dem Samba diverse Dateien speichert, darunter auch Sperrvermerke.	Wie in der make-Datei von Samba angegeben	global

Share Modes

Die einfachste Form von Sperren, die Samba kennt, sind Deny Mode-Sperren, die auch als *Share Modes* bezeichnet werden. Sie werden von Texteditoren und ähnlichen Programmen eingesetzt, um das versehentliche Überschreiben von Dateien zu verhindern. Sie finden die Deny Mode-Sperren in Tabelle 5-9.

Tabelle 5-9: SMB Deny Mode-Sperren

Sperre	Beschreibung
DENY_NONE	Keine anderen Dateianforderungen sperren.
DENY_ALL	Verweigere alle offenen Anforderungen für die aktuelle Datei.
DENY_READ	Verweigere alle schreibgeschützten Öffnungsanforderungen für die aktuelle Datei.
DENY_WRITE	Verweigere alle Öffnungsanforderungen, die ausschließlich schreiben wollen, für die aktuelle Datei.
DENY_DOS	Wenn eine Datei zum Lesen geöffnet ist, können andere sie lesen, aber nicht in sie schreiben. Wenn sie zum Schreiben geöffnet ist, können andere sie gar nicht öffnen.
DENY_FCB	Veraltet.

Die `share modes`-Parameter, die die Verwendung dieser Sperren aktivieren, sind standardmäßig eingeschaltet. Sie können Sie mit folgendem Befehl ausschalten:

```
[accounting]
    share modes = no
```

Wir raten allerdings dringend davon ab, dies ohne einen wichtigen Grund zu tun. Die meisten Windows- und DOS-Anwendungen vertrauen auf diese Sperrmechanismen und werden sich beschweren, wenn diese Funktionalität fehlt, weil ein einwandfreies Arbeiten dann nicht gewährleistet ist.

locking

Über die Option `locking` wird Samba mitgeteilt, die Server-seitige Sperrung von Dateibereichen für den Client zu (de)aktivieren. Samba implementiert Server-seitige Bereichssperren mit gewöhnlichen Advisory-Sperren von Unix und hindert damit andere Prozesse daran, die gesperrten Dateibereiche zu überschreiben (sofern sich die Unix-Prozesse korrekt verhalten).

Verwenden Sie diese Option bei Bedarf wie folgt auf Freigabeebene:

```
[accounting]
    locking = yes
```

Wenn der Wert der `locking`-Option auf `yes` gesetzt ist, werden Anfragen so lange verzögert, bis der Besitzer einer Sperre sie aufhebt (oder aber abstürzt). Wenn Sie den Wert dieser Option auf `no` setzen, benutzt Samba für die Dateien dieser Freigabe keine

Bereichssperren, aber Sperrversuche und Aufhebungen scheinen für den Client zu gelingen. Der Wert dieser Option beträgt standardmäßig yes. Sie können ihn für schreibgeschützte Datenträger auf no setzen.

strict locking

Diese Option prüft bei jedem Dateizugriff, ob eine Bereichssperrung aktiv ist. Das ist normalerweise nicht notwendig, wenn ein Client sich an die verwendeten Sperrmechanismen hält, weshalb der Wert standardmäßig no beträgt; Sie können ihn aber für jede gewünschte Freigabe ändern:

```
[accounting]
    strict locking = yes
```

Wenn der Wert dieser Option yes ist, sperrt Samba Dateien mit Bereichssperren vollständig.

blocking locks

Samba unterstützt außerdem *Blocking Locks*, eine kleine Variante der Bereichssperren. Falls der gesperrte Bereich nicht verfügbar ist, gibt der Client einen Zeitraum an, den er zu warten bereit ist. Der Server legt die Sperranforderung daraufhin in einem Cache-Speicher ab, prüft regelmäßig, ob die Datei verfügbar ist, und benachrichtigt bei einem positiven Ergebnis den Client. Falls die Wartezeit abläuft, teilt Samba dem Client mit, daß die Anforderung fehlgeschlagen ist. Diese Vorgehensweise verhindert, daß der Client ständig nachfragt, ob er eine Sperre einrichten kann.

Sie können dieses Verfahren auf Freigabeebene folgendermaßen abschalten:

```
[accounting]
    blocking locks = no
```

Wenn der Wert yes beträgt, ermöglicht Samba Blocking Locks für Dateien dieser Freigabe. Ansonsten verwendet Samba die gewöhnlichen Sperrmechanismen. Die Voreinstellung ist yes.

oplocks

Diese Option (de)aktiviert Oplocks und ist standardmäßig eingeschaltet. Sie können Oplocks mit folgendem Befehl verhindern:

```
[data]
    oplocks = no
```

Wenn Ihr Netzwerk extrem instabil ist oder Sie viele Clients verwenden, die Oplocks nicht unterstützen, kann es sinnvoll sein, diese Samba-Funktion abzuschalten. Deaktivieren Sie Oplocks, wenn Sie Dateien sowohl von SMB-Clients als auch von Unix-Anwendungen (wie *vi*) verwenden, es sei denn, Sie haben das Glück, daß Ihr Unix-Betriebssystem Oplocks unterstützt (siehe weiter vorne).

fake oplocks

Zu der Zeit, als Samba noch keine Oplocks unterstützte, wurden sie von den Samba-Daemons vorgetäuscht, wenn Sie die Option `fake oplocks` verwendeten. Mit dieser Option teilte Samba allen Clients mit, daß die Dateien für Oplocks zur Verfügung stehen, und eine Warnung bei gleichzeitigem Zugriff unterblieb. Diese Option ist mittlerweile überflüssig, weil Samba echte Oplocks beherrscht.

kernel oplocks

Wenn eine Unix-Anwendung (abgesehen von Samba) versucht, Dateien zu aktualisieren, die ein Windows-Client mit einem Oplock gesperrt hat, wird diese Anwendung wahrscheinlich erfolgreich sein (abhängig vom Betriebssystem) und weder Samba noch der Cleint werden dies bemerken. Wenn das lokale Unix-Betriebssystem es aber unterstützt, kann Samba der Unix-Anwendung mitteilen, daß ein Oplock aktiv ist, und so den Unix-Prozeß dazu veranlssssen zu warten. Währenddessen weist Samba den Windows-Client an, die aktuelle Fassung der Datei auf den Samba-Server zu kopieren. Erst wenn der Samba-Client den Unix-Prozeß entsprechend informiert, kann dieser in die Datei schreiben. Diese Vorgehensweise funktioniert nur, wenn Ihr Unix-Betriebssystem Oplocks beherrscht; tragen Sie in diesem Fall folgende Zeile in Ihre Samba-Konfigurationsdatei ein:

```
[global]
    kernel oplocks = yes
```

Samba findet automatisch heraus, ob der Kernel Ihres Unix-Betriebssystems Oplocks unterstützt. Als wir diese Zeilen schrieben, waren dazu nur SGI Irix 6.5.2f und spätere Versionen in der Lage. Linux und FreeBSD sollen Oplocks in naher Zukunft unterstützen. Ein System ohne Kernel-Oplocks erlaubt es dem Unix-Prozeß, die Datei zu verändern, der Client jedoch wird erst später von dieser Veränderung erfahren – wenn überhaupt.

veto oplock files

Sie können eine Liste mit Dateinamen angeben, für die Samba niemals Oplocks zulassen soll, und zwar global oder auf Freigabeebene:

```
veto oplock files = /*.bat/*.htm/
```

Der Wert dieser Option besteht aus einer Serie von Mustern. Trennen Sie die einzelnen Muster mit Schrägstrichen (/) voneinander, und verwenden Sie jeweils einen Schrägstrich vor dem ersten und hinter dem letzten Muster. Sternchen repräsentieren null oder mehr beliebige Zeichen, Fragezeichen dienen als Platzhalter für genau ein beliebiges Zeichen.

Wir empfehlen Ihnen, Oplocks für Dateien zu deaktivieren, die von Unix aktualisiert werden oder von mehreren Prozessen gleichzeitig verwendet werden sollen.

lock directory

Diese Option, für die auch die Schreibweise `lock dir` zulässig ist, gibt das Verzeichnis an, in dem Samba Vermerke für Deny Mode-Sperren ablegen soll. Samba speichert dort auch andere Dateien wie Suchlisten und die Datei für gemeinsam genutzten Speicher. Wenn Sie WINS aktivieren, werden Sie im angegebenen Verzeichnis auch die WINS-Datenbank vorfinden. Die Voreinstellung für diese Option wird in der make-Datei gesetzt und lautet üblicherweise */usr/local/samba/var/locks*. Verwenden Sie diese Option wie folgt:

```
[global]
    lock directory = /usr/local/samba/locks
```

Normalerweise müssen Sie den Vorgabewert dieser Option nicht überschreiben, solange Sie die Sperrvermerke nicht in ein gebräuchlicheres Verzeichnis schreiben wollen wie */var/lock*.

6

Benutzer, Sicherheit und Domänen

Dieses Kapitel geht auf die Benutzerkonfiguration des Samba-Servers ein. Eine solche Konfiguration ist nicht so einfach, wie sie auf den ersten Blick zu sein scheint. Sie werden bald feststellen, daß viele Probleme damit einhergehen können. Eine Schwierigkeit, mit der Samba-Administratoren zu kämpfen haben, ist die Echtheitsbestätigung von Benutzern – die bei weitem am häufigsten gestellten Fragen in den Mailing-Listen zur Unterstützung von Samba beziehen sich auf Probleme mit Kennwörtern und mit der Sicherheit. Wenn Sie verstehen, warum bestimmte Methoden zur Echtheitsbestätigung in bestimmten Architekturen funktionieren (und in anderen nicht), können Sie sich in Zukunft eine Menge Arbeit beim Testen und Fehlersuchen ersparen.

Benutzer und Gruppen

Bevor wir beginnen, möchten wir Sie darauf aufmerksam machen, daß Sie bei Ihrem Samba-Server die Verwendung verschlüsselter Kennwörter aktivieren müssen, falls Sie Clients mit Windows 98 oder NT 4.0 ab SP3 einsetzen wollen. Ansonsten werden sich die Clients weigern, eine Verbindung zum Samba-Server herzustellen. Das liegt daran, daß diese Windows-Versionen ausschließlich verschlüsselte Kennwörter senden, Samba jedoch normalerweise unverschlüsselte Kennwörter anfordert. Wir zeigen Ihnen, wie Sie Samba für verschlüsselte Kennwörter konfigurieren, sofern Sie dieses Problem nicht bereits mit Hilfe von Kapitel 2, *Samba auf einem Unix-System installieren*, in Angriff genommen haben.

Wir wollen mit einem einzigen Benutzer beginnen. Das einfachste ist es, für die betreffende Person ein Unix-Benutzerkonto (und ein Basisverzeichnis) einzurichten und Samba die Existenz des Kontos mitzuteilen. Dazu können Sie eine Verzeichnisfreigabe erstellen, die das Basisverzeichnis des Benutzers verwendet und den Zugriff darauf mit der Option `valid users` auf diesen Benutzer begrenzt, zum Beispiel:

```
[dave]
    path = /home/dave
    comment = Basisverzeichnis von Dave
    writeable = yes
    valid users = dave
```

Die Option `valid users` führt die Benutzer auf, die auf die Freigabe zugreifen dürfen. In diesem Fall handelt es sich dabei ausschließlich um den Benutzer `dave`. In den vorigen Kapiteln haben wir allen Benutzern den Zugriff auf unsere Freigabe erlaubt, indem wir den Parameter `guest ok` verwendet haben. Da wir den Gastzugriff nun nicht mehr wünschen, haben wir diese Option weggelassen. Wenn wir wollten, könnten wir sowohl bestätigten Benutzern als auch Gästen den Zugriff auf eine Freigabe erlauben. Bestätigte Benutzer und Gäste unterscheiden sich üblicherweise durch verschiedene Zugriffsberechtigungen für die in der Freigabe enthaltenen Verzeichnisse und Dateien.

Vielleicht erinnern Sie sich, daß Sie das Basisverzeichnis mit der Variablen `%H` abkürzen können. Zudem können Sie in diesen Optionen die Variable `%u` für den Unix-Benutzernamen und/oder `%U` für den Client-Benutzernamen verwenden, wie zum Beispiel in folgenden Zeilen:

```
[dave]
    comment = %U Basisverzeichnis
    writeable = yes
    valid users = dave
    path = %H
```

Beide Beispiele funktionieren, solange der Unix-Benutzer, den Samba verwendet, um den Client zu repräsentieren, sowohl Schreib- als auch Leseberechtigungen auf die Verzeichnisse besitzt, auf die `path` verweist. Anders ausgedrückt: Ein Client muß zunächst die Sicherheitsfunktionen von Samba passieren (z.B. verschlüsselte Kennwörter, die Option `valid users` usw.) und anschließend die üblichen Datei- und Verzeichnisberechtigungen des Benutzers besitzen, *bevor* er den Schreib-/Lesezugriff erhält.

Wenn ein einziger Benutzer auf ein Basisverzeichnis zugreift, werden die Zugriffsberechtigungen in dem Moment beachtet, in dem das Betriebssystem das Benutzerkonto erstellt. Wenn Sie aber ein Verzeichnis für eine Gruppe von Benutzern freigeben wollen, müssen Sie einige weitere Schritte erledigen. Lassen Sie uns eine Gruppenfreigabe für die Buchhaltungsabteilung in der Datei *smb.conf* herausgreifen:

```
[accounting]
    comment = Accounting Department Directory
    writeable = yes
    valid users = @account
    path = /home/samba/accounting
    create mode = 0660
    directory mode = 0770
```

Wahrscheinlich ist Ihnen bereits aufgefallen, daß wir statt eines oder mehrerer Benutzernamen `@account` angegeben haben. Dabei handelt es sich um eine abgekürzte Schreibweise dafür, daß die gültigen Benutzer durch die Unix-Benutzergruppe `account` repräsentiert werden. Sie müssen diese Benutzer dem `group`-Eintrag in der

Systemgruppendatei (meist */etc/group*) hinzufügen. Dann erkennt Samba diese Benutzer als gültige Benutzer für diese Freigabe.

Des weiteren müssen Sie ein freigegebenes Verzeichnis erstellen, auf das die Mitglieder dieser Gruppe zugreifen dürfen. Die Option `path` verweist auf dieses Verzeichnis. Die folgenden Unix-Befehle erstellen das freizugebende Verzeichnis für die Buchhaltungsabteilung (unter der Voraussetzung, daß */home/samba* bereits besteht):

```
# mkdir /home/samba/accounting
# chgrp account /home/samba/accounting
# chmod 770 /home/samba/accounting
```

In dieser Beispieldatei *smb.conf* finden Sie zwei weitere Optionen, die wir im vorigen Kapitel besprochen haben, nämlich `create mode` und `directory mode`. Diese Optionen legen die maximal möglichen Berechtigungen für neue Dateien und Verzeichnisse fest. In unserem Beispiel haben wir dem Rest der Welt den Zugriff auf den Inhalt dieser Freigabe vollständig verwehrt (dies wird, wie bereits gezeigt, durch den Befehl *chmod* erzwungen).

Die Freigabe homes

Doch lassen Sie uns für einen Moment zu den Benutzerfreigaben zurückkehren. Wenn Sie für mehrere Benutzer Basisverzeichnisse einrichten möchten, werden Sie wahrscheinlich die besondere Freigabe `homes` verwenden wollen, die wir in Kapitel 5, *Durchsuchen und erweiterte Verzeichnisfreigaben*, eingeführt haben. Dank der Freigabe [homes] müssen wir lediglich schreiben:

```
[homes]
    browseable = no
    writeable = yes
```

Die Freigabe `homes` stellt einen besonderen Abschnitt in der Samba-Konfigurationsdatei dar. Wenn ein Benutzer auf eine gewöhnliche Freigabe zugreifen will, die nicht in der Datei *smb.conf* steht (zum Beispiel über die direkte Eingabe eines falschen UNC-Namens), sucht Samba zunächst nach dem Abschnitt [homes]. Existiert er, wird der vom Client gewünschte Freigabename als Benutzername angesehen, und Samba sucht ihn in der Unix-Kennwortdatenbank (in der Regel */etc/passwd*). Wenn er dort erscheint, nimmt Samba an, daß ein Unix-Benutzer eine Verbindung zu seinem Basisverzeichnis herstellen will.

Lassen Sie uns um des besseren Verständnisses wegen annehmen, daß `sofia` versucht, die Freigabe `sofia` auf dem Samba-Server zu verwenden, und daß eine solche Freigabe nicht in der Konfigurationsdatei existiert. Da aber dort der Abschnitt [homes] existiert und `sofia` in die Kennwortdatenbank eingetragen ist, geht Samba wie folgt vor:

1. Samba erstellt eine neue Verzeichnisfreigabe mit dem Namen `sofia` und dem Pfad, der in der Option `path` im Abschnitt [homes] angegeben ist. Wenn der Abschnitt [homes] die Option `path` nicht enthält, verwendet der Server das Basisverzeichnis der Benutzerin.

2. Samba initialisiert die neuen Freigabeoptionen mit den Standardwerten im Abschnitt [global] beziehungsweise mit den Optionen im Abschnitt [homes] (abgesehen von browseable).

3. Der Client von sofia stellt eine Verbindung zu der Freigabe her.

Der Abschnitt [homes] bietet eine schnelle und problemlose Möglichkeit, Freigaben für Ihre Benutzer zu erstellen, ohne daß Sie Angaben aus der Kennwortdatei abtippen müßten. Über diesen Abschnitt erstellte Freigaben besitzen einige Besonderheiten, die wir nicht unerwähnt lassen dürfen:

- Der Abschnitt [homes] kann jedes Benutzerkonto auf dem Computer repräsentieren, was nicht immer wünschenswert ist. So könnten Sie Freigaben für *root, bin, sys, uucp* usw. erstellen. (Abhilfe kann hier die globale Option invalid users schaffen.)

- Die Option browseable hat eine andere Bedeutung als bei den restlichen Freigaben. Sie gibt lediglich an, daß homes nicht in der lokalen Suchliste angezeigt wird und bezieht sich nicht auf die Freigabe alice. Sobald Samba die Freigabe alice erstellt hat (beim ersten Versuch eines Clients, eine Verbindung zu ihr aufzubauen), verwendet diese Freigabe den Wert der browseable-Option aus dem Abschnitt [global] und nicht aus [homes].

Wie wir bereits erwähnt haben, müssen Sie im Abschnitt [homes] keinen Pfad angeben, wenn die Benutzer Basisverzeichnisse besitzen, die in der Kennwortdatei */etc/passwd* stehen. Vergewissern Sie sich, daß die dort aufgeführten Benutzer auch wirklich existieren, weil Samba sie nicht automatisch erstellt. Stattdessen verweigert Samba einem Benutzer den Zugriff, wenn es das Basisverzeichnis eines Benutzers nicht findet oder nicht darauf zugreifen kann.

Zugriff auf Freigaben steuern

Sie werden aus Sicherheitsgründen häufig festlegen müssen, welche Benutzer auf eine bestimmte Freigabe zugreifen dürfen. Diese Aufgabe können Sie mit Samba ganz leicht erledigen, da die Software zahlreiche Optionen besitzt, mit denen Sie praktisch jede denkbare Sicherheitskonfiguration in die Tat umsetzen können. Betrachten wir einige verbreitete Konfigurationen, die für Sie möglicherweise in Frage kommen:

Wir möchten Sie hier erneut darauf aufmerksam machen, daß Windows 98 und Windows NT ab Service Pack 3 normalerweise ausschließlich verschlüsselte Kennwörter senden. Wenn Samba nicht für den Gebrauch verschlüsselter Kennwörter konfiguriert ist, können diese Clients keine Verbindung zu Ihrem Samba-Server herstellen. In diesem Kapitel erfahren Sie, wie Sie in Samba den Gebrauch verschlüsselter Kennwörter aktivieren. Lesen Sie dazu den Abschnitt »Kennwörter«.

Sie haben gesehen, was geschieht, wenn Sie gültige Benutzer mit der Option `valid users` angeben. Sie können außerdem eine Liste mit Benutzern angeben, denen Samba den Zugriff verweigern soll. Verwenden Sie dazu die Option `invalid users`. Wir haben schon an früherer Stelle auf eine weit verbreitete Einsatzmöglichkeit hingewiesen: den Eintrag dieser Option für diverse Systembenutzer sowie `root` im Abschnitt `[homes]`, um Mißbrauch zu verhindern, wie das folgende Beispiel zeigt:

```
[global]
    invalid users = root bin daemon adm sync shutdown \
                    halt mail news uucp operator gopher
    auto services = dave peter bob

[homes]
    browseable = no
    writeable = yes
```

Die Option `invalid users` akzeptiert – genau wie `valid users` – sowohl Benutzer- als auch Gruppennamen. Falls Sie für eine Freigabe (oder global) beide Optionen verwenden und ein Benutzer in beiden Optionen vorkommt, wird seine Nennung bei der Option `invalid users` als vorrangig angesehen, so daß dem Benutzer oder der Gruppe der Zugang verweigert wird.

Am anderen Ende des Spektrums können Sie mit der Option `admin users` ausdrücklich Benutzer aufführen, denen Samba den root-Zugriff auf eine Freigabe gewähren soll. Hier ein Beispiel:

```
[sales]
        path = /home/sales
        comment = Fiction Corp Sales Data
        writeable = yes
        valid users = tom dick harry
        admin users = mike
```

Die Option `admin users` akzeptiert sowohl Benutzer- als auch Gruppennamen. Außerdem können Sie NIS-Netzgruppen angeben, wenn Sie ihren Namen ein @-Zeichen voranstellen. Wenn Samba die Netzgruppe nicht findet, geht es davon aus, daß Sie eine Unix-Benutzergruppe meinen.

Seien Sie vorsichtig, wenn Sie einer ganzen Gruppe administrative Berechtigungen erteilen. Das Samba-Team rät dringend davon ab, diese Option einzusetzen, da sie den angegebenen Benutzern und Gruppen den root-Zugriff gewährt.

Wenn Sie Benutzern einer Freigabe einen schreibgeschützten oder einen Schreib-/Lesezugriff gewähren wollen, können Sie dazu die Option `read list` beziehungsweise `write list` verwenden. Diese Optionen können auf Freigabeebene dazu benutzt werden, um bestimmten Benutzern den Schreibzugriff zu entziehen oder um bestimmten Benutzer sowohl Schreib- als auch Lesezugriff zu gewähren, obwohl die Freigabe eigentlich schreibgeschützt ist. Verwenden Sie diese Optionen wie im folgenden Beispiel:

```
[sales]
        path = /home/sales
        comment = Fiction Corp Sales Data
        read only = yes
        write list = tom dick
```

Beachten Sie, daß die Option `write list` keinen Vorrang vor Unix-Berechtigungen besitzt. Wenn Sie die Freigabe erstellt haben, ohne daß ein Benutzer über die Schreibberechtigung des Betriebssystems verfügt, kann diesem Benutzer auch über die Option `write list` keine Schreibberechtigung erteilt werden.

Gastzugriff

Wie wir bereits erwähnt haben, können Sie Benutzer angeben, denen Samba den Gastzugriff auf eine Freigabe gewähren soll. Die Optionen, die den Gastzugriff steuern, sind sehr einfach. Die erste Option, `guest account`, gibt das Unix-Benutzerkonto an, das auf Dateien und Verzeichnisse zugreifen soll, wenn ein Gast den Samba-Server in Anspruch nimmt. Die Voreinstellung wird während der Kompilierung festgelegt und ist üblicherweise `nobody`. Wenn Sie Probleme beim Zugriff auf diverse Systemdienste haben, können Sie für den Gastbenutzer alternativ `ftp` angeben.

Wenn Sie ausschließlich Gäste auf eine Freigabe zugreifen lassen wollen, so daß alle Clients die Gastberechtigungen erhalten, können Sie die Option `guest only` in Verbindung mit der Option `guest ok` verwenden, so wie im folgenden Beispiel geschehen:

```
[sales]
        path = /home/sales
        comment = Fiction Corp Sales Data
        writeable = yes
        guest ok = yes
        guest account = ftp
        guest only = yes
```

Vergewissern Sie sich, daß Sie sowohl für `guest only` als auch für `guest ok` den Wert `yes` eintragen. Ansonsten verwendet Samba das angegebene Benutzerkonto nicht.

Optionen zur Zugriffssteuerung

Tabelle 6-1 faßt die Optionen zusammen, mit denen Sie den Zugriff auf eine Freigabe regeln können.

Tabelle 6-1: Zugriffsoptionen auf Freigabeebene

Option	Parameter	Funktion	Vorgabe	Bereich
admin users	Zeichenkette (Liste mit Benutzernamen)	Gibt Benutzer an, die Vorgänge als root durchführen können.	keine	Freigabe

Tabelle 6-1: Zugriffsoptionen auf Freigabeebene (Fortsetzung)

Option	Parameter	Funktion	Vorgabe	Bereich
valid users	Zeichenkette (Liste mit Benutzer- u./o. Gruppennamen)	Gibt Benutzer- und/oder Gruppennamen an, die sich mit der Freigabe verbinden dürfen.	keine	Freigabe
invalid users	Zeichenkette (Liste mit Benutzer- u./o. Gruppennamen)	Gibt Benutzer- und/oder Gruppennamen an, denen der Zugriff auf die Freigabe verweigert wird.	keine	Freigabe
read list	Zeichenkette (Liste mit Benutzer- u./o. Gruppennamen)	Gibt Benutzer- und/oder Gruppennamen an, die auf einer Schreib-/ Lese-Freigabe lediglich schreibgeschützten Zugriff erhalten.	keine	Freigabe
write list	Zeichenkette (Liste mit Benutzer- u./o. Gruppennamen)	Gibt Benutzer- und/oder Gruppennamen an, die Schreib-/Lesezugriff auf eine normalerweise schreibgeschützte Freigabe erhalten.	keine	Freigabe
max connections	numerisch	Gibt die maximale Anzahl gleichzeitiger Verbindungen zu einer Freigabe an.	0	Freigabe
guest only (only guest)	Boolescher Wert	Legt fest, daß alle Benutzer den Gastzugriff erhalten.	no	Freigabe
guest account	Zeichenkette (Name eines Unix-Benutzerkontos)	Name des Unix-Kontos, das Samba für den Gastzugriff verwenden soll.	nobody	Freigabe

admin users

Mit Hilfe dieser Option können Benutzer definiert weren, die so mit Dateien und Verzeichnissen arbeiten können, als wären sie root. Das bedeutet, daß sie die Arbeit anderer Benutzer verändern oder löschen können, und zwar unabhängig von den Datei- und Verzeichnisberechtigungen. Wenn Benutzer, die mit dieser Option angegeben sind, Dateien erstellen, haben diese root und die vorgegebene Gruppe des Administrators als Besitzer. Sie können mit der Option admin users PC-Benutzer zu Administratoren für bestimmte Freigaben machen. Wir raten jedoch dringend davon ab, diese Option zu verwenden.

valid users und invalid users

Nennen Sie mit diesen beiden Optionen die Benutzer und Gruppen, denen Samba den Zugriff auf eine bestimmte Freigabe erlauben oder verbieten soll. Sie können eine Liste mit durch Kommata voneinander getrennten Benutzern oder einen NIS- oder Unix-Gruppennamen angeben, wenn Sie ihm ein @ voranstellen.

Wenn ein Benutzer in der Option `invalid users` erscheint (direkt oder als Mitglied einer hier angegebenen Gruppe), verweigert Samba ihm den Zugriff auf jeden Fall, selbst wenn Sie ihn explizit im Wert der Option `valid users` nennen. Standardmäßig sind die Werte beider Optionen leer. In diesem Fall kann jeder Benutzer auf die Freigabe zugreifen.

read list und write list

Ähnlich den Optionen `valid users` und `invalid users` geben diese beiden Optionen an, welchen Benutzern auf eine normalerweise schreibgeschützte Freigabe Schreibzugriff und welchen Benutzern auf eine Schreib-/Lese-Freigabe lediglich Lesezugriff gewährt wird. Der Wert beider Optionen ist eine Liste mit Benutzern. `read list` hat Vorrang vor allen anderen Samba-Optionen, die Berechtigungen erteilen, und auch vor Unix-Berechtigungen. `write list` besitzt Vorrang vor allen anderen Samba-Optionen, die Berechtigungen festlegen, aber nicht vor Unix-Berechtigungen im Dateisystem. Sie können NIS- oder Unix-Benutzergruppen angeben, indem Sie dem Gruppennamen ein @-Zeichen voranstallen (z. B. `@benutzer`). Beide Konfigurationsoptionen sind standardmäßig mit einem leeren Wert versehen.

max connections

Diese Option legt die maximale Anzahl gleichzeitiger Verbindungen für diese Freigabe fest. Wenn diese Anzahl erreicht ist, verweigert Samba weitere Verbindungen. Der Vorgabewert ist 0, die Anzahl gleichzeitiger Verbindungen ist damit unbegrenzt. Sie können den Wert wie folgt auf Freigabeebene verändern:

```
[accounting]
    max connections = 30
```

Diese Option ist nützlich, falls Sie die Anzahl der Benutzer einschränken wollen, die ein lizenziertes Programm oder eine lizenzierte Datenbank von einer Samba-Freigabe aus aufrufen können.

guest only

Diese Option (mit der alternativen Schreibweise `only guest`) legt auf Freigabeebene fest, daß jedem Benutzer die Berechtigungen erteilt weden, über die auch das Konto verfügt, das die Option `guest account` angibt. Die Freigabe, bei der Sie diese Option verwenden, muß außerdem die Option `guest ok = yes` enthalten, damit `guest only` korrekt funktioniert. Die Voreinstellung ist `no`.

guest account

Diese Option legt den Namen des Benutzerkontos fest, das für den Gastzugriff verwendet werden soll. Sie wird häufig bei der Kompilierung mit dem Wert nobody belegt. Einige der voreingestellten Benutzerkonten funktionieren nicht korrekt für den Gastzugriff. Falls das auf Ihr System zutrifft, verwenden Sie entsprechend einer Empfehlung des Samba-Teams das Konto ftp als Gastbenutzer.

Optionen für Benutzernamen

Tabelle 6-2 führt zwei weitere Optionen auf, die Sie zur Korrektur von Inkompabilitäten zwischen Windows- und Unix-Benutzernamen verwenden können.

Tabelle 6-2: Optionen für Benutzernamen

Option	Parameter	Funktion	Vorgabe	Bereich
username map	Zeichenkette (vollständiger Pfadname)	Gibt den Namen der Benutzernamen-Zuordnungsdatei an.	keine	global
username level	numerisch	Gibt die Anzahl der Großbuchstaben an, die Samba bei der Suche nach der Übereinstimmung mit einem Benutzernamen berücksichtigen soll.	0	global

username map

Client-Benutzernamen in einem SMB-Netzwerk können relativ lang sein (bis zu 255 Zeichen)[1], während Benutzernamen in einem Unix-Netzwerk häufig maximal acht Zeichen lang sein dürfen. Das führt dazu, daß Benutzer nicht nur einen Benutzernamen auf ihrem Client verwenden, sondern auch auf dem Samba-Server einen weiteren (kürzeren) Benutzernamen in Gebrauch haben. Sie können dieses Problem lösen, indem Sie eine Zuordnungsliste anlegen, in der jeder Client-Benutzername neben einem Unix-Benutzernamen steht, der aus höchstens acht Zeichen bestehen darf. Die Liste steht in einer gewöhnlichen Textdatei, deren Format wir in kürze beschreiben. Geben Sie den Namen der Datei mit der globalen Option username map an. Stellen Sie sicher, daß Sie den Zugriff auf diese Datei einschränken; machen Sie root zum Besitzer, und entziehen Sie allen anderen den Schreibzugriff. Ansonsten könnte ein nicht vertrauter Benutzer auf die Datei zugreifen und seinen SMB-Benutzernamen dem root-Benutzer des Samba-Servers zuordnen.

Verwenden Sie diese Option wie folgt:

```
[global]
    username map = /etc/samba/usermap.txt
```

---

1 Das Betriebssystem kann diese Länge einschränken, so erlaubt beispielsweise Windows NT maximal 20 Zeichen lange Benutzernamen.

Jeder Eintrag in der Benutzernamen-Zuordnungsdatei sollte wie folgt aussehen: Zunächst der Unix-Benutzername, gefolgt von einem Gleichheitszeichen (=) und von einem oder mehreren SMB-Client-Benutzernamen, jeweils getrennt durch mindestens ein Leerzeichen. Sie können auch Windows NT-Gruppen einer oder mehreren Unix-Gruppen zuordnen, indem Sie das @-Zeichen verwenden. Hier einige Beispiele:

```
jarwin = JosephArwin
manderso = MarkAnderson
benutzer = @konto
```

Ein Sternchen dient hier als Platzhalter, der für jeden Client-Benutzernamen steht:

```
nobody = *
```

Verwenden Sie ein Nummernzeichen (#) oder ein Semikolon (;) als erstes Zeichen einer Zeile, damit Samba sie als Kommentarzeile betrachtet und ihren Inhalt nicht auswertet.

Beachten Sie, daß Sie diese Datei auch verwenden können, um einen Unix-Benutzer einem anderem Benutzer zuzuordnen. Seien Sie damit aber vorsichtig, denn weder Samba noch der Client benachrichtigen den Benutzer über die vorgenommene Zuordnung, und Samba erwartet möglicherweise ein anderes Kennwort.

username level

SMB-Clients (wie Windows) senden Benutzernamen in Verbindungsanfragen häufig in Großbuchstaben. Anders gesagt, bei Client-Benutzernamen wird die Groß-/Kleinschreibung nicht notwendigerweise beachtet. Hingegen ist die Groß-/Kleinschreibung von Benutzernamen auf Unix-Systemen *durchaus* von Bedeutung: Der Benutzer ARNDT unterscheidet sich vom Benutzer arndt. Standardmäßig versucht Samba, dieses Problem wie folgt zu lösen:

1. Samba sucht zunächst nach einem Benutzerkonto, dessen Name genau mit dem vom Client gelieferten Namen übereinstimmt.

2. Anschließend sucht Samba nach einem Benutzerkonto, das ausschließlich aus Kleinbuchstaben besteht.

3. Abschließend sucht Samba nach einem Benutzerkonto, bei dem ausschließlich der erste Buchstabe groß ist und der Rest aus Kleinbuchstaben besteht.

Falls Sie wollen, daß Samba weitere Kombinationen aus Groß- und Kleinbuchstaben durchspielt, dann können Sie ihm das über die globale Option username level mitteilen. Diese Option gibt an, wie viele Buchstaben im Benutzernamen mit Großbuchstaben probiert werden sollen, wenn ein Client eine Verbindung zum Samba-Server herstellen will. Verwenden Sie diese Option wie folgt:

```
[global]
    username level = 3
```

In diesem Fall probiert Samba alle Variationen von Benutzernamen, die drei Großbuchstaben enthalten. Je größer die Zahl ist, desto mehr Versuche unternimmt Samba und desto länger dauert die Echtheitsbestätigung.

Sicherheit bei der Echtheitsbestätigung

Jeder Benutzer, der eine Freigabe ohne aktivierten Gastzugriff verwenden will, muß dem Samba-Server einen Benutzernamen und ein Kennwort liefern, um die gewünschte Verbindung erfolgreich herzustellen. Was Samba mit dem Kennwort macht und wie Samba dementsprechend die Echtheit des Benutzers überprüft, hängt von der Konfigurationsoption security ab. Momentan können Sie eine von vier Sicherheitsvarianten wählen, die Samba unterstützt: *share, user, server* und *domain.*

Sicherheit auf Freigabeebene

Jede Freigabe in der Arbeitsgruppe besitzt ein oder mehrere Kennwörter. Jeder, der ein gültiges Paßwort kennt, kann auf die betreffende Freigabe zugreifen.

Sicherheit auf Benutzerebene

Jede Freigabe in der Arbeitsgruppe akzeptiert Verbindungen bestimmter Benutzer. Der Samba-Server überprüft bei jeder Verbindungsanfrage den Benutzernamen und das Kennwort, die der Client liefert, bevor er den Zugriff auf die Freigabe gewährt (oder verweigert).

Sicherheit auf Server-Ebene

Diese Stufe entspricht der Sicherheit auf Benutzerebene, aber der Samba-Server greift auf einen anderen SMB-Server zurück, um Kombinationen aus Benutzername und Kennwort zu überprüfen.

Sicherheit auf Domänenebene

In diesem Fall wird Samba zum Mitglied einer Windows-Domäne und greift auf den primären Domänen-Controller (PDC) zu, um die Echtheit von Benutzern zu prüfen. Ein bestätigter Benutzer erhält eine Art elektronischen Gutschein (englisch: Token). Dank dieses Verfahrens müssen die Server der Domäne das Kennwort des Benutzers nicht erneut überprüfen (oder überprüfen lassen), wenn der Client eine Verbindung zu ihnen aufbauen will.

Wie wir in Tabelle 6-3 dargestellt haben, können Sie jede Sicherheitsvariante mit der globalen Option security auswählen.

Tabelle 6-3: Sicherheitsoption

Option	Parameter	Funktion	Vorgabe	Bereich
security	domain, server, share oder user	Gibt die Sicherheitsvariante an, die der Samba-Server verwendet.	user (Samba 2.0) oder share (Samba 1.9)	global

Sicherheit auf Freigabeebene

Bei der Sicherheit auf Freigabeebene besitzt jede Freigabe mindestens ein Kennwort. Der Unterschied zu den anderen Methoden besteht darin, daß es keine Einschränkung gibt, wer die Freigabe verwendet – solange der betreffenden Person eines der Kennwörter bekannt ist. Freigaben besitzen oft mehrere Kennwörter. So kann beispielsweise eines der Kennwörter den schreibgeschützten Zugriff erlauben, während ein anderes den Schreib-/Lesezugriff gewährt. Die Sicherheit ist gewährleistet, solange kein unbefugter Benutzer das Kennwort für eine Freigabe herausfinden, auf die er nicht zugreifen sollte.

Sowohl OS/2 als auch Windows 95/98 unterstützen Sicherheit auf Freigabeebene. Sie können diesen Sicherheitsmechanismus unter Windows 95/98 aktivieren, indem Sie in der *Systemsteuerung* unter *Netzwerk* die Registerkarte Zugriffssteuerung aufrufen und dort die Option Zugriffssteuerung auf Freigabeebene aktivieren (siehe Abbildung 6-1). Klicken Sie anschließend auf OK.

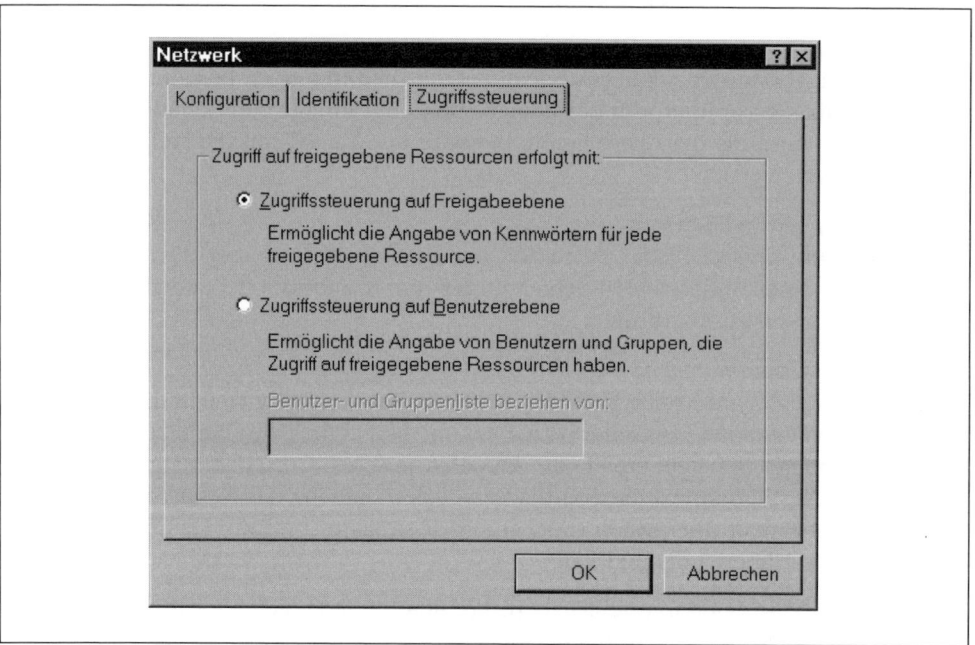

Abbildung 6-1: Sicherheit auf Freigabeebene auf einem Windows 95/98-Computer aktivieren

Klicken Sie nun mit der rechten Maustaste auf eine Ressource (also ein Verzeichnis einer Festplatte oder eines CD-Laufwerks) und wählen Sie aus dem erscheinenden Kontextmenü den Punkt Eigenschaften aus. Gehen Sie nun auf die Registerkarte Freigabe. An dieser Stelle können Sie den Freigabenamen wählen und einstellen, ob die Freigabe abhängig vom Kennwort, das der Client liefert, schreibgeschützt oder der Schreib-/Lesezugriff erlaubt sein soll.

Vielleicht denken Sie, daß dieses Sicherheitsmodell nicht gut zu Samba paßt – da haben Sie recht. Selbst wenn Sie die globale Option `security = share` in der Samba-Konfigurationsdatei angeben, verwendet Samba Kombinationen aus Benutzernamen und Kennwort in den Systemkennwortdateien, um den Zugriff festzulegen. Genauer gesagt, geht Samba wie folgt vor, wenn ein Client eine Verbindung zur einer Freigabe herstellen will und die Sicherheit auf Freigabeebene aktiv ist:

1. Wenn ein Client eine Verbindung anfordert, akzeptiert Samba das Kennwort und einen möglicherweise ebenfalls gesendeten Benutzernamen.

2. Wenn für die Freigabe die Option `guest only` gesetzt ist, erhält der Benutzer sofort die Berechtigungen des Kontos, das mit der Option `guest account` angegeben wird; Samba prüft weder den Benutzernamen noch das Kennwort.

3. Falls für die Freigabe die Option `guest only` nicht gesetzt ist, hängt Samba den Benutzernamen an eine Liste von Benutzern an, die auf diese Freigabe zugreifen dürfen. Dann versucht Samba, die vom Client gelieferte Kombination aus Benutzername und Kennwort zu überprüfen. Wenn diese Prüfung erfolgreich verläuft, gewährt Samba dem Client den Zugriff auf die Freigabe, und zwar mit den Berechtigungen des gelieferten Benutzernamens. Samba überprüft die Echtheit des Benutzers nicht erneut, solange Sie nicht die Option `revalidate = yes` innerhalb der Freigabe verwenden.

4. Wenn die Echtheitsbestätigung erfolglos verläuft, versucht Samba, die Kombination des Kennworts mit einer Liste von Benutzern zu überprüfen, die sich kürzlich erfolgreich mit dem Samba-Server verbunden haben oder im Freigabeabschnitt der Konfgurationsdatei stehen. Wenn das Kennwort zu keinem dieser Benutzernamen gehört (wie in der Systemkennwortdatei angegeben, üblicherweise */etc/passwd*), verweigert Samba dem Benutzer den Zugriff unter diesem Benutzernamen.

5. Wenn aber bei der Freigabe die Option `guest ok` oder `public` gesetzt ist, erhält der Benutzer standardmäßig die Berechtigungen des Benutzers, dessen Namen Sie im Wert der Option `guest account` angegeben haben.

Sie können in der Konfigurationsdatei angeben, welche Benutzer Samba anfänglich in die Liste für die Sicherheit auf Freigabeebene aufnehmen soll. Verwenden Sie dazu wie im folgenden Beispiel die Option `username`:

```
[global]
    security = share
[accounting1]
    path = /home/samba/accounting1
    guest ok = no
    writeable = yes
    username = davecb, pkelly, andyo
```

Wenn in diesem Fall ein Benutzer auf die Freigabe zugreifen will, überprüft Samba, ob das gelieferte Kennwort zu einem der Benutzer gehört, die in einer internen Liste stehen, oder zu einem der Benutzer `davecb`, `pkelly` und `andyo`. Wenn das Kennwort einem der Benutzer gehört, überprüft Samba die Verbindung und gewährt dem Benutzer den Zugriff. Ansonsten schlägt der Versuch eines Verbindungsaufbaus fehl.

Optionen für die Sicherheit auf Freigabeebene

Tabelle 6-4 führt die Optionen auf, die mit der Sicherheit auf Freigabeebene in Zusammenhang stehen.

Tabelle 6-4: Optionen für die Sicherheit auf Freigabeebene

Option	Parameter	Funktion	Vorgabe	Bereich
only user	Boolescher Wert	Gibt an, ob ausschließlich die mit der Option username angegebenen Benutzer auf die Freigabe zugreifen dürfen.	no	Freigabe
username (user oder users)	Zeichenkette (Liste mit Benutzernamen)	Gibt eine Liste mit Benutzern an, die zur Prüfung der Übereinstimmung der Kombinationen aus (vom Client gelieferten) Kennwort und Benutzername herangezogen werden.	keine	Freigabe

only user

Wenn diese Boolesche Option eingeschaltet ist, prüft Samba bei eingehenden Verbindungen zu einer Freigabe mit einer Sicherheit auf Freigabeebene lediglich, ob das vom Client gelieferte Kennwort zu einem der Benutzer gehört, die Sie im Wert der Option username angegeben haben. Die Prüfung, ob das Kennwort zu einem Benutzer aus der internen Liste der Benutzer gehört, entfällt. Der Vorgabewert dieser Option ist no, so daß Samba sowohl die interne Liste als auch die bei username angegebenen Benutzer zur Prüfung heranzieht. Sie können den Wert wie folgt ändern:

```
[global]
    security = share
[data]
    username = andy, peter, valerie
    only user = yes
```

username

Diese Option gibt eine Liste mit Benutzern an, die für die Prüfung des vom Client gelieferten Kennwortes herangezogen werden. Diese Option wird häufig bei Freigaben verwenden, die Sicherheit auf Freigabeebene verwenden, damit erfolgreiche Verbindungen zu einem bestimmten Dienst ausschließlich vom Kennwort abhängen – in diesem Fall einem Kennwort, das einem bestimmten Benutzer gehört:

```
[global]
    security = share
[data]
    username = andy, peter, terry
```

Wir raten davon ab, diese Option zu verwenden, solange Sie keinen Samba-Server mit Sicherheit auf Freigabeebene einsetzen.

Sicherheit auf Benutzerebene

Die bevorzugte Methode der Sicherheit ist die *Sicherheit auf Benutzerebene*. Bei diesem Verfahren geben Sie für jede Freigabe an, welche Benutzer sie verwenden dürfen. Wenn ein Benutzer auf eine Freigabe zugreifen will, prüft Samba, ob der vom Client gelieferte Benutzername auf dem System existiert und ob sein Kennwort stimmt. Dazu verwendet Samba seine eigene Kennwortdatenbank. Wie wir bereits an früherer Stelle in diesem Kapitel erwähnt haben, können Sie mit der Option `valid users` angeben, welche Benutzer auf eine bestimmte Freigabe zugreifen dürfen:

```
[global]
    security = user
[accounting1]
    writeable = yes
    valid users = bob, joe, sandy
```

Jeder der aufgeführten Benutzer kann sich mit der Freigabe verbinden, sofern der Client das korrekte Kennwort liefert, so wie es in der Systemkennwortdatei des Servers steht. Sobald Samba die Echtheit des Benutzers auf diese Weise bestätigt hat, muß der Benutzer sein Kennwort nicht erneut eingeben, solange Sie nicht die Option `revalidate = yes` eingetragen haben.

Clients können Kennwörter unverschlüsselt oder verschlüsselt an den Samba-Server senden. Wenn Sie beide Arten von Clients in Ihrem Netzwerk besitzen, sollten Sie sich vergewissern, daß die Kennwörter der Benutzer sowohl in der traditionellen Unix-Kontendatenbank als auch in der verschlüsselten Samba-Datenbank stehen. Dadurch können Benutzer von jedem Client-Typ aus auf ihre Freigaben zugreifen.[2] Allerdings empfehlen wir Ihnen, ausschließlich verschlüsselte Kennwörter zu verwenden, wenn Ihnen die Sicherheit am Herzen liegt. Mehr über dieses Thema erfahren Sie im Abschnitt »Kennwörter« in diesem Kapitel.

Sicherheit auf Server-Ebene

Die Sicherheit auf Server-Ebene ähnelt derjenigen auf Benutzerebene. Auf der Server-Ebene greift Samba für die Echtheitsbestätigung auf einen anderen SMB-Server zurück, der in diesem Zusammenhang als *Kennwort-Server* bezeichnet wird. In der Regel handelt es sich dabei um einen Samba- oder NT-Server, der als PDC im Netzwerk fungiert. Beachten Sie, daß Samba auch bei dieser Konfiguration eine Liste der Freigaben einschließlich ihrer jeweiligen Einstellungen in der Datei *smb.conf* benötigt. Wenn ein Client sich mit einer bestimmten Freigabe verbinden will, überprüft Samba zunächst, ob der Benutzer überhaupt auf diese Freigabe zugreifen darf. Ist dies der Fall, überprüft der Samba-Server die Echtheit des Benutzers, indem es den SMB-Kennwort-Server mit einem bestimmten Protokoll kontaktiert und ihm den Benutzernamen und das vom Client gelieferte Kennwort sendet. Wenn der Kennwort-Server die Kombination aus

---

2 Die Möglichkeit, daß in einem Netzwerk sowohl verschlüsselte als auch unverschlüsselte Kennwörter verwendet werden können, ist einer der Gründe dafür, daß Sie in Samba diverse Optionen ein- oder ausschließen können, basierend auf dem Client-Betriebssystem oder dem Namen des Clients.

Benutzername und Kennwort als richtig erkennt, teilt er dies dem anfragenden Samba-Server mit, woraufhin dieser die Client-Verbindung akzeptiert. Eine Veranschaulichung dieses Vorgangs finden Sie in Abbildung 6-2.

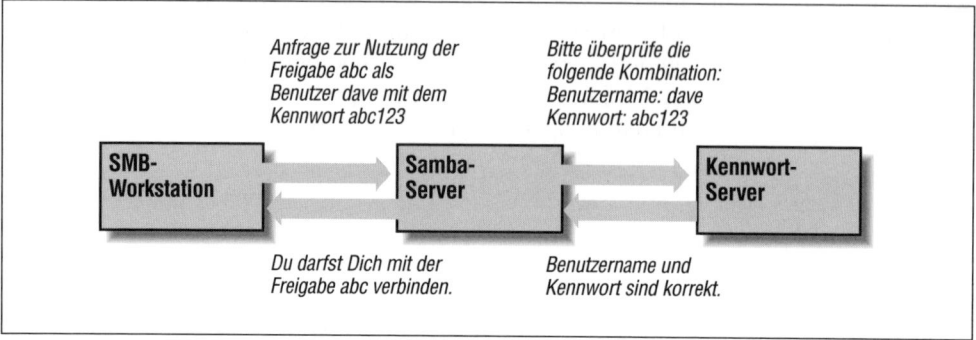

Abbildung 6-2: Eine typische Konfiguration der Sicherheit auf Server-Ebene

Sie können Samba mit der globalen Konfigurationsoption `password server` wie im folgenden Beispiel dazu bringen, einen separaten Kennwort-Server zu verwenden:

```
[global]
     security = server
     password server = PHOENIX120 HYDRA134
```

Beachten Sie, daß Sie im Wert der Option `password server` mehr als einen Computer angeben können; Samba greift dann auf den jeweils nächsten Server zurück, falls einer nicht erreichbar sein sollte. Erkennt aber einer der Server die gelieferte Kombination aus Benutzername und Kennwort als falsch, fragt der Samba-Server keine weiteren Server. Geben Sie hier NetBIOS-Namen und keine DNS-Namen oder IP-Adressen an.

Eine Warnung: Wenn Sie diese Option verwenden, benötigen Sie ein Benutzerkonto, das den Benutzer des regulären Samba-Servers darstellt. Das liegt daran, daß das Unix einen Benutzernamen benötigt, um diverse Ein-/Ausgabevorgänge durchzuführen. Die bevorzugte Methode, dieses Problem zu lösen, ist die, dem Benutzer ein Konto auf dem Samba-Server zu geben und das Konto zu sperren, indem man sein Kennwort in der Kennwortdatei (zum Beispiel */etc/passwd*) durch ein Sternchen ersetzen (*).

Sicherheit auf Domänenebene

Die Sicherheit auf Domänenebene ähnelt der Sicherheit auf Server-Ebene, mit dem Unterschied, daß der Samba-Server Mitglied einer Windows-Domäne ist. Erinnern Sie sich an die Forderung aus Kapitel 1, daß jede Domäne mindestens einen *Domänen-Controller* besitzen muß, wobei es sich in der Regel um einen Windows NT-Server handelt, der die Echtheitsbestätigung anbietet. Mindestens einer dieser Controller übernimmt in der Domäne die Rolle des Kennwort-Servers. Die Domänen-Controller besitzen ihre eigene Sicherheitskontendatenbank (Security Authentication Manager, SAM), die die Echtheit von Benutzern bestätigt, wenn sich ein Benutzer anmeldet und die Freigabe eines Computers verwenden will, der Mitglied der Domäne ist.

Wie wir in diesem Kapitel bereits angemerkt haben, besitzt Samba eine ähnliche Möglichkeit, um Sicherheit auf Benutzerebene zu offerieren, aber dieses Verfahren ist Unix-basiert und verwendet die Echtheitsbestätigung mit Hilfe von Unix-Kennwortdateien. Wenn der Unix-Computer Mitglied einer NIS- oder NIS+-Domain ist, bestätigt Samba die Benutzer transparent mit einer gemeinsam genutzten Kennwortdatei, wie bei Unix üblich. Samba gewährt anschließend den Zugriff auf die NIS- oder NIS+-Domain von Windows aus. Natürlich gibt es keine Beziehung zwischen dem NIS-Konzept und dem Windows-Konzept von Domains oder Domänen.

Bei der Sicherheit auf Domänenebene kann Samba auf den NT-Mechanismus zur Echtheitsbestätigung zurückgreifen. Diese Vorgehensweise bringt mehrere Vorteile mit sich:

- Sie bietet eine deutlich bessere Integration mit Windows NT: Es gibt weniger Schwierigkeiten bei den *smb.conf*-Optionen zu Windows-Domänen als mit den meisten anderen Windows-Merkmalen. Dadurch können Sie mehr NT-Verwaltungsprogramme verwenden, wie den Benutzer-Manager für Domänen, mit dem die PC-Administratoren die Samba-Server als große NT-Systeme behandeln können.

- Die bessere Integration bedeutet eine Säuberung der Protokolle und des Codes, so daß das Samba-Team die NT-Implementation verfolgen kann. NT Service Pack 4 behebt mehrere Fehler im Protokoll, und Sambas bessere Integration macht es leichter, diese Änderungen zu verfolgen und zu adaptieren.

- Die Belastung des Netzwerkes sinkt, da die Anzahl der ständig offenen Verbindungen zwischen dem PDC und dem Samba-Server um eine abnimmt. Im Gegensatz zum Protokoll, das Samba bei der Sicherheit auf Server-Ebene verwendet (`security = server`), benutzt der Samba-Server nur dann abgesetzte Prozeduraufrufe (Remote Procedure Calls, RPC), wenn er die Echtheit eines Benutzers bestätigt haben möchte. Nur für diesen Zweck kann er jedoch keine permanente Verbindung aufrechterhalten.

- Schließlich kann das NT-Verfahren zur Echtheitsbestätigung dem Samba-Server sämtliche Benutzerdaten liefern und nicht nur die Information, ob die Kombination aus Benutzername und Kennwort korrekt ist. Die Eigenschaften enthalten eine längere, mehr netzwerkorientierte Variante einer Unix-Benutzerkennung (User ID, UID), NT-Gruppen und andere Angaben:
  - Benutzername
  - Vollständiger Name
  - Beschreibung
  - Sicherheitsidentifizierung (SID), eine domänenweite Variante der Unix-UID
  - Mitgliedschaft in NT-Gruppen
  - Erlaubte Anmeldezeiten und ob der Benutzer beim Ablauf seiner Anmeldezeit bedingungslos abgemeldet werden soll

- Arbeitsstationen, von denen sich der Benutzer aus anmelden darf
- Ablaufdatum des Kontos
- Basisverzeichnis
- Anmeldeskript
- Profil
- Kontotyp

- Die Samba-Entwickler haben die Sicherheit auf Domänenebene in Samba 2.0.4 dazu verwendet, um Domänenbenutzer halbautomatisch auf Samba-Servern einzutragen und zu löschen. Außerdem besitzt Samba Platz für NT-bezogene Erweiterungen wie Zugriffskontrolllisten und das Ändern von Berechtigungen vom Client aus.

Der Vorteil dieser Methode ist ein geringerer Administrationsaufwand, denn es gibt nur eine einzige Benutzerkontendatenbank, die verwaltet werden muß. Die einzige Administration, die lokal am Samba-Server vorgenommen werden muß, beschränkt sich auf das Erstellen von Arbeitsverzeichnissen für Benutzer und auf das Erstellen von */etc/passwd*-Einträgen mit UIDs und Gruppen.

Einen Samba-Server einer Windows NT-Domäne hinzufügen

Wenn Sie bereits eine NT-Domain besitzen, können Sie ihr ganz leicht einen Samba-Server hinzufügen. Zunächst müssen Sie die Samba-Daemons beenden. Verwenden Sie dann den Server-Manager auf einem der Mitglieds-Server der Domäne. Wählen Sie aus dem Menü Computer den Eintrag Zur Domäne hinzufügen ... aus, geben Sie als Computer-Typ Windows NT Workstation oder Server an und tragen Sie den NetBIOS-Namen des Samba-Servers ein. Dadurch erstellt Windows NT ein Computer-Konto in der Domäne.

Erzeugen Sie nun mit dem Werkzeug *smbpasswd* ein Kennwort im Microsoft-Format (Einzelheiten dazu finden Sie im nächsten Abschnitt). Wenn Ihre Domain beispielsweise SIMPLE heißt und der Windows NT-PDC den NetBIOS-Namen beowulf besitzt, könnten wir das Kennwort mit dem folgenden Befehl erzeugen:

```
smbpasswd -j SIMPLE -r beowulf
```

Tragen Sie in den Abschnitt [global] Ihrer Datei *smb.conf* folgende Zeilen ein, und starten Sie die Samba-Daemons:

```
[global]
    security = domain
    domain logins = yes
    workgroup = SIMPLE
    password server = beowulf
```

Samba sollte nun für die Sicherheit auf Domänenebene konfiguriert sein. Auf die Option domain logins gehen wir weiter hinten in diesem Kapitel detailliert ein.

Kennwörter

Kennwörter sind ein Sorgenkind von Samba. Sie sind fast immer das erste große Problem, auf das Benutzer stoßen, wenn sie Samba installieren. Kennwörter machen den größten Teil der Anfragen in den Samba-Unterstützungsgruppen aus. In den vorigen Kapiteln haben wir bei jeder Freigabe die Option guest ok verwendet, so daß wir keine Kennwörter benötigten, um die Freigaben zu verwenden. Nun wollen wir uns aber um dieses Thema kümmern und herausfinden, was im Netzwerk geschieht.

Clients können Kennwörter unverschlüsselt oder verschlüsselt senden. Verschlüsselte Kennwörter sind natürlich sicherer, da die Abhörgefahr deutlich geringer ist als bei unverschlüsselten Kennwörtern. Ein Klartext-Kennwort kann von einem Paketschnüffler gelesen werden wie vom für Samba veränderten *tcpdump*-Programm, das wir in Kapitel 3, *Windows-Clients konfigurieren*, verwendet haben. In Tabelle 6-5 steht, welche Windows-Betriebssysteme Ihr Kennwort verschlüsseln, bevor Sie es über das Netzwerk mit der Bitte um Bestätigung an einen Domänen-Controller senden. Wenn Ihr Client nicht Windows ausführt, schauen Sie bitte in der Dokumentation nach, ob er verschlüsselte Kennwörter sendet.

Tabelle 6-5: Windows-Betriebssysteme mit verschlüsselten Kennwörtern

Betriebssystem	Übertragung des Kennwortes
Windows 95	nicht verschlüsselt
Windows 95 mit SMB-Aktualisierung	nicht verschlüsselt und verschlüsselt
Windows 98	verschlüsselt
Windows NT 3.*x*	nicht verschlüsselt und verschlüsselt[a]
Windows NT 4.0 vor Service Pack 3	nicht verschlüsselt und verschlüsselt
Windows NT 4.0 ab Service Pack 3	verschlüsselt

a. Normalerweise sendet Windows NT als Client verschlüsselte Kennwörter. Nur falls der Server, auf den der NT-Client zugreifen möchte, keine verschlüsselten Kennwörter versteht, sendet Windows NT das Kennwort unverschlüsselt. Windows NT 4.0 weigert sich ab Service Pack 3, nicht verschlüsselte Kennwörter zu senden. Wenn Sie die bisherige Vorgehensweise von NT wiederherstellen wollen, lesen Sie den Abschnitt »Kennwörter«.

Windows-Betriebssysteme kennen zwei unterschiedliche Methoden zur Kennwortverschleierung: Windows 95- und 98-Clients verwenden das ältere Microsoft LAN Manager-Verfahren, während Windows NT-Clients und -Server ein eigenes Verfahren benutzen.

Wenn Sie bei Samba die Unterstützung für verschlüsselte Kennwörter aktiviert haben, speichert Samba die verschlüsselten Kennwörter in einer Datei mit dem Namen *smbpasswd*. Standardmäßig befindet sich diese Datei im Verzeichnis *private* der Samba-Distribution (*/usr/local/samba/private*). Auch der Client speichert das Kennwort lokal in einer verschlüsselten Form. Das Klartext-Kennwort wird niemals gespeichert, weder auf einem Server noch auf dem Client. Jedes Betriebssystem verwendet seine eigene Methode zum Speichern von Kennwörtern, wenn es festgelegt oder geändert wird.

Wenn ein Client eine Verbindung zu einem SMB-Server aufbauen möchte, der verschlüsselte Kennwörter unterstützt (wie Samba oder Windows NT), tauschen die beiden Computer die Kennwörter wie folgt über das im folgenden beschriebene Protokoll »Herausforderung/Rückmeldung« aus:

1. Der Client versucht ein Protokoll mit dem Server auszuhandeln.

2. Der Server antwortet mit einer Liste von Protokollen und gibt dabei an, daß er verschlüsselte Kennwörter unterstützt. Er sendet dem Client zudem eine acht Byte lange, per Zufallsgenerator erzeugte Zeichenkette, die sogenannte *Herausforderung* (Englisch: *Challenge*).

3. Der Client verwendet die Herausforderung als Schlüssel zur Verschlüsselung des bereits verschlüsselten Kennwortes. Der Verschlüsselungsalgorithmus wird durch das vereinbarte Protokoll vorgegeben. Der Client sendet das Ergebnis (die sogenannte *Rückmeldung* oder *Antwort*, englisch: *Response*) an den Server.

4. Auch der Server verschlüsselt das verschlüsselte Kennwort mit Hilfe des Algorithmus und des vom ihm generierten Schlüssels. Er vergleicht das Ergebnis mit der vom Client gesendeten Zeichenkette. Wenn die beiden Zeichenketten übereinstimmen, sind die Kennwörter identisch und die Echtheit des Benutzers wurde erfolgreich bestätigt.

Beachten Sie, daß die unverschlüsselten Kennwörter dabei nicht über das Netzwerk gesendet werden. Dennoch sollten Sie sehr vorsichtig mit den verschlüsselten Kennwörtern in der Datei *smbpasswd* umgehen, damit sie unbefugten Benutzern nicht zugänglich sind. Falls ein Benutzer an die verschlüsselten Kennwörter herankommen sollte, kann er in das System einbrechen, indem er die Schritte des eben beschriebenen Algorithmus reproduziert. Die verschlüsselten Kennwörter sind genauso sensibel wie die unverschlüsselten – in der Welt der Kryptographie spricht man von *Klartext-äquivalenten* Daten. Natürlich sollten Sie auch sicherstellen, daß die Clients ihre Klartext-Kennwörter sichern.

Sie können nun Samba für die Verwendung verschlüsselter Kennwörter konfigurieren, indem Sie dem globalen Abschnitt der Datei *smb.conf* folgende Zeilen hinzufügen. Beachten Sie, daß wir den Namen der Samba-Kennwortdatei ausdrücklich angeben:

```
[global]
    security = user
    encrypt passwords = yes
    smb passwd file = /usr/local/samba/private/smbpasswd
```

Obacht: Samba akzeptiert keine Benutzer, bis die Datei *smbpasswd* initialisiert ist.

Unverschlüsselte Kennwörter auf den Clients aktivieren

Die Unix-Echtheitsbestätigung ist seit Jahrzehnten üblich, und zwar einschließlich der Verwendung von *telnet* und *rlogin* über das Internet, obwohl diese Methoden allgemein bekannte Sicherheitsrisiken bergen. Diese Verfahren senden Kennwörter im Klartext über das Internet, so daß Schnüffelprogramme die Kennwörter aus den TCP/IP-Paketen herausfiltern können. Wenn Sie Ihr Netzwerk aber für sicher halten und die

Standard-Echtheitsbestätigung über die Unix-Datei */etc/passwd* wünschen, müssen Sie unverschlüsselte Kennwörter auf denjenigen Windows-Systemen aktivieren, die normalerweise nur verschlüsselte Kennwörter senden. Beachten Sie, daß diese Windows-Betriebssysteme nach der Umstellung weiterhin verschlüsselte Kennwörter senden können. Aber wenn ein SMB-Server ein unverschlüsseltes Kennwort anfordert, können diese Betriebssysteme das Kennwort im Klartext übermitteln, was sie vorher verweigert haben.

Um das Betriebssystem umzustellen, müssen Sie im Windows-Explorer auf eine bestimmte Datei doppelklicken. Dabei spielt es keine Rolle, ob sich diese Datei lokal auf dem Computer, auf einer Diskette oder auf einer SMB-Freigabe befindet. Die Datei heißt je nach Windows-Variante *NT4_PlainPassword.reg*, *Win95_PlainPassword.reg*, *Win95_PlainPassword.reg* oder *Win2000_PlainPassword.reg*; und Sie finden sie im Verzeichnis */docs* der Samba-Distribution. Die Datei *Win95_PlainPassword.reg* funktioniert übrigens auch bei Windows 98.

Nachdem Sie den Windows-Computer neu gestartet haben, kann er auch unverschlüsselte Kennwörter senden. Das bedeutet, daß die Kennwörter im Klartext über das Netzwerk gesendet werden und abgehört werden können, sofern der SMB-Server ein unverschlüsseltes Kennwort anfordert. Wir raten davon ab, dies zu tun, solange Sie nicht absolut sicher sind, daß Ihr Netzwerk nicht abgehört werden kann.

Wenn Kennwörter nicht verschlüsselt werden sollen, können Sie folgende Zeilen in die Samba-Konfigurationsdatei eintragen:

```
[global]
    security = user
    encrypt passwords = no
```

Die Datei smbpasswd

Samba speichert verschlüsselte Kennwörter in einer Datei mit dem Namen *smbpasswd*, die sich standardmäßig im Verzeichnis */usr/local/samba/private* befindet. Sie sollten die Datei *smbpasswd* genauso gut wie die Datei *passwd* bewachen und in ein Verzeichnis legen, in dem nur root Schreib-/Leseberechtigungen besitzt. Alle anderen Benutzer sollten nicht in der Lage sein, Dateien in diesen Verzeichnissen zu lesen. Außerdem sollten für die Datei sämtliche nicht-root-Berechtigungen abgeschaltet sein.

Bevor Sie verschlüsselte Kennwörter verwenden können, müssen Sie für jeden Unix-Benutzer einen Eintrag in der Datei *smbpasswd* erzeugen. Die Struktur der Datei ähnelt derjenigen von *passwd*, besitzt aber andere Felder. Abbildung 6-3 veranschaulicht den Aufbau der Datei *smbpasswd*; der gezeigte Eintrag besteht in Wirklichkeit aus einer einzigen Zeile.

Die einzelnen Felder besitzen folgende Bedeutung:

Benutzername
   Der Name des Benutzers dieses Kontos. Er wird direkt aus der Systemkennwortdatei übernommen.

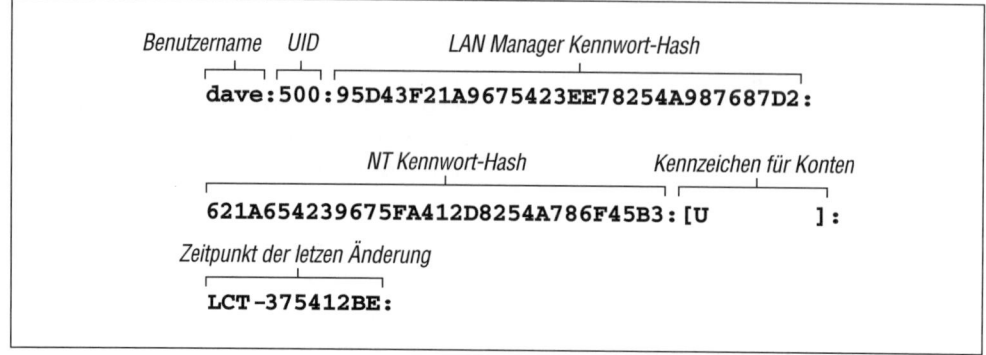

Abbildung 6-3: Struktur der Datei smbpasswd (der dargestellte Inhalt muß in einer Zeile stehen)

UID

Die Benutzer-Identifikation (User ID, UID) des Kontos. Sie wird wie der Benutzer-name direkt aus der Systemkennwortdatei übernommen und muß zum Benutzer-namen gehören.

LAN Manager Kennwort-Hash

Eine 32 Bit lange Zahl in hexadezimaler Darstellung, die das Kennwort repräsen-tiert, das Windows 95- und 98-Clients verwenden. Sie wird durch eine Verschlüsse-lung der Zeichenkette KGS!@#$% mit einem 56-Bit-DES-Algorithmus unter der Verwendung des Benutzerkennwortes (verkürzt auf 14 Zeichen und bestehend aus Großbuchstaben) erzeugt. Wenn der Benutzer momentan kein Kennwort besitzt, steht hier NO PASSWORD, gefolgt von mehreren Buchstaben X. Samba gewährt einem Benutzer ohne Kennwort keinen Zugriff auf den Server, solange Sie nicht die Option null passwords verwenden.

NT Kennwort-Hash

Diese 32 Bit lange Zahl in hexadezimaler Darstellung repräsentiert das Kennwort, das NT-Clients verwenden. Es wird mit einem MD4-Hash aus dem Kennwort des Benut-zers erzeugt (dargestellt als 16-Bit-Little-Endian-Unicode-Sequenz). Das Kennwort wird nicht erst in Großbuchstaben verwandelt.

Kennzeichen für Konten

Dieses Feld besteht aus elf Zeichen innerhalb eckiger Klammern ([ ]). Darin kann jedes der folgenden Zeichen in beliebiger Reihenfolge erscheinen, während die restlichen Stellen aus Leerzeichen bestehen sollten:

U Dieses Konto ist ein gewöhnliches Benutzerkonto.

D Dieses Konto ist momentan deaktiviert, so daß Samba keine Anmeldungen zuläßt.

N Dieses Konto besitzt kein Kennwort.

W Bei diesem Eintrag handelt es sich um eine Vertrauensstellung zu einer Arbeits-station, die es Samba ermöglicht, als primärer Domänen-Controller (PDC) zu arbeiten. Dabei können Windows NT-Computer der Domäne beitreten.

Zeitpunkt der letzten Änderung

Dieser Code besteht aus den Zeichen LCT, gefolgt von der hexadezimalen Darstellung der Anzahl der Sekunden, die seit Beginn einer bestimmten Epoche (Mitternacht des 1. Januars 1970) verstrichen sind. Er gibt an, wann der Eintrag zuletzt geändert wurde.

Der Datei smbpasswd Einträge hinzufügen

Es gibt mehrere Möglichkeiten, der Datei *smbpasswd* einen neuen Eintrag hinzuzufügen:

- Sie können das Programm *smbpasswd* mit dem Befehlszeilenschalter -a verwenden, um einen bestehenden Unix-Benutzer auf dem Server automatisch in die Samba-Datei zu übernehmen. Das Programm befindet sich im Verzeichnis */usr/local/samba/bin*.

- Sie können die ausführbare Dtaei *addtosmbpass* (im Verzeichnis */usr/local/samba/bin*) aufrufen. Dabei handelt es sich um ein einfaches *awk*-Skript, das die Systemkennwortdatei durchforstet und den Benutzernamen sowie die UID jedes Eintrags herausfiltert, den Sie der SMB-Kennwortdatei hinzufügen wollen. Das Skript verwendet für die anderen Felder der SMB-Kennwortdatei die Standardwerte, die Sie später mit dem Programm *smbpasswd* aktualisieren können. Um dieses Programm benutzen zu können, müssen Sie wahrscheinlich die erste Zeile des Skriptes bearbeiten, damit sie auf das *awk*-Programm Ihres Systems verweist.

- Wenn für Sie beide Möglichkeiten nicht in Frage kommen oder nicht funktionieren, können Sie manuell einen Standardeintrag in der Datei *smbpasswd* erzeugen. Der Eintrag sollte nicht mehr als eine Zeile in Anspruch nehmen. Verwenden Sie Doppelpunkte als Trennzeichen zwischen den Feldern, so daß die Zeile etwa so aussieht:

```
dave:500:XXXXXXXXXXXXXXXXXXXXXXXXXXXXXXXX:XXXXXXXXXXXXXXXXXXXXXXXXXXXXXXXX:
[U        ]:LCT-00000000:
```

Diese Zeile besteht aus dem Benutzernamen und der UID (beides aus der Systemkennwortdatei übernommen), gefolgt von zwei Feldern mit jeweils genau 32 Zeichen (X), dem Kennzeichen für Konten sowie dem Zeitpunkt der letzten Änderung. Nachdem Sie diese Zeile per Hand eingetragen haben, müssen Sie das Kennwort des Benutzers mit dem Programm *smbpasswd* ändern.

Das verschlüsselte Kennwort ändern

Wenn Sie das verschlüsselte Kennwort in der Datei *smbpasswd* ändern müssen, können Sie ebenfalls das Programm *smbpasswd* verwenden. Beachten Sie, daß dieses Programm denselben Namen wie die SMB-Kennwortdatei trägt. Verwechseln Sie also die SMB-Kennwortdatei nicht mit dem Programm.

Die Benutzung des Programms *smbpasswd* entspricht fast exakt der des Programms *passwd*, mit dem Sie Unix-Kennwörter ändern können. Es fragt Sie einfach nach dem alten Kennwort (solange Sie nicht root sind) und zweimal nach dem neuen Kennwort. Der Bildschirm zeigt Ihre Eingaben nicht an.

```
# smbpasswd dave
Old SMB password:
New SMB password:
Retype new SMB password:
Password changed for user dave
```

Sie können sich die Datei *smbpasswd* nach der Ausführung des Programms ansehen, um sich zu vergewissern, daß es sowohl den LAN Manager-Hash als auch den NT-Hash des Kennwortes geändert hat. Sobald ein Benutzer Einträge für verschlüsselte Kennwörter in der Datenbank besitzt, sollte er sich mit einer Freigabe verbinden können, die verschlüsselte Kennwörter verwendet!

Kennwortsynchronisation

Wenn ein Benutzer ein Kennwort sowohl verschlüsselt als auch unverschlüsselt besitzt, kann es zu Problemen kommen, wenn er beide ändern muß. Glücklicherweise besitzt Samba eine (wenn auch eingeschränkte) Möglichkeit, die beiden Kennwörter synchron zu halten. Mit einigen Konfigurationsoptionen können Sie festlegen, daß Samba das Unix-Kennwort ändern soll, wenn der Benutzer das verschlüsselte Kennwort ändert. Verwenden Sie dazu die globale Option unix password sync:

```
[global]
    encrypt passwords = yes
    smb passwd file = /usr/local/samba/private/smbpasswd

    unix password sync = yes
```

Wenn Sie diese Option aktivieren, versucht Samba (als root), auch das gewöhnliche Kennwort des Benutzers zu ändern, wenn das verschlüsselte Kennwort mit *smbpasswd* geändert wird. Damit dies funktioniert, müssen Sie aber eine von zwei weiteren Optionen entsprechend festlegen.

Die einfachere dieser beiden Optionen hört auf den Namen passwd program. Sie gibt einfach den Unix-Befehl an, mit dem das Unix-Kennwort des Benutzers geändert werden soll. Der Standardwert beträgt /bin/passwd %u. Auf einigen Unix-Systemen stimmt dieser Wert mit der Realität überein und muß nicht geändert werden. Einige Unix-Varianten, wie beispielsweise Red Hat Linux, verwenden statt dessen */usr/bin/passwd*. Außerdem wollen Sie vielleicht später einmal ein anderes Programm oder Skript benutzen. Nehmen wir zum Beispiel an, daß Sie ein Skript mit dem Namen changepass verwenden wollen, um das Kennwort eines Benutzers zu verändern. Bedenken Sie dabei, daß Sie die Samba-Variable %u für den Unix-Benutzernamen verwenden können. Unser Beispiel ändert sich demzufolge folgendermaßen:

```
[global]
    encrypt passwords = yes
    smb passwd file = /usr/local/samba/private/smbpasswd
```

```
unix password sync = yes
passwd program = changepass %u
```

Beachten Sie, daß dieses Programm vom root-Benutzer aufgerufen wird, wenn Sie die Option unix password sync auf yes setzen. Das ist erforderlich, weil Samba nicht unbedingt das alte Klartextkennwort des Benutzers kennt.

Die kompliziertere Option ist passwd chat. Sie funktioniert wie ein Chat-Skript unter Unix. Sie enthält eine Folge von Zeichenketten, die an das Programm gesendet werden, und Antworten, die vom Programm zu erwarten sind. Außerdem müssen Sie den Namen des externen Programms im Wert dieser Option angeben. Die Vorgabe sieht wie folgt aus (als Begrenzungszeichen werden Leerzeichen zwischen den einzelnen Zeichengruppen plaziert):

```
passwd chat = *old*password* %o\n *new*password* %n\n *new*password* %n\n *chan-
ged*
```

Die erste Zeichengruppe stellt eine Frage dar, die vom externen Programm zur Kennwortänderung erwartet wird. Beachten Sie, daß sie Platzhalter (*) enthalten kann, mit denen Sie die erwartete Frage verallgemeinern können, so daß das Chat-Skript mit mehreren, ähnlichen Anfragen zurechtkommt. In unserem Beispiel bedeutet *old*password*, daß Samba vom Programm eine Zeile erwartet, in der das Wort old und danach das Wort password vorkommt, unabhängig davon, was vor, zwischen und nach diesen Wörtern steht. Samba wartet unendlich lange auf eine Übereinstimmung. Wenn es die erwartete Zeile nicht findet, kann Samba das Kennwort nicht ändern.

Die zweite Gruppe gibt an, was Samba an das Programm senden soll, sobald es die erste erwartete Zeile gelesen hat. In diesem Fall handelt es sich dabei um %o\n. Die Samba-Variable %o steht für das alte Kennwort, während \n einen Zeilenvorschub repräsentiert. Samba »gibt« also das alte Kennwort »ein«, und zwar über die Standardeingabe des Programms zur Kennwortänderung, und »drückt« dann die Eingabetaste.

Anschließend sehen Sie eine weitere Antwortgruppe, gefolgt von den Daten, die Samba an das externe Programm schickt (Dieses Abfrage/Antwort-Muster läßt sich in jedem Unix-*Chat*-Skript beliebig fortsetzen). Das Skript wird solange ausgeführt, bis das letzte angegebene Muster übereinstimmt.[3]

Sie können die in Tabelle 6-6 aufgeführten Zeichen verwenden, um die Chance einer Übereinstimmung des Musters mit der gelieferten Zeile des externen Programms zu erhöhen. Außerdem können Sie die in Tabelle 6-7 aufgelisteten Zeichen benutzen, um Ihre Antwort zu formulieren.

---

3 Die Vorgabe funktioniert normalerweise nicht unter Red Hat Linux, weil das Program zur Kennwortänderung abschließend »All authentication tokens updated successfully« meldet, statt zu schreiben »Password changed.« Wir zeigen Ihnen weiter hinten in diesem Abschnitt einen Weg, dieses Problem zu lösen.

Tabelle 6-6: Zeichen für die vom externen Programm zur Kennwortänderung gelieferten Zeilen

Zeichen	Definition
*	Null oder mehr beliebige Zeichen.
" "	Ermöglicht es Ihnen, Zeichenketten mit Leerzeichen zu verwenden. Sternchen funktionieren auch innerhalb von Anführungszeichen als Platzhalter, und sie können eine leere Zeichenkette durch zwei Anführungszeichen direkt hintereinander darstellen.

Tabelle 6-7: Zeichen zum Senden in Chat-Skripten

Zeichen	Definition
%o	Das alte Kennwort des Benutzers
%n	Das neue Kennwort des Benutzers
\n	Newline-Zeichen (neue Zeile)
\r	Return-Zeichen (Wagenrücklauf ohne Zeilenvorschub)
\t	Tab-Zeichen
\s	Leerzeichen

Sie könnten anstelle des Vorgabewertes dieser Option auch die folgende Zeile verwenden. Sie funktioniert in Umgebungen, in denen Sie das alte Kennwort nicht eingeben müssen. Außerdem kommt es damit zurecht, wenn das externe Programm als letzte Zeile all tokens updated successfully sendet, so wie bei Red Hat Linux:

```
passwd chat = *new password* %n\n *new password* %n\n *success*
```

Wir möchten erneut darauf hinweisen, daß der Vorgabewert bei den meisten Unix-Variationen funktioniert. Falls dies nicht auf Ihr Unix-System zutrifft, können Sie die globale Option passwd chat debug verwenden, um ein neues Chat-Skript für das Programm zur Kennwortänderung anzulegen. Diese Option besitzt einen Booleschen Wert:

```
[global]
    encrypted passwords = yes
    smb passwd file = /usr/local/samba/private/smbpasswd

    unix password sync = yes
    passwd chat debug = yes
    log level = 100
```

Wenn Sie diese Option aktivieren, protokolliert Samba alle Ein-/Ausgaben während des Datenaustauschs mit dem Programm zur Kennwortänderung, und zwar mit der Protokollstufe 100. Da wir die Aufzeichnung später auch im Samba-Protokoll sehen wollen, stellen wir außerdem mit der Zeile log level = 100 die Samba-Protokollstufe auf 100. Da diese Vorgehensweise zahlreiche Einträge in der Protokolldatei erzeugen kann, kann es effektiver sein, die Option passwd program statt */bin/passwd* zu verwenden, um aufzuzeichnen, was während des Datenaustauschs mit dem externen Programm geschieht. Stellen Sie außerdem sicher, daß Sie Ihre Protokolldateien mit Hilfe von Dateiberechtigungen schützen, und löschen Sie dieselben, sobald Sie ihnen die benötigten Informationen entnommen haben, denn sie enthalten die Kennwörter im Klartext.

Das Betriebssystem, auf dem Sie Samba ausführen, kann strenge Regeln für die Gültigkeit von Kennwörtern besitzen, damit sie schwieriger zu erraten sind und nicht durch Wörterbuch-Angriffe herausgefunden werden können. Die Benutzer in Ihrem Netzwerk müssen derartige Regeln kennen, wenn sie ihre Kennwörter ändern.

Wir haben bereits erwähnt, daß die Kennwortsynchronisation Einschränkungen unterliegt. Diese bestehen darin, daß eine Synchronisation in einer anderen als der eben beschriebenen Richtung nicht möglich ist. Wenn das Standardkennwort in der Datei *passwd* geändert wird, bekommt Samba davon nichts mit und kann dementsprechend das neue Kennwort nicht in die Datei *smbpasswd* eintragen. Es gibt mehrere Ansätze, dieses Problem anzugehen, einschließlich NIS und den frei verfügbaren Varianten von Modulen für den Pluggable Authentication Modules (PAM)-Standard, aber keiner dieser Versuche löst dieses Problem wirklich. In der Zukunft wird sich dies mit Windows 2000 ändern, denn die Konformität mit dem Lightweight Directory Access Protocol (LDAP) wird steigen. Dieses Protokoll verspricht, daß die Kennwortsynchronisation der Vergangenheit angehört.

Optionen für Kennwörter

Die Optionen in Tabelle 6-8 helfen Ihnen, mit Kennwörtern in Samba zu arbeiten.

Tabelle 6-8: Konfigurationsoptionen für Kennwörter

Option	Parameter	Funktion	Vorgabe	Bereich
encrypt pass- words	Boolescher Wert	Aktiviert die Unterstützung für verschlüsselte Kennwörter.	no	global
unix pass- word sync	Boolescher Wert	Wenn yes, aktualisiert Samba das Kennwort in der Unix-Kenwortdatenbank, wenn ein Benutzer sein verschlüsseltes Kennwort ändert.	no	global
passwd chat	Zeichenkette (Chat-Kom- mandos)	Legt eine Folge von Befehlen fest, die an das externe Programm zur Kennwortänderung gesendet werden.	Siehe weiter vorne in diesem Kapitel	global
passwd chat debug	Boolescher Wert	Sendet Einzelheiten des Vorgangs der Kennwortänderung an das Protokoll, mit einem Protokollierungsgrad von 100.	no	global

Tabelle 6-8: Konfigurationsoptionen für Kennwörter (Fortsetzung)

Option	Parameter	Funktion	Vorgabe	Bereich
passwd program	Zeichenkette (Unix-Befehl)	Gibt das externe Programm an, das zur Änderung des Unix-Kennwortes aufgerufen werden soll.	/bin/passwd %u	global
password level	numerisch	Legt die Anzahl von Groß-buchstaben für die Übereinstimmung mit einem Client-Kennwort fest.	keine	global
update encrypted	Boolescher Wert	Wenn yes, aktualisiert Samba das verschlüsselte Kennwort, wenn ein Client sich mit einem Klartext-Kennwort mit einer Freigabe verbindet.	no	global
null passwords	Boolescher Wert	Wenn yes, erlaubt Samba den Zugriff auf Freigaben, wenn der betreffende Benutzer ein leeres Kennwort besitzt.	no	global
smb passwd file	Zeichenkette (vollständiger Pfadname)	Gibt den Namen der Datei mit den verschlüsselten Kennwörtern an.	/usr/local/samba/private/smbpasswd	global
hosts equiv	Zeichenkette (vollständiger Pfadname)	Gibt den Namen einer Datei an, die Hosts und Benutzer enthält, die kein Kennwort benötigen.	keine	global
use rhosts	Zeichenkette (vollständiger Pfadname)	Gibt den Namen einer *.rhosts*-Datei an, mit deren Hilfe sich Benutzer ohne Kennwort anmelden können.	keine	global

unix password sync

Die globale Option unix password sync ermöglicht es Samba, das Unix-Kennwort eines Benutzers anzupassen, wenn er oder sie das verschlüsselte Kennwort ändert. Samba speichert das verschlüsselte Kennwort in der Datei *smbpasswd*, die sich normalerweise im Verzeichnis */usr/local/samba/private* befindet. Sie können diese Funktion wie folgt aktivieren:

```
[global]
    unix password sync = yes
```

Wenn Sie diese Option einschalten, ändert Samba das verschlüsselte Kennwort und versucht, das Unix-Kennwort zu ändern, indem es den Benutzernamen und das neue Kennwort an das Programm sendet, das im Wert der Option passwd program angegeben ist (bereits an vorheriger Stelle beschrieben). Beachten Sie, daß Samba nicht unbedingt das alte Klartextkennwort dieses Benutzers kennt, so daß das Programm zur Kennwortänderung als root aufgerufen werden muß.[4] Wenn die Änderung des Unix-Kennwortes nicht gelingt (warum auch immer), wird auch das verschlüsselte SMB-Kennwort nicht geändert.

encrypt passwords

Die globale Konfigurationsoption encrypt passwords aktiviert die Unterstützung für verschlüsselte Kennwörter. Wenn Sie diese Option aktivieren, erwartet Samba von seinen Clients verschlüsselte Kennwörter:

```
encrypt passwords = yes
```

Standardmäßig können Windows NT 4.0 ab Service Pack 3 und Windows 98 ausschließlich verschlüsselte Kennwörter über das Netzwerk senden. Wenn Sie verschlüsselte Kennwörter mit Samba verwenden wollen, muß eine gültige Datei *smbpasswd* an der richtigen Stelle (*/usr/local/samba/private/smbpasswd*) vorliegen; in ihr müssen sich die Einträge für die Benutzer befinden, die auf den Samba-Server zugreifen wollen. (Mehr dazu finden Sie im Abschnitt »Die Datei smbpasswd« weiter vorne in diesem Kapitel.) Sollte sich diese Datei an einer anderen Stelle befinden, müssen Sie Samba mit der Option smb passwd file über ihren Aufenthaltsort informieren.

Wenn Sie wollen, können Sie die Option update encrypted eintragen, damit Samba jedesmal die Datei *smbpasswd* aktualisiert, wenn ein Client mit unverschlüsseltem Kennwort eine Verbindung aufnimmt.

In vielen Fällen soll sichergestellt werden, daß bestimmte Hosts auch wirklich verschlüsselte Kennwörter benutzen. Häufig verwendet man zu diesem Zweck die Option include. Mit ihr können Sie individuelle Konfigurationsdateien erstellen, die auf dem Betriebssystem-Typ (%a) des Clients oder seinem Namen (%m) basieren. Diese Computer- oder betriebssystembezogenen Konfigurationsdateien können die Option encrypted passwords = yes enthalten, die nur dann in Aktion tritt, wenn die betreffenden Clients auf den Server zugreifen.

passwd program

Die Option passwd program spezifiziert das Programm, das der Samba-Server aufruft, um das Unix-Kennwort für einen Benutzer zu ändern, wenn das verschlüsselte Kennwort geändert wird. Der Vorgabewert ist das Programm *passwd*, das sich üblicherweise im Verzeichnis */bin* befindet. Die Samba-Variable %u wird hier häufig dazu herangezogen, um den Benutzer anzugeben, der das Programm aufruft. Wie der Datenaustausch zwi-

---

4 Das liegt daran, daß das Unix-Programm *passwd* (das übliche Ziel dieses Vorgangs) es nur root erlaubt, ein Benutzerkennwort zu ändern, ohne das alte Kennwort des Benutzers zu kennen.

schen Samba und dem Programm im einzelnen vonstatten geht, bestimmt die Option passwd chat. Detaillierte Angaben darüber finden Sie in diesem Kapitel im Abschnitt »Kennwortsynchronisation«.

passwd chat

Diese Option gibt eine Serie von Zeichenmustern an, die an das Programm zur Kennwortänderung gesendet werden und die von diesem Programm zu erwarten sind. Mit diesem Muster können Sie festlegen, wie Samba Daten mit dem externen Programm austauscht. Die Zeichenmuster ergeben eine Art Chat-Skript, wie sie im Unix-Umfeld verbreitet sind. Detaillierte Angaben darüber finden Sie in diesem Kapitel im Abschnitt »Kennwortsynchronisation«.

passwd chat debug

Wenn Sie den Wert dieser Option auf yes setzen, protokolliert Samba alle Daten, die an das externe Programm zur Kennwortänderung gesendet werden und die von diesem Programm kommen, und zwar mit dem Protokollierungsgrad 100. Sie müssen allerdings in Ihrer Samba-Konfigurationsdatei die Option log level = 100 setzen, damit die Angaben auch aufgezeichnet werden. Detaillierte Angaben darüber finden Sie in diesem Kapitel im Abschnitt »Kennwortsynchronisation«. Seien Sie sich bewußt, daß diese Option Kennwörter im Klartext in die Protokolldateien schreibt, so daß bei nicht ausreichend geschützten Protokolldateien ein Sicherheitsproblem entsteht.

password level

Einige Varianten des SMB-Protokolls senden unverschlüsselte Kennwörter in Großbuchstaben, genau wie bei Benutzernamen, wie wir bereits erwähnt haben. Viele Unix-Benutzer wählen aber Kennwörter, die sowohl Groß- als auch Kleinbuchstaben enthalten. Samba probiert das Kennwort standardmäßig nur mit Kleinbuchstaben aus und versucht nicht, den ersten Buchstaben groß zu schreiben.

Ähnlich der Option username level gibt es eine Option password level, mit der Sie festlegen können, wie viele Variationen des Kennwortes mit Großbuchstaben Samba ausprobiert. Diese Option benötigt einen ganzzahligen Wert, der bestimmt, wie viele Zeichen Samba in Großbuchstaben setzen soll, wenn es prüft, ob Benutzername und Kennwort übereinstimmen. Verwenden Sie diese Option wie folgt:

```
[global]
    password level = 3
```

In diesem Fall probiert Samba alle möglichen Variationen des Kennwortes mit ein bis drei Großbuchstaben aus. Je größer die Zahl ist, desto mehr Versuche unternimmt Samba und desto länger kann es dauern, bis die Verbindung zur Freigabe hergestellt ist.

update encrypted

Netzwerke, die bisher unverschlüsselte Kennwörter verwendet haben und nun zu verschlüsselten Kennwörtern wechseln wollen, können die Option `update encrypted` einsetzen. Diese Option ermöglicht einen fließenden Übergang:

```
[global]
    update encrypted = yes
```

Dadurch erzeugt Samba für jeden Benutzer aus dem Unix-Kennwort das verschlüsselte Kennwort in der Datei *smbpasswd*, sobald der betreffende Benutzer auf eine Freigabe zugreift. Sie müssen allerdings den Wert der Option `encrypt passwords` auf no festlegen, so daß der Client dem Samba-Server auf jeden Fall das Kennwort im Klartext liefert (sofern der Client dazu in der Lage ist; Windows NT 4.0 ab Service Pack 3 und Windows 98 nämlich weigern sich standardmäßig, unverschlüsselte Kennwörter zu senden). Wenn sich jeder Benutzer mindestens einmal angemeldet hat, können Sie `encrypted passwords = yes` eintragen, so daß der Samba-Server von den Clients ausschließlich verschlüsselte Kennwörter anfordert. Damit dies funktioniert, muß der betreffende Benutzer bereits einen Eintrag in der Datei *smbpasswd* besitzen.

null passwords

Diese globale Option teilt Samba mit, ob Benutzern mit leerem Kennwort (verschlüsselt oder unverschlüsselt) der Zugriff gewährt werden soll. Die Vorgabe ist no, und Sie können den Wert wie folgt ändern:

```
null passwords = yes
```

Wir raten dringend davon ab, dies zu tun, wenn Sie nicht genau wissen, was Sie tun und welche Sicherheitsrisiken diese Option birgt. Das schließt den ungewollten Zugriff auf Systembenutzer (wie bin), die in der Systemkennwortdatei kein Kennwort besitzen, mit ein.

smb passwd file

Diese globale Option gibt an, wo sich die Datei mit den verschlüsselten Kennwörtern befindet. Die Voreinstellung ist */usr/local/samba/private/smbpasswd*. Verwenden Sie diese Option wie folgt:

```
[global]
    smb passwd file = /etc/smbpasswd
```

Dieser Ort ist beispielsweise in vielen Red Hat-Distributionen üblich.

hosts equiv

Diese globale Option teilt Samba den Namen der Unix-Datei *hosts.equiv* mit. Diese Datei ermöglicht den Zugriff von bestimmten Clients oder Benutzern ohne Kennwort. Verwenden Sie diese Option wie folgt:

```
[global]
    hosts equiv = /etc/hosts.equiv
```

Diese Option besitzt keinen Vorgabewert. Da diese Option ein äußerst hohes Sicherheitsrisiko bergen kann, raten wir dringend davon ab, sie einzusetzen, solange Sie der Sicherheit Ihres Netzwerkes nicht trauen können.

use rhosts

Diese Konfigurationsoption auf globaler Ebene gibt den Namen der Unix-Datei *.rhosts* an, die Clients den Zugriff auf Freigaben ohne Angabe eines Kennwortes erlaubt. Verwenden Sie diese Option wie folgt:

```
[global]
    use rhosts = /home/dave/.rhosts
```

Diese Option besitzt keinen Vorgabewert. Da diese Option wie die Option hosts equiv ein äußerst großes Sicherheitsrisiko mit sich bringen kann, raten wir dringend davon ab, sie einzusetzen, solange Sie nicht der Sicherheit Ihres Netzwerkes trauen können.

Windows-Domänen

Sie sind nun mit Benutzern und Kennwörtern vertraut, so daß wir Ihnen zeigen können, wie Sie Samba als primären Domänen-Controller für Windows 95/98- und NT-Systeme einsetzen können. Wozu sollten Sie Domänen verwenden? Die Antwort ist nicht offensichtlich, solange Sie keinen Blick hinter die Kulissen werfen. Dies gilt besonders für Windows 95/98.

Erinnern Sie sich daran, daß Windows 95/98 bei der lokalen Anmeldung jede Kombination aus Benutzername und Kennwort akzeptiert, solange der Computer als gewöhnliches Mitglied einer Arbeitsgruppe konfiguriert ist. Es gibt auf Windows 95/98-Systemen keine unbefugten Benutzer. Wenn sich ein neuer Benutzer anmeldet, fragt das Betriebssystem ihn nach seinem neuen Kennwort und kennt den neuen Benutzer von diesem Zeitpunkt an. Windows 95/98 verwendet das eingegebene Kennwort nur, wenn Sie die Verbindung zu einer SMB-Freigabe herstellen wollen.

Domänenanmeldungen ähneln hingegen den Anmeldungen bei Unix-Systemen. Damit sich ein Benutzer an eine Domäne anmelden kann, muß er einen gültigen Benutzernamen mit dem passenden Kennwort eingeben. Diese Kombination überprüft dann einer der Domänen-Controller mit Hilfe seiner Sicherheitskontendatenbank. Wenn das Kennwort falsch ist, wird der Benutzer sofort benachrichtigt und das Betriebssystem bricht den Anmeldeversuch ab.

Es gibt noch weitere gute Nachrichten: Nachdem sich ein Benutzer erfolgreich an eine Domäne angemeldet hat, kann er sämtliche Freigaben innerhalb der Domäne benutzen, ohne sich an jeden Server erneut anmelden zu müssen (natürlich nur, sofern er die erforderlichen Berechtigungen für die Freigabe besitzt). Das funktioniert, weil der Domänen-Controller, der die Anmeldung bestätigt hat, dem Client eine Art elektronischen Gutschein (englisch: Token) sendet. Dieses Verfahren ist zwar für den Benutzer nicht sichtbar, es macht sich aber dennoch bemerkbar, weil es die Netzwerklast senkt. (Sie können diese Methode abstellen, indem Sie die Option `revalidate` verwenden.)

Samba für Windows-Domänenanmeldungen konfigurieren

Wie Sie Samba als Domänen-Controller einsetzen, erfahren Sie in den nächsten Abschnitten. Sie beschreiben sowohl die erforderliche Konfiguration des Samba-Servers als auch diejenige der Clients, damit sie überhaupt auf die Domäne zugreifen.

 Wenn Sie mehr über das Einrichten von Domänen wissen wollen, lesen Sie den Text *DOMAINS.TXT*, der in der Samba-Distribution enthalten ist.

Windows 95/98-Clients

Samba als PDC für Windows 95/98-Clients einzurichten, ist ziemlich langweilig. Sie müssen eigentlich nur folgendes sicherstellen:

* Samba muß der einzige primäre Domänen-Controller für die gewünschte Arbeitsgruppe/Domäne sein.

* Es muß einen WINS-Server im Netzwerk geben. Dabei kann es sich um einen Samba- oder einen NT-Server handeln (mehr über WINS erfahren Sie in Kapitel 7, *Drucken und Namensauswertung*).

* Samba verwendet Sicherheitsmaßnahmen auf Benutzerebene (das heißt, Samba darf für die Echtheitsbestätigung von Benutzern nicht auf einen anderen Computer zurückgreifen). Verwenden Sie keine Sicherheitsmaßnahmen auf Domänenebene, wenn Samba selbst als PDC arbeitet.

Tragen Sie nun folgende Zeilen in die Samba-Konfigurationsdatei ein:

```
[global]
    workgroup = SIMPLE
    domain logons = yes

# Unbedingt Sicherheit auf Benutzerebene verwenden!

    security = user

# Unbedingt Samba zum Master-Browser der Domäne machen!

    os level = 34
    local master = yes
    preferred master = yes
    domain master = yes
```

Dank der Option `domain logons` kann Samba Domänen-Echtheitsbestätigungen für Clients durchführen, die dies anfordern. Der Name der Domäne entspricht dem Namen der Arbeitsgruppe, in unserem Fall also SIMPLE.

Anschließend müssen Sie eine schreibgeschützte, nicht öffentliche und nicht durchsuchbare Freigabe mit dem Namen `netlogon` erstellen (es spielt keine Rolle, auf welchen lokalen Pfad diese Freigabe verweist, solange sich Windows-Computer mit ihr verbinden können):

```
[netlogon]
    comment = Anmeldedienst für die Domäne
    path = /export/samba/logon
    public = no
    writeable = no
    browseable = no
```

Windows NT-Clients

Wenn Ihr Netzwerk Windows NT-Clients besitzt, müssen Sie einige zusätzliche Schritte erledigen, damit Samba als primärer Domänen-Controller arbeiten kann.

 Sie müssen Samba ab der Version 2.1 einsetzen, damit Ihr Samba-Server PDS für NT-Clients arbeiten kann. Vor der Version 2.1 beschränkte sich die Funktionalität auf die Echtheitsbestätigung von Benutzern. Als dieses Buch in den Druck ging, war Samba 2.0.5 aktuell, aber Samba 2.1 war über den CVS-Download verfügbar. Wie Sie Alpha-Versionen von Samba bekommen können, steht in Anhang E, *Samba mit CVS herunterladen*.

Zunächst müssen Sie die Bedingungen einhalten, die auch für Windows 95/98-Clients gelten. Wenn Samba als PDC für diese Clients funktioniert, müssen Sie sich für NT-Clients zusätzlich vergewissern, daß Samba verschlüsselte Kennwörter verwendet. Im Abschnitt [global] muß also die Zeile `encrypted passwords = yes` stehen:

```
[global]
    workgroup = SIMPLE
    encrypted passwords = yes
    domain logons = yes

    security = user
```

Vertrauensstellungen für NT-Clients herstellen

Dieser Schritt ist ausschließlich für NT-Clients erforderlich (und möglich). Alle NT-Clients, deren Benutzer sich an einer Domäne anmelden, müssen Mitglieder dieser Domäne sein. Dazu verwendet Windows NT sogenannte *Vertrauensstellungen*. Dabei handelt es sich um spezielle Konten für den Client, damit sich dieser an der Domäne anmelden kann (nicht an einer ihrer Freigaben). Nach einer solchen Anmeldung vertraut der Client der Domäne, so daß auf dem Client Verzeichnisse für die Domäne freigegeben werden können. Umgekehrt können sich nur Benutzer von NT-Clients an der Domäne anmelden, die auf der Domäne eine Vertrauensstellung besitzen. Eine Vertrauensstellung wird hin und wieder auch als Computer-Konto bezeichnet und ähnelt von ihrer Funktion und ihrem Zweck her stark einem Benutzerkonto. Wir werden gewöhnliche Unix-Benutzerkonten verwenden, um Vertrauensstellungen auf dem Samba-Server zu simulieren.

Der Anmeldename des Clients entspricht dem NetBIOS-Namen des Clients mit einem angehängten Dollarzeichen. Wenn Ihr NT-Client beispielsweise `chimaera` heißt, wäre sein Anmeldename `chimaera$`. Wie ein Benutzerkonto besitzt auch eine Vertrauensstellung ein Kennwort. Das anfängliche Kennwort entspricht dem NetBIOS-Namen in Kleinbuchstaben. Um die Vertrauensstellung auf dem Samba-Server herzustellen, müssen Sie ein Unix-Benutzerkonto mit dem entsprechenden NetBIOS-Namen und einem verschlüsselten Kennwort in der Datenbank *smbpasswd* erzeugen.

Lassen Sie uns den ersten Teil angehen. Dazu müssen wir lediglich die Datei */etc/passwd* verändern und dort eine Zeile für die neue Vertrauensstellung eintragen. Ein Basisverzeichnis oder eine Shell ist für den neuen »Benutzer« nicht erforderlich, weil wir uns nur darum kümmern, ob die Anmeldung möglich ist. Daher können wir ein Dummy-Konto mit der folgenden Zeile erstellen:

```
chimaera$:*:1000:900:Vertrauensstellung:/dev/null:/dev/null
```

Beachten Sie, daß wir das Kennwort deaktiviert haben, indem wir im entsprechenden Feld ein Sternchen eingetragen haben. Auf diese Weise kann sich niemand interaktiv oder beispielsweise per Telnet unter diesem Kontonamen anmelden. Für Samba ist dies kein Problem, weil der Samba-Server dieses Feld nicht benutzt und statt desssen auf seine eigene Datei (*smbpasswd*) mit verschlüsselten Kennwörtern zugreift. Abgesehen vom Namen des Kontos wird nur das Feld mit der UID (1000) verwendet. Diese UID verweist auf den korrespondierenden Eintrag in der Datei *smbpasswd*. Diese Nummer muß mit einer eindeutigen Ressourcenidentifizierung des NT-Clients übereinstimmen. Daher sollte kein NT-Benutzer und keine NT-Gruppe diese Nummer besitzen. Ansonsten können seltsame und schwer zu diagnostizierende Netzwerkfehler auftreten.

Als nächstes erzeugen wir mit dem Programm *smbpasswd* ein verschlüsseltes Kennwort, das in die Datei *smbpasswd* eingetragen wird:

```
# smbpasswd -a -m chimaera
Added user chimaera$
Password changed for user chimaera$
```

Der Befehlszeilenschalter –m legt fest, daß Sie eine Vertrauensstellung für einen Computer erzeugen möchten. Das Programm *smbpasswd* bestimmt automatisch das richtige anfängliche Kennwort für den Client (der NetBIOS-Name des Clients in Kleinbuchstaben), so daß Sie das Kennwort nicht eingeben müssen. Samba akzeptiert nun Domänenanmeldungen von dem betreffenden Client aus.

Windows-Client für Domänenanmeldungen konfigurieren

Wenn Sie Samba für Domnänenanmeldungen konfiguriert haben, können Sie Ihre Windows-Clients umstellen, damit diese sich an die Domäne anmelden.

Windows 95/98

Rufen Sie dazu unter Windows 95/98 die Netzwerkkonfiguration auf (Start – Einstellungen – Systemsteuerung – Netzwerk). Klicken Sie dann in der Liste der installierten

Netzwerksoftware auf `Client` für `Microsoft-Netzwerke` und anschließend auf die Schaltfläche `Eigenschaften`, wodurch das in Abbildung 6-4 dargestellte Dialogfenster erscheint. Aktivieren Sie dort das Kontrollkästchen `An Windows NT-Domäne anmelden`. Geben Sie in das Feld darunter den Namen der Arbeitsgruppe/Domäne ein, wie er in der Samba-Konfigurationsdatei steht. Klicken Sie auf `OK`, und starten Sie den Computer neu. Bitte achten Sie darauf, daß der hier eingegebene Name auch auf der Registerkarte `Identifikation` im Feld `Arbeitsgruppe` eingetragen ist. Windows 95/98 erlaubt zwar, wie auch Windows for Workgroups, unterschiedliche Namen für die Domäne und die Arbeitsgruppe, aber damit handeln Sie sich nur Ärger ein.

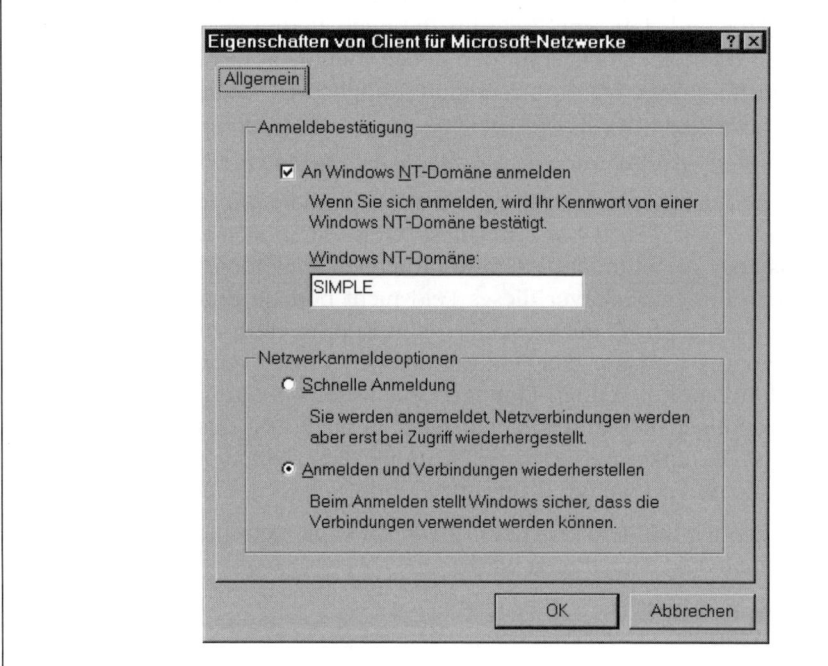

Abbildung 6-4: Einen Windows 95/98-Client für die Domänenanmeldung konfigurieren

Wenn sich Windows beschwert, daß Sie bereits an die Domäne angemeldet sind, besteht wahrscheinlich eine aktive Verbindung zu einer Freigabe in der betreffenden Arbeitsgruppe (zum Beispiel ein zugeordnetes Netzlaufwerk). Trennen Sie einfach die Verbindung zu der Freigabe vorübergehend, indem Sie im Windows-Explorer mit der rechten Maustaste auf das Netzlaufwerk klicken und aus dem Kontextmenü den Punkt `Trennen` aufrufen.

Wenn Windows neu startet, sollte das Anmeldefenster ein zusätzliches Feld für die Domäne enthalten. Der Domänenname sollte bereits darin stehen, so daß der Benutzer lediglich sein Kennwort eingeben muß (und seinen Namen, falls sich zuletzt ein anderer Benutzer angemeldet hat). Windows fragt nun einen Domänen-Controller (in unserem Fall also Samba als primären Domänen-Controller), ob die Kombination aus Benutzername und Kennwort korrekt ist. (Sie können die Samba-Protokolldateien prüfen, wenn Sie Einzelheiten dazu erfahren möchten). Wenn alles geklappt hat – herzlichen Glückwunsch! Sie haben Samba als Domänen-Controller für Windows 95/98-Computer konfiguriert, und Ihr Client hat erfolgreich eine Verbindung zur Domäne hergestellt.

Windows NT 4.0

Damit sich Windows NT an die Domäne anmeldet, müssen Sie die Netzwerksystemsteuerung aufrufen (Start – Einstellungen – Systemsteuerung – Netzwerk). Beim Aufruf dieses Dialogfensters ist die Registerkarte Identifikation aktiv.

Klicken Sie auf die Schaltfläche Ändern, woraufhin das in Abbildung 6-5 dargestellte Dialogfenster erscheint. In diesem Dialogfenster können Sie wählen, ob der betreffende Windows NT-Computer Mitglied einer Arbeitsgruppe oder einer Domäne sein soll. Klicken Sie auf das Optionsfeld Domäne, und geben Sie daneben den Namen der Domäne ein. Sie sollte der Arbeitsgruppe entsprechen, die Sie in Samba konfiguriert haben. Achten Sie darauf, daß das Kontrollkästchen Computerkonto in der Domäne erstellen nicht aktiviert ist. Da Sie die Vertrauensstellung bereits angelegt haben, muß für den NT-Rechner kein Computer-Konto auf dem Samba-Server angelegt werden. Abgesehen davon ist es mit der momentan aktuellen Samba-Version nicht möglich, das Konto für die Vertrauensstellung an dieser Stelle zu erzeugen; Sie müssen also erst das Konto auf dem Samba-Server einrichten, bevor Sie einen NT-Rechner zum Mitglied der Domäne machen.

Wenn sich Windows beschwert, daß Sie bereits an die Domäne angemeldet sind, besteht wahrscheinlich eine aktive Verbindung zu einer Freigabe in der betreffenden Arbeitsgruppe (zum Beispiel ein zugeordnetes Netzlaufwerk). Trennen Sie die Verbindung zu der Freigabe vorübergehend, indem Sie im Windows-Explorer mit der rechten Maustaste auf das Netzlaufwerk klicken und aus dem Kontextmenü den Punkt Trennen aufrufen.

Klicken Sie auf OK, und nach einigen Sekunden sollte ein Hinweis erscheinen, der Sie in der Domäne willkommen heißt. Anschließend müssen Sie den Computer neu starten. Das Anmeldefenster enthält nun ein weiteres Feld, in dem Sie die Domäne auswählen können, an die Sie sich anmelden wollen (ähnlich wie bei Windows 95/98). Sie können sich nun als jeder Benutzer anmelden, der auf dem Samba-Server existiert.

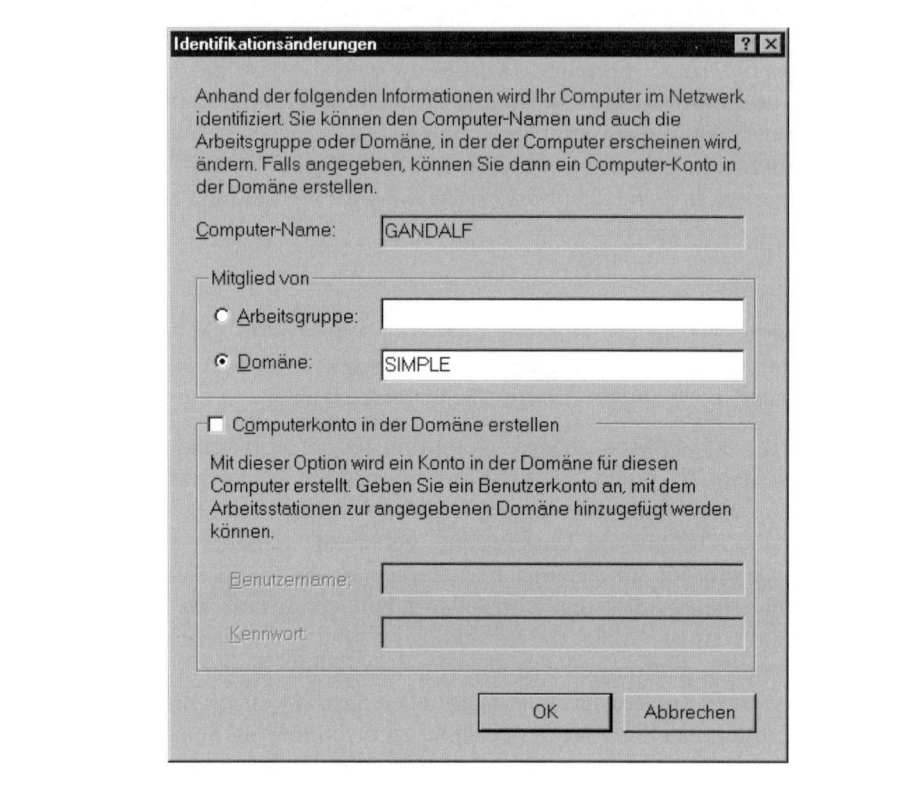

Abbildung 6-5: Einen Windows NT-Client für die Domänenanmeldung konfigurieren

Normalerweise können Sie im Feld für die Domäne ausschließlich die Samba-Arbeitsgruppe/Domäne auswählen. Vergewissern Sie sich bitte trotzdem, daß dort die richtige Domäne steht. Wenn Sie das Drop-Down-Feld aufklappen, dauert es in der Regel mehrere Sekunden, bis Windows NT die verfügbaren Domänen ermittelt hat und sie anzeigt.

Wenn Sie das Kennwort eingeben und auf OK klicken, fragt Windows NT einen der Domänen-Controller (in unserem Fall also den Samba-Server als primären Domänen-Controller, weil für diese Domäne kein anderer Controller existiert), ob die Kombination aus Benutzername und Kennwort korrekt ist. Wenn Sie mehr über diesen Datenaustausch erfahren wollen, schauen Sie in die Samba-Protokolldateien. Hat alles geklappt, haben Sie Samba erfolgreich als PDC für NT-Computer konfiguriert.

Optionen für Domänen

Tabelle 6-9 führt die Optionen auf, die in Zusammenhang mit Domänenanmeldungen verbreitet sind.

Tabelle 6-9: Optionen für Windows 95/98/NT-Domänenanmeldungen

Option	Parameter	Funktion	Vorgabe	Bereich
domain logons	Boolescher Wert	Gibt an, ob Samba Windows-Domänenanmeldungen unterstützen soll.	no	global
domain group map	Zeichenkette (vollständige Pfadangabe)	Name der Datei, die eine Zuordnung von Unix- zu Windows NT-Domänengruppen bereitstellt.	keine	global
domain user map	Zeichenkette (vollständige Pfadangabe)	Name der Datei, die Unix- zu Windows NT-Domänenbenutzern zuordnet.	keine	global
local group map	Zeichenkette (vollständige Pfadangabe)	Name der Datei, die Unix- zu lokalen Windows NT-Gruppppen zuordnet.	keine	global
revalidate	Boolescher Wert	Wenn **yes**, müssen sich Benutzer für jede von ihnen benutzte Freigabe separat anmelden.	no	Freigabe

domain logons

Wenn Sie diese Option aktivieren, akzeptiert Samba Domänenanmeldungen als primärer Domänen-Controller. Wenn sich ein Client erfolgreich an die Domäne anmeldet, sendet Samba diesem Client einen elektronischen Gutschein zurück, mit dem der Client auf weitere Freigaben der Domäne zugreifen kann, ohne die Echtheit des Benutzers erneut bei einem der Domänen-Controller bestätigen lassen zu müssen. Beachten Sie, daß Sie beim Samba-Server außerdem die Sicherheit auf Benutzerebene (security = user) aktivieren müssen, damit er als Domänen-Controller arbeitet. Windows-Computer benötigen weiterhin eine versteckte Freigabe mit dem Namen netlogon auf dem Samba-Server (mehr dazu steht weiter vorne in diesem Kapitel im Abschnitt »Samba für Windows-Domänenanmeldungen konfigurieren«).

domain group map

Diese Option gibt den Ort der Datei an, in der sich Zuordnungen von Windows NT-Domänen-Gruppppennamen zu Unix-Gruppennamen befinden. Diese Datei sollte sich auf dem Samba-Server befinden, wie im folgenden Beispiel:

```
/usr/local/samba/private/groups.mapping
```

Das Format der Datei ist sehr einfach:

```
UnixGruppe = NTGruppe
```

Zum Beispiel:

```
admin = Administratoren
```

Die angegebene Unix-Gruppe sollte eine gültige Gruppe sein und in der Datei */etc/group* vorkommen. Die NT-Gruppe sollte den Namen der NT-Gruppe besitzen, der Sie die Unix-Gruppe auf einem NT-Client zuordnen wollen. Diese Option funktioniert nur mit NT-Clients.

domain user map

Diese Option gibt an, wo sich die Zuordnungsdatei befindet, die Unix-Benutzernamen in Namen von Windows NT-Domänenbenutzern wandelt. Diese Datei sollte sich wie im folgenden Beispiel auf dem Samba-Server befinden:

```
/usr/local/samba/private/domainuser.mapping
```

Das Format der Datei ist sehr einfach:

```
UnixBenutzername = [\\Domäne\\]NTBenutzername
```

Zum Beispiel:

```
Arndt = ArndtBenecke
```

Der angegebene Unix-Name sollte ein gültiger Benutzername sein und in der Datei */etc/passwd* vorhanden sein. Der NT-Name sollte der Benutzername sein, zu dem der Unix-Benutzername auf dem NT-Client zugeordnet wird. Diese Option funktioniert nur mit NT-Clients.

> Wenn Sie mehr über Domain-Benutzernamen und lokale Gruppen wissen möchten, empfehlen wir Ihnen *Windows NT Benutzer-Administration* von Ashley J. Meggitt & Timothy D. Ritchey, erschienen im O'Reilly Verlag.

local group map

Diese Option gibt den Ort der Zuordnungsdatei an, die lokale Windows NT-Gruppennamen den entsprechenden Unix-Gruppennamen zuordnet. Zu den lokalen Gruppennamen gehören Administratoren und Benutzer. Auch diese Datei sollte sich wie im folgenden Beispiel auf dem Samba-Server befinden:

```
/usr/local/samba/private/localgroup.mapping
```

Das Format der Datei ist sehr einfach:

```
UnixGroup = [BUILTIN\]NTGroup
```

Zum Beispiel:

```
root = BUILTIN\Administrators
```

Diese Option funktioniert nur mit NT-Clients. Weitere Angaben über Benutzer- und Gruppenkonten finden Sie in *Windows NT Benutzer-Administration* von Ashley J. Meggitt & Timothy D. Ritchey (O'Reilly Verlag).

revalidate

Wenn Sie diese Option auf Freigabeebene einschalten, müssen sich Benutzer jedesmal erneut mit ihrem Kennwort anmelden, wenn sie eine neue Freigabe des Samba-Servers verwenden, und zwar unabhängig von der Sicherheitsebene. Der Vorgabewert ist no, so daß Samba Benutzern traut, sobald sie sich einmal angemeldet haben. Sie können den Wert wie folgt ändern:

```
revalidate = yes
```

Sie können diese Option verwenden, um die Sicherheit Ihres Servers zu erhöhen. Sie sollten sich dies aber gut überlegen, da es für die Benutzer sehr unbequem ist, sich für jede Freigabe separat anmelden zu müssen.

Anmeldeskripten

Samba unterstützt Windows-Anmeldeskripten. Dabei handelt es sich um ausführbare Dateien, meist Stapeldateien (.BAT oder .CMD), die der Client ausführt, wenn sich ein Benutzer an die Domäne anmeldet. Die Skripten werden zwar auf dem Unix-System gespeichert, aber auf den Client übertragen und dort ausgeführt, sobald sich ein Benutzer anmeldet. Diese Skripten sind für die dynamische Einrichtung der Netzwerkkonfiguration bei der Benutzeranmeldung von unschätzbarem Wert. Der Nachteil ist, daß Sie Windows-Befehle zur Netzwerkkonfiguration verwenden müssen, weil die Skripten auf Windows-Systemen ausgeführt werden.

 Wenn Sie mehr über die NET-Befehle erfahren möchten, empfehlen wir Ihnen folgende Bücher aus dem O'Reilly Verlag: *Windows NT in a Nutshell* (auch deutschsprachig erhältlich), *Windows 95 in a Nutshell* und *Windows 98 in a Nutshell* (derzeit nur englischsprachig erhältlich).

Sie können die Option logon script wie im folgenden Beispiel verwenden, damit Samba Anmeldeskripten unterstützt:

```
[global]
    domain logons = yes
    security = user
    workgroup = SIMPLE

    os level = 34
    local master = yes
    preferred master = yes
    domain master = yes
```

```
        logon script = %U.bat

   [netlogon]
        comment = Anmeldedienst für die Domäne
        path = /export/samba/logon
        public = no
        writeable = no
        browseable = no
```

Dieses Beispiel verwendet die Samba-Variable %U, wodurch Sie individuelle Skripten für Ihre Benutzer verwenden können. Es ist üblich, die Anmeldeskripten vom jeweiligen Benutzer oder Client abhängig zu machen. Sie können die Skripten verwenden, um individuelle Konfigurationen für Benutzer oder Clients festzulegen.

Legen Sie alle Anmeldeskripten im Hauptverzeichnis der Freigabe netlogon ab. Wenn die Freigabe netlogon beispielsweise das Unix-Verzeichnis */export/samba/logon* verwendet und Ihr Anmeldeskript *jeff.bat* heißt, sollte der vollständige Pfadname der Datei */export/samba/logon/jeff.bat* lauten. Wenn sich ein Benutzer an eine Domäne anmeldet, die Anmeldeskripten verwendet, erscheint auf dem Client ein Textfenster, in dem das Skript ausgeführt wird.

Eine Warnung: Da diese Skripten von Windows geladen und ausgeführt werden, müssen .BAT- oder .CMD-Skripten DOS-formatierte Zeilenschaltungen (bestehend aus einem Zeichen für den Wagenrücklauf und einem Zeichen für die neue Zeile) enthalten. Am besten verwenden Sie einen DOS- oder Windows-Editor, um die Skripten zu erstellen und zu bearbeiten.

Hier ein Muster-Anmeldeskript, das die Systemzeit vom Samba-Server bezieht und die lokalen Laufwerksbuchstaben h und i Freigaben auf dem Samba-Server zuordnet (beachten Sie, daß das Skript unter den Rechten des Client-Benutzers ausgeführt wird und daß dieser auf dem NT-Rechner möglicherweise die Systemzeit nicht verändern darf):

```
   # Die Systemzeit vom Samba-Server holen.
   # Dazu muß bei Samba die Option "time server = yes"
   # in der Datei smb.conf gesetzt sein.

   echo Hole Uhrzeit vom Samba-Server…
   net time \\hydra /set /yes

   # Und jetzt die Netzlauferke mit
   # Freigaben auf dem Samba-Server verbdinden
   echo Verbindung zu Netzlaufwerken auf dem Samba-Server Hydra herstellen…
   net use h: \\hydra\data
   net use i: \\hydra\network
```

Server-gespeicherte Profile

Bei Windows NT besitzt jeder Benutzer ein eigenes *Benutzerprofil*. Bei Windows 95/98 kann jeder Benutzer ein eigenes Benutzerprofil besitzen, wenn der Administrator dies auf dem Client-Computer konfiguriert. Zu einem Benutzerprofil gehören mehrere Daten, wie das Aussehen der Arbeitsumgebung, das Menü Start, der Hintergrund, die Symbole auf dem Desktop und einiges mehr. Ist das Profil lokal auf dem System gespeichert, von dem aus sich der Benutzer anmeldet, spricht man von einem *lokalen Profil*. Wenn das Profil auf einem Server gespeichert ist, spricht man von einem *Server-gespeicherten Profil*. Der Vorteil eines Server-gespeicherten Profils ist, daß der Benutzer von jeder Arbeitsstation, von der aus er sich bei der Domäne anmeldet, seine gewohnte Arbeitsumgebung erhält. Das Server-gespeicherte Profil heißt im englischen *Roaming Profile* (reisendes Profil), weil der Benutzer zwischen den Client-Computer reisen kann und dabei seine Umgebung »mitnimmt«. Daher sind Server-gespeicherte Profile besonders in Umgebungen interessant, in der Benutzer nicht immer denselben Computer verwenden (zum Beispiel, wenn sie abwechselnd einen Desktop-PC und einen Laptop verwenden). Abbildung 6-6 veranschaulicht lokale und Server-gespeicherte Profile.

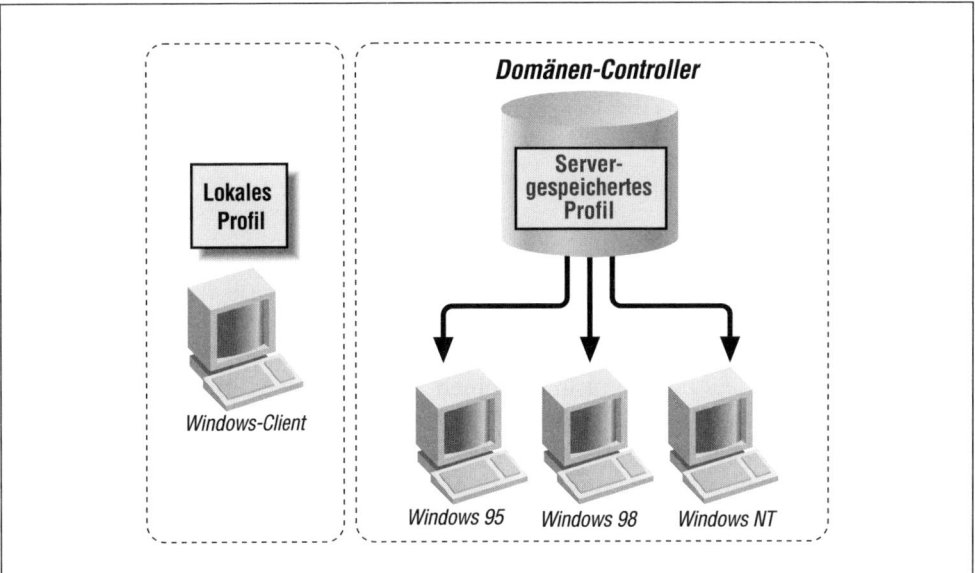

Abbildung 6-6: Lokale Profile gegenüber Server-gespeicherten Profilen

Samba unterstützt Server-gespeicherte Profile, wenn es für Domänenanmeldungen konfiguriert ist und Sie mit der Option logon path einen Verzeichnisbaum angeben. Diese Option wird für gewöhnlich mit Samba-Variablen für Benutzer verwendet, wie unser Beispiel zeigt:

```
[global]
    domain logons = yes
    security = user
    workgroup = SIMPLE
    os level = 34
    local master = yes
```

```
preferred master = yes
domain master = yes

logon path =  \\hydra\profile\%U
```

Wir müssen eine neue Freigabe erstellen, um Server-gespeicherte Profile zu unterstützen. Dabei handelt es sich um eine gewöhnliche Verzeichnisfreigabe, auf die nur der
Besitzer der Samba-Prozesse (also `root`) zugreifen darf. Die Freigabe darf weder
schreibgeschützt noch durchsuchbar sein. Darüber hinaus müssen wir für jeden Benutzer, der sich anmelden können soll, ein Verzeichnis erstellen (basiert darauf, wie wir
unseren Anmeldepfad der Option `logon path` im obigen Beispiel angegeben haben).
Nur dieser Benutzer darf auf dieses Verzeichnis zugreifen können. Um die Sicherheit zu
erhöhen, verwenden wir die Optionen `directory mode` und `create mode`; sie halten alle
Benutzer, die sich mit der Freigabe verbinden, davon ab, die Dateien in diesen Verzeichnissen einzusehen oder zu verändern:

```
[profile]
   comment = Benutzerprofile
   path = /export/samba/profile
   create mode = 0600
   directory mode = 0700
   writeable = yes
   browseable = no
```

Sobald sich ein Benutzer erstmalig anmeldet, erzeugt der Client ein lokales Benutzerprofil. Dieses besteht aus der Datei *user.dat* oder *ntuser.dat* (je nachdem, welches
Betriebssystem der Client ausführt) sowie aus den lokalen Vorgaben des Clients für den
Desktop, für das Menü `Start`, für die Netzwerkumgebung und für das Datenverzeich-
nis. Diese Elemente legt der Client in einzelnen Ordnern unterhalb des (lokalen) Verzeichnisses für das Profil ab. Wenn sich der Benutzer abmeldet, kopiert der Client das
gesamte lokal gespeicherte Benutzerprofil auf den Samba-Server. Wenn sich der Benutzer nun wieder anmeldet – egal von welcher Arbeitsstation aus – kopiert der Client das
Benutzerprofil vom Samba-Server auf die lokale Festplatte. Wenn sich der Benutzer
abmeldet, wird das Benutzerprofil wieder auf den Samba-Server kopiert. Sie können
Ihre Clients so konfigurieren, daß sie das lokal gespeicherte Benuterprofil löschen,
wenn sich der Benutzer abmeldet. Weitere Angaben darüber finden Sie im Buch
Windows NT-Benutzer-Administration, erschienen im O'Reilly Verlag. Wenn Sie sich
das Verzeichnis eines Profiles ansehen, finden Sie die folgenden Dateien und Unterverzeichnisse:

```
# ls -al

total 321
drwxrwxr-x   9 root   simple   Jul 21 20:44  .
drwxrwxr-x   4 root   simple   Jul 22 14:32  ..
drwxrwx---   3 fred   develope Jul 12 07:15  Anwendungsdaten
drwxrwx---   3 fred   develope Jul 12 07:15  Startmenü
drwxrwx---   2 fred   develope Jul 12 07:15  Cookies
drwxrwx---   2 fred   develope Jul 12 07:15  Desktop
drwxrwx---   7 fred   develope Jul 12 07:15  Verlauf
```

```
drwxrwx---   2 fred  develope  Jul 12 07:15 Netzwerkumgebung
drwxrwx---   2 fred  develope  Jul 19 21:05 Recent
-rw-------   1 fred  develope  Jul 21 21:59 user.dat
```

Beachten Sie, daß die Namen der Unterverzeichnisse von der Sprache des Client-Betriebssystems abhängen. Die Datei *user.dat* ist eine binäre Konfigurationsdatei, die Windows automatisch angelegt hat. Sie ist die benutzerspezifische Registrierungsdatei, die Sie mit dem Systemrichtlinien-Editor von Windows bearbeiten können (was allerdings einige Tricks erfordert).

 Hinweise und Anleitungen (HOWTOs) für Anmeldeskripten finden Sie in der Samba-Dokumentation, und zwar in den Dateien *docs/textdocs/ DOMAIN.txt* und *docs/textdocs/PROFILES.txt*.

Obligatorische Profile

Obligatorische Profile sind eine Variante von Server-gespeicherten Profilen, die Benutzer zwar lokal ändern können, aber der Client kopiert ein obligatorisches Profil nicht auf den Server zurück, wenn sich der Benutzer abmeldet, so daß vom Benutzer vorgenommene Änderungen verlorengehen. Wenn ein Benutzer zum Beispiel am Dienstag sein Menü Start verändert und sich am Mittwoch erneut anmeldet, ist diese Änderung verloren. Sie können ein Server-gespeichertes Profil zu einem obligatorischen Server-gespeicherten Profil machen, indem Sie die Datei *user.dat* auf dem Unix-Server in *user.man* umbenennen (und sicherheitshalber vor dem Überschreiben schützen). Wenn der Administrator beispielsweise seinen Benutzern eine feste Konfiguration verpassen will, kann er folgendes tun:

1. Ein Schreib-/Leseverzeichnis auf dem Samba-Server anlegen.

2. Die Option logon path in der Datei *smb.conf* auf dieses Verzeichnis verweisen lassen.

3. Sich als dieser Benutzer von einem Windows 95/98-System anmelden, damit der Client beim Abmelden das Profil in dieses Verzeichnis speichert.

4. Die vom Client erzeugte Datei *user.dat* in *user.man* umbenennen.

5. Das Verzeichnis und seinen Inhalt zu einem schreibgeschützten machen.

Obligatorische Benutzerpofile werden recht selten benutzt. Gewöhnliche Server-gespeicherte Profile hingegen sind in mehreren Umgebungen eine wünschenswerte Windows-Funktion, die Samba unterstützt.

Optionen für Anmeldeskripten

Tabelle 6-10 faßt alle wichtigen Optionen für Windows-Anmeldeskripten zusammen.

Tabelle 6-10: Optionen für Anmeldeskripten

Option	Parameter	Funktion	Vorgabe	Bereich
`logon script`	Zeichenkette (DOS-Pfad)	Name der ausführbaren Datei	keine	global
`logon path`	Zeichenkette (UNC-Pfad)	Ort des Server-gespeicherten Benutzerprofiles	`\\%N\%U\profile`	global
`logon drive`	Zeichenkette (Laufwerks-buchstabe)	Gibt das Anmeldeverzeichnis für das Benutzerbasisverzeichnis an (nur NT)	`Z:`	global
`logon home`	Zeichenkette (UNC-Pfad)	Gibt den Ort für Benutzerbasis-verzeichnisse an	`\\%N\%U`	global

logon script

Diese Option gibt eine unter Windows ausführbare Datei an (falls es sich um eine Stapelverarbeitungsdatei handelt, müssen Zeilenschaltungen aus der Kombination eines Wagenrücklaufes und einem Zeichen für die nächste Zeile bestehen), die der Client ausführen soll, wenn sich von ihm aus ein Benutzer an die Domäne anmeldet. Jedes Anmeldeskript muß sich im Hauptverzeichnis der Freigabe mit dem Namen `netlogin` befinden (lesen Sie Einzelheiten im Abschnitt »Samba für Windows-Domänenanmeldungen konfigurieren«). Im Wert dieser Option wird häufig die Samba-Variable für den momentanen Namen des Benutzers oder Clients (`%U` oder `%m`) verwendet, um individuelle Skripten zu realisieren. Das folgende Beispiel

```
logon script = %U.bat
```

führt basierend auf dem Benutzernamen ein Skript aus, das sich im Wurzelverzeichnis der Freigabe `netlogin` befindet. Wenn der Benutzer, der sich anmeldet, `fred` heißt und der Pfad der Freigabe `netlogin` auf das Verzeichnis */export/samba/netlogin* verweist, wäre das Skript */export/samba/netlogin/fred.bat*. Falls es sich bei diesen Skripten um Stapelverarbeitungsdateien handelt, müssen sie Zeilenschaltungen im DOS- statt im Unix-Format enthalten.

logon path

Geben Sie mit dieser Option den Ort an, an dem sich Server-gespeicherte Profile befinden. Wenn sich ein Benutzer anmeldet, lädt der Client das entsprechende Server-gespeicherte Profil vom Server. Wenn sich der Benutzer abmeldet, kopiert der Client das Profil zur späteren Verwendung auf den Server zurück.

Häufig ist es sicherer, eine eigene Freigabe eigens für das Speichern von Benutzerprofilen zu erstellen:

```
logon path = \\hydra\profile\%U
```

Weitere Angaben über diese Option finden Sie im Abschnitt »Anmeldeskripten« weiter vorne in diesem Kapitel.

logon drive

Mit dieser Option können Sie den Laufwerksbuchstaben angeben, den Windows NT lokal auf dem Client dem Basisverzeichnis zuordnet, das Sie mit der Option logon home angegeben haben. Beachten Sie, daß diese Option nur mit NT-Clients funktioniert, so wie im folgenden Beispiel:

```
logon drive = I:
```

Verwenden Sie keine Laufwerksbuchstaben, die mit bereits verwendeten Buchstaben kollidieren. Die Vorgabe Z: ist im Gegensatz zu A:, C: und D: daher eine gute Wahl.

logon home

Diese Option gibt den Ort des Basisverzeichnisses auf dem Samba-Server an. Verwenden Sie diese Option wie folgt:

```
logon home = \\hydra\%U
```

Beachten Sie, daß dies gut mit dem Dienst homes funktioniert, auch wenn Sie jedes beliebige Verzeichnis angeben können. Sie können die folgende Zeile in einem Anmeldeskript verwenden, um das Basisverzeichnis eines Benutzers einem Laufwerksbuchstaben zuzuordnen:

```
NET USE I: /HOME
```

Außerdem können Sie die Schaltfläche Profil bei den Benutzereigenschaften des Windows NT-Benutzer-Managers verwenden, um festzustellen, daß das Basisverzeichnis automatisch gesetzt wurde.

Andere Verbindungsskripten

Möglicherweise wollen Sie, daß, wenn ein Benutzer erfolgreich eine Verbindung zu einer Samba-Freigabe hergestellt hat, der Samba-Server ein Skript ausführt, um die Freigabe vorzubereiten. Sie können Samba ein Skript ausführen lassen, unmittelbar bevor oder nachdem sich ein Benutzer mit einer Freigabe verbindet. Sie müssen für diese Funktionalität keine Windows-Domänen verwenden. Tabelle 6-11 führt die wichtigsten Konfigurationsoptionen auf, die Sie für diese Zwecke einsetzen können.

Tabelle 6-11: Optionen für die Ausführung von Skripten, während sich ein Benutzer verbindet

Option	Parameter	Funktion	Vorgabe	Bereich
root pre-exec	Zeichenkette (Unix-Befehl)	Gibt den Befehl an, den Samba mit root-Berechtigungen ausführt, wenn der Benutzer auf eine Freigabe zugreifen will, und zwar bevor Samba die Verbindungssitzung herstellt.	keine	Freigabe

Tabelle 6-11: Optionen für die Ausführung von Skripten (Fortsetzung)

Option	Parameter	Funktion	Vorgabe	Bereich
preexec (exec)	Zeichen-kette (Unix-Befehl)	Gibt den Befehl an, den Samba mit den Berechtigungen des Benutzers ausführt, der eine Freigabe verwenden will, und zwar bevor Samba die Verbindungssitzung herstellt.	keine	Frei-gabe
postexec	Zeichen-kette (Unix-Befehl)	Gibt den Befehl an, den Samba mit den Berechtigungen des Benutzers ausführt, wenn der Benutzer eine Freigabe nicht mehr verwenden will, und zwar nach-dem Samba die Sitzung getrennt hat.	keine	Frei-gabe
root postexec	Zeichen-kette (Unix-Befehl)	Gibt den Befehl an, den Samba mit root-Berechtigungen ausführt, wenn ein Benutzer die Verbindung zu einer Freigabe trennt, und zwar nachdem Samba die Sitzung getrennt hat.	keine	Frei-gabe

root preexec

Die erste Form des Anmeldebefehls ist root preexec. Geben Sie mit dieser Option einen Unix-Befehl an, den der Samba-Server vor jedem Verbindungsaufbau zu dieser Freigabe *als root-Benutzer ausführt*. Verwenden Sie diese Option insbesondere für Vorgänge, die root-Privilegien erfordern. Sie können root preexec zum Beispiel benutzen, um eine CD-ROM zu aktivieren (mounten), damit sie für die Freigabe zur Verfügung steht. root preexec kann auch erforderliche Verzeichnisse erstellen. Wenn Sie root preexec nicht verwenden, führt Samba keine Befehle aus, wenn ein Benutzer auf eine Freigabe zugreifen will. Im folgenden Beispiel aktivieren wir eine CD-ROM:

```
[homes]
    browseable = no
    writeable = yes
    root preexec = /etc/mount /dev/cdrom2
```

Denken Sie daran, daß Ihr Unix-System diese Befehle mit den Berechtigungen des root-Benutzers ausführt. Aus Sicherheitsgründen sollten Benutzer daher nicht in der Lage sein, den Wert der Option root preexec zu verändern.

preexec

Die Option preexec (auch exec) ähnelt der Option root preexec, mit dem Unterschied, daß Samba den angegebenen Befehl mit den Berechtigungen des Benutzers ausführt, den die Samba-Variable %u bezeichnet. Diese Option wird häufig für die Protokollierung verwendet:

```
[homes]
preexec = echo "%u connected to %S from %m (%I)\" >>/tmp/.log
```

Seien Sie gewarnt, daß der Benutzer nicht sieht, was der aufgerufene Befehl an die Standardausgabe sendet – diese Informationen gehen verloren. Wenn Sie einen Befehl mit preexec aufrufen wollen, müssen Sie sich zuvor vergewissern, daß der Aufruf korrekt ist und das Programm so ausgeführt wird, wie Sie es wünschen.

postexec

Wenn ein Benutzer die Verbindung zu einer Freigabe trennt, ruft Samba das Programm auf, das Sie im Wert der Option postexec angegeben haben, und zwar mit den Berechtigungen und Privilegien des jeweiligen Benutzers. Denken Sie daran, daß Samba den Befehl als der Benutzer aufruft, den die Samba-Variable %u angibt. Ausgaben des Programms an die Standardausgabe ignoriert Samba.

root postexec

Nach dem Befehl, den Sie als Wert der Option postexec angegeben haben, führt Samba den Befehl aus, den Sie mit der Option root postexec angeben können, und zwar als *root-Benutzer* und unmittelbar bevor die Verbindung getrennt wird. Verwenden Sie diese Option nur für Befehle, die auch wirklich root-Berechtigungen benötigen.

Mit NIS/NIS+ und NFS arbeiten

Samba kann mit NIS und NIS+ zusammenarbeiten. Wenn Sie mehr als einen Datei-Server besitzen, der Samba ausführt, möchten Sie möglicherweise, daß sich SMB-Clients mit demjenigen Server verbinden, auf dem sich das Basisverzeichnis des Benutzers befindet, der am SMB-Client arbeitet. Normalerweise ist es keine gute Idee, Dateien per NFS über das Netzwerk an den Samba-Server zu senden, damit er sie über dasselbe Netzwerk an den SMB-Client schickt. Schon allein die Systemleistung verbietet dies, denn sie würde auf rund 30 Prozent desjenigen sinken, was der Samba-Server alleine leisten würde. Um dieses Problem zu vermeiden, können Sie Samba mit mehreren Optionen dazu veranlassen, NIS nach dem Namen des korrekten Servers zu fragen, und Samba mitteilen, an welcher Stelle der NIS-Map die entsprechenden Angaben liegen.

Tabelle 6-12 führt einige Konfigurationsoptionen auf, die die Zusammenarbeit von Samba und NIS ermöglichen.

Tabelle 6-12: NIS-Optionen

Option	Parameter	Funktion	Vorgabe	Bereich
nis home-dir	Boolescher Wert	Wenn yes, verwendet Samba NIS statt */etc/passwd*, um das Basisverzeichnis eines Benutzers zu ermitteln.	no	global
homedir map	Zeichenkette (Name der NIS-Map)	Gibt die NIS-Map an, in der Samba nach dem Basisverzeichnis eines Benutzers suchen soll.	keine	global

nis homedir und homedir map

Die Optionen nis homedir und homedir map sind für Samba-Server in Netzwerken gedacht, in denen NFS, der Automounter und NIS (Yellow Pages) die Basisverzeichnisse (Home Directories) von Benutzern angeben.

Sie teilen mit der Option nis homedir mit, daß Samba den Ort des Basisverzeichnisses mit NIS nachsehen soll. Die Option homedir map informiert Samba darüber, welche NIS-Map dabei verwendet werden soll, um den Server zu ermitteln, auf dem sich das Basisverzeichnis des jeweiligen Benutzers befindet. Bei dem Server muß es sich um einen Samba-Server handeln, so daß der Client eine SMB-Verbindung zu ihm aufbauen kann. Auch die anderen Samba-Server müssen über NIS verfügen, so daß Sie den Ort des Basisverzeichnisses ermitteln können.

Wenn ein Benutzer beispielsweise auf die Freigabe joe zugreifen will und der Wert der Option nis homedir den Wert yes besitzt, sucht Samba in der Datei, die Sie mit der Option homedir map angegeben haben, nach Basisverzeichnis des Benutzers joe. Wenn Samba das Basisverzeichnis hier findet, sendet es den Namen des Servers mit dem Basisverzeichnis an den Client, der dann auf *diesen* Server zugreift und eine Verbindung zum Basisverzeichnis herstellt. Die Aktivierung von NIS-Lookups sieht so aus:

```
[global]
    nis homedir = yes
    homedir map = amd.map
```

7

Drucken und Namensauswertung

Dieses Kapitel behandelt zwei Themen: Wie Sie Drucker mit Samba verwenden und wie Sie Samba als Windows Internet Name Service-Server (WINS-Server) konfigurieren. Sie können von einem SMB-Client aus Dokumente an einen Drucker senden, der an einen Samba-Server angeschlossen ist. Außerdem kann Samba Ihnen helfen, Unix-Dokumente auf einem Drucker auszugeben, der an einem Windows-Computer hängt. Im ersten Teil dieses Kapitels beschreiben wir, wie Sie Drucker in diesen beiden Umgebungen konfigurieren.

In der zweiten Hälfte dieses Kapitels beschreiben wir den Windows Internet Name Service, die Microsoft-Implementierung eines NetBIOS-Namens-Servers (NetBIOS Name Server, NBNS). Wie wir in Kapitel 1, *Lerne den Samba*, bemerkt haben, stellt ein NBNS Funktionen für die Namensauswertung (auch Namensauflösung genannt) zur Verfügung, ohne dabei Rundsendungen zu benötigen. Statt dessen kommuniziert jeder Computer im SMB-Netzwerk direkt mit dem WINS-Server, um IP-Adressen anderer SMB-Computer im Netzwerk abzufragen.

Druckaufträge an Samba senden

Ein Drucker, der an einen Samba-Server angeschlossen ist, erscheint normalerweise ohne weiteres Zutun in der Netzwerkumgebung. Wenn der Drucker auf dem Client-Computer registriert ist und auf dem Client der passende Druckertreiber installiert ist, kann der Client Druckaufträge an den betreffenden Drucker des Samba-Servers senden. Abbildung 7-1 zeigt einen Samba-Drucker in der Netzwerkumgebung eines Windows-Clients.

Um die Drucker verwalten zu können, die Samba im Netzwerk bereitstellt, müssen Sie verstehen, wie sich Drucker im Netzwerk darstellen. Das Senden eines Druckauftrags an einen Samba-Server besteht aus den vier folgenden Schritten:

1. Der Client stellt eine Verbindung zur Druckerfreigabe her. Dabei findet eine Echtheitsbestätigung des Benutzers statt.

2. Der Client sendet den Druckauftrag über das Netzwerk und der Samba-Server speichert den Auftrag in einer Datei.

3. Der Client schließt die Verbindung.

4. Der Samba-Server schickt die Datei mit dem Druckauftrag an den Drucker und löscht sie anschließend.

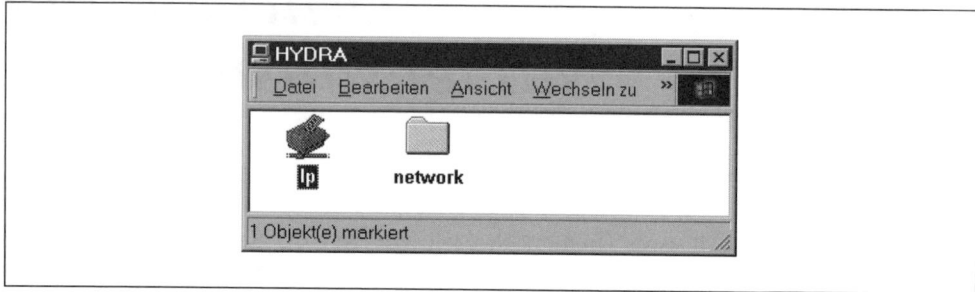

Abbildung 7-1: Ein Samba-Drucker in der Netzwerkumgebung

Wenn der Samba-Server einen Druckauftrag empfängt, speichert er die zu druckenden Daten in einer Datei zwischen, und zwar in dem Verzeichnis, das Sie im Wert der Option path der Druckerfreigabe angegeben haben. Samba führt dann einen Unix-Druckbefehl aus, der den Inhalt der Datei an den Drucker sendet. Der Auftrag wird mit den Berechtigungen und Privilegien des Benutzers ausgeführt, der den Auftrag an den Samba-Server geschickt hat. Beachten Sie, daß es sich dabei je nach Konfiguration um den Gastbenutzer handeln kann.

Druckbefehle

Um das Dokument drucken zu können, muß Samba wissen, mit welchen Befehlen es den Dateiinhalt zum Drucker senden und die Datei löschen kann. Bei einem Linux-System heißt der Befehl:

```
lpr -r -Pprinter file
```

Das Programm lpr kopiert das Dokument in das Spool-Verzeichnis (üblicherweise */var/spool*), ermittelt den Namen des Druckers in der Systemkonfigurationsdatei (*/etc/printcap*) und interpretiert die Regeln, um herauszufinden, wie die Daten zu verarbeiten und an welches phyische Gerät sie zu senden sind. Beachten Sie, daß die Datei anschließend gelöscht wird, weil wir den Befehlszeilenschalter –r angegeben haben. Natürlich wird nur die Kopie der Datei auf dem Samba-Server gelöscht, das Original auf dem Client bleibt hiervon unberührt.

Linux verwendet das Drucksystem des Berkeley-Unix (BSD). Auf einem System V-Unix sieht es aber nur geringfügig anders aus. Sie müssen für das Drucken und das Löschen separate Befehle verwenden:

```
lp -dprinter -s file; rm file
```

Ein System V-Unix besitzt statt der Datei */etc/printcap* einen ganzen Satz von Konfigurationsdateien im Verzeichnis */usr/spool/lp,* und der Druckbefehl kennt keinen Befehlszeilenschalter, um die Datei anschließend zu löschen. Sie müssen dies selbst erledigen, weshalb wir den Befehl rm verwendet haben.

Variablen für das Drucken

Samba kennt vier Variablen speziell für druckerbezogene Konfigurationsoptionen. Sie finden sie in Tabelle 7-1.

Tabelle 7-1: Variablen für das Drucken

Variable	Definition
%s	Die vollständige Pfadangabe der zu druckenden Datei auf dem Samba-Server
%f	Der Name der zu druckenden Datei (ohne Pfadangabe) auf dem Samba-Server
%p	Der Name des zu verwendenden Unix-Druckers
%j	Die Nummer des Druckauftrags (für die Befehle lprm, lppause und lpresume)

Eine minimale Druckkonfiguration

Lassen Sie uns mit einer einfachen, aber anschaulichen Druckerfreigabe beginnen. Nehmen wir an, daß Sie ein Linux-System besitzen und in der Printcap-Datei ein Drucker mit dem Namen lp existiert. Damit Clients diesen Drucker verwenden können, benötigt Ihre Samba-Konfigurationsdatei *smb.conf* folgende Zeilen:

```
[printer1]
    printable = yes
    print command = /usr/bin/lpr -r  %s
    printer = lp
    printing = BSD
    read only = yes
    guest ok = yes
```

Diese Konfiguration erlaubt es jedem Benutzer, Druckaufträge direkt an den Drucker zu senden. Später wollen wir das ändern. Das wichtigste ist, daß Sie verstehen, daß die Variable %s im Befehl print command durch den Namen der zu druckenden Datei ersetzt wird, wenn Samba den Befehl ausführt. Die Anpassung der Konfiguration an unterschiedliche Unix-Varianten besteht in der Regel nur daraus, in den Wert der Option print command den Befehl einzutragen, der auf Ihrem System die Datei an den Drucker sendet und sie anschließend löscht. Meistens müssen Sie außerdem den Wert der Option printing ändern.

Sehen wir uns nun die Befehle für ein System V Unix an. Durch die Variablenersetzung wird der Befehl zu:

```
print command = lp -d%p -s %s; rm %s
```

Die Samba-Variable %p wird, wie wir bereits erwähnt haben, zum Namen des Druckers, während Samba %s durch den Namen der Datei ersetzt. Ändern Sie jetzt den Wert der Option printing, um anzugeben, daß Ihr Unix zur System V-Familie gehört:

```
printing = SYSV
```

Wenn Sie Sicherheitsmaßnahmen auf Freigabeebene verwenden, müssen Sie ein Augenmerk auf das von Samba verwendete Gastkonto legen. Dem üblichen Benutzer, nobody, verbietet das Betriebssystem möglicherweise zu drucken. Falls dies auf Ihr System zutrifft, sollten Sie innerhalb der Druckerfreigabe (oder sogar global) die Option guest account verwenden, um ein anderes Benutzerkonto anzugeben. Ein beliebtes Konto ist ftp, das häufig so vorkonfiguriert ist, daß es für nicht vertraute Benutzer sicher ist. Verwenden Sie diese Option wie folgt:

```
guest account = ftp
```

Clients müssen häufig den Zustand des Druckauftrags vom Samba-Server abfragen. Samba verweigert keine Dokumente, die an eine aktive Druckerfreigabe gerichtet sind. Samba muß dem Client also nicht nur den Zustand des momentan gedruckten Dokuments mitteilen, sondern auch den Zustand der Warteschlange. Des weiteren muß der Client dazu in der Lage sein, Druckaufträge anzuhalten, sie wieder aufzunehmen und sie aus der Warteschlange zu löschen. Wie Sie sich wahrscheinlich schon gedacht haben, besitzt Samba für jede dieser Aufgaben eine Option, die mit dem entsprechenden Unix-Befehl korrespondiert:

- lpq command
- lprm command
- lppause command
- lpresume command

Wir gehen weiter hinten in diesem Kapitel detailliert auf diese Optionen ein. Es ist nicht zwingend notwendig, diese Optionen zu verwenden, da sie bei fehlender Belegung von der Option printing bestimmt werden.

Merken Sie sich folgende Punkte im Zusammenhang mit Druckerfreigaben:

- In jeder Druckerfreigabe muß die Zeile printable = yes stehen (auch in [printers]), so daß Samba weiß, daß es sich um eine Druckerfreigabe handelt. Wenn Sie diese Zeile vergessen, sieht Samba den Abschnitt in der Konfigurationsdatei als Verzeichnisfreigabe an, und eine solche Freigabe können Sie nicht zum Drucken verwenden.

- Wenn Sie die Konfigurationsoption path verwenden, kopiert Samba alle Dateien, die Clients an die Warteschlange senden, in das angegebene Verzeichnis statt nach */tmp*. Da der freie Festplattenplatz für */tmp* bei einigen Unix-Betriebssystemen ziemlich klein sein kann, verwenden viele Administratoren lieber */var/spool* oder ein anderes Verzeichnis.

- Die Option `read only` besitzt bei Druckerfreigaben keine Wirkung.

- Wenn Sie in einer Druckerfreigabe die Zeile `guest ok = yes` verwenden und Samba für Sicherheit auf Freigabeebene konfiguriert ist, kann jeder Benutzer Daten als derjenige Benutzer an den Drucker senden, den Sie mit der Option `guest account` angegeben haben.

Die Verwendung eines oder mehrerer Samba-Computer als Druck-Server bietet Ihnen eine große Flexibiliät in ihrem Netzwerk. Sie können die verfügbaren Drucker problemlos einteilen, einige von Ihnen ausschließlich Mitgliedern einer bestimmten Abteilung bereitstellen und einige Drucker allen Benutzern verfügbar machen. Wie schon bei Verzeichnisfreigaben können Sie mit der Option `valid users` angeben, daß nur bestimmte Benutzer einen Drucker verwenden dürfen:

```
[deskjet]
    printable = yes
    path = /var/spool/samba/print
    valid users = gail sam
```

Alle anderen Freigabeoptionen, die wir im vorigen Kapitel besprochen haben, funktionieren ebenfalls. Da Samba über den Namen auf Drucker zugreift, können Sie mit gewohnten Unix-Befehlen Druckdienste mehrerer Server verwenden, um eine Lastverteilung zu erreichen oder um bestimmte Drucker zu warten.

Der Abschnitt [printers]

Kapitel 4, *Verzeichnisfreigaben*, hat den besonderen Abschnitt `[printers]` erwähnt. Er erstellt automatisch Druckdienste. Schauen wir uns die Funktionsweise noch einmal an: Wenn Sie in Ihrer Samba-Konfigurationsdatei den Abschnitt `[printers]` erstellen, liest Samba Ihre `printcap`-Datei und erzeugt für jeden darin genannten Drucker eine Freigabe. Wenn Ihr Unix-System beispielsweise die Drucker `lp`, `pcl` und `ps` besitzt (und diese in der `printcap`-Datei auftauchen), erstellt Samba Freigaben mit den entsprechenden Namen und der Konfiguration, die die Optionen im Abschnitt `[printers]` vorgeben.

Erinnern Sie sich daran, daß Samba bestimmten Regeln folgt, wenn ein Client eine Freigabe anfordert, die nicht ausdrücklich in der Datei *smb.conf* steht:

- Wenn der Name der angeforderten Freigabe mit einem Benutzernamen in der Systemkennwortdatei übereinstimmt und der Abschnitt `[homes]` existiert, legt Samba eine neue Freigabe mit dem Namen des Benutzers an. Die Konfiguration entnimmt Samba den Abschnitten `[homes]` und `[global]`.

- Wenn der Name der angeforderten Freigabe nicht mit einem Benutzernamen in der Systemkennwortdatei übereinstimmt, aber der Abschnitt `[printers]` existiert und der angeforderte Name einem Drucker in der `printcap`-Datei entspricht, erzeugt Samba eine neue Freigabe mit dem Namen des Druckers. Die Konfiguration der

Freigabe entnimmt Samba dem Abschnitt [printers]. (Variablen des Abschnittes [global] werden hier nicht verwendet.)

- Wenn Samba weder eine Freigabe mit einem Benutzernamen noch mit einem Druckernamen erstellen kann, wird die Freigabe default service verwendet. Existiert sie nicht, erhält der Client eine Fehlermeldung.

Das führt uns zu einem wichtigen Punkt: Vermeiden Sie es, einer Druckerfreigabe den Namen eines existierenden Benutzers zu geben. Ansonsten erhält der Client die Verzeichnisfreigabe, wenn er eigentlich die Druckerfreigabe angefordert hat.

Hier ein Beispiel für den Abschnitt [printers] auf einem Linux (BSD)-System. Einige Optionswerte entsprechen den Voreinstellungen, so daß wir sie lediglich der Vollständigkeit halber aufgeführt haben:

```
[global]
    printing = BSD
    print command = /usr/bin/lpr -P%p -r %s
    printcap file = /etc/printcap
    min print space = 2000

[printers]
    path = /usr/spool/public
    printable = true
    guest ok = true
    guest account = pcguest
```

Wir haben hier globale Konfigurationsoptionen festgelegt, die das Drucksystem angeben (BSD), die Befehle zum Senden der Daten an den Drucker und zum anschließenden Löschen. Wir haben Samba den Ort und Namen der printcap-Datei mitgeteilt und einen minimalen freien Platz von 2 MByte bestimmt.

Zudem haben wir den Abschnitt [printers] erstellt, so daß Samba alle Systemdrucker bereitstellt. Unser Spool-Verzeichnis für temporäre Dateien wird von der Option path angegeben: */usr/spool/public*. Jede der Freigaben enthält die aktivierte Option printable – das ist sogar im Abschnitt [printers] erforderlich. Die beiden Gastoptionen (guest ok und guest account) sind für den Fall nützlich, daß Samba die Sicherheit auf Freigabeebene verwendet: Wir erlauben den Gastzugriff auf die Drucker, und wir geben das Gastkonto an, das Samba verwenden soll, um Druckbefehle aufzurufen.

Testdrucken

Und so können Sie vom Samba-Server Testdrucke durchführen lassen: Gehen wir zunächst vom kompliziertesten Fall aus, von der Verwendung eines Gastkontos. Rufen Sie zuerst das Samba-Programm *testparm* auf, um Ihre Konfigurationsdatei mit den Druckerfreigaben zu prüfen, so wie wir es in Kapitel 2, *Samba auf einem Unix-System installieren*, getan haben. Das Programm teilt Ihnen mit, ob sich Syntaxfehler in der Konfigurationsdatei befinden. Hier die Ausgabe des Programms, wenn Sie im vorigen Beispiel die Option path nicht verwendet haben:

```
# testparm
Load smb config files from /usr/local/samba/lib/smb.conf
Processing configuration file "/usr/local/samba/lib/smb.conf"
Processing section "[global]"
Processing section "[homes]"
Processing section "[data]"
Processing section "[printers]"
No path in service printers - using /tmp
Loaded services file OK.
Press enter to see a dump of your service definitions
Global parameters:
    load printers: Yes
    printcap name: /etc/printcap
Default service parameters:
    guest account: ftp
    min print space: 0
    print command: lpr -r -P%p %s
    lpq command: lpq -P%p
    lprm command: lprm -P%p %j
lppause command:
    lpresume command:
 Service parameters [printers]:
    path: /tmp
    print ok: Yes
    read only: true
    public: true
```

Geben Sie nun den Befehl testprns *Druckername* ein. Dabei rufen Sie ein einfaches Programm auf, das prüft, ob der angegebene Drucker in der printcap-Datei aufgeführt ist. Wenn Ihre printcap-Datei nicht den üblichen Namen besitzt oder sich an einem ungewohnten Ort befindet, geben Sie den vollständigen Pfadnamen als zweites Argument des Befehls *testprns* an:

```
# testprns lp /etc/printcap
Looking for printer lp in printcap file /etc/printcap
Printer name lp is valid.
```

Melden Sie sich anschließend als Gastbenutzer an, wechseln Sie in das Spool-Verzeichnis und vergewissern Sie sich, daß Sie mit dem Befehl drucken können, den Samba laut *testparm* verwenden wird. Falls das Betriebssystem Ihnen das Drucken verweigert, müssen Sie ein anderes Benutzerkonto als Gastkonto verwenden (wie wir bereits erwähnt haben).

Drucken Sie abschließend eine Datei, indem Sie das Samba-Programm smbclient aufrufen. Dadurch sollte folgendes geschehen:

- Der Druckauftrag erscheint (für eine kurzen Moment) im Spool-Verzeichnis von Samba, das Sie mit der Option path angegeben haben.

- Der Auftrag erscheint im Spool-Verzeichnis des Drucksystems Ihres Betriebssystems.

- Der Auftrag verschwindet aus dem von Samba verwendeten Spool-Verzeichnis.

Wenn *smbclient* nicht drucken kann, können Sie für die Option `print command` einen der folgenden Werte verwenden, um Protokollinformationen zu sammeln:

```
print command = /bin/cat %s >>/tmp/printlog; rm %s
```

oder:

```
print command = echo "printed %s on %p" >>/tmp/printlog
```

Häufig auftretende Probleme bei der Samba-Druckerkonfiguration sind vergessene oder unvollständige Pfadnamen für Befehle. Die Befehlsnamen ohne den Pfad funktionieren häufig nicht, weil bei den meisten Systemen die Systemvariable PATH für den Gastbenutzer den Pfad für die Druckbefehle nicht enthält. Des weiteren sind oft fehlende Berechtigungen im Spool-Verzeichnis die Ursache.

Weitere Hinweise über die Fehlersuche beim Drucken finden Sie in der Samba-Dokumentation (*Printing.txt*). Detaillierte Angaben über das Unix-Drucksystem finden Sie im Buch *Unix System-Administration* von Æleen Frisch aus dem O'Reilly Verlag.

Einen Windows-Client einrichten und testen

Samba stellt nun Druckdienste im Netzwerk bereit, so daß wir mit dem Einrichten der Clients beginnen können. Sehen Sie sich den Samba-Server in der Netzwerkumgebung an. Sie sollte nun alle verfügbaren Drucker als Freigaben anzeigen. Beispielsweise haben wir in Abbildung 7-1 einen Drucker mit dem Namen `lp` gesehen.

Nun müssen wir dafür sorgen, daß Windows den Drucker erkennt und ansprechen kann. Doppelklicken Sie dazu auf das Druckersymbol in der Netzwerkumgebung. Wenn Sie auf einen nicht installierten Drucker doppelklicken (so wie wir es nun getan haben), hilft Ihnen Windows nach Rückfrage dabei, den Drucker einzurichten. Antworten Sie mit `Ja`, woraufhin Windows den Assistenten zur Druckerinstallation startet.

Zunächst fragt das Betriebssystem, ob Sie von DOS-Anwendungen aus drucken. Lassen Sie uns annehmen, daß Sie dies nicht vorhaben, so daß Sie die Option `Nein` auswählen und auf `Weiter` klicken können. Windows zeigt ein Fenster, in dem Sie den Hersteller Ihres Druckers und das Modell auswählen müssen (siehe Abbildung 7-3).

Sie sehen in diesem Dialogfenster eine lange Liste mit Druckerherstellern und -modellen, in der nahezu jeder denkbare Drucker vertreten ist. Wenn Sie Ihren Drucker nicht in der Liste sehen und es sich um einen Postscript-Drucker handelt, wählen Sie Apple als Hersteller und Apple LaserWriter als Modell. Sie verfügen dann über eine einfache und zuverlässige Postscript-Konfiguration. Falls bereits ein Postscript-Druckertreiber installiert ist, fragt Windows Sie, ob Sie ihn durch den Apple-Treiber ersetzen wollen. Falls Sie dies tun, funktionieren Ihre bisher verwendeten Postscript-Drucker möglicherweise nicht mehr korrekt. Sie sollten daher die installierten Treiber beibehalten, solange sie korrekt arbeiten.

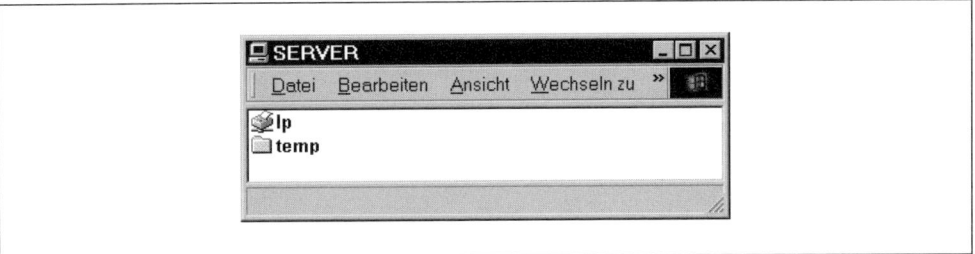

Abbildung 7-2: Ein Drucker in der Netzwerkumgebung

Anschließend fragt der Assistent zur Druckerinstallation Sie nach einem Namen für den Drucker. Die Vorgabe ist der Name des Druckermodells. Wählen Sie einen aussagekräftigen Namen wie »ps auf dem Samba-Server«, so daß Sie später wissen, wo Sie die Ausdrucke suchen müssen. Natürlich können Sie auch jeden anderen Namen wählen.

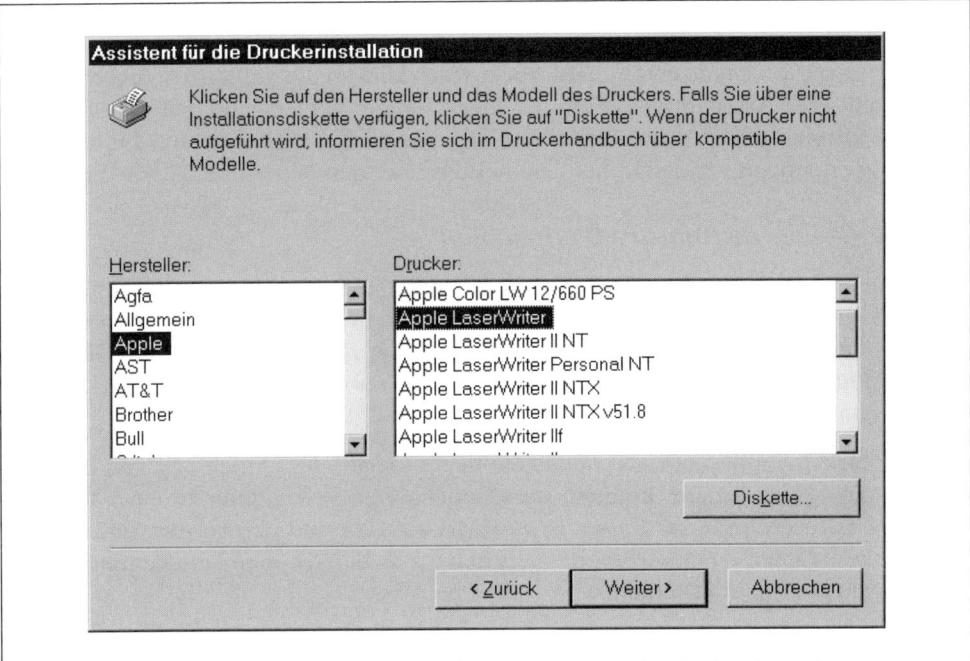

Abbildung 7-3: Druckerhersteller und -modelle

Abschließend fragt der Assistent, ob er eine Testseite drucken soll. Klicken Sie auf Ja, wonach Windows wissen möchte, ob die Seite korrekt gedruckt worden ist (siehe Abbildung 7-4).

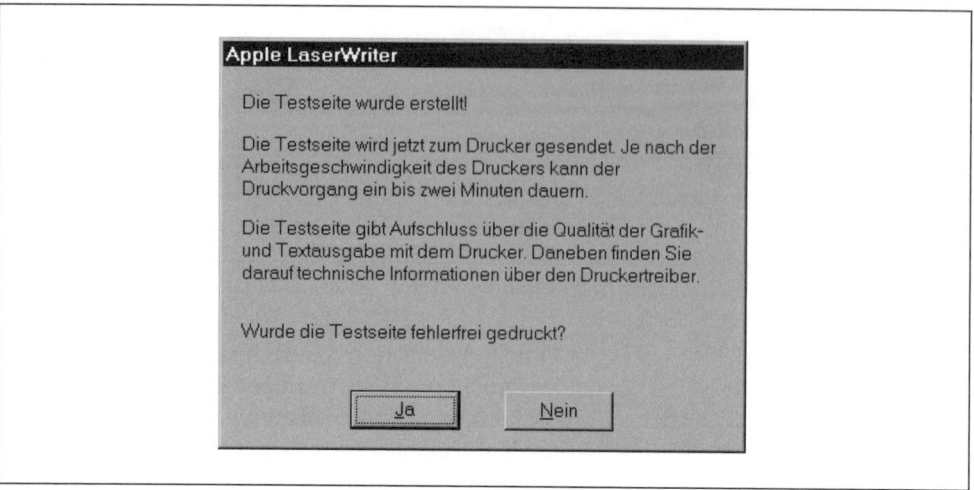

Abbildung 7-4: Erfolgreicher Abschluß der Druckerinstallation

Falls die Testseite nicht korrekt ausgedruckt wird, klicken Sie auf Nein, woraufhin Windows einen Hilfe-Assistenten aufruft, der Ihnen bei der Fehlersuche helfen soll. Wurde die Seite korrekt gedruckt, Glückwunsch! Der entfernte Drucker ist nun für alle Windows-Anwendungen verfügbar, bei den meisten über den Menüpfad Datei – Drucken.

Druckertreiber automatisch einrichten

Im vorherigen Abschnitt wurde beschrieben, wie Sie einen Drucker manuell für Ihr Windows-System konfigurieren. Als Systemadministrator können Sie aber leider nicht darauf bauen, daß Ihre Benutzer diese Prozedur fehlerfrei durchführen. Zum Glück gibt es eine Möglichkeit, daß Samba die erforderlichen Treiber für bestimmte Drucker automatisch einrichtet.

Samba kennt drei Optionen, mit denen Sie die automatische Einrichtung von Druckertreibern auf Clients steuern können, die erstmalig eine Verbindung zu einer Druckerfreigabe herstellen: printer driver, printer driver file und printer driver location. Wie Sie diese Optionen einsetzen, damit Windows nicht nach dem Druckertreiber fragt, erfahren Sie in diesem Abschnitt.

 Weitere Angaben über dieses Thema finden Sie in der Datei *PRINTER_DRIVER.TXT* in der Dokumentation der Samba-Distribution.

Führen Sie diese vier grundlegenden Schritte durch:

1. Installieren Sie den Treiber für den Drucker auf einem Windows-Rechner (der Drucker muß dazu nicht am Client angeschlossen sein).

2. Erstellen Sie mit Hilfe der Informationen auf einem Windows-Computer eine Drukkerdefinitionsdatei.

3. Erstellen Sie die Verzeichnisfreigabe PRINTER$, auf der Sie die Druckertreiberdateien später ablegen werden.

4. Ändern Sie die Samba-Konfigurationsdatei entsprechend.

Im folgenden beschreiben wir diese vier Schritte ausführlich.

Installieren Sie den Druckertreiber auf einem Windows-Rechner

Benutzen Sie für diesen Schritt Windows 95/98. Es spielt dabei keine Rolle, welchen Computer Sie im Netzwerk verwenden; an ihn muß nicht einmal der Drucker angeschlossen sein. Es geht lediglich darum, den passenden Treiber für den Drucker in das Windows-Verzeichnis zu installieren. Klicken Sie zunächst auf Start – Einstellungen – Drucker. Doppelklicken Sie anschließend auf das Symbol Neuer Drucker, wie in Abbildung 7-5 dargestellt.

Abbildung 7-5: Das Fenster Drucker

Folgen Sie nun dem Assistenten für die Druckerinstallation, und wählen Sie den Druckerhersteller und das -modell aus. Klicken Sie auf Nein, wenn Windows Sie fragt, ob Sie von DOS-Anwendungen aus drucken wollen. Windows sollte die Treiber von der Installations-CD auf die Festplatte kopieren und Sie fragen, ob Sie eine Testseite drucken wollen. Wählen Sie auch hier Nein, und beenden Sie den Assistenten für die Druckerinstallation.

Eine Druckerdefinitionsdatei erstellen

Bei der Erstellung einer Druckerdefinitionsdatei hilft Ihnen das Samba-Skript *make_printerdef* im Verzeichnis */usr/local/samba/bin*. Bevor Sie das Skript verwenden können, müssen Sie zunächst die folgenden vier Dateien von einem Windows-Client auf den Samba-Server kopieren:[1]

> *C:\WINDOWS\INF\MSPRINT.INF*
> *C:\WINDOWS\INF\MSPRINT2.INF*
> *C:\WINDOWS\INF\MSPRINT3.INF*
> *C:\WINDOWS\INF\MSPRINT4.INF*

Nun können Sie sich daran machen, die Druckerdefinitionsdatei mit dem passenden Drukkertreiber und seiner *.INF*-Datei zu erstellen. Wenn der Name des Druckertreibers mit einem der Buchstaben A-K beginnt, verwenden Sie eine der beiden Dateien *MSPRINT.INF* oder *MSPRINT3.INF*. Beginnt der Name des Treibers mit einem der Buchstaben L-Z, benutzen Sie eine der beiden Dateien *MSPRINT2.INF* oder *MSPRINT4.INF*. Möglicherweise müssen Sie *grep* benutzen, um nach dem Treibernamen innerhalb der Dateien zu suchen. (Wenn der Druckertreiber nicht in Windows enthalten ist, geben Sie die .INF-Datei des Herstellers und die Druckerbezeichnung exakt wie in der .INF-Datei eingetragen an.) Für unser folgendes Beispiel haben wir Treiberinformationen in der Datei *MSPRINT3.INF* gefunden und eine Definitionsdatei für den Drucker HP DeskJet 560C erstellt:

```
$grep "HP DeskJet 560C Printer" MSPRINT.INF MSPRINT3.INF
MSPRINT3.INF: "HP DeskJet 560C Printer"=DESKJETC.DRV,HP_DeskJet_ ...

$make_printerdef MSPRINT3.INF "HP DeskJet 560C Printer" >printers.def
FOUND:DESKJETC.DRV
End of section found
CopyFiles: DESKJETC,COLOR_DESKJETC
Datasection: (null)
Datafile: DESKJETC.DRV
Driverfile: DESKJETC.DRV
Helpfile: HPVDJC.HLP
LanguageMonitor: (null)

Copy the following files to your printer$ share location:
DESKJETC.DRV
HPVCM.HPM
HPVIOL.DLL
HPVMON.DLL
HPVRES.DLL
HPCOLOR.DLL
HPVUI.DLL
HPVDJCC.HLP
color\HPDESK.ICM
```

Beachten Sie, daß das Skript Sie im letzten Abschnitt dazu auffordert, die genannten Dateien zu kopieren. Sie benötigen diese Dateien im nächsten Schritt.

---

1 Bei älteren Windows 95-Clients existieren möglicherweise nur die ersten beiden dieser Dateien.

Die Freigabe PRINTER$ erstellen

Dieser Schritt ist ziemlich einfach. Erstellen Sie in Ihrer Samba-Konfigurationsdatei den Abschnitt [PRINTER$], der auf ein leeres Verzeichnis Ihres Samba-Servers verweist. Kopieren Sie alle Dateien, die das Skript *make_printerdef* angefordert hat, an den Ort, den Sie mit der Option path für die Verzeichnisfreigabe [PRINTER$] angegeben haben. Der entsprechende Teil Ihrer Konfigurationsdatei könnte wie folgt aussehen:

```
[PRINTER$]
    path = /usr/local/samba/print
    read only = yes
    browseable = no
    guest ok = yes
```

Die vom Skript *make_printerdef* angeforderten Dateien befinden sich üblicherweise im Verzeichnis *C:\WINDOWS\SYSTEM*. Falls dies nicht der Fall sein sollte, können Sie den Ort, an dem die Dateien sich befinden, mit folgenden Befehlen auf dem Client herausfinden:

```
cd C:\WINDOWS
dir filename /s
```

Kopieren Sie alle Dateien, die das Skript *make_printerdef* angefordert hat, in das Verzeichnis */usr/local/samba/print*. Kopieren Sie außerdem die Datei *printers.def*, die Sie erstellt haben, in die neue Freigabe. Sie sind nun fast fertig.

Die Samba-Konfigurationsdatei ändern

Der letzte Schritt besteht darin, die Samba-Konfigurationsdatei zu ändern, indem Sie die folgenden drei Optionen einfügen:

- printer driver
- printer driver file
- printer driver location

Die globale Option printer driver file verweist auf die Datei *printers.def*. Die anderen Optionen gehören in die jeweiligen Druckerfreigaben. Der Wert der Option printer driver sollte der Zeichenkette entsprechen, die der Assistent für die Druckerinstallation bei Windows anzeigt. Der Wert der Option printer driver location sollte der Pfadname der Freigabe PRINTER$ sein, nicht der Unix-Pfadname des Servers. In unserem Beispiel sehen die Optionen wie folgt aus:

```
[global]
    printer driver file = /usr/local/samba/print/printers.def
[hpdeskjet]
    path = /var/spool/samba/printers
    printable = yes

    printer driver = HP DeskJet 560C Printer
    printer driver location = \\%L\PRINTER$
```

Sie sind nun bereit, die Konfiguration zu testen. Entfernen Sie den installierten Drucker auf dem Client, den Sie vorübergehend eingerichtet hatten. Wenn Windows Sie fragt, ob nicht mehr benötigte Dateien gelöscht werden sollen, bejahen Sie die Frage. Diese Dateien werden in kürze automatisch vom Samba-Server auf den Client kopiert.

Die Konfiguration testen

Starten Sie die Samba-Daemons neu oder senden Sie Ihnen ein HUP-Signal, und suchen Sie auf einem Windows 95/98-Client nach der Druckerfreigabe hpdeskjet in der Netzwerkumgebung unterhalb des Computer-Namens des Samba-Servers. Wenn Sie auf das Drukkersymbol doppelklicken, erscheint möglicherweise das in Abbildung 7-6 dargestellte Dialogfenster (wenn Sie, wie wir im vorigen Abschnitt empfohlen haben, den Treiber gelöscht haben, erscheint dieses Dialogfeld nicht).

Ab hier unterscheidet sich die Einrichtung des Netzwerkdruckers von der manuellen Konfiguration. Im wesentlichen fragt Windows, ob Sie den bereits installierten Druckertreiber beibehalten oder den von Samba angebotenen verwenden wollen. Behalten Sie den Treiber bei, und klicken Sie auf Weiter. Sie können dem Drucker nun einen Namen geben und eine Testseite drucken. Wenn alles funktioniert, haben Sie den Drucker erfolgreich auf dem Client eingerichtet. Wiederholen Sie den Vorgang auf allen Windows-Clients, die den Drucker verwenden sollen.

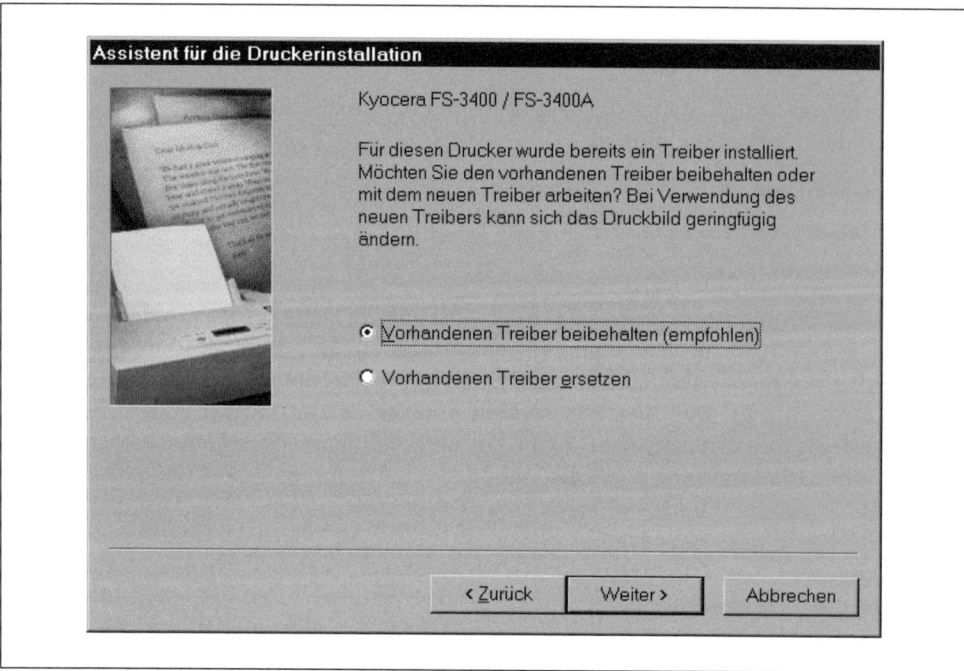

Abbildung 7-6: Automatische Einrichtung des Druckertreibers

Drucker verwenden, die an Windows-Clients angeschlossen sind

Sie können mit Samba auch auf Drucker zugreifen, die an Clients mit Windows 95/98 oder NT 4.0 angeschlossen sind. Samba wird mit dem Werkzeug *smbprint* geliefert, mit dem Sie Druckaufträge an Windows-Drucker senden können. Zuvor müssen Sie die betreffenden Drucker auf den Windows-Computern freigeben. Sie können das vom Fenster Drucker aus erledigen, das Sie mit Start – Einstellungen – Drucker erreichen (siehe Abbildung 7-7).

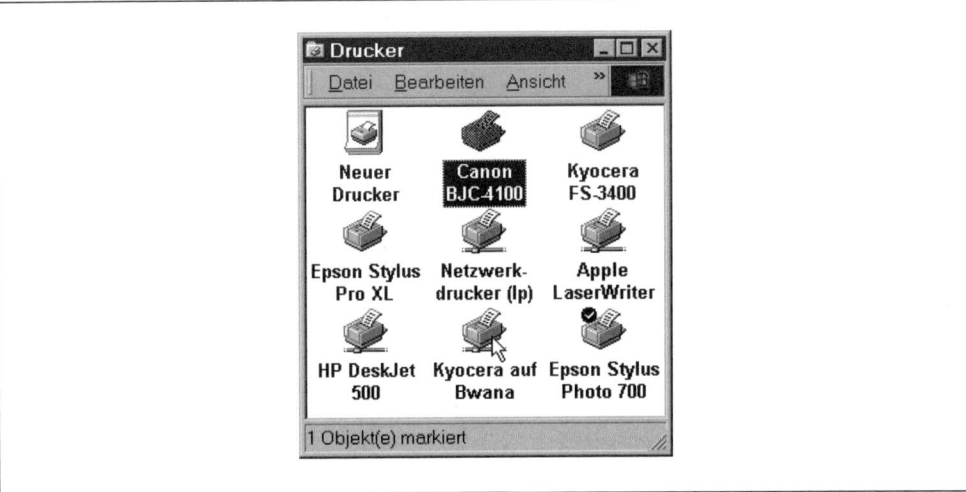

Abbildung 7-7: Das Fenster Drucker

Klicken Sie mit der rechten Maustaste auf einen lokal angeschlossenen Drucker (in unserem Beispiel den Canon-Drucker), und wählen Sie aus dem Kontextmenü den Punkt Freigabe aus. Dadurch ruft Windows das Dialogfenster Eigenschaften des jeweiligen Druckers mit aktivierter Registerkarte Freigabe auf, wie in Abbildung 7-8 dargestellt. Wenn jeder im Netzwerk den Drucker verwenden können soll, lassen Sie das Feld Kennwort frei. Bei Windows NT können Sie kein Kennwort für die Freigabe angeben, da dieses Betriebssystem keine Sicherheit auf Freigabeebene kennt. Sie müssen stattdessen den Drucker für einen bestimmten Benutzer freigeben und diesen Benutzer in das Skript smbprint beziehungsweise smbprint.sysv eintragen.

Anschließend können Sie den Drucker in die Liste der Standarddrucker aufnehmen, so daß Samba ihn allen anderen PCs im Netzwerk verfügbar macht. Um die Installation auf dem Unix-System einfacher zu machen, enthält die Samba-Distribution die beiden Musterskripten *smbprint* und *smbprint.sysv*. Das erste ist für BSD-Systeme geeignet, das zweite für System V-Drucksysteme.

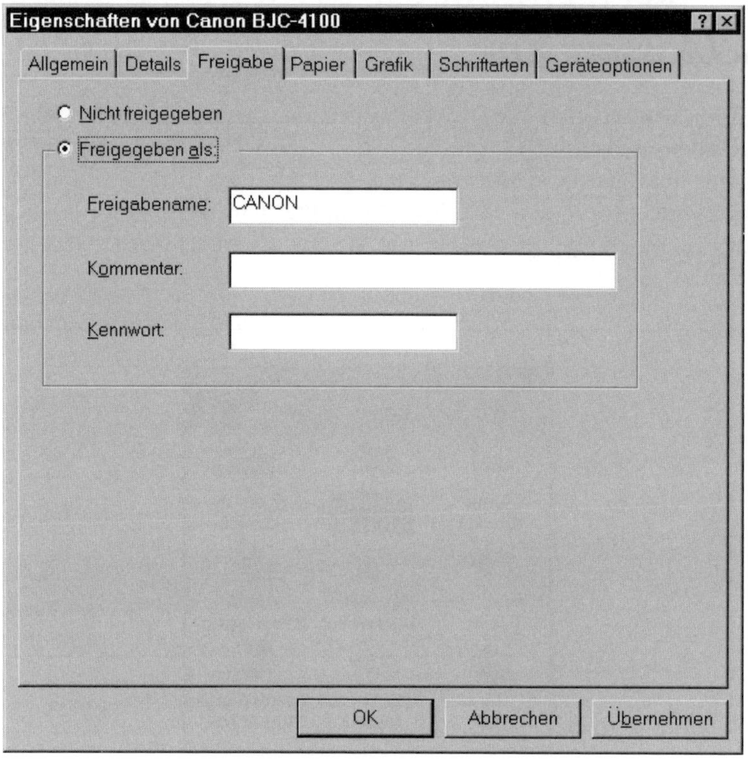

Abbildung 7-8: Die Registerkarte Freigabe bei einem lokalen Drucker unter Windows 95/98

BSD-Drucker

Damit Ihr BSD-Unix einen entfernten Drucker erkennt, sind zwei Schritte erforderlich:

1. Erstellen Sie einen Eintrag für den Drucker in der Datei */etc/printcap* file (oder wie auch immer die entsprechende Datei auf Ihrem System heißt).

2. Legen Sie für den Drucker eine Konfigurationsdatei im Verzeichnis */var/spool* an.

Bearbeiten Sie zunächst die Datei */etc/printcap*, um den entfernten Drucker dort einzutragen. Beachten Sie, daß der Eintrag für den Eingabefilter (if) auf das Programm *smbprint* verweist, wenn es sich beim Client um ein Windows 95/98-System handelt. Auf einem Linux-System sehen die Zeilen so aus:

```
laserjet:\
  :sd=/var/spool/lpd/laser:\          # spool directory
  :mx#0:\                             # maximum file size (none)
  :sh:\                              # supress burst header (no)
  :if=/usr/local/samba/bin/smbprint: # text filter
```

Anschließend müssen Sie im Spool-Verzeichnis die Konfigurationsdatei erstellen, die Sie oben mit dem Parameter sd angegeben haben (möglicherweise müssen Sie auch das Verzeichnis erstellen). Die Datei muß den Namen *.config* besitzen und folgende Angaben enthalten:

*   den NetBIOS-Namen des Windows-Clients, an den der Drucker angeschlossen ist
*   den Freigabenamen des Druckers
*   das Kennwort, das für den Druckerzugriff erforderlich ist

Die letzten beiden Parameter müssen den Angaben entsprechen, die Sie bei der Freigabe des Druckers unter Windows 95/98 eingegeben haben. In unserem Fall besitzt die Datei *.config* drei Zeilen:

```
server = phoenix
service = CANON
password = ""
```

Wenn Sie damit fertig sind, starten Sie den Spool-Daemon lpd neu und versuchen Sie, mit einem gewöhnlichen Unix-Programm zu drucken.

System V-Drucker

Druckaufträge von einem System V-Unix aus zu senden, ist etwas einfacher. Verwenden Sie hier das Skript *smbprint.sysv* im Verzeichnis */usr/local/samba/examples/printing,* und führen Sie folgende Schritte aus:

1. Ändern Sie die Parameter server, service und password im Skript, damit sie den Namen des NetBIOS-Computers, der Druckerfreigabe und das Kennwort enthalten. Für unser Beispiel würden wir die folgenden Zeilen verwenden:

    ```
    server = phoenix
    service = CANON
    password = ""
    ```

2. Rufen Sie die folgenden Befehle auf, die eine Referenz auf den Drucker in der *printcap*-Datei erstellen. Beachten Sie, daß der neue Eintrag für den Drucker canon_printer heißt:

    ```
    # lpadmin -p canon_printer -v /dev/null -i ./smbprint.sysv
    # enable canon_printer
    # accept canon_printer
    ```

Wenn Sie damit fertig sind, versuchen Sie, mit einem gewöhnlichen Unix-Programm zu drucken. Sie sollten jetzt in der Lage sein, Daten über das Netzwerk an den Drucker eines Windows-Clients zu senden.

Optionen für das Drucksystem

Tabelle 7-2 faßt die Samba-Optionen zusammen, die Sie für das Drucken verwenden können.

Tabelle 7-2: Konfigurationsoptionen für das Drucken

Option	Parameter	Funktion	Vorgabe	Bereich
printing	bsd, sysv, hpux, aix, qnx, plp, softq, oder lprng	Gibt das Drucksystem Ihres Unix-Betriebssystems an.	system-abhängig	Freigabe
printable (print ok)	Boolescher Wert	Kennzeichnet eine Freigabe als Druckerfreigabe.	no	Freigabe
printer (printer name)	Zeichenkette (Unix-Drucker-namen)	Gibt den Namen des Druckers auf dem Unix-System an.	system-abhängig	Freigabe
printer driver	Zeichenkette (Name des Druckertreibers)	Gibt den Namen des Druckertreibers an, der von Clients verwendet werden soll, um Daten an den Drucker zu senden.	keine	Freigabe
printer driver file	Zeichenkette (vollständiger Pfadname)	Gibt den Namen der Druckertreiberdatei an.	keine	global
printer driver location	Zeichenkette (Netzwerkpfad-name)	Gibt den Pfad der Freigabe an, auf der sich die Druckertreiberdatei befindet.	keine	Freigabe
lpq cache time	numerisch (Zeit in Sekunden)	Legt fest, wie lange Samba den lpq-Zustand zwischenspeichern soll.	10	global
postscript	Boolescher Wert	Behandelt alle Druckaufträge, so daß sie als Postscript gesendet werden, indem Samba jeder Datei ein %! voranstellt.	no	Freigabe
load printers	Boolescher Wert	Erstellt automatisch für jeden Drucker in der Datei *printcap* eine Druckerfreigabe.	no	global
print command	Zeichenkette (Shell-Befehl)	Gibt den Unix-Befehl an, mit dem gedruckt wird.	siehe unten	Freigabe

Tabelle 7-2: Konfigurationsoptionen für das Drucken (Fortsetzung)

Option	Parameter	Funktion	Vorgabe	Bereich
lpq command	Zeichenkette (Shell-Befehl)	Legt den Unix-Befehl fest, der den Zustand der Drukkerwarteschlange abfragt.	siehe unten	Freigabe
lprm command	Zeichenkette (Shell-Befehl)	Gibt den Unix-Befehl an, der einen Auftrag aus der Druckerwarteschlange entfernt.	siehe unten	Freigabe
lppause command	Zeichenkette (Shell-Befehl)	Gibt den Unix-Befehl an, der einen Auftrag in der Druckerwarteschlange anhält.	siehe unten	Freigabe
lpresume command	Zeichenkette (Shell-Befehl)	Gibt den Unix-Befehl an, der einen angehaltenen Auftrag in der Druckerwarteschlange wiederaufnimmt.	siehe unten	Freigabe
printcap name (printcap)	Zeichenkette (vollständige Pfadangabe	Gibt den Ort und den Namen der printcap-Datei an.	systemabhängig	global
min print space	numerisch (Größe in KByte)	Gibt den mindestens verfügbaren freien Platz auf der Festplatte an, der erforderlich ist, damit das Samba-Drucksystem arbeitet.	0	Freigabe
queuepause command	Zeichenkette (Shell-Befehl)	Gibt den Unix-Befehl an, der eine Druckerwarteschlange anhält.	siehe unten	Freigabe
queueresume command	Zeichenkette (Shell-Befehl)	Gibt den Unix-Befehl an, der eine angehaltene Drukkerwarteschlange wiederaufnimmt.	siehe unten	Freigabe

printing

Die Konfigurationsoption printing teilt Samba etwas über das Drucksystem des Unix-Betriebssystems mit (welcher Parser zu verwenden ist). Je nach Unix-Variante gibt es eine eigene Familie von Befehlen, die das Drucksystem steuern. Samba unterstützt sieben unterschiedliche Typen, die wir in Tabelle 7-3 aufgeführt haben.

Der Wert dieser Option muß einem dieser sieben Werte entsprechen, zum Beispiel:

```
printing = SYSV
```

Tabelle 7-3: Drucksystem-Arten

Variable	Definition
BSD	Berkeley Unix-System
SYSV	System V
AIX	AIX-Betriebssystem (IBM)
HPUX	Hewlett-Packard Unix
QNX	QNX-Echtzeitbetriebssystem (QNX)
LPRNG	LPR Next Generation (Powell)
SOFTQ	SOFTQ-System
PLP	Portable Line Printer (Powell)

Der Vorgabewert dieser Option ist systemabhängig und wird während der Kompilierung von Samba festgelegt. Bei den meisten Computern ermittelt das Skript *configure* das Drucksystem und legt die entsprechende Vorgabe in der *make*-Datei fest. Dies funktioniert aber nicht bei allen Drucksystemen, so daß Sie den Wert selbst in der *make*-Datei oder der Samba-Konfiguration angeben müssen, wenn Ihr Betriebssystem eines der Drucksysteme PLP, LPRNG oder QNX verwendet.

Die beiden verbreitetsten Drucksysteme sind BSD und SYSV. Jeder Drucker auf einem BSD-Unix-Server wird in der Datei mit den Druckerfähigkeiten beschrieben, normalerweise also in */etc/printcap*.

Wenn Sie der Option `printing` einen Wert geben, legen Sie damit indirekt die Werte für mindestens drei weitere Druckoptionen fest: `print command`, `lpq command` und `lprm command`. Wenn Sie Samba auf einem System betreiben, das keines dieser Drucksysteme besitzt, geben Sie die Befehle für die jeweiligen Befehle selbst an.

printable

Legen Sie den Wert dieser Option auf `yes` fest, damit Samba weiß, daß es sich um eine Druckerfreigabe handelt. Wenn Sie diese Option vergessen, geht Samba davon aus, daß der entsprechende Abschnitt der Konfiguratonsdatei eine Verzeichnisfreigabe beschreibt. Verwenden Sie diese Option wie folgt:

```
[printer1]
   printable = yes
```

printer

Diese Option (die auch auf den Namen `printer name` hört), gibt den Namen des Drukkers auf dem System an, an den Samba eingehende Druckaufträge weiterleiten soll. Sie besitzt keinen Vorgabewert und sollte in der Konfigurationsdatei verwendet werden, auch wenn Unix-Systeme häufig einen Vorgabenamen besitzen und verwenden, wie `lp` für einen Drucker. Verwenden Sie diese Option wie folgt:

```
[deskjet]
   printer = hpdkjet1
```

printer driver

Verwenden Sie die Option `printer driver`, um Windows-Clients mitzuteilen, um was für einen Drucker es sich handelt. Wenn Sie diese Option korrekt verwenden, vereinfachen Sie die Einrichtung auf dem Client, weil dort der Assistent zur Druckerinstallation den Benutzer nicht mehr nach Druckerhersteller und -modell fragen muß. Die hier angegebene Zeichenkette sollte dem Namen des Druckermodells entsprechen, das der Assistent zur Druckerinstallation auf dem Client anzeigt (siehe Abbildung 7-9). Bei einem Apple LaserWriter zeigt der Assistent beispielsweise `Apple LaserWriter` und bei einem Hewlett Packard Deskjet 560C `HP DeskJet 560C Printer` an.

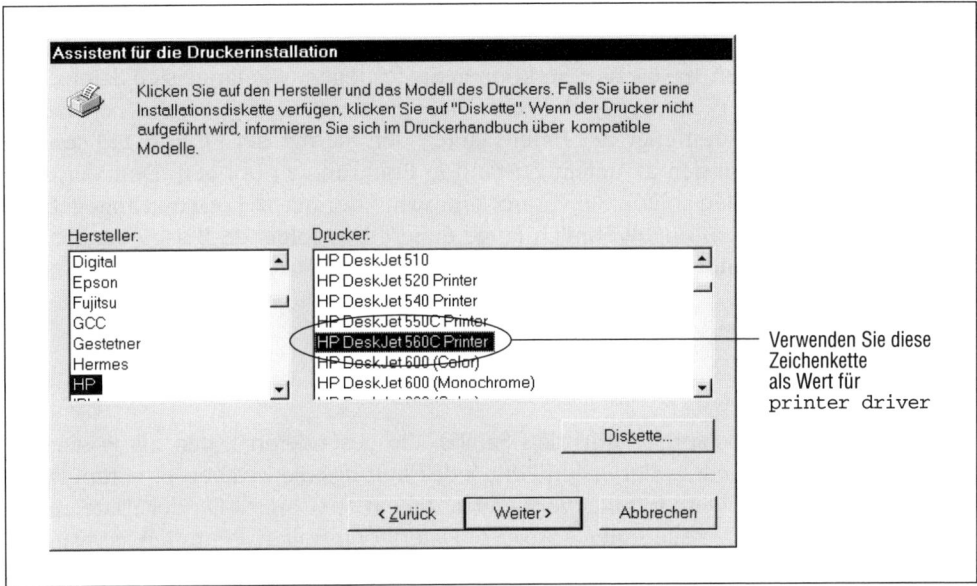

Abbildung 7-9: Der Assistent zur Druckerinstallation in Windows 98

Wie Sie mit Samba Druckertreiber automatisch konfigurieren, steht ausführlich im Abschnitt »Druckertreiber automatisch einrichten« weiter vorne in diesem Kapitel.

printer driver file

Diese globale Option benennt den Ort, an dem sich die Druckertreiber-Informationsdatei von Windows 95/98 befindet. Diese Datei ist erforderlich, um Clients automatisch die passenden Druckertreiber anzubieten. Der Vorgabewert beträgt */usr/local/samba/ lib/printers.def*. Sie können den Wert wie folgt festlegen:

```
[deskjet]
    printer driver file = /var/printers/printers.def
```

Wir haben diese Option ausführlich im Abschnitt »Druckertreiber automatisch einrichten« weiter vorne in diesem Kapitel beschrieben.

printer driver location

Geben Sie mit dieser Option die Freigabe an, die Druckertreiber und Definitionsdateien für Windows 95/98 enthält. Geben Sie den Ort als Netzwerkpfadnamen an (es gibt keinen Vorgabewert). Häufig verweist diese Option auf eine Freigabe des lokalen Samba-Servers:

```
[deskjet]
    printer driver location = \\%L\PRINTER$
```

Auch diese Option haben wir ausführlich weiter vorne in diesem Kapitel im Abschnitt »Druckertreiber automatisch einrichten« beschrieben.

lpq cache time

Mit der globalen Option lpq cache time können Sie festlegen, wie lange sich Samba den Zustand eines Druckers merken soll. Wenn diese Zeit abläuft, ruft Samba den Befehl lpq auf (oder wie auch immer der Befehl lautet, den Sie mit der Option lpq command angegeben haben), um den aktuellen Zustand in Erfahrung zu bringen. Den Vorgabewert von zehn Sekunden sollten Sie vergrößern, wenn der mit lpq command angegebene Befehl auf Ihrem System ungewöhnlich lange dauert. Das folgende Beispiel legt einen Zeitraum von 30 Sekunden fest:

```
[deskjet]
    lpq cache time = 30
```

postscript

Die Option postscript sorgt dafür, daß Samba alle gesendeten Daten als Postscript-Daten ansieht. Dazu stellt es der ersten Zeile jedes Auftrags die Zeichen %! voran. Diese Option wird normalerweise mit PCs verwendet, die ein ^D (Control-D oder »Dateiende«-Markierung) der ersten Zeile einer Postscript-Datei voranstellen. Natürlich verwandelt diese Option nicht etwa einen Nicht-Postscript-Drucker in einen Postscript-Drucker. Die Vorgabe no können Sie wie folgt abändern:

```
[deskjet]
    postscript = yes
```

print command, lpq command, lprm command, lppause command, lpresume command

Diese Optionen teilen Samba mit, welche Unix-Befehle das Drucksystem steuern. Samba verwendet folgende Befehle: lpr (Daten an einen Drucker senden), lpq (Druckerzustand abfragen), lprm (Druckauftrag löschen) und bei Bedarf lppause und lpresume (Druckauftrag anhalten/wiederaufnehmen). Samba kennt für jeden dieser Befehle eine Option, so daß Sie von den Vorgaben abweichende Werte verwenden können. Mit der folgenden Option

```
lpq command = /usr/ucb/lpq %p
```

würde Samba */usr/ucb/lpq* verwenden, um den Zustand einer Druckerwarteschlange abzufragen. Ähnlich funktioniert die folgende Zeile,

```
lprm command = /usr/local/lprm -P%p %j
```

die Samba veranlaßt, mit dem Befehl */usr/local/lprm* den Druckauftrag mit der Nummer %j zu entfernen.

Die Vorgabewerte dieser Optionen hängen vom Wert der Option printing ab. Tabelle 7-4 veranschaulicht die Abhängigkeit des Wertes von der Option printing. Das weitest verbreitete Drucksystem ist BSD.

Tabelle 7-4: Vorgabewerte für die Druckerbefehlsoptionen

Option	BSD, AIX, PLP, LPRNG	SYSV, HPUX	QNX	SOFTQ
print command	lpr -r -P%p %s	lp -c -d%p %s; rm %s	lp -r -P%p %s	lp -d%p -s %s; rm %s
lpq command	lpq -P%p	lpstat -o%p	lpq -P%p	lpstat -o%p
lprm command	lprm -P%p %j	cancel %p-%j	cancel %p-%j	cancel %p-%j
lppause command	lp -i %p-%j -H hold (nur SYSV)	kein Wert	kein Wert	kein Wert
lpresume command	lp -i %p-%j -H resume (nur SYSV)	kein Wert	kein Wert	qstat -s -j%j -r

Normalerweise ist es nicht nötig, diese Optionen zu verwenden, mit Ausnahme von print command möglicherweise. Sie müssen den Wert für diese Option angeben, wenn der Druckbefehl Ihres Betriebssystems den Befehlszeilenschalter -r nicht kennt, um den erledigten Druckauftrag zu löschen. Folgendes Beispiel löscht den Druckauftrag mit dem rm-Befehl, nachdem das Betriebssystem ihn verarbeitet hat:

```
/usr/local/lpr -P%p %s; /bin/rm %s
```

Sie können die folgenden Optionen in der Datei *smb.conf* zur Fehlersuche verwenden:

```
print command = cat %s >>/tmp/printlog; lpr -r -P%p %s
```

Diese Konfiguration kann beispielsweise überprüfen, ob der Samba-Server auch wirklich alle benötigten Druckdateien erhält. Wenn dies der Fall ist, erscheinen ihre Inhalte in der Datei */tmp/printlog*.

Das nach BSD verbreitetste Drucksystem ist SYSV (oder System V), zuzüglich einiger System V-Variationen für AIX von IBM und HP-UX von Hewlett-Packard. Diesen Systemen fehlt die Datei */etc/printcap*. Legen Sie an ihrer Stelle einen Wert für die Option printcap file fest, damit Samba einen für Ihr System geeigneten *lpstat*-Befehl ausführt. Samba erhält über den Befehl *lpstat* eine Liste der installierten Drucker. Alternativ können Sie die globale Konfigurationsoption `printcap name` verwenden, um auf eine Dummy-*printcap*-Datei zu verweisen, die Sie angeben. In diesem Fall muß die Dummy-Datei mehrere Zeilen wie die folgenden enthalten:

```
lp|print1|My Printer 1
print2|My Printer 2
print3|My Printer 3
```

Jede Zeile beschreibt einen Drucker und nennt einen Aliasnamen für ihn. In unserem Beispiel heißt der erste Drucker `lp`, `print1` und `My Printer 1` – der Benutzer kann einen beliebigen dieser Namen verwenden. Samba ersetzt die Variable `%p` in jedem Befehl für diesen Drucker durch den ersten angegebenen Namen.

Samba unterstützt noch zwei weitere Druckertypen: LPRNG (LPR New Generation) und PLP (Public Line Printer). Dabei handelt es sich um Public Domain- und Open Source-Drucksysteme, die viele Netzwerke verwenden, um Probleme mit herstellerspezifischer Software zu vermeiden. Samba unterstützt des weiteren die Drucksysteme der Echtzeit-Betriebssysteme SOFTQ und QNX.

load printers

Wenn Sie den Wert der Option `load printers` auf `yes` setzen, erstellt Samba für jeden bekannten Drucker im System eine Freigabe; diese Freigaben erscheinen in der Suchliste. Um die installierten Drucker zu ermitteln, greift Samba auf die Datei */etc/printcap* (oder eine äquivalente Datei auf Ihrem System) zu. Ihre *printcap*-Datei könnte wie folgt aussehen:[2]

```
lp:\
  :sd=/var/spool/lpd/lp:\          # Spool-Verzeichnis
  :mx#0:\                          # Maximale Dateigröße (keine)
  :sh:\                            # Burst-Vorspann unterdrücken (nein)
  :lp=/dev/lp1:\                   # Gerätename für Ausgabe
  :if=/var/spool/lpd/lp/filter:    # Textfilter

laser:\
  :sd=/var/spool/lpd/laser:\       # Spool-Verzeichnis
  :mx#0:\                          # Maximale Dateigröße (keine)
  :sh:\                            # Burst-Vorspann unterdrücken (nein)
  :lp=/dev/laser:\                 # Gerätename für Ausgabe
  :if=/var/spool/lpd/lp/filter:    # Textfilter
```

Wenn Sie dann folgende Zeile in der Samba-Konfigurationsdatei verwenden,

```
load printers = yes
```

erstellt Samba bei seinem Start die Druckerfreigaben `[lp]` und `[laser]`. Beide Freigaben verwenden die Konfiguration aus dem Abschnitt `[printers]` und werden in der Suchliste des Samba-Servers angezeigt.

---

2 Wir haben dem Dateiinhalt Kommentare hinzugefügt, damit Sie ihn auch lesen können, wenn Sie nicht mit dieser Datei vertraut sind.

printcap name

Geben Sie mit der Option printcap name (oder printcap) an, welche Datei Samba als printcap-Datei verwendet. Der Standardwert ist */etc/printcap*; Sie können hier eine Datei bezeichnen, die ausschließlich diejenigen Drucker enthält, die im Netzwerk verfügbar sein sollen. Der Dateiname sollte mit vollständiger Pfadangabe versehen werden:

```
[deskjet]
    printcap name = /usr/local/printcap
```

min print space

Die Option min print space legt fest, wieviel Spool-Platz auf der Festplatte in KByte frei sein muß, damit das Samba-Drucksystem arbeitet. Wenn Sie einen Wert von null angeben (das ist die Vorgabe), findet keine Prüfung statt. Diese Option kann verhindern, daß Druckaufträge den gesamten freien Platz auf der Festplatte in Anspruch nehmen und dadurch möglicherweise andere Prozesse stören:

```
[deskjet]
    min print space = 4000
```

queuepause command

Geben Sie mit dieser Konfigurationsoption einen Befehl an, der Samba mitteilt, wie es eine Druckwarteschlange unterbrechen kann. Die Vorgabe hängt vom gewählten Drucksystem ab, und normalerweise müssen Sie den Wert nicht selbst angeben.

queueresume command

Geben Sie mit dieser Konfigurationsoption einen Befehl an, der Samba mitteilt, wie es eine angehaltene Druckwarteschlange wiederaufnahmen kann. Die Vorgabe hängt von gewählten Drucksystem ab, und normalerweise müssen Sie den Wert nicht selbst angeben.

Namensauswertung mit Samba

Bevor es NetBIOS-Namens-Server (NBNS) gab, basierte die Namensauswertung[3] ausschließlich auf Rundsendungen. Wenn ein Benutzer oder Computer die Adresse eines anderen Computers wissen wollte, hat das fragende System eine Netzwerkrundsendung mit dem gewünschten Namen gesendet, und der betroffene Computer hat geantwortet. Diese Methode funktioniert auch heute noch. Jeder, der nach dem Computer fred sucht, kann die Anfrage rundsenden, woraufhin dieser antwortet[4] (wir stützen uns auf

---

3   Dieser Vorgang wird auch Namensauflösung (englisch: *name resolution*) genannt.
4   SMB-Computer können so konfiguriert werden, daß sie nicht auf Rundsendungen reagieren. In diesem Fall funktioniert diese Methode natürlich nicht.

diese Funktionalität, wenn wir mit dem Befehl nmblookup in Kapitel 9, *Fehlersuche und Problembehandlung*, Fehler des Samba-Namensdienstes suchen).

Wie Sie im ersten Kapitel aber sahen, funktionieren Rundsendungen (ob zum Durchsuchen oder zur Namensauswertung und -registrierung) nur innerhalb ihres jeweiligen Subnetzes. Zudem belasten Rundsendungen das Netzwerk unnötig. Abhilfe schafft der Microsoft Windows Internet Naming Service (WINS). Dabei handelt es sich um einen NBNS, der keiner Beschränkung auf das lokale Subnetz unterliegt und der von Samba unterstützt wird. Der Administrator kann einen Computer zum WINS-Server machen, der für jeden Client im Netzwerk die Namensauswertung erledigt. Clients können Anfragen zur Namensregistrierung und -auswertung daher an einen bestimmten Computer richten und demnach auf Rundsendungen verzichten.

WINS und Rundsendungen sind aber nicht die einzigen Möglichkeiten zur Namensauswertung, die Samba verwenden kann. Sie können die folgenden vier Methoden benutzen:

- WINS
- Rundsendungen
- Die Unix-Datei */etc/hosts* sowie NIS/NIS+
- *LMHOSTS*-Datei

Samba greift auf diese Methoden in der Reihenfolge zurück, die Sie in der Samba-Konfigurationsdatei mit der Option name resolve order vorgeben. Bevor wir die Möglichkeiten näher besprechen, wollen wir uns ein Verfahren zur Namensauswertung ansehen, das Sie möglicherweise noch nicht kennen: die Datei LMHOSTS.

Die Datei LMHOSTS

LMHOSTS ist das LAN Manager- oder NBT-Äquivalent zur Datei *hosts*, die eine Zuordnung von Namen zu IP-Adressen bereitstellt und auf allen Unix-Systemen als */etc/hosts* bekannt ist. Samba verwendet standardmäßig die Datei */usr/local/samba/lib/LMHOSTS*, die ein Format ähnlich der Datei */etc/hosts* besitzt, wie das folgende Beispiel zeigt:

```
192.168.220.100    hydra
192.168.220.101    phoenix
```

Der einzige Unterschied zur Datei */etc/hosts* besteht darin, daß die Namen in der linken Spalte NetBIOS- und nicht DNS-Namen sind. Deswegen können Sie zusätzlich Ressourcentypen ageben:

```
192.168.220.100    hydra#20
192.168.220.100    simple#1b
192.168.220.101    phoenix#20
```

Mit diesen Zeilen haben wir angegeben, daß der Computer hydra der primäre Controller der Domäne SIMPLE ist (Ressourcentyp <1B> hinter dem Namen hydra in der zweiten Zeile). Bei den anderen beiden Systemen handelt es sich um gewöhnliche Arbeitsstationen.

Wenn Sie die Datei *LMHOSTS* an einer anderen als der vorgegebenen Stelle plazieren wollen, müssen Sie diesen Ort dem Prozeß *nmbd* bei seinem Aufruf über folgende Befehlszeilenoption mitteilen:

```
nmbd -H /etc/samba/lmhosts -D
```

Samba zur Verwendung eines anderen WINS-Servers einrichten

Sie können Samba auf einen beliebigen WINS-Server im Netzwerk zugreifen kassen, indem Sie mit der globalen Option wins server die IP-Adresse des WINS-Servers angeben:

```
[global]
    wins server = 192.168.200.122
```

Wenn Sie diese Option verwenden, richtet Samba alle WINS-Anfragen an den Server mit der IP-Adresse 192.168.200.122. Da Samba in diesem Fall gerichtete Anfragen stellt, müssen wir uns keine Sorgen um mögliche Probleme im Zusammenhang mit Rundsendungen machen. Allerdings bedeutet die Angabe eines WINS-Server in der Samba-Konfigurationsdatei nicht zwangsläufig, daß Samba diesen Server als erste Methode zur Namensauswertung verwendet. Die Reihenfolge, in der Samba die möglichen Verfahren zur Namensauswertung durchführt, können Sie mit der Option name resolve order festlegen. Wir gehen in kürze näher auf diese Option ein.

Wenn Sie einen Samba-Server in einem Subnetz einsetzen, das Rundsendungen verwendet, und der Samba-Server den Ort eines WINS-Servers in einem anderen Subnetz kennt, kann der Samba Server empfangene Rundsendungen mit Anfragen zur Namensauswertung an den WINS-Server weiterleiten, wenn Sie die Option wins proxy in der Samba-Konfigurationsdatei mit yes belegen:

```
[global]
    wins server = 192.168.200.12
    wins proxy = yes
```

Verwenden Sie diese Option nur, wenn sich der WINS-Server in einem anderen Subnetz befindet. Ansonsten empfängt der lokale WINS-Server Rundsendungen, so daß Sie keinen WINS-Proxy benötigen.

Samba als WINS-Server konfigurieren

Damit Samba als WINS-Server arbeitet, müssen Sie in der Konfigurationsdatei zwei globale Optionen verwenden:

```
[global]
    wins support = yes
    name resolve order = wins lmhosts hosts bcast
```

Die Option wins support macht Samba zu einem WINS-Server. Ob Sie es glauben oder nicht, das ist alles, was Sie tun müssen! Samba erledigt den Rest hinter den Kulissen, so daß Sie sich als Administrator entspannen können. Die beiden Optionen wins support=yes und wins server schließen sich gegenseitig aus, da Samba nicht gleichzeitig als WINS-Server arbeiten und einen anderen WINS-Server verwenden kann.

Wenn Samba als WINS-Server arbeitet, sollten Sie sich mit der Option name resolve order vertraut machen, die wir bereits erwähnt haben. Diese Option weist Samba an, in welcher Reihenfolge es die verschiedenen Methoden zur NetBIOS-Namensauswertung probieren soll. Es gibt vier mögliche Werte:

lmhosts

   Greift auf die Datei *LMHOSTS* zurück.

hosts

   Verwendet die Standard-Namensauswertung des Unix-Systems, also */etc/hosts*, DNS, NIS oder eine Kombination daraus (wie im Betriebssystem konfiguriert).

wins

   Greift auf einen WINS-Server zurück.

bcast

   Verwendet Rundsendungen.

Geben Sie als Wert dieser Option einige oder alle möglichen Verfahren in der Reihenfolge an, in der Samba sie verwenden soll. Kommen wir auf den Wert zurück, den wir soeben angegeben haben:

```
name resolve order = wins lmhosts hosts bcast
```

Das bedeutet, daß Samba zunächst versucht, die konfigurierten WINS-Server anzusprechen, um einen NetBIOS-Namen auszuwerten. Anschließend wirft Samba einen Blick in die lokale Datei *LMHOSTS*. Als nächstes versucht es Ihr Samba-Server mit der Methode, die das Betriebssystem zur Namensauswertung vorgibt. Der Begriff hosts mag verwirrend sein, denn er bezieht sich nicht nur auf die Datei */etc/hosts*, sondern auch auf einen DNS- oder NIS-Server (je nach Konfiguration des lokalen Unix-Hosts). Funktionieren alle drei Methoden nicht, benutzt Samba Rundsendungen, um die IP-Adresse des gesuchten Computers herauszufinden.

Schließlich können Sie einen Samba-Server, der als WINS-Server arbeitet, anweisen, den vom System verwendeten DNS-Server zu fragen, wenn ein bestimmter Host nicht in der WINS-Datenbank gefunden wird. Bei einem typischen Linux-System können Sie die IP-Adresse des DNS-Servers beispielsweise herausfinden, indem Sie die Datei */etc/resolv.conf* durchsuchen. In ihr stoßen Sie auf einen Eintrag ähnlich dem folgenden:

```
nameserver 127.0.0.1
nameserver 192.168.200.192
```

Diese Zeilen sagen uns, daß unter der Adresse 192.168.220.192 ein DNS-Server zu finden ist (127.0.0.1 ist die Adresse des lokalen Hosts und damit nicht unbedingt die eines gültigen DNS-Servers.)

Mit der globalen Option dns proxy befehlen Sie Samba, den konfigurierten DNS-Server zu verwenden:

```
[global]
    wins support = yes
    name resolve order = wins lmhosts hosts bcast
    dns proxy = yes
```

Konfigurationsoptionen für die Namensauswertung

Die WINS-Optionen von Samba entnehmen Sie bitte Tabelle 7-5.

Tabelle 7-5: WINS-Optionen

Option	Parameter	Funktion	Vorgabe	Bereich
wins support	Boolescher Wert	Wenn yes, arbeitet Samba als WINS-Server.	no	global
wins server	Zeichenkette (IP-Adresse oder DNS-Name)	Gibt einen WINS-Server an, den Samba zur Namensregistrierung und -auswertung verwendet.	keine	global
wins proxy	Boolescher Wert	Weist Samba an, als WINS-Proxy zu arbeiten. Empfangene Rundsendungen werden an einen WINS-Server eines anderen Subnetzes weitergeleitet.	no	global
dns proxy	Boolescher Wert	Wenn yes, fragt ein Samba-WINS-Server einen DNS-Server, falls er einen Namen nicht in seiner WINS-Datenbank finden kann.	no	global
name resolve order	lmhosts, hosts, wins und bcast	Gibt die Reihenfolge der Verfahren an, die Samba zur NetBIOS-Namensauswertung verwendet.	lmhosts hosts wins bcast	global
max ttl	numerisch	Gibt die maximale TTL (time-to-live) in Sekunden an, die der Samba-Server auf eine Antwort eines angefragten NetBIOS-Namen wartet.	259200 (3 Tage)	global
max wins ttl	numerisch	Gibt die maximale TTL in Sekunden an, während der vom Samba-WINS-Server ausgegebene NetBIOS-Namen gültig sind.	518400 (6 Tage)	global
min wins ttl	numerisch	Gibt die minimale TTL in Sekunden an, während der vom Samba-WINS-Server ausgegebene NetBIOS-Namen gültig sind.	21600 (6 Stunden)	global

wins support

Samba stellt allen Systemen im Netzwerk den WINS-Namensdienst bereit, wenn Sie dem Abschnitt [global] der Datei *smb.conf* die folgende Zeile hinzufügen:

```
[global]
    wins support = yes
```

Der Vorgabewert ist no, so daß ein Windows NT-Server im Netzwerk als WINS-Server arbeiten kann. Denken Sie daran, daß der Samba-WINS-Server seine Daten nicht mit NT-WINS-Servern abgleichen kann, wenn Sie diese Option aktivieren. Diese Option schließt die Verwendung der Option wins server aus (und umgekehrt). Wenn der lokale Samba-Server als WINS-Server arbeitet, kann er nicht auf einen anderen WINS-Server zugreifen.

wins server

Samba verwendet einen bestehenden WINS-Server im Netzwerk, wenn Sie dessen IP-Adresse mit der globalen Option wins server angeben. Anstelle der IP-Adresse können Sie auch den DNS-Namen (nicht den NetBIOS-Namen) des WINS-Servers verwenden:

```
[global]
    wins server = 192.168.220.110
```

oder:

```
[global]
    wins server = wins.example.com
```

Diese Option funktioniert nur, wenn Sie der Option wins support den Wert no zuweisen oder diese Option nicht verwenden (weil no der Vorgabewert ist). Andernfalls meldet Samba einen Fehler. Sie können mit dieser Option nicht mehr als einen WINS-Server angeben.

wins proxy

Schalten Sie diese Option ein, damit Samba seine Arbeit als WINS-Proxy aufnimmt und empfangene Rundsendungen mit Anfragen zur Namensauswertung an den WINS-Server (oft in einem anderen Subnetz gelegen) weiterleitet. Wenn der Samba-Server die Antwort erhält, schickt er diese an den ursprünglich anfragenden WINS-Client weiter. Geben Sie die IP-Adresse oder den DNS-Namen des WINS-Server mit der Option wins server an. Aktivieren Sie die Option wins proxy im Abschnitt [global] folgendermaßen:

```
[global]
    wins proxy = yes
```

dns proxy

Wenn Sie wollen, daß Samba einen Domain Name System (DNS)-Server verwendet, wenn es einen Namen oder ein IP-Adresse vergeblich in seiner WINS-Datenbank gesucht hat, tragen Sie folgende Option in die Samba-Konfigurationsdatei ein:

```
[global]
```

```
dns proxy = yes
```

Dadurch greift der Prozeß *nmbd* auf den üblichen DNS-Dienst zu, um Computer-Namen zu ermitteln. Wenn Sie über keine ständige Verbindung zu Ihrem DNS-Server verfügen, sollten Sie in Erwägung ziehen, diese Option zu deaktivieren. Ungeachtet dieser Option empfehlen wir Ihnen, einen WINS-Server einzusetzen. Wenn Ihr Netzwerk nicht bereits WINS-Server besitzt, machen Sie einen Samba-Computer zum WINS-Server. Verwenden Sie aber nicht mehr als ein Samba-System als WINS-Server, da Samba in der momentan aktuellen Fassung seine WINS-Datenbank nicht mit der eines anderen WINS-Server abgleichen kann.

name resolve order

Die globale Option `name resolve order` gibt die Reihenfolge an, in der Samba die unterschiedlichen Verfahren zur Namensauswertung probiert. Standardmäßig schaut Samba zunächst in die Datei *LMHOSTS*, probiert anschließend die im Unix-Betriebssystem festgelegte Methode (eine Kombination aus */etc/hosts*, DNS und NIS), fragt dann den WINS-Server ab und versucht es schließlich mit Rundsendungen. Verwenden Sie diese Option wie folgt:

```
[global]
    name resolve order = lmhosts wins hosts bcast
```

Dadurch greift die Namensauswertung zunächst auf die Datei *LMHOSTS* zu, dann auf den WINS-Server, dann auf die Methode des Betriebssystems, und schließlich verwendet der Samba-Server Rundsendungen. Im Abschnitt »Samba als WINS-Server konfigurieren« weiter vorne in diesem Kapitel erfahren Sie mehr über diese Option.

max ttl

Diese Option legt die maximale TTL (Time To Live) in Sekunden fest, die ein beim Samba-WINS-Server registrierter NetBIOS-Name aktiv bleiben soll. Verwenden Sie diese Option niemals.

max wins ttl

Sie können mit dieser Option die maximale TTL angeben, die der Samba-WINS-Server einem registrierten NetBIOS-Namen zugesteht. Diese Option sollten Sie ebenfalls niemals benutzen.

min wins ttl

Sie können mit dieser Option die minimale TTL angeben, die der Samba-WINS-Server einem registrierten NetBIOS-Namen zugesteht. Verwenden Sie auch diese Option niemals.

8

Weitere
Informationen
über Samba

Dieses Kapitel schließt mit der Beschreibung einiger Optionen der Konfigurationsdatei *smb.conf* ab, die unterschiedliche Aufgaben besitzen. Wir gehen kurz auf Optionen zur Unterstützung von Programmierern ein, beschreiben internationale Optionen, Nachrichten und Windows-Fehler. Die meisten dieser Optionen sind nur in ganz bestimmten Situationen sinnvoll. Darüber hinaus erklären wir am Ende dieses Kapitels, wie Sie mit dem *smbtar*-Befehl automatisierte Datensicherungen durchführen. Also lassen Sie uns mit dem ersten Thema dieses Kapitel beginnen: die Unterstützung von Programmierern.

Programmierer unterstützen

Wenn in Ihrem Netzwerk Programmierer auf Ihren Samba-Server zugreifen, können die in Tabelle 8-1 aufgeführten Optionen für Sie nützlich sein.

Tabelle 8-1: Konfigurationsoptionen für Programmierer

Option	Parameter	Funktion	Vorgabe	Bereich
time server	Boolescher Wert	Wenn yes, kündigt sich *nmbd* als SMB-Zeit-Server für Windows-Clients an.	no	global
time offset	numerisch (Anzahl der Minuten)	Addiert die angegebene Anzahl von Minuten zu derjenigen Zeit, die der Server seinen Clients berichtet.	0	global
dos filetimes	Boolescher Wert	Erlaubt Benutzern, die eine Datei nicht besitzen, deren Zeitstempel zu ändern, sofern sie über eine Schreibberechtigung verfügen.	no	Freigabe

Tabelle 8-1: Konfigurationsoptionen für Programmierer (Fortsetzung)

Option	Parameter	Funktion	Vorgabe	Bereich
dos filetime resolution	Boolescher Wert	Wenn yes, rundet Samba Zeitstempel für Dateien auf die nächste gerade Sekunde.	no	Freigabe
fake directory create times	Boolescher Wert	Legt Verzeichnis-Zeitstempel fest, um einen Microsoft-Fehler in *nmake* zu vermeiden.	no	Freigabe

Zeitsynchronisation

Die Zeitsynchronisation kann für Programmierer sehr wichtig sein. Sehen Sie sich die folgenden Optionen an:

```
time server = yes
dos filetimes = yes
fake directory create times = yes
dos filetime resolution = yes
delete readonly = yes
```

Wenn Sie diese Optionen einschalten, stellen Samba-Freigaben die Art von kompatiblen Zeitstempeln bereit, die Visual C++, *nmake* und andere Microsoft-Programmierwerkzeuge benötigen. Ohne diese Optionen tendieren *make*-Programme auf PCs zu dem Glauben, daß alle Dateien in einem Verzeichnis jedesmal kompiliert werden müssen, wenn Sie die Kompilierung starten.

time server

Wenn Ihr Samba-Server eine genaue Uhr besitzt (möglicherweise funkgesteuert) oder wenn Ihr Samba-Server seine Uhrzeit regelmäßig von einem Zeit-Server auf Unix-Basis über das Netzwerk bezieht, können Sie ihn anweisen, seinerseits als Zeit-Server zu arbeiten:

```
[global]
    time server = yes
```

Um die Uhrzeit des Samba-Servers auf Windows-Clients zu übertragen, verwenden Sie den folgenden Befehl (ersetzen Sie dabei *Server* durch den NetBIOS-Namen des Samba-Servers):

```
C:\NET TIME \\server /YES /SET
```

Sie können diesen Befehl in ein Windows-Anmeldeskript aufnehmen (siehe Kapitel 6, *Benutzer, Sicherheit und Domänen*).

Standardmäßig besitzt die Option time server den Wert no. Wenn Sie den Zeitdienst einschalten, können Sie mit dem obengenannten Befehl verhindern, daß die Uhren Ihrer Clients im Laufe der Zeit voneinander abweichen. Die Zeitsynchronisation ist für Clients wichtig, auf denen Programme wie *make* ausgeführt werden; diese Programme entscheiden anhand des Zeitpunktes der letzten Änderung von Dateien, ob diese neu kompiliert werden müssen. Asynchrone Uhren können dazu führen, daß grundsätzlich alle Dateien kompiliert werden, was eine reine Zeitverschwendung wäre, oder – schlimmer – daß eine geänderte Datei nicht kompiliert wird.

time offset

Für Clients, die sommerzeitbedingte Zeitverschiebungen nicht korrekt berücksichtigen, kennt Samba die Option `time offset`. Mit ihr können Sie angeben, wieviel Minuten Samba zur momentanen Uhrzeit addieren soll, wenn es Clients die Uhrzeit liefert. Das ist praktisch, wenn Sie z.B. Windows-Clients in Neufundland verwenden, die nichts über die dort gültige 30-Minuten-Verschiebung wissen:

```
[global]
    time offset = 30
```

dos filetimes

Traditionell dürfen nur der root-Benutzer und der Besitzer einer Datei den Zeitstempel verändern, der darüber Auskunft gibt, wann eine Datei zuletzt verändert wurde. Mit dieser Option auf Freigabeebene können Sie das Verhalten an DOS und Windows anpassen: Jeder Benutzer darf nun diesen Zeitstempel verändern, sofern eine Schreibberechtigung vorliegt. Samba verwendet zum Ändern des Zeitstempels seine root-Privilegien.

Standardmäßig ist diese Option ausgeschaltet. Sie müssen sie häufig einschalten, damit *make*-Programme auf den PCs korrekt arbeiten. Ohne diese Option kann diese Software den Zeitstempel nicht ändern. Das führt häufig dazu, daß das Programm glaubt, daß *alle* Dateien neu kompiliert werden müssen, auch wenn das nicht der Fall ist.

dos filetime resolution

`dos filetime resolution` ist eine Option auf Freigabeebene. Wenn Sie für sie den Wert `yes` angeben, rundet Samba die Zeitstempel auf die am nächsten liegende Zweisekundengrenze. Diese Option gibt es in erster Linie, um ein Problem in Windows zu umgehen, das dazu führt, daß Visual C++ nicht erkennt, daß eine Datei unverändert ist:

```
[data]
    dos filetime resolution = yes
```

Wir empfehlen, diese Option nur zu benutzen, wenn Sie mit Microsoft Visual C++ auf Dateien einer Samba-Freigabe zugreifen, die Oplocks unterstützt.

fake directory create times

Die Option `fake directory create times` hilft *make*-Programmen auf PCs. VFAT- und NTFS-Dateisysteme zeichnen im Gegensatz zu Unix-Dateisystemen den Erstellungszeitpunkt von Verzeichnissen auf. Ohne diese Option meldet Samba seinen Clients für Verzeichnisse den Zeitstempel der ältesten darin enthaltenen Datei. Wenn dies nicht Ihren Bedürfnissen entspricht, können Sie diese Option auf Freigabeebene verwenden:

```
[data]
    fake directory create times = yes
```

In diesem Fall meldet Samba als Erstellungsdatum für Verzeichnisse grundsätzlich den 1. Januar 1980. Diese Option wird hauptsächlich dafür verwendet, daß das *nmake*-Programm von Visual C++ glaubt, daß Dateien in einem Verzeichnis jünger als das Verzeichnis selbst sind und neu kompiliert werden müssem.

Magische Skripten

Die folgenden Optionen behandeln *magische Skripten* auf dem Samba-Server. Magische Skripten werden auf einem Unix-System ausgeführt, aber die Ausgabe der Skripten wird an einen SMB-Client gesendet. Diese Funktionen befinden sich noch in einem experimentellen Stadium, aber einige Benutzer und ihre Programme benötigen die beiden Optionen, damit ihre Programme korrekt funktionieren. Magische Skripten sind nicht vertrauenswürdig, und das Samba-Team rät daher dringend davon ab, sie zu benutzen. In Tabelle 8-2 finden Sie weitere Angaben.

Tabelle 8-2: Konfigurationsoptionen für magische Skripten

Option	Parameter	Funktion	Vorgabe	Bereich
magic script	Zeichenkette (Dateiname mit vollständiger Pfadangabe)	Legt den Namen der Datei fest, die Samba mit den Berechtigungen des angemeldeten Benutzers ausführt, wenn der Benutzer diese Datei öffnet und anschließend wieder schließt	keine	Freigabe
magic output	Zeichenkette (Dateiname mit vollständiger Pfadangabe)	Gibt den Namen der Datei an, in die das ausgeführte Programm die Ausgabe schreiben soll.	*script-name.out*	Freigabe

magic script

Wenn Sie mit dem Wert der Option magic script einen Dateinamen angeben und der Client eine Datei mit diesem Namen in der Freigabe erstellt, führt Samba die Datei aus, sobald der Benutzer sie öffnet und wieder schließt. Lassen Sie uns zum Beispiel annehmen, daß die folgende Option in Abschnitt [accounting] steht:

```
[accounting]
    magic script = tally.sh
```

Samba beobachtet ständig die Dateien in der Freigabe. Wenn ein Client eine Datei mit dem Namen *tally.sh* schließt (nachdem er sie zuvor geöffnet hat), führt Samba diese Datei lokal auf dem Unix-System aus. Samba übergibt die Datei zur Ausführung an die Shell, weshalb es sich dabei um ein gültiges Shell-Skript handeln muß. Das bedeutet auch, daß die Zeichen zur Zeilenschaltung dem Unix-Format entsprechen müssen. Außerdem ist es ratsam, wenn Sie die #!-Syntax am Beginn der Datei verwenden, um anzuzeigen, unter welcher Shell Samba es ausführen soll.

magic output

Geben Sie mit dieser Option die Datei an, in die das mit der Option `magic script` angegebene Skript die Ausgabe leiten soll. Sie müssen einen Dateinamen in einem Verzeichnis angeben, in dem der Benutzer über eine Schreibberechtigung verfügt.

```
[accounting]
    magic script = tally.sh
    magic output = /var/log/magicoutput
```

Wenn Sie diese Option weglassen, entspricht der Name der Ausgabedatei dem Namen des Skriptes (wie bei `magic script` angegeben) zuzüglich der Erweiterung *.out.*

Internationalisierung

Samba kann in gewissen Grenzen fremde Sprachen sprechen. Wenn Sie es mit Zeichen zu tun haben, die nicht dem ASCII-Zeichensatz entstammen, können Sie einige der in Tabelle 8-3 zusammengefaßten Optionen verwenden.

Tabelle 8-3: Konfigurationsoptionen für Sonderzeichen in Datei- und Verzeichnisnamen

Option	Parameter	Funktion	Vorgabe	Bereich
`client code page`	Siehe weiter hinten in diesem Abschnitt	Gibt die Codeseite an, die Samba von Clients zu erwarten hat.	850	global
`character set`	Siehe weiter hinten in diesem Abschnitt	Übersetzt Codeseiten in alternative Unix-Zeichensätze.	keine	global
`coding system`	Siehe weiter hinten in diesem Abschnitt	Übersetzt Codeseite 932 in einen asiatischen Zeichensatz.	keine	global
`valid chars`	Zeichenkette (Satz mit Zeichen)	Veraltet. Hat in der Vergangenheit einer Codeseite einzelne Zeichen hinzugefügt; mußte nach dem Festlegen der Codeseite verwendet werden.	keine	global

Client-Codeseite

Die Zeichensätze auf Windows-Plattformen basieren auf dem ursprünglichen Konzept von *Codeseiten* (englisch *Code Pages*). Sie werden von DOS- und Windows-Computern verwendet, um den dargestellten Zeichensatz auszuwählen. Ursprünglich beherrschten Computer lediglich 256 unterschiedliche Zeichen. Einige davon waren sogenannte *Steuerzeichen*, die nicht für sichtbare Zeichen verwendet werden konnten. Die verbleibende Anzahl von Zeichen reichte nicht für Umlaute und andere sprachbezogene Sonderzeichen aller Sprachen gleichzeitig aus. Die Auswahl der Codeseite ermöglicht es zu bestimmen, welche Sonderzeichen angezeigt werden können. Ein großer Teil der verschiedenen Codeseiten ist identisch (unter anderem a-z, A-Z und 0-9). Samba unterstützt mit Hilfe der globalen Option `client code page` zahlreiche Codeseiten, so daß Sie diejenige auswählen können, die Clients verwenden. Diese Option lädt eine Codeseiten-Definitionsdatei und kann die in Tabelle 8-4 zusammenfaßten Werte annehmen.

Tabelle 8-4: Gültige Codeseiten von Samba 2.0

Codeseite	Definition
437	MS-DOS (USA)
737	Windows 95 Griechisch
850	MS-DOS 1 (Westeuropäisch)
852	MS-DOS 2 (Osteuropäisch)
861	MS-DOS Isländisch
866	MS-DOS Kyrillisch (Russisch)
932	MS-DOS Japanisch Shift-JIS
936	MS-DOS Vereinfachtes Chinesisch
949	MS-DOS Koreanisch Hangul
950	MS-DOS Traditionelles Chinesisch

Geben Sie die Client-Codeseite wie folgt an:

```
[global]
    client code page = 852
```

Der Vorgabewert ist 850. Sie können das Werkzeug *make_smbcodepage* (normalerweise in */usr/local/samba/bin*), das zur Samba-Distribution gehört, dazu benutzen, um Ihre eigenen SMB-Codeseiten zu erstellen, falls keine der aufgeführten Ihren Bedürfnissen entspricht.

character set

Die globale Option `character set` dient der Konvertierung von Dateinamen, die ein Client mit einer DOS-Codeseite anspricht (siehe vorherigen Abschnitt, »Client-Codeseite«). Dabei konvertiert Samba bestimmte DOS-Zeichen in bestimmte Unix-Zeichen. Wenn Sie zum Beispiel den westeuropäischen DOS-Zeichensatz eines Clients zu einem westeuropäischen Unix-Zeichensatz konvertieren wollen, geben Sie folgende Option an:

```
[global]
    client code page = 850
    character set = ISO8859-1
```

Beachten Sie, daß Sie zusätzlich die Option `client code page` verwenden müssen, um den Zeichensatz anzugeben, von dem Sie aus Zeichen konvertieren wollen. Die gültigen Zeichen (und ihre entsprechenden Codeseiten), die Samba akzeptiert, finden Sie in Tabelle 8-5:

Tabelle 8-5: Gültige Zeichensätze von Samba 2.0

Zeichensatz	Entspechende Codeseite	Definition
ISO8859-1	850	Westeuropäisch, Unix
ISO8859-2	852	Osteuropäisch, Unix
ISO8859-5	866	Kyrillisch, Unix
KOI8-R	866	Kyrillisch (alternativ), Unix

Normalerweise ist die Option `character set` vollständig deaktiviert.

coding system

Die Option `coding system` ähnelt der Option `character set`. Ihr Zweck besteht darin, Zeichen aus der japanischen JIS-Codeseite in einen entsprechenden Unix-Zeichensatz umzuwandeln. Auch um diese Option verwenden zu können, müssen Sie außerdem die bereits beschriebene Option `client code page` auf den Wert 932 setzen. Die von Samba 2.0 akzeptierten Kodierungssysteme finden Sie in Tabelle 8-6.

Tabelle 8-6: Gültige Werte für die Option `coding system`

Zeichensatz	Definition
SJIS	Standard Shift JIS
JIS8	Acht-Bit-JIS-Code
J8BB	Acht-Bit-JIS-Code
J8BH	Acht-Bit-JIS-Code
J8@B	Acht-Bit-JIS-Code
J8@J	Acht-Bit-JIS-Code
J8@H	Acht-Bit-JIS-Code
JIS7	Sieben-Bit-JIS-Code
J7BB	Sieben-Bit-JIS-Code
J7BH	Sieben-Bit-JIS-Code
J7@B	Sieben-Bit-JIS-Code
J7@J	Sieben-Bit-JIS-Code
J7@H	Sieben-Bit-JIS-Code
JUNET	JUNET-Code
JUBB	JUNET-Code
JUBH	JUNET-Code
JU@B	JUNET-Code
JU@J	JUNET-Code
JU@H	JUNET-Code
EUC	EUC-Code
HEX	Drei Byte langer hexadezimaler Code
CAP	Drei Byte langer Code (Columbia Appletalk-Programm)

valid chars

Die Option `valid chars` aktiviert eine ältere Samba-Funktion, die einer Codeseite einzelne Zeichen hinzufügt. Diese Option wird nicht mehr empfohlen, da Samba mittlerweile moderne Kodierungssysteme unterstützt. Sie können sie wie folgt verwenden:

```
valid chars = î
valid chars = 0450:0420 0x0A20:0x0A00
valid chars = A:a
```

Trennen Sie die einzelnen Zeichen in der Liste mit Leerzeichen voneinander. Wenn sich zwischen zwei Zeichen oder ihren numerischen Äquivalenten ein Doppelpunkt befindet, werden die Daten links vom Doppelpunkt als Groß- und die Zeichen rechts vom Doppelpunkt als Kleinbuchstaben angesehen. Sie können Zeichen sowohl literal darstellen (indem Sie sie einfach schreiben) oder numerisch (oktal, dezimal oder hexadezimal); auch die Angabe des dezimalen Unicodes ist möglich.

Wir raten davon ab, diese Option zu verwenden. Verwenden Sie statt dessen eine der Standard-Codeseiten, die wir weiter vorne aufgeführt haben. Wenn Sie diese Option einsetzen, müssen Sie zuvor mit der Option `client code page` die Codeseite angeben, der Sie die Zeichen hinzufügen wollen. Ansonsten kann Samba die Zeichen nicht hinzufügen.

WinPopup-Nachrichten

Sie können das Windows-Programm WinPopUp (*WINPOPUP.EXE*) dazu heranziehen, um Nachrichten an Benutzer, Computer, ganze Arbeitsgruppen oder Domänen zu senden. Dieses Programm gehört seit Windows for Workgroups 3.11 zum Lieferumfang, wird aber nicht bei jeder Betriebssystemvariante standardmäßig installiert. Damit Sie mit Windows for Workgroups 3.11 und Windows 95/98 Nachrichten empfangen können, muß das Programm ausgeführt werden. Bei Windows NT gibt es dieses Programm nicht, empfangene Nachrichten werden als Fenster angezeigt. Verwenden Sie zum Senden von Nachrichten unter Windows NT den Befehl `net send` an der Eingabeaufforderung. Die Anwendung sehen Sie in Abbildung 8-1.

Samba besitzt für WinPopup-Nachrichten genau eine Option, und die heißt `message command` (siehe Tabelle 8-7).

message command

Geben Sie im Wert der Option `message command` den Namen (einschließlich Pfad) des Programms an, das Samba aufrufen soll, wenn es eine WinPopup-Nachricht erhält. Samba ruft den Befehl mit den Berechtigungen des Gastbenutzers auf, den Sie mit `guest account` festlegen können. Was mit den Nachrichten zu tun ist, bleibt fraglich, denn sie dürften in der Regel für den Samba-Administrator bestimmt sein, dessen Namen Samba nicht kennt.

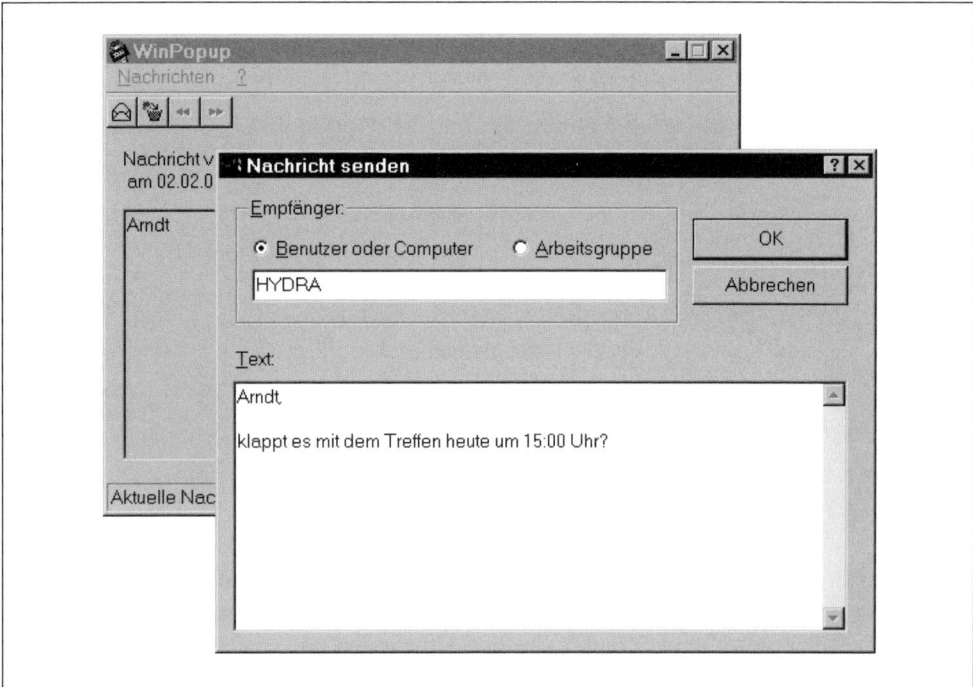

Abbildung 8-1: Das Programm WinPopup

Tabelle 8-7: WinPopup-Konfigurationsoption

Option	Parameter	Funktion	Vorgabe	Bereich
message command	Zeichenkette (ausführbare Datei mit vollständiger Pfadangabe)	Legt das Programm fest, das Samba auf dem Unix-Rechner ausführt, wenn es eine WinPopup-Nachricht empfängt.	keine	global

Wenn Sie wissen, daß sich ein Mensch an der Konsole befindet, schlägt das Samba-Team folgenden Wert vor:

```
[global]
    message command = /bin/csh -c 'xedit %s; rm %s' &
```

Dieser Befehl funktioniert nur, wenn X11 installiert ist. Außerdem würden die Nachrichten schnell den Bildschirm füllen. Eine Alternative besteht darin, mit folgender Option eine E-Mail an root zu senden:

```
message command = /bin/sh -c '/bin/mail root -s "Samba-Hinweis" c%s;run %s'
```

Beachten Sie die Verwendung von Variablen an dieser Stelle. Aus der Variablen %s wird die Datei, in der sich die Nachricht befindet. Diese Datei sollte gelöscht werden, wenn das Programm beendet wird, weil sich sonst Nachrichtendateien auf dem Samba-Server anhäufen können. Außerdem muß der Befehl seinen eigenen Prozeß teilen (mit *fork*, beachten Sie das &-Zeichen nach dem Befehl); ansonsten wartet der Client möglicherweise endlos auf eine Meldung, daß seine Nachricht angekommen ist.

Neben den üblichen Variablen können Sie mit der Option message command die drei Variablen verwenden, die Sie in Tabelle 8-8 finden.

Tabelle 8-8: Variablen für den Wert der Option message command

Variable	Definition
%s	Name der Datei, in der sich die Nachricht befindet
%f	Name des Clients, der die Datei gesendet hat
%t	Name des Computers oder der Arbeitsgruppe, an den oder die die Nachricht gerichtet war

Neue Optionen in Samba 2.0

Mit der Version 2.0 von Samba sind mehrere Optionen hinzugekommen, die noch nicht vollständig unterstützt werden. Dennoch wollen wir Ihnen in diesem Abschnitt einen kurzen Überblick gewähren. Schauen Sie sich Tabelle 8-9 an:

Tabelle 8-9: Neue Optionen in Samba 2.0

Option	Parameter	Funktion	Vorgabe	Bereich
change notify timeout	numerisch (Anzahl der Sekunden)	Legt den Zeitraum zwischen Prüfungen fest, wenn ein Client auf eine Änderung in einem bestimmten Verzeichnis wartet.	60	global
machine password timeout	numerisch (Anzahl der Sekunden)	Legt das Erneuerungsintervall für das Kennwort von Computer-Konten in NT-Domänen fest.	604,800 (1 Woche)	global
stat cache	Boolescher Wert	Wenn yes, speichert Samba Namenszuordnungen in einem Cache zwischen.	yes	global
stat cache size	numerisch	Bestimmt die Größe des Stat-Zwischenspeichers.	50	global

change notify timeout

Die globale Option change notify timeout emuliert eine SMB-Funktion von Windows NT, die auf den Namen *Änderungsbenachrichtigung* (englisch: *change notification*) hört. Dadurch kann ein Client von einem NT-Server anfordern, daß er regelmäßig ein Verzeichnis innerhalb einer Freigabe auf Änderungen hin überwacht. Wenn eine Änderung stattfindet, benachrichtigt der Server den Client.

Seit Version 2.0 unterstützt auch Samba diese Funktionalität für seine Clients. Allerdings kann es den Server spürbar verlangsamen, wenn er diese Prüfungen zu häufig durchführt. Diese Option legt den Zeitraum zwischen jeweils zwei Prüfungen in Sekunden fest. Die Vorgabe beträgt 60 Sekunden, also eine Minute. Ändern Sie diesen Wert wie folgt:

```
[global]
    change notify timeout = 30
```

machine password timeout

Die globale Option machine password timeout legt fest, wie lange Samba Kennwörter für Computer-Konten in NT-Domänen beibehält. Die Vorgabe entspricht dem Wert, den Windows NT 4.0 verwendet: 604.800 Sekunden, also eine Woche. Samba versucht regelmäßig, das Kennwort für ein Computer-Konto zu ändern; dabei handelt es sich um das Kennwort, das ein NT-Client verwendet, um sich als Mitglied einer NT-Domäne zu identifizieren. Benutzer kommen mit diesem Kennwort niemals in Berührung. Diese Option gibt die Anzahl der Sekunden zwischen den Versuchen zur Kennwortänderung an: Im folgenden ändern wir das Intervall auf einen Tag:

```
[global]
    machine password timeout = 86400
```

stat cache

Die globale Option stat cache schaltet die Zwischenspeicherung kürzlich verwendeter Namenszuordnungen ein. Der Vorgabewert ist yes. Das Samba-Team rät davon ab, diese Einstellung zu verändern.

stat cache size

Die globale Option stat cache size legt die Größe des Zwischenspeichers fest, den Sie mit der Option stat cache (de)aktivieren können. Die Vorgabe ist 50, und auch hier rät das Samba-Team davon ab, diesen Wert zu verändern.

Diverse Optionen

Viele Samba-Optionen behandeln betriebssystemabhängige Probleme, die jeweils mit Windows und Unix auftreten können. Die in Tabelle 8-10 aufgeführten Optionen kümmern sich um einige dieser Probleme. Normalerweise verstellen wir hier nichts, und das raten wir auch Ihnen.

deadtime

Mit dieser globalen Option können Sie die Anzahl der Minuten festlegen, die der Samba-Server wartet, bevor er eine Sitzung mit einem nicht aktiven Client schließt. Samba betrachtet einen Client als inaktiv, wenn er keine Dateien geöffnet hat und keine

Daten an den Server sendet. Die Vorgabe für diese Option ist 0, so daß Samba niemals Sitzungen schließt, wenn Clients inaktiv sind. Legen Sie den Wert wie folgt fest:

```
[global]
    deadtime = 10
```

In diesem Fall schließt der Samba-Server Sitzungen zu nicht aktiven Clients nach zehn Minuten. In den meisten Netzwerken entstehen dadurch keine Probleme, weil Clients in der Lage sind, geschlossene Verbindungen erneut aufzubauen, und zwar transparent für den Benutzer des Clients.

Tabelle 8-10: Diverse Optionen

Option	Parameter	Funktion	Vorgabe	Bereich
deadtime	numerisch (Anzahl der Minuten)	Gibt die Anzahl der Minuten an, die ein Client inaktiv sein muß, damit Samba die Verbindung zu ihm trennt.	0	global
dfree command	Zeichenkette (Befehl)	Gibt ein Programm an, das den freien Festplattenplatz meldet, und zwar in einem von Samba erkennbaren Format.	keine	global
fstype	NTFS, FAT, oder Samba	Legt den Dateisystemtyp fest, den Samba seinen Clients auf Anfrage mitteilt.	NTFS	global
keep alive	numerisch (Anzahl von Sekunden)	Legt die Anzahl von Sekunden fest, die Samba einlegen soll zwischen Prüfungen, ob ein Client inaktiv ist.	0 (keine Prüfungen)	global
max disk size	numerisch (Größe in MByte)	Begrenzt die Größe der Festplattenkapazität, die Samba Clients angibt (einige Clients haben Grenzen und könnten sonst durcheinander geraten). Legt keine Grenzen für das Speichern von Daten fest.	0 (unendlich)	global
max mux	numerisch	Bestimmt die maximale Anzahl gleichzeitig aktiver SMB-Aktionen pro Client.	50	global
max open files	numerisch	Begrenzt die maximale Anzahl der gleichzeitig offenen Dateien.	10.000	global
max xmit	numerisch	Gibt die maximale Paketgröße an, die Samba sendet.	65.535	global
nt pipe support	Boolescher Wert	Deaktiviert ein experimentelles NT-Merkmal für Leistungsmessungen oder im Falle eines Fehlers.	yes	global

Tabelle 8-10: Diverse Optionen (Fortsetzung)

Option	Parameter	Funktion	Vorgabe	Bereich
nt smb sup- port	Boolescher Wert	Deaktiviert eine experimentelle NT-Funktion für Leistungsmessun- gen oder im Falle eines Fehlers.	yes	global
ole lok- king compa- tib-ility	Boolescher Wert	Ordnet von Windows verwendete Sperr-Anforderungen neu zu, die außerhalb des gültigen Bereiches liegen, damit sie sich wieder in einem gültigen Bereich von Unix befindet. Das Abschalten verur- sacht Sperrfehler auf der Unix- Seite.	yes	global
panic action	Befehl	Auszuführendes Programm, wenn der Samba-Server abstürzt; dient der Fehlersuche.	keine	global
set direc- tory	Boolescher Wert	Wenn yes, können VMS-Clients set dir-Befehle absetzen.	no	global
smbrun	Zeichen- kette (Befehl mit vollstän- diger Pfadangabe)	Legt den Befehl fest, den Samba als »Wrapper« für Shell-Befehle verwendet.	keine	global
status	Boolescher Wert	Wenn yes, kann Samba den Zustand des Befehls smbstatus abfragen.	yes	global
strict sync	Boolescher Wert	Wenn no, ignoriert Samba Anfor- derungen von Clients, Daten aus dem Platten-Cache auf die Datenträger zu schreiben.	no	global
sync always	Boolescher Wert	Wenn yes, müssen alle Schreiban- forderungen von Clients abgear- beitet werden, bevor der Aufruf beendet werden kann.	no	global
strip dot	Boolescher Wert	Wenn yes, werden Punkte als letz- tes Zeichen von Unix-Dateina- men entfernt.	no	global

dfree command

Verwenden Sie diese globale Option auf Unix-Computern, bei denen Samba den freien Platz auf Festplatten nicht korrekt ermittelt. Das einzige bekannte System, auf dem Sie diese Option verwenden müssen, ist Ultrix. Diese Option besitzt keinen Vorgabewert, da Samba normalerweise weiß, wie es den freien Platz berechnen muß. Sie können den Wert wie folgt festlegen:

```
[global]
    dfree command = /usr/local/bin/dfree
```

Der Wert dieser Option sollte auf ein Skript oder Programm verweisen, das die Kapazität der Festplatte in Blöcken und die Anzahl der freien Blöcke zurückmeldet. Die Samba-Dokumentation empfiehlt das folgende als verwendbares Skript:

```
#!/bin/sh
df $1 | tail -1 | awk '{print $2" "$4}'
```

Auf System V-Computern funktioniert folgendes Skript:

```
#!/bin/sh
/usr/bin/df $1 | tail -1 | awk '{print $3" "$5}'
```

fstype

Diese Option auf Freigabeebene legt das Dateisystem fest, das Samba meldet, wenn ein Client danach fragt. Sie können als Wert eine der drei Zeichenketten verwenden, die in Tabelle 8-11 stehen.

Tabelle 8-11: Dateisystemtypen

Variable	Definition
NTFS	Microsoft Windows NT-Dateisystem
FAT	DOS/Windows FAT- Dateisystem
Samba	Samba-Dateisystem

Der Vorgabewert ist **NTFS**, so daß Samba ein Windows NT-Dateisystem meldet, wenn ein Client eine entsprechende Abfrage durchführt. Normalerweise müssen Sie keinen anderen Typ angeben. Falls Sie dies dennoch tun wollen, verwenden Sie diese Option auf Freigabeebene wie folgt:

```
[data]
    fstype = FAT
```

keep alive

Mit dieser globalen Option können Sie die Anzahl der Sekunden bestimmen, die zwischen dem Versand von zwei NetBIOS-*keep-alive-Paketen* vergehen sollen. Mit diesen Paketen findet der Samba-Server heraus, ob andere NetBIOS-Computer noch aktiv und im Netzwerk sind. Der Vorgabewert dieser Option ist 0, wodurch Samba keine solchen Pakete sendet. Verändern Sie den Wert wie folgt:

```
[global]
    keep alive = 10
```

max disk size

Diese globale Option gibt die maximale Größe aller Samba-Freigaben an. Sie können damit verhindern, daß ältere Client-Betriebssysteme große Festplattenkapazitäten (etwa mehr als ein GByte falsch angeben).

Der Vorgabewert dieser Option ist 0, wodurch Samba keine Grenze einrichtet. Ändern Sie den Wert wie folgt:

```
[global]
    max disk size = 1000
```

max mux

Sie können mit dieser globalen Option die maximale Anzahl von SMB-Vorgängen angeben, die Samba gleichzeitig durchführt. Der Vorgabewert beträgt 50, und Sie können wie folgt einen neuen Wert angeben:

```
[global]
    max mux = 100
```

max open files

Diese globale Option gibt an, wie viele Dateien Samba gleichzeitig für alle Prozesse geöffnet haben kann. Dieser Wert muß gleich oder kleiner der Grenze des Betriebssystems sein, das den Samba-Server ausführt. Diese Grenze variiert von System zu System. Die Vorgabe 10.000 können Sie wie folgt ändern:

```
[global]
    max open files = 8000
```

max xmit

Diese globale Option legt die maximale Größe von Paketen fest, die Samba mit einem Client austauschen kann. In einigen Fällen können kleinere Pakete die Leistung steigern, besonders mit Windows for Workgroups-Clients. Der Vorgabewert dieser Option beträgt 65.535. Geben Sie wie folgt einen alternativen Wert an:

```
[global]
    max xmit = 4096
```

Der Abschnitt »Das TCP-Empfangsfenster« in Kapitel B, *Leistungsoptimierung*, gibt Ihnen einige Beispiele für diese Option.

nt pipe support

Diese globale Option ist für Entwickler gedacht, die es Windows NT-Clients erlauben oder verbieten wollen, Verbindungen zu den Windows NT-spezifischen IPC$-Pipes herzustellen. Als gewöhnlicher Benutzer werden Sie den Vorgabewert niemals ändern müssen:

```
[global]
    nt pipe support = yes
```

nt smb support

Diese globale Option wird von Entwicklern verwendet, um NT-spezifische SMB-Optionen mit Windows NT-Clients auszuhandeln. Das Samba-Team hat festgestellt, daß die Leistung ihrer Software etwas höher ist, wenn der Wert dieser Option no beträgt. Dennoch sollten Sie als Benutzer die Vorgabe niemals ändern:

```
[global]
    nt smb support = yes
```

ole locking compatibility

Mit dieser globalen Option können Sie Sambas interne Sperrung von Bereichen innerhalb von Dateien ein- oder ausschalten. Diese Funktionalität stellt die Kompatibilität mit Object Linking and Embedding (OLE)-Anwendungen bereit, die Bereichssperrungen als Methode zur Kommunkation zwischen Prozessen benutzen. Die Vorgabe für diese Option ist yes, und Sie können den Wert ändern, wenn Sie Ihrem Unix-Sperrmechanismus trauen:

```
[global]
    ole locking compatibility = no
```

panic action

Diese globale Option gibt einen Befehl an, den Samba ausführt, wenn im Betrieb oder beim Start ein nicht behebbarer Fehler auftritt. Es gibt keinen Vorgabewert für diese Option. Geben Sie wie folgt einen Wert an:

```
[global]
    panic action = /bin/csh -c
        * 'xedit <<: "Samba has shutdown unexpectedly" ; :'
```

set directory

Wenn Sie diese Option auf Freigabeebene aktivieren, können Digital Pathworks-Clients mit dem setdir-Befehl in Verzeichnisse auf dem Server wechseln. Wenn Sie den Digital Pathworks-Client nicht verwenden, benötigen Sie diese Option nicht. Der Vorgabewert no kann wie folgt auf Freigabeebene abgeändert werden:

```
[data]
    set directory = yes
```

smbrun

Diese Option gibt an, wo sich die ausführbare Datei *smbrun* befindet, die Samba als »Wrapper« verwendet, um Shell-Befehle auszuführen. Der Vorgabewert dieser Option wird bei der Kompilierung von Samba bestimmt. Wenn Sie Samba nicht in das Standardverzeichnis installiert haben, können Sie hier angeben, wo die binäre Datei abgelegt ist:

```
[global]
    smbrun = /usr/local/bin/smbrun
```

status

Bestimmen Sie mit dieser globalen Option, ob Samba alle aktiven Verbindungen in einer Statusdatei aufzeichnen soll. Diese Datei wird ausschließlich vom Befehl *smbstatus* verwendet. Wenn Sie diesen Befehl nicht verwenden wollen, können Sie für diese Option den Wert no angeben, wodurch Samba ein wenig schneller arbeitet. Die Vorgabe ist yes, und Sie kann wie folgt ersetzt werden:

```
[global]
    status = no
```

strict sync

Diese Option auf Freigabeebene legt fest, ob Samba Client-Anfragen zur Festplattensynchronisierung beachten soll. Viele Clients senden eine solche Anfrage schon bei dem Versuch, Daten in ihre eigenen offenen Dateien zu schreiben. Dies kann einen Samba-Server deutlich verlangsamen. Die Vorgabe no können Sie wie folgt abändern:

```
[data]
    strict sync = yes
```

sync always

Diese Option auf Freigabeebene bestimmt, ob jedem Schreibzugriff auf die Festplatte eine Festplattensynchronisation folgen soll, bevor der Schreibaufruf die Kontrolle an den Client zurückgibt. Diese Option hat keinen Einfluß darauf, ob Clients die Festplattensynchronisation ausdrücklich anfordern können (siehe strict sync). Die Vorgabe ist no und kann wie folgt geändert werden:

```
[data]
    sync always = yes
```

strip dot

Legen Sie mit dieser globalen Option fest, ob Samba abschließende Punkte in Unix-Dateinamen entfernen soll. Die Vorgabe ist no. Sie können für jede Freigabe den anderen der beiden möglichen Werte folgendermaßen angeben:

```
[global]
    strip dot = yes
```

Diese Option ist veraltet; verwenden Sie statt ihrer die Option mangled map.

Datensicherungen mit smbtar

Das letzte Thema dieses Kapitels ist das Werkzeug *smbtar*. Ein Problem mit modernen PCs ist, daß Disketten und häufig sogar CD-ROMs zu klein für Datensicherungen sind. Für jeden Client ein Bandlaufwerk zu kaufen, wäre eine teure Lösung, so daß Betriebssystem und Anwendungen normalerweise von Disketten und CD-ROMs neu installiert werden, nachdem eine ausgefallene Festplatte ausgetauscht wurde.

Mit Samba haben Sie eine weitere Möglichkeit; Sie können PC-Daten mit dem Programm *smbtar* sichern. Sie können das regelmäßig oder gelegentlich tun, um lokale Anwendungen und Konfigurationsdateien zu sichern, so daß Reparaturen und Neuinstallationen schneller vonstatten gehen.

Um PC-Daten mit einem Unix-Server zu sichern, benötigen Sie drei Dinge:

1. Stellen Sie sicher, daß auf dem Client die Verzeichnisfreigabe aktiviert und an das TCP/IP-Protokoll gebunden ist. (Bei Windows NT ist die Verzeichnisfreigabe grundsätzlich installiert.)

2. Geben Sie eine Festplatte des PCs frei, so daß der Samba-Server lesend darauf zugreifen kann.

3. Richten Sie die Skripten zur Datensicherung auf dem Server ein.

Wir verwenden zur Veranschaulichung der ersten beiden Schritte Windows 95/98. Rufen Sie die Systemsteuerung auf, und doppelklicken Sie dort auf das Symbol Netzwerk. Sehen Sie nach, ob in der Liste der installierten Netzwerk-Software Datei- und Druckerfreigabe für Microsoft-Netwerke steht, so wie in Abbildung 8-2 dargestellt.

Wenn Datei- und Druckerfreigabe für Microsoft-Netzwerke nicht installiert ist, klicken Sie auf die Schaltfläche Hinzufügen. Windows fragt Sie, welchen Netzwerkkomponententyp Sie hinzufügen wollen. Wählen Sie Dienst aus, und klicken Sie auf Hinzufügen, woraufhin Windows nach dem Hersteller und dem Namen des Dienstes fragt. Wählen Sie Datei- und Druckerfreigabe für Microsoft-Netzwerke aus, und klicken Sie auf OK, um den Dienst zu installieren.

Sobald Sie die Datei- und Druckerfreigabe für Microsoft-Netzwerke installiert haben, wählen Sie in der Netzwerksystemsteuerung das TCP/IP-Protokoll aus, das an die Netzwerkkarte gebunden ist, über die Sie den Samba-Server erreichen können. Klicken Sie auf Eigenschaften, und holen Sie die Registerkarte Bindungen in den Vordergrund. Sie sollten ein Fenster sehen, das dem in Abbildung 8-3 ähnelt. Vergewissern Sie sich an dieser Stelle, daß Datei- und Druckerfreigabe für Microsoft-Netzwerke angekreuzt ist, so daß dieser Dienst über das TCP/IP-Protokoll kommunizieren kann. Sie sollten nun Verzeichnisse Ihres Windows-Clients im Netzwerk freigeben können.

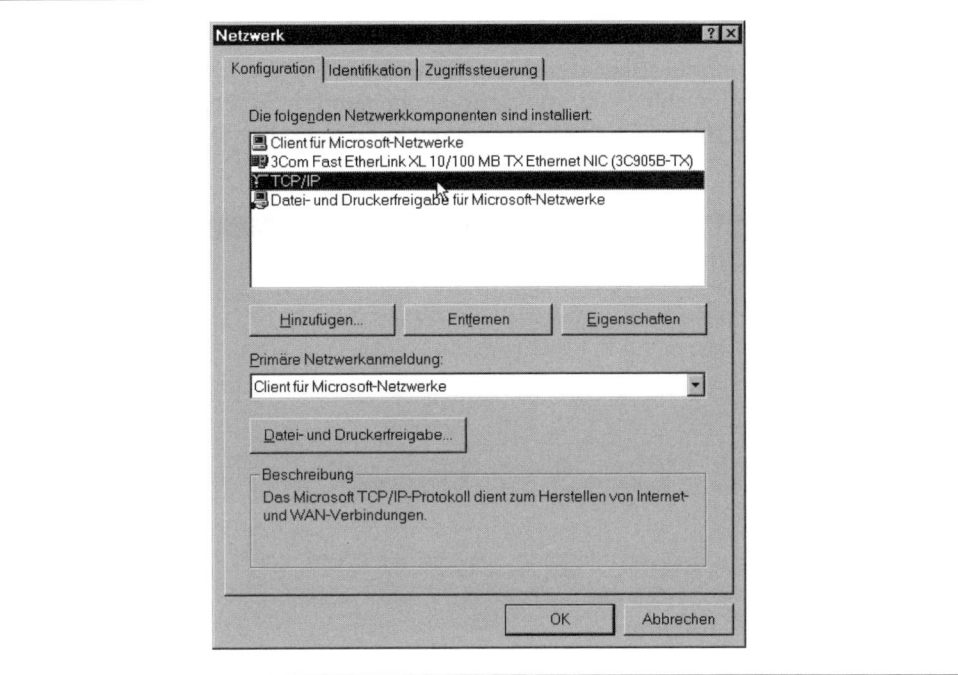

Abbildung 8-2: Die Netzwerk-Systemsteuerung

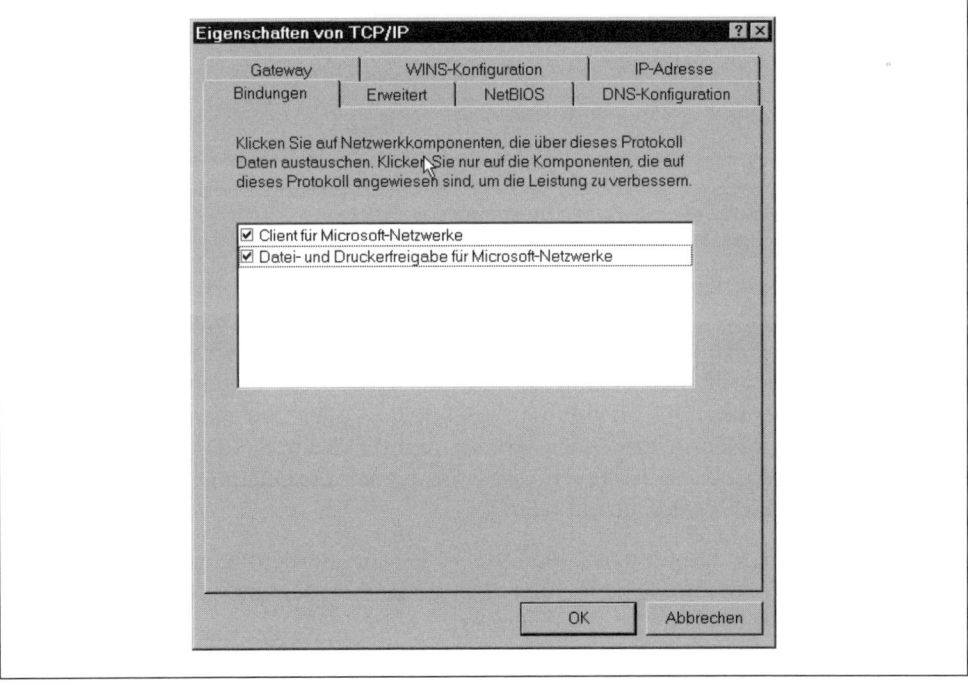

Abbildung 8-3: TCP/IP-Bindungen

Der nächste Schritt besteht darin, die zu sichernden Verzeichnisse freizugeben. Doppel-klicken Sie auf das Desktop-Symbol Arbeitsplatz, und wählen Sie ein beliebiges Ver-zeichnis aus, zum Beispiel Eigene Dateien. Klicken Sie mit der rechten Maustaste auf das Verzeichnis, und wählen Sie aus dem erscheinenden Kontextmenü den Punkt Eigenschaften. Dann sollten Sie das in Abbildung 8-4 dargestellte Dialogfenster sehen.

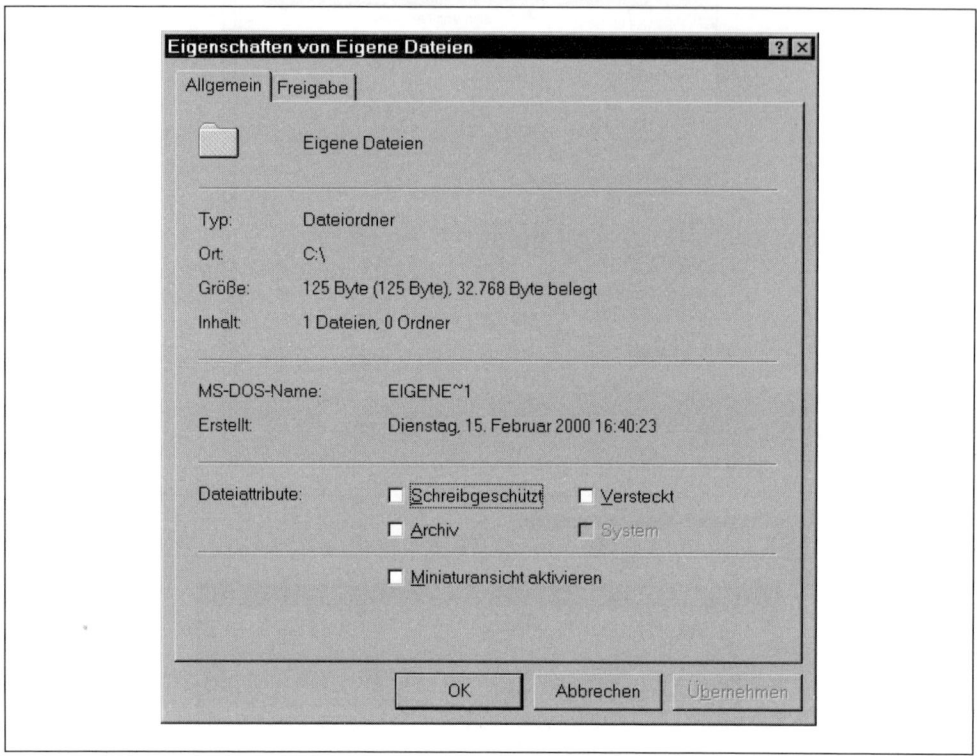

Abbildung 8-4: Eigenschaften des Verzeichnisses Eigene Dateien

Holen Sie die Registerkarte Freigabe in den Vordergrund, und geben Sie das Verzeich-nis frei. Sie können es schreibgeschützt oder zum Lesen und Schreiben freigeben, jeweils mit einem eigenen Kennwort. Da wir es mit Windows 95/98 zu tun haben, unterstützt das Client-Betriebssystem normalerweise die Sicherheit auf Freigabeebene. In unserem Fall erlauben wir sowohl den lesenden als auch den schreibenden Zugriff; dabei vergeben wir Kennwörter (siehe Abbildung 8-5). Wenn Sie das Kennwort einge-geben und auf OK geklickt haben, müssen Sie es zur Bestätigung erneut eingeben. Damit haben Sie den zweiten Schritt beendet.

Der letzte Schritt besteht nun darin, die Datensicherung auf dem Bandlaufwerks-Server mit dem Programm *smbtar* einzurichten. Das einfachste denkbare Skript besteht aus einer einzigen Zeile, etwa in der folgenden Art:

```
smbtar -s Client -t /dev/rst0 -x "Eigene Dateien" -p Kennwort
```

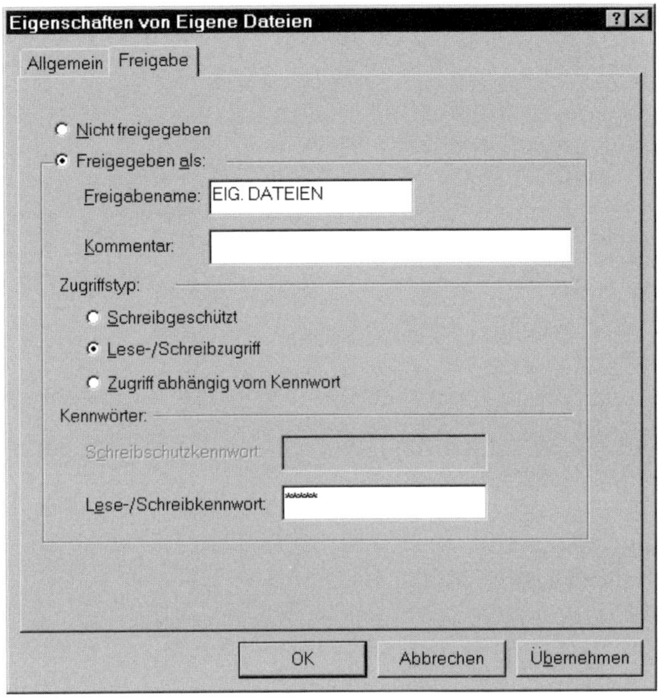

Abbildung 8-5: Freigabe des Verzeichnisses Eigene Dateien

Diese Zeile sichert die Freigabe *Client**Eigene Dateien* ohne weitere Bedingungen auf das Gerät */dev/rst0*. Natürlich ist diese Vorgehensweise äußerst einfach und ziemlich unsicher. Wie Sie am besten vorgehen, hängt von Ihrer aktuellen Sicherungsstrategie ab.

Um Ihren Appetit zu wecken, hier einige der Möglichkeiten von *smbtar*:

- Dateien inkrementell sichern, basierend auf dem Archivbit von DOS (mit dem Befehlszeilenschalter -i). Die Samba-Freigabe darf dabei nicht schreibgeschützt sein, damit *smbtar* das Archivbit löschen kann.

- Nur Dateien sichern, die sich seit einem angegebenen Datum geändert haben (Befehlszeilenschalter -N *Dateiname*)

- Vollständige PC-Laufwerke sichern, indem Sie das Hauptverzeichnis von C: oder D: freigeben und sichern.

Abgesehen vom ersten Beispiel genügt die schreibgeschützte Freigabe des PC-Verzeichnisses, so daß Sie das Risiko verringern können, das ein Auftauchen von Kennwörtern in Skripten und an der Befehlszeile mit sich bringt.

9

Fehlersuche und Problembehandlung

Samba ist extrem robust. Nachdem Sie die Software Ihren Wünschen gemäß eingerichtet haben, werden Sie wahrscheinlich vergessen, daß sie läuft. Fehler treten am häufigsten während der Installation auf oder wenn Sie auf dem Server eine neue Funktion aktivieren wollen. Zum Glück stehen Ihnen zahlreiche Möglichkeiten zur Verfügung, um Problemen auf den Grund zu gehen. Wir können Ihnen zwar nicht die Lösung jedes denkbaren Problems nennen, aber mit diesem Kapitel wollen wir Ihnen Starthilfe geben, mit der Sie zum Ziel kommen können.

Der erste Abschnitt des Kapitels führt den Inhalt Ihres Werkzeugkastens auf: Er enthält die Arbeitsmittel, mit denen Sie Fehlern auf die Schliche kommen können. Der zweite Abschnitt erklärt ausführlich, wie Sie diese Werkzeuge einsetzen können, und im letzten Abschnitt machen wir Sie mit zusätzlichen Ressourcen zum Aufspüren besonders hartnäckiger Fehler bekannt.

Der Werkzeugkasten

Unix erscheint manchmal als Sammlung von Anwendungen und Werkzeugen. Es gibt Werkzeuge, um Fehler in Werkzeugen zu suchen. Und selbstverständlich gibt es immer mehrere Möglichkeiten, um eine Aufgabe zu erledigen. Wenn Sie versuchen, ein Problem mit Samba zu beheben, sollte eine wohlüberlegte Vorgehensweise folgende Punkte und Werkzeuge berücksichtigen:

1. Samba-Protokolle
2. den Fehlerbaum
3. Unix-Werkzeuge
4. Samba-Testprogramme
5. die Dokumentation und Listen mit häufig gestellten Fragen und deren Antworten (Frequently Asked Questions, FAQs)

6.   Artikel in Archiven im Internet

7.   Samba-Newsgroups

Lassen Sie uns diese Punkte im Einzelnen durchgehen.

Samba-Protokolle

Ihr erster Anknüpfungspunkt sollten grundsätzlich die Protokolldateien sein. Die Samba-Protokolle helfen bei der Lösung der meisten Probleme, auf die Samba-Administratoren (sowohl im Anfänger- als auch im Fortgeschrittenen-Stadium) wahrscheinlich treffen. Samba ist in bezug auf die Protokollierung sehr flexibel. Sie können den Protokollierungsgrad exakt an Ihre Bedürfnisse anpassen. Mit Samba-Variablen können Sie Protokolle für bestimmte Clients, Freigaben, Benutzer oder Kombinationen daraus erstellen.

Standardmäßig legt Samba Protokolle in den Dateien *Samba_Verzeichnis/var/smbd.log* und *Samba_Verzeichnis/var/nmbd.log* an, wobei Samba_Verzeichnis das Verzeichnis ist, in das Sie Samba installiert haben (üblicherweise */usr/local/samba*). Wie in Kapitel 4, *Verzeichnisfreigaben*, erwähnt, können Sie das Verzeichnis und die Namen mit der Konfigurationsoption log file in der Datei *smb.conf* ändern. Diese Option akzeptiert alle Samba-Variablen, die wir in Kapitel 2, *Samba auf einem Unix-System installieren*, beschrieben haben, so daß Samba ohne weiteres für jeden Client eine separate Protokolldatei anlegen kann. Geben Sie dazu im Abschnitt [global] der Datei *smb.conf* folgende Zeile ein:

```
log file = %m.log
```

Alternativ können Sie mit dem Befehlszeilenschalter –1 das Verzeichnis für die Protokolldateien angeben:

```
smbd -l /usr/local/samba/var
```

Ein anderer nützlicher Trick besteht darin, den Server für jeden Dienst (also für jede Freigabe) eine eigene Protokolldatei anlegen zu lassen, besonders wenn Sie glauben, daß eine bestimmte Freigabe den Ärger verursacht. Verwenden Sie dazu die Varibale %S im Abschnitt [global] der Konfigurationsdatei:

```
log file = %S.log
```

Protokollierungsgrade

Sie können den Protokollierungsgrad, den Samba verwendet, in der Datei *smb.conf* festlegen. Benutzen Sie dazu eine der beiden gleichbedeutenden Optionen log level oder debug level. Geben Sie als Protokollierungsgrad einen ganzzahligen Wert von 0 (keine Protokollierung) bis 3 (ausführliche Protokollierung) an. Bei einer Stufe von 1 schreibt Samba ausschließlich oberflächliche Angaben in die Protokolle, in unserem Fall also lediglich den Verbindungsaufbau:

```
105/25/98 22:02:11 server (192.168.236.86) connect to service public as user
pcguest (uid=503,gid=100) (pid 3377)
```

Höhere Protokollstufen ergeben ausführlichere Angaben. Normalerweise werden Sie keine Ebene oberhalb der Ebene 3 benötigen, die für die meisten Administratoren mehr als ausreichende Informationen produziert. Höhere Stufen sind für Entwickler gedacht und geben eine Ummenge an Informationen aus, die für Normalsterbliche kryptisch sind.

Hier sind Beispielausgaben der Stufen 2 und 3 desselben Vorgangs. Stören Sie sich nicht daran, wenn Sie die Komplexität einer SMB-Verbindung nicht verstehen. Es geht uns an dieser Stelle ausschließlich darum, die Unterschiede der beiden Protokollierungsgrade zu verdeutlichen:

```
/* Level 2 */
Got SIGHUP
Processing section "[homes]"
Processing section "[public]"
Processing section "[temp]"
Allowed connection from 192.168.236.86 (192.168.236.86) to IPC$
Allowed connection from 192.168.236.86 (192.168.236.86) to IPC/


/* Level 3 */
05/25/98 22:15:09 Transaction 63 of length 67
switch message SMBtconX (pid 3377)
Allowed connection from 192.168.236.86 (192.168.236.86) to IPC$
ACCEPTED: guest account and guest ok
found free connection number 105
Connect path is /tmp
chdir to /tmp
chdir to /
05/25/98 22:15:09 server (192.168.236.86) connect to service IPC$ as user
pcguest (uid=503,gid=100) (pid 3377)
05/25/98 22:15:09 tconX service=ipc$ user=pcguest cnum=105
05/25/98 22:15:09 Transaction 64 of length 99
switch message SMBtrans (pid 3377)
chdir to /tmp
trans <\PIPE\LANMAN> data=0 params=19 setup=0
Got API command 0 of form <WrLeh> <B13BWz> (td-
scnt=0,tpscnt=19,mdrcnt=4096,mprcnt=8)
Doing RNetShareEnum
RNetShareEnum gave 4 entries of 4 (1 4096 126 4096)
05/25/98 22:15:11 Transaction 65 of length 99
switch message SMBtrans (pid 3377)
chdir to /
chdir to /tmp
trans <\PIPE\LANMAN> data=0 params=19 setup=0
Got API command 0 of form <WrLeh> <B13BWz> (td-
scnt=0,tpscnt=19,mdrcnt=4096,mprcnt=8)
Doing RNetShareEnum
RNetShareEnum gave 4 entries of 4 (1 4096 126 4096)
05/25/98 22:15:11 Transaction 66 of length 95
switch message SMBtrans2 (pid 3377)
chdir to /
```

```
chdir to /pcdisk/public
call_trans2findfirst: dirtype = 0, maxentries = 6, close_after_first=0,
close_if_end = 0 requires_resume_key = 0 level = 260, max_data_bytes = 2432
unix_clean_name [./DESKTOP.INI]
unix_clean_name [desktop.ini]
unix_clean_name [./]
creating new dirptr 1 for path ./, expect_close = 1
05/25/98 22:15:11 Transaction 67 of length 53
switch message SMBgetatr (pid 3377)
chdir to /

[...]
```

Wir haben uns den Rest der Ausgabe nach dem ersten Paket gespart, weil sie mehrere Seiten in Anspruch genommen hätte. Seien Sie sich im klaren, daß Protokollebenen oberhalb von 3 schnell Ihre Festplatten mit Einzelheiten über interne Samba-Aktionen füllen. Die Stufe 3 ist äußerst nützlich, um die Vorgänge des Servers genau zu verfolgen, und in der Regel können Sie Fehler finden, indem Sie die Protokolldateien genau durchgehen.

Eine Warnung: Eine hohe Protokollstufe (ab 3) verlangsamt den Samba-Server *deutlich*. Denken Sie daran, daß Einträge in die Protokolldatei bewirken, daß Daten auf die Festplatte geschrieben werden (ein von Natur aus langsamer Vorgang), und Protokollstufen höher als 2 produzieren eine große Datenmenge. Schalten Sie die Stufe 3 nur dann ein, wenn Sie gerade ein Problem des Samba-Servers beheben wollen.

Die Protokollierung ein- oder ausschalten

Samba besitzt keine eigene Option zum ein- oder ausschalten der Protokollierung. Verwenden Sie statt dessen eine der beiden Optionen für den Protokollierungsgrad im Abschnitt [global] der Datei *smb.conf*. Anschließend können Sie Samba neu starten oder den Prozeß anweisen, die Konfigurationsdatei neu einzulesen. Senden Sie dem Prozeß *smbd* Signale, um die Protokollstufe zu ändern. SIGUSR1 erhöht die Stufe um eins, während SIGUSR2 die Stufe um eins herabsetzt:

```
# Protokollierungsgrad um 1 erhöhen
kill -SIGUSR1 1234

# Protokollierungsgrad um 1 reduzieren
kill -SIGUSR2 1234
```

Aktionen einzelner Clients oder Benutzer protokollieren

Ein effizienter Weg, Probleme einzelner Clients oder Benutzer zu diagnostizieren, ohne andere Clients und Benutzer zu stören, besteht darin, für einzelne Clients und Benutzer unterschiedliche Protokollebenen zu verwenden. Benutzen Sie dazu Variablen, so wie wir es Ihnen in Kapitel 4 gezeigt haben:

```
[global]
    log level = 0
    log file = /usr/local/samba/var/log.%m
    include = /usr/local/samba/var/smb.conf.%m
```

Diese Optionen weisen Samba an, für jeden Client jeweils eine eigene Konfigurations- und Protokolldatei zu verwenden. Nun müssen Sie nur für die betreffenden Clients eigene Dateien *smb.conf* anlegen, die den Eintrag log level = 3 enthalten (die anderen Clients arbeiten mit der Protokollebene 0 und brauchen keine eigene Datei).

Ersetzen Sie die Variable für den Client durch die Variable für den Benutzer, wenn ein Problem ausschließlich bei einem bestimmten Benutzer auftritt, egal welchen Client er verwendet:

```
[global]
    log level = 0
    log file = /usr/local/samba/var/log.%u
    include = /usr/local/samba/var/smb.conf.%u
```

Erstellen Sie dann für jeden Benutzer mit der Zeile log level = 3 eine eigene Datei *smb.conf* (beispielsweise */usr/local/samba/var/smb.conf.tim*), auf diese Weise protokolliert Samba nur Aktionen dieser Benutzer ausführlich.

Samba-Testprogramme

Das Verzeichnis *docs/textdocs* der Samba-Distribution (beginnend mit der Datei *DIAGNOSIS.TXT*) beschreibt rigorose Prüfungen für die wichtigen Teile von Samba. Der Fehlerbaum in diesem Kapitel ist eine ausführlichere Variante der grundlegenden Tests, die das Samba-Team empfiehlt, behandelt aber – wie *DIAGNOSIS.TXT* – nur die Installation und die Neukonfiguration. Die anderen Dateien im Unterverzeichnis *docs* behandeln spezielle Probleme (zum Beispiel solche mit Windows NT-Clients) und erklären, wie Sie Probleme beheben, auf die wir in unserem Buch nicht eingehen. Wenn der Fehlerbaum Ihnen keine ausreichenden Informationen bietet, sehen Sie sich die Datei *DIAGNOSIS.TXT* und verwandte Dateien an.

Unix-Werkzeuge

Manchmal ist es nützlich, ein vom Samba unabhängiges Werkzeug zu verwenden, um Vorgänge auf dem Server zu beobachten. Unix war schon immer ein »zusammengewürfeltes« Betriebssystem. Zwei Diagnosewerkzeuge können besonders nützlich sein, um Schwierigkeiten mit Samba zu beheben: *trace* und *tcpdump*.

trace verwenden

Den Befehl *trace* gibt es mit diversen Namen, abhängig vom Betriebssystem, das Sie verwenden. Bei Linux heißt er *strace*, bei Solaris *truss* und SGI besitzt *padc* und *par*. Alle diese Programme besitzen im wesentlichen dieselbe Funktion, nämlich Betriebssystem-Funktionsaufrufe anzuzeigen. Damit können Sie die Ausführung eines beliebigen Programms verfolgen, beispielsweise den Samba-Server, und genau bestimmen, welcher Aufruf das Problem verursacht.

Ein Problem, das Sie mit *trace* finden können, sind falsche Versionen dynamisch verbundener Bibliotheken. Dieser Fehler kann auftauchen, wenn Sie Samba als ausführbare, binäre Dateien heruntergeladen haben. Normalerweise sehen Sie bei einem Problem den fehlerverursachenden Aufruf am Ende der Ausgabe von *trace*, bevor der Samba-Server abstürzt.

Im folgenden finden Sie eine Beispielausgabe des Befehls strace unter dem Betriebssystem Linux. Dabei handelt es sich um einen kleinen Ausschnitt einer größeren Ausgabe während des Öffnens eines Verzeichnisses auf dem Samba-Server. Jede Zeile entspricht einem Systemaufruf, beginnend mit dem Namen des Aufrufs, gefolgt von seinen Parametern. Wenn dabei ein Fehler auftritt, enthält die Ausgabe den Fehlerwert (zum Beispiel ENOENT) und seine Erklärung. Sie können die Parametertypen und die möglichen Fehler in der entsprechenden Online-Hilfe (man page) zum jeweiligen Funktions- bzw. Systemaufruf nachsehen.

```
chdir("/pcdisk/public")                = 0
stat("mini/desktop.ini", 0xbffff7ec)   = -1 ENOENT (No such file or directory)
stat("mini", {st_mode=S_IFDIR|0755, st_size=1024, ...}) = 0
stat("mini/desktop.ini", 0xbffff7ec)   = -1 ENOENT (No such file or directory)
open("mini", O_RDONLY)                 = 5
fcntl(5, F_SETFD, FD_CLOEXEC)          = 0
fstat(5, {st_mode=S_IFDIR|0755, st_size=1024, ...}) = 0
lseek(5, 0, SEEK_CUR)                  = 0
SYS_141(0x5, 0xbfffdbbc, 0xedc, 0xbfffdbbc, 0x80ba708) = 196
lseek(5, 0, SEEK_CUR)                  = 1024
SYS_141(0x5, 0xbfffdbbc, 0xedc, 0xbfffdbbc, 0x80ba708) = 0
close(5)                               = 0
stat("mini/desktop.ini", 0xbffff86c)   = -1 ENOENT (No such file or directory)
write(3, "\0\0\0#\377SMB\10\1\0\2\0\200\1\0"..., 39) = 39
SYS_142(0xff, 0xbfffffc3c, 0, 0, 0xbfffffc08) = 1
read(3, "\0\0\0?", 4)                  = 4
read(3, "\377SMBu\0\0\0\0\0\0\0\0\0\0\0"..., 63) = 63
time(NULL)                             = 896143871
```

Dieses Beispiel zeigt mehrere erfolglose stat-Aufrufe aufgrund von fehlenden Dateien, die erwartet wurden. Sie müssen kein Experte sein, um zu sehen, daß die Datei *desktop.ini* im angegebenen Verzeichnis nicht vorhanden ist. Sie können mit *trace* viele offensichtliche, wiederholt auftretende Probleme identifizieren. Häufig müssen Sie sich lediglich die letzte Nachricht vor einem Samba-Absturz ansehen.

tcpdump verwenden

Mit dem Programm *tcpdump* können Sie Netzwerkverkehr in Echtzeit beobachten. Die Software stammt von Van Jacobson, Craig Leres und Steven McCanne; Andrew Tridgell hat sie erweitert. Das Programm beherrscht mehrere Ausgabeformate und Sie können die Ausgabe filtern, um nur einen bestimmten Teil des Netzwerkverkehrs zu sehen. *tcpdump* zeigt Ihnen die gesamte Kommunikation zwischen Clients und dem Server, einschließlich SMB- und NMB-Rundsendungen. Die Möglichkeiten zur Fehlersuche beschränken sich auf die OSI-Netzwerkschicht, aber Sie können die Ausgabe der Software verwenden, um eine allgemeine Vorstellung davon zu bekommen, was Server und Clients wollen.

Im folgenden finden Sie eine Beispielausgabe von *tcpdump*. Dabei hat ein Client den Inhalt eines Verzeichnisses angefordert, woraufhin der Server die Verzeichnisnamen homes, public, IPC$ und temp zurückgeliefert hat (wir haben am rechten Rand einige Erklärungen hinzugefügt):

```
$tcpdump -v -s 255 -i eth0 port not telnet
SMB PACKET: SMBtrans (REQUEST)                    Anforderungspaket
SMB Command   = 0x25                              Die Anforderung ist ls
oder dir.

[000] 01 00 00 10                                 ....


>>> NBT Packet
Äußerer Rahmen eines SMB-Pakets
NBT Session Packet
Flags=0x0
Length=226
[lines skipped]

SMB PACKET: SMBtrans (REPLY)                      Beginn der Antwort auf die
Anfrage.
SMB Command   = 0x25                              Der Befehl war ls oder dir.
Error class   = 0x0
Error code    = 0
Keine Fehler
Flags1        = 0x80
Flags2        = 0x1
Tree ID       = 105
Proc ID       = 6075
UID           = 100
MID           = 30337
Word Count    = 10
TotParamCnt=8
TotDataCnt=163
Res1=0
ParamCnt=8
ParamOff=55
Res2=0
DataCnt=163
DataOff=63
Res3=0
Lsetup=0
Param Data: (8 bytes)
[000] 00 00 00 00 05 00 05 00                     ........

Data Data: (135 bytes)
Verzeichnisinhalt:
[000] 68 6F 6D 65 73 00 00 00  00 00 00 00 00 00 00 00   homes... ........
[010] 64 00 00 00 70 75 62 6C  69 63 00 00 00 00 00 00   d...publ ic......
[020] 00 00 00 00 75 00 00 00  74 65 6D 70 00 00 00 00   ....u... temp....
[030] 00 00 00 00 00 00 00 00  76 00 00 00 49 50 43 24   ........ v...IPC$
```

```
[040] 00 00 00 00 00 00 00 00  00 00 03 00 77 00 00 00   ........ ....w...
[050] 64 6F 6E 68 61 6D 00 00  00 00 00 00 00 00 00 00   donham.. ........
[060] 92 00 00 00 48 6F 6D 65  20 44 69 72 65 63 74 6F   ....Home Directo
[070] 72 69 65 73 00 00 00 49  50 43 20 53 65 72 76 69   ries...I PC Servi
[080] 63 65 20 28 53 61 6D                               ce (Sam
```

Die Ausgabe stammt aus derselben Sitzung wie der Befehl *trace;* Das Listing eines Verzeichnisses. Die verwendeten Befehlzeilenschalter waren: –v (ausführliche Ausgabe), –i eth0 (die Netzwerkschnittstelle, an der *tcpdump* lauschen sollte) und –s 255 (um die ersten 255 Bytes jedes Pakets anzuzeigen, statt wie vorgegeben die ersten 68). Mit dem Schalter port not telnet haben wir die Anzeige von Telnet-Sitzungen deaktiviert, weil wir über das Netzwerk auf dem Server angemeldet waren. Das Programm *tcpdump* kennt eine Menge Befehlszeilenschalter, mit denen Sie unerwünschten Netzwerkverkehr herausfiltern können. Mit *snoop* oder *etherdump* erhalten Sie eine ähnliche Ausgabe.

Sie können die veränderte Variante von *tcpdump* vom Samba-FTP-Server herunterladen; Sie finden sie unter *ftp://samba.anu.edu.au/pub/samba/tcpdump-smb.* Andere Varianten enthalten keine Unterstützung für das SMB-Protokoll; wenn Sie keine Ausgabe wie im obigen Beispiel sehen, müssen Sie die Version mit SMB-Unterstützung verwenden.

Der Fehlerbaum

Der Fehlerbaum hilft Ihnen bei der Diagnose und beim Beheben von Problemen, die bei der Installation und Umkonfiguration von Samba auftreten können. Dabei handelt es sich um eine erweiterte Form des Dokuments zur Fehlersuche, das die Samba-Distribution enthält.

Bevor Sie mit der Fehlersuche beginnen, sollten Sie folgende Informationen besitzen:

- die IP-Adresse Ihres Clients (wir verwenden hier 192.168.236.10)
- die IP-Adresse Ihres Servers (in unseren Beispielen 192.168.236.86)
- die Netzwerkmaske Ihres Netzwerks (meistens 255.255.255.0)
- ob sich alle Computer im selben Subnetz befinden (unsere tun das)

Um Unklarheiten zu vermeiden, haben wir den Server in den folgenden Beispielen *server.example.com* genannt, während der Client den Namen *client.example.com* erhielt.

Wie Sie den Fehlerbaum benutzen

Beginnen Sie die Tests hier und überspringen Sie diesen Schritt nicht. Er nimmt nicht viel Zeit in Anspruch (etwa fünf Minuten) und kann später Zeit bei der Eingrenzung des Fehlers sparen. Wir sagen Ihnen immer, zu welchem Abschnitt Sie springen können, wenn ein Test erfolgreich verläuft.

Fehlersuche beim IP-Protokoll auf niedriger Ebene

Die erste Serie von Tests finden auf den IP-Diensten auf niedriger Ebene statt, die Samba zur Ausführung benötigt. Die Tests in diesem Abschnitt stellen sicher, daß folgende Punkte zutreffen:

- die TCP/IP-Software funktioniert
- die Ethernet-Hardware arbeitet
- der grundlegende Namensdienst ist eingerichtet

In den folgenden Abschnitten richten wir die TCP/IP-Software ein, die Samba-Daemons *smbd* und *nmbd*, die Host-basierende Zugriffskontrolle, die Echtheitsbestätigung, die Benutzer-basierte Zugriffskontrolle, Dateidienste und das Durchsuchen. Wir haben die Tests ausführlich beschrieben, so daß sie sowohl technisch orientierte Endanwender als auch erfahrene System- und Netzwerkadministratoren verstehen.

Die Netzwerk-Software mit ping testen

Der erste Befehl, den Sie sowohl am Samba-Server als auch am Client eingeben sollten, lautet ping 127.0.0.1. Dabei handelt es sich um die *Loopback-Adresse*, über die Sie herausfinden können, ob die Netzwerkunterstützung überhaupt funktioniert. Verwenden Sie auf Unix-Computern ping 127.0.0.1 mit dem Statistikschalter und brechen Sie den Befehl nach einigen Zeilen ab. Bei Sun-Systemen heißt der Befehl üblicherweise /usr/etc/ping -s 127.0.0.1, bei Linux einfach ping 127.0.0.1. Geben Sie bei Windows-Clients ping 127.0.0.1 an der Eingabeaufforderung ein; der Befehl beendet sich nach einigen Zeilen selbst.

Hier ein Beispiel eines Linux-Servers:

```
server% ping 127.0.0.1
PING localhost: 56 data bytes 64 bytes from localhost (127.0.0.1):
icmp-seq=0. time=1. ms 64 bytes from localhost (127.0.0.1):
icmp-seq=1. time=0. ms 64 bytes from localhost (127.0.0.1):
icmp-seq=2. time=1. ms ^C
----127.0.0.1 PING Statistics----
3 packets transmitted, 3 packets received, 0% packet loss round-trip (ms)
min/avg/max = 0/0/1
```

Wenn der Befehl ping: no answer from.. oder 100% packet loss ausgibt, ist IP nicht auf dem Computer installiert. Bei 127.0.0.1 handelt es sich um die interne Loopback-Adresse, die Sie auch ansprechen können, wenn der Computer nicht mit dem Netzwerk verbunden ist. Wenn dieser Test fehlschlägt, haben Sie ein ernstes Problem: TCP/IP ist entweder nicht installiert oder falsch konfiguriert. Lesen Sie die Dokumentation Ihres Betriebssystem, wenn es eine Unix-Variante ist. Wie Sie TCP/IP auf Windows-Systemen installieren und konfigurieren, steht in Kapitel 3, *Windows-Clients konfigurieren.*

Wenn Sie der Netzwerkverwalter sind, lesen Sie Kapitel 11 des Buches *TCP/IP Netzwerk-Administration* von Craig Hunt und den Titel *Windows NT TCP/IP Netzwerk-Administration* von Craig Hunt und Robert Bruce Thompson, beide im O'Reilly Verlag erschienen.

Lokale Namensdienste mit ping testen

Versuchen Sie nun, mit dem Befehl ping localhost auf dem Samba-Server zu erreichen. localhost bezieht sich auf den lokalen Host, also auf die Loopback-Adresse 127.0.0.1. Die Ausgabe von ping localhost sollte in etwa so aussehen:

```
server%  ping localhost
PING localhost: 56 data bytes  64 bytes from localhost (127.0.0.1):
icmp-seq=0. time=0. ms  64 bytes from localhost (127.0.0.1):
icmp-seq=1. time=0. ms  64 bytes from localhost (127.0.0.1):
icmp-seq=2. time=0. ms  ^C
```

War dieser Test erfolgreich, führen Sie ihn auf dem Client durch. Ansonsten gehen Sie bitte wie folgt vor:

- Wenn Sie den Fehler unknown host: localhost erhalten, funktioniert die Namensauswertung von localhost zu 127.0.0.1 nicht (die Ursache kann einfach ein fehlender Eintrag in der lokalen Datei *hosts* sein). Fahren Sie im Abschnitt Fehlersuche bei den Namensdiensten fort.

- Wenn Sie einen Fehler wie ping: no answer oder 100% packet loss erhalten, aber ping 127.0.0.1 funktioniert hat, arbeitet die Namensauswertung zwar, liefert aber eine falsche Adresse zurück. Übertprüfen Sie die vom Namensdienst zur Namensauswertung verwendete Datei oder Datenbank (auf Unix üblicherweise unter */etc/hosts*) daraufhin, ob der Eintrag für localhost korrekt ist.

Die Netzwerk-Hardware mit dem ping-Befehl testen

Versuchen Sie nun, die IP-Adresse des Servers mit dem ping-Befehl zu erreichen. Die Ergebnisse sollten denen des Befehls ping 127.0.0.1 entsprechen:

```
server%  ping 192.168.236.86
PING 192.168.236.86: 56 data bytes 64 bytes from 192.168.236.86
(192.168.236.86):
icmp-seq=0. time=1. ms 64 bytes from 192.168.236.86 (192.168.236.86):
icmp-seq=1. time=0. ms 64 bytes from 192.168.236.86 (192.168.236.86):
icmp-seq=2. time=1. ms ^C
----192.168.236.86 PING Statistics----
3 packets transmitted, 3 packets received, 0% packet loss round-trip (ms)
min/avg/max = 0/0/1
```

Wenn dieser Test auf dem Server erfolgreich ist, wiederholen Sie ihn auf dem Client. Gehen Sie ansonsten wie folgt vor:

- Wenn ping *Netzwerk_IP* auf dem Server oder Client fehlschlägt, aber ping 127.0.0.1 auf dem betreffenden System funktioniert, haben Sie ein TCP/IP-Problem mit der Ethernet-Netzwerkkarte des Computers oder mit der Netzwerk-Topologie bzw. -Infrastruktur. Lesen Sie die Dokumentation der Karte oder des Betriebssystems, um die korrekte Konfiguration zu ermitteln. Beachten Sie, daß auf einigen Systemen der *ping*-Befehl auch dann eine Erfolgsmeldung zurückgibt, wenn das System nicht mit dem Netzwerk verbunden ist, so daß dieser Test ein Hardware-Problem nicht in jedem Fall ermittelt.

Verbindungen mit dem ping-Befehl testen

Versuchen Sie als nächstes, den Server mit seinem Namen anzusprechen (nicht mit seiner IP-Adresse), und zwar sowohl lokal vom Server als auch vom Client aus. Dabei handelt es sich um einen allgemeinen Test für die Netzwerk-Hardware:

```
server% ping server
PING server.example.com: 56 data bytes 64 bytes from server.example.com
(192.168.236.86):
icmp-seq=0. time=1. ms 64 bytes from server.example.com (192.168.236.86):
icmp-seq=1. time=0. ms 64 bytes from server.example.com (192.168.236.86):
icmp-seq=2. time=1. ms ^C
----server.example.com PING Statistics----
3 packets transmitted, 3 packets received, 0% packet loss round-trip (ms)
min/avg/max = 0/0/1
```

Auf einem Windows-System sieht der ping-Befehl aus wie in Abbildung 9-1. Die Ausgabe variiert in Abhängigkeit von der Windows-Version.

Abbildung 9-1: Den Samba-Server von einem Windows-Client aus »anpingen«.

Wenn dieser Test erfolgreich verläuft, wissen wir fünf Dinge:

1. Unser verwendeter Namens-Server findet den Host-Namen (zum Beispiel `server`).

2. Der Host-Name wird zum voll qualifizierten Namen erweitert (zum Beispiel *server.example.com*).

3. Der Namensdienst gibt seine Adresse zurück (in unserem Fall 192.168.236.86).

4. Der Client hat dem Samba-Server ICMP-Pakete gesendet.

5. Der Samba-Server hat alle Pakete beantwortet.

War dieser Test hingegen erfolglos, sind im Netzwerk möglicherweise mehrere Dinge nicht korrekt:

*   Wenn Sie eine der Meldungen `ping: no answer` oder `100% packet loss` erhalten, ist mindestens einer der beiden Computer nicht mit dem Netzwerk verbunden oder mindestens eine der beiden Adressen ist falsch. Prüfen Sie die Zieladresse, die der `ping`-Befehl ausgibt. Vergewissern Sie sich, daß diese Adresse korrekt ist.

    Wenn nicht, gibt es *mindestens* eine falsche Adresse zwischen den beiden Computern. Geben Sie den Befehl `arp -a` ein und schauen Sie nach, ob es einen Eintrag für den jeweils anderen Computer gibt. `arp` steht für Address Resolution Protocol und der Befehl `arp -a` nennt alle Adreßzuordnungen, die der lokale Computer kennt. Hier einige Möglichkeiten, die Sie ausprobieren sollten:

    -   Wenn Sie eine Nachricht wie `192.168.236.86 at (incomplete)`, sehen, kennt Ihr Computer die Ethernet-Adresse des Systems 192.168.236.86 nicht. Das ist ein Zeichen für eine fehlende Netzwerkverbindung und Ihr Problem liegt wahrscheinlich im TCP/IP-Protokollstapel, und zwar dort in der Ebene der Ethernet-Schnittstelle. Mehr dazu finden Sie in den Kapiteln 5 und 6 des Buches *TCP/IP Netzwerk-Administration* von Craig Hunt und in *Windows NT TCP/IP Netzwerk-Administration* von Craig Hunt und Robert Bruce Thompson, beide aus dem O'Reilly Verlag.

    -   Wenn Sie eine Nachricht wie `server` (192.168.236.86) `at 8:0:20:12:7c:94` sehen, hat das lokale System den Server irgendwann in der jüngeren Vergangenheit erreicht oder ein anderer Computer hat dem lokalen Rechner die Ethernet-Adresse des Servers mitgeteilt. Das bedeutet aber, daß der `ping`-Befehl erfolgreich gewesen sein muß – oder Sie haben ein Netzwerk- oder ein ARP-Problem (zum Beispiel doppelte Ethernet-Adressen oder ein System, bei dem das ARP-Protokoll nicht korrekt arbeitet).

    -   Wenn die IP-Adresse, die der ARP-Befehl ausgibt, nicht mit der von Ihnen erwarteten Adresse übereinstimmt, müssen Sie das Problem näher untersuchen und die Adresse gegebenenfalls per Hand korrigieren.

*   Wenn jeder Computer sich selbst mit dem `ping`-Befehl erreichen kann, aber kein anderes System, stimmt etwas mit dem Netzwerk zwischen den Rechnern nicht. Dieses Symptom kann auch auf eine nicht korrekt installierte Netzwerkkarte hindeuten.

- Die Fehlermeldungen `ping: network unreachable` oder `ICMP Host unreachable` deuten darauf hin, daß mehr als ein Subnetz involviert ist. Auch eine falsche Netzwerkmaske kann diese Meldung verursachen oder ein fehlerhafter Eintrag in der Routingtabelle für die eigene Schnittstelle.

Vermeiden Sie nach Möglichkeit, Fehler zu suchen, wenn sich die betroffenen SMB-Systeme in unterschiedlichen Netzwerken befinden. Probieren Sie es zunächst mit einem Server und einem Client desselben Subnetzes. Die drei folgenden Tests gehen davon aus, daß die Systeme in unterschiedlichen Subnetzen angesiedelt sind:

   a. Führen Sie zunächst die »keine Antwort«-Tests durch, die wir weiter oben in diesem Abschnitt beschrieben haben. Wenn Sie damit Ihr Problem nicht identifizieren können, kommen die folgenden Ursachen in Frage: Eine Adresse oder Subnetzmaske ist falsch, Ihr Netzwerk ist nicht aktiv, oder eine Firewall unterbindet die Kommunikation.

   b. Prüfen Sie sowohl die Adressen als auch die Subnetzmasken auf den Quell- und Zielsystemen. Wenn sich beide Computer im selben Netzwerk befinden, sollten die Subnetzmasken identisch sein und `ping` sollte die richtige Adresse anzeigen. Wenn eine Adresse falsch ist, müssen Sie sie korrigieren. Wenn alle Adressen stimmen, sehen Sie sich die Netzmasken an. Mehr darüber finden Sie weiter hinten in diesem Kapitel im Abschnitt »Netzwerkmasken«.

   c. Wenn die Befehle weiterhin die Meldung hervorrufen, daß das Netzwerk nicht erreichbar ist, sind die beiden Netzwerke möglicherweise tatsächlich nicht miteinander verbunden. Wenden Sie sich an Ihren Netzwerkverwalter.

- Die Meldung `ICMP Administratively prohibited` deutet darauf hin, daß eine Firewall oder ein falsch konfigurierter Router die Kommunikation verbietet. Sprechen Sie mit dem Beauftragten für die Systemsicherheit.

- Die Meldung `ICMP Host redirect`, während gleichzeitig die `ping`-Befehle funktionieren, ist harmlos: Sie bedeutet, daß Sie eine Umleitung benutzt haben.

- Die Meldung `host redirect` und ausbleibende `ping`-Antworten bedeuten, daß ein Router Sie auf eine nicht funktionierende Umleitung geschickt hat. Gehen Sie so vor, als wäre die Fehlermeldung `Network unreachable` aufgetreten und prüfen Sie Ihre Adressen und Subnetzmasken.

- Wenn Sie die Meldung `ICMP Host Unreachable from gateway` *Gateway_Name* erhalten, `ping`-Pakete im anderen Netzwerk ankommen, Antwortpakete Ihr System hingegen nicht erreichen und der Router das Problem meldet, behandeln Sie dieses Problem, als wäre der Fehler `Network unreachable` aufgetreten. Prüfen Sie Ihre Adressen und Subnetzmasken.

- Die Ausgabe `ping: unknown host` *hostname* bedeutet, daß der Name des Zielcomputers nicht bekannt ist. Das deutet auf ein Problem mit dem Namensdienst hin, der `localhost` nicht beeinflußt. Lesen Sie den Abschnitt »Fehlersuche bei den Namensdiensten« weiter hinten in diesem Kapitel.

- Wenn Sie einen Teilerfolg erzielen, also einige `ping`-Befehle erfolgreich sind und andere nicht, kann ein Netzwerkproblem bestehen; möglicherweise ist das Netzwerk überlastet. Auch ein einfacher Wackelkontakt eines Netzwerkkabels kann die Ursache sein. Setzen Sie den `ping`-Befehl mit einer größeren Zeitüberschreitung ab, und schauen Sie, ob das Zielsystem mehr als etwa drei Prozent der Pakete nicht beantwortet. In diesem Fall sollten Sie den Netzwerkverwalter heranziehen. Wenn nur wenige Pakete nicht beantwortet werden oder Sie wissen, daß momentan ein Programm mit starker Netzwerkbelastung läuft, kümmern Sie sich nicht weiter darum. Die Protokolle ICMP (und UDP) senden verlorene Pakete nicht erneut, falls sie im Netzwerk verlorengehen.

- Wenn Sie eine Meldung wie `smtsvr.antares.net is alive` erhalten, aber mit dem `ping`-Befehl das System *client.example.com* erreichen wollten, verwendet das Zielsystem die Adresse eines anderen Computers oder der Zielcomputer besitzt mehrere Namen und Adressen. Wenn die Adresse falsch ist, ist eindeutig der Namensdienst schuldig und Sie müssen die Adresse in der Datenbank des Namensdienstes korrigieren, damit sie auf das richtige System verweist. Wie Sie das tun, steht weiter hinten in diesem Kapitel im Abschnitt »Fehlersuche bei den Namensdiensten«.

  Server sind häufig *mehrfach vernetzt* (englisch: *multihomed*), also mit mehr als einem Netzwerk verbunden. Sie besitzen in jedem Netzwerk einen eigenen Namen und eine eigene IP-Adresse. Wenn Sie eine Antwort mit einem nicht erwarteten Namen von einem mehrfach vernetzten Computer bekommen, prüfen Sie, ob die Adresse in Ihrem Netzwerk liegt (sehen Sie sich den Abschnitt »Netzwerkmasken« an). In diesem Fall sollten Sie aus Gründen der Zuverlässigkeit und der Leistung diese Adresse und nicht diejenige eines anderen Netzwerkes benutzen.

  Server können außerdem für eine einzige Ethernet-Karte mehrere IP-Adressen und Namen besitzen; das trifft besonders auf Web-Server zu. Das ist unproblematisch, wenn auch möglicherweise überraschend. Sie sollten den offiziellen (permament gültigen) Namen benutzen, anstatt eines Alias-Namens, der sich ändern oder ungültig werden kann.

- Wenn alles klappt, aber die gemeldete IP-Adresse 127.0.0.1 ist, stimmt mit Ihrem Namensdienst etwas nicht. Dieser Fall tritt gewöhnlich auf, wenn ein Installationsprogramm einen Eintrag in der Datei */etc/hosts* erzeugt, der der Zeile 127.0.0.1 `localhost` *hostnamedomainname* ähnelt. Die localhost-Zeile sollte 127.0.0.1 `localhost` oder 127.0.0.1 `localhost loghost` lauten. Korrigieren Sie sie, da sie Fehler dabei verursacht, wer den Hauptsuchdienst ausführt und die Hauptsuchliste verwaltet. Dieses Fehler kann zudem in späteren Tests (nicht eindeutige) Probleme verursachen.

Wenn dies vom Server aus funktioniert hat, wiederholen Sie die Tests vom Client aus.

TCP/IP-Fehlersuche

Wir haben uns nun davon überzeugt, daß die IP-Protokolle ICMP (vom `ping`-Befehl verwendet) und UDP (vom Namensdienst verwendet) funktionieren. Nun wenden wir uns dem IP-Protokoll TCP zu. ping und der Suchdienst greifen auf ICMP und UDP zurück, während die Datei- und Druckdienste (also die Freigaben) TCP benutzen. Beide hängen von IP als darunterliegender Schicht ab und alle vier benötigen Namensdienste. Sie können TCP am bequemsten mit dem Dateiübertragungsprogramm FTP testen, das das gleichnamige Protokoll (File Transfer Protocol) verwendet.

TCP mit FTP testen

Versuchen Sie eine FTP-Verbindung herzustellen, und zwar einmal lokal vom Server zu sich selbst und vom Client zum Server:

```
server%  ftp server
Connected to server.example.com.
220 server.example.com FTP server (Version 6.2/OpenBSD/Linux-0.10) ready.
 Name (server:davecb):
331 Password required for davecb.
Password:
230 User davecb logged in.
 ftp> quit
221 Goodbye.
```

Wenn dies funktioniert, fahren Sie mit dem Abschnitt »Fehlersuche bei den Server-Daemons« fort.

- Die Meldung server: unknown host oder Unbekannter Host bedeutet, daß der Namensdienst nicht funktioniert. Gehen Sie zum Abschnitt »Lokale Namensdienste mit ping testen« zurück und wiederholen Sie die dort beschriebenen Tests, um herauszufinden, warum die Namensauswertung fehlschlägt.

- Die Meldung ftp: connect: Connection refused oder Ftp: connect:Verbindung abgelehnt heißt, daß das Zielsystem keinen FTP-Daemon ausführt. Auf Unix-Systemen ist dies ziemlich ungewöhnlich. Greifen Sie in diesem Fall per Telnet auf den Server zu; die Meldungen sind sehr ähnlich und Telnet verwendet ebenfalls TCP. Sie müssen sich nicht beim Server anmelden; wenn Sie die Anmeldeaufforderung sehen, funktioniert die Kommunikation über TCP.

- Wenn es ziemlich lange dauert, bis die Meldung ftp: connect: Connection timed out oder Ftp: connect:Verbindung wegen Zeitüberschreitung abgebrochen erscheint, ist der Zielcomputer nicht erreichbar. Gehen Sie zurück zum Abschnitt »Verbindungen mit dem ping-Befehl testen«.

- Die Meldung 530 Logon Incorrect besagt, daß der Unix-Server die von Ihnen eingegebene Kombination aus Benutzername und Kennwort nicht akzeptiert hat. Versuchen Sie es erneut mit einem gültigen Benutzernamen und dem passenden Kennwort.

Fehlersuche bei den Server-Daemons

Wenn die TCP-Kommunikation einwandfrei funktioniert, müssen Sie sicherstellen, daß der Server die Daemons ausführt. Dazu sind drei Tests notwendig. Insgesamt müssen Sie folgende Punkte überprüfen:

1. Der Daemon wurde aufgerufen.

2. Die Daemons sind registriert oder über das Betriebssystem an einen TCP/IP-Anschluß gebunden.

3. Die Daemons reagieren auf Anfragen.

Bevor Sie beginnen

Prüfen Sie zunächst die Protokolldateien. Wenn Sie die Daemons gestartet haben, sollte in ihnen die Meldung smbd version *Versionsnummer* started stehen. Wenn dies nicht der Fall ist, müssen Sie die Daemons starten.

Wenn die Daemons der Protokolldatei zufolge gestartet sind, suchen Sie nach der Meldung bind failed on port 139 socket_addr=0 (Address already in use). Sie besagt, daß bereits ein anderer Daemon den Anschluß 139 (*smbd*) belegt. Entweder haben Sie versucht, den Daemon zum zweiten Mal zu starten, oder der *inetd*-Server hat versucht, einen Daemon für Sie aufzurufen. Diesen Fall behandeln wir in kürze.

Die Daemon-Prozesse mit ps suchen

Sehen Sie nun nach, ob die Server noch ausgeführt werden. Geben Sie dazu den ps-Befehl mit dem long-Schalter ein (dieser hängt vom Betriebssystem ab, verbreitet sind die beiden Formen ps ax und ps -ef). Suchen Sie in der Ausgabe nach den Daemons *smbd* und *nmbd*:

```
server% ps ax
  PID TTY STAT TIME    COMMAND
   1   ?   S    0:03    init [2]
   2   ?   SW   0:00    (kflushd)
(...viele Zeilen mit Prozessen...)
 234 ?    S    0:14    nmbd -D3
 237 ?    S    0:11    smbd -D3
(...weitere Zeilen, möglicherweise mit smbd...)
```

Dieses Beispiel zeigt, daß *smbd* und *nmbd* ausgeführt werden und als alleinstehende Daemons gestartet wurden (der Schalter -D), und zwar mit dem Protokollierungsgrad 3.

Prüfen, ob die Daemons an Anschlüsse gebunden sind

Sie wissen nun, daß die Daemons ausgeführt werden. Vergewissern Sie sich als nächstes, daß sie im Betriebssystem registriert sind, so daß der Zugriff auf sie über TCP-Anschlüsse möglich ist. Das sagt Ihnen der Befehl netstat. Geben Sie auf dem Server netstat -a ein und suchen Sie in der Ausgabe nach Zeilen, die netbios, 137 oder 139 enthalten:

```
server% netstat -a
Active Internet connections (including servers)
Proto Recv-Q Send-Q  Local Address       Foreign Address      (state)
udp   0      0        *.netbios-          *.*
tcp   0      0        *.netbios-          *.*
LISTEN
tcp   8370   8760     server.netbios-     client.1439
ESTABLISHED
```

oder:

```
server% netstat -a
Active Internet connections (including servers)
Proto Recv-Q Send-Q  Local Address       Foreign Address      (state)
udp   0      0        *.137               *.*
tcp   0      0        *.139               *.*
LISTEN
tcp   8370   8760     server.139          client.1439
ESTABLISHED
```

Inmitten vieler ähnlich aussehender Zeilen sollte zumindest eine UDP-Zeile für *.net-bios- oder *.137 sein. Sie sagt Ihnen, daß der *nmbd*-Server registriert ist (das hoffen wir) und Anfragen beantworten kann. Außerdem sollte die Ausgabe wenigstens eine Zeile mit *.netbios- oder *.139 enthalten, wahrscheinlich mit dem Zustand LISTEN. Das bedeutet, daß *smbd* aktiv ist und auf Verbindungen wartet.

Möglicherweise sehen Sie weitere TCP-Zeilen, die Verbindungen von Clients zum Prozeß *smbd* beschreiben (für jede Verbindung eine Zeile). Ihr Zustand ist gewöhnlich ESTABLISHED. Wenn Sie *smbd*-Zeilen mit dem Zustand ESTABLISHED sehen, führt Ihr Server *smbd* definitiv aus. Wenn Sie nur eine Zeile mit dem Zustand LISTEN sehen, können wir keine sichere Aussage darüber machen. Wenn beide Zeilen fehlen, wurde einer der Daemons nicht gestartet. Sie müssen die Protokolle prüfen und sollten Kapitel 2 lesen.

Wenn es für jeden Client eine Zeile gibt, kann diese entweder vom Samba-Daemon oder Haupt-IP-Daemon, *inetd*, kommen. Es ist durchaus möglich, daß Ihre *inetd*-Startdatei Zeilen für den Start der Samba-Daemons enthalten, ohne daß Sie es wissen (möglicherweise hat ein Setup-Programm die Zeilen dort eingetragen, wenn Sie Samba als Teil einer Linux-Distribution installiert haben). Die von *inetd* gestarteten Daemons verhindern, daß unsere handgestarteten Daemons ausgeführt werden. Dieses Problem generiert üblicherweise Protokollmeldungen wie `bind failed on port 139 socket_addr=0` (`Address already in use`).

Prüfen Sie Ihre Datei */etc/inetd.conf*; solange Sie die Daemons absichtlich und bewußt von hier aus starten, dürfen dort *keine* Einträge `netbios-ns` (UDP-Anschluß 137) oder `netbios-ssn` (TCP-Anschluß 139) vorhanden sein. Bei *inetd* handelt es sich um einen Daemon, der diverse Dienste bereitstellt. Er wird durch Einträge in der Datei */etc/inetd.conf* gesteuert. Wenn Ihr System einen SMB-Daemon über *inetd* zur Verfügung stellt, finden Sie in der Datei Zeilen wie die folgenden:

```
netbios-ssn stream tcp nowait root /usr/local/samba/bin/smbd smbd
netbios-ns dgram udp wait root /usr/local/samba/bin/nmbd nmbd
```

smbd mit Telnet prüfen

Am einfachsten ist es, den *smbd*-Server zu testen, indem Sie ihm eine bedeutungslose Nachricht senden, die er zurückweist. Versuchen Sie folgendes:

```
echo hello | telnet localhost 139
```

Dieser Befehl sendet eine falsche, aber harmlose Nachricht an *smbd*. Das hello ist wichtig; versuchen Sie es nicht mit einer Telnet-Sitzung an den Anschluß und der Eingabe irgendwelcher Zeichen. Wahrscheinlich hängt sich Ihr Prozeß auf. hello ist aber im allgemeinen eine harmlose Nachricht.

```
server% echo "hello" | telnet localhost 139
Trying
Trying 192.168.236.86 ...
Connected to localhost. Escape character is '^]'.
Connection closed by foreign host.
```

Wenn Sie nacheinander die Meldungen Connected und Connection closed sehen, war Ihr Versuch von Erfolg gekrönt. Ihr *smbd*-Daemon lauscht auf dem Anschluß 139 und weist falsche Nachrichten zurück. Wenn Sie aber die Meldungen telnet: connect: Connection refused sehen, ist wahrscheinlich kein Daemon aktiv. Prüfen Sie die Protokolldateien und lesen Sie Kapitel 2.

Bedauerlicherweise gibt es für *nmbd* keinen so einfachen Test. Wenn sowohl der telnet- als auch der netstat-Test erfolgreich sind, ist die Wahrscheinlichkeit hoch, daß netstat auch eine richtige Aussage über den Prozeß *nmbd* macht.

Daemons mit testparm testen

Sobald Sie wissen, daß es einen Daemon gibt, sollten Sie in der Hoffnung auf die folgende Ausgabe den Befehl testparm ausführen:

```
server% testparm
Load smb config files from /opt/samba/lib/smb.conf
Processing section "[homes]"
Processing section "[printers]" ...
Processing section "[tmp]"
Loaded services file OK. ...
```

Das Programm testparm berichtet normalerweise die Verarbeitung in einer Reihe von Abschnitten und gibt im Erfolgsfalle die Meldung Loaded services file OK aus. Wenn es ein Problem gibt, sehen Sie eine oder mehrere der folgenden Ausgaben, die zusätzlich in dieser Form in der Protokolldatei auftauchen:

Allow/Deny connection from account (n) to service
Eine nur von *testparm* ausgegebene Nachricht, die produziert wird, wenn sich in der Datei *smb.conf* (un)gültige Benutzeroptionen befinden. Stellen Sie sicher, daß Sie in der Liste der gültigen Benutzer aufgeführt sind und daß root, bin und so weiter in der Liste der ungültigen Benutzer stehen. Wenn Sie dies nicht tun, können Sie sich nicht mit dem Samba-Server verbinden oder andere Personen *können* sich verbinden, ohne es zu dürfen.

`Warning: You have some share names that are longer than eight chars`
Diese Meldung ist nur von Bedeutung, wenn Sie Windows for Workgroups- oder ältere Clients besitzen. Diese können sich nicht mit Freigaben verbinden, deren Namen mehr als acht Zeichen lang sind. Die Clients geben eine verwirrende Meldung aus, die auf Speicherprobleme hindeutet.

`Warning: [name] service MUST be printable!`
Einer Druckerfreigabe fehlt die Option `printable = yes`.

`No path in service name using [name]`
Einer Verzeichnisfreigabe fehlt die Angabe des exportierten Verzeichnisses oder einer Druckerfreigabe fehlt die Angabe des Spool-Verzeichnisses. Wenn Sie keinen Pfad angeben, verwendet Samba */tmp*, was Sie wahrscheinlich nicht wollen.

`Note: Servicename is flagged unavailable`
Dies ist nur eine Erinnerung, daß Sie eine Freigabe mit der Zeile `available = no` deaktiviert haben.

`Can't find include file [name]`
Eine Konfigurationsdatei enthält die Option `include` mit einem Verweis auf eine nicht vorhandene eingeschlossene Konfigurationsdatei. Wenn Sie dieses Datei bedingungslos eingeschlossen haben, handelt es sich um einen Fehler, und zwar wahrscheinlich um einen ernsten: Wenn die fehlende Datei eine Freigabe bereitstellen soll, wird diese nicht vorhanden sein. Wenn Sie im Wert der Option `include` eine der Samba-Variablen verwendet haben, wie `%a` (für die Client-Architektur), müssen Sie selbst entscheiden, ob eine fehlende Datei problematisch ist. Meistens ist dies nicht der Fall.

`Can't copy service name, unable to copy to itself`
Sie haben in einer Freigabe versucht, Optionen einer anderen Freigabe zu verwenden, wobei Quell- und Zielfreigabe identisch sind.

`Unable to copy service – source not found: [name]`
Gibt an, daß der Zielabschnitt in einer Option `copy =` nicht existiert (oder falsch geschrieben ist).

`Ignoring unknown parameter name`
Üblicherweise ein Hinweis auf eine veraltete, falsch geschriebene oder nicht (mehr) unterstützte Option.

`Global parameter name found in service section`
Gibt an, daß Sie einen Parameter in einer Freigabe verwendet haben, der nur im Abschnitt `[global]` stehen darf. Samba ignoriert die betreffende Option.

Wenn Sie `testparm` ausgeführt haben, wiederholen Sie den Test mit (genau) drei Parametern: dem Namen Ihrer Datei *smb.conf*, dem Namen Ihres Clients und seiner IP-Adresse:

```
testparm samba_directory/lib/smb.conf client 192.168.236.10
```

Dieser Test prüft, ob der Client mit Hilfe der Optionen host allow und host deny auf den Server zugreifen darf. Sie erhalten möglicherweise die Meldung Allow/Deny connection from account account_name to service für den Client. Sie gibt an, daß sich gültige respektive ungültige Host-Optionen in Ihrer Datei *smb.conf* befinden, die den Zugriff des angegebenen Clients erlauben bzw. unterbinden. Sie können auch testparm/usr/local/lib/experimentell.conf eingeben, um eine experimentelle Konfigurationsdatei anzugeben, bevor Sie sie tatsächlich einsetzen.

Fehlersuche bei SMB-Verbindungen

Sie wisssen jetzt, daß Ihr Unix-System die Server-Daemons ausführt. Sie müssen nun sicherstellen, daß sie korrekt ausgeführt werden. Wir beginnen mit der Datei *smb.conf* im Verzeichnis *samba_directory/lib*.

Eine minimale Konfigurationsdatei

Für die folgenden Tests sollten Sie die Verzeichnisfreigabe temp zu Testzwecken eingerichtet haben. Außerdem benötigen Sie wenigstens ein Benutzerkonto. Hier eine entsprechende Datei *smb.conf*:

```
[global]
    workgroup = BEISPIEL
    security = user
    browsable = yes
    local master = yes
[homes]
    guest ok = no
    browsable = no
[temp]
    path = /tmp
    public = yes
```

Ein Wort der Warnung: public = yes im Abschnitt [temp] ist nur für die Tests gedacht. Sie wollen sicherlich nicht, daß Menschen, die kein Benutzerkonto auf dem Unix-System besitzen, auf es zugreifen können. Sie sollten diese Option also nach den Tests aus der Datei entfernen (oder sie auskommentieren).

Lokale Tests mit smbclient

Der erste Test soll sicherstellen, daß der Server seine Dienste (Freigaben) anzeigen kann. Führen Sie den Befehl smbclient mit dem Schalter -L localhost aus, damit er eine Verbindung zum lokalen Samba-Server herstellt. Verwenden Sie außerdem den Befehlszeilenschalter -U mit %, um den Gastbenutzer anzugeben:

```
server% smbclient -L localhost -U%
Server time is Wed May 27 17:57:40 1998 Timezone is UTC-4.0
Server=[localhost]
User=[davecb]
Workgroup=[EXAMPLE]
Domain=[EXAMPLE]
```

```
Sharename      Type           Comment
---------      -----          ----------
temp           Disk
IPC$           IPC            IPC Service (Samba 1.9.18)
homes          Disk           Home directories
This machine does not have a browse list
```

Wenn Sie diese Ausgabe sehen, fahren Sie mit dem nächsten Test »Verbindungen mit smbclient testen« fort. Prüfen Sie ansonsten die folgenden Punkte:

- Die Fehlermeldung Get_hostbyname: unknown host localhost bedeutet, daß Sie den Namen falsch geschrieben haben oder daß es tatsächlich ein Problem gibt. Dieses hätten Sie im Abschnitt »Lokale Namensdienste mit ping testen« aufspüren müssen. Fahren Sie in diesem Fall mit dem Abschnitt »Fehlersuche bei den Namensdiensten« fort.

- Der Fehler Connect error: Connection refused bedeutet, daß *smbclient* den Server gefunden hat, er aber nicht den *nmbd*-Daemon ausführt. Gehen Sie zum Abschnitt »Fehlersuche bei den Server-Daemons« zurück, und testen Sie die Daemons erneut.

- Wenn Sie die Meldung Your server software is being unfriendly sehen, hat der Server mit »Datenmüll« geantwortet. Der Server ist möglicherweise abgestürzt oder die Daemons wurden nicht korrekt gestartet. In der Regel finden Sie die Ursachen in den Protokolldateien. Suchen Sie darin:

  - Ungültige Befehlszeilenschalter für *smbd*; schauen Sie in die *smbd* Man Page.

  - Die Datei *smb.conf* enthält einen oder mehrere grobe Fehler, so daß *smbd* nicht starten kann. Prüfen Sie immer Ihre Änderungen, so wie im Abschnitt »Daemons mit testpharm testen« beschrieben.

  - Die Verzeichnisse, in denen Samba Protokoll- und Sperrdateien ablegt, fehlen.

  - Es gibt bereits ein Server-Programm auf Anschluß 139 (für *smbd*) und/oder 137 (für *nmbd*), so daß einer diesen beiden oder beide Daemons nicht starten können.

- Wenn Sie *inetd* statt alleinstehender Daemons verwenden, prüfen Sie die Einträge in den Dateien */etc/inetd.conf* und */etc/services*. Lesen Sie die entsprechenden Man Pages.

- Wenn der Server Sie mit Password: nach einem Kennwort fragt, ist Ihr Gastkonto nicht korrekt eingerichtet. Die Option %U weist *smbclient* an, eine »Null-Anmeldung« durchzuführen, die das Vorhandensein des Gastkontos erfordert; es muß keine Privilegien besitzen.

- Auch die Meldung SMBtconX failed. ERRSRV—ERRaccess deutet darauf hin, daß der Server Sie nicht akzeptiert hat. Normalerweise ist diese Meldung ein Hinweis darauf, daß Sie die Option valid hosts verwenden, ohne in ihrem Wert den Server zu nennen. Oder Ihr Server taucht im Wert der Option invalid hosts auf. Rufen Sie den Befehl testparm smb.conf *your_hostname your_ip_address* erneut auf (mehr darüber steht im Abschnitt »Daemons mit testparm testen«) und beheben Sie unbeabsichtige Sperrungen.

Verbindungen mit smbclient testen

Führen Sie den Befehl smbclient *server*\temp aus, der Sie mit der Freigabe */tmp* Ihres Servers verbindet. Sie sollten auf die Freigabe zugreifen können und folgende Ausgabe erhalten:

```
server% smbclient '\\server\temp'
Server time is Tue May  5 09:49:32 1998 Timezone is UTC-4.0 Password:
smb: \> quit
```

- Wenn Sie eine der Meldungen Get_Hostbyname: Unknown host name, Connect error: Connection refused oder Your server software is being unfriendly sehen, lesen Sie zur Diagnose den Abschnitt »Lokale Tests mit smbclient«.

- Die Meldung servertemp: Not enough '\' characters in service bedeutet, daß Sie die Adresse nicht in Anführungszeichen eingeschlossen haben, so daß die Shell die umgekehrten Schrägstriche entfernt hat, bevor Sie dem Befehl *smbclient* die Parameter übergeben hat. Wenn Sie die Anführungszeichen absichtlich weglassen wollen, schreiben Sie

  ```
  smbclient \\\\server\\temp
  ```

oder

  ```
  smbclient //server/temp
  ```

Geben Sie nun Ihr Unix-Kennwort ein, wenn die Client-Software mit dem Prompt Password danach fragt. Wenn Sie das Prompt smb\> sehen, hat der Verbindungsaufbau funktioniert. Geben Sie quit ein und fahren Sie mit dem Abschnitt Verbindungen mit NET USE testen fort. Wenn Sie als Fehlermeldung SMBtconX failed. ERRSRV—ERRinvnetname bekommen, handelt es sich wahrscheinlich um eines der folgenden Probleme:

- Ein falscher Freigabename, vielleicht haben Sie sich vertippt, der Name ist zu lang, enthält gemischte Groß-/Kleinschreibung oder die Freigabe ist nicht verfügbar. Prüfen Sie Ihre Erwartung mit dem Befehl *testparm* (siehe den Abschnitt »Daemons mit testparm testen«).

- Sie haben security = share verwendet, ohne Ihr Konto mit -U your_account dem Befehl *smbclient* zu übergeben, oder Sie besitzen ein Unix-Konto mit dem Namen temp.

- Ein falscher Benutzername.

- Ein falsches Kennwort.

- Eine ungültige Option invalid users oder valid users in Ihrer Datei *smb.conf*, so daß Sie sich mit dem verwendeten Konto nicht verbinden dürfen. Prüfen Sie die Datei mit testparm smb.conf Ihr_Hostname Ihre_IP-Adresse (siehe »Daemons mit testparm testen«).

- Sie haben die Option valid hosts verwendet, ohne den Server zu nennen. Oder Sie haben den Server im Wert der Option invalid hosts erwähnt. Prüfen Sie die Konfigurationsdatei mit *testparm*.

- Ein Problem mit der Echtheitsbestätigung, wie Shadow-Kennwörter oder die Verwendung des PAM (Password Authentication Module) auf dem Server, ohne daß Samba es unterstützt. Dieser Fall ist selten, kommt aber hin und wieder mit der vorkompilierten Version von Samba für SunOS 4 vor, wenn Samba keine Unterstützung für Shadow-Kennwörter besitzt und auf Solaris-Systemen mit Shadow-Kennwörtern eingesetzt wird.

- Sie haben die Option `encrypted passwords = yes` verwendet, besitzen aber kein Kennwort für Ihr Konto in der Datei *smbpasswd*.

- Sie haben einen Null-Kennwort-Eintrag entweder in der Unix-Datei */etc/passwd* oder in der Samba-Datei *smbpasswd*.

- Sie verbinden sich mit der Freigabe `temp`, haben aber im Abschnitt `[temp]` der Datei *smb.conf* nicht die Option `guest ok = yes` verwendet.

- Sie verbinden sich mit der Freigabe `temp`, bevor Sie sich mit Ihrem Benutzer-Basisverzeichnis verbinden, und Ihr Gastkonto ist nicht korrekt eingesetzt. Wenn Sie sich mit Ihrem Basisverzeichnis verbinden können und dann eine Verbindung zur Freigabe `temp` herstellen, besteht das Problem darin. Mehr über die Erstellung einer grundlegenden Samba-Konfigurationsdatei erfahren Sie in Kapitel 2.

    Ein falsches Gastkonto verhindert ebenfalls, daß Sie drucken oder den Server durchsuchen können, nachdem Sie sich mit Ihrem Basisverzeichnis verbunden haben.

Es gibt noch einen weiteren möglichen Grund für diesen Fehlschlag, der nichts mit Kennwörtern zu tun hat: Der Wert der Option `path` in der Datei *smb.conf* zeigt möglicherweise auf ein nicht existierendes Verzeichnis. *testparm* erkennt diesen Fehler nicht und die meisten SMB-Clients können ihn nicht von falschen Benutzerkonten unterscheiden. Sie müssen es selbst überprüfen.

Wenn Sie sich erfolgreich mit der Freigabe `temp` verbunden haben, wiederholen Sie den Test, und melden Sie sich an Ihr Basisverzeichnis an (zum Beispiel *server\arndtb*). Wenn Sie irgendetwas ändern müssen, damit dies funktioniert, probieren Sie es anschließend noch einmal mit `temp`.

Verbindungen mit NET USE testen

Geben Sie auf einem DOS-Client oder an einer Eingabeaufforderung eines Windows-Clients den Befehl `net use * \\`*server*`\temp` ein. Der Client versucht, die Verbindung mit dem Benutzernamen und dem Kennwort herzustellen, die Sie bei der allgemeinen Netzwerk- oder Windows-Anmeldung verwendet haben. Funktioniert dies nicht, fordert Sie der Client zur Eingabe des korrekten Kennwortes auf. Wenn Sie Windows NT als Client einsetzen, können Sie zum Verbindungsaufbau einen beliebigen Benutzernamen verwenden. Geben Sie an der Befehlszeile `net use * \\`*server*`\temp /user:` `Benutzername Kennwort` ein. Ersetzen Sie das Kennwort durch ein Sternchen (*), wenn Sie es nicht im Klartext eingeben wollen. Nach einem erfolgreichen Verbindungsaufbau sehen Sie die Meldung `Der Befehl wurde ausgeführt` (siehe Abbildung 9-2). Falls Sie unter

DOS sind, wird die Meldung auch angezeigt, wenn das Kennwort falsch war; Sie sollten sich also vergewissern, daß Sie Dateien der Freigabe sehen können.

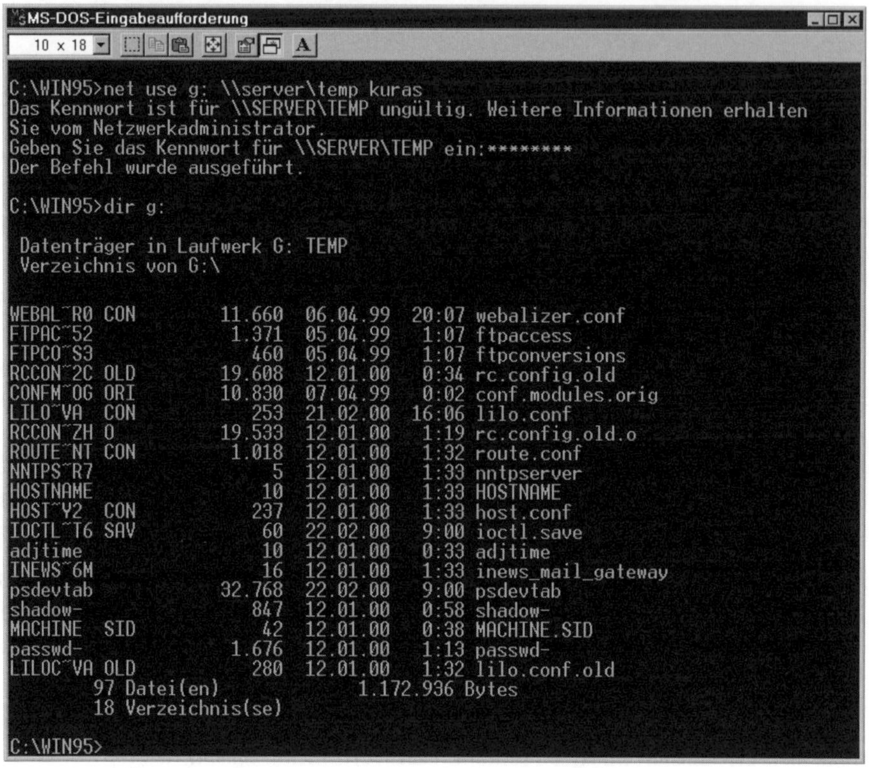

Abbildung 9-2: Ergebnis des Befehls NET USE

Wenn dieser Test erfolgreich verlief, fahren Sie mit dem Abschnitt »Verbindungen mit dem Windows-Explorer testen« fort. Prüfen Sie ansonsten die folgenden Punkte:

- Wenn Sie die Meldung Das angegebene freigegebene Verzeichnis kann nicht gefunden werden oder Der Netzwerkname kann nicht gefunden werden erhalten, haben Sie den Namen der Freigabe falsch geschrieben oder die Freigabe befindet sich nicht in der Datei *smb.conf*. Diese Meldung kann auch bedeuten, daß Sie für den Namen gemischte Groß-/Kleinschreibung oder Leerzeichen verwendet haben oder daß der Name länger als acht Zeichen ist.

- Wenn Sie den Fehler Der im Netzwerkpfad angegebene Computer-Name kann nicht gefunden werden, kann den angegebenen Computer nicht finden oder Der Netzwerkpfad wurde nicht gefunden sehen, haben Sie den Namen des Servers falsch geschrieben oder der Wert der Option hosts deny enthält Ihren Host.

– Wenn Sie den Namen des Servers und der Freigabe richtig geschrieben haben, müssen Sie zum Test im Abschnitt »Verbindungen mit smbclient testen« zurückkehren, um das Problem näher zu untersuchen.

– Wenn *smbclient* nicht funktioniert, haben Sie mit einem Problem des Namensdienstes auf dem Client zu kämpfen. Lesen Sie den Abschnitt »Den Server mit dem Programm nmblookup testen« und prüfen Sie, ob Sie mit *nmblookup* sowohl den Client als auch den Server auswerten können.

• Wenn Sie die Meldung `Das Kennwort für \\server\Benutzername ist falsch` erhalten, ist Ihre lokal zwischengespeicherte Kopie des Kennwortes mit demjenigen auf dem Server nicht identisch. Der Client sollte Sie nach dem richtigen Kennwort fragen.

Windows 95- und 98-Clients speichern das lokal verwendete Kennwort leicht verschlüsselt in einer Datei. Es wird zur Echtheitsbestätigung an Samba- und Windows NT-Clients gesendet. Stimmt dieses Kennwort dort nicht, werden Sie nach dem richtigen Kennwort gefragt. Sie können sich auch ohne Kennwort lokal an einen Windows-Rechner anmelden (aber nicht an an einen Windows NT-Rechner).

Wenn Sie Ihr Kennwort eingeben und die Verbindung dennoch nicht erfolgreich herstellen können, gibt es mehrere Möglichkeiten: Ihr Kennwort stimmt nicht mit demjenigen auf dem Server überein, eine der Optionen `valid users` oder `invalid users` verweigert Ihnen den Zugriff, NetBEUI macht Probleme oder Sie haben das Problem mit verschlüsselten Kennwörtern, das wir im nächsten Absatz beschreiben.

• Wenn Ihr Client Windows NT 4.0 mit Service Pack 3 oder Windows 98 ausführt, verwendet er standardmäßig ausschließlich – wie bei Microsoft üblich – verschlüsselte Kennwörter (mehr darüber finden Sie im Abschnitt »Kennwörter« in Kapitel 6, zusammen mit den Lösungsmöglichkeiten dieses Problems).

Der Microsoft Internet-Explorer akzeptiert URIs wie *file://IrgendeinHost/ IrgendeineDatei* und sendet in einem solchen Fall beim Versuch, eine SMB-Verbindung aufzubauen, Ihr unverschlüsseltes Kennwort. Microsoft hat im Nachhinein erkannt, daß das keine gute Idee war, und das Verhalten von Windows NT 4.0 ab Service Pack 3 und ab Windows 98 geändert, so daß nur noch verschlüsselte Kennwörter gesendet werden. Auch alle Nachfolgeprodukte bestehen auf verschlüsselten Kennwörtern. Sie können unverschlüsselte Kennwörter verwenden, wenn Sie eine Firewall zum Internet besitzen.

• Der Client sendet des Kennwort möglicherweise ausschließlich in Groß- oder in Kleinbuchstaben. Das kann problematisch sein, wenn Sie für das Kennwort auf dem Unix-Server die gemischte Schreibweise verwenden. Wenn Sie das Kennwort so ändern, daß es ausschließlich aus Groß- oder Kleinbuchstaben besteht, ist das Problem gelöst. Bedauerlicherweise unterstützen alle außer den ältesten Clients Großbuchstabenkennwörter, so daß Samba das Kennwort einmal mit Groß- und einmal mit Kleinbuchstaben probiert. Wenn Sie die gemischte Schreibweise verwenden wollen, finden Sie mit der Option `password level` in Kapitel 6 im Abschnitt »Kennwörter« eine Umgehung dieses Problems.

- Vielleicht tritt bei Ihnen das Problem mit der Option `valid users` auf, wie mit *smbclient* getestet (siehe »Verbindungen mit smbclient testen«).

- Der Microsoft-Client ist an das NetBEUI-Transportprotokoll gebunden. Dadurch entstehen häufig Zeitüberschreitungen und diverse Fehler. Auch nicht akzeptierte Kennwörter können darauf zurückzuführen sein.

Der Begriff »Bindung« beschreibt hier die logische Verbindung zwischen zwei Software-Bestandteilen. Der Microsoft SMB-Client ist an das Transportprotokoll TCP/IP »gebunden«. Sie sehen das in der Netzwerksystemsteuerung unter den Eigenschaften des Protokolls TCP/IP (Windows 95/98) oder auf der Registerkarte Bindungen (Windows NT). TCP/IP ist wiederum normalerweise an die Netzwerkkarte gebunden. Der Begriff »Bindung« wird hier anders verwendet als bei der Bezeichnung der Bindung zwischen einem SMB-Daemon und einem TCP/IP-Anschluß unter Unix.

Verbindungen mit dem Windows-Explorer testen

Rufen Sie den Windows Explorer (nicht den Internet Explorer) auf, gehen Sie auf den Menüpunkt `Extras – Netzlaufwerk verbinden` und geben Sie `\\server\temp` als Netzwerkpfad an. Prüfen Sie, ob Sie auf das Verzeichnis */tmp* des Unix-Systems zugreifen können. Sie sollten ein Bild wie in Abbildung 9-3 sehen. In diesem Fall waren Sie erfolgreich, so daß Sie mit »Fehlersuche beim Durchsuchen« fortfahren können.

Ein Wort der Warnung: Der Windows Explorer ist kein gutes Werkzeug zur Diagnose. Er sagt Ihnen, wenn etwas nicht funktioniert, aber bezeichnet den Fehler nicht genau. Wenn es ein Problem gibt, müssen Sie ihm mit dem Befehl NET USE auf den Grund gehen; er gibt eine zumindest einigermaßen aussagekräftige Fehlermeldung aus:

- Die Meldung `Das Kennwort für diese Verbindung in Ihrer Kennwortdatei ist nicht länger gültig` weist einen der folgenden Fehler hin:

  - Ihr lokal zwischengespeichertes Kennwort entspricht nicht demjenigen auf dem Server.

  - Sie haben bei der Anmeldung dem Server keine Kombination aus Benutzernamen und Kennwort geliefert.

  - Sie haben das Kennwort falsch geschrieben.

  - Eine der Optionen `invalid users` und `valid users` verweigert Ihnen den Zugriff.

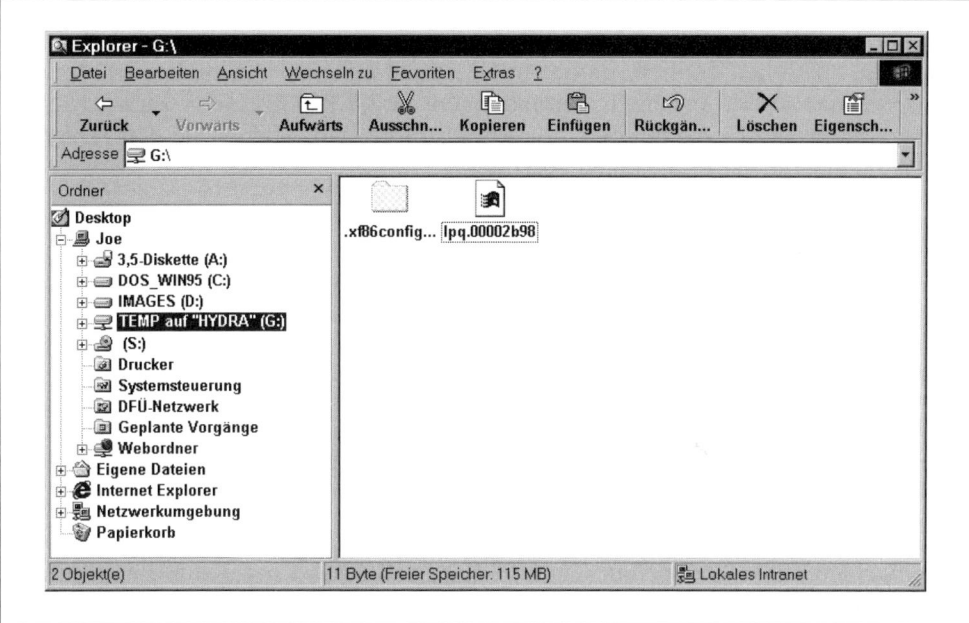

Abbildung 9-3: Zugriff auf das Verzeichnis /tmp mit dem Windows-Explorer

- Ihr Client ist Windows NT 4.0 mit Service Pack 3 oder Windows 98 und besteht folglich auf einem verschlüsselten Kennwort.
- Ihr Kennwort besteht sowohl aus Groß- als auch aus Kleinbuchstaben, aber der Client liefert es ausschließlich in Groß- oder in Kleinbuchstaben.

- Wenn Sie die Meldung `Der Netzwerkname ist entweder nicht korrekt oder Sie besitzen nicht den vollen Zugriff auf das Netzwerk` erhalten, kann einer der folgenden Punkte zutreffen:
  - falsch geschriebener Name
  - ein nicht korrekt funktionierender Dienst
  - eine fehlgeschlagene Freigabe
  - ein Netzwerkproblem
  - ein falscher Wert in der Option `path`
  - die Option `hosts deny` schließt Ihren Client aus

- Wenn Sie die Fehlermeldung `Sie müssen ein Kennwort angeben, um eine Verbindung herzustellen` sehen, stimmen Ihre Kennwörter auf dem Server und dem Client nicht überein.

- Die Meldung `Der Netzwerkname kann nicht gefunden werden` bedeutet, daß Sie eine nicht existierende Freigabe ansprechen oder daß Sie den Namen der Freigabe falsch geschrieben haben. Auch ein Freigabename mit mehr als acht Zeichen, mit Leerzeichen oder gemischter Schreibweise kann diesen Fehler verursachen.

Wenn Sie die Freigabe temp zuverlässig benutzen können, versuchen Sie, auf Ihr Basis-verzeichnis zuzugreifen. Wenn Sie etwas ändern müssen, damit Sie das Basisverzeichnis vom Client aus sehen können, probieren Sie erneut auf temp zuzugreifen (und umge-kehrt), wie wir es im Abschnitt »Verbindungen mit NET USE testen« veranschaulicht haben. Wenn es Probleme mit dem Windows-Explorer gibt, suchen Sie den Fehler mit den Methoden, die dieser Abschnitt beschreibt.

Fehlersuche beim Durchsuchen

Lassen Sie uns nun zum Durchsuchen kommen. Wir haben uns dieses Thema bis hier-hin aufgespart, weil es optional ist und teilweise von einem Protokoll abhängt, das die Auslieferung von Paketen nicht garantiert. Das Durchsuchen ist schwer zu untersuchen, wenn Sie nicht sicher sind, daß alle anderen Dienste ausgeführt werden.

Die Funktion Durchsuchen ist optional, sie ist ein Weg, um Server im Netzwerk und ihre Freigaben zu finden. Unix kennt keine solche Funktion und existiert glücklich ohne eine solche. Das Durchsuchen kann auf Rundsendungen zurückgreifen, die nur innerhalb eines Subnetzes funktionieren.

Zunächst identifiziert der Suchmechanismus einen Computer mit dem nicht zuverlässi-gen UDP-Protokoll, um dann über eine gewöhnliche (zuverlässige) TCP-Verbindung die bereitgestellten Freigaben herzustellen.

Das Durchsuchen mit dem Programm smbclient testen

Wir beginnen mit dem Test einer zuverlässigen Verbindung. Versuchen Sie vom Server aus die lokalen Freigaben mit dem Befehl *smbclient* und dem Befehlszeilenschalter –L aufzulisten. Die Ausgabe sollte wie folgt aussehen:

```
server% smbclient -L server
Added interface ip=192.168.236.86 bcast=192.168.236.255 nmask=255.255.255.0 Ser-
ver time is Tue Apr 28 09:57:28 1998 Timezone is UTC-4.0
Password:
Domain=[EXAMPLE]
OS=[Unix]
Server=[Samba 1.9.18]
Server=[server]
User=[davecb]
Workgroup=[EXAMPLE]
Domain=[EXAMPLE]
    Sharename      Type      Comment
    ---------      ----      -------
     cdrom         Disk      CD-ROM
     cl            Printer   Color Printer 1
     davecb        Disk          Home Directories

   This machine has a browse list:
     Server         Comment
     ---------      -------

     SERVER           Samba 2.0.3
```

```
This machine has a workgroup list:
   Workgroup        Master
   ---------        -------
   EXAMPLE          SERVER
```

- Wenn Sie die Liste der Freigaben nicht sehen, erlaubt Ihnen der Server nicht, seine Freigabe zu durchsuchen. Dies sollte nicht der Fall sein, wenn Sie irgendeine der Freigaben mit dem Windows Explorer oder dem Befehl NET USE verwendet haben. Wenn Sie den Test mit smbclient -L localhost -U% noch nicht durchgeführt haben (siehe »Lokale Tests mit smbclient«), tun Sie es jetzt. Ein falsches Gastkonto kann dazu führen, daß die Freigaben nicht angezeigt werden. Prüfen Sie auch die Datei *smb.conf*, um sicherzustellen, daß sie nicht die Zeile browsable = no enthält. Wir empfehlen, für den Test die Minimalversion der Datei *smb.conf* zu verwenden (siehe »Eine minimale Konfigurationsdatei«). Sie müssen die Option browseable aktivieren, um zumindest die Freigabe [temp] zu sehen.

- Wenn Sie keine Suchliste erhalten, liefert der Server keine Angaben über die Computer im Netzwerk. Wenigstens ein System im Netzwerk muß Suchlisten unterstützen. Vergewissern Sie sich, daß in der Datei *smb.conf* die Zeile local master = yes steht, wenn Samba den lokalen Hauptsuchdienst ausführen soll.

- Wenn Sie eine Suchliste bekommmen, aber nicht die Freigabe */tmp*, haben Sie wahrscheinlich ein Problem in der Datei *smb.conf*. Kehren Sie zum Abschnitt »Daemons mit testparm testen« zurück.

- Wenn Sie keine Arbeitsgruppenliste mit dem Namen Ihrer Arbeitsgruppe erhalten, ist die Arbeitsgruppe in der Datei *smb.conf* möglicherweise falsch angegeben.

- Wenn Sie nicht einmal eine Arbeitsgruppenliste sehen, vergewissern Sie sich, daß die Zeile workgroup = EXAMPLE in der Datei *smb.conf* steht.

- Wenn Sie nichts erhalten, versuchen Sie es erneut mit den Schaltern -I *IP_Adresse* -n *Netbios_Name* -W *Arbeitsgruppe* -d3; geben Sie den NetBIOS- und den Arbeitsgruppennamen in Großbuchstaben an (die Option -d 3 legt den Protokollierungsgrad auf 3 fest.)

Wenn Sie immer noch nichts sehen, dürften Sie eigentlich gar nicht bis hierhin gekommen sein. Gehen Sie zu einem der Abschnitte »TCP mit FTP testen« oder »Verbindungen mit dem ping-Befehl testen« zurück. Sehen Sie sich auch folgende Punkte an:

- Wenn Sie die Meldung SMBtconX failed. ERRSRV—ERRaccess sehen, fehlt Ihnen die Berechtigung auf dem Server. Normalerweise deutet dies darauf hin, daß die Option valid hosts verwendet wird, die den Namen des Servers nicht enthält. Oder die Option invalid hosts enthält Ihren Server.

- Die Meldung Bad password hat eine der folgenden Ursachen:
  - falsche Werte in mindestens einer der beiden Optionen hosts allow oder hosts deny
  - falsche Werte in mindestens einer der beiden Optionen invalid users oder valid users

- ein Kennwort in Kleinbuchstaben und einen OS/2- oder Windows for Workgroups-Client

- ein fehlendes oder ungültiges Gastbenutzerkonto

Sehen Sie sich den Namen Ihres Gastkontos an (siehe »Lokale Tests mit smbclient«) und prüfen Sie Ihre Datei *smb.conf* mit `testparm smb.conf Ihr_Hostname Ihre_IP_Adresse` (siehe »Daemons mit testparm testen«), und ändern Sie alle Optionen `hosts allow`, `hosts deny`, `valid users` und `invalid users` (oder kommentieren Sie sie aus).

- Falls Sie `Connection refused` sehen, wird der *smbd*-Server nicht ausgeführt oder ist abgestürzt. Stellen Sie sicher, daß er läuft und prüfen Sie mit *netstat*, ob er am Netzwerk lauscht (siehe »Daemons mit testparm testen«).

- Die Meldung `Get_Hostbyname: Unknown host name` kann mehrere Ursachen haben: ein Tippfehler, unterschiedliche Host- und NetBIOS-Namen oder ein Problem des Namensdienstes. Beginnen Sie mit der Fehlersuche beim Namensdienst mit »Verbindungen mit NET USE testen«. Wenn Sie damit den Fehler beheben können, sind unterschiedliche Namen wahrscheinlich, so daß Sie zum Abschnitt »Fehlersuche bei NetBIOS-Namen« gehen sollten.

- Wenn Sie die Fehlermeldung `Session request failed` erhalten, hat der Server die Verbindung verweigert. Dies ist üblicherweise ein Hinweis auf einen internen Fehler, wie unzureichender Hauptspeicher zum Teilen (englisch: »forken«) eines Prozesses.

- Die Meldung `Your server software is being unfriendly` bedeutet, daß der Server bereits das erste Paket zum Aufbau der Verbindung mit unsinnigen Daten beantwortet hat. Der Server ist möglicherweise abgestürzt oder wurde nicht korrekt gestartet. Gehen Sie zum Abschnitt »Lokale Tests mit smbclient« zurück, um das Problem zu analysieren.

- Wenn Sie vermuten, daß der Server nicht ausgeführt wird, gehen Sie zurück zum Abschnitt »Die Daemon-Prozesse mit ps suchen«, um herauszufinden, warum der Server-Daemon nicht antwortet.

Den Server mit dem Programm nmblookup testen

Diese Tests prüfen das Ankündigungssystem, das Samba für Windows-Namensdienste und das Durchsuchen verwendet. Ankündigungen geben die Anwesenheit eines Systems und dessen Fähigkeit, Dienste bereitzustellen, bekannt. Dieser Teil des Durchsuchens verwendet ein nicht zuverlässiges Protokoll (UDP); wenn Sie keinen WINS-Server einsetzen, basieren Ankündigungen und das Durchsuchen auf Rundsendungen, die nur in Ethernet-Netzwerken möglich sind. Das Programm *nmblookup* fragt nach der IP-Adresse von anderen NetBIOS-Computern im Netzwerk, ähnlich wie *nslookup* für das Domain Name System (DNS). Dazu verwendet die Software entweder Rundsendungen oder an einen WINS-Server gerichtete Pakete. Hier verwenden wir die Schalter `-d` (Protokollierungsgrad) und `-B` (Rundsendungsadresse), letzterer richtet Anfragen an bestimmte Zielsysteme.

Zunächst wollen wir feststellen, ob Sie den lokalen Server erreichen können. Führen Sie *nmblookup* mit dem Schalter –B und dem Namen Ihres Servers aus, damit die Software die Anfrage an ihn sendet. Geben Sie außerdem den Parameter __SAMBA__ als symbolischen Namen (ohne Leerzeichen zwischen den jeweils zwei Unterstrichen vor und nach SAMBA) an, den *nmblookup* anfragen soll:

```
server% nmblookup -B server __SAMBA__
Added interface ip=192.168.236.86 bcast=192.168.236.255 nmask=255.255.255.0
Sending queries to 192.168.236.86 192.168.236.86 __SAMBA__
```

Sie sollten die IP-Adresse des Servers erhalten, gefolgt von __SAMBA__, der bedeutet, daß der Server erfolgreich einen Dienst mit diesem Namen angekündigt hat. Sie wissen nun, daß der NetBIOS-Namensdienst zumindest teilweise funktioniert.

- Die Meldung `name_query failed to find name __SAMBA__` heißt, daß Sie hinter dem Schalter –B die falsche Adresse verwenden oder __SAMBA__ falsch geschrieben haben oder *nmbd* nicht läuft. Der Option –B muß streng genommen eine Rundsendungsadresse folgen; wir vewenden hingegen einen Computer-Namen, der zu einer Unicast-Adresse wird. Schließlich bittet *nmblookup* das Zielsystem um den Namen __SAMBA__.

- Versuchen Sie es erneut mit –B *IP_Adresse*. Wenn auch das fehlschlägt, beansprucht *nmbd* den angefragten Namen nicht. Prüfen Sie im Abschnitt »Daemons mit testparm testen«, ob *nmbd* ausgeführt wird. Wenn dem so ist, stellt Samba den Suchdienst nicht bereit und Sie haben ein Konfigurationsproblem. Überprüfen Sie, ob sich in Ihrer Datei *smb.conf* nicht die Zeile `browsing = no` befindet.

Den Client mit dem Programm nmblookup testen

Prüfen Sie nun die IP-Adresse des Clients vom Server aus, indem Sie *nmblookup* mit dem Schalter –B und dem Namen des Clients eingeben, gefolgt vom Parameter '*', so daß *nmblookup* alle Namen des Clients anzeigt:

```
server% nmblookup -B client '*'
Sending queries to 192.168.236.10 192.168.236.10 *
Got a positive name query response from 192.168.236.10 (192.168.236.10)
```

- Die Meldung `name_query failed to find name *` deutet auf einen Schreibfehler Ihrerseits oder auf nicht installierte Client-Software hin; möglicherweise ist auf dem Client die WINS-Software nicht an das TCP/IP-Protokoll gebunden. Kontrollieren Sie die Einrichtung des Clients mit Hilfe der Kapitel 2 und 3; stellen Sie außerdem sicher, daß sich der Client im Netzwerk befindet.

Wiederholen Sie den Befehl mit folgenden Optionen, wenn irgendein Fehler aufgetreten ist:

- Wenn `nmblookup -B` *Client_IP_Adresse* erfolgreich ist, aber –B *Client_Name* nicht, gibt es ein Problem mit dem Namensdienst. Lesen Sie weiter bei »Fehlersuche bei den Namensdiensten«.

- Wenn nmblookup -B 127.0.0.1 '*' erfolgreich ist, -B *Client_IP_Adresse* hingegen nicht, gibt es wahrscheinlich ein Hardware-Problem und auch der ping-Befehl sollte fehlgeschlagen sein. Fragen Sie Ihren Netzwerkverwalter.

Das Netzwerk mit dem Programm nmblookup testen

Führen Sie erneut den Befehl *nmblookup* mit dem Schalter -d 2 (Protokollierungsstufe 2) und dem Parameter '*' aus. Diesmal testen wir, ob Programme (wie *nmbd*) Rundsendungen schicken können. Dabei handelt es sich im wesentlichen um einen Test der Verbindung über Rundsendungen an die Standard-Rundsendungsadresse.

In Ihrem Netzwerk sollten mehrere NBT-Systeme antworten; sie erkennen die Antworten an dem Meldungen got a positive name query response. Samba empfängt möglicherweise nicht alle Antworten, da *nmblookup* nur kurze Zeit wartet. Daher sehen Sie wahrscheinlich nicht alle SMB-Clients in Ihrem Netzwerk; die meisten sollten aber erscheinen:

```
server% nmblookup -d 2 '*'
Added interface ip=192.168.236.86 bcast=192.168.236.255 nmask=255.255.255.0 Sending queries to 192.168.236.255
Got a positive name query response from 192.168.236.191 (192.168.236.191)
Got a positive name query response from 192.168.236.228 (192.168.236.228)
Got a positive name query response from 192.168.236.75 (192.168.236.75)
Got a positive name query response from 192.168.236.79 (192.168.236.79)
Got a positive name query response from 192.168.236.206 (192.168.236.206)
Got a positive name query response from 192.168.236.207 (192.168.236.207)
Got a positive name query response from 192.168.236.217 (192.168.236.217)
Got a positive name query response from 192.168.236.72 (192.168.236.72)
192.168.236.86 *
```

Aber:

- Wenn Sie damit nicht wenigstens eine zuvor angefragte Client-Adresse erhalten, ist die Standard-Rundsendungsadresse wahrscheinlich falsch. Geben Sie nmblookup -B 255.255.255.255 -d 2 '*' ein, womit Sie eine Rundsendung an alle Clients im Netzwerk schicken, unabhängig von der Rundsendungsadresse Ihres Unix-Systems. Wenn Sie nun Antworten sehen, ist die Rundsendungadresse des Betriebssystems falsch. Hinweise zur entsprechenden Fehlersuche finden Sie im Abschnitt »Rundsendungsadresse«.

- Wenn auch die Adresse 255.255.255.255 keine Ergebnisse bringt, finden Sie heraus, ob Ihr PC und der Server sich in unterschiedlichen Subnetzen befinden. Lesen Sie dazu den Abschnitt »Verbindungen mit dem ping-Befehl testen«. Verwenden Sie für diesen Test einen Server und einen Client im selben Subnetz. Wenn dies nicht möglich ist, können Sie die Rundsendungsadresse mit -B angeben Wie Sie die Rundsendungsadresse finden, steht im Abschnitt »Rundsendungsadresse«. Der Schalter -B führt nur dann zum Erfolg, wenn Ihr Router Rundsendungen unterstützt; ist dies nicht der Fall, sind Sie möglicherweise auf Tests innerhalb Ihres Subnetzes angewiesen.

Das Durchsuchen von Clients aus mit dem Befehl NET VIEW testen

Geben Sie auf einem Windows-Client den Befehl NET VIEW \\Server an der Eingabeaufforderung ein. Sie sollten eine Auflistung der Dienste sehen, die der Server im Netzwerk bereitstellt (siehe Abbildung 9-4).

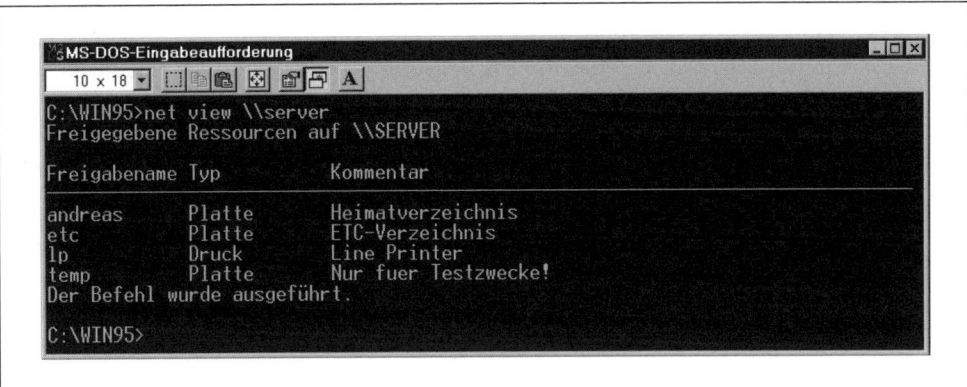

Abbildung 9-4: Der Befehl NET VIEW auf einem Windows-Client

Wenn Sie die Liste erhalten, fahren Sie mit dem Abschnitt »Andere Dinge, die schiefge-
hen können« fort.

- Der Fehler Der Netzwerkpfad wurde nicht gefunden deutet auf ein Problem der
  Client-Software hin, wenn Sie denselben Namen wie im Abschnitt »Den Client mit
  dem Programm nmblookup testen« verwendet haben. Stellen Sie sicher, daß der
  Server funktioniert, indem Sie dort *nmblookup* ausführen; wenn dies im Gegensatz
  zu NET VIEW funktioniert, stimmt etwas mit dem Client nicht.

- Wenn auch *nmblookup* fehlschlägt, liegt offensichtlich ein Problem des Namensdienstes vor. Gehen Sie den Abschnitt »Fehlersuche bei NetBIOS-Namen« durch.

- Die Meldungen Sie haben keine ausreichenden Zugriffsrechte, um diesen Vorgang durchzuführen oder Der Server ist nicht für die die Freigabe von Ressourcen konfiguriert bedeuten, daß Ihr Gastkonto falsch konfiguriert ist (siehe »Lokale
  Tests mit smbclient«). Alternativ kann eine der Optionen hosts allow und hosts
  deny Verbindungen von Ihrem Client aus unterbinden. Sie sollten derartige Probleme mit den *smbclient*-Test zu Beginn des Abschnittes »Das Durchsuchen mit
  dem Programm smbclient testen« gefunden haben.

- Wenn Sie die Fehlermeldung Der angegebene Computer empfängt keine Anforderungen erhalten, haben Sie den Namen des Servers falsch geschrieben, das System
  ist nicht über Rundsendungen erreichbar (das haben wir im Abschnitt »Das Netzwerk mit dem Programm nmblookup testen« geprüft) oder es führt *nmbd* nicht aus.

- Die Meldungen Falsches Kennwort oder Der Benutzer darf sich von dieser Arbeitsstation aus nicht anmelden bedeuten wahrscheinlich, daß Ihr Client nur verschlüsselte Kennwörter sendet, während der Samba-Server nur unverschlüsselte Kennwör-

ter akzeptiert. Dieses Problem und die möglichen Lösungsansätze finden Sie in Kapitel 6.

Den Server vom Client aus durchsuchen

Versuchen Sie, den Server über die Netzwerkumgebung (Windows 95, 98, 2000 und NT 4) oder über den Menüpunkt Datenträger – Netzlaufwerk verbinden des Datei-Managers (Windows for Workgroups 3.11 und NT 3.5x) zu durchsuchen. Ihr Samba-Server sollte in der Liste der Rechner Ihrer Arbeitsgruppe erscheinen. Doppelklicken Sie auf den Server, damit Sie seine Freigaben sehen, so wie in Abbildung 9-5 dargestellt.

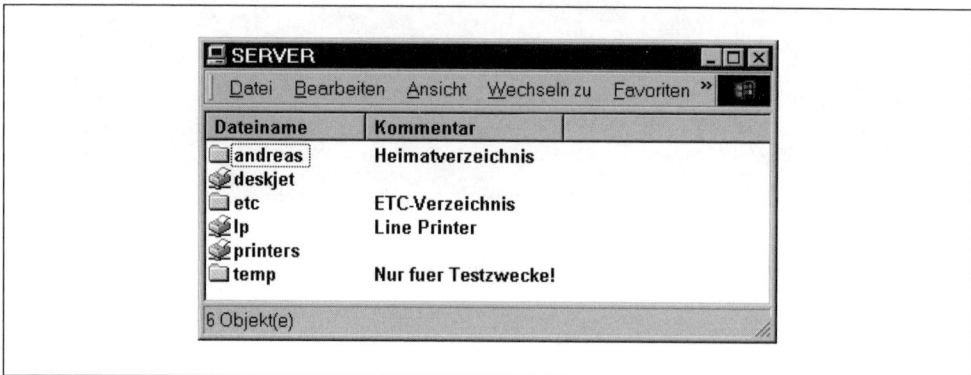

Abbildung 9-5: Liste der Freigaben eines Servers

- Wenn Sie Ihr Windows-Betriebssystem (Windows NT 4.0 ab Service Pack 3 oder Windows 98) nach einem Kennwort fragt, haben Sie wahrscheinlich wieder das leidige Verschlüsselungsproblem. Hilfe finden Sie in Kapitel 6.

- Der Hinweis Das Netzwerk kann nicht durchsucht werden deutet auf einen der folgenden Fehler hin:

  - Der Windows-Rechner ist noch nicht vollständig hochgefahren, so daß nicht alle Netzwerkfunktionen zur Verfügung stehen. Warten Sie eine Minute und probieren Sie es erneut.

  - Es gibt ein Netzwerkproblem, das Sie noch nicht gefunden haben.

  - Es gibt keinen Hauptsuchdienst. Fügen Sie Ihrer Datei *smb.conf* die Zeile local master = yes hinzu.

  - In der Datei *smb.conf* sind keine Freigaben mit browsable gekennzeichnet.

- Auch die Nachricht \\server ist nicht verfügbar kann erscheinen. Es gibt folgende mögliche Ursachen:

  - Sie haben das Verschlüsselungsproblem.

  - Der Computer ist tatsächlich nicht erreichbar.

  - Das System unterstützt das Durchsuchen nicht.

Andere Dinge, die schiefgehen können

Wenn Sie bis hierhin gekommen sind, haben Sie das Problem entweder gelöst, oder Sie sind auf ein Problem gestoßen, das auch uns unbekannt ist. Die nächsten Abschnitte gehen auf mögliche Schwierigkeiten ein, die nicht mit Samba selbst zu tun haben, sondern mit der Infrastruktur eines NBT-Netzwerkes.

Nicht angemeldet

Ein gelegentlich auftretendes Problem ist eine vergessene Windows-Anmeldung oder die Anmeldung von einer Person, die kein Benutzerkonto auf dem Samba-Server besitzt. Der erste Punkt wird von Windows 95/98 nicht entdeckt, denn dieses Betriebssystem ist sehr freundlich und gestattet Ihnen grundsätzlich eine Anmeldung, lokal! Windows fragt Sie nur nach einigen Daten für das neue Konto mit dem von Ihnen eingegebenen Namen. Wenn Sie die Taste ESC drücken, während Windows 95/98 den Anmeldebildschirm anzeigt, läßt Windows selbst diese Frage weg. Wenn Sie sich mit einem Benutzernamen bei Windows anmelden, den Samba nicht kennt, fragt Sie der Samba-Server immer und immer wieder nach einem Kennwort. Beim Umgehen der Anmeldung funktioniert das Windows-Netzwerk nicht und Sie erhalten verwirrende Fehlermeldungen. Versuchen Sie sich ab- und erneut anzumelden. Auch das Neustarten des Rechners kann mitunter helfen.

Fehlersuche bei den Namensdiensten

Dieser Abschnitt befaßt sich mit der einfachen Fehlersuche bei allen Namensdiensten, auf die Sie treffen, beschränkt auf die Aspekte, die für Samba relevant sind.

Es gibt mehrere gute Bücher, die bestimmte Namensdienste behandeln. *DNS und BIND* von Paul Albitz und Cricket Liu geht auf den Domain Name Service (DNS) ein. *NFS und NIS* von Hal Stern behandelt NIS (»Yellow Pages«), und *Windows NT TCP/IP Netzwerk-Administration* von Æleen Frisch beschreibt ausführlich NetBIOS over TCP/IP, die WINS-Dienste und *LMHOSTS*-Dateien. Alle drei Bücher sind im O'Reilly Verlag erschienen. Einzelheiten über *hosts*-Dateien und NIS+ finden Sie in den Handbüchern der Anbieter.

Wir gehen in diesem Abschnitt auf folgende Probleme ein :

- Namensdienste identifizieren.
- Ein Host-Name kann nicht nachgesehen werden.
- Die lange (voll qualifizierte) Form eines Host-Namens funktioniert, die Kurzform hingegen nicht.
- Die Kurzform des Namens funktioniert, die lange Variante nicht.
- Sie haben mit langen Verzögerungen zu kämpfen.

Den verwendeten Namensdienst herausfinden

Prüfen Sie zunächst, ob sowohl Server als auch Client DNS, WINS, NIS oder die *hosts*-Datei verwenden, um IP-Adressen herauszufinden, wenn Sie einen Namen vorgeben. Jeder Computer-Typ geht anders vor:

* Windows 95 und 98 können einen WINS-Server fragen (sofern einer konfiguriert ist). Anschließend werfen sie zuerst einen Blick in die *LMHOSTS*-Datei, dann probieren sie es mit Rundsendungen. Danach fragt Windows den DNS-Server und zuletzt schaut das Betriebssystem in die Datei *hosts*. Je nach Konfiguration muß der Client aber nicht alle Methoden verwenden. Seien Sie sich dieser Tatsache bei der Fehlersuche bewußt.

* Windows NT kennt dieselben Verfahren wie Windows 95 und 98, ist aber stärker konfigurierbar. Eine genaue Erklärung der Reihenfolge würde den Rahmen dieses Buches sprengen, Einzelheiten finden Sie in der *Technischen Referenz* von Microsoft Press, einem Paket aus drei Büchern, das die CD *NT Resource Kit* enthält. Seien Sie sich aber dieser Tatsache bei der Fehlersuche bewußt.

* Windows-Programme, die dem WINSOCK-Standard folgen (wie PC-NFSs), verwenden die Datei *hosts*, fragen dann DNS und dann WINS ab und verschicken letztendlich Rundsendungen. Wenn bestimmte Programme erfolgreich einen Namensdienst verwenden, muß es der SMB-Client nicht zwangsläufig auch tun!

* Samba-Daemons verwenden die Datei *LMHOSTS*, den WINS-Dienst, den vom Unix-Server bevorzugten Dienst und dann Rundsendungen.

* Unix-Hosts können eine beliebige Kombination aus DNS, der Datei *hosts* und NIS/NIS+ verwenden, in beliebiger Reihenfolge.

Wir empfehlen Ihnen, die Clients und den Samba-Server für die Verwendung von WINS und DNS zu konfigurieren, während das Unix-System DNS verwenden sollte. Sehen Sie sich Ihre Aufzeichnungen und die gegenwärtige Konfiguration an, um zu sehen, welche Namensdienste Ihre Computer verwenden.

Auf Windows-Clients können Sie die verwendeten Namensdienste im Dialogfenster TCP/IP-Eigenschaften festlegen. Sie finden es unter Start – Einstellungen – Systemsteuerung – Netzwerk. Einzelheiten dazu stehen in Kapitel 3. Prüfen Sie, welche Dienste Sie hier aktiviert haben. Schauen Sie auf dem Server nach, ob die Datei */etc/resolv.conf* existiert. Wenn dies der Fall ist, verwendet er DNS. Unabhängig davon kann er auf andere Namensdienste zugreifen. Schauen Sie nach, ob der Server NIS oder eine Kombination anderer Namensdienste benutzt.

Auf Solaris-Unix und anderen System V-Betriebssystemen bestimmt der Inhalt der Datei */etc/nsswitch.conf* über die Reihenfolge der Abfrage der Namensdienste. Suchen Sie eine Zeile, die mit host: beginnt, dem mindestens eines der Schlüsselwörter files, bind, nis and nis+ folgt. Dabei handelt es sich um die verwendeten Namensdienste (und zwar in der angegebenen Reihenfolge, in der sie angegeben sind). Optionale Dienste stehen in spitzen Klammern. *files* steht für den Zugriff auf die Datei *hosts*, während *bind* (der Berkeley Internet Name Daemon) die Verwendung von DNS bezeichnet.

Wenn Client und Server unterschiedliche Dienste verwenden, müssen Sie die Systeme in Einklang bringen. Clients können ausschließlich DNS, WINS sowie die Dateien *hosts* und *lmhosts*, aber nicht NIS oder NIS+ verwenden. Unix-Serves können die Datei *hosts* auslesen und auf DNS, NIS oder NIS+ zugreifen, aber nicht auf WINS-Dienste – selbst wenn Ihr Samba-Server WINS-Dienste bereitstellt. Wenn Sie nicht von allen Systemen auf dieselben Dienste zugreifen können, müssen Sie sorgsam überprüfen, daß Server und Clients dieselben Daten erhalten.

Samba 2.0 (und spätere 1.9-Revisionen) kennen den Schalter -R (Auswertungsreihen-folge) für das Programm *smbclient*. Wenn Sie Fehler bei WINS suchen wollen, könnten Sie beispielsweise sagen:

```
smbclient -L server -R wins
```

Die möglichen Werte sind hosts (damit sind die Namensdienste des Unix-Servers gemeint, nicht nur die Datei */etc/hosts*), lmhosts, wins und bcast (Broadcasts = Rundsen-dungen).

In den folgenden Abschnitten verwenden wir den Begriff *langer Name* als Synonym für einen voll qualifizierten Domain-Namen (Fully-Qualified Domain Name, FQDN), wie server.example.com. Der Begriff *kurzer Name* steht für den Host-Teil FQDN, wie server.

Host-Namen können nicht ausgewertet werden

Versuchen Sie folgendes:

*   Bei DNS:

    Führen Sie nslookup *name* aus. Wenn dies nicht funktioniert, suchen Sie nach einem Fehler in der Datei *resolv.conf* und nach einem Problem mit langen/kurzen Namen (siehe nächster Abschnitt). Versuchen Sie folgendes:

    *   Die Datei */etc/resolv.conf* Ihres Systems sollte eine oder mehrere Zeilen enthal-ten, die auf Namens-Server verweisen und ihre IP-Adressen nennen. Dies sind die Adressen Ihrer DNS-Server.

    *   Versuchen Sie, jeden erwähnten Server mit dem ping-Befehl zu erreichen. Wenn dies bei einem der Namens-Server nicht funktioniert, ist er für Sie mögli-cherweise nicht verfügbar. Wenn Sie keinen dieser Server erreichen können, stimmt womöglich etwas mit Ihrem Netzwerk nicht.

    *   Geben Sie den nslookup-Befehl erneut ein, diesmal aber mit dem voll qualifi-zierten Domain-Namen (zum Beispiel *server.example.com*), wenn Sie zunächst den kurzen Namen verwendet haben (und umgekehrt). Wenn Sie bei diesen beiden Versuchen unterschiedliche Ergebnisse erhalten, fahren Sie mit dem nächsten Abschnitt fort.

*   Bei Rundsendungen/WINS:

    Rundsendungen und WINS verwenden nur kurze Namen, wie zum Beispiel server, und keine langen Namen, wie server.example.com. Das liegt daran, daß diese

Methoden ausschließlich NetBIOS-Namen verwenden, während die zuvor beschriebene Methode DNS-Namen verwendet. Geben Sie nmblookup -S *server* ein. Die Ausgabe meldet alle Objekte, die durch Rundsendungen oder WINS für diesen Namen registriert wurden. In unserem Falle sieht die Ausgabe so aus:

```
Looking up status of 192.168.236.86
received 10 names
        SERVER          <00> -          M <ACTIVE>
        SERVER          <03> -          M <ACTIVE>
        SERVER          <1f> -          M <ACTIVE>
        SERVER          <20> -          M <ACTIVE>
        .._ _MSBROWSE_ _.<01> - <GROUP> M <ACTIVE>
        MYGROUP         <00> - <GROUP> M <ACTIVE>
        MYGROUP         <1b> -          M <ACTIVE>
        MYGROUP         <1c> - <GROUP> M <ACTIVE>
        MYGROUP         <1d> -          M <ACTIVE>
        MYGROUP         <1e> - <GROUP> M <ACTIVE>
```

Der gesuchte Eintrag ist SERVER <00>, der *server* als NetBIOS-Namen des Computers kennzeichnet. Sie sollten außerdem den Namen Ihrer Arbeitsgruppe oder Windows-Domäne wenigstens einmal sehen. Wenn diese Zeilen fehlen, können Rundsendungen oder die Abfrage eines WINS-Server nicht zur Namensauswertung verwendet werden, Sie müssen diesen Punkt näher untersuchen.

Die Zahlen in spitzen Klammern der soeben beschriebenen Ausgabe identifizieren NetBIOS-Namen als Namen von Arbeitsgruppen, Arbeitsstationen, Domänenhauptsuchdiensten, Domänen-Controllern, des Nachrichtendienstes und diverser anderer Elemente. Wir interessieren uns hauptsächlich für <00> als Computer- und Arbeitsgruppennamen sowie für <20> als Server-Namen. Die vollständige Liste der Typen finden Sie auf *http://support.microsoft.com/support/kb/articles/ q163/4/09.asp.*

- Bei NIS:

    Geben Sie ypmatch name hosts ein. Wenn dies nicht klappt, ist NIS nicht aktiv. Finden Sie den Namen des NIS-Servers heraus, indem Sie *ypwhich* ausführen; versuchen Sie den Server mittels ping zu erreichen.

- Bei NIS+:

    Wenn Sie NIS+ einsetzen, geben Sie nismatch name hosts ein. Erhalten Sie kein Ergebnis, ist NIS+ nicht aktiv. Finden Sie den Namen des NIS-Servers heraus, indem Sie *niswhich* ausführen; versuchen Sie den Server mittels ping zu erreichen.

- Bei der Verwendung der Datei *hosts*:

    Sehen Sie sich die Datei */etc/hosts* auf dem Client an (*HOSTS* im Windows-Verzeichnis bei Windows 95/98 oder im Ordner *SYSTEM32\DRIVERS\ETC* unterhalb des Windows-Verzeichnisses, wenn Sie Windows NT haben). Jede Zeile sollte eine IP-Adresse und mindestens einen Namen enthalten (als erstes den primären Namen, danach optionale Alias-Namen). Hier ein Beispiel:

```
127.0.0.1          localhost
192.168.236.1      dns.svc.example.com
192.168.236.10     client.example.com client
192.168.236.11     backup.example.com loghost
192.168.236.86     server.example.com server
192.168.236.254    router.svc.example.com
```

Bei Unix-Systemen sollte `localhost` immer auf 127.0.0.1 verweisen, aber bei einem PC kann es sich dabei lediglich um einen Alias-Namen handeln. Achten Sie darauf, daß Zeilen keine #XXX-Anweisungen enthalten, denn diese dürfen nur in der Datei *LMHOSTS* auftauchen (*LMHOSTS* im Windows-Verzeichnis bei Windows 95/98 oder im Ordner *SYSTEM32\DRIVERS\ETC* unterhalb des Windows-Verzeichnisses, wenn Sie Windows NT verwenden).

- Die Datei *LMHOSTS*:

Diese Datei ist eine lokale Quelle für LAN Manager (NetBIOS)-Namen. Ihr Format ähnelt dem der Datei */etc/hosts*, unterstützt aber keine langen Namen (zum Beispiel `server.example.com`); außerdem können Einträge hinter den Namen Anweisungen besitzen, die mit #XXX beginnen. Beachten Sie, daß es normalerweise eine Musterdatei *lmhosts.sam* gibt, die Windows nicht verwendet. Die von Windows abgefragte Datei heißt *LMHOSTS* und befindet sich im Windows-Verzeichnis (bei Windows 95/98) oder im Ordner *SYSTEM32\DRIVERS\ETC* unterhalb des Windows-Verzeichnisses, wenn Sie Windows NT verwenden.

Lange und kurze Host-Namen

Wenn die lange Form (FQDN) eines Host-Namens funktioniert, die kurze hingegen nicht (so daß zum Beispiel `client.example.com` im Gegensatz zu `client` korrekte Ergebnisse liefert), sehen Sie sich folgende Punkte näher an:

- DNS:

Dieser Fehler weist normalerweise auf das Fehlen einer Standard-Domain hin, in der die kurzen Namen nachgesehen werden. Suchen Sie in der Datei */etc/resolv.conf* des Samba-Servers nach der Zeile `default` mit der Angabe Ihres Domain-Namens. Alternativ kann dort auch die Zeile `search` mit mehreren Domain-Namen stehen. Eine dieser Zeilen muß existieren, damit Sie kurze Namen verwenden können. Welche Zeile Ihr Betriebssystem in der Datei akzeptiert, hängt vom Anbieter und der Version Ihres DNS-Resolvers ab. Fügen Sie der Datei *resolv.conf* versuchsweise die Zeile `domain Ihre_Domain` hinzu und fragen Sie Ihren Netzwerk- oder DNS-Administrator, welcher Eintrag sich in der Datei befinden sollte.

- Rundsendungen/WINS:

Da Rundsendungen und WINS lediglich NetBIOS-Namen unterstützen, die ausschließlich in der kurzen Form vorliegen können, gibt es hierbei dieses Problem nicht.

- NIS:

Geben Sie `ypmatch hostname hosts` ein. Wenn Sie keine Übereinstimmung sehen, unterstützen Ihre Tabellen keine kurzen Namen. Sprechen Sie mit Ihrem Netzwerkverwalter; es kann ein Versehen sein, daß Sie keine kurze Namen verwenden können – oder es ist Teil der Richtlinien Ihres Unternehmens. Einige Netzwerke verwenden niemals kurze Namen, da sie nicht eindeutig sind.

- NIS+:

  Geben Sie `nismatch` *hostname* `hosts` ein, und gehen Sie bei einem Fehler wie zuvor mit NIS beschrieben vor.

- *hosts:*

  Wenn sich der kurze Name nicht in der Datei */etc/hosts* befindet, können Sie ihn als Alias-Namen hinzufügen. Vermeiden Sie nach Möglichkeit kurze Namen als primäre Namen (der erste Name in einer Zeile). Geben Sie kurze Namen als Alias-Namen an, wenn Ihr System dies unterstützt.

- *LMHOSTS:*

  LAN Manager unterstützt keine langen Namen, so daß dieses Problem hierbei nicht auftreten kann.

Wenn umgekehrt nur der kurze Name funktioniert, sollten Sie folgende Punkte beachten:

- DNS:

  Dieser Fehler ist äußerst merkwürdig. Sprechen Sie mit Ihren DNS- oder Netzwerkadministrator, da wahrscheinlich DNS nicht korrekt konfiguriert ist.

- Rundsendungen/WINS:

  Dieses Verhalten ist normal, da Rundendungen und WINS keine langen Namen unterstützen. Probieren Sie alternativ DNS. Microsoft sagt, daß Windows-Betriebssyteme automatisch DNS verwenden, wenn Sie lange Namen eingeben, auch wenn DNS keine Namenstypen wie <00> unterstützt.

- NIS:

  Wenn Sie mit `ypmatch` nur die kurze Form eines Namens auswerten können, sollten Sie der Tabelle die lange Form zumindest als Alias hinzufügen.

- NIS+:

  Siehe NIS. Geben Sie aber `nismatch` statt `ypmatch` ein, um Namen nachzusehen.

- *hosts:*

  Tragen Sie den langen Namen ein, vorzugsweise als primären Namen oder wenigstens als Alias-Namen. Sie können auch DNS verwenden, wenn dies für Sie in Betracht kommt.

- *LMHOSTS:*

  Dieses Verhalten ist normal, da Rundendungen und WINS keine langen Namen unterstützen. Verwenden Sie die Datei *hosts* oder greifen Sie auf DNS zu, wenn dies für Sie in Betracht kommt.

Ungewöhnliche Verzögerungen

Wenn das erwartete Ergebnis ungewöhnlch lange auf sich warten läßt:

- DNS:

  Geben Sie denselben Namen mit dem Befehl `nslookup` auf dem langsamen Computer (Client oder Server) ein. Wenn `nslookup` ebenfalls langsam ist, handelt es sich um ein DNS-Problem. Wenn es nur auf dem Client langsam ist, haben Sie möglicherweise zu viele Transportprotokolle installiert und an die Netzwerkkarte gebunden. Entfernen Sie das langsame Protokoll NetBEUI und optional SPX/IPX, sofern Sie diese Protokolle nicht benötigen. Dies ist besonders bei Windows 95 wichtig, da dieses Betriebssystem sehr empfindlich reagiert, wenn Sie nicht benötigte Protokolle installieren.

- Rundsendungen/WINS:

  Prüfen Sie vom Server aus den Client mit dem Befehl `nmblookup`. Wenn diese Methode schneller ist, sind vermutlich zu viele Transportprotokolle installiert.

- NIS:

  Geben Sie `ypmatch` ein. Ist dieser Befehl langsam, melden Sie das Problem Ihrem Netzwerkverwalter.

- NIS+:

  Wie NIS, aber geben Sie `nismatch` ein.

- *hosts*:

  hosts-Dateien sind immer schnell, wenn sie nicht zu groß sind. Sie haben wahrscheinlich zu viele Transportprotokolle installiert und an die Netzwerkkarte gebunden.

- *LMHOSTS*:

  Prüfen Sie, ob sich in Ihrer LMHOSTS-Datei die Include-Direktive befindet, um LMHOSTS-Dateien anderer Computer einzuschließen. Dieser Zugriff kann langsam sein, je nach Belastung des Netzwerkes und der Computer, auf denen sich eingeschlossene Dateien befinden.

Probleme mit localhost

Wenn ein `localhost` nicht die IP-Adresse 127.0.0.1 besitzt, sollten Sie folgendes probieren:

- DNS:

  Es gibt wahrscheinlich keinen Eintrag `localhost. A 127.0.0.1`. Fügen Sie einen hinzu, außerdem den Reverse-Eintrag `1.0.0.127.IN-ADDR.ARPA PTR 127.0.0.1`.

- Rundsendungen/WINS:

  Entfällt.

- NIS und NIS+:

  Wenn sich `localhost` nicht in der Tabelle befindet, tragen Sie ihn ein.

- *hosts:*

  Fügen Sie der Datei */etc/hosts* folgenen Eintrag hinzu: `127.0.0.1 localhost`.

- *LMHOSTS:*

  Entfällt.

Fehlersuche bei Netzwerkadressen

Zahlreiche verbreitete Probleme sind auf inkorrektes Routing von Internet-Adressen oder auf falsche Adreßzuweisungen zurückzuführen. Dieser Abschnitt hilft Ihnen, herauszufinden, wie Ihre Adressen lauten.

Netzwerkmasken

Die Netzmasken sagen jedem Host, welche Adressen er direkt erreichen kann (diese Adressen befinden sich im selben lokalen Netzwerk oder Subnetz) und für welche Adressen er einen Router ansprechen muß. Wenn die Netzmasken falsch sind, machen Ihre Computer einen von zwei möglichen Fehlern: Sie versuchen, Pakete mit lokalem Ziel über einen Router auszuliefern, was normalerweise Zeitverschwendung ist – abhängig von diversen Faktoren kann dieses Verfahren einigermaßen schnell arbeiten, ziemlich langsam oder gar nicht. Der andere Fehler besteht in dem Versuch, Pakete für einen Host in einem anderen Netzwerk lokal auszuliefern, was nicht funktionieren kann; die Pakete werden ihr Ziel nie erreichen.

Die Netzmaske ist wie eine IP-Adresse aufgebaut. Sie besteht aus eingeschalteten Bits für den Netzwerkteil der Adresse und aus ausgeschalteten Bits für den Host-Teil. Sie hat Ihren Namen, weil sie im TCP/IP-Code verwendet wird, um Teile der Adresse zu verbergen. Eine Maske von 255.255.0.0 bedeutet, daß die ersten 2 Bytes (16 Bits) einer IP-Adresse den Netzwerkanteil und die restlichen 2 Bytes (16 Bits) den Host-Anteil repräsentieren. Sie werden häufig auf die Maske 255.255.255.0 treffen, bei der der Netzwerkanteil aus 3 Bytes (24 Bits) und der Host-Anteil aus einem Byte (8 Bits) besteht.

Lassen Sie uns für unser Beispiel annehmen, daß Ihre IP-Adresse 192.168.0.10 lautet, während der Samba-Server die Adresse 192.168.236.86 besitzt. Bei einer Netzmaske von 255.255.255.0 besteht der Netzwerkanteil der IP-Adresse aus den ersten drei Bytes (24 Bits) und der Host-Anteil aus dem verbleibenden Byte (8 Bits). In diesem Fall befinden sich die beiden Systeme in unterschiedlichen Netzwerken:

Netzwerk	Host
192 168 000	10
192 168 235	86

Bei einer Netzwerkmaske von 255.255.0.0 besteht der Netzwerkanteil der IP-Adressen aus den ersten beiden Bytes. Da diese bei den beiden von uns verwendeten IP-Adressen übereinstimmen, befinden sich die Computer im selben Netzwerk:

Netzwerk	Host
192 168	000 10
192 168	236 86

Wenn Ihre Netzwerkmaske nicht mit dem übereinstimmt, was Ihr Netzwerkverwalter sagt, ist natürlich die Netzmaske falsch.

Rundsendungsadresse

Die Rundsendungsadresse ist eine gewöhnliche Adresse, bei der der Host-Anteil ausschließlich aus eingeschalteten Bits besteht. Sie bedeutet »alle Hosts in Ihrem Netzwerk«. Sie können sie leicht ausrechnen, wenn Sie die Netzmaske und die IP-Adresse kennen: nehmen Sie die Adresse und aktivieren Sie alle Bits, wenn die entsprechenden Bits in der Netzmaske auf null stehen (der Host-Anteil). Die folgende Tabelle veranschaulicht Rundsendungsadressen:

	Netzwerk	Host
IP-Adresse	192 168 236	86
Netzmaske	255 255 255	000
Rundsendungsadresse	192 168 236	255

In unserem Beispiel ist 192.168.236.255 die Rundsendungsadresse des Netzwerkes mit dem Host 192.168.236. Es gibt außerdem eine alte »universelle« Rundsendungsadresse, nämlich 255.255.255.255. Router dürfen diese Adresse nicht weiterleiten, aber die meisten Hosts in Ihrem Netzwerk werden auf Rundsendungen mit dieser Zieladresse antworten.

Netzwerkadreßbereiche

Mehrere Adreßbereiche des Internets wurden für Testzwecke und für nicht mit dem Internet verbundene Netzwerke reserviert. Wir verwenden einen davon in unserem Buch. Wenn Sie noch keine eigenen IP-Adreßraum besitzen, können Sie denselben wie wir verwenden. Die Adreßbereiche enthalten ein großes Netzwerk, 10.*.*.* als Klasse-A-Netzwerk und 254 Klasse-C-Netzwerke, 192.168.1.* bis 192.168.254.*. In diesem Buch verwenden wir das Klasse-C-Netzwerk 192.168.236.*. Die Domain *example.com* ist ebenfalls für nicht verbundene Netzwerke, Beispiele und Bücher reserviert.

Wenn Ihr Netzwerk mit dem Internet verbunden ist, benötigen Sie einen echten Netzwerkadreßbereich und einen Domain-Namen. Wenden Sie sich dazu an Ihren Internet-Provider.

Ihre Netzwerkadresse herausfinden

Wenn Sie Ihre IP-Adressen nicht kennen, können Sie sie mit dem Befehl `ifconfig` (Unix), IPCONFIG (Windows NT und 98) oder WINIPCFG (Windows 95 und 98) ermitteln. Bei der Unix-Variante müssen Sie möglicherweise einen Befehlszeilenschalter angeben (SunOS will `ifconfig –a` sehen); Einzelheiten dazu finden Sie in der Anleitung. Die Ausgabe (von `ifconfig`) sieht etwa so aus:

```
server% ifconfig –a
le0: flags=63<UP,BROADCAST,NOTRAILERS,RUNNING >
        inet 192.168.236.11 netmask fffff00 broadcast 192.168.236.255
lo0: flags=49<&lt>UP,LOOPBACK,RUNNING<&gt>
        inet 127.0.0.1 netmask ff000000
```

Eine der Schnittstellen ist das Loopback-Interface (in unserem Fall lo0), die andere ist das IP-Interface zur Außenwelt. Die Flags zeigen an, daß die Schnittstelle aktiv ist. Die Ethernet-Schnittstellen melden außerdem, daß sie Rundsendungen unterstützen (im Gegensatz zu PPP-Schnittstellen). Sie können auch in der Datei */etc/hosts*, der Windows-*HOSTS*-Datei, der Windows-*LMHOSTS*-Datei, NIS, NIS+ und DNS nach IP-Adressen suchen.

Fehlersuche bei NetBIOS-Namen

Das SMB-Freigabeprotokoll hat von Anfang an das NetBIOS-Namenssystem genutzt. Es ist auch unter der Bezeichnung LAN Manager-Namenssystem bekannt. Dabei handelt es sich um ein einfaches Verfahren, bei dem jeder Knoten einen Namen mit 16 Zeichen Länge besitzt und ihn im Netzwerk rundgesendet hat, so daß jeder andere Knoten davon weiß. Später wurde die zulässige Länge auf 15 Zeichen gekürzt. Bei TCP/IP tendieren wir dazu, Namen wie *client.example.com* über DNS zu verwenden, gespeichert in der Datei */etc/hosts*.

Die übliche Zuordnung zu Domain-Namen wie *server.example.com* benutzt *server* als NetBIOS-Namen und konvertiert ihn in Großbuchstaben. Leider funktioniert dieses Verfahren nicht immer, besonders wenn Ihr Computer einen Host-Namen mit mehr als 15 Zeichen besitzt. So ist es nicht ungewöhnlich, für einen Computer den NetBIOS-Namen *corpvm1* zu verwenden, wenn er den Host-Namen *vm1.corp.com* besitzt.

Computer, bei denen sich NetBIOS- und Host-Namen unterscheiden, können bei der Fehlersuche für Verwirrung sorgen. Wir empfehlen Ihnen daher, diese Konstellation zu vermeiden, wo immer Sie können. Sie können NetBIOS-Namen mit *smbclient* herausfinden:

- Wenn Sie Freigaben Ihres Samba-Servers sehen, wenn Sie *smbclient* mit dem Schalter `–L` angeben können und dabei den kurzen Namen verwenden, entspricht der NetBIOS-Name dem kurzen Host-Namen Ihres Systems.

- Die Meldung `Get_Hostbyname: Unknown host name` deutet auf einen Konfigurationsfehler hin. Prüfen Sie, ob der NetBIOS-Name in der Datei *smb.conf* ausdrücklich angegeben ist.

- Versuchen Sie es erneut mit dem Schalter `–I` und der IP-Adresse Ihres Samba-Servers (also beispielsweise `smbclient –L server –I 192.168.236.86`). Dadurch umgehen Sie die Namensauswertung, so daß Pakete direkt zur angegebenen IP-Adresse gesendet werden. Wenn dies funktioniert, gibt es ein Konfigurationsproblem.

- Versuchen Sie es mit –I und dem vollständigen Domain-Namen des Servers (also zum Beispiel `smbclient –L server –I server.example.com`). Dieser Befehl testet die Auswertung des Domain-Namens mit dem in Samba konfigurierten Verfahren (zum Beispiel DNS). Wenn dieser Versuch fehlschlägt, haben Sie ein Problem mit dem Namensdienst; lesen Sie den Abschnitt »Fehlersuche bei den Namensdiensten«, wenn Sie mit der Fehlersuche bei den NetBIOS-Namen fertig sind.

- Versuchen Sie es mit dem Befehlszeilenschalter –n und dem Namen, der Ihrer Annahme nach funktionieren müßte (also zum Beispiel `smbclient –n server –L server-12`), aber ohne Angabe der IP-Adresse durch den Schalter –I. Wenn dies funktioniert, ist der mit –n angegebene Name der NetBIOS-Name des Computers (oder einer der NetBIOS-Namen, wenn Sie mit Hilfe der Alias-Funktion mehrere NetBIOS-Namen verwenden). Die Meldung `Unknown host ARNDT` bedeutet, daß es sich nicht um den richtigen Namen handelt.

- Wenn bisher nichts funktioniert hat, wiederholen Sie die Tests und geben Sie zusätzlich –U *Benutzername* und –W *Arbeitsgruppe* an (beides in Großbuchstaben). Damit stellen Sie sicher, daß Ihnen nicht der Name des Benutzers oder der Arbeitsgruppe ein Schnippchen schlägt.

- Wenn es auch jetzt nicht funktioniert und Sie ein Namensdienstproblem hatten, lesen Sie den Abschnitt »Fehlersuche bei den Namensdiensten«, bevor Sie hierhin zurückkehren.

Weitere Ressourcen

Irgendwann im Laufe Ihrer Arbeit mit Samba werden Sie zu dem Punkt kommen, an dem Sie weitere Informationen über die Software haben wollen, und zwar sowohl in gedruckter als auch in elektronischer Form. Sei es, um Neuigkeiten zu lesen, um etwas über Aktualisierungen zu erfahren, oder um Hilfe zu bekommen.

Dokumentation und häufig gestellte Fragen

Es ist völlig in Ordnung, die Dokumentation zu lesen. Wirklich. Niemand kann Sie dabei sehen und wir erzählen auch niemandem davon.[1] Samba wird mit zahlreichen Dateien zur Dokumentation geliefert und sie sind es wert, zumindest überflogen zu werden. Sie finden sie im Distributionsverzeichnis Ihres Computers unter *docs* und im Internet auf der Seite *http://samba.anu.edu.au/samba/*. Dort befinden sich die aktuelle Version der FAQ (Frequently Asked Questions, Häufig gestellte Fragen), die Samba-Man Pages und HOWTO-Anleitungen.

---

1 Anmerkung des Übersetzers: Natürlich ist die Dokumentation englischsprachig. Dasselbe gilt für alle weiteren Ressourcen, die die Autoren Ihnen in diesem Abschnitt präsentieren.

Samba-Newsgroups

Usenet-Newsgroups waren schon immer ein guter Ort, um Ratschläge zu bekommen, über welches Thema auch immer. In den letzten Jahren hat sich dieser große Informationspool zu einer Ressource von unschätzbarem Wert gewandelt, zu einem Wissensspeicher. Archiv- und Such-Sites wie DejaNews (*http://www.dejanews.com*) haben die Artikel der Newsgroups gespeichert und stellen nach einigen Mausklicks wertvolle Lösungen für Probleme bereit.

Die wichtigste Newsgroup für Samba ist *comp.protocols.smb*. Sie sollte Ihre erste Adresse werden, wenn Sie ein Problem haben. Meist können Ihnen einige Minuten Suchen hier stundenlange Frustration ersparen, die Ihre Fehlersuche auf eigene Faust begleiten kann.

Wenn Sie eine Newsgroup durchsuchen, machen Sie so genaue Angaben wie möglich, aber fomulieren Sie knapp. Das Suchen nach einer bestimmten Fehlermeldung ist das beste, wenn Sie die Antwort nicht sofort finden. Widerstehen Sie der Versuchung, nach Hilfe zu Fragen, solange Sie nicht eine gewisse Zeit lang selbst gesucht haben. Vielleicht finden Sie die Antwort auf Ihre Frage in einer FAQ oder in einer der vielen Dokumentationsdateien, die mit Samba geliefert werden. Oder Sie kommen auf die Lösung, indem Sie eines der Diagnosewerkzeuge von Samba benutzen. Wenn dies nicht funktioniert, stellen Sie Ihre Frage in *comp.protocols.smb* und beschreiben Sie dabei genau, was Sie versucht haben und wie Ihr Ergebnis aussieht. Schreiben Sie die Fehlermeldungen in die Frage. Es kann einige Tage dauern, bevor Sie Hilfe bekommen, seien Sie also bitte geduldig und versuchen Sie bis zur Antwort weiter, das Problem selbst zu lösen.

Suchen Sie selbst weiter nach der Lösung, nachdem Sie eine Frage gestellt haben. Die meisten von uns haben schon einmal die Erfahrung gemacht, daß sie eine Frage mit hunderten Zeilen von Einzelheiten über mehrere Kontinente geschickt haben, nur um nach einer Stunde das Problem selbst zu lösen. Die Faustregel lautet etwa so: Je mehr Menschen Ihre Frage lesen, desto einfacher ist die Lösung. Das bedeutet, daß wenn jeder in der Unix-Gemeinde einmal Ihren Artikel gelesen hat, ist die Lösung so einfach wie »Verbinden Sie den Computer mit der Netzwerksteckdose«.

Samba-Mailing-Listen

Die folgenden Mailing-Listen bieten Unterstützung für Samba. Wie Sie sich dort an- und abmelden, steht auf der Samba-Homepage *http://www.samba.org/*:

samba-binaries@samba.org
> Diese Mailing-Liste informiert über vorkompilierte Binärdateien für die Samba-Plattform.

samba-bugs@samba.org
> In dieser Mailing-Liste können Sie vermutete Fehler in Samba melden.

samba-ntdom@samba.org

Diese Mailing-Liste bietet Informationen über die Unterstützung von Windows-Domänen (insbesondere Windows NT) durch Samba.

samba-technical@samba.org

In dieser Mailing-Liste wird über die Zukunft von Samba gesprochen.

samba@samba.org

Dies ist die wichtigste Mailing-Liste, die allgemeine Fragen und HOWTO-Anleitungen enthält.

http://kt.linuxcare.com/KC/samba/

Hier finden Sie Kommentare zu den Entwicklungslisten von Samba, ähnlich der *Kernel Traffic*-Site, die über Linux informiert. Diese Site regelmäßig zu lesen ist eine gute Möglichkeit, auf dem neuesten Stand der Entwicklungen bei Samba zu bleiben.

Samba-Diskussionsarchive

Es gibt einen Suchdienst für die Haupt-Mailing-Liste. Als wir dieses Buch geschrieben haben, stand er unter »searchable« auf der ersten Seite der Samba-Site und den gespiegelten Seiten, *http://samba.anu.edu.au/listproc/ghindex.html*.

Weitere Informationsquellen

DNS und BIND von Paul Albitz und Cricket Liu, 3. Aufl., O'Reilly Verlag, Köln 1999, ISBN 3-89721-160-2

NFS und NIS von Hal Stern, O'Reilly Verlag, Köln 1995, ISBN 3-930673-25-8

TCP/IP Netzwerk-Administration von Craig Hunt, 2. Aufl., O'Reilly Verlag, Köln 1997, ISBN 3-89721-110-6

Windows NT TCP/IP Netzwerk-Administration von Craig Hunt und Robert Bruce Thompson, O'Reilly Verlag, Köln 1999, ISBN 3-89721-170-X

Samba mit SSL konfigurieren

Dieser Anhang erklärt, wie Sie abhörsichere Verbindungen zwischen dem Samba-Server und seinen Clients einrichten. Das dazu verwendete Protokoll ist Secure Sockets Layer (SSL) von Netscape. Für unser Beispiel stellen wir eine abhörsichere Verbindung zwischen einem Samba-Server und einer Windows NT-Arbeitsstation her.

Wir gehen in diesem Anhang davon aus, daß Sie mit den Grundlagen der Kryptographie, mit öffentlichen Schlüsseln und mit X.509-Zertifikaten vertraut sind. Ist das nicht der Fall, empfehlen wir Ihnen das Buch *Angewandte Kryptographie (Addision-Wesley)* von Bruce Schneier, das hervorragend dazu geeignet ist, sich mit den Geheimnissen der Kryptographie vertraut zu machen. Eine kompakte und leicht verständliche Einführung in die Kryptographie finden Sie auch in dem O'Reilly-Buch *Kryptographie* von Gisbert Selke.

Wenn Sie mehr über Samba und SSL erfahren möchten, lesen Sie unbedingt das Dokument *SSLeay.txt* im Verzeichnis *docs/textdocs* der Samba-Distribution; diese Datei bildet die Grundlage für diesen Anhang.

Über Zertifikate

Hier einige schnelle Fragen und ihre Antworten aus der Datei *SSLeay.txt* in der Samba-Dokumentation bezüglich der Vorteile von SSL und Zertifikaten. Christian Starkjohann hat diesen Text für die Samba-Projekte geschrieben.

Was ist ein Zertifikat?

Ein Zertifikat ist ein Dokument, das eine Ausgabestelle (englisch: *issuer*) herausgibt, für gewöhnlich eine *Certification Authority* (CA). Die Ausgabestelle bestätigt mit der Herausgabe des Zertifikats etwas. Worum es bei dieser Bestätigung geht, hängt von den Richtlinien der CA ab. CAs für sichere Web-Server (verwendet für virtuelle Einkaufszentren) bestätigen normalerweise lediglich, daß der jeweilige öffentliche Schlüssel dem angegebenen Domain-Namen gehört. Unternehmensweite CAs könnten bestätigen, daß Sie ein Angestellter der Firma sind, Berechtigungen für einen Server besitzen und so weiter.

Was ist ein X.509-Zertifikat technisch gesehen?

Technisch gesehen ist ein Zertifikat ein Datenblock, den der Herausgeber des Zertifikats (üblicherweise die CA) signiert hat. Die relevanten Felder des Datenblocks sind die folgenden:

- Eindeutiger Identifikator (Name) des Zertifikat-Herausgebers
- Zeitraum, währenddessen das Zertifikat gültig ist
- Eindeutiger Identifikator (Name) des zertifizierten Objekts
- Öffentlicher Schlüssel des zertifizierten Objekts
- Signatur des Herausgebers über die zuvor genannten Felder

Wenn dieses Zertifikat überprüft werden soll, muß der Überprüfende eine Tabelle mit Namen und öffentlichen Schlüsseln vertrauenswürdiger CAs besitzen. Der Einfachheit halber sollten diese Tabellen Zertifikate aufführen, die von den jeweiligen CAs selbst herausgegeben wurden (selbst-signierte Zertifikate).

Was bedeutet diese Zertifikats-Struktur?

Es gibt vier Schlußfolgerungen:

- Da das Zertifikat den öffentlichen Schlüssel des Betreffs enthält, reichen das Zertifikat und der private Schlüssel aus, um Daten zu ver- und zu entschlüsseln.
- Um Zertifikate zu prüfen, benötigen Sie die Zertifikate aller CAs, denen Sie trauen.
- Die einfachste Form eines Dummy-Zertifikates ist eines, das vom Betreff signiert wird.
- Eine CA ist erforderlich. Der Client kann nicht einfach lokale Zertifikate für Server herausgeben, denen er traut, weil der Server bestimmt, welche Zertifikate er anbietet.

Erfordernisse

Um SSL-Verbindungen einzurichten, benötigen Sie neben Samba zwei weitere Programme:

SSLeay
> Die Implementation des Secure Socket Layer (SSL)-Protokolls als eine Reihe von Unix-Programmierbibliotheken, geschrieben von Eric Young.

SSL Proxy
> Eine Freeware-Anwendung für SSL von Objective Development, die als Proxy für abhörsichere Verbindungen auf Unix- und Windows NT-Plattformen verwendet werden kann.

Diese beiden Produkte helfen dem Server und dem Client bei verschlüsselten Verbindungen. Die SSLeay-Bibliotheken werden direkt auf dem Unix-System kompiliert und installiert. SSL Proxy hingegen ist für den Client gedacht; Sie können die Software als Quellcode oder in Form von Binärdateien herunterladen. Wenn Sie den Client unter Windows NT oder auf der Samba-Seite einrichten wollen, benötigen Sie keine spezielle Installation.

SSL Proxy arbeitet nicht auf Windows 95/98-Computern. Wenn Sie also eine sichere Verbindung zwischen einem Samba-Server und einem Windows 95/98-Client herstellen wollen, müssen Sie im selben Subnetz wie der Client einen Unix-Server oder einen Windows NT-Computer aufstellen, der alle Netzwerkverbindungen über den SSL Proxy leitet (siehe Abbildung A-1).

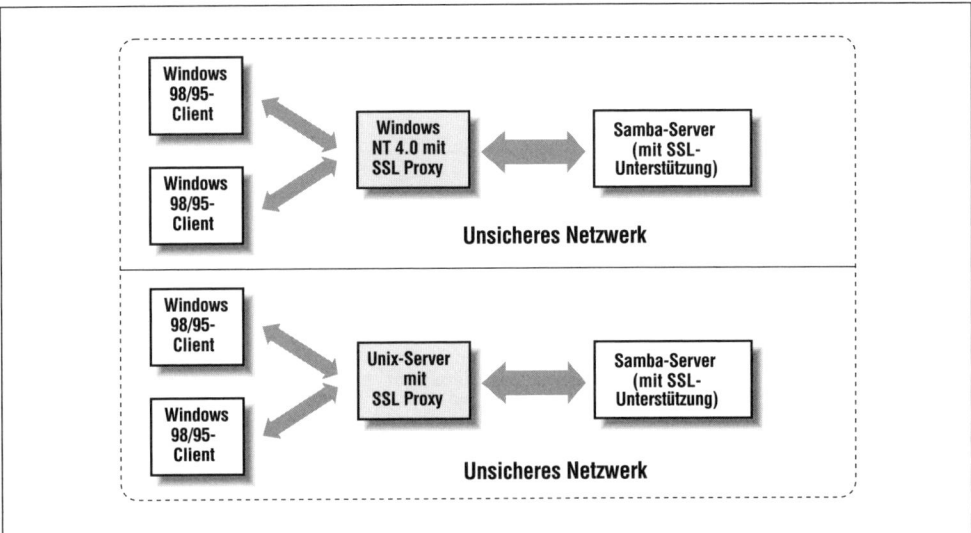

Abbildung A-1: Zwei Möglichkeiten, einen SSL-Proxy mit Windows 95/98-Clients zu verwenden

Für das, was dieses Kapitels zeigen will, reicht es, eine einfache SSL-Verbindung zwischen dem Samba-Server und einem Windows NT-Client herzustellen. Sie können diese Konfiguration dann als Muster für komplexere Netzwerke heranziehen.

SSLeay installieren

Samba verwendet das von Eric Young geschriebene SSLeay-Paket, um Secure Sockets Layer auf dem Server bereitzustellen. Wegen Exportbeschränkungen der Vereinigten Staaten darf SSLeay nicht in den Samba-Distributionen enthalten sein, die sich auf Web-Servern in den U.S.A. befinden. Aus diesem Grund hat sich das Samba-Team dafür entschieden, das Paket separat anzubieten. Sie können SSLeay von folgenden Sites herunterladen:

- *ftp://ftp.psy.uq.oz.au/pub/Crypto/SSL/*
- *ftp://ftp.uni-mainz.de/pub/internet/security/ssl*
- *ftp://ftp.cert.dfn.de/pub/tools/crypt/sslapps*
- *ftp://ftp.funet.fi/pub/crypt/mirrors/ftp.psy.uq.oz.au*
- *ftp://ftp.sunet.se/ftp/pub/security/tools/crypt/ssleay*

Als wir dieses Buch schrieben, war 0.9.0b die aktuelle Version. Kopieren Sie die Distribution auf denselben Server wie Samba, dekomprimieren Sie die Datei und entpacken Sie die Dateien mit *tar*. Anschließend finden Sie das Verzeichnis *SSLeay-0.9.0b*. Wechseln Sie in das Verzeichnis, um das SSL-Verschlüsselungsprogramm zu konfigurieren und kompilieren, so wie Sie es mit Samba getan haben.

SSLeay verwendet das Perl-basierte Skript *configure*. Es modifiziert die *make*-Datei, die die Werkzeuge und Bibliotheken des SSLeay-Paketes konstruiert. Das Standardskript sucht Perl im Verzeichnis */usr/local/bin/perl*. Sie müssen das *configure*-Skript anpassen, um den Ort der ausführbaren Perl-Datei in Ihrem Betriebssystem anzugeben. Mit folgendem Befehl finden Sie diese Datei:

```
# which perl
/usr/bin/perl
```

Verändern Sie dann die erste Zeile des *configure*-Skripts, und geben Sie die korrekte ausführbare Perl-Datei aus. Auf unserem Red Hat-Linux-System sieht das so aus:

```
#!/usr/bin/perl
#
# see PROBLEMS for instructions on what sort of things to do
# when tracking a bug -tjh
...
```

Führen Sie anschließend das *configure*-Skript aus, indem Sie die Zielplattform für die Distribution angeben. Verwenden Sie einen der folgenden Werte:

BC-16	BC-32	FreeBSD	NetBSD-m86
NetBSD-sparc	NetBSD-x86	SINIX-N	VC-MSDOS
VC-NT	VC-W31-16	VC-W31-32	VC-WIN16
VC-WIN32	aix-cc	aix-gcc	alpha-cc
alpha-gcc	alpha400-cc	cc	cray-t90-cc
debug	debug-irix-cc	debug-linux-elf	dgux-R3-gcc
dgux-R4-gcc	dgux-R4-x86-gcc	dist	gcc
hpux-cc	hpux-gcc	hpux-kr-cc	irix-cc
irix-gcc	linux-aout	linux-elf	ncr-scde
nextstep	purify	sco5-cc	solaris-sparc-cc
solaris-sparc-gcc	solaris-sparc-sc4	solaris-usparc-sc4	solaris-x86-gcc
sunos-cc	sunos-gcc	unixware-2.0	unixware

Bei unserem System geben wir folgendes ein:

```
# ./Configure linux-elf
CC          =gcc
CFLAG       =-DL_ENDIAN -DTERMIO -DBN_ASM -O3 -fomit-frame-pointer
EX_LIBS     =
```

```
BN_MULW        =asm/bn86-elf.o
DES_ENC        =asm/dx86-elf.o asm/yx86-elf.o
BF_ENC         =asm/bx86-elf.o
CAST_ENC       =asm/cx86-elf.o
RC4_ENC        =asm/rx86-elf.o
RC5_ENC        =asm/r586-elf.o
MD5_OBJ_ASM    =asm/mx86-elf.o
SHA1_OBJ_ASM   =asm/sx86-elf.o
RMD160_OBJ_ASM=asm/rm86-elf.o
THIRTY_TWO_BIT mode
DES_PTR used
DES_RISC1 used
DES_UNROLL used
BN_LLONG mode
RC4_INDEX mode
```

Nachdem das Paket konfiguriert wurde, können Sie es mit make zusammenstellen. Wenn der Vorgang nicht erfolgreich beendet wird, lesen Sie die in der Distribution enthaltene Dokumentation oder die FAQs unter *http://www.cryptsoft.com/ssleay/*. Diese Quellen sollten Ihnen die erforderlichen Angaben liefern. Wenn der make-Durchgang erfolgreich war, geben Sie make install ein, um die Bibliotheken auf Ihrem System zu installieren. Beachten Sie, daß die *make*-Datei das Paket standardmäßig in das Verzeichnis */usr/local/ssl* installiert. Wenn Sie sich für ein anderes Verzeichnis entscheiden, sollten Sie sich daran erinnern können, wenn Sie Samba zur Verwendung von SSL konfigurieren.

SSLeay für Ihr System konfigurieren

Als erstes gilt es, die Umgebungsvariable PATH Ihres Systems anzupassen, damit ihr Wert das Verzeichnis */bin* der SSL-Distribution enthält. Geben Sie dazu folgenden Befehl ein:

```
PATH=$PATH:/usr/local/ssl/bin
```

Das war der einfache Teil. Nun müssen Sie eine Reihe zufälliger Zeichen erstellen, die SSLeay verwendet, um seinen Zufallsgenerator zu initialisieren. Mit dem Zufallsgenerator erstellt SSLeay Schlüsselpaare für den Client und den Server. Erstellen Sie die Reihe zufälliger Zeichen, indem Sie eine Textdatei anlegen, die Sie mit vielen beliebigen Zeichen füllen. Rufen Sie Ihren Lieblingseditor auf, oder geben Sie folgenden Befehl ein, um beliebige Zeichen an der Standardeingabe (also der Konsole, an der Sie arbeiten) einzugeben:

```
cat >/tmp/private.txt
```

Die Samba-Dokumentation empfiehlt Ihnen, länger als eine Minute irgendwelche Zeichen einzutippen, bevor Sie den Datenstrom mit CTRL-D abbrechen. Verwenden Sie nicht nur die Buchstaben, sondern auch einige Sonderzeichen und Ziffern. Wenn Sie die Datei erstellt haben, können Sie den Zufallszahlengenerator mit folgendem Befehl initialisieren:

```
# ssleay genrsa -rand /tmp/private.txt >/dev/null
2451 semi-random bytes loaded
```

```
Generating RSA private key, 512 bit long modulus
..+++++
.............................+++++
e is 65537 (0x10001)
```

Ignorieren Sie geflissentlich die Ausgabe dieses Befehls. Wenn er durchgelaufen ist, entfernen Sie die Zeichenfolge, mit der SSLeay den Schlüssel erstellt hat, denn mit ihr könnten alle privaten Schlüssel erneut erstellt werden, die dieser Zufallszahlengenerator ausgibt:

```
rm -f /tmp/private.txt
```

Das Ergebnis dieses Befehls ist die versteckte Datei *.rnd*, die sich in Ihrem Home-Verzeichnis befindet. SSLeay verwendet diese Datei, wenn es zukünftig Schlüsselpaare generiert.

Samba für die Verwendung von SSL konfigurieren

Sie sind nun so weit, daß Sie Samba zur Verwendung von SSL neu kompilieren können. Erinnern Sie sich, daß wir in Kapitel 2, *Samba auf einem Unix-System installieren*, sagten, daß Sie zunächst das Konfigurationsskript ausführen müssen. Es initialisiert die *make*-Datei, so daß Sie Samba kompilieren können. Um Samba mit SSL verwenden zu können, müssen Sie die *make*-Datei neu konfigurieren:

```
./configure --with-ssl
```

Kompilieren Sie nun Samba mit den folgenden Befehlen:

```
# make clean
# make all
```

Wenn Sie auf einen Fehler stoßen, der besagt, daß die ausführbare Datei *smbd* die Datei *ssl.h* vermißt, haben Sie SSLeay wahrscheinlich nicht in das Standardverzeichnis installiert. Mit dem *configure*-Schalter --with-sslinc können Sie das Basisverzeichnis der SSL-Distribution angeben – also das Verzeichnis, das *include/ssl.h* enthält.

Wenn die Kompilierung problemlos vonstatten gegangen ist, können Sie mit dem nächsten Schritt weitermachen: Zertifikate erstellen.

Eine Certificate Authority werden

Das SSL-Protokoll benötigt X.509-Zertifikate in der Zertifikats-Aushandlung, um sicherzustellen, daß mindestens einer der beiden Gesprächspartner wirklich derjenige ist, der er vorgibt zu sein. Zertifikate, beispielsweise für SSL-Verbindungen öffentlicher Web-Server, kosten rund 600 DM im Jahr. Das liegt daran, daß das Zertifikat eine digitale Signatur benötigt, die von einer *Certificate Authority* stammt. Eine *Certificate Authority* ist eine Organisation, die sich für die Echtheit eines Zertifikats verbürgt, indem es das Zertifikat mit seinem eigenen privaten Schlüssel signiert. Auf diese Weise kann jeder die Echtheit des Zertifikates mit Hilfe des öffentlichen Schlüssels der Certificate Authority überprüfen.

Sie dürfen ein öffentliches Zertifikat mit SSLeay verwenden, müssen dies aber nicht. Sie können sich gegenüber SSLeay selbst als vertraute Certificate Authority ausgeben – indem Sie angeben, welchen Clients Sie vertrauen wollen und welchen nicht. Um dies zu tun, sind folgende Schritte erforderlich:

Zunächst müssen Sie einen sicheren Ort angeben, an dem Sie die Zertifikate für die Clients und möglicherweise den Server ablegen wollen. Wir haben uns für */etc/certificates* entschieden. Geben Sie als root die folgenden Befehle ein:

```
# cd /etc
# mkdir certificates
# chmod 700 certificates
```

Beachten Sie, daß wir den Zugriff auf dieses Verzeichnis für alle Benutzer außer root sperren müssen. Dieser Punkt ist äußerst wichtig.

Bereiten Sie nun die SSLeay-Skripten und Konfigurationsdateien auf die Verwendung der in diesem Verzeichnis gespeicherten Zertifikate vor. Verändern Sie dazu zunächst das Skript *CA.sh* im Verzeichnis */usr/local/ssl/bin/*, um den Ort des soeben erstellten Verzeichnisses anzugeben. Suchen Sie im Skript die Zeile mit folgendem Eintrag:

```
CATOP=./demoCA
```

Ändern Sie ihn in:

```
CATOP=/etc/certificates
```

Bearbeiten Sie nun die Datei */usr/local/ssl/lib/ssleay.cnf*, um dasselbe Verzeichnis anzugeben. Finden und ändern Sie den Eintrag

```
[ CA_default ]
dir     = ./demoCA          # Where everything is kept
```

in

```
[ CA_default ]
dir     = /etc/certificates  # Where everything is kept
```

Führen Sie jetzt das Skript *CA.sh* zum Einrichten der Certificate Authority aus. Es erstellt die Zertifikate. Vergewissern Sie sich, daß Sie dies als derselbe Benutzer tun, als der Sie den Zufallsgenerator initialisiert haben:

```
/usr/local/ssl/bin/CA.sh -newca
mkdir: cannot make directory '/etc/certificates': File exists
CA certificate filename (or enter to create)
```

Drücken Sie die Eingabetaste, um das Zertifikat für die CA zu erstellen. Sie sollten folgende Ausgabe sehen:

```
Making CA certificate ...
Using configuration from /usr/local/ssl/lib/ssleay.cnf
Generating a 1024 bit RSA private key
.............................+++++
....................+++++
writing new private key to /etc/certificates/private/cakey.pem
Enter PEM pass phrase:
```

Geben Sie eine neue Pass Phrase für Ihr Zertifikat ein. Sie müssen sie zweimal eingeben, damit SSLeay sie akzeptiert:

```
Enter PEM pass phrase:
Verifying password - Enter PEM pass phrase:
```

Merken Sie sich die Pass Phrase gut. Sie benötigen sie später, um Client-Zertifikate zu signieren. Sobald SSLeay die Pass Phrase akzeptiert hat, stellt die Software eine Reihe von Fragen, und zwar eine für jedes Feld des X.509-Zertifikates:

```
You are about to be asked to enter information that will be
incorporated into your certificate request.
What you are about to enter is what is called a Distinguished
Name or a DN.
There are quite a few fields but you can leave some blank
For some fields there will be a default value,
If you enter '.', the field will be left blank.
```

Füllen Sie die restlichen Felder mit Angaben Ihrer Organisation aus. In unserem Fall sieht dies so aus:

```
Country Name (2 letter code) [AU]:US
State or Province Name (full name) [Some-State]:California
Locality Name (eg, city) []:Sebastopol
Organization Name (eg, company) []:O'Reilly
Organizational Unit Name (eg, section) []:Books
Common Name (eg, YOUR name) []:John Doe
Email Address []:doe@ora.com
```

Nun ist SSLeay als Certificate Authority konfiguriert und kann Zertifikate für Clients signieren, die zukünftig eine Verbindung zum Samba-Server aufbauen werden.

Zertifikate für Clients erstellen

Ein Zertifikat für einen Client zu erstellen, ist einfach. Zunächst müssen Sie für jede Einheit ein Paar aus einem öffentlichen und einem privaten Schlüssel generieren, dann müssen Sie eine Zertifikatsanforderungsdatei erstellen, und zum Schluß können Sie mit *SSLeay* die Datei als vertraute Autorität signieren.

Für unseren Beispiel-Client phoenix müssen wir drei Befehle eingeben. Der erste erzeugt das Schlüsselpaar für den Client und legt es als *phoenix.key* ab. Der private Schlüssel wird verschlüsselt, und zwar mit Triple-DES. Geben Sie auf Anfrage eine Pass Phrase ein – Sie benötigen sie im nächsten Schritt:

```
# ssleay genrsa -des3 1024 >phoenix.key
1112 semi-random bytes loaded
Generating RSA private key, 1024 bit long modulus
.......................................+++++
...........+++++
e is 65537 (0x10001)
Enter PEM pass phrase:
Verifying password - Enter PEM pass phrase:
```

Jetzt können Sie folgenden Befehl eingeben:

```
# ssleay req -new -key phoenix.key -out phoenix-csr
Enter PEM pass phrase:
```

Geben Sie die Pass Phrase für das soeben erstellte Client-Zertifikat ein (nicht das für die Certificate Authority). Geben Sie zudem das Herausforderungskennwort und optional den Namen Ihres Unternehmens ein (er spielt keine Rolle). Wenn der Befehl fertig ist, besitzen Sie eine Zertifikats-Anforderung in der Datei *phoenix-csr*.

Nun müssen Sie die Zertifikatsanforderung als vertraute Certificate Authority signieren:

```
# ssleay ca -days 1000 -inflies phoenix-csr >phoenix.pem
```

Dieser Befehl fragt Sie nach der PAM-Pass Phrase der *Certificate Authority*. Geben Sie nicht die PEM-Pass Phrase des Client-Zertifikats ein, das Sie eben erstellt haben. Die Ausgabe nach der korrekten Eingabe sollte wie folgt aussehen:

```
Check that the request matches the signature
Signature ok
The Subjects Distinguished Name is as follows:
...
```

Diesen Zeilen folgen die Angaben, die Sie für das Client-Zertifikat eingegeben haben. Wenn sich in den Feldern ein Fehler befindet, warnt Sie das Programm. Wenn hingegen alles in Ordnung ist, bestätigt SSLeay die Signierung des Zertifikats und dessen Aufnahme in die Datenbank. Die Software erstellt im Verzeichnis */etc/certificates/newcerts* einen Datensatz für das Zertifikat.

Die Arbeitsdateien am Ende dieser Übung heißen *phoenix.key* und *phoenix.pem* und befinden sich im aktuellen Verzeichnis. Diese Dateien werden dem Client gesendet, mit dem der SSL-aktivierte Samba-Server Daten austauscht. Auch SSL Proxy verwendet diese Dateien.

Den Samba-Server konfigurieren

Der nächste Schritt besteht darin, die Samba-Konfigurationsdatei so zu verändern, daß sie die folgenden Setup-Optionen enthält. Diese Optionen gehen davon aus, daß das Zertifikatsverzeichnis für die Certificate Authority */etc/certificates* lautet:

```
[global]
    ssl = yes
    ssl server cert = /etc/certificates/cacert.pem
    ssl server key = /etc/certificates/private/cakey.pem
    ssl CA certDir = /etc/certificates
```

Beenden Sie nun die Samba-Daemons, und starten Sie sie manuell neu:

```
# nmbd -D
# smbd -D
Enter PEM pass phrase:
```

Sie müssen die PEM-Pass Phrase der Certificate Authority eingeben, um die Samba-Daemons zu starten. Beachten Sie, daß dies Probleme bereiten kann, weil die Daemons nicht mehr wie bisher automatisch starten können. Sie können dieses Problem aber mit fortschrittlichen Skriptsprachen wie Expect und Python umgehen.

Die Konfiguration mit smbclient testen

Mit dem Programm *smbclient* können Sie gut herausfinden, ob Samba ausgeführt wird. Geben Sie auf dem Samba-Server folgenden Befehl ein. Setzen Sie dabei Ihre Angaben für die Freigabe und den Benutzer für die Verbindung ein.

```
# smbclient //hydra/data -U tom
```

Sie sollten mehrere Debug-Meldungen sehen, gefolgt von einer Zeile, die die vereinbarte Verschlüsselung kennzeichnet:

```
SSL: negotiated cipher: DES-CBC3-SHA
```

Sie können wie gewohnt mit Ihrem Kennwort die Verbindung zum Server herstellen. Wenn dies funktioniert, können Sie sicher sein, daß Samba SSL-Verbindungen korrekt unterstützt. Lassen Sie uns nun die Clients einrichten.

SSL Proxy einrichten

Das Programm SSL Proxy ist als ausführbare Binärdatei oder aber im Quellcode erhältlich. Sie finden es auf der Seite *http://obdev.at/Products/sslproxy.html.*

Konfigurieren und kompilieren Sie die Software nach dem Herunterladen wie Samba. Wir verwenden zur Konfiguration ein Windows NT-System. Die Einrichtung für einen Unix-Host verläuft nahezu identisch. Vergewissern Sie sich, daß Sie während der nächsten Schritte Mitglied der lokalen Gruppe Administratoren sind.

Wenn Sie die binäre Variante heruntergeladen haben, sollten Ihnen folgende Dateien vorliegen:

- *cygwinb19.dll*
- *README.TXT*
- *sslproxy.exe*
- *dummyCert.pem*

Sie sind ausschließlich an der ausführbaren Datei interessiert. Kopieren Sie außerdem die Dateien *phoenix.pem* und *phoenix.key* vom Samba-Server in dieses Verzeichnis (Sie haben die Dateien zuvor mit SSLeay erstellt). Vergewissern Sie sich, daß gewöhnliche Benutzer in diesem Verzeichnis keine Berechtigungen besitzen.

Stellen Sie im nächsten Schritt sicher, daß der Windows NT-Computer den NetBIOS-Namen des Samba-Servers auswerten kann. Dazu müssen Sie entweder einen WINS-Server verwenden (der Samba-Server kann diese Funktion mit wins support = yes erfüllen) oder der Samba-Server steht in einer der Dateien *HOSTS* oder *LMHOSTS*. Weitere Informationen über WINS-Server finden Sie in Kapitel 7, *Drucken und Namensauswertung.*[1]

Starten Sie nun SSL Proxy mit dem folgenden Befehl. In unserem Beispiel heißt der Samba-Server hydra:

```
# C:\SSLProxy>sslproxy -l 139 -R hydra -r 139 -n -c phoenix.pem -k phoenix.key
```

Dieser Befehl weist SSL Proxy an, auf dem Anschluß 139 auf eingehende Verbindungen zu warten und Anforderungen auf diesem Anschluß zum NetBIOS-Computer hydra weiterzuleiten. Er teilt SSL Proxy darüber hinaus mit, mit Hilfe der Dateien *phoenix.pem* und *phoenix.key* die erforderlichen Zertifikate und Schlüssel zu erstellen, die für den Verbindungsaufbau erforderlich sind. SSL Proxy fragt nach der PEM-Pass Phrase:

```
Enter PEM pass phrase:
```

Geben Sie die PEM-Pass Phrase des Client-Schlüsselpaares ein, das Sie generiert haben, *nicht* diejenige der Certificate Authority. Die Ausgabe sollte wie folgt aussehen:

```
SSL: No verify locations, trying default
proxy ready, listening for connections
```

Damit sollte der SSL Proxy bereit sein, Clients zu bedienen. Sie können den Befehl in die Autostart-Gruppe von Windows NT oder in ein RC-Skript eines Unix-Servers schreiben, wenn SSL Proxy ständig verfügbar sein soll. Vergewissern Sie sich, daß alle Clients, die auf den Samba-Server zugreifen wollen (einschließlich des lokalen NT-Rechners) auf diesen Server statt auf den Samba-Server zeigen.

Wenn Sie mit dieser Einrichtung fertig sind, versuchen Sie die Verbindung zum Samba-Server über den NT-Computer herzustellen. Sie werden feststellen, daß dieser Zugriff für die Benutzer nahezu transparent ist.

SSL-Konfigurationsoptionen

Tabelle A-1 faßt die Konfigurationsoptionen zusammen, die wir im vorigen Abschnitt für SSL erwähnt und verwendet haben. Beachten Sie, daß alle diese Optionen global sind, also im Abschnitt [global] der Konfigurationsdatei erscheinen müssen.

Tabelle A-1: SSL-Konfigurationsoptionen

Option	Parameter	Funktion	Vorgabe	Bereich
ssl	Boolesch	Gibt an, ob Samba SSL verwenden soll.	no	global
ssl hosts	Zeichenkette (Liste mit Adressen)	Gibt eine Liste mit Hosts an, die sich nur über SSL verbinden dürfen.	keine	global

---

1 Wenn Sie den SSL Proxy auf einem Unix-Server ausführen, müssen Sie sich vergewissern, daß die Clients den DNS-Namen des Samba-Servers auflösen können.

Tabelle A-1: SSL-Konfigurationsoptionen (Fortsetzung)

Option	Parameter	Funktion	Vorgabe	Bereich
`ssl hosts resign`	Zeichenkette (Liste mit Adressen)	Gibt eine Liste mit Hosts an, die sich niemals über SSL verbinden.	keine	global
`ssl CA certDir`	Zeichenkette (vollständige Pfadangabe)	Gibt das Verzeichnis an, in dem die Zertifikate liegen.	keine	global
`ssl CA certFile`	Zeichenkette (vollständige Pfadangabe)	Gibt die Datei an, die alle Zertifikate für Samba enthält.	keine	global
`ssl server cert`	Zeichenkette (vollständige Pfadangabe)	Gibt an, wo sich das Server-Zertifikat befindet.	keine	global
`ssl server key`	Zeichenkette (vollständige Pfadangabe)	Gibt an, wo sich der private Schlüssel für den Server befindet.	keine	global
`ssl client cert`	Zeichenkette (vollständige Pfadangabe)	Gibt an, wo sich das Zertifikat des Clients befindet.	keine	global
`ssl client key`	Zeichenkette (vollständige Pfadangabe)	Gibt an, wo sich der private Schlüssel des Clients befindet.	keine	global
`ssl require clientcert`	Boolesch	Gibt an, ob jeder Client ein Zertifikat besitzen muß.	no	global
`ssl require servercert`	Boolesch	Gibt an, ob der Server selbst ein Zertifikat besitzen soll.	no	global
`ssl ciphers`	Zeichenkette	Gibt die Verschlüsselungs-Suite an, die zur Protokollaushandlung verwendet werden soll.	keine	global
`ssl version`	ssl2or3, ssl3 oder tls1	Gibt die zu verwendende SSL-Version an.	ssl2or3	global
`ssl compatibility`	boolesch	Gibt an, ob Samba die Kompatibilität mit anderen SSL-Implementierungen aktivieren soll.	no	global

ssl

Diese globale Option konfiguriert Samba zur Verwendung von SSL für die Kommunikation mit Clients. Der Vorgabewert ist no, und Sie können wie folgt den anderen der beiden möglichen Werte angeben:

```
[global]
    ssl = yes
```

Beachten Sie, daß SSL auf Windows 95/98-Clients nicht unterstützt wird, so daß Sie einen Proxy für diese Betriebssysteme benötigen. Mehr dazu finden Sie weiter vorne in diesem Kapitel.

ssl hosts

Diese Option gibt die Hosts an, die SSL verwenden müssen. Verwenden Sie für den Wert dieser Option dieselbe Schreibweise wie bei den Werten der Optionen `hosts allow` und `hosts deny`:

```
[global]
    ssl = yes
    ssl hosts = 192.168.220.
```

Dieses Beispiel gibt an, daß alle Hosts im Subnetz 192.168.220.0/24 Verbindungen zum Samba-Server nur über SSL herstellen dürfen. Diese Option ist nützlich, wenn Sie wissen, daß von einem Netzwerk aus über eine unsichere Strecke (beispielsweise das Internet) Verbindungen zum Samba-Server hergestellt werden. Wenn Sie weder diese Option noch `ssl hosts resign` benutzen und `ssl` auf `yes` gesetzt ist, akzeptiert Samba von allen Clients ausschließlich SSL-Verbindungen.

ssl hosts resign

Diese Option gibt Hosts an, die *nicht* gezwungen werden, SSL-Verbindungen herzustellen. Die Syntax für die Angabe von Host-Adressen entspricht derjenigen der Optionen `hosts allow` und `hosts deny`:

```
[global]
    ssl = yes
    ssl hosts resign = 160.2.310. 160.2.320.
```

Dieses Beispiel führt dazu, daß alle Hosts in den Subnetzen 160.2.310/24 und 160.2.320/24 unverschlüsselte Verbindungen zum Samba-Server herstellen dürfen. Wenn Sie sowohl diese Option als auch die Option `ssl hosts` angeben und gleichzeitig `ssl = yes` angeben, akzeptiert Samba keine unverschlüsselten Verbindungen von anderen Hosts.

ssl CA certDir

Diese Option gibt das Verzeichnis an, in dem sich die Zertifikate der Certificate Authority befinden. Samba benutzt sie, um die Echtheit von Clients zu prüfen. In dem angegebenen Verzeichnis muß für jede Certificate Authority eine Datei mit dem Namen existieren, den wir weiter vorne in diesem Kapitel genannt haben. Samba ignoriert alle anderen Dateien in diesem Verzeichnis. Verwenden Sie diese Option wie folgt:

```
[global]
    ssl = yes
    ssl hosts = 192.168.220.
    ssl CA certDir = /usr/local/samba/cert
```

Diese Option besitzt keinen Vorgabewert. Sie können alternativ `ssl CA certFile` benutzen, wenn alle Certificate Authority-Angaben in derselben Datei vorliegen.

ssl CA certFile

Geben Sie mit dieser Option die Datei an, die alle Zertifikate der Certificate Authority enthält. Samba verwendet die Zertifikate zur Echtheitsbestätigung von Clients. Diese Option unterscheidet sich von ssl CA certDir darin, daß sie alle Zertifikate in einer einzigen Datei erwartet, so wie in folgendem Beispiel:

```
[global]
    ssl = yes
    ssl hosts = 192.168.220.
    ssl CA certFile = /usr/local/samba/cert/certFile
```

Auch diese Option kennt keinen Vorgabewert. Wenn die Zertifikate in einzelnen Dateien vorliegen, verwenden Sie bitte die Option ssl CA certDir.

ssl server cert

Diese Option gibt an, wo sich das Server-Zertifikats befindet. Diese Option ist obligatorisch, wenn Sie SSL einsetzen, da der Server SSL nur mit Hilfe eines Zertifikates verwenden kann:

```
[global]
    ssl = yes
    ssl hosts = 192.168.220.
    ssl CA certFile = /usr/local/samba/cert/certFile
    ssl server cert = /usr/local/samba/private/server.pem
```

Diese Option muß ohne Vorgabwert leben. Beachten Sie, daß das Zertifikat den privaten Schlüssel für den Server enthalten kann.

ssl server key

Diese Option gibt an, wo sich der private Schlüssel für den Server befindet. Stellen Sie sicher, daß nur root auf die Datei zugreifen darf. Verwenden Sie diese Option wie im folgenden Beispiel:

```
[global]
    ssl = yes
    ssl hosts = 192.168.220.
    ssl CA certFile = /usr/local/samba/cert/certFile
    ssl server key = /usr/local/samba/private/samba.pem
```

Auch diese Option besitzt keinen Vorgabewert. Beachten Sie, daß der private Schlüssel im Server-Zertifikat enthalten sein kann.

ssl client cert

Diese Option gibt an, wo sich das Zertifikat des Clients befindet. Der Samba-Server kann das Zertifikat anfordern, wenn Sie die Option ssl require clientcert verwenden; *smbclient* benutzt das Zertifikat. Verwenden Sie diese Option wie im folgenden Beispiel:

```
[global]
    ssl = yes
    ssl hosts = 192.168.220.
    ssl CA certFile = /usr/local/samba/cert/certFile
    ssl server cert = /usr/local/ssl/private/server.pem
    ssl client cert= /usr/local/ssl/private/clientcert.pem
```

Einen Vorgabewert gibt es für diese Option nicht.

ssl client key

Geben Sie mit dieser Option an, wo sich der private Schlüssel des Clients befindet. Vergewissern Sie sich, daß niemand außer `root` auf die Datei zugreifen kann. Verwenden Sie diese Option wie im folgenden Beispiel:

```
[global]
    ssl = yes
    ssl hosts = 192.168.220.
    ssl CA certDir = /usr/local/samba/cert/
    ssl server key = /usr/local/ssl/private/samba.pem
    ssl client key = /usr/local/ssl/private/clients.pem
```

Auch für diese Option ist kein Vorgabewert definiert. Sie benötigen diese Option nur, wenn der Client ein Zertifikat besitzt.

ssl require clientcert

Diese Option gibt an, ob der anfragende Client ein Zertifikat besitzen muß. Samba durchsucht die mit `ssl CA certDir` oder `ssl CA certFile` angegebenen Zertifikate, um sich zu vergewissern, daß der anfragende Client ein gültiges Zertifikat besitzt und sich mit dem Samba-Server verbinden darf. Der Wert dieser Option ist Boolesch, wie das folgende Beispiel veranschaulicht:

```
[global]
    ssl = yes
    ssl hosts = 192.168.220.
    ssl CA certFile = /usr/local/samba/cert/certFile
    ssl require clientcert = yes
```

Wie empfehlen Ihnen, Zertifikate für alle Clients obligatorisch zu machen, die sich mit dem Samba-Server verbinden. Diese Option besitzt einen Vorgabewert, und zwar `no`.

ssl require servercert

Legen Sie mit dieser Option fest, ob der Server, mit dem Sie eine Verbindung herstellen, ein Zertifikat besitzen muß. Das Programm *smbclient* benutzt das Server-Zertifikat. Der Wert ist Boolesch:

```
[global]
    ssl = yes
    ssl hosts = 192.168.220.
    ssl CA certFile = /usr/local/samba/cert/certFile
    ssl require clientcert = yes
    ssl require servercert = yes
```

Wir empfehlen Zertifikate für alle Clients, ein Zertifikat für den Server ist nicht zwingend erforderlich. Aber wir empfehlen, eines zu verwenden. Der Vorgabewert dieser Option ist no.

ssl ciphers

Diese Option legt die Kodierung fest, auf die sich SLL während der Aushandlung der SSL-Verbindung festlegt. Samba kann jede der folgenden Kodierungen benutzen:

```
DEFAULT
DES-CFB-M1
NULL-MD5
RC4-MD5
EXP-RC4-MD5
RC2-CBC-MD5
EXP-RC2-CBC-MD5
IDEA-CBC-MD5
DES-CBC-MD5
DES-CBC-SHA
DES-CBC3-MD5
DES-CBC3-SHA
RC4-64-MD5
NULL
```

Verwenden Sie diese Option nur, wenn Sie mit dem SSL-Protokoll vertraut sind und eine bestimmte Kodierungsfamilie festlegen wollen.

ssl version

Diese globale Option gibt die SSL-Version an, die Samba bei der Aushandlung von verschlüsselten Verbindungen verwendet. Der Vorgabewert ssl2or3 bedeutet, daß sowohl die Version 2 als auch 3 des SSL-Protokolls in Frage kommt (die Auswahl des Protokolls hängt davon ab, welche SSL-Protokollversionen der Client versteht). Wenn Sie wollen, daß Samba ausschließlich eine bestimmte Version des Protokolls unterstützt, müssen Sie folgendes tun:

```
[global]
    ssl version = ssl3
```

Verwenden Sie auch diese Option nur, wenn Sie mit dem SSL-Protokoll vertraut sind und eine bestimmte Protokollversion festlegen wollen.

ssl compatibility

Diese globale Option bestimmt, ob Samba andere Versionen von SSL verwenden können soll. Da derzeit keine anderen Versionen existieren (zumindest nicht, als wir diesen Text schrieben), ist der Nutzen dieser Option offen. Verwenden Sie sie daher nicht.

B

Leistungsoptimierung

Dieser Anhang beschreibt die diversen Möglichkeiten der Leistungsverbesserung und Systemdimensionierung mit Samba. Bei der *Leistungsoptimierung* handelt es sich um die Kunst, Engpässe zu finden und sie mit Anpassungen aus dem Weg zu räumen. Bei der *Dimensionierung* geht es darum, Engpässe durch Investitionen aus dem Weg zu schaffen. Normalerweise müssen Sie sich bei Samba nicht um die Leistung kümmern. Auf einem in keiner Weise leistungsoptimierten Server bedient die Software eine kleine Benutzergemeinschaft zufriedenstellend. Auf einem gut »getunten« Server unterstützt Samba aber wenigstens doppelt so viele Benutzer. Dieses Kapitel erklärt die diversen Methoden zur Leistungsoptimierung und Dimensionierung, mit denen Sie Samba an seine Leistungsgrenzen bringen können.

Ein einfacher Geschwindigkeitstest

Woher wissen Sie, ob die Leistung von Samba gut ist? Ein einfacher Test soll Samba mit dem Dateiübertragungsprotokoll FTP vergleichen. Tabelle B-1 zeigt Ihnen den Datendurchsatz in KByte pro Sekunde, jeweils auf einer mittelgroßen Sun Sparc Ultra und einem kleinen Linux-Server auf Pentium-Basis.

Tabelle B-1: Beispiel-Leistungsmessung

Befehl	FTP	Samba, nicht optimiert	Samba, optimiert
Sparc get	1014.5	645.3	866.7
Sparc put	379.8	386.1	329.5
Pentium get	973.27	nicht gemessen	725
Pentium put	1014.5	nicht gemessen	1100

Wenn Sie die Tests auf Ihrem Server durchführen, kommen Sie wahrscheinlich zu anderen Ergebnissen. Die Verhältnisse zwischen Samba und FTP *sollten* aber ähnlich ausfallen, wahrscheinlich zu einem Prozentsatz von rund 68 bis 80 Prozent. Vergleichen Sie aber nicht den *gesamten* Datendurchsatz von Samba mit FTP. Die goldene Regel lautet: Wenn Samba viel langsamer als FTP ist, sollten Sie die Leistung erhöhen.

Vielleicht denken Sie, für einen Vergleich auch NFS heranziehen zu können. Dies ist aber nicht der Fall, denn je nach Version von NFS und der Leistungsoptimierung kann dieses Protokoll langsamer oder schneller als Samba sein. Meistens ist Samba schneller, aber geben Sie acht, NFS verwendet andere Algorithmen als Samba, so daß Optionen zur maximalen NFS-Leistung den Datendurchsatz von Samba verringern können. Wenn Sie Samba auf einem Server ausführen, der für NFS optimiert ist, ist Samba möglicherweise ziemlich langsam.

Ein beliebter Leistungstest ist *NetBench* von Ziff-Davis; er simuliert viele Benutzer, die gleichzeitig Textverarbeitungen auf Clients ausführen und auf den Samba-Server zugreifen. Die Messung ist nicht perfekt (jeder NetBench-Client arbeitet etwa zehnmal so intensiv wie ein gewöhnlicher Benutzer), aber sie ermöglicht einen fairen Vergleich ähnlicher Server. In Tests, die Jeremy Allison im November 1998 durchgeführt hat, bot Samba 2.0 auf einem SGI-Mehrprozessorsystem eine höhere Leistung als NT Server 4.0 (Service Pack 2) auf einem ähnlich ausgestatteten High End-Server von Compaq. Das Magazin Sm@rt Reseller hat bei einem Vergleichstest zwischen NT und Linux auf identischer Hardware im Februar 1999 diese Ergebnisse bestätigt und bekräftigt.

Im April 1999 hat das Mindcraft-Testlabor einen Bericht über einen Test veröffentlicht, bei dem Samba auf einem Linux-System mit vier Prozessoren deutlich langsamer als Windows NT auf derselben Hardware war. Während der ursprüngliche Bericht von der Open Source-Gemeinschaft angegriffen wurde, weil er von Microsoft in Auftrag gegeben wurde und die Systeme zum Vorteil von Windows NT optimiert waren, fand einige Zeit später ein fairer Test statt. Er berücksichtigte einige Optimierungen von Linux, insbesondere in bezug auf Mehrprozessorfunktionen. Über Samba selbst wurde dabei wenig gesagt. Samba ist dafür bekannt, gut auf Mehrprozessorsystemen zu skalieren; die Software überschreitet 440 MByte/s auf einer SGI O200 mit vier CPUs und schlägt damit die 310 MByte/s von Microsoft.

Die relative Leistung wird sich wahrscheinlich ändern, da NT und die PC-Hardware schneller werden, aber natürlich verbessern auch die Entwickler von Samba 2.0 ihr Produkt. Samba war nur mit mehr als 35 Clients schneller. Samba 2.0 ist immer schneller, unabhängig von der Anzahl der Clients. Kurz gesagt: Samba belegt einen guten Platz im Vergleich mit der besten industriellen Netzwerk-Software und verbessert sich ständig.

Als dieses Buch in den Druck ging, veröffentlichte Andrew Tridgell die Alpha-Version einer Programmfamilie zur Leistungsmessung von Samba- und SMB-Netzwerken. (Mehr dazu erfahren Sie unter *ftp://samba.org/pub/tridge/dbench/README.*) Sie können davon ausgehen, daß sich das Samba-Team in Zukunft stärker als bisher auf die Leistung konzentriert.

Samba-Leistungsoptimierung

Lassen Sie uns nun darauf eingehen, wie Sie eine bereits schnelle Netzwerk-Software noch schneller machen können.

Leistungsmessung

Die Leistungsmessung ist eine geheimnisvolle Kunst und grenzt an schwarze Magie, aber die Fachkenntnisse, die Sie für einfache Leistungsmessungen benötigen, sind glücklicherweise recht gering. Da der Samba-Server in seinem Leben hauptsächlich Daten übertragen soll, konzentrieren wir uns ausschließlich auf den Datendurchsatz und lassen Antwortzeiten außen vor. Letztendlich ist es relativ einfach, den Datendurchsatz zu messen und Probleme mit langen Antwortzeiten – die viel schwieriger zu diagnostizieren und zu beheben wären – stellen bei Samba kein großes Problem dar.

Unsere Hauptstrategie dieser Arbeit sieht wie folgt aus:

* Eine Datei mit einer geeigneten Größe sowie ein Programm finden, das die Geschwindigkeit einer Dateikopie angibt, beispielsweise *smbclient*.

* Eine ruhige (oder typische) Zeit finden, in der Sie den Test durchführen.

* Jeden Test einige Male als Vorlauf durchführen, um die Puffer vorzuladen.

* Die Tests mehrere Male durchführen und nach ungewöhnlichen Ergebnissen Ausschau halten.

* Jeden Durchlauf detailliert notieren.

* Den Durchschnitt der gültigen Durchläufe mit den erwarteten Werten vergleichen.

Nachdem wir nun festgelegt haben, wie unsere Tests ablaufen sollen, können wir in Samba einen einzelnen Parameter verändern und die Tests erneut durchführen. Eine leere Tabelle für Ihre Tests finden Sie am Ende dieses Anhangs.

Was Sie verändern können

Es gibt tausende Kombinationen für die Einstellungen von Samba, die Sie ausprobieren könnten, um den perfekten Server zu suchen. Diejenigen von uns, für die es auch noch ein Leben gibt neben Ihrem Dasein als Systemadministrator, können sich auf die Optionen beschränken, welche die Leistung am stärksten beeinflussen. Wir haben sie hier aufgeführt, mit den wirkungsvollsten beginnend.

Log level

Diese Option beeinflußt ganz deutlich die Leistung. Den Protokollierungsgrad zu erhöhen (Optionen `log level` und `debug level`) ist eine gute Methode, um einen Fehler zu suchen – es sei denn, Sie kämpfen gegen ein Leistungsproblem! Wir haben bereits in Kapitel 4, *Verzeichnisfreigaben*, erwähnt, daß Samba ab dem Protokollierungsgrad drei haufenweise Debug-Meldungen in die Protokolldateien schreibt und dafür eine Menge Zeit benötigt. Bei unseren *smbclient/ftp*-Tests hat das Erhöhen des Protokollierungsgrades von null auf drei die nicht optimierte, mit get speed gemessene Leistung von 645.3 auf 622.2 KByte/s verringert, also um rund fünf Prozent. Höhere Protokollierungsgrade verschlechtern das Ergebnis noch deutlicher.

socket options

Als nächstes sollten wir uns die Gruppe der Konfigurationsoptionen socket options ansehen. Dabei handelt es sich in Wirklichkeit nicht um Samba-Funktionen, sondern um Optionen des Unix-Hosts, aber Samba legt die Optionen für jede Verbindung von Samba separat fest, wenn Sie socket options = option in den Abschnitt [global] Ihrer Datei *smb.conf* schreiben. Ihr Betriebssystem unterstützt möglicherweise nicht alle dazugehörigen Optionen; prüfen Sie die Man Pages *setsockopt*(1) und *socket*(5).

Die wichtigsten Optionen sind:

TCP_NODELAY

Der Server sollte so viele Pakete wie möglich senden, um die Verzögerung gering zu halten. Diese Funktion wird in Telnet-Verbindungen verwendet, um eine kurze Antwortzeit zu erhalten. Selbst bei kurzen Übertragungen oder, wenn Bestätigungspakete verzögert werden (wie es anscheinend bei Microsoft TCP/IP der Fall ist), wird sie eingesetzt, um eine hohe Geschwindigkeit zu erreichen. Allein der Wert der Option kann die Geschwindigkeit um 30 bis 50 Prozent steigern. Dementsprechend ist seit Samba 2.0.4 socket options = TCP_NODELAY die Vorgabe dieser Option.

IPTOS_LOWDELAY

Auch diese Option verkürzt Antwortzeiten auf Kosten der Übertragungsgeschwindigkeit, beeinflußt aber Router und andere Systeme anstelle des Servers. Alle IPTOS-Options sind neu und werden nicht von allen Betriebssystemen und Routern unterstützt. Falls Sie unterstützt werden, aktivieren Sie IPTOS_LOWDELAY immer, wenn Sie TCP_NODELAY einschalten.

SO_SNDBUF und SO_RCVBUF

Für die Sende- und Empfangspufferspeicher können Sie oft einen höheren Wert als den des Betriebssystems angeben. Damit erreichen Sie eine kleine Steigerung der Geschwindigkeit (bis der Punkt der Anzahl der Zurückweisungen abnimmt).

SO_KEEPALIVE

Diese Option schaltet eine regelmäßige Prüfung (alle vier Stunden) ein, ob ein Client noch aktiv ist. Abgelaufene Verbindungen werden aber von den Samba-Optionen keepalive und dead time besser verwaltet. Alle drei Optionen zielen darauf ab, inaktive Verbindungen zu schließen, um ungenutzten Speicher und Einträge in Prozeßtabellen dem Betriebssystem wieder zur Verfügung zu stellen.

Es gibt noch weitere Socket-Optionen, die für Sie möglicherweise sinnvoll sein können (zum Beispiel SO_SNDLOWAT); sie variieren stark von Betriebssystem-Variante zu Betriebssystem-Variante. Sehen Sie sich *TCP/IP Illustrated* an, wenn Sie sich für diese Optionen zur Leistungssteigerung interessieren.

read raw und write raw

Diese Optionen beeinflussen die Leistung spürbar, denn sie aktivieren größere Datenblöcke (bis zu 64KByte in einer einzigen SMB-Anforderung) für Netzwerkübertragungen, und zwar sowohl bei Lese- als auch bei Schreibvorgängen. Diese Optionen benötigen die größten SMB-Paketstrukturen, die Sie mit SMBreadraw und SMBwriteraw einschalten können. Beachten Sie, daß es sich hierbei nicht um ein Unix-*raw read* handelt. Dieser Unix-Begriff bezieht sich auf das Lesen von Daten von Festplatten unter Umgehung des Dateisystems, bedeutet also etwas ganz anderes als hier bei Samba.

In der Vergangenheit hatten einige Client-Programme Probleme mit read raw. Soweit wir wissen, sind diese Probleme mittlerweile behoben. Die Vorgabewerte für beide Optionen sind yes und sollten so bleiben, solange Sie nicht einen fehlerhaften Client besitzen.

Opportunistische Sperren

Opportunistische Sperren, kurz *Oplocks*, ermöglichen es Clients, Dateien in einem lokalen Cache zwischenzuspeichern, wodurch die Leistung um rund 30 Prozent steigt. Die entsprechende Option ist mittlerweile standardmäßig eingeschaltet. Bei schreibgeschützten Dateien bietet die Option fake oplocks dieselbe Funktionalität, aber ohne die Dateien tatsächlich zwischenzuspeichern. Wenn Sie Dateien besitzen, die nicht zwischengespeichert werden sollen, können Sie *Oplocks* ausschalten.

Datenbankdateien sollten niemals zwischengespeichert werden; dasselbe gilt für alle Dateien, die sowohl auf dem Server als auch auf dem Client aktualisiert werden und deren Änderungen sofort sichtbar sein müssen. Sie können für derartige Dateien die Option veto oplock files verwenden; sie nimmt als Wert Namen einzelner Dateien oder Dateimuster entgegen. Deaktivieren Sie *Oplocks* auf Freigabeebene, wenn Sie große Gruppen von Dateien besitzen, die von Clients nicht zwischengespeichert werden sollen. Mehr über opportunistische Sperren erfahren Sie in Kapitel 5, *Durchsuchen und erweiterte Verzeichnisfreigaben.*

IP-Paketgröße (MTU)

Netzwerke kennen im allgemeinen eine Grenze für die Größe übertragener Datenblöcke. Diese Größe nennt man Maximum Transfer Size oder Maximum Transmission Unit (MTU), wenn ein Paket-Vorspann enthalten ist. Samba kann die MTU nicht festlegen, benötigt aber mit der Option max xmit (Schreibgröße) einen größeren Wert als die MTU, ansonsten leidet der Datendurchsatz. Einzelheiten zu diesem Thema finden Sie im folgenden Hinweis. Die MTU beträgt normalerweise 1500 Bytes in einem Ethernet und 4098 Bytes in einem FDDI-Netzwerk. Im allgemeinen bedeuten zu niedrige Werte einen geringen Datendurchsatz und zu hohe Werte plötzliche Leistungseinbrüche wegen fragmentierter Pakete und Neuübertragungen.

Wenn Sie über einen Router kommunizieren, halten möglicherweise einige Systeme den Router für eine serielle Verbindung (zum Beispiel eine T1-Leitung) und verwenden eine MTU von ungefähr 535 Bytes. Windows 95 macht diesen Fehler, wodurch zwar nahegelegene Clients schnell arbeiten, aber Clients auf der anderen Seite des Routers merklich langsamer sind. Wenn der Client den umgekehrten Fehler macht und eine große MTU auf einer Verbindung verwendet, die eine kleine erfordert, werden die Pakete in mehrere kleinere Pakete (Fragmente) zerlegt. Das verlangsamt die Datenübertragung geringfügig, und alle Netzwerkfehler führen zur erneuten Übertragung aller Fragmente eines Paketes, was Samba deutlich langsamer macht. Glücklicherweise können Sie die MTU-Größe von Windows anpassen, um diese Fehler zu vermeiden.

Das TCP-Empfangsfenster

Bei TCP/IP werden Daten in kleine Pakete zerlegt, die von einem System zu einem anderen übertragen werden können. Jedes übertragene Paket enthält eine Prüfsumme, über die der Empfänger feststellen kann, ob die Daten einwandfrei angekommen sind. Ist ein Paket korrekt angekommen, sendet der Empfänger dem Absender des Pakets eine Bestätigung. Erhält der der Abender eine solches Bestätigung, kann er das nächste Paket senden.

Diese Übertragung wäre sehr langsam, da der Sender nach jedem abgeschickten TCP-Paket auf eine Empfangsbestätigung warten müßte. Damit die Übertragung unterbrechungsfrei abläuft, schickt der Absender auch ohne Bestätigung einige Folgepakete. Der Empfänger sendet dann eine Bestätigung für das letzte korrekt erhaltene Paket. Natürlich ist die Datenmenge begrenzt, die ohne Bestätigung versendet werden kann, damit der Absender nicht endlos viel Daten ins Nirwana schickt. Das TCP-Fenster legt nun die Anzahl der Bytes fest, die ohne Empangsbestätigung übertragen werden dürfen. Wenn der Sender diese Anzahl von Bytes gesendet hat, darf er nicht weitersenden, sondern muß zunächst auf eine Bestätigung des Empfängers warten. Wie die MTU hängt die Fenstergröße von der Art des Netzwerkes ab. Ist das Fenster zu klein, muß der Sender unnötig oft auf Bestätigungen warten, was die Übertragung langsam macht. Diverse Betriebssysteme verwenden relativ kleine Fenstergrößen, die pro Socket festgelegt werden, damit nicht ein einzelnes Programm den gesamten Speicher belegt.

Die Puffergröße wird in Bytes angegeben, wie in SO_SNDBUF=8192 in der Zeile socket options. Hier ein Beispiel:

```
socket options = SO_SNDBUF=8192
```

Normalerweise sollten Sie versuchen, bei dieser Socket-Option einen höheren Wert als die Vorgabe von 4098 zu verwenden, den SunOS 4.1.3, SVR4, 8192–16384, AIX, Solaris und BSD verwenden. 16.384 wird als guter Startpunkt vorgeschlagen: In einem nicht-Samba-Test, den Stevens Buch erwähnt, ergab dieser Wert eine Steigerung um 40 Prozent. Sie müssem mit diesem Wert experimentieren, da die Leistung abnimmt, wenn er zu hoch ist. Diese Tatsache haben wir in Abbildung B-1 veranschaulicht; dort sehen Sie einen Test auf einem bestimmten Linux-System.

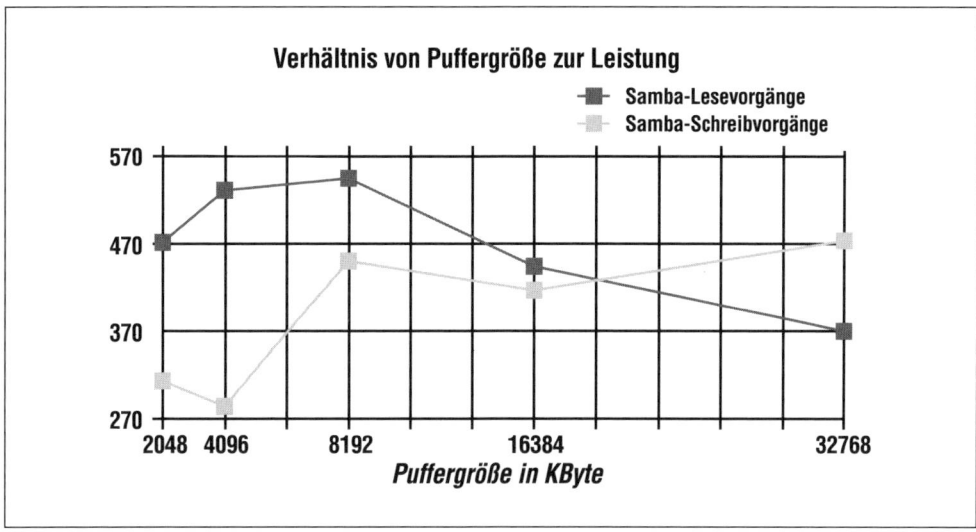

Abbildung B-1: Abhängigkeit von Größe und Leistung bei SO_SNDBUF

Ein kleinerer Wert als die Vorgaben sind für die Optionen `O_SNDBUF` und `SO_RCVBUF` nicht empfehlenswert. Ein höherer Wert steigert die Leistung bis zur Grenze des Netzwerkes. Wenn Sie diese Grenze überschreiten, sinkt die Leistung rapide ab.

max xmit

Die direkt mit der MTU und Fenstergröße zusammenhängende Samba-Option heißt `max xmit`. Sie gibt den größten Datenblock an, den Samba an einem Stück zu schreiben versucht. Der Wert wird manchmal auch *Write Size* (Schreibgröße) genannt, auch wenn er nicht mit dem Namen der Option identisch ist.

Da der Anteil an Vorspanndaten sinkt, wenn die Blöcke größer werden, ist der Wert für `max xmit` üblicherweise so groß wie möglich. Er entspricht der oberen Grenze des Protokolls, das sind 64 KByte. Der kleinste Wert, der die Leistung nicht merklich senkt, ist 2048. Wenn Sie einen hinreichend kleinen Wert angeben, stellt er eine Grenze für die Paketgröße dar, die Samba aushandeln kann. Sie können damit eine kleine MTU simulieren, wenn Sie eine unzuverlässige Netzwerkverbindung testen wollen. Ein solcher Test sollte aber nicht in Produktionsumgebungen stattfinden, um nicht die wirksame MTU zu verringern.

read size

Da der mit `max xmit` festgelegte Wert üblicherweise als Schreibgröße bezeichnet wird, sollte man meinen, daß `read size` (Lesegröße) die maximale Datenmenge ist, die Samba von einem Client auf einmal lesen kann. Das ist aber nicht der Fall. Diese Option löst *write ahead* aus. Das bedeutet, daß wenn Samba beim Lesen von der Festplatte und dem Schreiben auf das Netzwerk um den angegebenen Betrag in Verzug gerät (oder umgekehrt), beginnt die Software, Netzwerkschreibvorgänge und Festplattenlesevorgänge (oder umgekehrt) zu überlappen.

Die Lesegröße hat keinen großen Einfluß auf die Leistung, solange Sie nicht einen sehr kleinen Wert angeben. Dann verlangsamt sie den Server deutlich. Aus diesem Grund beträgt die Vorgabe 2048; ein kleinerer Wert als 1024 ist nicht möglich.

read prediction

Abgesehen davon, daß diese Option nicht das tut, was ihre Bezeichnung Sie glauben machen will, ist sie auch veraltet. Sie ermöglicht es Samba, nur Dateien im voraus zu lesen, die von den Clients geöffnet sind. Diese Option ist seit späten 1.9-Versionen deaktiviert, da Sie in Konflikt mit opportunistischen Sperren steht.

Andere Samba-Optionen

Die folgenden Samba-Optionen beeinflussen die Leistung, wenn Sie sie falsch setzten, ähnlich, wie dies beim Protokollierungsgrad der Fall ist. Wir erwähnen sie hier, damit Sie wissen, wonach Sie suchen müssen, wenn Sie mit der Leistung des Samba-Servers nicht zufrieden sind:

`hide files`
> Diese Option gibt ein Muster derjenigen Dateien an, die Samba unter DOS/Windows mit dem Versteckt-Bit als versteckt kennzeichnen soll. Dabei muß Samba jeden Dateinamen mit diesem Muster vergleichen, was den Server spürbar verlangsamt.

`lpq cache time`
> Wenn die Ausführung Ihres `lpq`-Befehls (Abfrage der Druckerwarteschlange) lange dauert, sollten für Sie mit `lpq cache time` die Zeit zur Zwischenspeicherung auf einen höheren Wert festlegen als die Ausführungszeit von `lpq`. Dadurch ruft Samba keine zweite Abfrage auf, wenn die erste noch nicht fertig ist. Die Vorgabe ist 10 Sekunden und damit in der Regel groß genug.

`strict locking`
> Wenn Sie die Option `strict locking` einschalten, prüft Samba bei jedem Zugriff, ob Sperren bestehen, anstatt nur dann darauf zu prüfen, wenn der Client denn Samba-Server darum bittet. Diese Option dient hauptsächlich dazu, Fehler in Clients zu umgehen, damit DOS- und Windows-Anwendungen nicht gemeinsam genutzte Dateien beschädigen. Natürlich benötigen diese Prüfungen eine gewisse Zeit und verlangsamen damit den Server.

`strict sync`
> Aktivieren Sie die Option `strict sync`, damit Samba auf Beendigung jedes Schreibvorgangs wartet, wenn der Client das Sync-Bit in einem Paket einschaltet. Der Windows 98-Explorer tut dies, so daß alle Benutzer von Windows 98-Clients glauben, der Samba-Server wäre elendig langsam, wenn Sie diese Option aktivieren.

sync always

Die Option `sync always` sorgt dafür, daß Samba auf Beendigung aller Schreibvorgänge wartet. Das ist nützlich, wenn Ihr Server dauernd abstürzt, geht aber enorm auf Kosten der Leistung. SMB-Server verwenden nomalerweise Oplocks und die automatische Wiederverbindung, um die unliebsamen Effekte von Abstürzen zu vermeiden, so daß Sie diese Option gewöhnlich nicht benötigen.

wide links

Wenn Sie `wide links` ausschalten, folgt Samba keinen symbolischen Links, die auf Ziele außerhalb der Freigabe verweisen. Normalerweise ist diese Option eingeschaltet, da das Folgen von Links kein Sicherheitsproblem darstellt. Wenn Sie diese Funktion deaktivieren, muß Samba bei jedem Dateizugriff prüfen, wo das Ziel liegt. Dieser Vorgang kostet Zeit und verlangsamt den Server. Wenn Sie `wide links` ausschalten sollten, aktivieren Sie `getwd cache`, um einen Teil der Ergebnisse zwischenzuspeichern.

Sie können statt dessen die Option `follow symlinks` ausschalten, wodurch Samba symbolische Links völlig unbeachtet läßt. Diese Option bewirkt keinen Leistungsverlust.

getwd cache

Diese Option speichert den Pfad zum aktuellen Laufwerk zwischen, damit Samba ihn nicht bei mehrfachem Zugriff mit langen Durchläufen herausfinden muß. Sie können damit die Leistung auf einem Druck-Server steigern. Auch wenn Sie `wide links` abgeschaltet haben, wirkt es sich leistungssteigernd aus.

Unsere Empfehlungen

Hier eine Datei *smb.conf*, die die bisher empfohlenen Leistungsoptimierungen enthält. Lesen Sie auch die Kommentare in der Datei.

```
[global]
    log level = 1                    # Vorgabe ist 0
    socket options = TCP_NODELAY IPTOS_LOWDELAY
    read raw = yes                   # Vorgabe
    write raw = yes                  # Vorgabe
    oplocks = yes                    # Vorgabe
    max xmit = 65535                 # Vorgabe
    dead time = 15                   # Vorgabe ist 0
    getwd cache = yes
    lpq cache = 30
[okplace]
    veto oplock files = this/that/theotherfile
[badplace]
    oplocks = no
```

Samba-Server dimensionieren

Die korrekte Dimensionierung kann Engpässe vermeiden, bevor sie auftreten. Idealerweise wissen Sie im voraus, wieviele Anfragen pro Sekunde die Clients senden oder wieviel KByte pro Sekunde sie benötigen. Dann können Sie sicherstellen, daß alle Komponenten des Servers den Anforderungen gerecht werden (oder mehr leisten).

Die Engpässe

Die drei häufig auftretenden Engpässe, um die Sie sich kümmern sollten, sind CPU, Festplatten-Schreib-/Lesevorgänge und das Netzwerk. Die CPU bietet bei den meisten Computern eine ausreichende Leistung. Eine einfache Sun SPARC 10 CPU kann etwa 700 bis 800 Ein-/Ausgabevorgänge pro Sekunde abarbeiten und liefert einen Datendurchsatz von etwa 5.600 bis 6.400 KByte/s bei einer durchschnittlichen Transfergröße von 8 KByte/s (eine verbreitete Puffergröße). Ein Pentium 133 erreicht diese Leistung indes nicht, da der Zwischenspeicher und die Bus-Schnittstellen auf der Hauptplatine nicht ausreichen (die eigentliche CPU-Leistung ist nicht das Problem). Dezidierte Pentium-Server, beispielsweise von Compaq, verkraften maximal vier CPUs und kommen auf 700 Vorgänge pro CPU.

Zu wenig Speicher kann zu einem Engpaß führen, denn jeder Samba-Prozeß verwendet auf einem Intel-basierten Linux-System zwischen 600 und 800 KByte Speicher; auf RISC-CPUs benötigt Samba etwas mehr Speicher. Reicht der Speicher Ihres Servers nicht aus, muß er Daten auslagern, was sehr viel Zeit in Anspruch nimmt und den Server dementsprechend verlangsamt. Unter Solaris benötigt *smbd* nachgewiesenermaßen 2,6 MByte für das Programm und gemeinsam genutzte Bibliotheken, plus 768 KByte für jeden verbundenen Client. *nmbd* belegt 2,1 MByte plus 496 KByte für seinen Hilfsprozeß (der nur einmal existiert).

Festplatten besitzen eine Leistungsgrenze, die sich in der Anzahl der Ein-/Ausgabevorgänge pro Sekunde angeben läßt. Jede SCSI-Platte, die mit 7.200 Umdrehungen pro Sekunde rotiert, schafft rund 70 Vorgänge pro Sekunde und erreicht dabei einen Datendurchsatz von 560 KByte/s; eine Platte mit 4800 Umdrehungen kommt auf 50 Vorgänge pro Sekunde und einen Durchsatz von 360 KByte/s. Eine IDE-Festplatte besitzt in der Regel noch kleinere Leistungswerte. Wenn die Festplatten unabhängig voneinander arbeiten oder als RAID 1 konfiguriert sind, erreichen sie pro Platte 400 bis 560 KByte/s; mehr Platten erhöhen die Leistung linear. Das gilt nur für RAID 1. Andere RAID-Level bieten eine geringere Leistung.

Ethernets (und andere Netzwerke) haben natürlich eine Leistungsgrenze bei 10 MBits/s (Mega*bits* pro Sekunde). Ethernet schafft etwa 1.100 KByte/s (Kilo*byte*/s) mit 1.500 Byte großen Paketen. Ein Fast Ethernet mit 100 MBit/s kommt mit derselben Paketgröße auf weniger als 6.500 KByte/s. FDDI (mit 155 MBit/s) erreicht etwa 6.250 KByte/s, funktioniert im Gegensatz zu Ethernet aber auch bei 100prozentiger Auslastung tadellos und überträgt deutlich größere Pakete (4 KByte).

ATM sollte deutlich schneller sein, aber als wir dieses Buch schrieben, war diese Technologie zu neu, um ihr Potential ausschöpfen zu können. Rechnen Sie mit 7.125 MBit/s bei 9 KByte-Paketen.

Natürlich kann es noch weitere Engpässe geben: Mehr als eine IDE-Festplatte pro Controller ist nicht gut, ebensowenig wie mehr als drei SCSI-I-Festplatten mit 3.600 Umdrehungen pro Sekunde an einem Narrow-Controller oder mehr als drei SCSI-II-Festplatten mit 7.200 Umdrehungen pro Sekunde an einem Wide-Controller. RAID 5 ist ebenfalls langsam, da diese Methode mehr als doppelt so viel unabhängige Schreibvorgänge als bei RAID 1 erfordert.

Wenn Sie Ihren Server mit einem zweiten Ethernet und einem zweiten Festplatten-Controller ausgestattet haben, kann die Busgeschwindigkeit zu einem Problem werden, besonders wenn Ihre Hauptplatine ISA- oder EISA-Busse besitzt.

Engpässe vermeiden

Mit Hilfe der obigen Angaben können wir ein Modell ausarbeiten, das uns die maximal mögliche Geschwindigkeit eines bestimmten Computers errechnet. Die Daten stammen größtenteils aus *Configuration and Capacity Planning for Solaris Servers* von Brian Wong,[1] so daß unsere Beispiele Sun ein wenig in der Vordergund stellen.

Seien Sie jedoch gewarnt: Dieses Modell ist nicht vollständig. Sie können damit nicht jeden Engpaß vorhersagen, und die Berechnungen weichen rund zehn Prozent von der Realität ab. Ein Modell, das die Leistung vorhersagt anstatt vor Engpässen nur zu warnen, wäre viel komplizierter und enthielte Regeln wie »nicht mehr als drei Festplatten pro SCSI-Bus«. (Ein gutes Buch über echte Modelle ist *The Art of Computer Systems Performance Analysis* von Raj Jain.[2]) Mit dieser Warnung präsentieren wir Ihnen das System in Abbildung B-2.

Der Datenfluß sollte klar sein. Beispielsweise muß der Samba-Server bei einem Lesevorgang Daten von der Festplatte holen und über den Bus und die CPU zur Netzwerkkarte leiten. Dort werden die Daten in Pakete geteilt und über das Netzwerk verschickt. Wir folgen dem Datenstrom und sehen, welche Engstellen sich ergeben können. Ob Sie es glauben oder nicht, es ist ziemlich einfach, ein paar Tabellen zu erstellen, die die maximale Leistung gebräuchlicher Festplatten, CPUs und Netzwerkkarten auflisten. Genau das werden wir nun tun, und zwar anhand eines konkreten Beispiels:

Ein Linux-Rechner mit einem Pentium 133, einer Datenfestplatte (7.200 UPM), einem PCI-Bus und einer 10 MBit/s-Netzwerkkarte, das ist ein gebräuchlicher Server. Wir beginnen mit Tabelle B-2, die die Festplatte beschreibt – der erste potentielle Engpaß des Systems.

---

1   Wong, Brian L., *Configuration and Capacity Planning for Solaris Servers*, Englewood Cliffs, NJ (Sun/Prentice-Hall), 1997, ISBN 0-13-349952-9.

2   Jain, Raj, *The Art of Computer Systems Performance Analysis*, New York, NY (John Wiley and Sons), 1991, ISBN 0-47-150336-3.

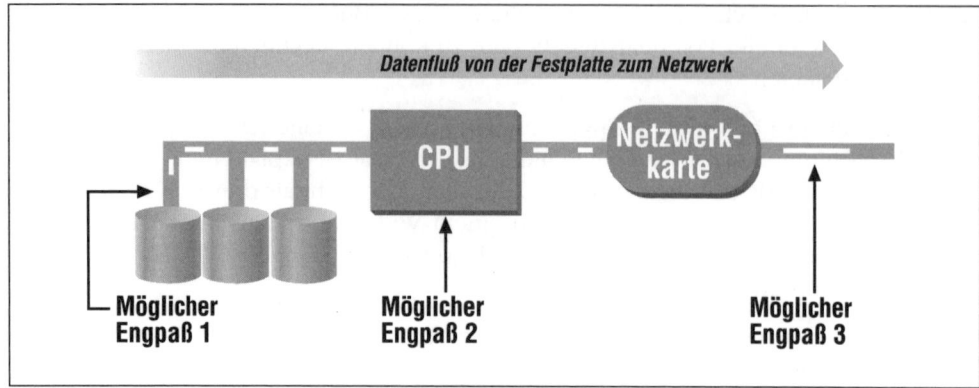

Abbildung B-2: Datenfluß durch einen Samba-Server, mit möglichen Engpässen

Tabelle B-2: Datendurchsatz der Festplatte

UPM der Festplatte	Ein-/Ausgabevorgänge pro Sekunde	Datendurchsatz in KByte pro Sekunde
7.200	70	560
4.800	60	480
3.600	40	320

Der Datendurchsatz errechnet sich aus der Anzahl der möglichen Schreib-/Lesevorgänge bei jeweils 8 KByte pro Vorgang. Die Anzahl der möglichen Schreib-/Lesevorgänge hängt stark von der Rotationsgeschwindigkeit der Platte sowie der Schreibdichte ab. Die entscheidende Frage ist: Welche Datenmenge fliegt pro Sekunde an den Schreib-/Leseköpfen vorbei? Eine 7.200-UPM-Platte kommt ungefähr auf 70 Ein-/Ausgabevorgänge pro Sekunde und etwa 560 KByte/s.

Der zweite mögliche Engpaß ist die CPU. Die Daten müssen bei modernen Computern dank Direct Memory Access zwar nicht wirklich durch die CPU, so daß wir den Durchsatz indirekt ausrechnen müssen.

Die CPU muß Ein-/Ausgabeanforderungen und Hardware-Unterbrechungen (IRQs) verarbeiten und anschließend den Datenverkehr über den Bus zur Netzwerkkarte steuern. Aus zahlreichen Experimenten der Vergangenheit wissen wir, daß die beherrschende Zusatzbelastung (Overhead) konsistent im Dateisystem liegt, so daß wir andere ausgeführte Software ignorieren können. Wir rechnen den Datendurchsatz aus, indem wir einfach die (gemessene) Anzahl der für die CPU maximal möglichen Ein-/Ausgabeanforderungen pro Sekunde mit der Anforderungsgröße von 8 KByte multiplizieren. Die Ergebnisse sehen Sie in Tabelle B-3.

Nun machen wir aus den Werten für die Festplatte und die CPU einen gemeinsamen Wert. In unserem Beispiel besitzen wir eine Festplatte mit 7.200 UPM, die auf 560 KByte/s kommt, und eine CPU, die 700 Ein-/Ausgabeanforderungen pro Sekunde

Tabelle B-3: CPU-Datendurchsatz

CPU	Ein-/Ausgabeanforderungen pro Sekunde	KByte/s
Intel Pentium 133	700	5.600
Dual Pentium 133	1.200	9.600
Sun SPARC II	660	5.280
Sun SPARC 10	750	6.000
Sun Ultra 200	2.650	21.200

erreicht, also auf 5.600 KByte/s. Wie erwartet, ist bisher eindeutig die Festplatte die langsamste Komponente des Systems.

Der letzte potentielle Engpaß ist das Netzwerk. Wenn die Netzwerkgeschindigkeit unter 100 MBit/s liegt, stellt das Netzwerk die langsamste Komponente im System dar. Abgesehen davon kann das Design der Netzwerkkarte die Arbeit des gesamten Servers deutlich beeinflussen. Tabelle B-4 zeigt uns den durchschnittlichen Datendurchsatz der wichtigsten Netzwerke. Auch wenn die Netzwerkgeschwindigkeit üblicherweise in Bits pro Sekunde gemessen wird, verwenden wir die Größe KByte pro Sekunde, so daß Sie die Werte besser mit den Werten für Festplatten und die CPU (Tabelle B-2 und Tabelle B-3) vergleichen können.

Tabelle B-4: Datendurchsatz im Netzwerk

Netzwerktyp	KByte/s
ISDN	16
T1	197
Ethernet 10 MBit	1.113
Token Ring	1.500
FDDI	6.250
Ethernet 100 MBit	6.500[a]
ATM 155	7.125*

a. Dieser Wert wird sich in Zukunft noch erhöhen. Beispielsweise haben Crays, Sun Ultras und DEC/Compaq Alphas bereits bessere Werte erreicht.

In unserem Beispiel haben wir einen Engpaß bei 560 KByte/s, den die Festplatte verursacht. Tabelle B-4 zeigt uns, daß ein gewöhnliches 10MBit-Ethernet mit 1.113 KByte/s deutlich schneller ist. Daher bleibt die Festplatte der begrenzende Faktor (dieses Szenario ist übrigens weit verbreitet). Indem wir einfach in die Tabellen schauen, sehen wir, daß kleine Server nicht unter CPU-Leistungsproblemen leiden und daß große Server mit mehreren CPUs Festplatten-Striping und mehrere Ethernets unterstützen müssen, bevor die CPUs nicht mehr genügend Leistung bieten. Genau das passiert.

Praktische Beispiele

Ein Beispiel aus dem Buch *Configuration and Capacity Planning for Solaris Servers* (Wong) zeigt, daß eine SPARCstation 20/712 mit zwei Prozessoren, vier Ethernet-Karten und sechs 2,1 GByte-Festplatten die gesamte Wartezeit damit verbringt, auf die Festplatten zu warten. Würde der Server mit Festplatten vollgestopft (Brian Wong schlägt 34 von ihnen vor), würden die Ethernet-Karten den Server auf 1.200 KByte/s beschränken. Um die Leistung zu erreichen, die die CPUs bieten, bräuchte das System mehrere Ethernets, 100 MBit Fast Ethernet oder 155 MBit FDDI.

Die Berechnungen, die zu diesen Schlüssen führen, sehen so aus wie in Tabelle B-5.

Tabelle B-5: Die Leistung eines mittelgroßen Servers bestimmen

Computer	Festplatten-durchsatz	CPU-Daten-durchsatz	Netzwerk-Daten-durchsatz	Tatsächli-cher Daten-durchsatz
Dual SPARC 10, 1 Platte	560	6.000	1.113	560
Fünf weitere Festplatten	3.360	6.000	1.113	1.113
Drei zusätzliche Ethernets	3.360	6.000	4.452	3.360
Array aus 20 Platten	11.200	6.000	4.452	4.452
Zwei 100MBit-Ethernets	11.200	6.000	13.000	11.200

Der ursprüngliche Engpaß ist die Festplatte mit lediglich 560 KByte/s. Unsere Lösung besteht darin, fünf zusätzliche Festplatten einzubauen. Dadurch steigt der Datendurchsatz der Platten über denjenigen des Ethernets, wodurch das Ethernet zum Engpaß wird. Bei der nächsten Erweiterung des Servers ist also das Netzwerk an der Reihe – danach wieder die Festplatten und so weiter. Im wesentlichen besteht unsere Strategie darin, jeden Engpaß mit verbesserter Ausrüstung zu beseitigen, bis Sie entweder die gewünschte Leistung erreichen oder den Server (leider) nicht weiter ausbauen können oder Ihre Finanzen am Ende sind.

Diese Art der Berechnung resultiert aus unserer Erfahrung. Ein großer SPARC 10-Datei-Server war mit zwei Prozessoren durchaus in der Lage, ein Ethernet und etwa ein Drittel eines FDDI-Ringes zu sättigen. Mit einer CPU arbeitete der Server fast genauso schnell, wenn auch nur dank des schnellen Betriebssystems und nach einer enormen Optimierungsarbeit.

Gehen Sie bei Servern anderer Hersteller, die für diesen Zweck optimiert sind, entsprechend vor. Wir haben herausgefunden, daß Sie dieselben Regeln auch bei einer DEC-station 2100, den neuesten Alphas und Compaqs, alten MIPS 3350-Systemen und neuen SGI O2-Computern anwenden können. Computer mit mehreren CPUs besitzen im allgemeinen eine ausreichende Bus-Bandbreite und CPU-Leistung, um den Engpaß auf das Festplattensystem zu verlagern. Und genau das erhoffen wir uns doch insgeheim, wenn wir an die Kosten dieser Server denken!

Wieviele Clients verkraftet Samba?

Die Antwort auf diese Frage hängt im wesentlichen davon ab, wieviel Daten jeder Benutzer verbraucht. Ein kleiner Server mit drei SCSI-1-Platten kann rund 960 KByte/s liefern und unterstützt damit 36 bis 80 Clients in einer gewöhnlichen Büroumgebung, in der Benutzer Arbeitsmappen von Tabellenkalkulationen sowie Textverarbeitungsdokumente laden und speichern (36 Clients × 2,3 Transfers/Sekunde × 12 KByte-Datei = 1 MByte/s).

Derselbe Server unterstützt in einer Entwicklungsumgebung möglicherweise lediglich 25 Clients. Wenn die Benutzer datenintensive Kompilierungen durchführen, Änderungen am Quelltext vornehmen und Programmteile testen, kann ein einzelner Benutzer leicht 1 MByte/s benötigen, so daß der Server mit 25 oder weniger Clients ausgelastet ist. Stellen Sie sich, um einen Schritt weiterzugehen, ein Bildbearbeitungssystem vor, bei dem jeder Client 10 MByte/s übertragen möchte. Selbst wenn der Server ausreichend dimensioniert sein sollte, wird hier ein Netzwerk, das nur 10 MByte/s schafft, zu einem Engpaß.

Wenn Sie nicht wissen, wieviel Daten ein durchschnittlicher Benutzer überträgt, können Sie sich an bestehenden NFS-, Netware- und LAN Manager-Servern orientieren. Achten Sie besonders darauf, daß die neuen Server so viele Festplatten und Controller wie die alten besitzen. Wir nennen diese Technik durchaus passend »ausprobieren und hoffen«.

Wenn Sie wissen, wie viele Clients ein bestehender Server unterstützen kann, sind Sie schon *viel* weiter. Sie können den Server auf seine Festplattenkapazität hin untersuchen und abschätzen, wie hoch die Anforderungen an ihn sind. Wenn beispielsweise ein PC-Server mit zwei IDE-Platten zu langsam für 30 PC-Basisverzeichnisse ist, aber 25 Basisverzeichnisse ausreichend schnell bedienen kann, können Sie davon ausgehen, daß das Ethernet (rund 375 KByte/s) der Flaschenhals wird und nicht etwa die Festplatten (bis zu 640 KByte/s). In diesem Fall können Sie den Schluß ziehen, daß die Clients im Durchschnitt 16 KByte/s (375/25) benötigen.

Ein neues Labor mit 75 Clients bedeutet also, daß Sie 1.125 KByte/s bereitstellen müssen, verteilt auf mehrere (vorzugsweise drei) Ethernets. Der Server benötigt wenigstens drei 7200-UPM-Festplatten und eine ausreichend leistungsfähige CPU. Die Erfordernisse kann ein Pentium 133 erfüllen, sofern die Bus-Architektur alle Komponenten voll ausnutzen kann (zum Beispiel über PCI-Karten).

Ein angepaßter PC-Server oder eine mehr-CPU-fähige Workstation wie eine Sun Sparc, ein DEC/Compaq, Alpha- oder SGI-System oder ein ähnlich ausgestatteter Computer skaliert leichter, so wie ein Rechner mit einem Fast Ethernet-Anschluß mit einem Switch, an den die Clients über mehrere 10-MBit-Ethernets angeschlossen sind.

Wie Sie am besten raten

Wenn Sie überhaupt keine Ahnung haben, was Sie benötigen, müssen Sie auf der Basis fremder Erfahrungen raten. Jeder einzelne Client kann Anforderungen irgendwo zwischen einer (gewöhnliche PCs oder MACs für den Verkauf oder die Buchhaltung) und vier Datenübertragungen pro Sekunde benötigen. Eine schnelle Workstation, auf der ein Compiler läuft, kann leicht drei bis vier MByte/s beanspruchen; Bildbearbeitungssysteme besitzen oft noch höhere Ansprüche.

Unsere Empfehlung? Finden Sie jemanden mit einer ähnlichen Konstellation, und schätzen Sie seine Erfordernisse für die Bandbreite anhand seiner Engpässe und der Lautstärke der schreienden Benutzer. Außerdem können wir das Buch *Configuration and Capacity Planning for Solaris Servers* von Brian Wong empfehlen. Er konzentriert sich in seinen Beispielen zwar auf Sun Solaris, aber die Festplatten- und Netzwerk-Engpässe existieren auf jedem Betriebssystem. Seine Tabellen für FTP-Server kommen unseren Berechnungen für Samba-Servern sehr nah und stellen eine gute Ausgangsposition dar.

Meßformulare

Tabelle B-6 und Tabelle B-7 sind leer, so daß Sie Ihre Ergebnisse darin eintragen können. Die Engpaß-Berechnung des vorigen Beispiels können Sie auf einem Arbeitsblatt durchführen – oder Sie gehen manuell vor und lassen sich von Tabelle B-8 helfen. Wenn Samba mindestens so schnell wie FTP ist und keines Ihrer Testergebnisse stark vom Durchschnitt abweicht, ist Ihr Server gut konfiguriert. Wenn die Tests über die Loopback-Schnittstelle nicht viel schneller als über das Netzwerk ablaufen, stimmt etwas mit Ihrer TCP/IP-Software nicht. Wenn sowohl FTP als auch Samba langsam sind, haben Sie wahrscheinlich ein Problem mit Ihrem Netzwerk: eine fehlerhafte Netzwerkkarte oder falsche Einstellungen für die Karte (zum Beispiel Halbduplex, wenn sie nicht an einen Halbduplex-Hub angeschlossen ist). Denken Sie daran, daß die Geschwindigkeiten von CPU und Festplatten normalerweise in Bytes pro Sekunde und nicht in Bits pro Sekunde angegeben werden.

Wir haben sowohl für Bytes als auch für Bits Spalten verwendet. In der letzten Spalte vergleichen wir die Ergebnisse mit 10 MBit/s, weil das die Geschwindkeit eines traditionellen Ethernets ist.

Tabelle B-6: Ethernet-Schnittstelle zum lokalen Host: FTP

Durchlauf	Größe in Bytes	Zeit in Sekunden	Bytes/ Sekunde	Bits/ Sekunde	% von 10 MBit/s
1					
2					
3					
4					
5					
Durchschnitt:					
Abweichung:					

Tabelle B-7: Ethernet-Schnittstelle zum lokalen Host: Samba

Durchlauf	Größe in Bytes	Zeit in Sekunden	Bytes/ Sekunde	Bits/ Sekunde	% von 10 MBit/s
1					
2					
3					
4					
5					
Durchschnitt:					
Abweichung:					

Tabelle B-8: Tabelle zur Berechnung von Engpässen

CPU	CPU- Durchsatz	Anzahl der Festplatten	Festplatten- Durchsatz	Anzahl der Netzwerke	Netzwerk- durchsatz	Gesamter Durchsatz

In Tabelle B-8:

- CPU Durchsatz = (KByte/s aus Tabelle B-5)×(Anzahl der CPUs)
- Festplatten-Durchsatz = (KByte/s aus Tabelle B-4)×(Anzahl der Festplatten)
- Netzwerkdurchsatz = (KByte/s aus Tabelle B-6)×(Anzahl der Netzwerke)
- Gesamter Durchsatz = min (Festplatten-, CPU- und Netzwerkdurchsatz)

Ein typischer Test, in diesem Fall mit einem get-Befehl (FTP), sähe so aus wie in Tabelle B-9:

Tabelle B-9: Ethernet-Schnittstelle zum lokalen Host: FTP

Durchlauf	Größe in Bytes	Zeit in Sekunden	Bytes/ Sekunde	Bits/ Sekunde	% von 10 MBit/s
1	1812898	2,3	761.580		
2		2,3	767.820		
3		2,4	747.420		
4		2,3	760.020		
5		2,3	772.700		

Tabelle B-9: Ethernet-Schnittstelle zum lokalen Host: FTP (Fortsetzung)

Durchlauf	Größe in Bytes	Zeit in Sekunden	Bytes/ Sekunde	Bits/ Sekunde	% von 10 MBit/s
Durchschnitt:		2,32	777.310	6.218.480	62
Abweichung:		0,04			

Das weiter vorne verwendete Sparc-Beispiel muß aussehen wie in Tabelle B-10.

Tabelle B-10: Sparc 20-Beispiel

CPU	CPU- Durchsatz	Anzahl der Festplatten	Festplatten- Durchsatz	Anzahl der Netzwerke	Netzwerk- durchsatz	Gesamter Durchsatz
2	6.000	1	560	1x10Base2	1.113	560
2	6.000	6	3.360	1	1.113	1.113
2	6.000	6	3.360	4x10Base2	4.452	3.360
2	6.000	20	11.200	4	4.452	4.452
2	6.000	20	11.200	2x100Base 2	13.000	11.200

Kurzreferenz der Samba-Konfigurationsoptionen

Die folgenden Seiten nennen alle Samba-Konfigurationsoptionen. Den Namen aller Optionen, die nur im globalen Abschnitt stehen dürfen, haben wir »[global]« vorangestellt. Elemente in Listen werden grundsätzlich durch Leerzeichen voneinander getrennt, sofern wir nichts anderes dazugeschrieben haben. Den Optionen folgt ein Glossar, das wichtige Begriffe erklärt.

admin users = Benutzerliste

erlaubte Werte: Liste mit Benutzern   *Vorgabewert:* NULL

Die angegebenen Benutzer erhalten in der betreffenden Freigabe root-Berechtigungen.

allow hosts = Liste

erlaubte Werte: Liste mit Hosts   *Vorgabewert:* NULL

Synonym für die Option `hosts allow`. Liste mit Computern, die sich mit der betreffenden Freigabe verbinden dürfen.

alternate permissions = Boolescher Wert

erlaubte Werte: YES, NO   *Vorgabewert:* NO

Veraltet und hat in Samba 2 keine Funktion. Dateien werden als schreibgeschützt angezeigt, wenn der Besitzer keine Schreibberechtigungen besitzt. Bei Samba 1.9 und älteren Versionen werden im DOS-Dateisystem alle Dateien mit dem Schreibschutz-Attribut angezeigt, die der Benutzer nicht lesen durfte. Dies erforderte wiederum die Option `delete readonly`.

[global] announce as = Systemtyp

erlaubte Werte: NT, Win95, WfW   *Vorgabewert:* NT

Damit kündigt sich Samba als Windows NT-Computer an. Verwenden Sie diese Option normalerweise nicht, weil sie mit Dienst-Suchlisten in Konflikt geraten kann.

[global] announce version = numerisch.numerisch

erlaubte Werte: alle   *Vorgabewert:* 4.2

Gibt die SMB-Server-Version an, als die sich Samba dem Netzwerk präsentieren soll. Bitte nicht verwenden.

[global] auto services = Freigabeliste

erlaubte Werte: alle Freigaben   *Vorgabewert:* NULL

Liste der Freigaben, die immer in Suchlisten auftauchen sollen. Ein Synonym ist `preload`.

available = Boolescher Wert

erlaubte Werte: YES, NO   *Vorgabewert:* YES

Wenn NO, verweigert Samba den Zugriff auf die betreffende Freigabe. Beeinflußt nicht das Durchsuchen.

[global] bind interfaces only = Boolescher Wert

erlaubte Werte: YES, NO   *Vorgabewert:* NO

Wenn YES, stellt Samba Freigaben und Suchlisten nur an Schnittstellen bereit, die in der Schnittstellenliste stehen (siehe `interfaces`). Seit Samba 1.9.18 vorhanden. Wenn Sie hier YES angeben, müssen Sie 127.0.0.1 in der Liste der Schnittstellen angeben, damit *smbpasswd* eine Verbindung zum lokalen System aufbauen kann, um Kennwörter zu ändern. Diese Option dient der Bequemlichkeit, nicht der Sicherheit.

browseable = Boolescher Wert

erlaubte Werte: YES, NO   *Vorgabewert:* YES

Wenn YES, wird die betreffende Freigabe in Suchlisten angekündigt.

blocking locks = Boolescher Wert

erlaubte Werte: YES, NO   *Vorgabewert:* YES

Wenn YES, erlaubt Samba Sperranfragen nach Dateibereichen mit automatischen Wiederholungen, bis eine Wartezeit abläuft. Neu in Samba 2.0.

[global] browse list = Boolescher Wert

erlaubte Werte: YES, NO   *Vorgabewert:* YES

Schaltet `browse list` auf diesem Server ein oder aus. Bitte nicht verwenden.

[global] case sensitive = Boolescher Wert

erlaubte Werte: YES, NO   *Vorgabewert:* NO

Wenn YES, muß der vom Client angefragte Dateiname auf dem Samba-Server exakt gleich geschrieben werden (in bezug auf Groß-/Kleinschreibung). Bei NO beachtet Samba die Groß-/Kleinschreibung nicht. Bitte nicht verwenden.

[global] case sig names = Boolescher Wert

erlaubte Werte: YES, NO   *Vorgabewert:* NO

Synonym für `case sensitive`.

[global] change notify timeout = numerisch

erlaubte Werte: Anzahl von Sekunden   *Vorgabewert:* 60

Legt die Anzahl der Sekunden fest, die Samba zwischen jeweils zwei Prüfungen wartet, wenn ein Client Benachrichtigungen für Verzeichnisänderungen anfordert. Seit Samba 2.0 vorhanden, damit die Systemleistung nicht zu stark unter den Prüfungen leidet. Bitte verringern Sie den Wert nicht.

character set = Zeichenkette

erlaubte Werte: ISO8859-1, ISO8859-2, ISO8859-5, KOI8-R   *Vorgabewert:* NULL

Übersetzt die DOS-Codeseite in die Zeichensätze westeuropäisch (ISO8859-1), osteuropäisch (ISO8859-2), russisch-kyrillisch (ISO8859-5) oder alternativ-russisch (KOI8-R). Sie müssen den Wert von `client code page` auf 850 festlegen.

client code page =Zeichenkette

erlaubte Werte: siehe Tabelle 8-4   *Vorgabewert:* 437 (US MS-DOS)

Gibt die DOS-Codeseite ausdrücklich an; hat Vorrang vor allen vorigen `valid chars`-Einstellungen. Beispielwerte sind 850 (europäisch), 437 (US-Standard) und 932 (Japanisch-Shift-JIS). Eingeführt mit Samba 1.9.19.

coding system = Zeichenkette

erlaubte Werte: euc, cap, hex, hexN, sjis, j8bb, j8bj, jis8, j8bh, j8@b,   *Vorgabewert:* NULL
j8@j, j8@h, j7bb,j7bj, jis7, j7bh, j7@b, j7@j, j7@h, jubb, jubj, junet, jubh, ju@b, ju@j, ju@h

Legt das verwendete Codesystem fest, insbesondere für Kanji. Dies bezieht sich auf Datei- und Verzeichnisnamen und sollte mit der verwendeten Codeseite übereinstimmen. Die Option `client code page` muß den Wert 932 (Japanisch-Shift-JIS) besitzen. Existiert seit Samba 2.0.

comment = Zeichenkette

erlaubte Werte: Eine Zeichenkette oder NULL   *Vorgabewert:* NULL

Bestimmt den Kommentar einer Freigabe, den Sie auf dem Client mit dem Befehl NET VIEW oder in der Detailansicht im Explorer sehen können. Siehe auch `server string`.

[global] config file = Pfadangabe

erlaubte Werte: Unix-Pfadangabe   *Vorgabewert:* NULL

Gibt eine weitere Konfigurationsdatei an, die Samba statt der momentanen einlesen soll. Sinnvoll, um eine andere Datei als *smb.conf* zu verwenden, oder im Zusammenhang mit Samba-Variablen, um bestimmten Clients oder Benutzern eine eigene Konfigurationsdatei zur Verfügung zu stellen.

copy = Zeichenkette

erlaubte Werte: Name eines anderen (existierenden) Abschnittes   *Vorgabewert:* NULL

Verwendet die Konfigurationsoptionen einer anderen, zuvor definierten Freigabe. Wird mit %-Variablen verwendet, um angepaßte Konfigurationen für bestimmte Clients, Client-Architekturen und Benutzer zu realisieren. Der kopierte Abschnitt muß sich weiter oben in der Konfigurationsdatei befinden. Kopierte Optionen besitzen eine geringere Priorität als Optionen, die in dem Abschnitt stehen, der die Option `copy` enthält.

create mask = Berechtigungsbits in oktaler Schreibweise

erlaubte Werte: Berechtigungsbits in oktaler Darstellung, 0-0777   *Vorgabewert:* 0744

Auch `create mode` genannt. Bestimmt die maximal möglichen Berechtigungen für neue Dateien (zum Beispiel 0755). Siehe auch `directory mask`. Wenn Sie wollen, daß bestimmte Berechtigungen festgelegt werden, sehen Sie unter `force create mask`/`force directory mask` nach. Diese Option beeinflußt Verzeichnisse seit Samba 1.9.17 nicht mehr, und mit Samba 2.0 hat sich der Vorgabewert geändert.

create mode = Berechtigungsbits in oktaler Schreibweise

erlaubte Werte: Berechtigungsbits in oktaler Darstellung, 0-0777   *Vorgabewert:* 0744

Synonym für `create mask`.

[global] deadtime = numerisch

erlaubte Werte: Minuten   *Vorgabewert:* 0

Der Zeitraum in Minuten, bevor Samba eine inaktive Verbindung schließt. Null bedeutet, daß Samba niemals inaktive Verbindungen schließt. Verwenden Sie diese Option, damit Clients nicht fortwährend Server-Ressourcen belegen. Wenn Sie diese Option einsetzen, verbinden sich getrennte Clients automatisch neu, wenn zuvor getrennte Benutzer erneut auf die Freigabe zugreifen wollen. Siehe auch `keepalive`.

[global] debug level = numerisch

erlaubte Werte: Zahl   *Vorgabewert:* 0

Legt den Protokollierungsgrad fest. Werte ab 3 verlangsamen Samba deutlich. Ein Synonym ist `log level`. Empfohlener Wert: 1.

[global] debug timestamp = Boolescher Wert

erlaubte Werte: YES, NO   *Vorgabewert:* YES

Kennzeichnet alle Protokollnachrichten mit Zeitstempel. Kann ausgeschaltet werden, wenn es nicht sinnvoll ist (beispielsweise bei der Fehlersuche). Neu in Samba 2.0.

[global] default = Zeichenkette

erlaubte Werte: Freigabename   *Vorgabewert:* NULL

Auch `default service`. Der Name der Freigabe, die Samba einem Client offeriert, wenn er auf eine nicht existierende Freigabe zugreift oder wenn der Client eine Freigabe verwenden will, für die der Benutzer keine Berechtigungen besitzt. Seit Samba 1.9.14 besteht der Pfad aus dem vom Client angefragten Freigabenamen, wobei Samba alle »_« in »/«-Zeichen wandelt. Damit kann der Client auf jedes beliebige Verzeichnis des Samba-Servers zugreifen. Von der Verwendung rät das Samba-Team daher dringend ab.

default case = Zeichenkette

erlaubte Werte: LOWER, UPPER   *Vorgabewert:* LOWER

Bestimmt die Groß-/Kleinschreibung für neue Dateinamen. LOWER ermöglicht die gemischte Schreibweise, während UPPER ausschließlich Großbuchstaben verwendet.

[global] default service = Zeichenkette

erlaubte Werte: Freigabename   *Vorgabewert:* NULL

Synonym für `default`.

delete readonly = Boolescher Wert

erlaubte Werte: NO, YES   *Vorgabewert:* NO

Ermöglicht das Löschen schreibgeschützter Dateien. Das ist unter DOS/Windows im Gegensatz zu Unix nicht erlaubt, weil Unix dazu gesonderte Verzeichnisberechtigungen verwendet. Benutzen Sie diese Option mit Programmen wie RCS oder mit der älteren Option `alternate permissions`.

delete veto files = Boolescher Wert

erlaubte Werte: NO, YES   *Vorgabewert:* NO

Wenn YES, kann der Benutzer ein Verzeichnis einschließlich aller darin enthaltenen Dateien löschen, auch wenn er einige Dateien wegen der Option `veto files` nicht sehen kann. Wenn NO, bleibt das Verzeichnis mit den unsichtbaren Dateien erhalten.

deny hosts = Host-Liste

erlaubte Werte: Liste mit Hosts   *Vorgabewert:* NULL

Ein Synonym ist `hosts deny`. Gibt eine Liste mit Computern an, die den Samba-Server nicht erreichen sollen.

[global] dfree command = Befehl

erlaubte Werte: Shell-Befehl   *Vorgabewert:* unterschiedlich

Ein Befehl, den der Samba-Server ausführen soll, um den freien Festplattenplatz zu ermitteln. Nicht erforderlich, sofern Samba diese Angabe korrekt vom Betriebssystem erhält.

directory = Pfadname

erlaubte Werte: Pfadname   *Vorgabewert:* NULL

Synonym für `path`. Das lokale Verzeichnis der Verzeichnisfreigabe oder der Name des freigegebenen Druckers. Wird automatisch im Abschnitt [homes] festgelegt, ansonsten ist die Vorgabe */tmp*.

directory mask = Berechtigungsbits in oktaler Schreibweise

erlaubte Werte: Oktal angegebener Wert von 0 bis 0777   *Vorgabewert:* 0755

Auch `directory mode`. Bestimmt die maximal möglichen Berechtigungen für neu erstellte Verzeichnisse. Wenn Sie wollen, daß Samba bestimmte Berechtigungen festlegt, verwenden Sie die Optionen `force create mask` und `force directory mask`.

directory mode = Berechtigungsbits in oktaler Schreibweise

erlaubte Werte: Oktal angegebener Wert von 0 bis 0777   *Vorgabewert:* 0755

Synonym für `directory mask`.

[global] dns proxy = Boolescher Wert

erlaubte Werte: YES, NO   *Vorgabewert:* YES

Wenn YES und `wins server = YES` ist, werden Host-Namen mit DNS gesucht, falls sie nicht mit WINS ermittelt werden können.

[global] domain logons = Boolescher Wert

erlaubte Werte: YES, NO   *Vorgabewert:* NO

Ermöglicht Windows-Domänenanmeldungen für 95/98/NT-Clients.

[global] domain master = Boolescher Wert

erlaubte Werte: YES, NO   *Vorgabewert:* NO

Bestimmt, ob Samba versuchen soll, den Domänenhauptsuchdienst für die gesamte Arbeitsgruppe/Domäne auszuführen.

dont descend = Liste mit durch Kommata getrennten Werten

erlaubte Werte: Liste mit Pfaden, jeweils durch Kommata getrennt   *Vorgabewert:* NULL

Verbietet den Zugriff auf die angegebenen Verzeichnisse innerhalb einer Samba-Freigabe. Dabei geht es um das Durchsuchen und nicht um die Sicherheit.

dos filetimes = Boolescher Wert

erlaubte Werte: YES, NO   *Vorgabewert:* NO

Erlaubt es Nicht-Besitzern von Dateien, ihren Zeitstempel zu ändern, sofern sie über die Schreibberechtigung verfügen. Siehe auch `dos filetime resolution`.

dos filetime resolution = Boolescher Wert

erlaubte Werte: YES, NO   *Vorgabewert:* NO

Bestimmt, daß Zeitstempel auf Unix den DOS-Standards entsprechen (auf die nächste gerade Sekunde gerundet). Empfohlen, wenn Sie *make* von Visual C++ oder von einem PC verwenden, damit Programmteile nicht unnötig kompiliert werden. Verwenden Sie zudem die Option `dos filetimes`.

[global] encrypt passwords = Boolescher Wert

erlaubte Werte: YES, NO   *Vorgabewert:* NO

Aktiviert die Kennwortverschlüsselung nach dem Windows NT-Verfahren. Erwartet die Datei *smbpasswd* auf dem Samba-Server.

exec = Befehl

erlaubte Werte: Shell-Befehl   *Vorgabewert:* NULL

Synonym für `preexec`. Ein Befehl, den Samba unmittelbar vor dem erfolgreichen Herstellen einer Verbindung ausführt.

fake directory create times = Boolescher Wert

erlaubte Werte: YES, NO   *Vorgabewert:* NO

Problemumgehung für Benutzer von Microsoft *nmake*. Wenn aktiviert, setzt Samba Erstellungszeiten für Verzeichnisse so, daß *nmake* nicht jedesmal alle Dateien neu erstellt.

fake oplocks = Boolescher Wert

erlaubte Werte: YES, NO   *Vorgabewert:* NO

Ermöglicht es Clients, eine Datei zu sperren und lokal zwischenzuspeichern, erzwingt aber nicht die Sperrung auf dem Server. Verwenden Sie diese Option nur für Freigaben auf schreibgeschützten Datenträgern, da Samba echte Oplocks und den Vorrang pro Datei unterstützt. Siehe auch `oplocks` und `veto oplock files`.

follow symlinks = Boolescher Wert

erlaubte Werte: YES, NO   *Vorgabewert:* YES

Wenn YES, folgt Samba symbolischen Links in einer Verzeichnisfreigabe. Siehe `wide links`, wenn Sie symbolische Links auf dieselbe Freigabe beschränken wollen.

force create mask = Berechtigungsbits in oktaler Schreibweise

erlaubte Werte: Oktal angegebener Wert von 0 bis 0777   *Vorgabewert:* 0

Gibt Bits an, die mit den Berechtigungen neuer Dateien ODER-verknüpft werden. Wird zusammen mit der Option `create mode` verwendet.

force create mode = Berechtigungsbits in oktaler Schreibweise

erlaubte Werte: Oktal angegebener Wert von 0 bis 0777   *Vorgabewert:* 0

Synonym für `force create mask`.

force directory mask = Berechtigungsbits in oktaler Schreibweise

erlaubte Werte: Oktal angegebener Wert von 0 bis 0777   *Vorgabewert:* 0

Gibt Bits an, die mit den Berechtigungen neuer Verzeichnisse ODER-verknüpft werden. Wird zusammen mit der Option `directory mode` verwendet.

force directory mode = Berechtigungsbits in oktaler Schreibweise

erlaubte Werte: Oktal angegebener Wert von 0 bis 0777   *Vorgabewert:* 0

Synonym für `force directory mask`.

force group = Unix-Gruppe

erlaubte Werte: group   *Vorgabewert:* NULL

Legt den wirksamen Gruppennamen fest, den Samba allen Benutzern zuordnet, die die betreffende Freigabe verwenden. Hat Vorrang vor normalen Gruppen der Benutzer.

force user = Name

erlaubte Werte: Benutzername   *Vorgabewert:* NULL

Legt den Namen des Benutzers fest, den Samba für alle Benutzer verwendet, die auf die betreffende Freigabe zugreifen. Das Samba-Team rät von der Verwendung dieser Option ab.

fstype = Zeichenkette

erlaubte Werte: NTFS, FAT, Samba   *Vorgabewert:* NTFS

Bestimmt das Dateissystem, das Samba Clients auf Anfrage mitteilt.

[global] getwd cache = Boolescher Wert

erlaubte Werte: YES, NO   *Vorgabewert:* NO

Speichert das aktuelle Verzeichnis aus Leistungsgründen zwischen. Verwenden Sie diese Option zusammen mit der Option `wide links`.

group = Gruppe

erlaubte Werte: Unix-Gruppe   *Vorgabewert:* NULL

Eine veraltete Form von `force group`.

guest account = Benutzer

erlaubte Werte: Benutzername   *Vorgabewert:* NULL

Gibt den Namen des Benutzer-Kontos an, das Samba für das Drucken und für den Zugriff auf Freigaben verwendet, die mit `guest ok` gekennzeichnet sind.

guest ok = Boolescher Wert

erlaubte Werte: YES, NO   *Vorgabewert:* NO

Wenn YES, sind für die betreffende Freigabe keine Kennwörter erforderlich. Synonym für `public`.

guest only = Boolescher Wert

erlaubte Werte: YES, NO   *Vorgabewert:* NO

Erzwingt, daß alle Benutzer einer Freigabe mit den Berechtigungen des Gastkontos arbeiten. Erfordert `guest ok` oder `public`.

hide dot files = Boolescher Wert

erlaubte Werte: YES, NO   *Vorgabewert:* YES

Aktiviert bei Dateien, die mit einem Punkt im Namen beginnen, das Versteckt-Bit für DOS/Windows-Clients.

hide files = Liste

erlaubte Werte: Liste mit Mustern, die mit Schrägstrichen   *Vorgabewert:* NULL
voneinander getrennt sind

Liste mit Datei- und Verzeichnisnamen, bei denen Samba das DOS-Attribut Versteckt einschalten soll. Namen dürfen ? oder * als Platzhalter sowie %-Variablen enthalten. Siehe auch `hide dot files` und `veto files`.

[global] homedir map = Zeichenkette

erlaubte Werte: Name der NIS-Map   *Vorgabewert:* auto.home

Wird gemeinsam mit `nis homedir` verwendet, um das Unix-Basisverzeichnis von Sun NIS (nicht NIS+) zu ermitteln.

363

hosts allow = Liste

erlaubte Werte: Liste mit Host-Namen   *Vorgabewert:* NULL

Synonym von **allow hosts**. Eine Liste mit Computern, die auf die betreffende Freigabe (oder alle Freigaben) zugreifen dürfen. Wenn leer (das ist die Vorgabe), können sich alle Computer mit der Freigabe verbinden, solange Sie nicht die Option **hosts deny** einsetzen.

hosts deny = Liste

erlaubte Werte: Liste mit Host-Namen   *Vorgabewert:* NULL

Synonym für **deny hosts**. Eine Liste mit Hosts, denen Samba den Zugriff auf die betreffende Freigabe (oder auf alle Freigaben) verweigern soll.

[global] hosts equiv = Pfadangabe

erlaubte Werte: Pfadname   *Vorgabewert:* NULL

Pfad zu einer Datei mit vertrauenswürdigen Computern, von denen keine Kennwörter verlangt werden, um Freigaben zu verwenden. Das Samba-Team rät dringend von der Verwendung dieser Option ab, weil Benutzer den Namen ihres Rechners meistens ändern dürfen.

include = Pfadangabe

erlaubte Werte: Pfadname   *Vorgabewert:* NULL

Schließt die angegebene Samba-Konfigurationsdatei an der aktuellen Position der Datei *smb.conf* ein. Diese Option kommt nicht mit den Variablen %u (Benutzer), %P (aktuelles Hauptverzeichnis der Freigabe) und %S (aktueller Freigabename) zurecht, weil diese Variablen nicht verfügbar sind, wenn diese Option vorkommt.

[global] interfaces = Schnittstellenliste

erlaubte Werte: IP-Adressen, durch Leerzeichen voneinander getrennt   *Vorgabewert:* NULL

Legt die Netzwerkschnittstellen fest, über die Samba kommunizieren darf. Die Vorgabe ist die primäre Schnittstelle des Systems. Für mehrfach vernetzte Computer empfohlen, oder aber, um korrekte IP-Adressen und Netzwerkmasken anzugeben.

invalid users = Benutzerliste

erlaubte Werte: Liste mit Benutzern   *Vorgabewert:* NULL

Liste mit Benutzern, denen Samba den Zugriff auf eine Freigabe verweigern soll.

[global] keepalive = numerisch

erlaubte Werte: Anzahl von Sekunden   *Vorgabewert:* 0

Anzahl der Sekunden zwischen zwei Prüfungen, die kontrollieren, ob ein Client noch aktiv ist. Die Vorgabe von 0 bedeutet, daß diese Prüfungen niemals stattfinden sollen. Empfohlen, wenn Sie wollen, daß Samba die Prüfungen häufiger als alle paar Stunden durchführt. 3600 Sekunden (10 Minuten) sind sinnvoll. Siehe auch **socket options**.

[global] kernel oplocks = Boolescher Wert

erlaubte Werte: YES, NO   *Vorgabewert:* automatisch

Unterbricht einen Oplock, wenn ein Unix-Prozeß versucht, auf eine mit Oplock gesperrte Datei zuzugreifen. Verhindert die Beschädigung von Dateien. Die Vorgabe ist YES, wenn das Betriebssystem diese Funktion unterstützt, ansonsten NO. Neu in Samba 2.0. Derzeit nur unterstützt von SGI; hoffentlich bald auch von Linux und BSD. Möglichst nicht ändern.

[global] ldap filter = diverse

erlaubte Werte: diverse   *Vorgabewert:* unterschiedlich

Optionen, die mit ldap beginnen, sind seit Samba 2.0 Bestandteil der Implementation des Lightweight Directory Access Protocol (LDAP). Dabei handelt es sich um einen standardisierten Zugriff auf einen verteilten Verzeichnisdienst, der eine Datenbank über Benutzer, Namen und Hosts enthält. Diese Option wird in der Zukunft an Bedeutung gewinnen.

[global] ldap port = diverse

erlaubte Werte: diverse   *Vorgabewert:* unterschiedlich

Optionen, die mit ldap beginnen, existieren etwa seit Samba 2.0. Sie sind Bestandteil der Implementation des Lightweight Directory Access Protocol (LDAP). Dabei handelt es sich um einen standardisierten Zugriff auf einen verteilten Verzeichnisdienst, der eine Datenbank über Benutzer, Namen und Hosts enthält. Diese Option wird in der Zukunft an Bedeutung gewinnen.

[global] ldap root = diverse

erlaubte Werte: diverse   *Vorgabewert:* unterschiedlich

Optionen, die mit ldap beginnen, existieren etwa seit Samba 2.0. Sie sind Bestandteil der Implementation des Lightweight Directory Access Protocol (LDAP). Dabei handelt es sich um einen standardisierten Zugriff auf einen verteilten Verzeichnisdienst, der eine Datenbank über Benutzer, Namen und Hosts enthält. Diese Option wird in der Zukunft an Bedeutung gewinnen.

[global] ldap server = diverse

erlaubte Werte: diverse   *Vorgabewert:* unterschiedlich

Optionen, die mit ldap beginnen, existieren etwa seit Samba 2.0. Sie sind Bestandteil der Implementation des Lightweight Directory Access Protocol (LDAP). Dabei handelt es sich um einen standardisierten Zugriff auf einen verteilten Verzeichnisdienst, der eine Datenbank über Benutzer, Namen und Hosts enthält. Diese Option wird in der Zukunft an Bedeutung gewinnen.

[global] ldap suffix = diverse

erlaubte Werte: diverse   *Vorgabewert:* unterschiedlich

Optionen, die mit ldap beginnen, existieren etwa seit Samba 2.0. Sie sind Bestandteil der Implementation des Lightweight Directory Access Protocol (LDAP). Dabei handelt es sich um einen standardisierten Zugriff auf einen verteilten Verzeichnisdienst, der eine Datenbank über Benutzer, Namen und Hosts enthält. Diese Option wird in der Zukunft an Bedeutung gewinnen.

[global] load printers = Boolescher Wert

erlaubte Werte: YES, NO   *Vorgabewert:* YES

Lädt alle Druckernamen aus der Druckerdefinitionsdatei in die Suchliste. Verwendet Konfigurationsoptionen aus dem besonderen Abschnitt [printers].

[global] local master = Boolescher Wert

erlaubte Werte: YES, NO   *Vorgabewert:* YES

Samba steht für Auswahlen zum lokalen Hauptsuchdienst zur Verfügung. Siehe auch domain master und os level.

[global] lm announce = Wert

erlaubte Werte: AUTO, YES, NO   *Vorgabewert:* AUTO

Produziert OS/2 SMB-Rundsendungen im Abstand, den die Option lm interval vorgibt. YES/NO schaltet diese Rundsendungen bedingunslos ein/aus. AUTO weist den Samba-Server an, auf LAN Manager-Ankündigungen von anderen Clients zu warten, bevor die Software eigene Ankündigungen sendet. Erforderlich für das Durchsuchen des Netzwerkes von OS/2 aus.

[global] lm interval = numerisch

erlaubte Werte: Anzahl von Sekunden   *Vorgabewert:* 60

Legt die Wartezeit in Sekunden zwischen jeweils zwei OS/2 SMB-Rundsendungsankündigungen fest. Siehe auch lm announce.

[global] lock directory = Pfadangabe

erlaubte Werte: Pfadname   *Vorgabewert:* /usr/local/samba/var/locks

Legt das Verzeichnis für Dateisperren fest. Das Verzeichnis muß von Samba beschreibbar und von jedermann lesbar sein.

locking = Boolescher Wert

erlaubte Werte: YES, NO   *Vorgabewert:* YES

(De)aktiviert Dateisperren. Wenn NO, akzeptiert Samba zwar Sperranfragen, aber sperrt Ressourcen nicht tatsächlich. Nur für schreibgeschützte Datenträger empfohlen.

[global] log file = Pfadangabe

erlaubte Werte: Pfadname   *Vorgabewert:* unterschiedlich

Gibt den Namen und den Ort der Protokolldatei an. Sie können alle %-Variablen verwenden.

[global] log level = numerisch

erlaubte Werte: Zahl   *Vorgabewert:* 0

Ein Synonym für `debug level`. Legt den Protokollierungsgrad fest. Werte ab drei verlangsamen den Samba-Server spürbar.

[global] logon drive = Laufwerk

erlaubte Werte: DOS-Laufwerksbuchstabe   *Vorgabewert:* keiner

Legt den Laufwerksbuchstaben für `logon path` fest (nur Windows NT).

[global] logon home = Pfadangabe

erlaubte Werte: Unix-Pfadname   *Vorgabewert:* \\%N\%U

Gibt das Basisverzeichnis für Windows 95/98- und NT-Benutzer an. Ermöglicht auf den Clients den Befehl NET USE H:/HOME.

[global] logon path = Pfadangabe

erlaubte Werte: Windows-Pfadname   *Vorgabewert:* \\%N\%U\profile

Gibt den Pfad zum Windows-Profilverzeichnis an. Dabei handelt es sich um den Ordner, der die Dateien *USER.MAN* und/oder *USER.DAT* sowie den Windows 95/98-Desktop, das Menü Start und die Netzwerkumgebung enthält.

[global] logon script = Pfadangabe

erlaubte Werte: Pfadname   *Vorgabewert:* NULL

Legt den Pfadnamen relativ zur Freigabe `netlogin` eines DOS/NT-Skriptes fest, das beim Anmelden eines Benutzers an den Client ausgeführt werden soll. Sie können alle %-Variablen verwenden.

lppause command = /absoluter_Pfad/Befehl

erlaubte Werte: Shell-Befehl mit vollständiger Pfadangabe   *Vorgabewert:* unterschiedlich

Gibt den Befehl an, mit dem der Samba-Server einen Druckauftrag in Wartestellung bringen kann. Akzeptiert die Variablen %p (Druckername) und %j (Auftragsnummer).

lpresume command = /absoluter_Pfad/Befehl

erlaubte Werte: Shell-Befehl mit vollständiger Pfadangabe   *Vorgabewert:* unterschiedlich

Gibt den Befehl an, mit dem der Samba-Server einen angehaltenen Druckauftrag fortsetzen kann. Akzeptiert die Variablen %p (Druckername) und %j (Auftragsnummer).

[global] lpq cache time = numerisch

erlaubte Werte: Anzahl von Sekunden   *Vorgabewert:* 10

Gibt in Sekunden an, wie lange Samba den Zustand des Druckers (mit lpq ermittelt) zwischen-speichern soll.

lpq command = /absoluter_Pfad/Befehl

erlaubte Werte: Shell-Befehl mit vollständiger Pfadangabe   *Vorgabewert:* unterschiedlich

Gibt den Befehl an, mit dem der Samba-Server den Zustand eines Druckers ermitteln soll. Der Vorgabewert hängt vom Wert der Option printing ab. Akzeptiert die Variablen %p (Drucker-name) und %j (Auftragsnummer).

lprm command = /absoluter_Pfad/Befehl

erlaubte Werte: Shell-Befehl mit vollständiger Pfadangabe   *Vorgabewert:* unterschiedlich

Gibt den Befehl an, mit dem der Samba-Server einen Druckauftrag löschen soll. Der Vorgabewert hängt vom Wert der Option printing ab. Akzeptiert die Variablen %p (Druckername) und %j (Auftragsnummer).

machine password timeout = numerisch

erlaubte Werte: Anzahl von Sekunden   *Vorgabewert:* 604.800

Legt den zeitlichen Abstand zwischen NT-Domänen-Kennwortänderungen fest. Die Vorgabe ist eine Woche, also 604.800 Sekunden.

magic output = Pfadangabe

erlaubte Werte: Unix-Pfadname   *Vorgabewert: skript.out*

Legt die Ausgabedatei für die Option magic scripts fest, von deren Gebrauch das Samba-Team abrät. Die Vorgabe ist der Name des Skriptes zuzüglich der Dateinamenserweiterung *.out*.

magic script = Pfadangabe

erlaubte Werte: Unix-Pfadname   *Vorgabewert:* NULL

Gibt den Namen einer Datei an, die Samba als Skript über die Shell ausführt, wenn ein Client die angegebene Datei schließt (nachdem er sie geöffnet hat). So kann der Client eine Datei auf dem Server ausführen.

mangle case = Boolescher Wert

erlaubte Werte: YES, NO   *Vorgabewert:* NO

Einen Namen abkürzen, wenn er in gemischter Groß-/Kleinschreibung angegeben ist.

mangled map = Zuordnungsliste

erlaubte Werte: Liste mit von-zu-Paaren   *Vorgabewert:* NULL

Gibt die Tabelle mit Zuordnungen an (zum Beispiel *.html* zu *.htm*).

mangled names = Boolescher Wert

erlaubte Werte: YES, NO   *Vorgabewert:* YES

Veranlaßt Samba, Namen abzukürzen, die zu lang sind oder aber Zeichen enthalten, die vom DOS 8.3-System nicht unterstützt werden.

mangling char = Zeichen

erlaubte Werte: Zeichen   *Vorgabewert:* ~

Gibt das Abkürzungszeichen an, das Samba in allen abgekürzten Namen verwendet.

[global] mangled stack = numerisch

erlaubte Werte: Anzahl   *Vorgabewert:* 50

Gibt die Anzahl der abgekürzten Dateinamen an, die Samba in einem Zwischenspeicher ablegen soll.

map aliasname = Pfadangabe

erlaubte Werte: Unix-Pfadname   *Vorgabewert:* NULL

Verweist auf eine Datei, die Zuordnungen von Unix- zu NT-Gruppen enthält. Damit können Sie NT-Alias-Namen für Unix-Gruppen verwenden. Siehe auch `username map` und `map groupname`. Existiert seit Samba 2.0.

map archive = Boolescher Wert

erlaubte Werte: YES, NO   *Vorgabewert:* YES

Wenn YES, benutzt Samba das Ausführungsbit für Benutzer (0100), um das DOS-Archivbit im Unix-Dateisystem abzubilden. Wenn Sie diese Option verwenden, sollte `create mask` das Bit 0100 enthalten.

map hidden = Boolescher Wert

erlaubte Werte: YES, NO   *Vorgabewert:* NO

Wenn YES, benutzt Samba das Ausführungsbit für World (0001), um das Versteckt-Bit von DOS im Unix-Dateisystem abzubilden. Wenn Sie diese Option verwenden, muß `create mask` das Bit 0001 enthalten.

map groupname = Pfadangabe

erlaubte Werte: Pfadname   *Vorgabewert:* NULL

Zeigt auf eine Datei, die Unix-Gruppen zu NT-Gruppen zuordnet. Damit können Sie NT-Gruppennamen für Unix-Gruppen verwenden. Siehe auch `username map` und `map aliasname`. Mit
Samba 2.0 eingeführt.

map system = Boolescher Wert

erlaubte Werte: YES, NO   *Vorgabewert:* NO

Wenn YES, benutzt das Ausführungsbit für die primäre Gruppe (0010), um das Systembit von
DOS im Unix-Dateisystem abzubilden. Wenn Sie diese Option verwenden, muß `create mask` das
Bit 0010 enthalten.

max connections = numerisch

erlaubte Werte: Anzahl   *Vorgabewert:* 0 (unendlich)

Legt die maximale Anzahl der erlaubten Verbindungen zu einer Freigabe fest.

[global] max disk size = numerisch

erlaubte Werte: Größe in MByte   *Vorgabewert:* 0 (nicht verändert)

Legt die maximale Größe und freie Kapazität fest, die Samba den Clients meldet. Einige Clients
oder Anwendungen kommen mit großen Kapazitäten moderner Festplatten nicht zurecht.

[global] max log size = numerisch

erlaubte Werte: Größe in KByte   *Vorgabewert:* 5.000

Gibt die maximale Größe von Samba-Protokolldateien an. Erreicht die Protokolldatei diese
Größe, erhält sie die Endung *.old* (und ersetzt dabei eine möglicherweise bereits vorhandene
Datei mit dem *.old*-Namen), und Samba legt eine neue Protokolldatei an.

[global] max mux = numerisch

erlaubte Werte: Anzahl   *Vorgabewert:* 50

Beschränkt die maximale Anzahl von Vorgängen, die Samba gleichzeitig ausführen kann. Bitte
nicht ändern.

[global] max packet = numerisch

erlaubte Werte: Anzahl   *Vorgabewert:* N/A

Synonym für `packet size`. Seit Samba 1.7 veraltet. Verwenden Sie statt dessen `max xmit`.

[global] max open files = numerisch

erlaubte Werte: Anzahl   *Vorgabewert:* 10.000

Begrenzt die Anzahl der Dateien, die Samba gleichzeitig offen halten kann. Sie können einen geringeren Wert als das Unix-Maximum angeben. Diese Option umgeht ein anderes Problem. Bitte nicht ändern. Diese Option ist neu in Samba 2.0.

[global] max ttl = numerisch

erlaubte Werte: Anzahl von Sekunden   *Vorgabewert:* 14.400 (4 Stunden)

Gibt an, wie lange Samba NetBIOS-Namen im *nmbd*-Cache zwischenspeichert. Bitte nicht ändern.

[global] max wins ttl = numerisch

erlaubte Werte: Anzahl von Sekunden   *Vorgabewert:* 259.200 (3 Tage)

Begrenzt die TTL (time to live) von NetBIOS-Namen im *nmbd*-WINS-Cache. Bitte nicht ändern.

[global] max xmit = Bytes

erlaubte Werte: Größe in Bytes   *Vorgabewert:* 65.535

Die maximale Paketgröße, die Samba vereinbaren kann. Verändern Sie diesen Wert bei langsamen Verbindungen oder fehlerhaft arbeitenden Clients. Werte kleiner als 2.048 sind nicht zu empfehlen.

[global] message command = /absoluter_Pfad/Befehl

erlaubte Werte: Shell-Befehl   *Vorgabewert:* NULL

Gibt den Befehl an, den der Samba-Server ausführen soll, wenn eine WinPopup-Nachricht ankommt. Der Befehl muß mit einem »&« enden, damit der Aufruf sofort zurückkehrt. Sie können alle %-Variablen verwenden, außer %u (Benutzer). Zusätzlich können Sie die besonderen Variablen %s (Dateiname mit dem Inhalt der Nachricht), %t (Zielsystem) und %f (Absender) benutzen.

min print space = numerisch

erlaubte Werte: Größe in KByte   *Vorgabewert:* 0 (unbegrenzt)

Legt die minimal Festplattengröße fest, die erforderlich ist, damit Samba eine Druckanforderung akzeptiert.

[global] min wins ttl = numerisch

erlaubte Werte: Anzahl von Sekunden   *Vorgabewert:* 21.600 (6 Stunden)

Legt die minmale TTL (time to live) fest, die ein NetBIOS-Name im *nmbd* WINS Cache verbleibt. Bitte nicht ändern.

name resolve order = Liste

erlaubte Werte: Liste der Werte lmhosts, wins,   *Vorgabewert:* lmhosts wins hosts bcast
hosts und bcast

Bestimmt die Reihenfolge, in der die Methoden zur NetBIOS-Namensauswertung zur Anwendung kommen. hosts steht für die Verfahren des Betriebssystems, also eine Kombination aus */etc/hosts*, DNS, NIS und NIS+. Eingeführt von Samba 1.9.18p4.

[global] netbios aliases = Liste

erlaubte Werte: Liste mit NetBIOS-Namen   *Vorgabewert:* NULL

Definiert zusätzliche NetBIOS-Namen, die der Samba-Server zur Ankündigung verwendet.

netbios name = NetBIOS-Name

erlaubte Werte: NetBIOS-Name   *Vorgabewert:* unterschiedlich

Legt den NetBIOS-Namen des Samba-Servers fest (oder den primären Namen, wenn Sie Alias-Namen verwenden).

[global] networkstation user login = Boolescher Wert

erlaubte Werte: YES, NO   *Vorgabewert:* YES

Wenn NO, können sich Clients nicht vollständig anmelden, wenn security den Wert server besitzt. Bitte nicht ändern. Das Abschalten ist eine vorübergehende Fehlerumgehung (eingeführt mit Samba 1.9.18p3) für einen NT-Fehler bezüglich vertrauter Domänen. Seit Version 1.9.18p10 korrigiert Samba diesen Fehler automatisch, so daß dieser Fehler eines Tages verschwinden wird.

[global] nis homedir = Boolescher Wert

erlaubte Werte: YES, NO   *Vorgabewert:* NO

Wenn YES, verwendet Samba homedir map, um Basisverzeichnisse von Benutzern zu ermitteln und dem Client mitzuteilen. Der Client versucht anschließend, auf das Basisverzeichnis zuzugreifen. Dieses Verfahren umgeht das Aktivieren eines Systems, das keine Festplatte besitzt. Der Computer mit den Basisverzeichnissen muß ein SMB-Server sein.

[global] nt pipe support = Boolescher Wert

erlaubte Werte: YES, NO   *Vorgabewert:* YES

Ermöglicht das Abschalten NT-spezifischer Pipe-Aufrufe. Diese wird von Optionsentwicklern benutzt und dient der Leistungsoptimierung. Sie kann in zukünftigen Samba-Versionen entfallen. Bitte ändern Sie ihren Wert nicht.

[global] nt smb support = Boolescher Wert

erlaubte Werte: YES, NO   *Vorgabewert:* YES

Wenn YES, können NT-spezifische SMBs verwendet werden. Diese wird von Optionsentwicklern benutzt und dient der Leistungsoptimierung. Sie kann in zukünftigen Samba-Versionen entfallen. Bitte ändern Sie ihren Wert nicht.

[global] null passwords = Boolescher Wert

erlaubte Werte: YES, NO   *Vorgabewert:* NO

Wenn YES, ist der Zugriff mit Benutzerkonten ohne Kennwort möglich. Keinesfalls benutzen.

ole locking compatibility = Boolescher Wert

erlaubte Werte: YES, NO   *Vorgabewert:* YES

Wenn YES, ordnet Samba Sperrbereiche zu, damit Unix-Sperren nicht zu Problemfällen werden, wenn Windows mehr als 32 KByte sperrt. Vermeiden Sie es, diese Option zu verwenden. Sie wurde mit Samba 1.9.18p10 eingeführt.

only guest = Boolescher Wert

erlaubte Werte: YES, NO   *Vorgabewert:* NO

Synonym für guest only. Erzwingt, daß alle Benutzer einer Freigabe mit den Berechtigungen des Gastkontos arbeiten.

only user = Boolescher Wert

erlaubte Werte: YES, NO   *Vorgabewert:* NO

Erfordert, daß Benutzer der Freigabe im Wert der Option username genannt werden.

oplocks = Boolescher Wert

erlaubte Werte: YES, NO   *Vorgabewert:* YES

Wenn YES, unterstützt Samba das lokale Zwischenspeichern von *opportunistisch* gesperrten Dateien auf Clients. Diese Option auf yes zu belassen ist empfehlenswert, weil sie die Leistung um rund 30% steigern kann. Sie auch fake oplocks und veto oplock files.

[global] os level = numerisch

erlaubte Werte: Anzahl   *Vorgabewert:* 0

Legt die Priorität des Servers bei der Netzwerkwahl des Hauptsuchdienstes fest. Verwenden Sie diese Option zusammen mit domain master oder local master. Sie können einen höheren Wert als denjenigen eines konkurrierenden Betriebssystems angeben, wenn Samba die Wahl gewinnen soll. Windows for Workgroups und Windows 95 besitzen den Wert 1, eine Windows NT Workstation verwendet 17 und Windows NT Server 33.

[global] packet size = Bytes

erlaubte Werte: Größe in Bytes　　　　　　　　　　　　　*Vorgabewert:* 65.535

Veraltet. Synonym für max packet. Siehe max xmit.

[global] passwd chat debug = Boolescher Wert

erlaubte Werte: YES, NO　　　　　　　　　　　　　　　　*Vorgabewert:* NO

Protokolliert die gesamte Kennwortänderung über ein separates Programm (einschließlich der Kennwörter) mit einer Protokollstufe von 100. Nur zur Fehlersuche. Existiert seit Samba 1.9.18p5.

[global] passwd chat = Befehlsfolge

erlaubte Werte: Ein-/Ausgaben des Unix-Programms　　　*Vorgabewert:* bei der
zur Kennwortänderung　　　　　　　　　　　　Kompilierung festgelegt

Gibt die Zeichenfolgen, die Samba an das Programm zur Kennwortänderung sendet, und die zu erwartenden Ausgaben dieses Programms an. Unterstützt die Variablen %o (altes Kennwort) und %n (neues Kennwort); erlaubt die Escape-Kombinationen \r, \n, \t und \s (Leerzeichen).

[global] passwd program = Programm

erlaubte Werte: Befehl auf dem Unix-Server　　　　　　*Vorgabewert:* NULL

Bestimmt den Befehl zum Ändern von Benutzerkennwörtern auf dem Unix-System. Wird als root ausgeführt und unterstützt %u (Benutzer).

[global] password level = numerisch

erlaubte Werte: Anzahl　　　　　　　　　　　　　　　　*Vorgabewert:* 0

Gibt die maximale Anzahl der Großbuchstaben in Kombinationen aus, die Samba bei der Kennwortabfrage verwendet. Umgeht ein Problem mit Clients, die Kennwörter auschließlich mit Groß- oder Kleinbuchstaben an den Samba-Server senden. Verursacht wiederholte, automatische Anmeldeversuche mit unterschiedlich geschriebenem Kennwort, wodurch Konten automatisch gesperrt werden können.

[global] password server = Liste

erlaubte Werte: Liste mit NetBIOS-Namen　　　　　　　*Vorgabewert:* NULL

Eine Liste mit SMB-Servern, die für Ihren Samba-Server die Kombination aus Benutzername und Kennwort prüfen, die ein Client geliefert hat. Zur Verwendung mit einem NT-Kennwort-Server und der Sicherheitsstufe security = server oder security = domain. Obacht: Ein NT-Kennwort-Server muß Anmeldungen vom Samba-Server zulassen.

panic action = /absoluter_Pfad/Befehl

erlaubte Werte: Unix-Shell-Befehl mit vollständiger Pfadangabe   *Vorgabewert:* NULL

Legt den Befehl fest, den Samba noch schnell ausführen soll, wenn die Software abstürzt. Für Samba-Entwickler und -Tester. Ein möglicher Wert ist `/usr/bin/X11/xterm -display :0 -e gdb /samba/bin/smbd %d`.

path = Pfadangabe

erlaubte Werte: Pfadname   *Vorgabewert:* unterschiedlich

Gibt den Pfad zum Verzeichnis an, in dem sich die Dateien und Verzeichnisse einer Verzeichnisfreigabe befinden. Bei einer Druckerfreigabe bestimmt der Wert das Spool-Verzeichnis. Wird automatisch für die Freigabe `homes` auf das Basisverzeichnis des Benutzers gesetzt, ansonsten ist der Vorgabewert */tmp*. Beachtet die Variablen `%u` (Benutzer) und `%m` (Client-Name).

postexec = /absoluter_Pfad/Befehl

erlaubte Werte: Unix-Shell-Befehl mit vollständiger Pfadangabe   *Vorgabewert:* NULL

Gibt den Befehl an, den Samba mit den Berechtigungen des jeweiligen Benutzers ausführen soll, bevor die Verbindung des Clients zur Freigabe getrennt wird. Siehe auch `preexec`, `root preexec` und `root postexec`.

postscript = Boolescher Wert

erlaubte Werte: YES, NO   *Vorgabewert:* NO

Kennzeichnet einen Drucker als Postscript, damit der Windows-Fehler einer vorangestellten Zeile mit `%!` keine Probleme verursacht. Funktioniert nur, wenn der Drucker Postscript-Code versteht.

preexec = /absoluter_Pfad/Befehl

erlaubte Werte: Unix-Shell-Befehl mit vollständiger Pfadangabe   *Vorgabewert:* NULL

Gibt den Befehl an, den Samba mit den Berechtigungen des jeweiligen Benutzers ausführen soll, bevor die Verbindung des Clients hergestellt wird. Siehe auch `postexec`, `root preexec` und `root postexec`.

[global] preferred master = Boolescher Wert

erlaubte Werte: YES, NO   *Vorgabewert:* NO

Wenn YES, ist Samba bevorzugter Suchdienst. Dadurch erzwingt Samba beim Start eine Suchdienstwahl.

preload = Freigabeliste

erlaubte Werte: Liste mit Freigaben   *Vorgabewert:* NULL

Synonym für `auto services`. Gibt eine Liste mit Freigaben an, die immer in Suchlisten erscheinen sollen.

preserve case = Boolescher Wert

erlaubte Werte: YES, NO   *Vorgabewert:* NO

Wenn YES, behält Samba die Groß-/Kleinschreibung von Dateinamen bei, die Clients liefern. Wenn NO, bestimmt die Option default case die Schreibweise. Siehe auch short preserve case.

print command = /absoluter_Pfad/Befehl

erlaubte Werte: Unix-Shell-Befehl mit vollständiger Pfadangabe   *Vorgabewert:* unterschiedlich

Gibt den Befehl an, den eine Spool-Datei an den Drucker sendet. Der Standardwert hängt vom Wert der Option printing ab. Diese Option beachtet die Variablen %p (Druckername), %s (Spool-Datei) und %f (Spool-Datei als relativer Pfad). Beachten Sie, daß der Befehl im Wert dieser Option die Spool-Datei löschen muß.

print ok = Boolescher Wert

erlaubte Werte: YES, NO   *Vorgabewert:* NO

Synonym für printable.

printable = Boolescher Wert

erlaubte Werte: YES, NO   *Vorgabewert:* NO

Kennzeichnet eine Freigabe als Druckerfreigabe. Für alle Drucker erforderlich.

[global] printcap name = Pfadangabe

erlaubte Werte: Pfadname   *Vorgabewert:* /etc/printcap

Gibt den Namen und Ort der Druckerdefinitionsdatei an. Wird im Abschnitt [printers] verwendet. Der Vorgabewert ist */etc/qconfig* unter AIX und *lpstat* unter einem System V-Unix.

printer = Zeichenkette

erlaubte Werte: Druckername   *Vorgabewert:* lp

Gibt den Namen des Unix-Druckers an.

printer driver = Zeichenkette

erlaubte Werte: Exakter Druckertreibername von Windows   *Vorgabewert:* NULL

Gibt die Zeichenkette an, die der Samba-Server einem Windows-Client liefert, wenn er nach dem Druckertreiber fragt, um die Verwendung einer Druckerfreigabe vorzubereiten. Beachten Sie, daß der Wert dieser Option die Groß-/Kleinschreibung beachtet.

[global] printer driver file = Pfad

erlaubte Werte: Unix-Pfadname   *Vorgabewert: samba-lib/printers.def*

Nennt den Ort, an dem sich die Datei *msprint.def* befindet, die von Windows 95/98 verwendet wird.

printer driver location = Pfadangabe

erlaubte Werte: Windows   *Vorgabewert:* *server**PRINTER$*

Gibt den Namen des Druckertreibers eines bestimmten Druckers an. Der Wert entpricht einem Pfadnamen einer Freigabe, die die Druckertreiberdateien enthält.

printer name = Name

erlaubte Werte: Name   *Vorgabewert:* NULL

Synonym für `printer`.

printing = Zeichenkette

erlaubte Werte: bsd, sysv, hpux, aix, qnx, plp, lprng   *Vorgabewert:* bsd

Gibt das Drucksystem des Unix-Betriebssystems an. Dieser Wert bestimmt die Vorgabewerte der Optionen `print command`, `print command`, `lpq command` und `lprm command`.

[global] protocol = Zeichenkette

erlaubte Werte: NT1, LANMAN2, LANMAN1, COREPLUS, CORE   *Vorgabewert:* NT1

Legt die zu verwendende SMB-Protokollversion fest. Das Samba-Team rät dringend davon ab, diesen Wert zu verändern. Ausschließlich zur Rückwärtskonformität mit älteren, fehlerhaft arbeitenden Clients.

public = Boolescher Wert

erlaubte Werte: YES, NO   *Vorgabewert:* NO

Wenn YES, sind für die betreffende Freigabe keine Kennwörter erforderlich. Ein Synonym ist `guest ok`.

queuepause command = /absoluter_Pfad/Befehl

erlaubte Werte: gültiger Unix-Befehl   *Vorgabewert:* unterschiedlich

Gibt den Befehl an, mit dem Samba eine Druckerwarteschlange anhalten kann. Der Vorgabewert hängt vom Wert der Option `printing` ab. Mit Samba 1.9.18p10 eingeführt.

queueresume command = /absoluter_Pfad/Befehl

erlaubte Werte: gültiger Unix-Befehl　　　　　　　*Vorgabewert:* unterschiedlich

Gibt den Befehl an, mit dem Samba eine angehaltene Druckerwarteschlange wiederaufnehmen kann. Der Vorgabewert hängt vom Wert der Option printing ab. Mit Samba 1.9.18p10 eingeführt.

read bmpx = Boolescher Wert

erlaubte Werte: YES, NO　　　　　　　　　　　　　*Vorgabewert:* NO

Veraltet. Bitte nicht verändern.

read list = Liste

erlaubte Werte: Liste mit Benutzern, jeweils durch Kommata getrennt　　　*Vorgabewert:* NULL

Gibt Benutzer an, die lediglich schreibgeschützten Zugriff auf eine Schreib-/Lese-Freigabe erhalten sollen.

read only = Boolescher Wert

erlaubte Werte: YES, NO　　　　　　　　　　　　　*Vorgabewert:* NO

Legt eine Freigabe als schreibgeschützt fest. Gegenteil von writeable und write ok.

[global] read prediction = Boolescher Wert

erlaubte Werte: YES, NO　　　　　　　　　　　　　*Vorgabewert:* NO

Liest Daten von schreibgeschützten Dateien im voraus. Veraltet und in Samba 2.0 nicht mehr vorhanden.

[global] read raw = Boolescher Wert

erlaubte Werte: YES, NO　　　　　　　　　　　　　*Vorgabewert:* YES

Ermöglicht schnelle TCP-Lesevorgänge mit 64-KByte-Puffern. Empfohlen.

[global] read size = Bytes

erlaubte Werte: Größe in Bytes　　　　　　　　　　*Vorgabewert:* 2.048

Legt den Puffer für Server fest, bei denen Festplatten- und Netzwerkgeschwindigkeiten nicht stimmen. Erfordert experimentelle Annäherung an den optimalen Wert. Bitte nicht ändern. Sollte 65.536 nicht überschreiten.

[global] remote announce = Liste

erlaubte Werte: Liste mit IP-Adressen und Arbeitsgruppennamen　　　*Vorgabewert:* NULL

Gibt IP-Rundsendungsadressen und Arbeitsgruppennamen an (zum Beispiel 192.168.220.255/ SIMPLE). Der Samba-Server kündigt sich selbst als Mtglied der bezeichneten Arbeitgrupppe an, so daß er in der Suchliste der Arbeitsgruppe auftaucht. Erlaubt auch gerichtete Rundsendungen. Erfordert kein WINS.

[global] remote browse sync = Liste

erlaubte Werte: Liste mit IP-Adressem   *Vorgabewert:* NULL

Ermöglicht den Abgleich von Samba-eigenen Suchlisten mit lokalen Hauptsuchdiensten von anderen Samba-Servern. Sie können eine Host- oder eine gerichtete Rundsendungsadresse angeben (zum Beispiel ###.###.###.255). Diese Form bringt Samba dazu, den lokalen Hauptsuchdienst zu suchen.

revalidate = Boolescher Wert

erlaubte Werte: YES, NO   *Vorgabewert:* NO

Wenn YES, müssen sich Benutzer an jede Freigabe separat anmelden.

[global] root = Pfadangabe

erlaubte Werte: Unix-Pfadname   *Vorgabewert:* NULL

Synonym für root directory.

[global] root dir = Pfadangabe

erlaubte Werte: Unix-Pfadname   *Vorgabewert:* NULL

Synonym für root directory.

[global] root directory = Pfadangabe

erlaubte Werte: Unix-Pfadname   *Vorgabewert:* NULL

Gibt das vor dem Start der Samba-Daemons mit chroot() zu aktivierende Verzeichnis an. Verhindert jeden Zugriff außerhalb dieses Verzeichnisbaumes. Siehe auch wide links.

root postexec = /absoluter_Pfad/Befehl

erlaubte Werte: Unix-Shell-Befehl mit vollständiger Pfadangabe   *Vorgabewert:* NULL

Gibt einen Befehl an, den Samba mit root-Berechtigungen ausführt, wenn sich ein Benutzer von der betreffenden Freigabe getrennt hat. Siehe auch preexec, postexec und root preexec. Wird nach dem mit postexec angegebenen Befehl ausgeführt. Bitte mit Vorsicht verwenden.

root preexec = /absoluter_Pfad/Befehl

erlaubte Werte: Unix-Shell-Befehl mit vollständiger Pfadangabe   *Vorgabewert:* NULL

Gibt einen Befehl an, den Samba mit root-Berechtigungen ausführt, bevor sich ein Benutzer mit einer Freigabe verbindet. Siehe auch preexec, postexec und root preexec. Wird vor dem mit preexec angegebenen Befehl ausgeführt. Bitte mit Vorsicht verwenden.

[global] security = Zeichenkette

erlaubte Werte: share, user, server, domain   *Vorgabewert:* share in Samba 1.0, user in 2.0

Gibt die Sicherheitsebene an. Bei security = share besitzen Freigaben ein Kennwort und sind für jeden verfügbar. Bei security = user müssen Benutzer Unix-Benutzerkonten besitzen. Wenn Sie security = server verwenden, müssen Benutzer ein Benutzerkonto auf einem anderen Computer besitzen, den Samba abfragt, wenn sich ein Benutzer mit einer Freigabe verbinden will. Verwenden Sie security = domain, wenn Ihr Samba-Server dieselbe Echtheitsbestätigung wie Windows NT-Domänen-Controller bieten soll. Siehe auch password server und encrypted passwords.

[global] server string = Text

erlaubte Werte: Zeichenkette   *Vorgabewert:* Samba %v

Gibt die Beschreibung des Samba-Servers an, die in Suchlisten erscheint. Sie können die Variablen %v (Samba-Versionsnummer) und %h (Host-Name) benutzen.

set directory = Boolescher Wert

erlaubte Werte: YES, NO   *Vorgabewert:* NO

Ermöglicht es DEC Pathworks-Clients, den Befehl *set dir* zu verwenden.

[global] shared file entries = numerisch

erlaubte Werte: Anzahl   *Vorgabewert:* 113

Veraltet. Bitte nicht benutzen.

shared mem size = Bytes

erlaubte Werte: Größe in Bytes   *Vorgabewert:* 102.400

Wenn Samba mit FAST_SHARE_MODES (mmap) kompiliert ist, können Sie hiermit die gemeinsam genutzte Speichergröße angeben. Bitte ändern Sie den Wert nicht.

[global] smb passwd file = path

erlaubte Werte: Unix-Pfadname   *Vorgabewert:* /usr/local/samba/private/smbpasswd

Gibt den Namen der Kennwortdatei mit vollständiger Pfadangabe an (nur sinnvoll, wenn Sie zusätzlich encrypted passwords = yes verwenden). Der Vorgabewert wird bei der Kompilierung festgelegt und ist meistens */usr/local/samba/private/smbpasswd*.

[global] smbrun = /absoluter_Pfad/Befehl

erlaubte Werte: smbrun-Befehl   *Vorgabewert:* bei der Kompilierung festgelegt

Gibt den Pfad zur ausführbaren Datei *smbrun* an. Bitte nicht ändern.

share modes = Boolescher Wert

erlaubte Werte: YES, NO   *Vorgabewert:* YES

Wenn YES, unterstützt diese Option Deny Mode-Sperren nach Windows-Manier; derartige Sperren betreffen ganze Dateien.

short preserve case = Boolescher Wert

erlaubte Werte: YES, NO   *Vorgabewert:* NO

Wenn YES, behalten Dateien, die der 8.3-Namenskonvention entsprechen, ihre Groß-/Kleinschreibung bei. Wenn NO, verwendet Samba die Schreibweise, die Sie mit dem Wert der Option `default case` festgelegt haben. Siehe auch `preserve case`.

[global] socket address = Adresse

erlaubte Werte: IP-Adresse   *Vorgabewert:* NULL

Gibt die lokale Adresse an, auf der Samba eingehende Pakete akzeptieren soll. Standardmäßig lauscht Samba auf allen lokalen Adressen. Sie können mit dieser Option mehrere virtuelle Schnittstellen des Servers unterstützen, aber das Samba-Team rät dringend davon ab, sie zu benutzen.

[global] socket options = Liste

erlaubte Werte: Liste mit Socket-spezifischen Optionen   *Vorgabewert:* NULL

Legt betriebssystemspezifische Socket-Optionen fest. Bei `SO_KEEPALIVE` prüft TCP alle vier Stunden, ob Clients noch erreichbar sind. `TCP_NODELAY` sendet auch winzige Pakete, um Verzögerungszeiten niedrig zu halten. Empfohlen, wenn das Betriebssystem diese Funktion unterstützt. Weitere Angaben finden Sie in Kapitel B, *Leistungsoptimierung*.

[global] status = Boolescher Wert

erlaubte Werte: YES, NO   *Vorgabewert:* YES

Wenn YES, protokolliert Samba Verbindungen in eine Datei (oder in gemeinsam genutzten Speicher); *smbstatus* kann auf diese Daten zugreifen.

strict sync = Boolescher Wert

erlaubte Werte: YES, NO   *Vorgabewert:* NO

Wenn YES, schreibt Samba Daten auf die Festplatte, wenn ein Client den Samba-Server darum bittet. Wenn NO, schreibt Samba erst dann Daten auf die Festplatte, wenn die Puffer gefüllt sind. Die Vorgabe ist NO, weil der Windows 98-Explorer durch einen Fehler den Samba-Server immer um das direkte Schreiben auf die Festplatte bittet. Eingeführt mit Samba 1.9.18p10.

strict locking = Boolescher Wert

erlaubte Werte: YES, NO   *Vorgabewert:* NO

Wenn YES, prüft Samba bei jedem Dateizugriff auf das Vorhandensein von Sperren hin, statt nur beim Öffnen und auf Wunsch des Clients. Nicht empfohlen.

[global] strip dot = Boolescher Wert

erlaubte Werte: YES, NO   *Vorgabewert:* NO

Entfernt Punkte als letzte Zeichen aus Dateinamen. Veraltet. Verwenden Sie statt dessen die Option `mangled map`.

[global] syslog = numerisch

erlaubte Werte: Anzahl   *Vorgabewert:* 1

Legt die Anzahl der Samba-Protokollnachrichten fest, die Samba an *syslog* sendet. Je höher der Wert, desto mehr Nachrichten sendet Samba. Als Vorausetzung müssen Sie außerdem die Samba-Protokollierung aktivieren.

[global] syslog only = Boolescher Wert

erlaubte Werte: YES, NO   *Vorgabewert:* NO

Wenn YES, sendet Samba Protokollinformationen nur an *syslog* und nicht an eigene Protokolldateien.

sync always = Boolescher Wert

erlaubte Werte: YES, NO   *Vorgabewert:* NO

Wenn YES, ruft Samba die Betriebssystem-Funktion *fsync*(3) nach jedem Schreibvorgang auf. Nur für die Fehlersuche bei abstürzenden Servern verwenden.

[global] time offset = numerisch

erlaubte Werte: Minuten   *Vorgabewert:* 0

Gibt die Anzahl von Minuten an, die Samba zur aktuellen Systemzeit addiert, wenn Clients nach der Systemzeit fragen. Zur Behebung von fehlerhaft berechneten Sommerzeiten durch Clients, aber nicht empfohlen.

[global] time server = Boolescher Wert

erlaubte Werte: YES, NO   *Vorgabewert:* NO

Wenn YES, stellt *nmbd* seinen Clients Zeitdienste bereit.

unix password sync = Boolescher Wert

erlaubte Werte: YES, NO   *Vorgabewert:* NO

Wenn aktiviert, versucht Samba das Unix-Kennwort eines Benutzers zu ändern, wenn er oder sie sein oder ihr SMB-Kennwort ändert. Soll den Abgleich der Unix- und SMB-Kennwortdatenbank vereinfachen. Existiert seit Samba 1.9.18p4. Siehe auch `passwd chat`.

unix realname = Boolescher Wert

erlaubte Werte: YES, NO   *Vorgabewert:* NO

Wenn YES, meldet Samba seinen Clients die Inhalte der GCOS-Felder in der Datei */etc/passwd* als vollständige Namen der Benutzer.

update encrypted = Boolescher Wert

erlaubte Werte: YES, NO   *Vorgabewert:* NO

Aktualisiert die Kennwortdatei im Microsoft-Format, wenn ein Benutzer sich mit einem unverschlüsselten Kennwort anmeldet. Vereinfacht den Übergang zu verschlüsselten Kennwörtern mit Windows 98 und NT 4.0 ab Service Pack 3. Existiert seit Samba 1.9.18p5.

user = Liste

erlaubte Werte: Liste mit Benutzernamen,   *Vorgabewert:* NULL
jeweils durch Kommata getrennt

Synonym für **username**.

username = Liste

erlaubte Werte: Liste mit Benutzernamen,   *Vorgabewert:* NULL
jeweils durch Kommata getrennt

Gibt Benutzer an, zu denen das von Clients gelieferte Kennwort passen muß, wenn Sie die Sicherheit auf Freigabeebene verwenden. Synonyme sind **user** und **users**. Bitte nicht benutzen. Verwenden Sie statt dessen vom Client aus NET USE *Server**Freigabe*%*user*.

username level = numerisch

erlaubte Werte: Anzahl   *Vorgabewert:* 0

Maximale Anzahl der Großbuchstaben, die der Samba-Server verwendet, um eine Übereinstimmung des vom Client gelieferten Benutzernamens mit Unix-Benutzernamen zu finden. Umgehung des Windows-Merkmals, daß Benutzernamen ausschließlich aus Groß- oder Kleinbuchstaben bestehen. Das Samba-Team rät von der Verwendung dieser Option ab.

[global] username map = Pfadangabe

erlaubte Werte: Pfadname   *Vorgabewert:* NULL

Name einer Datei mit Unix- und Windows-Benutzernamen. Ordnet Unix-Benutzerkonten entsprechenden Windows-Benutzern zu; nützlich, wenn Windows-Namen länger als acht Zeichen sind (nicht auf allen Unix-Systemen erlaubt) oder wenn Namen unterschiedlich geschrieben werden.

valid chars = Liste

erlaubte Werte: Liste mit numerischen Werten   *Vorgabewert:* NULL

Beinahe veraltet. Fügt einem Zeichensatz Sonderzeichen hinzu. Die Option `client code page` besitzt eine höhere Priorität.

valid users = Liste

erlaubte Werte: Liste mit Benutzernamen   *Vorgabewert:* NULL (jeder)

Benutzer, die auf die Freigabe zugreifen dürfen.

veto files = Liste

erlaubte Werte: Liste mit Dateinamen, jeweils   *Vorgabewert:* NULL
durch Schrägstriche getrennt

Liste der Dateien, die Clients nicht sehen können, wenn Sie den Inhalt eines Verzeichnisses anzeigen; siehe auch `delete veto files`.

veto oplock files = Liste

erlaubte Werte: Liste mit Dateinamen, jeweils   *Vorgabewert:* NULL
durch Schrägstriche getrennt

Liste der Dateien, für die keine Oplocks möglich sind (und die Clients demzufolge nicht lokal zwischenspeichern können). Siehe auch `oplocks` und `fake oplocks`.

volume = Zeichenkette

erlaubte Werte: Freigabename   *Vorgabewert:* NULL

Legt den Datenträgernamen einer Verzeichnisfreigabe fest; nützlich für CD-ROMs.

wide links = Boolescher Wert

erlaubte Werte: YES, NO   *Vorgabewert:* YES

Wenn YES, folgt Samba symbolischen Links, deren Ziele außerhalb der Freigabe liegen. Siehe auch `root dir` und `follow symlinks`.

[global] wins proxy = Boolescher Wert

erlaubte Werte: YES, NO   *Vorgabewert:* NO

Wenn YES, arbeitet *nmbd* als WINS-Proxy, um Clients die Namensauflösung durch einen WINS-Server zur Verfügung zu stellen, die lediglich Rundsendungen beherrschen. Der WINS-Server befindet sich für gewöhnlich in einem anderen Subnetz.

[global] wins server = Host-Name

erlaubte Werte: Host-Name   *Vorgabewert:* NULL

Gibt den DNS-Namen oder die IP-Adresse des WINS-Servers an.

[global] wins support = Boolescher Wert

erlaubte Werte: YES, NO   *Vorgabewert:* NO

Wenn YES, aktiviert Samba seinen eigenen WINS-Server. Verwenden Sie diese Option nicht, wenn Sie die Option `wins server` benutzen.

[global] workgroup = Zeichenkette

erlaubte Werte: Name der Arbeitsgruppe   *Vorgabewert:* bei der Kompilierung festgelegt

Geben Sie hier den Namen der Arbeitsgruppe an, in der sich der Samba-Server befinden soll. Verwenden Sie unbedingt einen anderen Namen als WORKGROUP oder ARBEITSGRUPPE.

writeable = Boolescher Wert

erlaubte Werte: YES, NO   *Vorgabewert:* YES

Antonym für `read only`; Synonym von `write ok`.

write list = Liste

erlaubte Werte: Liste mit Benutzernamen, jeweils   *Vorgabewert:* NULL (jeder)
durch Kommata getrennt

Liste mit Benutzern, die auch schreibend auf eine Freigabe zugreifen dürfen, die eigentlich schreibgeschützt ist. Siehe auch `read list`.

write ok = Boolescher Wert

erlaubte Werte: YES, NO   *Vorgabewert:* YES

Synonym für `writeable`.

[global] write raw = Boolescher Wert

erlaubte Werte: YES, NO   *Vorgabewert:* YES

Ermöglicht schnelle TCP-Schreibzugriffe mit 64-KByte-Puffern. Empfohlen.

Glossar der Konfigurationswerte

Adreßliste
    Eine Liste mit IP-Adressen im Format ###.###.###.###, jeweils durch Kommata voneinander getrennt.

Kommaseparierte Liste
    Eine Liste mit Elementen, jeweils durch Kommata voneinander getrennt.

Befehl
    Ein Unix-Befehl mit vollständiger Pfadangabe und allen Parametern.

Host-Liste

> Eine Liste mit Hosts, jeweils durch Leerzeichen voneinander getrennt. Sie können Host-Namen, IP-Adressen, Adreßmasken, Domain-Namen und die Schlüsselwörter ALL und EXCEPT angeben.

Schnittstellenliste

> Eine Liste mit Schnittstellen, jeweils durch Leerzeichen voneinander getrennt. Sie können die Formate Adresse/Subnetzmaske und Adresse/Anzahl_der_Netzbits verwenden, also beispielsweise 192.168.2.10/255.255.255.0 oder 192.168.2.10/24.

Zuordnungsliste

> Eine Liste mit Dateizuordnungs-Zeichenketten wie (*.html *.htm), jeweils durch Leerzeichen voneinander getrennt.

Remote-Liste

> Eine Liste mit Paaren aus Subnetz-Rundsendungs-Adressen/Arbeitsgruppen, beispielsweise 192.168.2.255/SERVERS oder 192.168.4.255/STAFF. Trennen Sie die einzelnen Elemente mit Leerzeichen voneinander.

Freigabeliste, Dienstliste

> Eine Liste mit Freigabenamen ohne eckige Klammern, jeweils durch Leerzeichen voneinander getrennt.

Dateinamenliste

> Eine Liste mit Dateinamen, jeweils durch Schrägstriche (»/«) voneinander getrennt, um enthaltene Leerzeichen zu ermöglichen. Beispielsweise /.*/fred flintstone/*.frk/.

Text

> Eine Textzeile.

Benutzerliste

> Eine Liste mit Benutzernamen, jeweils durch Leerzeichen voneinander getrennt. In Samba 1.9 schließt @Gruppenname jeden Benutzer der Gruppe Gruppenname ein. Samba 2.0 beachtet @Gruppenname NIS-Netzwerkgruppen (sofern sie existieren); ansonsten sucht Samba 2.0 nach der entsprechenden Unix-Gruppe. +Gruppenname bezieht sich auf eine Unix-Gruppe, während &Gruppenname eine NIS-Netzwerkgruppe bezeichnet. &+ und +& geben eine bestimmte Reihenfolge an, so daß Samba zuerst nach einer Unix- oder zuerst nach einer NIS-Gruppe sucht.

Samba-Variablen in Konfigurationsdateien

Tabelle C-1 führt alle Variablen auf, die Sie in der Samba-Konfigurationsdatei verwenden können.

Tabelle C-1: Variablen in alphabetischer Reihenfolge

Name	Bedeutung
%a	Client-Architektur (Samba, WfWg, WinNT, Win95 oder UNKNOWN)
%d	ID des Server-Prozesses
%f	Drucker-Spool-Datei als relativer Pfad (nur für das Drucken)
%f	Benutzer, von dem eine WinPopup-Nachricht stammt
%G	Primärer Gruppenname von %U (angeforderter Benutzername)
%g	Primärer Gruppenname von %u (tatsächlicher Benutzername)
%H	Basisverzeichnis von %u (tatsächlicher Benutzername)
%h	DNS-Host-Name des Samba-Servers
%I	IP-Adresse des Clients
%j	Druckauftragnummer (nur für das Drucken)
%L	NetBIOS-Name des Samba-Servers (virtuelle Server besitzen mehrere Namen)
%M	DNS-Host-Name des Clients
%m	NetBIOS-Name des Clients
%n	Neues Kennwort (nur bei Kennwortänderung)
%N	Name des NIS-Basisverzeichnis-Servers (ohne NIS identisch mit %L)
%o	Altes Kennwort (nur bei Kennwortänderung)
%P	Tatsächliches Hauptverzeichnis der aktuellen Freigabe
%p	Hauptverzeichnis der aktuellen Freigabe (in einer NIS-Basisverzeichnis-Map)
%p	Druckdateiname (nur für das Drucken)
%R	Aktive Protokollebene (CORE, COREPLUS, LANMAN1, LANMAN2 oder NT1)
%S	Name der aktuellen Freigabe
%s	Dateiname mit dem Inhalt der Nachricht (nur bei WinPopup-Nachrichten)
%s	Name der Spool-Datei (nur für das Drucken)
%T	Aktuelles Datum und aktuelle Uhrzeit
%t	Zielsystem (nur bei WinPopup-Nachrichten)
%u	Benutzername der aktuellen Freigabe
%U	Angeforderter Benutzername der aktuellen Freigabe
%v	Samba-Version

D

Übersicht über Samba-
Daemons und Befehle

Dieser Anhang ist eine Referenz aller Befehlszeilenschalter der ausführbaren Dateien in der Samba-Distribution. Er enthält darüber hinaus zusätzliche Angaben über diese Dateien.

Programme der Samba-Distribution

smbd

Das Programm *smbd* stellt Datei- und Druckdienste im Netzwerk bereit. Dieser Daemon verwendet für jeden Client einen TCP/IP-Datenstrom und einen separaten Prozeß. Der *smbd*-Daemon wird von der Konfigurationsdatei *Samba_Verzeichnis/lib/smb.conf* gesteuert; Sie können über einen Befehlszeilenschalter eine andere Datei angeben.

Samba liest die Konfiguationsdatei automatisch einmal pro Minute neu ein. Die meisten Änderungen in ihr sind sofort aktiv. Sie können Samba dazu bringen, die Datei sofort neu einzulesen, indem Sie dem *smbd*-Daemon ein SIGHUP-Signal senden. Das Neuladen der Konfigurationsdatei hat keinen Einfluß auf Clients, die aktive Verbindungen besitzen. Damit Samba die ursprüngliche Konfiguration vollständig vergißt, müßte sich ein Client abmelden und neu verbinden, oder Sie müßten den Server-Daemon beenden und neu starten, wodurch die Verbindungen zu allen Clients zwangsweise getrennt würden und diese sich neu verbinden müßten.

Andere Signale

Um einen *smbd*-Prozeß zu beenden, schicken Sie ihm das Signal SIGTERM (-15). Rabiater wirkt das Signal SIGKILL (-9), das dem Prozeß keine Möglichkeit zum sauberen Beenden gibt. Mit dem Signal SIGUSR1 können Sie den Protokollierungsgrad im laufenden Betrieb um eins erhöhen; demtsprechend aktiviert SIGUSR2 den nächstkleineren Protokollierungsgrad.

Befehlszeilenoptionen

-D Das *smbd*-Programm soll als Daemon ausgeführt werden. Dies wird empfohlen (und ist zugleich die vorgegebene Aktion). Sie können *smbd* auch über *inetd* starten.

-d *Protokollierungsgrad*

Legt die Protokollierungsstufe fest (manchmal auch *Debug Level* genannt). Der gültige Bereich reicht von 0 bis 10. Wenn Sie hier einen Wert angeben, hat er Vorrang vor dem Wert in der Datei *smb.conf*. Die Stufe 0 protokolliert lediglich die wichtigsten Meldungen; 1 ist der normale Protokollierungsgrad, und Stufen höher als 3 sind hauptsächlich für die Fehlersuche gedacht; sie verlangsamen *smbd* deutlich.

-h Gibt Informationen aus, wie Sie *smbd* an der Befehlszeile verwenden können.

Optionen für das Testen und zur Fehlersuche

-a Jede neue Verbindung zum Samba-Server hängt alle Protokollnachrichten an die Protokolldatei an. Diese Option ist die Vorgabe und das Gegenteil von -o.

-i *Bereich*

Gibt die NetBIOS-Bereichsidentifikation an. Nur Computer mit derselben Identifikation können mit dem Server kommunizieren. Der Bereichsidentifikator ist der Vorgänger von Arbeitsgruppen und wird heutzutage kaum noch benutzt.

-l *Protokolldatei*

Gibt einen anderen Dateinamen und Ort für die Protokolldatei an (die Vorgabe ist meistens */usr/local/samba/var/log.smb*, */usr/samba/var/log.smb* oder */var/log/log.smb*; sie wird bei der Samba-Kompilierung festgelegt und kann auch in der Datei *smb.conf* bestimmt werden). Die beiden erstgenannten Varianten sollten bei Linux möglichst nicht benutzt werden, weil dort */usr* ein schreibgeschütztes Dateisystem sein kann.

-O *socket_options*

Hier können Sie die TCP/IP-Socket-Optionen festlegen, und zwar mit denselben Parametern wie mit der Konfigurationsoption `socket options`. Dieser Schalter wird häufig zur Leistungssteigerung und zu Testzwecken verwendet.

-o Diese Option stellt das Gegenteil von -a dar. Sie weist Samba an, alte Protokolldateien beim Öffnen zu überschreiben. Diese Option kann die Suche nach Einträgen in Protokolldateien vereinfachen, wenn Sie eine Testreihe durchführen und sich nach jedem Einzeltest die Protokolldatei ansehen.

-P Diese Option verhindert, daß *smbd* Daten an das Netzwerk sendet. Diese Option wird üblicherweise ausschließlich von Samba-Entwicklern verwendet.

-p *Anschlußnummer*

Dieser Schalter bestimmt die TCP-Anschlußnummer, auf der der Samba-Server Anfragen akzeptiert. Nur für experimentelle Zwecke. Alle Microsoft-Clients verwenden ausschließlich den Anschluß 139.

-s *Konfigurationsdatei*
> Gibt den Namen und die Position der Samba-Konfigurationsdatei an. Die Vorgabe lautet */usr/local/samba/lib/smb.conf*; geben Sie hier für Testzwecke und zur Fehlersuche eine andere Datei an.

nmbd

Das Programm *nmbd* ist für NetBIOS-Namen und das Durchsuchen des Netzwerkes zuständig. Es antwortet auf NetBIOS over TCP/IP (NBT)-Rundsendungen mit Namensanfragen von SMB-Clients und optional auf gerichtete Pakete mit WINS-Anfragen. Beide Methoden dienen der NetBIOS-Namensauswertung. Die Rundsendungen verwenden UDP und funktionieren lediglich im lokalen Subnetz, während gerichtete Pakete auf TCP basieren und von Routern weitergeleitet werden. Wenn *nmbd* einen WINS-Server ausführt, speichert der Daemon die Datenbank mit NetBIOS-Namen und IP-Adressen in der Datei Samba_Verzeichnis/*var/locks/wins.dat*.

Ein aktives *nmbd*-Programm kann auch auf Anfragen des Suchprotokolls antworten, das die Windows-Netzwerkumgebung verwendet. Das Suchen ist eine Kombination aus Server- und Dienstankündigungen und einem aktiven Verzeichnisprotokoll. Dieses Protokoll stellt eine dynamisch aktualisierte Liste mit Servern und den von ihnen angebotenen Datei- und Druckdiensten bereit. Wie bei WINS wurde dies in der Vergangenheit mit UDP-Rundsendungen im lokalen Subnetz erledigt. Das neuere Konzept mit lokalen Hauptsuchdiensten verwendet TCP-Verbindungen zu einem Suchdienst. Wenn *nmbd* als lokaler Hauptsuchdienst arbeitet, speichert er eine Suchdatenbank in der Datei Samba_Verzeichnis/*var/locks/browse.dat*.

Signale

Auch *nmbd* akzeptiert mehrere Unix-Signale. SIGHUP weist den Prozeß an, die ihm bekannten Namen in die Datei Samba_Verzeichnis/*locks/namelist.debug* und die Suchdatenbank in die Datei Samba_Verzeichnis/*browse.dat* zu schreiben. Bitte verwenden Sie das Signal SIGTERM (-15) statt SIGKILL (-9), um den Prozeß zu beenden, damit er sauber herunterfahren kann.

Befehlszeilenoptionen

-D Das *nmbd*-Programm soll als Daemon ausgeführt werden. Dies wird empfohlen. Sie können *nmbd* auch über *inetd* starten.

-d *Protokollierungsgrad*
> Legt die Protokollierungsstufe fest (manchmal auch Debug Level genannt). Der gültige Bereich reicht von 0 bis 10. Wenn Sie hier einen Wert angeben, hat er Vorrang vor dem Wert in der Datei *smb.conf*. Die Stufe 0 protokolliert lediglich die wichtigsten Meldungen; 1 ist der normale Protokollierungsgrad, und Stufen höher als 3 sind hauptsächlich für die Fehlersuche gedacht; sie verlangsamen *nmbd* deutlich.

-h Gibt Informationen aus, wie Sie *nmbd* an der Befehlszeile verwenden können (auch -?).

Optionen für das Testen und zur Fehlersuche

-a Jede neue Verbindung zum Samba-Server hängt alle Protokollnachrichten an eine möglicherweise bestehende Protokolldatei an. Diese Option ist die Vorgabe und das Gegenteil von -o.

-H Hosts-Datei
Diese Option lädt die Standard-*hosts*-Datei zur Namensauflösung.

-i Bereich
Gibt die NetBIOS-Bereichsidentifikation an. Nur Computer mit derselben Identifikation können mit dem Server kommunizieren. Der Bereichsidentifikator ist der Vorgänger von Arbeitsgruppen und wird heutzutage kaum noch benutzt.

-l Protokolldatei
Gibt einen anderen Dateinamen und Ort für die Protokolldatei an (die Vorgabe ist meistens */usr/local/samba/var/log.smb, /usr/samba/var/log.smb* oder */var/log/log.smb*; sie wird bei der Samba-Kompilierung festgelegt und kann außerdem in der Datei *smb.conf* bestimmt werden). Die beiden erst genannten Vatianten sollten bei Linux möglichst nicht benutzt werden, weil dort */usr* ein schreibgeschütztes Dateisystem sein kann.

-n NetBIOS-Name
Mit dieser Option geben Sie den NetBIOS-Namen des Samba-Servers an. Dieser Schalter hat Vorrang vor der Option netbios name in der Samba-Konfigurationsdatei.

-O socket_options
Hier können Sie die TCP/IP-Socket-Optionen festlegen, und zwar mit denselben Parametern wie mit der Konfigurationsoption socket options. Dieser Schalter wird häufig zur Leistungssteigerung und zu Testzwecken verwendet.

-o Diese Option stellt das Gegenteil von -a dar. Sie weist Samba an, alte Protokolldateien beim Öffnen zu überschreiben. Diese Option kann die Suche nach Einträgen in Protokolldateien vereinfachen, wenn Sie eine Testreihe durchführen und sich nach jedem Einzeltest die Protokolldatei ansehen.

-p Anschlußnummer
Dieser Schalter bestimmt die UDP-Anschlußnummer, auf der der Samba-Server Anfragen akzeptiert. Nur für experimentelle Zwecke. Alle Microsoft-Clients verwenden ausschließlich den Anschluß 137.

-s Konfigurationsdatei
Gibt den Namen und die Position der Samba-Konfigurationsdatei an. Die Vorgabe lautet */usr/local/samba/lib/smb.conf*; geben Sie hier für Testzwecke und zur Fehlersuche eine andere Datei an.

-v Diese Option gibt die Versionsnummer von Samba aus.

Samba-Startdatei

Samba wird normalerweise von einer der *rc*-Dateien des Unix-Betriebssystems während des Systemstarts aufgerufen. Betriebssysteme mit einem System V-Unix besitzen mehrere */etc/rcN.d*-Verzeichnisse, so daß Sie geeignete Skripten in das entsprechende */rc*-Verzeichnis kopieren müssen. Das Skript zum Starten von Samba heißt gewöhnlich *S91samba*, während das Skript *K91samba* Samba beendet. Auf einem Linux-System ist das Verzeichnis normalerweise */etc/rc2.d*, bei Solaris hingegen */etc/rc3.d*. Wenn Ihr Computer die Datei */etc/rc.local* besitzt, müssen Sie dieser Datei folgende Zeilen hinzufügen:

```
/usr/local/samba/bin/smbd -D
/usr/local/samba/bin/nmbd -D
```

Das folgende Beispielskript unterstützt neben den auf System V-Systemen üblichen Befehlen start and stop die Befehle status und restart:

```
#!/bin/sh
#
# /etc/rc2.d./S91Samba  --manage the SMB server in a System V manner
#
OPTS="-D"
#DEBUG=-d3
PS="ps  ax"
SAMBA_DIR=/usr/local/samba
case "$1" in
'start')
    echo "samba "
    $SAMBA_DIR/bin/smbd $OPTS $DEBUG
    $SAMBA_DIR/bin/nmbd $OPTS $DEBUG
    ;;
'stop')
    echo "Stopping samba"
    $PS | awk '/usr.local.samba.bin/ { print $1}' |\
    xargs kill
    ;;
'status')
    x=`$PS | grep -v grep | grep '$SAMBA_DIR/bin'`
    if [ ! "$x" ]; then
        echo "No samba processes running"
    else
        echo " PID TT STAT  TIME COMMAND"
        echo "$x"
    fi
    ;;
'restart')
    /etc/rc2.d/S91samba stop
    /etc/rc2.d/S91samba start
    /etc/rc2.d/S91samba status
    ;;
*)
    echo "$0: Usage error -- you must say $0 start,  stop, status or restart ."
    ;;
```

```
esac
exit
```

Sie müssen die Pfade und ps-Optionen im Skript an Ihr System anpassen. Zudem wollen Sie möglicherweise zusätzliche Befehle hinzufügen, damit Samba die Datei *smb.conf* neu lädt oder die *nmbd*-Tabellen ausgibt, abhängig von Ihren Erfordernissen.

smbsh

Mit dem Programm *smbsh* können Sie ein Verzeichnis, das ein Windows-Computer freigibt, wie ein lokales Verzeichnis verwenden und freigeben. Wenn Sie dieses Programm ausführen, stellt es einen eigenen Verzeichnisbaum unter */smb* bereit. Darunter befinden sich Unterverzeichnisse mit Namen von SMB-Servern, unterhalb derer Sie wiederum Verzeichnis- und Druckerfreigaben der einzelnen SMB-Server finden. Befehle, die *smbsh* ausführt, behandelt das */smb*-Dateisystem so, als wäre es lokal auf dem Unix-Server vorhanden. Das bedeutet, daß Sie *smbmount* nicht in Ihrem Kernel benötigen, um Windows-Dateisysteme so wie NFS-Dateisysteme zu verwenden. Allerdings müssen Sie Samba mit der Option --with-smbwrappers kompilieren, um *smbsh* aktivieren zu können.

Optionen

-d *Protokollierungsgrad*
>   Legt die Protokollierungsstufe fest (manchmal auch Debug Level genannt). Der gültige Bereich reicht von 0 (der Vorgabe) bis 10. Die Stufe 0 protokolliert lediglich die wichtigsten Meldungen; 1 ist der normale Protokollierungsgrad, und Stufen höher als 3 sind hauptsächlich für die Fehlersuche gedacht; sie verlangsamen *smbsh* deutlich.

-l *Protokolldatei*
>   Gibt den Namen der Protokolldatei an.

-P *Präfix*
>   Gibt das Hauptverzeichnis für die zu verwendenden SMB-Dateisysteme an. Die Vorgabe ist */smb*.

-R *Auswertungsreihenfolge*
>   Gibt an, in welcher Reihenfolge der Daemon die Dienste zur NetBIOS-Namensauswertung verwenden soll. Diese Option ähnelt der Option resolve order und kennt die vier Parameter lmhosts, host, wins und bcast, deren Reihenfolge Sie an Ihre Bedürfnisse anpassen können.

-U *Benutzer*
>   Unterstützt *Benutzer%Kennwort*.

-W *Arbeitsgruppe*
>   Gibt die NetBIOS-Arbeitsgruppe an, in der *smbsh* nach Servern suchen soll.

smbclient

Das Programm *smbclient* ist in der Samba-Familie das Mädchen für alles. Ursprünglich war es als Testwerkzeug gedacht, aber mittlerweile ist es ein SMB-Client mit zahlreichen Befehlszeilenoptionen. Es besitzt eine interaktive Oberfläche, ähnlich wie ein FTP-Client. Einige Optionen sind noch immer für Testzwecke und zur Leistungsverbesserung gedacht. Sie können mit *smbclient* schnell herausfinden, ob Ihr Server Samba ausführt.

Gehen Sie einfach davon aus, daß *smbclient* mehrere Programme umfaßt:

- FTP-ähnliche Benutzerschnittstelle für Dateiübertragungen
- Interaktives Druckprogramm
- Interaktives tar-Programm
- Befehlszeilenprogramm für WinpPopup-Nachrichten
- Befehlszeilen-*tar*-Programm (sehen Sie sich auch *smbtar* an)
- Abfrageprogramm zum Ermitteln der bereitgestellten Dienste eines SMB-Servers
- Befehlszeilenprogramm zur Fehlersuche

Allgemeine Befehlszeilenoptionen

Das Programm besitzt die üblichen *smbd*-artigen Optionen, die sich sowohl auf die Interaktive als auch auf die Befehlszeilenausführung beziehen. Die Syntax lautet:

```
smbclient //Server/Freigabe [Kennwort] [-Optionen]
```

Und hier die Erklärung der Befehlszeilenoptionen:

`-d Protokollierungsgrad`
    Legt die Protokollierungsstufe fest (manchmal auch Debug Level genannt). Der gültige Bereich reicht von 0 bis 10, wobei das alternative A für »alles« steht. Hat Vorrang vor der Protokollierungsebene, die in der Datei *smb.conf* angegeben ist. Die Stufe 0 protokolliert lediglich die wichtigsten Meldungen; 1 ist der normale Protokollierungsgrad, und Stufen höher als 3 sind hauptsächlich für die Fehlersuche gedacht; sie verlangsamen *smbclient* deutlich.

`-h`   Gibt die Befehlszeilenhilfe aus.

`-n NetBIOS-Name`
    Gibt den NetBIOS-Namen an, mit dem sich das Programm ankündigen soll. Hat Vorrang vor dem Namen, der in der Datei *smb.conf* angegeben ist.

Funktionen von smbclient

Wenn Sie die Zeile `smbclient //Server/Freigabe` eingeben, fragt Sie das Programm nach einem Benutzernamen und einem Kennwort. Wenn die Ameldung erfolgreich verläuft, werden Sie mit der gewünschten Freigabe verbunden und sehen eine FTP-ähnliche Eingabeaufforderung (den umgekehrten Schrägstrich ersetzt *smbclient* dabei durch das aktuelle Verzeichnis der Freigabe):

```
smb:\>
```

An dieser Eingabeaufforderung können Sie mehrere Befehle eingeben, die den FTP-Kommandos ähneln (siehe Tabelle D-1). Argumente in eckigen Klammern sind optional.

Tabelle D-1: smbclient-Befehle

Befehl	Funktion
? *Befehl*	Listet die verfügbaren Befehle auf oder gibt eine Hilfe zum angegebenen Befehl aus.
help [*Befehl*]	Listet die verfügbaren Befehle auf oder gibt eine Hilfe zum angegebenen Befehl aus.
! [*Befehl*]	Wenn Sie einen Befehl angeben, wird er mit einer lokalen Shell ausgeführt. Wenn nicht, erhalten Sie die lokale Shell des Client-Systems.
dir [*Dateiname*]	Zeigt alle Dateien an, auf die das Muster *Dateiname* zutrifft und die sich im aktuellen Verzeichnis befinden. Wenn Sie *Dateiname* weglassen, sehen Sie alle Dateien im aktuellen Verzeichnis.
ls [*Dateiname*]	Zeigt alle Dateien an, auf die das Muster *Dateiname* zutrifft und die sich im aktuellen Verzeichnis befinden. Wenn Sie *Dateiname* weglassen, sehen Sie alle Dateien im aktuellen Verzeichnis.
cd [*Verzeichnis*]	Wenn Sie *Verzeichnis* angeben, wechselt der Client in das angegebene Verzeichnis des SMB-Servers. Wenn nicht, zeigt der Client das aktuelle Arbeitsverzeichnis auf dem Server an.
lcd [*Verzeichnis*]	Wenn Sie *Verzeichnis* angeben, wechselt der Client in das angegebene lokale Verzeichnis. Wenn nicht, zeigt der Client das aktuelle lokale Arbeitsverzeichnis an.
get *entfernte_Datei* [*lokale_Datei*]	Kopiert die *entfernte_Datei* auf den lokalen Rechner. Wenn Sie *lokale_Datei* angeben, wird dieser Name als Zieldateiname verwendet. Behandelt die Datei grundsätzlich als binär und wandelt daher *keine* Zeilenschaltungen um.
put *lokale_Datei* [*entfernte_Datei*]	Kopiert die *lokale_Datei* auf den SMB-Server. Wenn Sie die *entfernte_Datei* angeben, erhält die Datei auf dem Server diesen Namen. Behandelt die Datei grundsätzlich als binär und wandelt daher *keine* Zeilenschaltungen um.
mget *Muster*	Kopiert alle Dateien, die dem *Muster* entsprechen, vom SMB-Server auf den lokalen Computer.
mput *Muster*	Kopiert alle Dateien, die dem *Muster* entsprechen, vom lokalen Computer auf den SMB-Server.
prompt	Schaltet die Abfrage für jede Datei bei den Befehlen mget und mput ein oder aus.
lowercase ON (oder OFF)	Wenn Sie lowercase einschalten, konvertiert *smbclient* Dateinamen in Kleinbuchstaben, wenn Sie die Befehle mget oder get eingeben (aber nicht bei mput und put).

Tabelle D-1: smbclient-Befehle (Fortsetzung)

Befehl	Funktion
del *Dateiname*	Löscht eine Datei auf dem SMB-Server.
md *Verzeichnis*	Erstellt ein Verzeichnis auf dem SMB-Server.
mkdir *Verzeichnis*	Erstellt ein Verzeichnis auf dem SMB-Server.
rd *Verzeichnis*	Löscht das angegebene Verzeichnis auf dem SMB-Server.
rmdir *Verzeichnis*	Löscht das angegebene Verzeichnis auf dem SMB-Server.
setmode *Dateiname* [+|-]rsha	Legt die Attribute des DOS-Dateisystems mit Unix-Modi fest. r steht für schreibgeschützt, s für System, h für versteckt und a für Archiv.
exit	Beendet *smbclient*.
quit	Beendet *smbclient*.

Sie können darüber hinaus Maskierungskommandos und Befehle für rekursive Kopien verwenden. Mehr darüber finden Sie in der Man Page von *smbclient*. Abgesehen von *mask*, *recursive* und dem Fehlen der ASCII-Übertragung arbeitet *smbclient* genau wie FTP. Beachten Sie, daß Windows-Textdateien, die Sie auf ein Unix-System kopieren, wegen der binären Übertragung Zeilenschaltungen bestehend aus den Zeichen (\r\n) enthalten und nicht wie bei Unix üblich aus dem Zeichen (\n).

Druckbefehle

Sie können mit dem Programm *smbclient* auch auf einen Drucker zugreifen, indem Sie sich mit einer Druckerfreigabe verbinden. Bauen Sie die Verbindung wie zu einer Verzeichnisfreigabe auf, aber geben Sie anschließend die Befehle ein, die Tabelle D-2 aufführt.

Tabelle D-2: Druckbefehle von smbclient

Befehl	Funktion
print *Dateiname*	Druckt die angegebene Datei, indem Sie vom lokalen Computer auf den SMB-Server kopiert und dann dort als Druckauftrag abgesendet wird.
printmode *text* | *graphics*	Weist den SMB-Server an, die folgenden Dateien als Text (ASCII) oder binäres Grafikformat anzusehen, das der Drucker akzeptiert. Sie müssen sich selbst darum kümmern, daß die Datei im richtigen Format vorliegt.
queue	Zeigt die Warteschlange der verbundenen Druckerfreigabe an, einschließlich Auftragsnummer, Name, Größe und Zustand eines jeden Auftrags.

Wenn Sie direkt an der Befehlszeile mit *smbclient* drucken wollen, geben Sie die Option -c an:

```
cat printfile | smbclient //server/printer_name -c "print -"
```

tar-Befehle

smbclient kann Dateien aus einer Freigabe zu einem tar-Archiv zusammenfassen. Normalerweise geht dies an der Befehlszeile mit dem Befehl *smbtar*, aber mit den in Tabelle D-3 genannten Kommandos können Sie dies auch interaktiv tun.

Tabelle D-3: tar-Befehle von smbclient

Befehl	Funktion
`tar c|x[IXbgNa]` *Operanden*	Erstellt ein *tar*-Archiv oder packt ein *tar*-Archiv aus, ähnlich dem bekannten Befehlszeilenprogramm.
`blocksize` *Größe*	Legt die Blockgröße fest, die *tar* verwenden soll (in 512-Byte-Einheiten).
`tarmode` `full|inc|reset|` `noreset`	Weist *tar* an, in allen folgenden Befehlen das DOS-Archivbit zu beachten. Im Modus `full` (die Vorgabe) sichert *tar* alle Dateien. Im Modus `inc` (inkrementell) sichert *tar* nur die Dateien mit aktiviertem Archivbit. Im Modus `reset` löscht *tar* das Archivbit aller gesicherten Dateien (dazu muß die Freigabe beschreibbar sein). Im Modus `noreset` löscht *tar* das Archivbit beim Sichern von Dateien nicht.

Nachrichtenoptionen an der Befehlszeile

`-M` *NetBIOS-Name*

> Mit dieser Option können Sie eine WinPopup-Nachricht an einen anderen Computer oder an eine ganze Arbeitsgruppe/Domäne senden. Geben Sie die Nachricht ein, sobald die Verbindung besteht; drücken Sie am Ende CTRL-D. Wenn das Zielsystem WinPopup nicht ausführt und die Nachricht nicht empfangen kann, erhalten Sie eine Fehlermeldung.

`-U` *Benutzer*

> Geben Sie mit dieser Option den Absender der Nachricht an.

tar-Optionen an der Befehlszeile

Mit den Optionen `-T` (tar), `-D` (Startverzeichnis) und `-c` (Befehl) können Sie Dateien interaktiv in ein *tar*-Archiv kopieren. Dazu können Sie aber besser *smbtar* verwenden, auf das wir in kürze eingehen weden. Wir raten davon ab, *smbclient* direkt als *tar*-Programm zu benutzen.

`-D` *Startverzeichnis*

> Wechselt vor dem Beginn in das angegebene Verzeichnis.

`-c` *Befehl*

> Übergibt dem *smbclient*-Befehlsinterpreter den angegebenen Befehl. Der Interpreter behandelt den Befehl als Reihe von Kommandos, die durch Semikola voneinander getrennt sind. Das ist praktisch für Befehle wie beispielsweise `tarmode inc`, damit `smbclient -T` nur Dateien mit eingeschaltetem Archivbit sichert.

-T *Befehl Dateiname*

Führt den *tar*-Treiber aus, der *gtar*-kompatibel ist. Die beiden wichtigsten Befehle sind c (create = Erstellen) und x (extract = auspacken), an die sich jede der folgenden Unteroptionen anschließen kann:

a   Löscht das Archivbit gesicherter Dateien.

b *size*

Legt die Blockgröße in 512-Byte-Einheiten fest.

g   Sichert nur Dateien mit aktiviertem Archivbit.

I *Datei*

Schließt Dateien und Verzeichnisse ein (die Vorgabe). Führt keine Mustererkennung durch.

N *Dateiname*

Sichert nur Dateien, die neuer als die angegebene Datei sind.

q   Produziert keine Diagnosemeldungen.

X *Datei*

Schließt Dateien aus.

Abfrageprogramm an der Befehlszeile

Wenn Sie *smbclient* in folgender From aufrufen

```
smbclient -L Server
```

listet die Software die Freigaben des angegebenen SMB-Servers auf. Das ist praktisch, wenn Sie ohne *smbwrappers* auskommen müssen. Es kann auch als Testprogramm mit eigenen Berechtigungen hilfreich sein.

Fehlersuche und Diagnose an der Befehlszeile

Sie können alle der folgenden Arbeitsmodi von *smbclient* zur Fehlersuche und zu Testzwecken verwenden:

-B *IP_Adresse*

Legt die Rundsendungsadresse fest.

-d *Protokollierungsgrad*

Legt die Protokollierungsstufe fest (manchmal auch Debug Level genannt). Der gültige Bereich reicht von 0 bis 10, wobei das alternative A für »alles« steht. Die Stufe 0 protokolliert lediglich die wichtigsten Meldungen; 1 ist der normale Protokollierungsgrad, und Stufen höher als 3 sind hauptsächlich für die Fehlersuche gedacht; sie verlangsamen die Programmausführung deutlich.

-E   Sendet alle Nachrichten an *stderr* statt an *stdout*.

-I *IP_Addresse*

Gibt die IP-Adresse des Servers an, mit dem Sie sich verbinden wollen.

-i *Bereich*

Gibt die NetBIOS-Bereichsidentifikation an. Nur Computer mit derselben Identifikation können mit dem Server kommunizieren. Der Bereichsidentifikator ist der Vorgänger von Arbeitsgruppen und wird heutzutage kaum noch benutzt.

-l *Protokolldatei*

Gibt an, welche Protokolldatei die Software verwenden soll.

-N Unterdrückt die Kennwortabfrage. Solange Sie kein Kennwort an der Befehlszeile nenen oder diesen Parameter nicht angeben, fragt der Client Sie nach einem Kennwort.

-n *NetBIOS-Name*

Mit dieser Option können Sie den NetBIOS-Namen angeben, den das Programm bei der Ankündigung verwenden soll.

-O *socket_options*

Hier können Sie die TCP/IP-Socket-Optionen festlegen, und zwar mit denselben Parametern wie mit der Konfigurationsoption socket options. Dieser Schalter wird häufig zur Leistungssteigerung und zu Testwecken verwendet.

-p *Anschlußnummer*

Gibt die Anschlußnummer an, die der Client beim Verbindungsaufbau verwenden soll.

-R *Auswertungsreihenfolge*

Gibt an, in welcher Reihenfolge das Programm die Dienste zur NetBIOS-Namensauswertung verwenden soll. Diese Option ähnelt der Option resolve order und kennt die vier Parameter lmhosts, host, wins und bcast, deren Reihenfolge Sie an Ihre Bedürfnisse anpassen können.

-s *Konfigurationsdatei*

Gibt den Namen und die Position der Konfigurationsdatei an. Wird zur Fehlersuche verwendet.

-t *Terminalcode*

Gibt den Terminalcode für asiatische Sprachen an.

-U *Benutzername*

Gibt den Benutzernamen und optional ein Kennwort an (zumBeispiel -U arndt%geheim).

-W *Arbeitsgruppe*

Gibt die Arbeitsgruppe an, als deren Mitglied sich der Client ankündigen soll.

Wenn Sie einen bestimmten Namensdienst testen wollen, geben Sie *smbclient* mit -R und nur dem Namen des gewünschten Dienstes an. Daraufhin verwendet *smbclient* ausschließlich den angegebenen Dienst.

smbstatus

Das Programm *smbstatus* führt die aktiven Verbindungen auf. Die Ausgabe besteht aus drei Abschnitten. Der erste nennt die Freigaben, auf die Benutzer zugreifen. Der zweite listet die gesperrten Dateien in Samba-Freigaben auf. Der dritte Abschnitt nennt schließlich die Speichernutzung durch jede Freigabe:

```
# smbstatus
Samba version 2.0.3
Service     uid       gid       pid     machine
----------------------------------------------
network        davecb  davecb  7470  phoenix  (192.168.220.101) Sun May 16
network        davecb  davecb  7589  chimaera (192.168.220.102) Sun May 16


Locked files:
Pid    DenyMode     R/W        Oplock          Name
-------------------------------------------------
7589   DENY_NONE  RDONLY   EXCLUSIVE+BATCH  /home/samba/quicken/inet/com-
mon/system/help.bmp    Sun May 16 21:23:40 1999
7470   DENY_WRITE RDONLY     NONE           /home/samba/word/office/find-
fast.exe   Sun May 16 20:51:08 1999
7589   DENY_WRITE RDONLY   EXCLUSIVE+BATCH  /home/samba/quicken/lfbmp70n.dll
Sun May 16 21:23:39 1999
7589   DENY_WRITE RDWR     EXCLUSIVE+BATCH  /home/samba/quicken/inet/qdata/run-
time.dat   Sun May 16 21:23:41 1999
7470   DENY_WRITE RDONLY   EXCLUSIVE+BATCH  /home/samba/word/office/osa.exe
Sun May 16 20:51:09 1999
7589   DENY_WRITE RDONLY     NONE           /home/samba/quicken/qversion.dll
Sun May 16 21:20:33 1999
7470   DENY_WRITE RDONLY     NONE            /home/samba/quicken/qversi-
on.dll   Sun May 16 20:51:11 1999

Share mode memory usage (bytes):
   1043432(99%) free + 4312(0%) used + 832(0%) overhead = 1048576(100%) total
```

Optionen

-b Verkürzt die Ausgabe von *smbstatus*. Dazu gehören die Samba-Versionsnummer und Überwachungsangaben über angemeldete Benutzer.

-d Gibt ausführliche Daten aus, einschließlich der drei genannten Abschnitte. Dies ist die Vorgabe.

-L Gibt nur die aktiven Dateisperren aus. Das entspricht dem zweiten Abschnitt der ausführlichen Ausgabe.

-p Gibt eine Liste der *smbd*-Prozeß-IDs aus. Wird häufig in Skripten verwendet.

-S Gibt lediglich eine Liste der Freigaben und ihrer Verbindungen aus. Dies entspricht dem ersten Abschnitt der ausführlichen Ausgabe.

-s *Konfigurationsdatei*
    Gibt die zu verwendende Konfigurationsdatei an.

-u *Benutzername*

Schränkt die Ausgabe von *smbstatus* auf die Aktiviäten des genannten Benutzers ein.

smbtar

Das Programm *smbtar* ist ein Shell-Skript, das *smbclient* ausführt und leichter verständliche Optionen für tar-Vorgänge bietet. Die Funktionalität entspricht dem Unix-Programm *tar*.

Optionen

-a

Löscht den Archivbit-Modus.

-b *Blockgröße*

Die Blockgröße. Die Vorgabe ist 20.

-d *Verzeichnis*

Wechselt vor der Archivierung oder Wiederherstellung in das angegebene Verzeichnis.

-i Inkrementeller Modus. Archiviert nur Dateien, deren DOS-Archivbit gesetzt ist. Das Archivbit gesicherter Dateien wird gelöscht.

-l *Protokollierungsgrad*

Bestimmt die Protokollierungsebene.

-N *Dateiname*

Sichert nur Dateien, die neuer als die angegebene Datei sind. Für inkrementelle Sicherungen.

-p *Kennwort*

Gibt das Kennwort für den Zugriff auf eine Freigabe an.

-r Stellt Dateien aus dem tar-Archiv wieder her.

-s *Server*

Gibt den SMB/CIFS-Server an, der die Freigabe beherbergt.

-t *Band*

Bandlaufwerk oder Datei. Die Vorgabe ist der Wert der Umgebungsvariablen $TAPE oder *tar.out*, wenn $TAPE keinen Wert besitzt.

-u *Benutzer*

Gibt den Benutzernamen zum Herstellen der Verbindung an. Sie können auch ein Kennwort angeben, indem Sie das Format *Benutzername%Kennwort* verwenden.

-v Aktiviert die ausführliche Ausgabe.

-X *Datei*

> Weist *smbtar* an, die angegebene Datei nicht zu archivieren oder wiederherzustellen.

-x *Freigabe*

> Gibt den Namen der Freigabe an, auf die Sie zugreifen wollen. Die Vorgabe ist backup. Dieser Freigabename ist für Datensicherungen verbreitet.

Ein einfacher Befehl zur Datensicherung für die Benutzerin sue lautet demnach:

```
# smbtar -s pc_name -x sue -u sue -p secret -t sue.tar
```

nmblookup

Das Programm *nmblookup* ist eine Client-Software, die NetBIOS over UDP/IP-Namensdienste verwendet, um NetBIOS-Namen in IP-Adressen aufzulösen. Der Befehl sendet seine Anfragen im lokalen Subnetz rund, damit das gefragte System antworten kann. Stellen Sie sich das Programm als Windows-Version von *nslookup(1)* oder *dig(1)* vor. Sie können die Software einsetzen, um sowohl gewöhnliche NetBIOS-Namen als auch um diese seltsamen Namen wie __MSBROWSE__ nachzusehen, die der Windows-Namensdienst benutzt, um verzeichnisähnliche Dienste bereitzustellen. Wenn Sie einen bestimmten NetBIOS-Namenstypen suchen, können Sie an den Namen <Typ> anhängen.

Die Befehlszeile lautet:

```
nmblookup [-Optionen] Name
```

Die Optionen sind:

-A   Interpretiert *Name* als IP-Adresse, und fragt den Zustand des SMB-Servers ab.

-B *Rundsendungsadresse*

> Sendet die Abfrage an die angegebene Rundsendungsadresse. Standardmäßig sendet *nmblookup* die Abfrage an die Rundsendungsadresse der primären Netzwerkschnittstelle.

-d *Protokollierungsgrad*

> Legt die Protokollierungsstufe fest (manchmal auch Debug Level genannt). Der gültige Bereich reicht von 0 bis 10. Die Stufe 0 protokolliert lediglich die wichtigsten Meldungen; 1 ist der normale Protokollierungsgrad, und Stufen höher als 3 sind hauptsächlich für die Fehlersuche gedacht; sie verlangsamen die Programmausführung spürbar.

-h   Gibt die Befehlszeilenhilfe aus.

-i *Bereich*

> Gibt die NetBIOS-Bereichsidentifikation an. Nur Computer mit derselben Identifikation können mit dem Server kommunizieren. Der Bereichsidentifikator ist der Vorgänger von Arbeitsgruppen und wird heutzutage kaum noch benutzt

-M Sucht nach einem lokalen Hauptsuchdienst. Dazu fragt das Programm mit Rundsendungen nach dem besonderen Namen __MSBROWSE__ und bittet anschließend den antwortenden Computer um Angaben, anstatt die Anfrage direkt per Rundsendung zu stellen.

-R Aktiviert das Rekursionsbit im Paket. Dadurch führt das antwortende System einen WINS-Lookup durch und gibt die Adresse und alle anderen Angaben zurück, die der WINS-Server ihm mitgeteilt hat.

-r Verwendet den UDP-Anschluß 137 zum Senden und Empfangen von UDP-Datagrammen. Für Windows 95-Computer gedacht, die wegen eines Fehlers grundsätzlich auf Anschluß 137 antworten.

-S Nachdem die Namensanfrage erfolgreich war, wird der Zustand des Zielsystems abgefragt. Es werden alle Ressourcentypen ausgegeben, die der Computer kennt, und zwar mit ihren numerischen Attributen:

```
% nmblookup -d 4 -S elsbeth
received 6 names
        ELSBETH                 <00> - <GROUP> B <ACTIVE>
        ELSBETH                 <03> -         B <ACTIVE>
        ELSBETH                 <1d> -         B <ACTIVE>
        ELSBETH                 <1e> - <GROUP> B <ACTIVE>
        ELSBETH                 <20> -         B <ACTIVE>
        .._ _MSBROWSE_ _..      <01> - <GROUP> B <ACTIVE>
```

-s *Konfigurationsdatei*
    Gibt den Namen und die Position der Samba-Konfigurationsdatei an. Die Vorgabe lautet */usr/local/samba/lib/smb.conf*; geben Sie hier zur Fehlersuche eine andere Datei an.

-T Diese Option sorgt dafür, daß *nmblookup* IP-Adressen in Computer-Namen auflöst.

-U *Unicast-Adresse*
    Führt eine gerichtete Abfrage an die angegebene Adresse durch. Wird mit -R verwendet, um WINS-Server abzufragen.

Beachten Sie, daß es für *nmblookup* keine Option zur Angabe einer Arbeitsgruppe gibt; Sie können diesen Mangel umgehen, indem Sie die Zeile workgroup = Arbeitsgruppenname in eine Datei schreiben und diese Datei mit der Option -s Konfigurationsdatei angeben.

smbpasswd

Das Programm *smbpasswd* besitzt zwei unterschiedliche Funktionsarten. Wenn Benutzer es ausführen, ändert es ihr verschlüsseltes Kennwort. Wenn root es ausführt, aktualisiert es die Kennwortdatei. Wenn ein gewöhnlicher Benutzer das Programm ohne Parameter ausführt, verbindet es sich mit dem primären Domänen-Controller, um das Windows-Kennwort des Benutzers zu ändern.

Das Programm funktioniert nicht, wenn *smbd* nicht ausgeführt wird, wenn die Konfigurationsoptionen `hosts allow` oder `hosts deny` Verbindungen vom localhost nicht zulassen (IP-Adresse 127.0.0.1) oder die Option `encrypted passwords` deaktiviert ist.

Optionen für gewöhnliche Benutzer

`-D` *Protokollierungsgrad*

Legt die Protokollierungsstufe fest (manchmal auch Debug Level genannt). Der gültige Bereich reicht von 0 bis 10. Die Stufe 0 protokolliert lediglich die wichtigsten Meldungen; 1 ist der normale Protokollierungsgrad, und Stufen höher als 3 sind hauptsächlich für die Fehlersuche gedacht; sie verlangsamen die Programmausführung spürbar.

`-h` Gibt die Befehlszeilenhilfe von *smbpasswd* aus.

`-r` *Name_des_entfernten_Systems*

Gibt an, auf welchem Computer das Kennwort geändert werden soll. Der entfernte Computer muß ein primärer Domänen-Controller (PDC) sein.

`-R` *Auswertungsreihenfolge*

Gibt an, in welcher Reihenfolge das Programm die Dienste zur NetBIOS-Namensauswertung verwenden soll. Diese Option ähnelt der Option `resolve order` und kennt die vier Parameter `lmhosts`, `host`, `wins` und `bcast`, deren Reihenfolge Sie an Ihre Bedürfnisse anpassen können.

`-U` *Benutzername*

Nur mit `-r` zu verwenden, um den Benutzernamen anzugeben, wenn er auf dem entfernten Computer anders geschrieben wird.

Optionen, die nur root benutzen darf

`-a` *Benutzername*

Fügt einen Benutzer der Datei mit den verschlüsselten Kennwörtern hinzu.

`-d` *Benutzername*

Deaktiviert einen Benutzer in der Datei mit den verschlüsselten Kennwörtern.

`-e` *Benutzername*

Aktiviert einen Benutzer in der Datei mit den verschlüsselten Kennwörtern.

`-m` *Computer-Name*

Ändert das Kennwort eines Computer-Kontos. Diese Art von Konten werden dazu benutzt, um die Echtheit von Computern zu bestätigen, wenn sie sich an einen Domänen-Controller anmelden.

`-j` *Domänenname*

Fügt den Samba-Server einer Windows NT-Domäne hinzu.

`-n` Löscht das Kennwort eines Benutzers.

-s *Benutzername*

> Bringt *smbpasswd* dazu, alte und neue Kennwörter über die Standardeingabe zu lesen, statt von */dev/tty*. Deaktiviert zudem alle Ausgaben. Nützlich in Skripten.

testparm

Das Programm *testparm* prüft eine Samba-Konfigurationsdatei auf offensichtliche Fehler und auf Konsistenz. Die Syntax lautet:

```
testparm [Optionen] Konfigurationsdateiname [Host-Name IP-Adresse]
```

Wenn Sie die Konfigurationsdatei nicht angeben, prüft *testparm* die Datei *Samba_Verzeichnis/lib/smb.conf*. Wenn Sie einen Host-Namen und eine IP-Adresse angeben, prüft das Programm zusätzlich, ob der angegebene Host sich mit dem Samba-Server verbinden darf. Wenn Sie einen Host-Namen angeben, sollten Sie auch eine IP-Adresse angeben.

Optionen

-h Gibt die Befehlszeilenhilfe von *testparm* aus.

-L *Server-Name*

> Verwendet den angegebenen Server-Namen für den Wert der Variablen %L.

-s Diese Option verhindert, daß *testparm* den Benutzer dazu auffordert, die Eingabetaste zu drücken, bevor das Programm eine Liste mit Konfigurationsoptionen des Servers ausgibt.

testprns

Das Programm *testprns* prüft, ob der angegebene Drucker in der Druckerdefinitionsdatei (*printcap*) vorkommt. Seine Syntax lautet:

```
testprns Druckername [printcap-Name]
```

Wenn Sie printcap-Name weglassen, versucht Samba aus den Optionen der Datei *smb.conf* die Druckerdefinitionsdatei zu finden. Wenn sich dort keine Angabe über die Datei findet, probiert *testprns* es mit */etc/printcap*. Bleibt auch dieser Versuch erfolglos, gibt das Programm mit einer Fehlermeldung auf.

rpcclient

Dieser Client ist neu. Er verwendet die RPC (Remote Procedure Call)-Schnittstellen des SMB-Servers. Das Programm ist wie *smbclient* als Testprogramm gedacht und wird eine Weile diese Funktion beibehalten. Die Kommandozeile sieht wie folgt aus:

```
rpcclient //Server/Freigabe
```

Die Optionen entsprechen *smbclient* von Samba 2.0. Die Aktionen dieses Befehls finden Sie in Tabelle D-4.

Tabelle D-4: rpcclient-Befehle

Befehl	Funktion
regenum keyname	Aufzählung der Registrierung (Schlüssel und Werte)
regdeletekey keyname	Löscht einen Registrierungsschlüssel
regcreatekey keyname [keyvalue]	Erstellt einen Registrierungsschlüssel
regquerykey keyname	Fragt einen Registrierungsschlüssel ab
regdeleteval valname	Löscht einen Registrierungswert
regcreateval valname valtype value	Erstellt einen Registrierungswert
reggetsec keyname	Legt die Berechtigungen für einen Registrierungsschlüssel fest
regtestsec keyname	Prüft die Berechtigungen für einen Registrierungsschlüssel
ntlogin [Benutzername] [Kennwort]	Testet eine NT-Domänenanmeldung
wksinfo	Fragt Informationen über die Arbeitsstation ab
srvinfo	Fragt Informationen über den Server ab
srvsessions	Führt die Sitzungen eines Servers auf
srvshares	Listet die Freigaben eines Servers auf
srvconnections	Führt die Verbindungen eines Servers auf
srvfiles	Nennt Dateien eines Servers
lsaquery	Fragt die Informationsrichtlinie ab (Domänenmitglied oder Server)
lookupsids	Wertet Namen aus SIDs aus
ntpass	Ändert ein NT SAM-Kennwort

tcpdump

Beim Programm *tcpdump* handelt es sich um ein klassisches Administrationswerkzeug. Es gibt alle Paket-Vorspanndaten aus, die einem Muster entsprechen. Die mit Samba gelieferte Version dieses Programms ist erweitert, so daß sie das SMB-Protokoll verstehen kann. *Ausdruck* ist ein logisches Muster mit den möglichen Schlüsselworten »and«, »or« und »not«; oft sind die Ausdrücke sehr einfach. Zum Beispiel würde host escrime auf alle Pakete zutreffen, die von escrime kommen oder an diesen Rechner gehen. Der Ausdruck besteht normalerweise aus einer oder mehreren der folgenden Komponenten:

- host *Name*
- net *Netzwerknummer*
- port *Nummer*
- src *Name*
- dst *Name*

Die verbreitetsten Optionen sind `src` (Quellsystem), `dst` (Zielsystem) und `port` (Anschluß). In diesem Buch haben wir zum Beispiel folgenden Befehl verwendet:

```
tcpdump port not telnet
```

Dieser Befehl gibt alle Pakete außer telnet-Peketen aus; wir waren über telnet eingeloggt und wollten unsere eigene Sitzung nicht sehen, sondern nur SMB-Pakete.

Ein anderes beliebtes *tcpdump*-Beispiel ist die Beschränkung des Netzwerkverkehrs zwischen dem Server und den Hosts `sue` und `joe`:

```
tcpdump host server and \( sue or joe \)
```

Wir empfehlen die Option `-s 1500`, so daß Sie alle gesendeten SMB-Nachrichten und nicht nur die Vorspanndaten sehen.

Optionen

Es gibt zahlreiche Optionen, und Sie können mit *tcpdump* viele Ausdrücke angeben. Lesen Sie Einzelheiten auf der Man Page. Hier die wichtigsten Befehlszeilenoptionen:

`-c Anzahl`

Das Programm beendet sich nach der angegebenen Anzahl von Paketen.

`-F Datei`

Liest den Ausdruck aus der angegebenen Datei und ignoriert Ausdrücke an der Befehlszeile.

`-i Schnittstelle`

Lauscht nur an der angegebenen Schnittstelle.

`-r Datei`

Liest Pakete aus der angegebenen Datei (zuvor gesammelt mit –w).

`-s Länge`

Speichert die angegebene Anzahl von Bytes eines jeden Paketes (statt 86 Bytes).

`-w Datei`

Schreibt die Pakete in die angegebene Datei.

E

Samba mit CVS herunterladen

Dieser Anhang enthält Angaben darüber, wie Sie die neueste Quellcode-Version von Samba über das Concurrent Versions System (CVS) herunterladen können. CVS ist ein frei erhältliches Konfigurationsverwaltungswerkzeug von Cyclic Software, das unter der GNU General Public License vertrieben wird. Sie finden die aktuelle Version auf *http://www.cyclic.com/*. Das Samba-Entwicklerteam beschreibt die verschiedenen Möglichkeiten, wie Sie auf die CVS-Site zugreifen könen, unter *http://cvs.samba.org/cvs.html*.

CVS benötigt das GNU Revision Control System (RCS). Auf vielen Unix-Systemen ist RCS vorinstalliert. Wenn Sie aber die aktuelle Version herunterladen wollen, finden Sie sie auf *http://ftp.gnu.org/gnu/rcs/*.

Zu den nettesten Dinge im Zusammenhang mit CVS gehören entfernte Anmeldungen. Das bedeutet, daß Menschen aus aller Welt Quelldateien herunterladen und aktualisieren können, wenn das Projekt CVS verwendet. Samba ist so ein Fall. Wenn Sie einmal RCS und CVS installiert haben, können Sie sich mit dem folgenden Befehl in den Samba-Quelldatei-Server einloggen:

```
cvs -d :pserver:cvs@cvs.samba.org:/cvsroot login
```

Dadurch stellt CVS die Verbindung zum CVS-Server *cvs.samba.org* her. Anschließend können Sie die aktuelle Sammlung von Quelldateien herunterladen:

```
cvs -d :pserver:cvs@cvs.samba.org:/cvsroot co samba
```

Dieser Befehl kopiert die gesamte Samba-Distribution (Datei nach Datei) in ein Verzeichnis mit dem Namen */samba*, das von CVS erstellt wird. Das Verzeichnis besitzt dieselbe Struktur wie die Quelldistribution, die wir in Kapitel 2, *Samba auf einem Unix-System installieren*, beschrieben haben. Dazu gehören Quell- und Vorspanndateien, die Dokumentation und Beispielkonfigurationsdateien. Folgen Sie nach dem Herunterladen den Anleitungen in Kapitel 2, um Samba auf Ihrem Server zu konfigurieren und zu kompilieren.

F

Muster-Konfigurationsdatei

Dieser Anhang enthält ein Beispiel einer *smb.conf*-Datei aus einer Produktionsumgebung und zeigt Ihnen, wieviele der Optionen in der Praxis verwendet werden. Die hier beschriebene Datei stammt aus einem Unternehmen mit fünf Linux-Servern, fünf Windows for Workgroups-Clients und drei Windows NT Workstation-Clients; wir haben lediglich einige Namen verändert, um die Herkunft der Datei zu verschleiern:

```
# smb.conf -- Datei-Server-System für: 1 Example.COM  BSC & Management-Büro
[global]
   workgroup = 1EG_BSC
   interfaces = 10.10.1.14/24
```

Wir haben die Samba-Dienste nur auf einer Schnittstelle des Servers bereitgestellt. Die Option `interfaces` gibt die Adresse und die Subnetzmaske an, wobei /24 der Maske 255.255.255.0 entspricht:

```
   comment = Samba ver. %v
   preexec = csh -c `echo /usr/samba/bin/smbclient \
                     -M %m -I %I` &
```

Wir verwenden den Befehl `preexec`, um Angaben über alle Verbindungen mit dem Namen des Clients (`%m`) und ihren IP-Adressen (`%I`) zu protokollieren:

```
   # smbstatus gibt diverse Ausgaben über den aktuellen Zustand aus
   status = yes
   browseable = yes
   printing = bsd

   # der Benutzername, der für den Zugriff auf Dienste verwendet wird
   # angegeben mit 'guest = ok'
   guest account = samba
```

Das Standardgastkonto ist `nobody` (UID 1), das auf unserem Server die Protokolleinträge »your server is being unfriendly« produziert hat. Also haben wir eigens für Samba ein Gastkonto erstellt, um das Durchsuchen und Drucken zu ermöglichen:

```
# superuser-Konto - Admin-Berechtigungen für Freigaben,
# ohne Einschränkungen
# WARNUNG - mit Vorsicht benutzen: Dateien können verändert werden,
# unabhängig von den Berechtigungen
admin users = root

# wem der Zugriff auf ALLE Dienste VERBOTEN wird
invalid users = @wheel, mail, deamon, adt
```

Daemons können Samba nicht benutzen, nur Menschen. Die Option `invalid users` schließt ein Sicherheitsloch; sie verhindert, daß Eindringlinge einbrechen, indem sie sich als Daemon-Prozeß ausgeben.

```
# Hosts, denen der Zugriff auf ALLE Dienste GEWÄHRT oder VERWEIGERT wird
hosts allow = 10.10.1.
hosts deny = 10.10.1.6

# wo die Sperrdateien abgelegt werden sollen
lock directory = /var/lock/samba/locks

# Protokolldateien
# %m = Separate Protokolldatei für jeden NetBIOS-Namen (also jeden Client)
log file = /var/log/samba/log.%m

# Wir senden Nachrichten der Stufen 0, 1 und 2 an syslog
syslog = 2

# Wenn der Server eine WinPopup-Nachricht erhält,
# soll er sie per E-Mail weiterleiten

message command = /bin/mail -s 'message from #% on %m' \
                  pkelly < %s; rm %s

# ----------------------------------------------------
# [global] Leistungsoptimierung
# ----------------------------------------------------

# Cache-Algorithmus verändern, um die Zeit zwischen zwei getwd()-Aufrufen zu
# verringern.
getwd cache = yes

socket options = TCP_NODELAY

# Dem Server mitteilen, ob der Client anwesend ist und innerhalb einer
# bestimmten Zeit (in Sekunden) antwortet
keep alive = 60

# Anzahl der Minuten, nach denen die Verbindung zu einem inaktiven Client
# getrennt wird
dead time = 30

read prediction = yes
share modes = yes
max xmit = 17384
read size = 512
```

Die Optionen share modes, max, xinit und read size sind systemabhängig (siehe Kapitel B, *Leistungsoptimierung*):

```
# Der Server übernimmt Dateisperren
locking = yes

# Festlegen, ob DOS-Dateiattribute den Unix-
# Ausführungsbits zugeordnet werden sollen
map hidden = yes
map archive = yes
map system = yes
```

Die drei map-Optionen funktionieren nur bei Freigaben, deren create mode die Ausführungsbits (0111) enthält. Unsere Freigaben homes und printers tun das nicht, aber auf die Freigabe www trifft das zu:

```
# ----------------------------------------------------------
# [global] Sicherheit und Domänenanmeldedienste
# ----------------------------------------------------------
# Verbindungen werden mit UID und GID hergestellt, nicht als Freigaben
   security = user

# Boolesche Variable, die festlegt, ob Kennwörter verschlüsselt sein müssen
   encrypt passwords = yes
   passwd chat = "*New password:*" %n\r "*New password (again):*" %n\r \
   "*Password changed*"
   passwd program = /usr/bin/passwd %u

# Immer den lokalen Hauptsuchdienst ausführen
   domain master = yes
   preferred master = yes
   os level = 34

# Damit Domänenanmeldungen korrekt funktionieren.
# Samba arbeitet als primärer Domänen-Controller.
   domain logons = yes

# Anmeldeskript, das Windows-Clients bei jeder Anmeldung vom
# Server laden und ausführen; spezifisch für jeden Benutzer (%U).
# Legt die Uhrzeit fest, verbindet mit Freigaben, startet ein Antivirusprogramm
usw.
   logon script = scripts\%U.bat

[netlogon]
   comment = "Anmeldedienst für Domäne"
   path = /u/netlogon
   writeable = yes
   create mode = 444
   guest ok = no
   volume = "Netzwerk"
```

Wir haben diese Freigabe in Kapitel 6, *Benutzer, Sicherheit und Domänen*, beschrieben; sie ist erforderlich, damit sich Samba korrekt in eine Windows NT-Domäne einfügt:

```
# ------------------------------------------------------------
# [homes] Basisverzeichnisse der Benutzer
# ------------------------------------------------------------
[homes]
    comment = "Basisverzeichnis für: %u "
    path = /u/users/%u
```

Die Kennwortdatei des Samba-Servers gibt die Basisverzeichnisse der Benutzer als */home/Computer-Name/Person* an, die NFS zu einem Verweis auf */u/users* konvertiert. Die Option path im Abschnitt [homes] weist Samba an, die echte Position zu verwenden (und nicht den NFS-Ort):

```
    guest ok = no
    read only = no
    create mode = 644
    writeable = yes
    browseable = no


# ------------------------------------------------------------
# [printers] Systemdrucker
# ------------------------------------------------------------
[printers]
    comment = "Drucker"
    path = /var/spool/lpd/samba
    printcap name = /etc/printcap
    printable = yes
    public = no
    writeable = no

    lpq command = /usr/bin/lpq -P%p
    lprm command = /usr/bin/lprm -P%p %j
    lppause command = /usr/sbin/lpc stop %p
    lpresume command = /usr/sbin/lpc start %p

    create mode = 0700

    browseable = no
    load printers = yes


# ------------------------------------------------------------
# Bestimmte Beschreibungen : [programs] [data] [retail]
# ------------------------------------------------------------
[programs]
    comment = "Gemeinsam genutzte Programme %T"
    volume = "Programme"
```

Die Beschreibung »Gemeinsam genutzte Programme« erscheint als Kommentar in der Detailansicht der Netzwerkumgebung, während programs der Datenträgername ist. Sie können ihn verwenden, wenn ein Programm einen bestimmten Datenträgernamen benötigt (dabei handelt sich in der Regel um Programme, die von CD ausgeführt werden):

```
      path = /u/programs
      public = yes
      writeable = yes
      printable = no
      create mode = 664
[cdrom]
      comment = "Unix-CDROM"
      path = /u/cdrom
      public = no
      writeable = no
      printable = no
      volume = "cdrom"

[data]
      comment =  "Datenverzeichnisse %T"
      path = /u/data
      public = no
      create mode = 770
      writeable = yes
      volume = "data"

[nt4]
      comment =  "NT4-Server"
      path = /u/systems/nt4
      public = yes
      create mode = 770
      writeable = yes
      volume = "nt4_server"

[www]
      comment =  "WWW-System"
      path = /usr/www/http
      public = yes
      create mode = 775
      writeable = yes
      volume = "www_system"
```

Die Freigabe www ist das Verzeichnis auf dem Unix-Server, das auch vom Web-Server verwendet wird, um Inhalte im Web bereitzustellen. Samba exportiert das Verzeichnis für PC-Benutzer, so daß die Kunstabteilung Web-Seiten aktualisieren kann.

Index

Über die Autoren

Robert Eckstein interessiert sich für alle Themen, die mit Computern zu tun haben – vom Rendern über E-Commerce und der Compiler-Konstruktion bis hin zu Fuzzy-Logik. Die meisten seiner Freunde sind sich einig, daß er zu viel Zeit vor dem Bildschirm verbringt. Bei O'Reilly schreibt Robert hauptsächlich Java-Bücher (wie z.B. *Java Swing*), aber auch Titel wie *XML – kurz und gut* und *Webmaster in a Nutshell, 2nd Edition*. Er verfaßt zudem Artikel für die Zeitschrift *Java World*. Robert hat Informatik und Kommunikationswissenschaften an der Trinity-Universität studiert. Bei Motorola hat er vier Jahre in der Abteilung für drahtlose Software-Anwendungen gearbeitet. Er lebt in Austin, Texas, mit Michelle, seiner Frischvermählten – sie wollen bald einen sprechenden Hund adoptieren.

David Collier-Brown ist Berater im Bereich Systemintegration und arbeitet zur Zeit für die Systemleistungs- und Ingenieurgruppe von Sun Opcom in Toronto, Kanada. In seiner Freizeit liest er ausgiebig und notiert den Punktestand für das Baseball-Team seiner Frau. Im etwa zweiwöchigen örtlichen Sommer segelt er gerne von Torontos Hafen aus.

Peter Kelly arbeitet als selbständiger Systemberater in Toronto, Kanada. Er hat sich auf die Bereiche Internet und Netzwerksicherheit spezialisiert. Peter beendet derzeit seine Examen zum MCSE, bevorzugt aber die Arbeit mit Linux. Wenn Peter nicht arbeitet, macht es ihm Spaß, Golf zu spielen und alles über Sicherheit, Netzwerke und Calvin & Hobbes zu lesen.

Über den Übersetzer

Andreas Roeschies arbeitet als freier Journalist für Computer- und Netzwerkzeitschriften wie *LANline*, *c't*, *iX*, *PC Online* und *PC Mobil* – und als Übersetzer. Für O'Reilly hat er bereits mehrere NT-Titel übersetzt. In der Freizeit schwingt er sich gerne auf sein Fahrrad, doch meistens kann er sich nicht von der Arbeit losreißen und macht dann die Nacht zum Tag.

Kolophon

Auf dem Einband von *Samba* ist ein Hornrabe (*Bucorvus abyssinicus*) dargestellt. Diese Vogelart ist eine von fünfzig Nashornvogel-Arten. Der Hornrabe ist ein mittelgroßer Vogel, der durch seine hellrote Kehlhaut unter dem sehr langen Schnabel auffällt, aber auch durch seinen dunklen Körper und dunkle Flügel, lange Wimpern und kurze Beine. Wie bei allen Hornvögeln besitzt der Schnabel einen großen hornartigen, aber leichten Aufwuchs, der mit zunehmendem Alter der Vögel mehr Falten aufweist. Der Hornrabe ist der einzige bodenbewohnende Hornvogel, er kann aber auch fliegen, wenn dies erforderlich ist. Er lebt in den Savannen Afrikas und nistet im dichten Blätterdach von Bäumen, nicht wie andere Hornvögel in Nesthöhlen auf dem Boden. Seine

Nahrung besteht hauptsächlich aus Früchten sowie großen Insekten und kleinen Säugetieren. Der Hornrabe wird von vielen Afrikanern als heilig angesehen und spielt daher in Legenden und im Aberglauben eine wichtige Rolle.

Edie Freedman gestaltete den Umschlag der amerikanischen Originalausgabe dieses Buchs, basierend auf dem von ihr entworfenen Reihenlayout. Sie verwendete hierfür einen Stich aus dem 19. Jahrhundert aus dem Dover Pictorial Archive. Das Design des CD-Labels stammt von Kathleen Wilson. Das Titellayout der deutschen Ausgabe wurde von Hanna Dyer mit QuarkXPress 3.32 unter Verwendung des ITC Garamond-Fonts von Adobe erstellt. Die in diesem Buch enthaltenen Illustrationen wurden von Roberto Romano und Rhon Porter mit Macromedia Freehand 8 und Adobe Photoshop 5 erzeugt. Das Kolophon haben Nicole Arigo und Joachim Kurtz verfaßt.